数 理 法 務 概 論

Analytical Methods for Lawyers 2nd Edition

Howell E. Jackson
Louis Kaplow
Steven M. Shavell
W. Kip Viscusi
David Cope
translated by
Hideki Kanda
Koichi Kusano

ハウェル・ジャクソン
ルイ・キャプロー
スティーブン・シャベル
キップ・ビスクシィ
デビッド・コープ・著
神田秀樹／草野耕一・訳

有斐閣

© LEG Inc., d/b/a West Academic Publishing.

This translation of *Analytical Methods for Lawyers 2nd Edition* by Howell E. Jackson,
Louis Kaplow, Steven M. Shavell, W. Kip Viscusi, and David Cope is
published by arrangement with
LEG Inc., d/b/a West Academic Publishing.

Licensed for sale in Japan. Not for export.

日本語版への序文

　このたび本書の日本語版が出版される運びとなりましたことを心より嬉しく思っております。商事取引に従事する者やこれを規制する者が用いる概念や技法に国境はありません。経済学，ファイナンス理論，会計学，統計学などの分野は現代の企業取引にとって不可欠なものであり，そうである以上，企業社会におけるよき助言者ないしは弁論家になろうと志す法律家はこれらの分野の基礎的事項を理解している必要があります。本書は，そのような基礎的事項を米国の法律家や法学生に理解してもらうために執筆したものですが，この機会に日本の法律関係者に対しても同様の役割を果たすものとなることを切に願っています。

　企業法の分野で高名な神田秀樹・草野耕一の両氏が私たちの理念に共感し，本書翻訳の労にあたっていただけましたことは私たちにとって望外の喜びであり，両氏に対して深く感謝申し上げます。

2013 年 11 月

Howell E. Jackson
Louis Kaplow
Steven M. Shavell
W. Kip Viscusi
David Cope

Introduction to the Japanese edition

We are delighted that our book *Analytical Methods for Lawyers* will now appear in a Japanese-language edition. The vocabulary and techniques employed by those who conduct and regulate commerce transcend national boundaries. Disciplines such as economics, finance, accounting, and statistics are fundamental to the conduct of business in the modern world, and lawyers who participate in the world of business require a basic understanding of these areas to be effective advisors and advocates. We wrote this book to provide that basic understanding for American lawyers and law students. It is now our sincere hope that it will serve that function for the Japanese legal community as well.

We are extremely fortunate that Hideki Kanda and Koichi Kusano, persons of great eminence in the field of business law, share our vision, and were willing to undertake the arduous and delicate task of translating our work. We owe them an enormous debt of gratitude.

November 2013

Howell E. Jackson
Louis Kaplow
Steven M. Shavell
W. Kip Viscusi
David Cope

原著初版まえがき

　本書はハーバード法科大学院で4年前から教えられてきた授業のための教科書として執筆されたものである。この授業を担当してきた私たちには共通の思いがある。それは，法解釈と法律文書の起案に勤しむだけの伝統的な法科大学院の教育では先端的な法律問題を理解し現代社会の需要に応えられる法律家を育成することはできないとの思いである。企業の顧問弁護士から公益の代表者である検事に至るまで，現代の法律家が説得力ある議論を展開し健全な法律意見を述べるために均しく必要とするもの，それは経済学，会計学，ファイナンス理論，統計学等に代表される数理的知識である。このような知識を学ぶ授業は経営管理大学院（ビジネス・スクール）においてはもはやあたり前となっているのに，法科大学院においてはこれまで初心者向けの授業すら存在しなかった。

　法科大学院へ進学する学生の中には学部時代に経済学や経営学を学び，その過程でこのような知識を身に付けている者もいる。しかしながら，多くの──おそらくは大半の──学生はこれらの分野の知識を有しておらず，法科大学院に入ってからもそのような知識がないと好成績が取りにくい先端科目の履修を敬遠しがちである。その結果，彼らは現代社会において彼らが就くべきいかなる職業においても有用となるべき技法を持たないまま法科大学院の卒業を迎える。私たちの経験によれば，数理的学問の基礎知識を持たない学生はそれが自分たちの弱点であることを知っているし，仮に当初は知らなくても，契約法や不法行為法の授業の中で経済学的分析を耳にした段階でそのことに気付かされる。したがって，彼らは，法律家としての将来に欠かせないこのような知識を分かりやすく解説してくれる機会があれば，それを学びたいと願っているに相違ない。本書はそのような人々のために書かれたものである。

I

　本書は，旧来の概説書がしばしばそうであるような実務とは無縁の理論書で

はない。それどころか，本書において理論を語る際には常に法律実務を視野に置いている。理論と実務を架橋することこそが本書の真髄であり，私たちはそのような作業を卒業後の学生の自助努力に委ねてよいとは考えていない。

　第1章は決定分析の初歩を教えるものである。決定分析は経営管理大学院では従来から教えられてきたが，訴訟戦略の立案や和解交渉の場面において法律家が利用する機会も増えている。決定分析の技法は簡明であり，わずかな知識を学ぶだけで複雑な意思決定の思考過程を解きほぐし，クライアントを最善の行動へと導く力が備わる。第1章では確率，期待値，感応度分析，リスク回避，追加情報の価値などの諸概念を教える。これらの基礎知識がなければいかなる法律家もクライアントに有効な助言を与えることはできない。にもかかわらず，法科大学院の授業で決定分析を教えることがこれまで全くなかったことに私たちは驚きを禁じ得ない。

　第2章では第1章で学んだ決定分析の技法を発展させてゲーム理論の基礎知識を学び，同時に，不完全な情報の下における戦略的行動について考える。クライアントのとるべき行動が想定される他者の行動に依存する状況の下で法律家の助言が求められることは少なくないが，ゲーム理論を学べばこのような問題状況を発見・分析する技法を身に付けることができる。第2章で取り上げるもう一つのテーマは情報理論であり，モラル・ハザードや逆選択などの基礎概念を説明する。これらの概念は法科大学院の他の授業でも触れられることがあるが，その意味やそれが交渉や契約に及ぼす影響を正確には理解していない学生は意外と多い。囚人のジレンマを始めとして私たちが繰り返し遭遇する様々なゲーム状況の解法についてもこの機会にしっかりとした知識を身に付けてもらいたい。

　第3章では契約が果たす役割を概観し，クライアントが求める目的を果たしつつ誤りのない契約書を作成する知識を授ける。契約の成立や損害賠償責任を規律する法理の習得に終始する契約法の授業と異なり，本章が学生に授けるものは契約書を起草する際の思考の枠組みであり，例えば，定額の報酬規定よりも原価加算式の報酬規定の方が望ましいのはどのような場合であるかとか，業

務の遅れを防ぐためには契約の内容をどのようなものにすべきであるか等の論点を取り扱う。なお，第3章では契約の実例も紹介し，併せて，契約をめぐる紛争の回避方法や解決方法にも言及する。

　第4章では企業実務に不可欠な技法である会計の実務と財務諸表の分析を論じる。これらの分野の基礎知識を身に付けるべき者は企業法務を専門とする弁護士に限られない。現代社会において会計はいかなる分野の法律実務とも切り離せないものであり，例えば，離婚や親権の取り決めについて交渉を行う家族法の弁護士にとっても財務諸表を分析する能力は必須のものである。他の分野においても，例えば，雇用契約の中に会計用語を使った報酬規定を見出すことはしばしばであり，公共機関や非営利団体の業務も会計基準を用いて評価される。さらに，証拠開示の過程で得られる情報にも会計に関するものが多数含まれている。貸借対照表や損益計算書をある程度理解できる力を身に付けずに法科大学院を卒業すれば，その後の職業的人生で困難に逢着することは必至であり，この点はどの分野の法律家を目指す場合でも変わらない。

　第5章はファイナンス理論の基礎知識を知ってもらうための章であり，全体が3部構成となっている。第一に，同章の中核を占めるものは貨幣の時間的価値の解説である。貨幣の時間的価値はファイナンス理論における最も基礎的な概念であり，契約交渉から裁判上の和解に至る様々な分野において，クライアントの賢明なる代表者でありたいと思う者は均しくこの概念に慣れ親しんでいなければならない。第二に，もう少し専門的なファイナンスの諸概念についても簡単な解説を行う。取り上げる事項としては，分散投資理論，リスクとリターンの関係，資本資産価格モデル，価格付けの諸技法などがある。第三に，この章にはファイナンスについての古典的文献の抜粋を掲げた。抜粋されたこれらの文献を読むことによって読者はファイナンスをめぐる先人たちの思考の歴史を辿ることができる。これらの文献は，大学の学部で経済学や経営学を学んできた者にはなじみ深いはずのものであり，今後先端的な分野の勉強をする際には当然の知識として語られるものである。なお，このような古典文献を読むことはファイナンスについての既存の通念に捉われないものの見方を養うことにも役立つであろう。

第6章ではミクロ経済学の基礎知識を記した。経済学を学んだことのある学生は多いに違いないが、初級レベルの経済学しか学んでいなければミクロ経済学の諸概念を法実務に役立てることはできない。そこで、第6章では、需要と供給、公共財、外部性、限界効用などミクロ経済学の基礎概念を概観し、併せて、これらの概念と身近な法律問題がどのように結び付くのかを説明する。

　第7章では法と経済学と呼ばれる学問分野を概説する。法と経済学は法が個人や企業の行動に及ぼす効果に着目する点に特質を有しており、この章では、財産法、不法行為法、契約法、刑法、訴訟法など主要な法分野の諸問題を法と経済学の観点に立って分析する。例えば、不法行為法の分野では、過失責任ルールと厳格責任ルールはそれぞれリスクの減少を求める人々の行動にどのような影響を与えるのかを考え、併せて、賠償責任と保険の関係などを検討する。他の科目の中でも法と経済学的な議論を耳にしたことのある学生は多いであろうが、法と経済学を体系的に学ぶことは、異質の、しかも極めて価値のある、体験となるであろう。

　最後に、第8章と第9章では実証研究を行うための技法を論じる。統計の基礎を論じた第8章では、まず、データ分布の中心や分布のばらつきを表す様々な特性値とヒストグラムをはじめとするデータの表示方法など、記述統計学の基礎を説明する。続いて、実証分析に関する従来の教科書では見落とされがちであった標本抽出や質問調査をめぐる諸問題を取り上げ、最後に、仮説検定と推計という推測統計学の2大テーマを略述する。

　第9章においては、第8章に続いて実証研究の技法を論じ、変数が多数ある統計事象の取り扱い方を学ぶ。まず、二変数の線形的な関係を相関係数や回帰直線を用いて分析する技法を説明し、次に、差別訴訟における立証活動を念頭に置きつつ重回帰分析の技法を説明する。最後に、重回帰分析を用いて事象を推定する際に恒常的に遭遇する諸問題、具体的には、重要な説明変数の排除、不適切な変数の挿入、多重共線性、双方向の因果関係等の問題を取り上げる。

II

　大多数の法科大学院にとって数理法務の世界は異質なものであり，本書を使った授業をいかにして既存の履修課程に組み入れるかについては様々な疑問を抱かれることであろう。方法は多数あり，他大学での経験も是非お聞きしたいと願っているが，この場合を借りて，五つの論点に関する現時点での私たちの考え方を紹介しておこう。

　第一に，数理法務の授業はいかなる学生を対象として開講されるべきものであるか。あり得る一つの選択肢は，これを全学生の ── おそらくは第1年次における ── 必修科目とする方法である。たしかに，ある種の法科大学院においては数理法務を必修科目とすることが合理的であろうが，そこにはいくつかの難点が存在することも事実である。おそらく，大多数の法科大学院においてはこの科目を選択科目とする方が無難であり，ハーバードにおいてもそのように取り扱ってきた。

　第二に，何年生の学生を対象に数理法務の授業を開講すべきであるか。この問題に対してハーバードがとった選択は1年生の後期に授業を行うというものであった。この時点においては，学生たちは民法，刑法および訴訟法の基本知識をすでに習得し，裁判所の内外において法律家が果たすべき役割を理解し始めている。したがって，この時点の学生に対して法的事象を題材とした演習問題を出すことが可能であり，例えば，民事訴訟のために鑑定証人を申請することの適否や役務契約の報酬規定の選択などを演習問題の題材とすることができる。もちろん，授業の開始時期を2年次あるいは3年次まで遅らせれば学生の法律知識はさらに高まるであろうが，そうすることによって失われる利益も大きい。数理法務が教える知識の多くは上級・先端科目にとって必須のものだからであり，具体的にいえば，会計とファイナンス理論は会社法や他の商法科目を学ぶうえでの重要な基礎知識であり，統計学は従業員の差別的取り扱いをはじめとする公共政策の諸問題を論じる上級科目を学ぶうえで重要である。特に，数理的技法の訓練をこれまであまり積んでこなかった学生 ── 例えば，高校1年の終わりで数学の勉強をやめてしまい大学では仏文学を専攻したような学生

——の場合は1日も早く本書を使った学習を始めるべきであって，それを怠った場合には上級科目の勉強をする際に多大な困難を味わうことは必定である．

　第三に，事例演習と試験をどのように実施すべきであるか．数理系の学問を専門とする学部や大学院の授業では毎週課題のレポートを提出させたり実験作業を繰り返させることが授業の重要な要素となっており，私たちはこれを参考にして数理法務の授業内容を構築してきた．私たちの経験によれば，学生が数理的技法を操れるようになるためには定期的に事例演習を行い，その結果を教室で討論することが最も効果的である．ハーバードでは半年間に事例演習問題に対するレポートを10通提出させ，その結果が授業全体の成績評価の25%を占める．したがって，学生はほとんど1週間に1通は演習問題のレポートを提出しなければならず，これは問題を作成・採点する教師にとってもかなりの負担であるが，それに見合うだけの効果をあげてきたように思われる．新しく学んだ技法を実践しその成果を実感することは学生を元気付けるものであり，同時に，半年間の授業の最後にまとめて試験を受けるよりもテーマごとに学習のサイクルを完結させていく履修方法を好む学生が多いようである．なお，成績評価の残りの75%には中間テストと期末テストの結果をあてる．試験時間はいずれも90分間であり，全体の授業のほぼ半分ずつの内容を各試験の出題対象としている．最後に，私たちは多くの練習問題やレポートの提出を求める事例問題を載せた教員用手引きを準備しており，他大学に向けても希望に応じ配布している．

　第四に，いかなる教員がこの授業を担当すべきであるか．会社法や商法あるいは法と経済学を教えてきた教員であれば本書の内容をほとんどすべて知っているであろうし，仮にそうでない部分があったとしてもそれは容易に理解できる性質のものである．したがって，これらの科目の教員が本書の授業を担当することに痛痒を感じることはなく，各専門分野の本格的な研究経験があることは必要でない（なお，私たちが準備した教員用手引きはこの科目の授業に不慣れな教員の力になることを願って作成されたものである）．複数の教員がそれぞれに異なる章を担当して授業にあたる方法もこの科目の性質に相応しいものといえるであろう．私たち自身もこの共同担当方式を用いてきたが，私たちの場合はそれに

加えて毎週の事例問題のレポートを採点する補助教員の力も借りて授業を行ってきた。なお，担当教員の方針や時間上の制約あるいは他の科目との重複を避ける配慮などから一定の章だけを選び出して授業を行う大学も多いことであろう。本書は各章が互いに独立したものとなっているので（ただし，第8章と第9章だけは連続している），そのような授業のために本書を用いても何らの支障も生じないであろう。

最後に，この数理法務の授業と法科大学院の他の科目，特にコーポレート・ファイナンス，財務諸表分析，法の経済分析，法の実証調査などの上級科目との関連付けはどのようにすべきであろうか。この点に関して，少なくともハーバードではこのような上級科目に進むための初級選択科目と位置付けでこの授業を進めてきた。したがってこの授業を履修する者の中心は数理的技法の教育を受けていない学生であり，この授業を受けたうえでその希望に応じて上記の上級科目や他の関連科目をとるという彼らの行動パターンは極めて当を得たものであると私たちは考えている（ちなみに，ハーバードでは上記の上級科目を2科目以上履修済みの学生はこの数理法務の授業を選択することはできないという規則を採用している）。

———————

本書の第1章から第3章までは主として Louis Kaplow と Steven Shavell の執筆によるものであり，第4章と第5章は Howell Jackson，第6章と第7章は Steven Shavell，第8章と第9章は David Cope と Kip Viscusi のそれぞれ執筆によるものである。

本書の完成に貢献してくれた人は数多い。まず，John M. Olin 財団は，ハーバード法科大学院の John M. Olin 法・経済学・ビジネス研究所への寄附を通じて本書の完成と法科大学院における関連研究に対して多大かつ継続的な援助を与えてくれた。これとは異質の，しかし同程度に重要でしかも心暖かい援助をハーバードの学生たちからも授かった。学生たちには本書の草稿を読む苦労をかけたが，それに加えて，彼らからは本書の内容を改善するうえで実に有益で創造的な助言をいただき，あまつさえ，必ずしも常に成功したわけではない

実験的な教育改革の試みに対して変わらぬ寛大さとユーモアの精神をもってお付き合いいただいた。同時に、忍耐強く本書の編集作業にあたってくれたPeggy Burlet と Diane Long のお2人と索引の作成と原稿の校正作業にあたってくれた Matt Seccombe に対しても心からお礼を申し上げたい。最後に、私たちは、本書の作成とその礎(いしずえ)となった数理法務の授業の発展に対して不断の支援をしてくれた Robert C. Clark に深謝し、謹んで、本書を彼に捧げるものである。

2003年9月
マサチューセッツ州ケンブリッジにて

原著第2版まえがき

　本書の第1版はハーバード法科大学院の数理法務の授業用教科書として7年間にわたり使われてきた。その間，この授業は選択科目であるにもかかわらず毎年100人から200人の学生が履修する人気科目となった。法科大学院に入学する学生の多くは本書が取り扱う諸分野の全部または多くに関して基本知識を有しておらず，それでいて，本書に記されている諸技法に慣れ親しむことが法科大学院においてもその後の法律家としての職業人生においても大切であることを認識している。数理法務の授業が人気を博してきた原因はこの事実によるものであろう。これまでの授業体験を通じて私たちが痛感してきたことは，この授業を履修する者の多くは単に本書が扱う各分野の初心者であるばかりでなく，（学習能力と学習意欲のいずれにおいても何ら劣っていないにもかかわらず）数学という学問に対して若干の苦手意識を持っているという点である。このような学生に経済学，統計学，会計学，ファイナンス理論等の分野への親近感を抱いてもらえるようにすることは決して容易ではないが，この授業を履修した学生たちとの7年にわたる交流によって私たち自身も多くのことを学ぶことができた。この第2版はこのような学生たちとの交流と本書を教科書として使用してくれた他の法科大学院の先生方からの貴重な提言を踏まえて作られたものであり，旧版における（特に第4章，第8章および第9章における）諸概念の説明の仕方にかなりの改良を加えたものとなっている。本版では，他にも随所に旧版の改訂を行っており，各章の末尾に記した読書案内に掲載した文献リストも新しくした。ただし，教科書が取り上げている論点は旧版と全く同じであり，教員用の手引きに記した事例問題の多くも新版の下で利用可能であるので，これまで旧版をお使いいただいてきた各法科大学院の先生方にご迷惑をかけることは少ないと考えている。

　第2版の出版にあたっては，ハーバード法科大学院のJohn M. Olin法・経済学・ビジネス研究所から多大な援助をいただいた。謹んで感謝申し上げる。

同時に，原稿の編集作業に優れた力を発揮してくれた Sandra J. Badin と本書の出版作業に尽力してくれた Sharon D. Ray に心からの謝意を申し上げる。

    2010 年 11 月
    マサチューセッツ州ケンブリッジにて

目　次

第1章　決定分析　1

1 概　説　1
  Column 1-1　決定分析は倫理的か　4
2 決定の木　5
 A　簡単な例　5
 B　不確実性　6
 C　リスク回避　9
 D　応用例その1：示談交渉　10
 E　応用例その2：不動産の購入　12
  Column 1-2　情報の価値　17
  Column 1-3　政府の政策立案と決定分析　18
 F　一般ルール　18
 G　実力診断　18
3 必要情報の入手　21
 A　決定の木の構成　21
 B　確率の割当て　22
  Column 1-4　実務における確率の判定　24
 C　利　得　24
  Column 1-5　時間，精神的負担その他の非金銭的な利得　25
4 感応度分析　25
5 読書案内　27

第2章　ゲームと情報　29

1 ゲーム理論とは何か　29
2 ゲームの記述　29
3 ゲームの解法　36
  Column 2-1　なぜ囚人のジレンマは重要なのか　37
  Column 2-2　囚人のジレンマの解消方法　37

　　　　　　　　　　　目　次

　　　　Column 2-3　ジョン・ナッシュ　39
　　　　Column 2-4　どうしたら見せかけの脅しを真摯な脅しに変えられるか
　　　　　　　　　42
4 モラル・ハザードとインセンティブ　43
　　　　Column 2-5　モラル・ハザードと情報　44
　　　　Column 2-6　保険契約とモラル・ハザード　45
5 逆　選　択　48
　　　　Column 2-7　逆選択は保証によって回避できるか　50
6 交　渉　51
7 読書案内　54

第3章　契　約　57

1 概　説　57
2 なぜ契約が締結されるのか　58
　A　価値評価の相違　58
　B　製造における優位　58
　C　補　完　性　59
　D　資　金　調　達　59
　E　リスクの分配　60
　F　期待の差異　60
3 契約書作成の基本原則と留意点　61
　A　契約が生み出すパイの最大化　61
　B　インセンティブに関する議論　63
　C　不確実性とリスク負担　64
　D　契約条項の実効性　65
　E　紛争とその解決　66
4 製造物供給契約　67
　A　部品の調達費用に関するインセンティブ　67
　B　部品の品質に関するインセンティブ　70
　C　不確実性と再交渉　72
　D　不確実性とリスク負担　73
　　　　Column 3-1　定額報酬方式と原価加算方式の要点　74

　　　　E　応用問題：体育館の建設　74
　　　　　　　Column 3-2　一般的な契約条項　76
　　　　　　　Column 3-3　クライアントが建築計画を変更した場合　77
　　　　F　契約紛争に際して展開すべき議論　77
5　代 理 契 約　79
　　　　A　インセンティブ　80
　　　　B　リスクの負担　83
　　　　　　　Column 3-4　成果基準型の契約，インプット基準型の契約および定額報酬型の契約の要点　85
　　　　C　応用問題：コーヒーショップの店長　85
　　　　（1）　成果基準型の契約　86
　　　　　　　Column 3-5　映画脚本家の契約　87
　　　　（2）　インプット基準型の契約　88
　　　　　　　Column 3-6　コーヒーショップの店長の契約　88
　　　　（3）　定額報酬型の契約　89
　　　　（4）　最 終 判 断　89
6　その他の契約類型　89
　　　　A　共同事業契約　89
　　　　　　　Column 3-7　法律事務所のパートナーシップ契約　91
　　　　B　資産の売買・賃貸　92
　　　　　　　Column 3-8　マンションの賃貸借契約　95
　　　　C　ローン契約　95
　　　　　　　Column 3-9　住宅によって担保されたローン契約　97
7　契約紛争の解決方法　98
　　　　A　偶 発 条 項　98
　　　　　　　Column 3-10　マンションの賃貸借契約および建築契約：偶発条項　99
　　　　B　損害賠償金条項　99
　　　　C　仲 裁 条 項　102
8　契 約 交 渉　103
　　　　A　パイの最大化を図ることの重要性を当事者双方が理解すること　103
　　　　B　欲深くあれ，ただし欲張りすぎるな　104
9　読 書 案 内　105

第 4 章 会　　計　107

1　概　説　107
2　三つの基本書類　108
　A　貸借対照表　108
　　(1)　資　産　109
　　(2)　負債および株主資本　112
　B　損益計算書　114
　　　　　Column 4-1　損益計算書　114
　C　キャッシュフロー計算書　118
3　複式簿記と財務諸表　120
　A　財務諸表の取引記録の集積としての性質　120
　B　複式簿記の基礎　121
4　会計の諸原則　128
　A　全体的問題　128
　　(1)　会計単位の公準　128
　　(2)　会計の基本等式　129
　B　保守主義　130
　　(1)　貨幣的測定の公準　131
　　(2)　取得原価の重視　131
　　　　　Column 4-2　取得原価と公正価値　132
　C　費用収益対応の原則とその含意　133
　　(1)　収益の計上　135
　　(2)　発生主義会計における費用の割当て　136
　D　境界問題　139
　　(1)　無形資産　140
　　(2)　偶発債務　141
　　(3)　特別損失　142
5　会計の法制度　142
　A　財務諸表の作成義務と会計基準の制定　143
　B　監査報告制度　144
　　(1)　金融商品取引法上の監査報告　144

　　　　Column 4-3　独立監査人の監査報告書(1)　146
　(2) 会社法上の監査報告　147
　　　　Column 4-4　会計監査人監査報告書　148
　(3) 特殊な監査報告　150
　　　　Column 4-5　独立監査人の監査報告書(2)　151
　　　　Column 4-6　独立監査人の監査報告書(3)　152
　C 財務諸表の入手方法　152
6 財務諸表分析　154
　A 流動性　155
　B 支払能力　156
　C 経営の効率　158
　D 収益性　159
　E EPSと株価収益倍率　160
7 読書案内　162
【資料】楽天株式会社　有価証券報告書　164

第5章　ファイナンス　191

1 概説　191
2 ファイナンス理論の基礎　193
　A 企業論　194
　B 現代ファイナンス論の起源　201
　C ファイナンスの目標　209
3 貨幣の時価的価値　209
　A 現在の金銭と将来の金銭の比較　210
　B 単利と複利　212
　C 1回の将来払いの現在価値　213
　D 反復される将来払いの現在価値　214
　　　　Column 5-1　現在価値か将来価値か　216
　E 内部収益性　216
　F いくらの利率を用いるべきか　218
　(1) あなた自身の預貯金の金利　219
　(2) 支払者の特質に応じた利率　219

(3) あなた自身の借入利率　221
　　(4) リスク回避問題再論　221
4 コーポレート・ファイナンスの重要概念　222
　A　効率的市場仮説　222
　　　　　Column 5-2　市場の効率性と行動ファイナンス　226
　B　リスクとリターン　227
　　　　　Column 5-3　過去は将来の予兆か　232
　C　分散投資理論　232
　D　資本資産価格モデル　236
5　資産の価格算定　239
　A　類似資産に関する近時の取引　239
　B　財務諸表を用いた価格付け　240
　C　割引キャッシュフロー法　241
　　　　　Column 5-4　リアル・オプションと価格付け　243
6　読書案内　244
【資料】HOYAとペンタックス（A）　247

第6章　ミクロ経済学　269

1　概　説　269
2　競争市場の理論　269
　A　需　要　曲　線　270
　　　　　Column 6-1　需要曲線をどのように想定するのか　271
　　(1) 需要曲線のシフト　272
　　(2) 需要曲線と価格弾力性の概念　274
　　(3) 技術的事項の説明　276
　　(4) 価格弾力性と収入　277
　　(5) 他のタイプの需要の弾力性の概念　277
　B　供　給　曲　線　278
　　(1) 供給曲線のシフト　280
　　(2) 供給曲線の供給と価格弾力性　280
　C　市場における価格と取引量の決定　282
　　(1) 供給曲線と需要曲線の交点が均衡価格と均衡取引量を決める　282

(2) 需要曲線と供給曲線の変化に伴う均衡の変化　285
　D　政府による市場介入　286
　　(1) 下限価格規制　286
　　　　　Column 6-2　補助金　287
　　(2) 上限価格規制　287
　　(3) 物品税　288
　E　社会的厚生と市場　289
　　(1) 消費の価値　290
　　(2) 消費者余剰　292
　　(3) 生産費用　294
　　(4) 利潤ないしは生産者余剰　295
　　(5) 余剰　295
　　　　　Column 6-3　ダフ屋と余剰　296
　　(6) 最大余剰　297
　　(7) 社会的厚生の指標としての余剰の限界　298
　F　競争市場に政府が介入することの社会厚生的評価　299
　　(1) 上限価格規制　299
　　(2) 物品税　301
3　消費者が有する情報の不完全性　302
　A　問題の重要性　302
　B　問題の所在：不適切な消費と品質の攪乱　302
　C　問題に対する政府の対応　303
　　(1) 消費者への情報提供　303
　　(2) 購入の統制　304
　　(3) 品質の規制　305
　　(4) 何もしない　306
　　　　　Column 6-4　医療行為の主体を医師だけに制限するべきか　306
4　独占とこれに関連する市場行動　306
　A　なぜ独占が生じるか　307
　B　独占企業はどのように価格を設定するか　307
　C　独占に関する経済学上の主要な議論　314
　D　価格差別　316

(1)　なぜ，どのようにして価格差別が生じるか　316
　　　(2)　価格差別は社会にとって望ましくないことか　317
　　E　独占に対する政府の対応　318
　　　(1)　独占と独占禁止法　318
　　　(2)　独占と知的財産権　319
　　　(3)　自然独占と規制　319
　　F　寡占と独占的競争　321
5　外　部　性　323
　　A　外部性とは何か　323
　　B　外部性の問題：私的な行動は社会にとって望ましくない　324
　　C　交渉を通じた外部性の問題の解決　324
　　　(1)　交渉を妨げるものがない場合における外部性の望ましい解決法　325
　　　(2)　情報の非対称性が交渉を妨げるかもしれない　325
　　　　　　Column 6-5　気が進まない交渉　326
　　　(3)　交渉は開始されないかもしれない　326
　　D　市場を通じた外部性の問題の解決　327
　　E　法制度を通じた外部性の問題の解決　328
　　　(1)　法制度の種類　328
　　　(2)　法制度の比較　329
　　　　　　Column 6-6　ピグー税がよい手段であるならば，なぜこの制度は稀にしか用いられないのか　332
6　公　共　財　332
　　A　定　義　332
　　B　理想的な供給　333
　　C　民間部門が供給することは難しい　333
　　　　　　Column 6-7　灯　台　334
　　D　公共部門による供給　334
　　E　留保事項　335
　　F　公共部門による直接的な供給と間接的な供給　336
7　厚生経済学　336
　　A　厚生経済学とは何か　336

B　個人の福利　336
　　C　社会的厚生　336
　　　　　　Column 6-8　ロールズの「マックス・ミニ」基準の下での社会の目標　338
　　D　社会的厚生の最大化：効率性と分配　339
　　E　社会的厚生と市場　340
　　F　よくある疑問や批判に対する回答　340
　　⑴　富の再分配には費用がかかるという事実，具体的には，課税を通じた所得の再配分は労働意欲を弱めるという事実は，どのように社会厚生の最大化と市場の関係をめぐる上記の議論に影響するのか　340
　　⑵　富の再分配のために利用可能な所得税を通じた所得移転制度が存在する場合において，政策の評価は分配の問題を考慮してなされるべきであろうか　341
　　⑶　経済学者は市場に任せることが最善であると信じているのか　342
　　⑷　経済学者は測定の難しい変数を除外することで，重要な要素を見落としていないか　343
　　⑸　経済学的思考は公正の概念への配慮を怠っているのではないか　343

8　読書案内　344

第7章　法の経済分析　347

1　概　説　347
　　A　経済学的手法　347
　　B　法の経済分析と他の方法を用いた法の分析との相違点　348
　　C　経済学的な手法が用いられるに至った歴史　349
　　　　　　Column 7-1　法と経済学の重要性の増加　350

2　財　産　法　350
　　A　所有権の定義　350
　　B　所有権の存在意義　350
　　C　所有権の成立　352
　　　　　　Column 7-2　ビーバーと原住民についての謎　353
　　D　所有権の分割　353
　　E　財産の取得と処分　354

- (1) 無　主　物　354
- (2) 正当な所有者の確定　355
- (3) 売買に対する法的な制限　356
  - Column 7-3　幼児売買はなぜいけないのか？　357
- (4) 贈　与　357

F　財産の使用が第三者に及ぼす影響：外部性　358

G　公　共　財　産　358

H　公共財産の取得　358

I　知的財産権　360
- (1) 発明，創作その他の知的成果物　360
  - Column 7-4　報奨制度の過去と未来　363
- (2) その他の種類の情報　364
- (3) 標　章　365

3　不法行為法　366

A　加害者だけを原因とする事故と注意の水準　367
- (1) 社会的厚生が最適となる事態　367
- (2) 加害者が責任を負わないルール　368
- (3) 厳格責任ルール　368
- (4) 過失責任ルール　368
  - Column 7-5　裁判所が定める「相当の注意」は最適な注意水準と一致するか　369
- (5) ルールの比較　370

B　双方を原因とする事故と注意の水準　370

C　加害者だけを原因とする事故の注意水準と活動水準　370
- (1) 社会的厚生が最適となる事態　371
- (2) 加害者が責任を負わないルール　372
- (3) 厳格責任ルール　373
- (4) 過失責任ルール　373
- (5) 責任ルールの比較　374
  - Column 7-6　リステイトメントと厳格責任ルールの経済分析　375

D　企業が加害者となる事故　375
- (1) 被害者が第三者である場合　376

(2)　被害者が消費者である場合　377
　E　リスク回避的心理，保険制度および賠償責任制度　379
　　　(1)　リスク回避的心理　379
　　　(2)　保　　　険　380
　　　(3)　リスク回避的心理と保険制度を踏まえた賠償責任制度　382
　　　　　　Column 7-7　強制加入の賠償責任保険　383
　F　賠償責任制度の運用コスト　384
　G　不法行為法の経済学的分析と伝統的な分析　385
4　契　　　約　386
　A　用語の定義と分析事項の概説　386
　　　(1)　契約の強制的実現　387
　　　(2)　社会的厚生と契約当事者の効用　388
　B　契約の成立　388
　　　　　　Column 7-8　地下室の漏水と埋蔵資源の開示義務　389
　C　契約の不完備性　389
　D　契約の解釈　390
　E　損害額の算定基準　391
　　　(1)　義務履行のインセンティブ　391
　　　(2)　完　備　契　約　391
　　　(3)　不　備　契　約　392
　　　(4)　期待利益基準の契約補充機能　394
　　　(5)　契約違反をして損害賠償を支払うことは不道徳か　395
　　　(6)　信頼行動へのインセンティブ　395
　　　(7)　リスク分担　396
　F　特定履行　396
　　　　　　Column 7-9　特定履行の謎　397
　　　(1)　債務履行のインセンティブ　397
　　　(2)　特定履行の可能性　397
　　　(3)　特定履行の利点　398
　G　再　交　渉　399
　　　(1)　履　　　行　400
　　　(2)　リスク分担　400

（3）費　　用　401
　H　契約を無効とすべき場合　401
　I　法的強制手段を用いない契約の実現　402
　　（1）仲　　裁　402
　　（2）評　　判　403

5　民事訴訟　403
　A　訴訟の提起　404
　　（1）訴訟提起の私的インセンティブ　404
　　（2）個人が望む訴訟と社会が望む訴訟　404
　　　　　Column 7-10　ニュージーランドの教訓　408
　　（3）是正のための施策　409
　B　和解か事実審理か　409
　　（1）単純なシナリオ　409
　　　　　Column7-11　Priest-Klein 仮説　410
　　（2）交渉を伴うシナリオ　413
　　（3）実際の和解の頻度　415
　　（4）私的に望ましい和解と社会的に望ましい和解　415
　　（5）政　策　論　416
　C　事　実　審　理　416
　　（1）私的に望ましい訴訟コストと社会的に望ましい訴訟コスト　416
　　（2）政　策　論　417

6　公的機関による法の実現と刑法　418
　A　分析のための状況設定　418
　B　摘発率を一定とした場合の法の実現　419
　　（1）厳格責任ルール　419
　　　　　Column 7-12　摘発率の逆数を乗数とする量刑策　420
　　（2）非行責任ルール　420
　　（3）責任ルールの比較　421
　C　摘発率を変化させ得る場合の法の実現方法　421
　D　罰金刑と自由刑　423
　　　　　Column 7-13　自由刑以外の非財産刑　423
　E　隔　　離　424

F　刑　　法　424
7　厚生経済学　426
　　A　厚生経済学の基本原則　426
　　B　所得税制度がある限り分配の達成を考慮して法制度を決定してはならない　426
　　　　　　Column 7-14　不適切な人々が所得税制度を支配した場合　427
　　C　公正の観念に基づく（分配的正義以外の）規範論　428
　　D　追加的考察　429
　　　　(1)　嗜好としての公正の観念　429
　　　　(2)　公正の観念が果たし得る社会的役割　429
8　法の経済分析に対する批判　430
　　A　人間の行動の不可知性と不合理性　430
　　B　結論の一義性の欠如　430
　　C　政治的偏向　431
9　読書案内　431

第8章　統計分析　433

　　　　　　Column 8-1　訴訟における統計学　433
1　記述統計学　434
　　A　データの示し方　435
　　B　ヒストグラムと度数分布　437
　　　　　　Column 8-2　様々な方法によるデータ表現の比較　443
　　C　分布の特性を表す数値　444
　　　　(1)　分布の中心を表す数値　444
　　　　(2)　分布のばらつきの大きさを表す数値　446
　　D　正規分布　450
　　E　zスコアと正規分布表　453
2　推測統計学　455
　　A　標本と標本抽出　455
　　　　　　Column 8-3　米国の国勢調査は真のセンサスと言えるか　455
　　B　質問調査で得たデータの妥当性　458
　　　　　　Column 8-4　標本抽出の妥当性　460

C　仮　説　検　定　462
　　　　　　Column 8-5　比率を用いた仮説検定　467
　　D　推　　　定　469
　　　　　　Column 8-6　仮説検定の落とし穴　470
　　E　統計的有意性と現実の世界　471
3　読　書　案　内　471

第9章　多変数統計　475

1　二変数統計　475
　　A　散　布　図　475
　　B　線　形　関　係　478
　　C　ピアソン相関関係　480
　　　（1）相関関係と因果関係　483
　　　　　　Column 9-1　様々な関係の相関係数　484
　　　　　　Column 9-2　シンプソンのパラドックス――グループ別データと交絡　485
　　　（2）相関関係と推測　487
　　　　　　Column 9-3　相関分析：疑わしい応用例　487
　　D　線　形　回　帰　487
　　E　残　　　差　495
　　F　回帰分析の限界　497
2　重回帰分析　498
　　A　重回帰分析と差別訴訟　500
　　B　様々な誤謬　505
　　　（1）重要な説明変数の排除　505
　　　（2）不適切な変数の挿入　507
　　　（3）多重共線性　507
　　　（4）双方向の因果関係　508
3　読　書　案　内　509

訳者あとがき　513
事　項　索　引　517

【著 者】

ハウェル・ジャクソン（Howell E. Jackson）
    James S. Reid, Jr., Professor of Law
    Harvard Law School

ルイ・キャプロー（Louis Kaplow）
    Finn M. W. Caspersen and Household International Professor of Law and Economics
    Harvard Law School

スティーブン・シャベル（Steven M. Shavell）
    Samuel R. Rosenthal Professor of Law and Economics
    Harvard Law School

キップ・ビスクシィ（W. Kip Viscusi）
    University Distinguished Professor of Law, Economics, and Management
    Vanderbilt University Law School

デビッド・コープ（David Cope）
    Lecturer on Law
    Harvard Law School

【訳　者】

神田秀樹（かんだ・ひでき）
　　学習院大学大学院法務研究科教授，東京大学法学部卒業

草野耕一（くさの・こういち）
　　最高裁判所判事，東京大学博士（法学），東京大学法学部卒業，ハーバード大学法科大学院卒業（LL. M.）

【翻訳協力者】（司法修習終了年次順）

松尾拓也（まつお・たくや）　　西村あさひ法律事務所パートナー，弁護士，東京大学法学部卒業，バージニア大学法科大学院卒業（LL. M.）

浅岡義之（あさおか・よしゆき）　　西村あさひ法律事務所パートナー，弁護士，東京大学法学部卒業，ニューヨーク大学法科大学院卒業（LL. M. in Corporate Law, Fulbright scholar），オックスフォード大学法学部およびサイード経営管理大学院卒業（MSc in Law and Finance with distinction）

若林義人（わかばやし・よしと）　　西村あさひ法律事務所パートナー，弁護士，会計士補，慶應義塾大学総合政策学部卒業，慶應義塾大学大学院政策・メディア研究科修了，慶應義塾大学法科大学院卒業

岩崎将基（いわさき・まさき）　　Seoul National University School of Law, Assistant Professor，慶應義塾大学大学院商学研究科博士課程単位取得退学，東京大学法科大学院卒業，Stanford University Master of the Science of Law, Harvard University Doctor of Juridical Science.

西貝吉晃（にしがい・よしあき）　　千葉大学大学院社会科学研究院准教授，東京大学工学部電子情報工学科卒業，東京大学大学院情報理工学系研究科電子情報学専攻修士課程修了，東京大学大学院情報学環・学際情報学府コンテンツ創造科学産学連携教育プログラム修了，東京大学法科大学院卒業，元国立情報学研究所特任研究員，元西村あさひ法律事務所アソシエイト，日本大学法学部専任講師・同准教授

第1章　決定分析

1 概　　説

　法律家はあらゆる種類の決定を下さなければならず，しかもその内容は時としてかなり複雑である。訴訟遂行の過程においてもそうであるし，クライアントに助言を与える場面においてもそうである。当然のことながら，法律家もクライアントもそれが最善の決定であることを望んでおり，そのための最も確実な方法は体系的な意思決定のプロセスを踏むことである。「決定分析（decision analysis）」は，このようなプロセスを踏んで意思決定を行うための技法であり（この方法の信奉者に言わせれば，意思決定を合理的に行うための「唯一の」技法であり），不確実性を伴う事象に関して意思決定を行う場合や一つの意思決定がその後の意思決定の前提となる局面において特に有効である。

　あなたが法律業務を行ううえで意思決定を迫られそうな状況をいくつか描き出してみよう。

- **自動車事故の示談交渉**
　あなたは自動車事故の被害者の弁護士であり，加害者の弁護士と示談交渉を行っている。裁判を提起すれば三つの事態が起こり得る。第一に，あなたのクライアントが勝訴し，しかも逸失利益という主要な争点に関してあなたの主張が認められる事態が考えられる。この場合，あなたのクライアントは合計で10万ドルを受け取ることになる。あなたの判断では，この事態が起こる可能性は50％である。第二に，あなたのクライアントは勝訴するものの，逸失利益の主張は認められない事態が考えられる。この場合，クライアントが得るものは自動車の損傷に対する賠償額としての2万ドルだけである。あなたは，この事態の可能性を30％と読んでいる。第三に，あなたのクライアントが完全敗訴し，1ドルの請求も認められない事態が考えられる。あなたはその可能性を20％と見ている。裁判を提起すると1万ドルの費用がかかる。加害者側は4万ドルを支払うから本件を示談で済ましてほしいと申し込んできた。あなたは，この申込みを受け入れた方がよいとクライアントに助言すべきであろうか。

第1章　決定分析

● **不動産の購入**

あなたのクライアントはレストランを開設するための用地として二つの土地のうちいずれか一つを購入しようとしている。土地 A の売値は 30 万ドルであり，土地 B の売値は 25 万ドルである。二つの土地は見た目には違いがないのでクライアントはより安価な土地 B を購入しようと当初は考えていた。ところが，あなたが二つの土地の売主に事情聴取を行ったところ，土地 A には何の問題もなかったのに対して，土地 B には過去に廃棄物が投棄された事実があり，これに伴う環境上の問題を抱えていることが判明した。関係法令を調べたところ，土地 B に投棄された廃棄物が有害なものであればあなたのクライアントは土地 B を浄化すべき法令上の義務を負い，そのための費用は 20 万ドルにのぼる。有害物が投棄された可能性は 50％ あるというのがあなたの判断である。一方，購入すべき土地の選択を行うに先立って，土地 B に投棄されたものが有害物であるか否かを知るために環境調査会社を雇うことも可能であるが，これを実施するためには 2 万ドルの費用を支払わなければならない。あなたは，クライアントに環境調査会社を雇うことを勧めるべきか，あるいは，それを行わずに，直ちに，土地 A または土地 B を購入することを勧めるべきか。

● **損金算入に関しての助言**

あなたは税法を専門とする弁護士であり，顧問先の企業に対してある費用を税務上損金に算入すべきか否かという問題について助言を与えようとしている（本件では弁護士倫理上の問題はないと仮定する）。損金算入が税法上認められるか否かは法令の文言上は必ずしも明確でないが，仮にそれが認められるとすれば，クライアントは 8 万ドルの利益を得る。クライアントが損金算入を実施した場合，同社が税務調査を受ける可能性は 75％ である（同社はこの種の損金算入に対してしばしば税務調査を受ける業種に属している）。税務調査を受けた場合，本件損金算入が容認される可能性は 50％ である。税務調査の結果本件損金算入の効果が否定された場合には，クライアントは 8 万ドルの利益を得られないばかりか，2 万ドルの追徴金を支払わなければならない[1]。あなたは，クライアントに対して本件損金算入の実施を勧めるべきであろうか。

● **医療過誤問題**

あなたはある総合病院の顧問弁護士であり，医療過誤による訴訟リスクを回避するために同病院が策定を進めている医療方針の内部規約について相談を受けている。ところで，放置すれば死に至る心臓疾患を抱えた患者に対しては二つの治療方法が存在し，それぞれに一定のリスクが伴う。その一つは薬物治療であり，その治療が

---

1) （訳者注）この設問では，税務調査を経て税務署が下す判断の適法性をさらに争うことはしないことが黙示の前提となっている。

効果を発揮する可能性は50%である。もう一つの方法は外科手術である。手術が成功する確率は33.3%であり，10%の確率で手術は失敗し患者は死亡する。残りの56.7%の事態においては，問題は改善されず，患者は手術前よりも体力が低下する。その患者にさらに薬物治療を行うことも可能であるが，この状況で薬物治療が効果を発揮する可能性は25%しかない。生命の価値と比べれば薬物治療の費用も外科手術の費用もたいしたものでなく，したがって，いずれの治療も行わないという医療方針は過失と認定される可能性が高く[2]，下し得る判断は「薬物治療と外科手術のいずれを実施すべきか」という二者択一である（治療に伴う費用の多寡は過失の認定において考慮されないと仮定する）。あなたはこの病院に対していかなる助言を与えるべきか。

　以上の4事例のうちのいくつかについては本章 *2* D 以下において実際に決定分析を行うが，現時点でこれらの事例に挑戦してみることも面白いかもしれない。意外に難しいものもあることが実感できるであろう。
　決定分析が有用である理由はいくつかある。まず，決定自体が複雑なものである場合（その理由は，選択肢の多さ，ある選択をした場合に起こり得る事態とその可能性の複雑さ，決定が将来の決定に及ぼす影響力の大きさなど様々である），解答を見出すためには直感だけではどうしようもない場合が多く，決定分析はこの点を補ってくれる。
　決定分析が有用であるもう一つの理由は，それを行うことによって意思決定を行う際に考慮すべき諸事情が何であるかが明確になることである。決定分析を行うためには自分の判断に影響を与えるすべての要素を書き出さなければならない。この作業からだけでもしばしば大きな利益がもたらされるが，くわえて，決定を下したことによって起こり得る事態をすべて書き出し，各事態が起こる可能性の大きさを見極め，各事態の進展に応じて将来さらに何を決定しなければならないかを見定めることを通じて，ややもすれば見落としがちな問題やその可能性の大きさが明確となる。この意味からすれば，上記に示した四つの事例は，起こり得る事態とその可能性，さらには将来必要とされる決定が何であるかが予め明示されている点において例題としての適切性を欠いているかもしれない。現実の世界では，これらの事象が何であるかを自らの手で見つけ出さねばならないからである。
　上記の四つの事例からも明らかなように，決定分析は裁判を中心に職務を行

2）（訳者注）　過失の認定基準については第7章 *3* A (4)（368頁）参照。

う法律家にとっても，紛争が未発生の段階でクライアントに助言を与える法律家にとっても等しく有用である。なお，クライアントにいかなる助言を与えるべきかという判断を下すための作業の多くは法律家自らの手で行わなければならないことにも留意してもらいたい。というのも，法律家は，起こり得る事態を特定し，その可能性や重要性を判断するうえで最善の立場にいることが多いからである。例えば，前記自動車事故の示談交渉の事例において，判決がいくらの賠償を命じる可能性がどれだけあるかを最もよく知るものは法律家のはずである。不動産の購入事例においても，環境問題への注意を喚起できるのは法律家だけかもしれないし（不動産の購入に不慣れな者が環境問題に注意を払う可能性は低い），除却すべき廃棄物の種類や法令上の浄化義務の正確な内容を知っているのも法律家だけであり，環境調査会社についての情報を持ち合わせているのも法律家だけかもしれない。そこで，法律家は自らの手で決定分析を行う必要に迫られることが多いのだが，なかには，専門家に決定分析の指導を受けたり，場合によっては専門家に決定分析をまるごと任せてしまう法律家もいる（本章の末に紹介する決定分析ソフトウェア企業のウェブ・サイトを見れば，多くの著名な法律事務所の名前がその顧客として挙げられていることが分かる）。

　決定分析は企業や官庁が意思決定を行う際の有力な手段にもなっており，医療その他の分野において使われることも増えている。決定分析についての知識はあなたが意思決定を行う際に役立つばかりでなく，あなたの身の周りの状況をよりよく理解し，クライアントと効率的なコミュニケーションを図るうえでも有用である。

> **Column 1-1　決定分析は倫理的か**
>
> 　クライアントに役立つ決定分析であれば倫理上何でも許されるのか。例えば，税務問題に関して助言を与える際に決定分析を用いることは常に倫理的といえるか。この問題に対する解答は，「法律家としての法令上および倫理上の一般的義務を踏まえてクライアントに助言すべきである」という（ある意味では当然の）ものであり，決定分析を用いる助言に固有の考慮事項があるわけではない。したがって，例えば，（前記の損金算入事例がそうであるように）求められている助言が税法の解釈の不確実性に由来するものであれば，決定分析を用いることに何ら支障はないであろう。これに対して，クライアントの目的が納めるべきことが明らかな税金の支払を免れることにあるとすれば，それを助けることは決定分析という手法を用いるか否かにかかわらず不適切である。

2 決定の木

　決定分析の第一歩は，問題を「**決定の木**（decision tree）」と呼ばれる定型的な表記法で書き表すことである。この表記法は直感的にも分かりやすく，実用性も極めて高いことが経験上確認されている。決定の木には想定されるすべての決定とその結果起こり得るすべての事態ならびにその可能性と重要性（重要性は，金銭の単位で表すのが一般的である）が示される（これらの情報をいかに入手するかは別の問題として後に検討する。ここでは，決定を行う者はこれらの情報を有しているものと仮定する）。

　決定の木を作り終えたならば，次にこれを「解法」する作業が必要である。決定の木の解法作業は，その表記法と同様，直感的にも理解しやすいものである。

A 簡単な例

　最初にごく単純な和解交渉における意思決定について考えてみよう。あなたのクライアントは契約上のトラブルに関して裁判を提起することを検討している。相手方に契約違反があったことは明白であり，裁判を提起すればあなたのクライアントは確実に勝訴する。勝訴額は10万ドルとなるが，訴訟には2万ドルの費用が発生するのでクライアントの手取り額は8万ドルである。一方，被告となる当事者からは7万ドルの支払で和解することが提案されている。

　このシナリオの決定の木は図1-1に示したとおりである。ご覧のとおり，決定の木はその左端にある「**決定ノード**（decision node）」という名の四角形からはじまる。この四角形を出発点とする二本の直線を「**決定の枝**（decision branch）」と呼ぶ（単に「枝」という場合もある）。決定の枝はクライアントが下し得る二つの決定，すなわち「和解（＝和解の提案を受け入れる）」と「裁判（＝和解の提案を却けて裁判を提起する）」のそれぞれに対応したものである。①「和解」の枝に沿って記載してある「70,000ドル」という数字はクライアントが和解に応じた

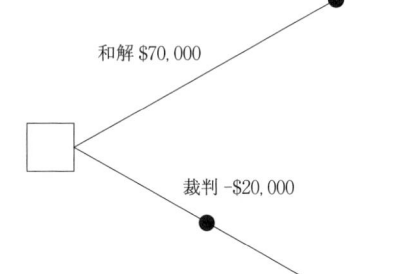

図1-1　和解か裁判か

和解 $70,000

裁判 -$20,000

勝訴 $100,000

図1-2 和解か裁判か：最善の決定

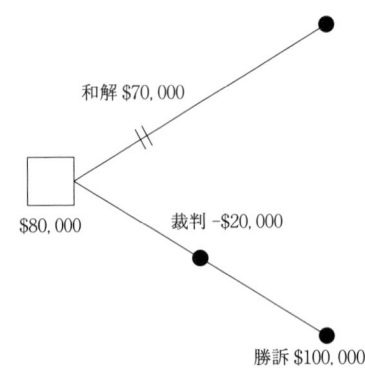

場合に受け取る金額のことであり、これが「和解」の枝の「利得（payoff）」ないし「帰結（consequence）」を示している。「裁判」の枝に沿って記されている「－$20,000」という数字は裁判を提起するための費用であり、その後に記されている「$100,000」という数字は裁判の勝訴金額である。この事案で「和解」と「裁判」のいずれの枝を選択すべきかはすでに明らかであろう。和解すれば7万ドル、裁判を起こせば正味8万ドルを、それぞれ受け取るのだから、明らかにあなたは「裁判」を選択すべきである。

　ある枝が排除されたことの印としてその枝に短い二重線を付す（図1-2参照）。同時に、最善の決定が下されたことの印としてその決定がもたらす利得の額をその決定ノードの下に書き込む（図1-2における「$80,000」という記載がこれにあたる）。

　排除された決定の枝に二重線を付したうえで決定ノードの下に最善の結果がもたらす利得の額を印すことは決定分析における伝統的な慣行である。決定分析を初めて学ぶ読者にはこの慣行は無用なものに思えるかもしれないが、後に取り上げるようなもっと複雑な問題を扱う際にはこれが役に立つ。

B　不確実性

　ここからは不確実性という論点も検討の対象に含めることにしよう。前記の契約違反の事例において、相手方に反論の余地があって裁判の帰趨は必ずしも定かではないと仮定する。あなたのみるところ、裁判で勝訴する可能性は60％しかない。あなたの主張が認められなければ、あなたのクライアントは敗訴し、1ドルも得ることができない。このシナリオを表したものが図1-3である。

　決定の枝の終点に印した円（○）は「確率ノード（chance node）」と呼ばれるものである。確率ノードは事象が不確実であることを表している。上記の事例

---

① （原注）　決定の枝の数はとり得る決定の数と常に一致する。

2 決定の木

図1-3 和解か裁判か：不確実性を伴う場合

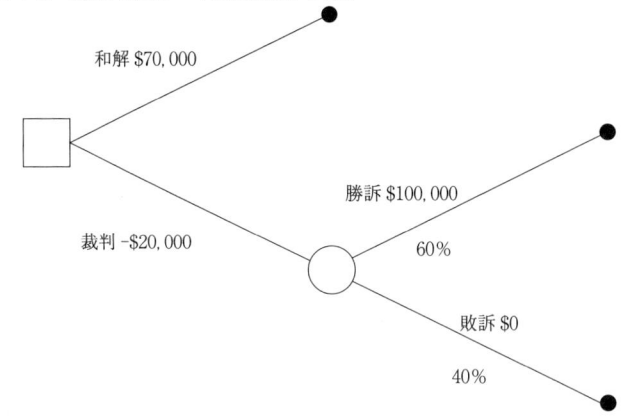

において、クライアントは、勝訴すれば10万ドルの利得を得るが敗訴した場合の利得は0である。この二つの結果が確率ノードから始まる「**確率の枝** (chance branch)」（決定の枝の場合と同様、単に「枝」という場合もある）に示されており、枝の下にはそれぞれの確率が記されている。こうして、図1-3の決定の木には問題を日常言語で説明して得られる情報のうちの重要なものがすべて記述されたことになる。

　ゲームの木は一応完成した。次の問題は裁判が生み出す不確実な利得をいかに評価するかである。決定の木のうちの裁判に関する確率ノードの部分だけを拡大してみよう（図1-4参照）。60%の確率で10万ドルを取得し、40%の確率で1ドルも取得できないということをどう評価すればよいのか。100%の確率で10万ドル得られる事態の評価額は10万ドルであり、100%の確率で1ドルも得られない事態の評価額は0ドルである。では、60%の確率と40%の確率が混在する事態はいかに評価すべきであろうか。

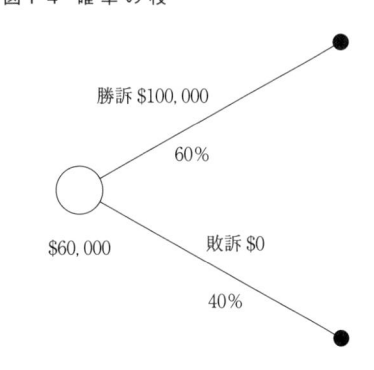

　評価額が10万ドルと0ドルの間であることは明らかである。問題は、この間のいかなる値をいかにして選び出すかであるが、素直に考える限り、その評価額は「**期待値** (expected value)」、つまり利

図1-4　確率の枝

得の実現値にその確率を乗じた値の総和に等しいと考えるべきではないだろうか。本件の期待値はもちろん6万ドル（＝10万ドル×60％＋0ドル×40％）である。期待値は類似の事態に繰り返し遭遇した場合の利得の平均値であり，そう考えれば，期待値は確率ノードの評価額として自然な数字である。60％の確率で10万ドルの勝訴判決を得るが，同時に，40％の確率で1ドルも得られない裁判に繰り返し直面するという状況を想像してもらいたい。もちろん個々の裁判の結果がどうなるかは分からないが，これらの裁判を多数経験していった場合のあなたの平均勝訴額が6万ドルに近付いていくことは納得できるであろう。このような裁判を100回経験すればあなたは60回の裁判では1回につき10万ドルを受け取り，残りの40回の裁判では1ドルも得られず，結果としてあなたの利得の合計は600万ドル（＝10万ドル×60日），裁判1回あたりの平均利得は6万ドル（＝600万ドル÷100回）となるからである。[2][3]

期待値が確率ノードの適切な評価方法であるという考え方をとりあえず容認して図1-4の分析に立ち戻りたい。この事例において裁判を提起するという決定をした場合の確率ノードの期待値は6万ドルであった。そこで，この確率ノードの下に「6万ドル」と記載する。この記載はこの確率ノードを6万ドルと評価したことを示すものである。

上記の記載をした決定の木の全体図を図1-5に掲げよう。ご覧のとおり，この図では「和解」と「裁判」という二つの決定の枝の比較が可能となっており，その結果「裁判」は「和解」に劣ることが明らかとなった。「裁判」は2万ドルの支出と6万ドル相当の確率ノードが併されることにより，正味で4万ドルの利得しか生み出さないが，「和解」からは7万ドルの利得が生まれるからである。「和解」の優位性が確定したことにより，「裁判」の枝に二重線を付してこれを斥け，同時に当初の決定ノードの下に7万ドルと書き入れる。これが，「和解」という最善の決定をした場合の利得だからである。

---

2) （原注）60回の勝訴と40回の敗訴という裁判結果の分布は60％と40％という確率を踏まえての数字である。実際の数字はこれと異なるかもしれないが，勝訴確率が60％である限り100回の裁判のうちで勝訴する回数は60回に近いものとなるであろう。

3) （訳者注）この推論の正当性は大数の法則という統計学の定理にその根拠を見出すことができる。ただし，この法則が適用されるためには毎回の裁判の結果が互いに独立して決まることも重要な前提条件である。

2 決定の木

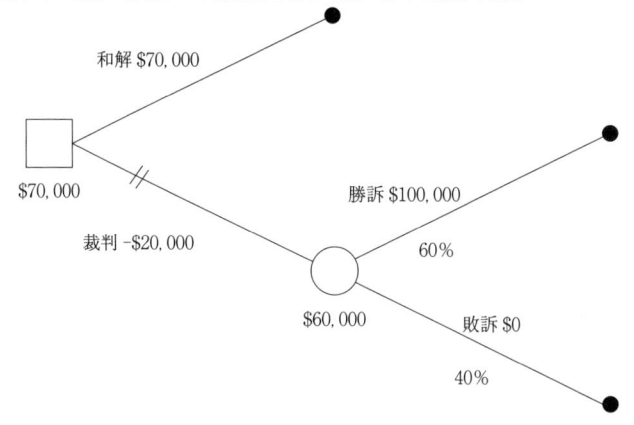

図1-5 和解か裁判か：不確実性を伴う場合における最善の決定

和解 $70,000
$70,000
裁判 -$20,000
$60,000
勝訴 $100,000
60%
敗訴 $0
40%

C　リスク回避

　上記の事例において60%の確率で10万ドルを得るが40%の確率で1ドルも得られないことの評価額をクライアントは必ずしも6万ドルとは考えないのではないか。そう思った人も多いことであろう。1ドルも得ないという結果に終わること（しかも訴訟費用の2万ドルの支払は避けられない）をおそれ，少なくともいくらかの利得は得たいと思う人は多いであろうし，そう思う人は上記の状況の価値を6万ドルより低い値（例えば5万ドル）と評価するであろう。不確実な状況を期待値より低く見積もる人のことを「**リスク回避的**（risk averse）」と表現する。

　所有する富の全体額に照らして相対的に大きい金額が問題となっていて少額の財産しか手元に残らない事態に陥る可能性がある場合，多くの人はリスク回避的となる。人が保険に入りたがる理由もこれによって説明できるし，多くの人が特定の資産に投資を集中することを避けて投資の対象を分散しようとすることもこれによって理解できる。一方，問題となっている金額が当事者の全資産に照らして少額なものである場合には人は必ずしもリスク回避的とはならない。例えば，裕福な人や大企業は10万ドル程度の金額を争う裁判の結果に対してリスク回避的とはならないであろう。

　リスク回避的な人が決定の木を用いる場合には確率ノードの評価として期待値より低い値をあてる必要がある。上記の事例で言えば，6万ドルではなく，5万ドル，あるいは4万ドルといった数字を用いるべきである。妥当な金額を発見するためにはあなた自身の感覚や判断に頼るのも一つの方法であるが，お[3][4]

そらくはクライアントと協議して決める方が望ましいであろう。なお，主として便宜上の理由から，今後は不確実な状況に対しても期待値をもってその評価額とする。

D 応用例その1：示談交渉

本章の最初に記した四つの事例問題の中の自動車事故の示談交渉について考えてみよう。この事例の決定の木は図1-6に示すとおりである。御覧のとおり，決定の木は図1-3と非常に似ている。

ここで，最初に判断すべきことは和解の申込みを受け入れるか裁判に進むかであり，この点を示すべく，決定ノードを始点として「和解」と「裁判」とい

---

③ （原注）適切な評価額はしばしば「**確実性等価**（certainty equivalent）」と呼ばれ，これを導き出すためのより体系的な方法も存在する。この点について詳しく知りたければ本章の最後に掲げる書籍などを参照してもらいたい。

4) （訳注）リスク回避的な人間の行動と確実性等価の概念をより明確に理解するためには期待効用最大化定理（「期待効用仮説」ともいう）の考え方に慣れ親しむことが肝要であろう（定理の厳密な証明まで知る必要はない）。本文で説明してきたことを踏まえて期待効用最大化定理を解説すると，意思決定者の選好に関して一定の仮定を認める限り〔これらの仮定は「連続性の公理」とか「独立性の公理」と呼ばれており，直感的に考える限り違和感なく受け入れられるものばかりである〕，人は期待値ではなく期待効用によって確率ノードの価値を評価するものであることが論理的に証明できる。ここで「期待効用」とは，対象となる意志決定者が利得から得る効用の期待値のことである（ちなみに，利得から効用が一義的に定まる〔つまり，利得と効用は関数の関係に立つ〕ことも定理の証明対象となっており，利得を独立変数，効用を従属変数とする関数をその考案者の名に因んで「**フォン・ノイマン＝モルゲンシュテルン効用関数**」といい，以下では単に「**効用関数**」という）。例えば，下図に示した曲線は一つの効用関数であり，曲線が上に凸であることが対象者がリスク回避的であることを示している（これに対してリスク中立的な者の効用関数は直線となる）。ここで，仮に確率の枝が二つあって，それぞれの利得が図のAとBであり，それぞれの確率を50％であるとした場合，利得の期待値はAとBの中点であるCとなるが，AとBに対応する効用はそれぞれA′とB′になるので期待効用（＝効用の期待値）はA′とB′の中点であるC′となる。ここで，この効用関数を使ってC′を効用の値とする利得の値を求めるとDとなり，これがこの確率ノードの確実性等価である。すなわち，確実性等価は確実な利得であってその効用が期待効用と等しいものの値を意味する。確実性等価は本来の利得と同じ単位（例えば「円」）の値であるから，これを確率ノードの評価を示す指標に用いれば決定の木に記されている他の値との足し引きが可能となる。なお，リスク回避的な効用関数，つまり上に凸の効用関数の場合，確実性等価（D）は必ず期待値（C）より低い値となり，その差額（C－D）のことを「**リスク・プレミアム**」ということも記憶に留めおかれたい。

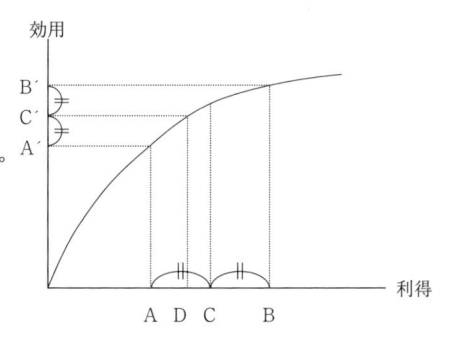

2 決定の木

図1-6 自動車事故の示談交渉

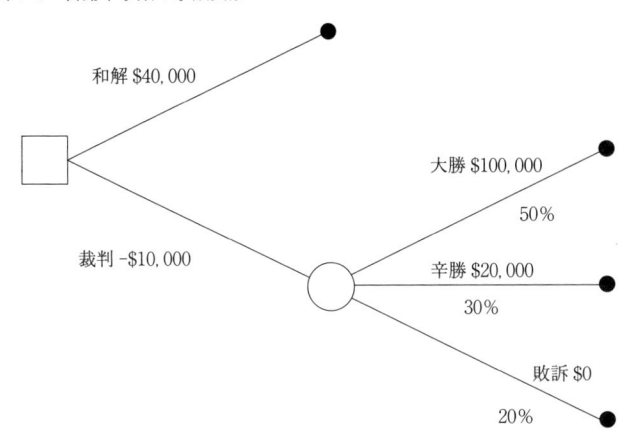

```
         和解 $40,000
                          大勝 $100,000
                              50%
                          辛勝 $20,000
         裁判 -$10,000      30%
                          敗訴 $0
                              20%
```

う二つの決定の枝が描かれている。「和解」の枝には示談の申込金額である4万ドルという数字をその利得として書き込み，「裁判」の枝には裁判を行うための費用として「-1万ドル」と記載する。裁判の結果は不確実であるから，「裁判」の枝の終点には確率ノードを記し，裁判結果として三つの事態が起こり得ることを反映させるために確率ノードを始点とする3本の確率の枝が描かれている。

1番目の枝はクライアントが「大勝」する事態に対応したものであり，その利得は10万ドル，その確率は50%である。2番目の枝はクライアントが「辛勝」する事態に対応したものであり，その利得は2万ドル，確率は30%である。3番目の枝はクライアントが敗訴する事態に対応するものであり，利得は0ドルで，その発生確率は20%である

決定の木の解法手順も図1-3の場合とほぼ同様である。最初に，「裁判」を選択した場合の確率ノードについて考えてみよう。ここには三つの確率の枝が存在するので三つの事態を考えて期待値を計算しなければならない。三つの事態の内訳は，①50%の確率で10万ドルを入手，②30%の確率で2万ドルを入手，③20%の確率で入手額0ドルであるから，期待値は，10万ドル×50% + 2万ドル×30% + 0ドル×20% = 5万6千ドルである（表1-1参照）[4]。この5万6千ドルという数字は，あなたのクライアントが上記と同様の見込みを持っ

---

[4]（原注）利得の異なる枝が多数ある場合には，確率ノードの期待値は各利得の値にその確率を乗じ，その積をすべて足し合わせた値となる。

表 1-1 期待値の計算

確率の枝	金　額	×	確　率	=	積
大　勝	$100,000	×	50%	=	$50,000
辛　勝	$ 20,000	×	30%	=	$ 6,000
敗　訴	$　　 0	×	20%	=	$　　 0
			期待値	:	$56,000

図 1-7 裁判：確率の枝

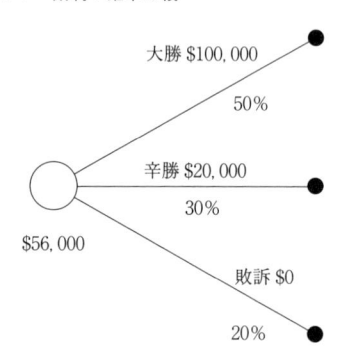

```
                      大勝 $100,000
                     ●
                  50%
         ○       辛勝 $20,000
                     ●
                  30%
      $56,000    敗訴 $0
                     ●
                  20%
```

た裁判を繰り返し起こしたならば得られるであろう裁判１回あたりの平均利得額と解釈できる。この数字を確率ノードの下に書き込んだものが図 1-7 である。

　これで決定の木を解くための下準備が整った。図 1-7 記載の情報を盛り込んだ決定の木の全体図が図 1-8 である。「裁判」によって生じる確率ノードの評価が５万６千ドルとなったので，「裁判」の評価は５万６千ドル－１万ドル＝４万６千ドルである。この数字を「和解」の評価額である４万ドルと比較すれば，明らかに「裁判」が優れている。そこで，「和解」の枝に二重線を付してこれを斥け，当初の決定ノードの下に４万６千ドルと書き込む。これによって決定の木の解法は終了した。結論は，「裁判を提起することが最善の判断であり，その価値は４万６千ドルと評価できる」となる。

E　応用例その２：不動産の購入

　次に，本章の冒頭に記した不動産の購入事例について考えてみよう。この事例はこれまでに扱ってきた事例に比べるといささか複雑であるが，解法のために新しい概念が必要とされるわけではない。

2 決定の木

図1-8 自動車事故の示談交渉：最善の決定

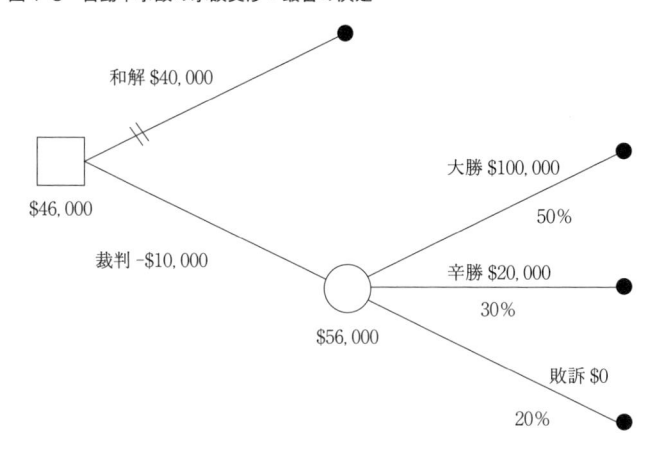

　まず，事案の全体像をいかにして決定の木に描き出すかであるが，ここでは時間的順序に沿って問題を整理することにしよう。最初にしなければならない決定は何であろうか。あなたのクライアントがなすべきことは土地Ａを買うか土地Ｂを買うか，あるいは土地Ｂを調査して有害な廃棄物の有無を確かめるかであった。つまり，クライアントが最初に行うべき決定には三つの選択肢があり，したがって決定の木は「土地Ａ購入」，「土地Ｂ購入」，「土地Ｂ調査」という三つの枝を持った決定ノードから始めるべきである。この点を示したものが図1-9であり，同図に記載してある「＄300,000」，「＄250,000」，「＄20,000」という数字は，それぞれ，土地Ａの購入費用，土地Ｂの購入費用，土地Ｂの調査費用を表している（ここではマイナスの記号は用いていない。すべての数字が費用の支出額を意味することは明らかだからである）。

　次に，最初の決定がなされた後に起こる事態を視野に入れるべく決定の木をもっと伸ばしていこう。図1-10に示したとおり，「土地Ｂ購入」の枝の後には確率ノードが置かれる。土地Ｂの購入を選択したクライアントには土地の浄化が必要か必要でないか二つに一つの事態が訪れるからである。そこで，1番目の確

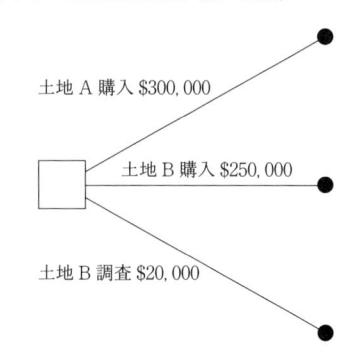

図1-9 不動産購入問題（第一段階）

図1-10 不動産購入問題（完全版）

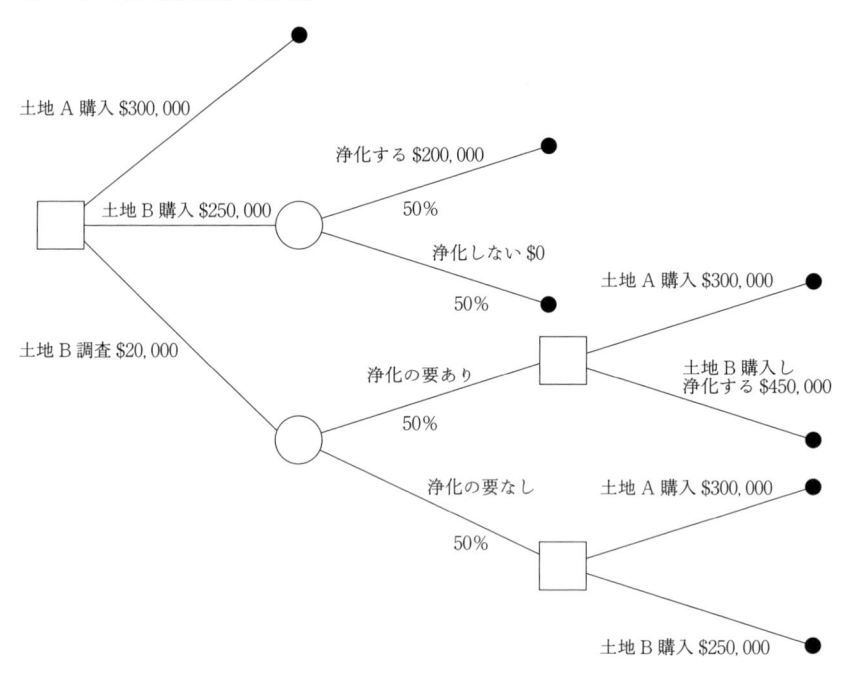

土地A購入 $300,000
土地B購入 $250,000
　浄化する $200,000　50%
　浄化しない $0　50%
土地B調査 $20,000
　浄化の要あり 50%
　　土地A購入 $300,000
　　土地B購入し浄化する $450,000
　浄化の要なし 50%
　　土地A購入 $300,000
　　土地B購入 $250,000

率の枝は「浄化する」で，その費用は20万ドル，可能性は50%であり，2番目の確率の枝は「浄化しない」で，支出額は0ドル，可能性はやはり50%である。

「土地B調査」という決定の枝の後にも確率ノードが必要である。有害廃棄物の有無を調査した結果として二つの事態が起こり得るからであり，図1-10に示したとおり，この確率ノードからは「浄化の要あり」と「浄化の要なし」という二つの枝の肢線が描かれ，それぞれの可能性はいずれも50%である。

調査の結果「浄化の要あり」となった場合，クライアントはその点を踏まえていずれの土地を購入するかを決める。したがって，その先には新たな決定ノードが置かれ，「土地A購入」の枝の費用は30万ドル，「土地B購入」の枝の費用は（この場合には浄化が必要であることは確定しているのだから）土地購入代金の25万ドルと浄化費用の20万ドルの合計45万ドルである。

調査の結果「浄化の要なし」となった場合においてもクライアントは購入すべき土地を選べるので，やはり二つの枝を持った決定ノードが置かれる。「土

地A購入」の費用は30万ドル、「土地B購入」の費用は（この場合には浄化の必要はないのであるから）25万ドルである。

　下すべきすべての決定とその結果起こり得るすべての事態を捉えた決定の木が完成したので、早速これを解いてみよう[5]。図1-11をご覧願いたい。

　まず、「土地A購入」の枝の結論は単純で、「費用30万ドル」、これだけである。「土地B購入」の枝の場合は、これに続く確率ノードの評価額を記載しなければならない。費用の期待値は20万ドル×50％＋0ドル×50％＝10万ドルであるから「土地B購入」の後に続く確率ノードの下には10万ドルと書き込もう。この結果、クライアントが土地Bを購入するための費用は購入額25万ドルと浄化費用の期待値10万ドルの合計額である35万ドルと評価される。35万ドルという数字は「土地A購入」の費用である30万ドルを超えている。したがって、「土地B購入」は「土地A購入」に劣る決定であるからこれを排除する（図1-11では「土地A購入」も排除されているが、その理由は後で述べる）。

　残された決定の枝である「土地B調査」について考えよう。この枝の先には「浄化の要あり」と「浄化の要なし」という二つの事態を含んだ確率ノードが置かれているが、我々はまだそれぞれの事態においていかなる決定が下され、その事態の評価額はいくらとなるかを検討していないので、現時点ではこの確率ノードの価値を評価することができない。このような場面において用いるべきは「後戻り思考法（to work backwards）」である。まず、「浄化の要あり」の事態から始めよう。図1-11を見れば、「30万ドル」と書かれた「土地A購入」の方が「45万ドル」の「土地Bを購入し浄化する」よりも有利な選択肢であることが分かる。この判断は30万ドル支払って土地Aを取得する方が25万ドル支払って土地Bを取得しその後にさらに20万ドルの浄化費用の支払を余儀なくされる事態よりも望ましいという考え方を反映したものである。そこで、不利な枝であることが明らかとなった「土地Bを購入し浄化する」を排除し、決定ノードの下に30万ドルと書き込むことにしよう。

　調査の結果「浄化の要なし」となった場合はどうか。図1-11の数字を見比べれば、「土地B購入」の方が有利なことは明らかである。この場合には、土地Bを購入しても浄化費用が発生しないことは確定しているのだから25万ド

---

[5]　（原注）この事例では決定の木を別の形で作ることもできる。それは、「調査する」と「調査しない」の選択から始める方法だ。この方法を用いた決定の木を完成させ、その結論が本文記載の決定の木の場合と同じとなることを確認してもらいたい。

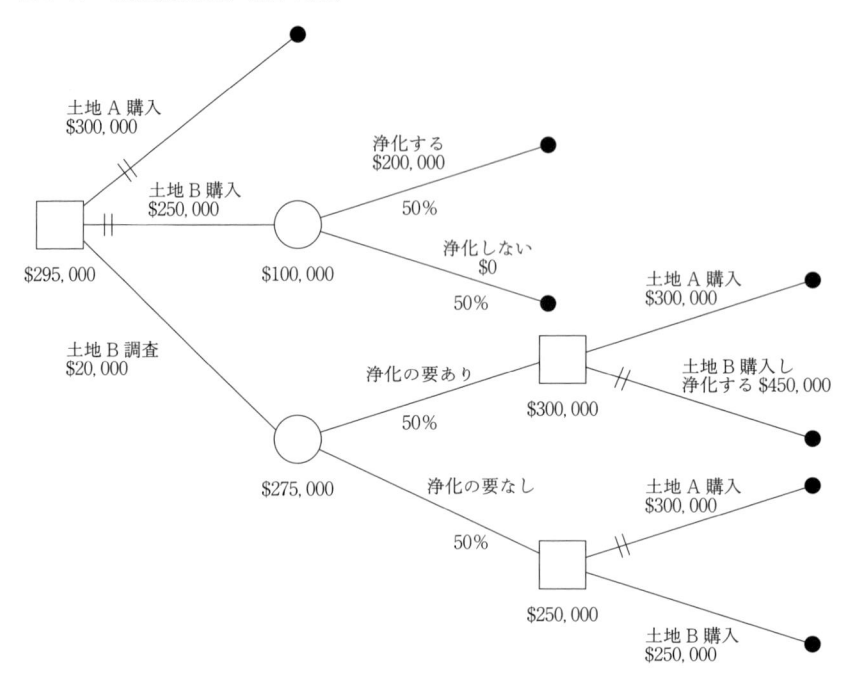

図1-11　不動産購入問題：最善の決定

[決定木の図：
- 最初の決定ノード（$295,000）から3つの枝
  - 土地A購入 $300,000（排除）
  - 土地B購入 $250,000 → 確率ノード（$100,000）
    - 浄化する $200,000　50%
    - 浄化しない $0　50%
  - 土地B調査 $20,000 → 確率ノード（$275,000）
    - 浄化の要あり 50% → 決定ノード（$300,000）
      - 土地A購入 $300,000
      - 土地B購入し浄化する $450,000（排除）
    - 浄化の要なし 50% → 決定ノード（$250,000）
      - 土地A購入 $300,000（排除）
      - 土地B購入 $250,000
]

ル支払って土地Bを購入する方が30万ドルを支払って土地Aを購入するよりも有利だからである。そこで、「土地A購入」を排除し、決定ノードの下に25万ドルと書き込もう。

　これで「土地B調査」に続く確率ノードを評価する準備が整った。「浄化の要あり」の評価が30万ドルで、「浄化の要なし」の評価が25万ドルであるから、その期待値は27万5千ドル（＝30万ドル×50％＋25万ドル×50％）である。この数字を確率ノードの下に書き込もう。

　「土地B調査」という決定の枝の評価に必要なすべての情報が出揃った。評価額は調査費用の2万ドルとその後に発生する費用の期待値である27万5千ドルの合計、すなわち29万5千ドルである。この数字は、「土地A購入」の評価額である30万ドルよりも低い。そこで、「土地A購入」の枝は相対的に不利なものとなったのでこれを排除し、「土地B調査」が最適な選択肢として残る。その評価額は29万5千ドルであるから、この数字を最初の決定ノードの下に書き込んで作業は完了である。

Column 1-2　情報の価値

　有害物質の有無を調査すべきか否かという問題をもう少し広い視野から眺めれば，「ある情報を得るためにはいくらを支払う価値があるのか」という一般的な問題として捉え直すことができる。決定分析を用いればこの一般的問題に対処することができる。情報を得ることによって経済的にどれだけ有利となるかが明らかとなるからである。

　ここで，しばし立ちどまり，これまでに行ってきた作業の全体像を通じて浮かび上がる留意点を2点ほど指摘したい。
　第一に留意すべきことは，我々はあなたとあなたのクライアントが下すべき最初の決定の最善の選択肢――それは「土地B調査」であったわけだが――を見出しただけでなく，その後に取るべき行動の完全な筋書きも同時に入手したという点である。この筋書きがいかなるものであるかを知るには，排除されていない枝に沿って決定の木を辿っていけばよい。すなわち，最初にとるべき行動は最初の決定ノードから出ている決定の枝の中で唯一残っている「土地B調査」である。次にとるべき行動は，この枝の終点にある確率ノードの結果を知ることである。この結果によって，あなたは決定の木の右下にある二つの枝のいずれかを進むことになる。その場合，各事態に対して排除されずに残っている枝はそれぞれ一つしかなく，これがあなたのとるべき次の行動となる。すなわち，調査の結果「浄化の要あり」となれば土地Aを，「浄化の要なし」となれば土地Bを，それぞれ購入すればよい。
　第二に，「土地B調査」という決定の枝を評価するにあたって決定の木の一番右側から検討を始めて順次検討の対象を左に移していったことを思い出してもらいたい。我々は自然な振る舞いとしてこのような行動をとったのであるが，実際のところ，これ以外に解法の術はない。すなわち，「浄化の要あり」という枝を評価するには浄化が必要と判明した後でクライアントはいずれの土地を買うかを知る必要があり，「土地B調査」という枝を評価するには調査の結果に応じてクライアントはいかなる行動をとるかその全貌を知らなければならない。これら一連の作業は，「跳ぶ前に見る（look before we leap）」ために必要なプロセスと言えよう。

> **Column 1-3** 政府の政策立案と決定分析
>
> EPA（Environmental Protection Agency の略，日本の環境省にあたる米国の連邦政府機関）は，人や企業が有害廃棄物の有無を積極的に調査し，有害物の存在が判明すれば直ちにその浄化を実施することを望んでいると仮定しよう。人々にこの調査の実施を動機付けるためには政府が調査に補助金を出し，あるいはこれに対して税務上の優遇措置を与えることが必要だろうか。EPA は（調査にかかる費用がいくらであるかを見定めたうえで）決定分析を実施すればこの問題に対する答えを見つけ出すことができる。この点をもっと一般化して言えば，決定分析は政府が人々の行動を予測し賢明な政策を立案するうえでも有用である。

F 一般ルール

これまでの事例から，決定の木の解法のための一般ルールを導き出すことができる。以下，それを書き出してみよう。

- 決定の木の右端，すなわち決定の木の一番最後に登場する決定ノードまたは確率ノードの解法から作業を始めること（これらのノードが複数ある場合にはそのうちのいずれから作業を始めても構わない）。それが確率ノードである場合には，その期待値を計算し，その値を確率ノードの下に書き込むこと。それが決定ノードである場合には，どの枝が最善の選択肢であるかを見極め，残りの枝に二重線を付して排除したことを示し，残された枝の価値を決定ノードの下に書き込むこと。
- 決定の木の右端に複数のノードがある場合には上記の作業をこれらのノードのすべてについて実施すること。
- 上記の作業を決定の木の右から順次左に向かって繰り返すこと。

ここで，一つ「よい知らせ」がある。それは，決定の木の解法を誤るという事態は起こり得ないということである。その理由は，いかなるノードの評価もその右側にある諸要素の評価がすべて完了していなければ行うことができないからであり，この意味からすれば，上記の一般ルールを記憶すること自体不要である。決定の木に自然に立ち向かいさえすれば，作業は自ずから右から左へという順序で進行し，自動的に解法に辿りつける。

G 実力診断

ここで，新たな問題について考えよう。今回はこれまでのものよりも少し複雑である。この問題を決定の木に書き表すことができれば（おそらくできると思

うのだが）決定の木の作り方を概ねマスターしたと言えるだろう。

あなたは損害賠償請求の提訴を考えている人物から相談を受けているが，損害額（それは契約違反に基づく逸失利益であるとしよう）がいくらであるかは定かでない。ただし，専門家を用いてその意見を聞くことは可能であり，これを実施すれば，専門家は50％の確率で損害を20万ドルと評価し，50％の確率で40万ドルと評価するであろうとあなたは考えている。専門家の意見を聞くには2万ドルかかる。

裁判の事前準備としてあなたはこの専門家の意見を裏付ける証拠の収集を行うことができるが，この作業には1万ドルの費用がかかる。もっと詳しくいうと，専門家が損害を20万ドルと評価した場合において，あなたがこの評価に沿った証拠の収集活動に1万ドルを費やせば裁判では確実に20万ドルの支払請求が認められる。証拠の収集活動をしなければ，50％の確率で20万ドル，50％の確率で15万ドルの支払を命じる判決が出ると予想される。専門家が損害を40万ドルと評価した場合において，あなたが1万ドルかけて証拠収集活動を実施すれば80％の確率で40万ドル，20％の確率で35万ドルの支払を命じる判決が出され，証拠収集活動をしなければ70％の確率で40万ドル，30％の確率で35万ドルの判決が出るものと予想される。

一方，仮にあなたが専門家の意見を聞かない場合には，逸失利益を主張するために具体的にいかなる証拠を収集すべきかが定まらず，したがって，裁判の事前準備として証拠収集活動を行う余地はない。しかし，その場合であっても裁判の場で明らかにされる事実に基づいて損害の立証を行うことは可能であり，50％の確率で15万ドル，50％の確率で35万ドルの判決が得られるであろうとあなたは予想している。[5]

以上の事実を踏まえて，どのような決定の木ができるか。答えは図1-12に示したとおりであり，木の始まりは「専門家を雇う」と「専門家を雇わない」という二つの決定の枝から成る決定ノードである。

「専門家を雇う」の枝から検討を始めよう。その費用は2万ドルであるから，

---

[5] （訳者注）この設問に記載されている数字はいささか恣意的な印象を与えるかもしれないが，次のような状況を想定してもらえればそれなりのリアリティーが感じ取れるであろう。すなわち，この事案の逸失利益の評価方法は2通りあり，いずれの評価が妥当と判断されるかは立証される事実関係次第である。そして，一つの評価方法が妥当とされた場合に認定される損害額は35万ドルか40万ドルであり，もう一つの評価方法が妥当とされた場合に認定される損害額は15万ドルか20万ドルである。

図1-12 専門家を雇うか否か

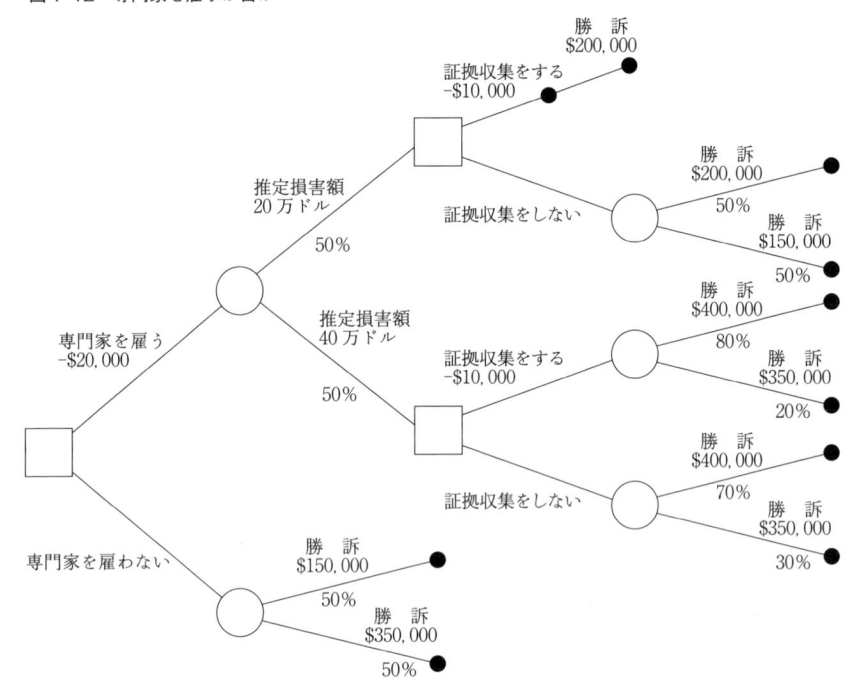

```
                                              勝 訴
                                             $200,000
                          証拠収集をする          ●
                          -$10,000
                    ┌──────┤
                    │         証拠収集をしない        勝 訴
                    │                              $200,000
      推定損害額                              ○  50%  ●
      20万ドル                                     勝 訴
          50%                                     $150,000
        ○                                      50%  ●
       ╱
      ╱    推定損害額                                勝 訴
     ╱     40万ドル                               $400,000
  専門家を雇う    50%                 証拠収集をする      80% ●
  -$20,000       ┌──────┤   -$10,000    ○
    □            │                              勝 訴
     ╲           │                              $350,000
      ╲                                        20%  ●
       ╲         証拠収集をしない                    勝 訴
        ╲                                        $400,000
         ╲                                  ○  70%  ●
  専門家を雇わない                                  勝 訴
                        勝 訴                    $350,000
                        $150,000                 30%  ●
                    ○ 50%  ●
                        勝 訴
                        $350,000
                        50%  ●
```

まずこの数字をこの枝に沿って記載する。その後に続く確率ノードには専門家が下す判断に応じて「推定損害額20万ドル」と「推定損害額40万ドル」という二つの確率の枝があり,それぞれが50%の確率である旨を記載する。これらの確率の枝はいずれもその終点に決定ノードを従えており,これが次にあなたが下すべき決定の内容を示すものとなる。この決定ノードは,「証拠収集をする」(この場合は1万ドルが支出される)と「証拠収集をしない」(この場合追加の支出はない)という二つの決定の枝を持っている。専門家が損害額20万ドルと推定し,あなたが証拠収集を行えば確実に20万ドルの判決が出される。専門家が損害額20万ドルと推定し,あなたが証拠収集をしなければ,判決は50%の確率で20万ドル,50%の確率で15万ドルとなり,このことは「証拠収集をしない」という決定の枝の後に続く確率ノードに示される。

決定の木のうちの「専門家を雇う」と「推定損害額20万ドル」の組み合わせからなる部分の説明は以上のとおりであり,その次の,「専門家を雇う」と「推定損害額40万ドル」の組み合わせの部分についても同様の処理を行えばよ

い。残るは「専門家を雇わない」の枝であるが，この枝の後には二つの確率の枝を持った確率ノードが置かれ，これらの確率の枝の一つは50％の確率で15万ドルの判決を受けること，もう一つは50％の確率で35万ドルの判決を受けることを示したものとなる。

あとは決定の木を解くだけである。今するか後でするかはあなた次第であるが，力試しに是非挑戦してもらいたい。その際には，どうしたら結論の正しさを分かりやすい言葉で説明できるかについても考えてみるといいだろう。

3　必要情報の入手

これまでの事例においては決定の木を作るのに必要な情報はすべて与えられており，情報を収集・整理することは必要ではなかった。しかし，現実の世界では情報が今までのように簡潔に整理された形で手に入ることは極めて異例であり，情報の多くは入手すること自体が難しい場合も少なくない。のみならず，何人も体系的な検討を行ってきていない問題状況においては，決定の選択肢としていかなる行動があり得るのか，それすら自明でないことがしばしばである。このような状況下で必要な情報を入手するにはどうすればよいであろうか。ちなみに，決定分析を進めるうえで必要な情報は以下の3種類に分類できる。すなわち，①とり得る決定の選択肢とその結果起こり得る事態の全容，つまり決定の木の「構成」にかかわる情報，②決定の木の一部を構成する確率ノードにおける確率の分布，および③各ノードの枝に割り当てるべき利得（ないしは費用）の値（あるいは数字以外の手段で表した望ましさの順序）の三つがそれである。以下，この三つの分類に則って上記の問題を考えてみよう。

A　決定の木の構成

最初にすべきことは，あなたが立ち向かう決定の木の構成を明らかにすることである。あなたは，最初に下すべき決定の選択肢を特定し，その結果起こり得る事態を見極め，決定の木の残りの部分についても同様の作業を続けていかなければならない。この作業はあなた1人で行える場合もあるが，多くの場合必要な情報は他者とのコミュニケーションを通じて得られる。その「他者」はクライアントである場合が一般的であるが，事情によってはあなたの同僚の法律家や問題となっている事項の専門家がその役割を果たす場合もあるだろう。

問題状況は左から右に時間的順序に沿って記述することが一般的である。この記述を正確かつ完全なものとすることを目指す（ただし，無意味に詳しいものとする必要はない）ことにより，あなた自身の思考はそれを行う前に比べてはるかに明晰なものとなるであろう。

前述のとおり，あなたの法律知識と法律家としての経験は決定の木を完成させるうえで極めて重要な役割を果たす。例えば，問題が法令上の規制にかかわるものである場合，あなたは規制の内容を知っているか，そうでなくてもこれを知り得る立場にある。問題が過失責任にかかわるものである場合，過失の認定の根拠となる注意義務がいかなるものであるかをあなたは知っている。問題が訴訟手続に関するものである場合には，いかなる申立てをし，いかなる証拠の開示請求を行い，あるいは，いかにして証人尋問を実施するかなどの具体的行為の概要を知っているのはあなたである。くわえて，あなたはクライアントの知らない重要な事項を経験上──厳密に言えばそれはあなたの専門知識ではないにもかかわらず──知っている。例えば，あなたが多くの不動産取引に関与したことのある法律家だとすれば，あなたは有害廃棄物の有無を調査する機関の存在を（おそらくはそのような機関の具体名すらも）知っており，一方，そのような取引の経験に乏しいクライアントはそのような機関の存在はおろか，そのような調査を行うことが必要ないし適切であるということすら知らない可能性が高い。

最後に，決定の木を作成することによってしばしば得られるもう一つのメリットについても触れておこう。すなわち，それは，そうすることで決定の枝や確率の枝の数は当初の想定よりも多いことがしばしば明らかとなるということである。ただし，決定の木を複雑すぎて手に余るものとしないためには，枝をある程度整理統合することも重要である──特に確率の枝に関してそうである──ことに留意されたい。

B 確率の割当て

決定の木が完成したならば，今度は，起こり得る各事態に確率を割り当てなければならない。しかし，どうしたら各事態の確率を割り出すことができるのだろうか。もちろん，具体的資料が存在する場合もあるだろう。例えば，訴訟の勝訴確率については，類似の事案であなたと同じ立場の当事者の主張が認められた割合が分かっていてこれを利用できる場合もあるだろうし，税務調査が

なされる可能性などについては過去のデータが役に立つ場合もあるだろう。情報を直ちに入手することはできないが，費用をかければこれを手に入れることができる場合もある。例えば，裁判の勝訴確率を推定するには模擬裁判を実施することが有用であるし，クライアントの行為に過失があったと判定される確率を見極めるためにはこの問題の専門家を雇うことも一案である。

　しかしながら，主観的判断に頼らなければ確率を割り当てることができない場合も少なくない。裁判の勝訴確率についても，類似の案件がほとんどなく，あるいは全く存在しないという事態も稀ではない。契約の相手方がその契約に違反する確率はいくらかと聞かれてもこれを推定する情報を見つけ出すことは難しい場合が多いだろう。このような場合の確率は不回避的に主観的なものとなるわけだが，では，具体的にいくらの値をもって，その主観的確率とすべきか。

　この問題に対する解答を具体例を用いながら示すことにしよう。あなたは，ある裁判での勝訴の確率を見極めようとしていると仮定する。この場合，あなたはまず次のような質問を自分に投げかけてみるとよい。「1から100の目が均等に並ぶルーレットを回して1から30までの数字が出ればお金がもらえるゲームと，この裁判で勝訴すれば同額のお金がもらえるゲームのいずれか一つを選べるとしたら自分はどちらを選ぶだろうか」。これに対するあなたの答えが「裁判のゲームを選ぶだろう」というものであれば，この裁判の勝訴の可能性についてのあなたの主観的確率は30％を超えている。そうであれば，次にルーレットを回して1から40までの数字が出ればお金がもらえるゲームとの比較を考えてみるとよい。それでも裁判のゲームを選ぶとすれば主観的勝訴確率は40％を超えている。

　このような作業をルーレットの目の数を変化させながら続けていけば，やがて裁判のゲームとルーレットのゲームのいずれを選ぶか甲乙つけ難いという状況に辿りつくことだろう。この状況におけるルーレットの目の数があなたの主観的確率を表している。例えば，ルーレットで1から60までの目が出ればお金がもらえるゲームと裁判の勝訴に賭けるゲームが甲乙つけ難いとすれば，勝訴に対するあなたの主観的確率は60％である。

　以上の点に関連して2点指摘しておこう。第一に，いくら「主観的」と言っても，その判断を支えているものはあなたが有している様々な情報であることを忘れないように。第二に，あなたとあなた以外の人の主観的確率が概ね一致

する場合はよいが，両者が不一致の場合もあるだろう。そのような場合には，両者で議論を重ねることが重要であり，それを通して新しいことが分かり，最善の推定を行うさらなる足掛かりが見つかるかもしれない。

　確率分布の中には法律家であるあなたが設定すべきものもあればクライアントが提供すべきものもある。法律事項に関する確率はあなたが設定すべきであり（あるいは，少なくともその設定に際してあなたは重要な役割を果たすべきであり），したがって，裁判の帰趨あるいは裁判手続全体の中における個々の争点に関する結果などはあなたがその確率を判定すべきである。一方，クライアントが提供する事実とあなたの知識が組み合わさってはじめて今後起こり得る事態の確率を判定できる場合もあるだろう。

Column 1-4　実務における確率の判定

　本文に記したような思考実験は確率の判定にしばしば利用されている。例えば，ある著名なコンサルタントは「ベッティング・ホイール（betting wheel）」と呼ばれる器具を使って確率を見積もる。これは黒い回転盤の上に大きさを調整できる赤い扇形の図形を貼り合わせた器具であり，この回転盤を回して赤い扇形の部分が出れば「勝ち」，黒い地の部分がでれば「負け」と判定される。このコンサルタントは，まず赤い扇形を最小の大きさにしたうえでクライアントにこう尋ねる。「問題の事態が起こる確率はこの回転盤を回して『勝ち』となる可能性よりも大きいと思いますか」。クライアントの答えが「イエス」であれば，赤の扇形の部分の面積を徐々に大きくしていき，クライアントが次のように答えるまで上記の質問を繰り返す。「うーん。事態が起こる確率はこの回転盤を回して『勝ち』となる可能性と同じ位ですね」。

C　利　　得

　利得（費用についても同様）の見積りは確率の判定と類似の手法で行えばよい。見積りに必要な情報はクライアントから入手できる場合が多いが，その見積りを確かなものとするためには専門家を起用しなければならない場合もある。これまでの話と同様に法律家としてあなたが持ち合わせている情報は貴重である。例えば，損害賠償として支払を受ける額を見極めるには，法律上いかなる損失が損害請求の対象となるかを知っている必要があるが，これを知っているのはあなたである。訴訟に要する費用や専門家に支払うべき手数料についても，あなたは知っているがクライアントは知らないという場合が多いであろう。

> **Column 1-5** 時間，精神的負担その他の非金銭的な利得
>
> 利得を見積るにあたっては非金銭的な利得を勘定に入れることを忘れてはならない。ある決定をしたり，あるいは，ある事態が起こった場合には，それに費やされる時間が馬鹿にならない。そのような場合には，何らかの方法により時間を金銭に換算して計算に組み入れることが必要である。さらに，あなたのクライアントは裁判に伴う精神的負担を避けたがっているかもしれない。そのような場合には，クライアントの協力を仰ぎながら，そのような非金銭的な要素の数量化も試みるべきである。それは極めてラフなものにならざるを得ないが，それでもそのような要素を全く無視するよりは賢明であろう。

4 感応度分析

ここまで読み進められてきた読者には自明のことかもしれないが，決定の木の作成・解法を行うにあたって繰り返し問題となることは，いかにして分析の結果に対して合理的自信が持てるだけの精度を備えた情報収集を行うかである。しかし，いかに最善の努力を払っても推定した数字に合点がいかないという場合があるだろう。そのような場合には，判断の基準となったデータがどれだけ変われば決定の内容も変わるのかを考えなくてはならない。推定した確率の値や利得の値がどれだけ変化すれば決定の内容が変わるのか，これを見極める作業を「**感応度分析**（sensitivity analysis）」という。そう呼ぶ理由は，この作業の目的はデータに一定の変化が生じた場合，我々の最善の判断はどこまでその変化に感応するものであるかを見極めようとすることにあるからである。

決定の内容があるデータに対してどれだけ感応的であるかを見極める一つの方法は，そのデータの数字（それが確率の値であれ，利得の値であれ）にどれだけの変化を加えても決定の内容は変わらないかを見定めることである。その結果，ある数字に関する限り，想定し得る最大限の変更を加えても結論に影響はないと判断される場合もあるだろう。そのような場合には，決定はその数字に関して「**強靭**（robust）」だといえよう。しかしながら，推定された数字にわずかな変化を加えるだけで決定の内容が変わってしまう場合もある。このような場合には推定に改良を加えるべくさらなる情報を求めることが必要であろう。

感応度分析をどのように行うかをみるべく，本章で最初に取り上げた決定の木について再度考えてみよう。図 1-13 をご覧願いたい。

図 1-13 和解か裁判か：最善の決定

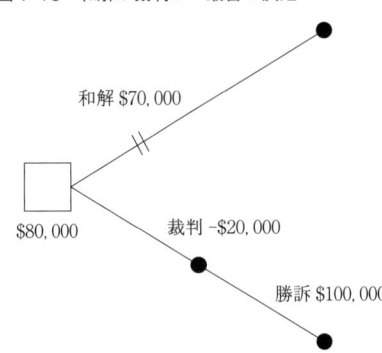

```
         和解 $70,000
      ●━━━━━━━━●
$80,000 ┃
      ┃  裁判 -$20,000
      ●━━━━━━━━●
            勝訴 $100,000
                      ●
```

ここに記されている見積額を正しいと考える限り，「裁判」が正しい決定であることは前に述べたとおりである。そこで，ここでは，何らかの理由によって裁判の正味受取額の見積りに疑問を抱いていると考えてみよう。疑問を抱く理由は様々である。被告側の対応次第で訴訟に要する費用が上昇するかもしれないし，陪審員が定める判決額はあなたの推定額と異なるかもしれない。

このような状況においてあなたが知りたいことは，例えば，判決額の見積りにどれだけの変化が生じたならばあなたが下すべき決定が「裁判」から「和解」に移行するかである。答えはもちろん，「9万ドルを下回った場合」であろう。なぜならば，判決額が9万ドルを下回れば，「裁判」を選んだ場合の正味受取額が（和解の申込額である）7万ドルを下回るからであり，この場合における「9万ドル」を感応度分析の用語では「クロスオーバー・ポイント（crossover point）」という。この点を「通り過ぎる（cross over）」と決定の内容を変更しなければならないからそう呼ぶわけである。クロスオーバー・ポイントは決定分析の信頼性を吟味する際にしばしば注目される概念である。

対価を支払えば追加の情報を得ることが可能であり，その情報如何によっては決定が覆る可能性があると仮定してみよう。この場合，対価を支払ってでもその追加の情報を入手すべきか否かの判断は以下の手続を踏んで行うべきである（前に論じた不動産購入事例の状況と似ていることに留意されたい）。すなわち，第一に，追加の情報がないとすれば，利得の期待値はいくらであるかを計算し，第二に，（追加の情報の内容次第で決定の内容が異なってくることを踏まえたうえで）追加の情報を得た場合における利得の期待値を計算し，最後に，後者の値（＝追加の情報を得た場合の利得の期待値）が前者の値（＝追加情報なしでの利得の期待値）を上回り，かつその差額が情報の取得に要する費用を上回るのであれば，その情報を取得すればよい。

具体的に説明しよう。図 1-13 を再度ご覧願いたい。ただし，今回は裁判の結果が不確実であり，現時点のあなたは，50％の確率で15万ドル，50％の確率で5万ドルの判決が得られると考えているとしよう。ただし，あなたには1

万ドルの対価を支払って損害賠償問題の専門家の鑑定を受ける道が残されており，この鑑定の結果を入手すれば判決額が5万ドルになるか15万ドルになるかが確実に判明するものとする。この状況を表した決定の木を作り，以下のような分析が妥当することを確認してもらいたい。

- 専門家を雇わない場合の利得の期待値は8万ドルである。
- 専門家を雇い，その者が判決額は5万ドルになると判定した場合には，「裁判」を選択することの正味の利得は3万ドルとなるから，あなたは「和解」を選択するだろう。
- 専門家を雇い，その者が判決額は15万ドルになると判定した場合には，「裁判」を選択することの正味利得は13万ドルとなるから，あなたは「裁判」を選択するだろう。
- したがって，専門家の鑑定を受けることはあなたの利得の期待値を8万ドルから10万ドルに高める。[6]
- しかるに，専門家を雇う費用は1万ドルである。
- よって，あなたは専門家を雇うべきである。

5 読書案内[7]

本書の原本に紹介されている書物とこれに対する原著者のコメントの要旨は以下のとおりである。

1. S. Christian Albright, Wayne L. Winston and Christopher J. Zappe, *Data Analysis and Decision Making*, 3rd ed.（Mason, OH: South-Western, 2009）の7章。ビジネス・スクールの学生向けの文献。内容は本書よりやや高度。
2. Wayne L. Winston, *Operations Research*, 4th ed.（Belmont, CA: Brooks/Cole, 2009）の13章。本書のテーマをより数学的に論じている。
3. TreeAge Software's website, www.TreeAge.com. 複雑な決定の木の作成や解法に用いるソフトウェアが入手可能。米国の主要な法律事務所の多くがクライアントリストに掲げられている。
4. Reid Hastie and Robyn M. Dawes' *Rational Choice in an Uncertain World*, 2nd ed.（Thousand Oaks, CA: Sage Publications, 2010）。現実の意思決定を行う過程で人が陥りがちな誤りを心理学的観点から論じた名著。
5. Howard Raiffa, *Decision Analysis*（Reading, MA: Addison-Wesley, 1968）。決定

---

[6]（訳者注） ここでは専門家の判断が15万ドルとなるか5万ドルとなるかの確率は五分五分であることが暗黙の前提となっている。

[7]（訳者注） ここに掲げるもののうち，日本語の文献に関する記述は訳者の手によるものであり，第2章以降における読書案内の項も同様である。

分析の学問的基礎を築いた学者の手にかかる古典的文献。
6. Howard Raiffa, John Richardson, and David Metcalfe, *Negotiation Analysis: The Science and Art of Collaborative Decision Making* (Cambridge, MA: Harvard University Press, 2002). 前掲5記載の学者の手にかかる上級レベルの教科書。
7. *Theory and Decision*. 決定分析を主要テーマとする学際的な学術誌。
8. *Decision Analysis*. Decision Analysis Society (the professional organization of decision analysts, http://www.informs.org/Community/DAS) の公的な機関誌。

次に日本語の文献について紹介する。といっても，本章で論じた内容の多くは，ゲーム理論やファイナンス理論の教科書でも取り上げられているので，第2章や第5章の読書案内の中で薦める書物を読めば，それに加えて「決定分析」だけを論じた書物を読む必要はほとんどないであろう。ただし，

① 藤田恒夫＝原田雅顕『決定分析入門』（共立出版・1989年）

は，決定分析のスタンダードな解説書として長年親しまれてきた書物であり，このテーマを「極めたい」人にとっては必読の文献であろう。さらに，

② 宮川公男『新版　意思決定論』（中央経済社・2010年）

は，経営学の観点から意思決定論を論じた教科書として定評がある。

第2章　ゲームと情報

1　ゲーム理論とは何か

　人はどのようにして行動を決めるのか。多くの場合，他人の行動やそれに対する自分のさらなる行動を考え，それを踏まえて最初の行動を決めるのではないか。このような行動の決め方が最も頻繁になされるのはゲームの世界である。チェスのプレイヤーは相手のプレイヤーの応手を読んでからどの駒をどう動かすかを決める。同様に，ビジネスマンも法律家も社交家も，しばしば他人の行動を予想し，それを念頭に置いて行動を決める。航空会社が設定する航空券の価格は，ライバル会社が同じレベルの価格を採用するか，あるいはそれを下回る価格を打ち出してくるか，その対応をどう読むかにかかっている。訴訟に携わる法律家がある申立てをするか否かもそれに対する相手の対応をどう予測するかによって決まる。晩餐会の主催者が人に招待状を送るか否かを決めるに際しても，その人が晩餐会の席上でどう振る舞うか，あるいは，招待を受けたことへのお返しを将来してくれるか否かを考える。

　「**ゲーム理論**（game theory）」とはこのような状況に対処するための技法である。理論の基礎が築かれたのは1920年代から1930年代にかけてであり，第二次世界大戦時には軍事のための研究が進んだ。その後さらなる発展を遂げた今日のゲーム理論は，体系的な思考を通じて戦略的な意思決定を行うための手段としての有用性と柔軟性を備えている。

　ゲーム理論が法律家にとって価値があるのは，このような一般的理由に加えて，契約書の起草，訴訟戦略の立案あるいは様々な交渉などの法律実務に役立つからである。法律学の論文や法律家が興味を持つ企業行動（企業買収や競争制限行為など）を論じた文献を理解するうえでもゲーム理論の知識は不可欠である。

2　ゲームの記述

　ゲームには「**プレイヤー**（player）」が登場する。チェスの試合や1人の原告

と1人の被告の間の裁判など，多くの場合プレイヤーは2人であるが，トランプのポーカーゲーム，1人の原告と2人の被告から成る裁判，あるいは同じ航路で競い合う三つの航空会社の戦いの場合など，2人以上のプレイヤーが登場する場合もある。

各プレイヤーは一つまたは複数の「**行動**（action）」を選択する。チェスの駒の移動，裁判所への申立書の提出，ある商品の価格の設定などがこの「行動」にあたる。何が選択可能な行動であるかは時間の経過とともに変化する。例えば，チェスのプレイヤーがゲームの開始時に動かせる駒はポーンとナイトだけであるが，ゲームが進めば他の駒も動かせる。①

各プレイヤーは一定の「**情報**（information）」を有しており，これもゲームの進行に応じてその内容が変わる。例えば，被告は裁判の開始時には原告の逸失利得の内容についてほとんど知るところがない場合が多いが，証拠開示手続が終了すればかなりの情報を持つに至る。

「**タイミング**（timing）」ないし「**手番**（order of moves）」もゲームの重要な要素である。多くのゲームでは各プレイヤーの行動のタイミングは異なる。例えば，チェスのプレイヤーは交互に駒を動かし，裁判の世界では，まず原告が訴状を提出し，それを受けて被告が答弁書の提出，和解の申入れ等の行動を選択する。1) しかしながら，各プレイヤーの行動が同時にとられるか，あるいは，他のプレイヤーがいかなる行動をとったかを知ることなしに各自が行動をとる状況も存在する。その例としては，競売に際して入札者がそれぞれ自己の入札金額を隠して入札を行う場面や対立する訴訟当事者が裁判所に対して同時に準備書面を提出する場面を考えてもらえればいいだろう。

各プレイヤーの目的は最終的な「**利得**（payoff）」を最大化することである。利得には，ゲームの任意の時点においてプレイヤーにとってプラスまたはマイナスの価値のあるすべての事項が含まれる。例えば，裁判の利得には判決または和解によって最終的に支払われる金額だけでなく，そのために費やされる時

---

① （原注）「**戦略**（strategy）」という用語の意味も説明しておこう。ゲーム理論における「戦略」とは，各時点において，そこでとるべき行動の計画を意味する。例えば，チェスにおける戦略とは，盤上におけるすべての駒の配置状況を所与として，いかなる駒の移動をなすべきかを定めるものである。

1) （訳者注）米国の民事裁判では訴えの提起から事実審理（trial）の開始までの間にかなりの期間が設けられ，その間に原告と被告は互いの代理人を通じて和解の可能性を探ることが多い。詳しくは第7章 **5** B 参照。

2 ゲームの記述

間や費用あるいは裁判の過程を通して味わう楽しみや苦しみも含まれる。

ゲーム，特に2人のプレイヤーから成るゲームを記述する方法としてしばしば用いられるのが「**利得行列**（game table）」である。利得行列とはいかなるものか，例を使って説明しよう。まず，次の事実を仮定してもらいたい。(1) エミーとビルは相続財産の帰属をめぐって争っている。(2) エミーには証拠開示（discovery）を申し立てるか否かを選択する自由がある。(3) ビルには，鑑定証人の尋問を申請するか，私的に専門家の意見を徴するか，あるいは，そのいずれも行わないかという行動の自由がある。この状況を表す利得行列は，エミーの有する二つの行動の選択肢を1行目と2行目に，ビルの有する三つの行動の選択肢を1列目から3列目にそれぞれ割り当てることによって作ることができる（表2-1参照）。行と列を示すタテとヨコの線で仕切られた各セル（cell）は，各プレイヤーがとり得る行動の組合せに対応している。

表2-1 利得行列：ビルとエミー

		ビルの行動		
		鑑定証人	私的専門家	何もしない
エミーの行動	証拠開示申立て	3, 4	5, 7	9, 2
	証拠開示見送り	2, 10	8, 8	12, 4

たとえば，第1行と第1列で仕切られたセルはエミーが証拠開示を申立て，ビルが鑑定証人の尋問を申し立てる状況に対応したものである。各プレイヤーの利得は双方がどのように行動するかによって変わる場合が多い。さらに，各プレイヤーはこのようにして定まる全プレイヤーの利得の全容を知っている（あるいは，少なくとも推定できる）ことが仮定されている。

利得の表し方について説明しよう。2人のプレイヤーがそれぞれにある行動をとった場合の利得はその行動の組み合わせに対応するセルの中に書き込めばよい。書き込む順序は，行動の選択肢を左に記したプレイヤーの利得（＝表2-1におけるエミーの利得）を先に書き，行動の選択肢を上に記したプレイヤーの利得（＝表2-1におけるビルの利得）を後に書くことが慣行となっている。したがって，エミーが証拠開示の申立てを見送りビルが鑑定証人の申立てをする場合の各プレイヤーの利得は，左下のセルの記述を見ればエミーが2でビルが10であることが分かり，同様にして，エミーが証拠開示の申立てを行いビルが私的に専門家の意見を徴する場合の利得は，上段中央のセルの記述に従ってエミーが5でビルが7となる。

利得行列によって示し得るゲームの中で有名なものに,「**囚人のジレンマ**(prisoners' dilemma)」がある。このゲームには2人の囚人が登場する。この2人を,ここでは,バクスターとチェスターと名付け,2人とも窃盗の罪を犯していると仮定しよう。彼らは別々に取調べを受けており,2人そろって自白すれば両名ともに10年の懲役刑を受ける。他方,2人がそろって否認し続ければ,いずれに対しても軽徴な罪を問うことしかできないので,2人の刑期は1年だけである。これに対して,1人が自白し,もう1人が否認し続けた場合,自白した者は無罪放免となるが,否認し続けた者は15年の懲役刑を受ける。このゲームでは各プレイヤーに自白と否認という二つの行動の選択肢が与えられており,各自の利得は刑期の長さによって表される。**表2-2**をご覧願いたい。

各セルの最初の数字が(表の左に行動を記した)チェスターの利得であり,2番目の数字は(表の上に行動を記した)バクスターの利得である。[2] 例

表2-2 利得行列:囚人のジレンマ

		バクスターの行動	
		自白	否認
チェスターの行動	自白	10, 10	0, 15
	否認	15, 0	1, 1

えば,チェスターが自白したのにバクスターが否認し続けた場合,チェスターは無罪放免となるが,バクスターは15年の懲役刑に服することになり,これらの行為の組合せから成るセルには0と15という利得がこの順序で記されている。

このような状況において各プレイヤーはいかに行動するのか。この点は後で述べることにして,とりあえず先に進みたい。

ゲームを記述するもう一つの方法は,「**ゲームの木**(game tree)」である。ゲームの木は第1章で述べた決定の木と似たものであり,プレイヤーが交互に行動する状況において特に有用である。再び例を使って説明することにしよう。

ある事件の被害者は,「訴える」と「泣き寝入り(つまり,何もしないで被害を甘受する)」という二つの行動のうちのいずれかを選ぶことができる。被害者が訴えを提起した場合,加害者には「和解」(ここでは,被害者の要求を丸呑みする事態だけを考える)と「審理開始」という二つの行動のうちのいずれかを選ぶことができる。[2] この時点までの状況を表したゲームの木が**図2-1**である。

---

② (原注) この事案の利得はマイナスの数字で表してもよいが,ここではプラスの数字を用いた。

最初の四角形——決定の木の場合と同様にこれを「**決定ノード**（decision node）」という——に被害者を意味する「被」という文字が入れてあるのは、（「訴える」か「泣き寝入り」かという）最初の行動は被害者がとるものだからである[③]。とり得る行動は「**決定の枝**（decision branch）」によって示される。「訴える」の枝の終点には別の決定ノードが描かれているが、これは、被害者が訴えを提起した

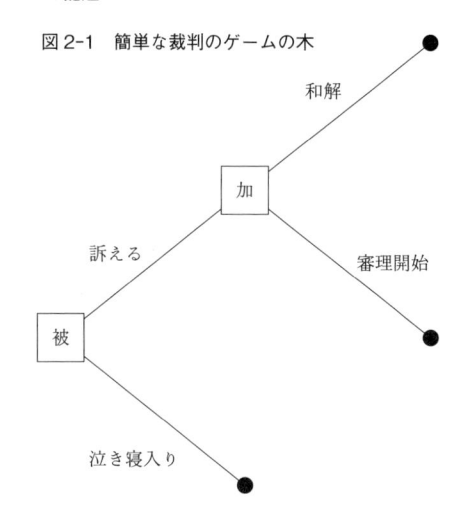

図 2-1　簡単な裁判のゲームの木

ことを踏まえて加害者がとる決定を表すものであり、このことを示すために「加」と記されている。加害者がとり得る行動は「和解」か「審理開始」であり、それぞれを表す決定の枝が示されている。加害者がこの二つの行為からいずれかを選択した時点でこのゲームは終了する。

　ご覧のとおり、このゲームは極めて単純であるが、これを利得行列で表すことはできない。利得行列は 1 人のプレイヤーの行動ともう 1 人のプレイヤーの行動の間の組み合わせを示すものであるが、上記の状況においては、例えば「泣き寝入り」と「審理開始」の組合せは意味を持ち得ないからである。「和解」か「審理開始」かという加害者の行動が検討に値するものとなるのは被害者が「訴える」の道を選んだ場合だけである。各プレイヤーの行動の選択肢を各行と各列に配置した利得行列は、各プレイヤーが交互に行動し、あるプレイヤーの行動が他のプレイヤーのその後の行動に影響を与えるという状況を表すには向いていない。

　ゲームの木の記述に戻ろう。本件において被害者が被った損害は全部で 1 万ドルだとする。さらに、被害者が訴えの提起に要する費用が 3 千ドル、和解した場合に加害者が支払う金額が 8 千ドル、審理が開始された場合には両プレイ

---

2)　（訳者注）ここでいう「審理開始」とは注 1) で述べた事実審理（trial）の開始を意味している。

③　（原注）第 1 章に示したとおり、決定の木の決定ノードにはそれが誰の決定であるかを表記することはない。決定の木は 1 人の人物だけが決定を行うことを前提に作られるものだから決定者をいちいち特定する必要はないからである。

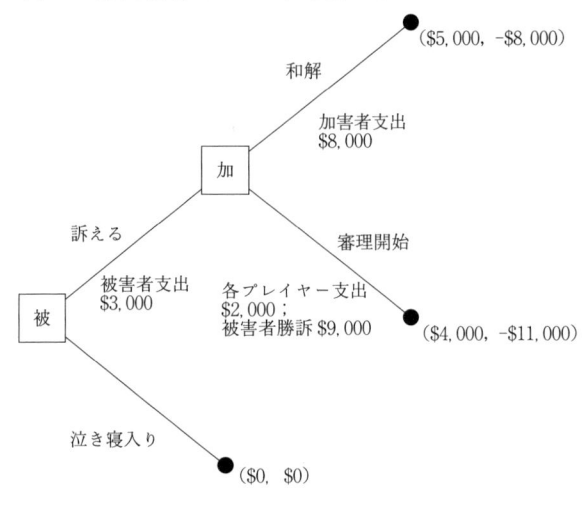

図 2-2 簡単な裁判のゲームの木（利得を書き足したもの）

```
                        ● ($5,000, -$8,000)
                和解
                      加害者支出
                      $8,000
            ┌─┐
            │加│
            └─┘
  訴える          審理開始
            被害者支出    各プレイヤー支出
            $3,000       $2,000；
 ┌─┐                     被害者勝訴 $9,000
 │被│                        ● ($4,000, -$11,000)
 └─┘
    泣き寝入り
            ● ($0, $0)
```

ヤーとも追加で2千ドルの費用を支出し，最終判決は9千ドルの支払を命じるものとなると仮定する。[④]

ゲームの木に利得を記入する方法は図2-2に示したとおりである。すなわち，まず個々の行動によって生じる利得をその行動に対応する決定の枝に沿って記載し，次に，各経路についての利得の累計（負の利得も含まれる場合には「純利得」と呼んだ方がよいかもしれない）をその経路の最終点の横に書き込む。その際には，最初に行動を起こすプレイヤーの利得を最初に，2番目に行動を起こすプレイヤーの利得をその次に記載するのが伝統的な記載方法であり，したがって，ここでは，最初に被害者，次に加害者の利得が示されている。

図 2-2 の具体的数字を見てみよう。各経路の最終点のうち一番上にあるもの（「和解」の枝の終点）の横には，まず「＄5,000」という記載がある。これは，この経路における被害者の最終的な利得，すなわち訴えの提起に要する3千ドルと和解によって受け取る8千ドルの合計額（＝5千ドル）を表したものである。[⑤]「＄5,000」という数字の右の「－＄8,000」という数字は加害者の利得を表しており，和解のために8千ドルを支払うという事実を反映してマイナスの表記となっている。同様にして，次の最終点（＝「審理開始」の枝の終点）には，（訴訟の提起に費やされる3千ドルと審理の開始によって費やされる2千ドルと最終判決によって得る9千ドルを足し合わせた金額である）「＄4,000」という数字が被害者の最終利得として記載され，その次に，（審理の開始によって費やされる2千ドルと最

---

④ （原注）　被害者が被害総額である1万ドルのうちの1千ドル程度については証明できないだろうと考えて，最終判決の金額を1万ドルではなく9千ドルとした。

⑤ （原注）　便宜上ここでは被害者が当初に被った1万ドルという損害額は捨象し，ゲームの過程で受領または支出される金額だけを計算の対象としている。ただし，ゲームの開始時における被害者の資産状況を最終的な利得の計算に含めることももちろん可能である。

2 ゲームの記述

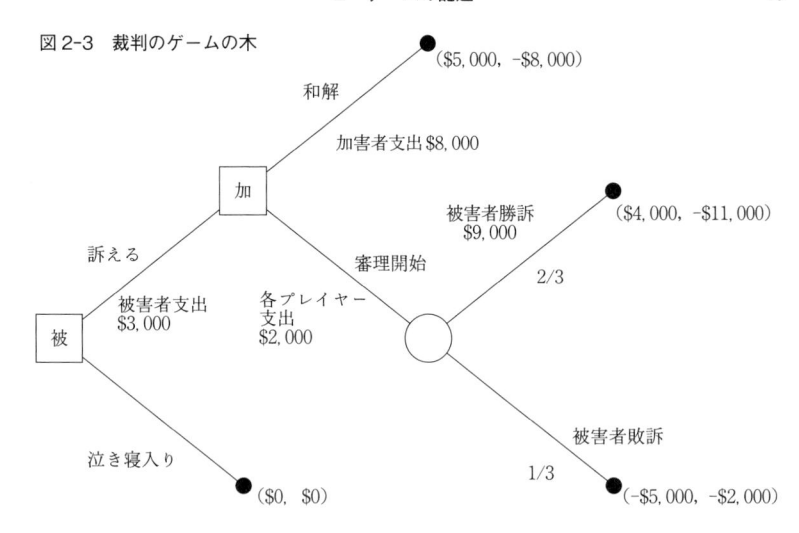

図2-3 裁判のゲームの木

終判決によって支払を強制される9千ドルの合計額である）「-$11,000」という数字が加害者の最終利得として記載されている。ゲームの木の一番下の終点（=「泣き寝入り」の終点）に記載された利得はいずれのプレイヤーについても「$0」である。この場合には，いずれのプレイヤーも1ドルも支出せず，かつ1ドルも受領しないからである。[6]

多くのゲームは不確実な事象を伴うものであり，これをゲームの木に反映させる手法は第1章で述べた決定の木の場合と概ね同様である。例えば，上記の設例において，被害者は裁判の結果が9千ドルの判決になるとは限らないと考えているかもしれない。例えば，被害者は9千ドルの判決を受ける可能性は3分の2しかなく，全面敗訴して1ドルの支払も得られない可能性が3分の1あるとしたらばどうであろうか。

この点を反映すべく図2-2に修正を加えたものが図2-3である。

ご覧のとおり，「審理開始」の枝の後に「**確率ノード**（chance node）」が加わり，そこから二つの「**確率の枝**（chance branch）」が伸びている。各事態が起こる確率はその事態に対応する枝の下に記されており，「被害者勝訴 $9,000」

---

[6] （原注）ゲームの木の記述方法に関して留意点を2点ほど指摘しておきたい。第一に，伝統的な記述方法に従えば，ゲームの木の各経路に発生する利得をすべて記載するとは限らないが，それでも終点にはこれらすべての利得の合計額を記載する。第二に，第1章で論じた決定の木の場合には，各経路の利得の累計を表すことはなかったが，人によっては決定の木についてもこれを記載することがある。

の確率は「2/3」,「被害者敗訴」の確率は「1/3」となっている。そのうえで,図2-2と同様に各プレイヤーの利得の合計額が各枝の終点に記されている。すなわち,「被害者勝訴 ＄9,000」の最終利得は被害者4千ドル,加害者マイナス1万1千ドルであり,「被害者敗訴」の最終利得は被害者が(「訴える」と「審理開始」の費用の合計額である)マイナス5千ドル,加害者が(「審理開始」の費用にあたる)マイナス2千ドルである。

ゲームの木は多様な状況に対処し得るものであることを示し得たであろうか。

3　ゲームの解法

ゲームの「解法」とは,合理的なプレイヤーはどのように行動するかを各プレイヤーごとに特定することである。ゲームの解法を行えば,各プレイヤーが自分にとって最善の結果を得ようとして行動した結果いかなる事態が発生するかを推論できる。

囚人のジレンマのゲームを解くことから始めよう。表2-2を再度ご覧願いたい。

まず,チェスターにとっては,バクスターがいかに行動しようとも常に「自白」の方が「否認」よりもよい結果をもたらす。なぜならば,仮に

表2-2　利得行列：囚人のジレンマ

		バクスターの行動	
		自白	否認
チェスターの行動	自白	10, 10	0, 15
	否認	15, 0	1, 1

バクスターが自白すれば,チェスターは否認を通せば15年の刑を受けるが自白すれば10年の刑で済ますことができ,仮にバクスターが否認を続けるとすれば,チェスターが否認を通せば1年の刑を受けるが,自白すれば無罪放免となるからである。同様にしてチェスターの行動如何にかかわらず,バクスターにとっても「否認」より「自白」の方が有利な行動である。チェスターが自白する場合バクスターの刑期は15年だが,「自白」であれば10年であり,チェスターが否認を通した場合,「否認」のバクスターの刑期は1年,自白すれば無罪放免となるからである。したがって,チェスターもバクスターも「自白」を選択するであろう。

各プレイヤーがとるべき行動が特定できたので,ゲームの結果を示すことができる。結果は,「いずれのプレイヤーも10年の刑に服する」である。

3 ゲームの解法

ここで，チェスター，バクスター双方にとってこれよりもよい結果があり得ることに留意願いたい。もし両者が「否認」を選択していれば各人の刑期はゲームの「解法」によって出された「10年」よりも有利な「1年」で済んでいたはずである。このゲームに「ジレンマ」という名が冠せられている所以はここにある。すなわち，各プレイヤーはいずれも自己の利益を追求しているのだが，結果としていずれのプレイヤーも最善とはいえない事態に陥ってしまったのである。

Column 2-1　なぜ囚人のジレンマは重要なのか

囚人のジレンマは普遍的な問題状況を提示している。それは，「人々が協力し合えばもっと良い結果を生み出し得るのに協力し合わないばかりに悪い結果を甘受してしまう」という状況である。以下の各状況は囚人のジレンマがもたらす悲劇と捉える余地がある（誰にとっての悲劇であるかは意見の分かれるところかもしれないが）。
- 身体能力を高めるためにステロイド系の薬物を摂取する運動選手
- 軍拡競争を行う列強諸国
- 試験に備えて猛勉強する学生

Column 2-2　囚人のジレンマの解消方法

囚人間で各自の戦略に関する交信が可能であって，各自が否認し続けることを何らかの手法を用いて約束し合えれば，望ましい結果をもたらすことができるであろう。相互の交信が不可能だとしても，2人の間には過去に交友があり，それを通じて互いに自分は口の堅い人間であり，今回のような事件が起こっても否認を通すであろうという「信望（reputation）」を作り出していた場合もジレンマは回避できるかもしれない。囚人のジレンマの解消方法は概ねこの二つ ── 約束と信望 ── に大別可能であり，多くの文献がこの二つの可能性について詳しく論じている。

囚人のジレンマにおいては，相手のプレイヤーがいかなる行動をとった場合でも常に自分にとってより有利な結果となる行動が存在した。つまり，各プレイヤーには「**支配戦略**（dominant strategy）」が存在し，プレイヤーはこの行動 ── この場合，それは「自白」である ── を選択するはずである。

支配戦略が存在するゲームの解法はやさしい。しかし，支配戦略のないゲームも数多あり，その場合には，相手の行動如何によって最善の行動が何であるかが変わる。エミーとビルのゲームに戻って考えてみよう（**表2-1**参照）。

表2-1 利得行列：ビルとエミー

		ビルの行動		
		鑑定証人	私的専門家	何もしない
エミーの行動	証拠開示申立て	3, 4	5, 7	9, 2
	証拠開示見送り	2, 10	8, 8	12, 4

　このゲームのエミーにとっては，ビルが「鑑定証人」の道を選ぶ場合には「証拠開示申立て」が最適な行動であるが，ビルが「私的専門家」の道を選ぶ場合には「証拠開示見送り」が最適な行動となる（各人確認せよ）。したがって，エミーには支配戦略は存在せず，この点はビルについても同様である。なぜならば，エミーが証拠開示を申立てた場合のビルの最適行動は「私的専門家」であるが，エミーが証拠開示を見送った場合には「鑑定証人」がビルの最適な行動となるからである（各人確認せよ）。要するに，エミーにとってもビルにとっても何が最適な行動であるかは相手の行動が何であるかに依存している。

　支配戦略のないゲームの例をもう一つ示そう。それは，（交通法規がないという仮定の世界において）ドライバーは道路の左右いずれを走行するかというものである。仮に他のドライバーが皆右側を走行しているとすれば，各ドライバーにとっての最適な行動は交通事故を回避すべく右側を走行することであろう。これに対して，他のドライバーが左側を走っている場合の最適行動は左側を走ることであろう。要するに，どのドライバーにも支配戦略は存在せず，左右いずれを走ることが最適であるかは，ひとえに他のドライバーの行動にかかっている。

　支配戦略が存在せず，各プレイヤーの行動の選択は他のプレイヤーがいかなる行動をとるとそのプレイヤーが考えるかにかかっている場合であっても，何

---

3)（訳者注）　一見支配戦略がないゲームであっても被支配戦略が存在し，これを消去することによって支配戦略が見つかる場合もある。ここで**被支配戦略（dominated strategy）**とは相手のプレイヤーがいかなる行動をとった場合でも（自分がとり得る他の一つまたは複数の行動と比べて）常に不利な結果となる行動のことである。次の利得行列の中における被支配戦略とそれを消去することによって見つかる支配戦略の存在を確認してもらいたい。

		プレイヤーY		
		l	m	n
プレイヤーX	A	5, 5	3, 7	3, 3
	B	7, 3	4, 4	2, 2
	C	2, 3	2, 1	1, 0

⑦（原注）　ビルが「何もしない」を選択しないことについても確認すること。

が起きるかをある程度予測できる場合がある。例えば、すべてのドライバーが他のドライバーは右側を走行すると信じていると仮定してみよう。その場合には、何人にとっても右側を走ることが合理的な行動といえるであろう。したがって、「ドライバーは皆右側を走っている」という現状（status quo）は存続するであろうと推論できる。この状況の下では、他のドライバーは皆右側を走ると信じ続けるであろうし、そう信じることが彼らをして右側を走行し続けさせることに繋がるからである。

このような状況、すなわち、信頼を通じて行動の選択がなされ、その行動がさらにその信頼を高めていく関係にある状況を「**ナッシュ均衡**（Nash equilibrium）」あるいは単に「**均衡**（equilibrium）」という。より正確にいえば、ナッシュ均衡とは、各プレイヤーがとり得る行動の組合せ（前例でいえば、すべてのドライバーが右側を走るという事態）であって、すべてのプレイヤーに関して、その組み合わせに含まれる他のプレイヤーの行動を所与としたとした場合におけるその組合せに含まれる自分の行動が最適な選択となるものを意味する。

ナッシュ均衡は「後悔のない世界（no regret situation）」であるともいえる。そこでは、「もっとよい行動をとり得たのに」と悔やむプレイヤーは1人もいないからである。ある行動の組合せがナッシュ均衡であるか否かを調べるためには各プレイヤーにとってその組合せに含まれている自分の行動が他のプレイヤーの行動に対する最適な選択となっているかどうかを確認すればよい。ドライバーのゲームにおいて「すべてのプレイヤーが右側走行を選択する」という状況がナッシュ均衡であるのは、その状況の下で左側を走って得をする者は誰もいないからである。同様の理由から「すべての者が左側を走行する」という状況もまたナッシュ均衡である（囚人のジレンマにナッシュ均衡は存在するか、あるとすれば、それはいくつあるかについて考えてみるといいだろう）。

ナッシュ均衡は極めて重要な概念である。なぜなら、それは、人々が合理的であって、かつ、何らかの方法によって他の人々がそのナッシュ均衡に含まれる行動を選択すると信じ得る状況さえ作り出すことができれば、必ずや現実世界で実現され続けるものだからである。

Column 2-3 　ジョン・ナッシュ

ナッシュ均衡の概念は数学者のジョン・ナッシュ（John Nash）が1950年代にプリンストン大学で創り出したものである。ナッシュがノーベル経済学賞を受賞した

最大の理由はこの均衡概念を生み出したことにある。ナッシュの生涯を描いた小説「A Beautiful Mind」は映画化されて話題となった。

　ナッシュ均衡は実現さえすれば継続させ得るものである。しかし，それがなぜ，あるいはいかにして実現されるのかは別問題であり，そのメカニズムは決して自明のものではない。複数のナッシュ均衡が存在するゲームの場合，いかにしてそのうちの一つが実現し，他は排斥されるのだろうか。例えば，すべてのドライバーが左側ではなく右側を走る事態が起こるとすれば，それはなぜであろうか。さらに，より根源的な問題として，そもそもなぜ均衡状態が実現されるのだろうか。仮に，左側を走るドライバーと右側を走るドライバーが混在している状況を所与とした場合に，すべての人間が道路の同じ側を走ることになるという共通の信念を持つはずであると期待させる要因は何か。

　この問いに対する一つの解答は「**フォーカル・ポイント**（focal point）」，すなわち，「何らかの点で顕著さ（salience）を感じさせる行動についての思い入れ（belief）」であろう。例えば，人々の間に右側を歩く傾向が存在する場合，人々は歩く場合ばかりでなく車を走らせる場合も右側を走るであろうという考えが浮かぶかもしれない。この場合，「右側歩行」という習慣がフォーカル・ポイントとなっている。

　もう一つの例を示そう。2人の人間が正午にパリで会う約束をしたが，待ち合わせ場所を特定することを忘れていたとする。この場合，2人は相手も同じ行動をとるだろうと期待して正午にエッフェル塔に向かうかもしれない。エッフェル塔はパリでもっとも有名な場所の一つであるからだ。この場合には，「エッフェル塔での待ち合わせ」がフォーカル・ポイントである。

　ナッシュ均衡がいくつかある事案においてそのうちのどの均衡が実現しそうであるかをフォーカル・ポイント以外の要因によって推定できる場合もある。この点を説明するために，前述の裁判をめぐるゲームの改訂版を考えてみることにしよう。**図 2-4** をご覧願いたい（この図は利得の値を若干変化させた点を除けば図 2-2 と同じである）。

　このゲームにおける一つのナッシュ均衡は，被害者が「泣き寝入り」を選択し，加害者が（訴えが提起されれば）「審理開始」を選択することである。なぜこれがナッシュ均衡になるかを理解するために，（訴えが提起されれば）加害者

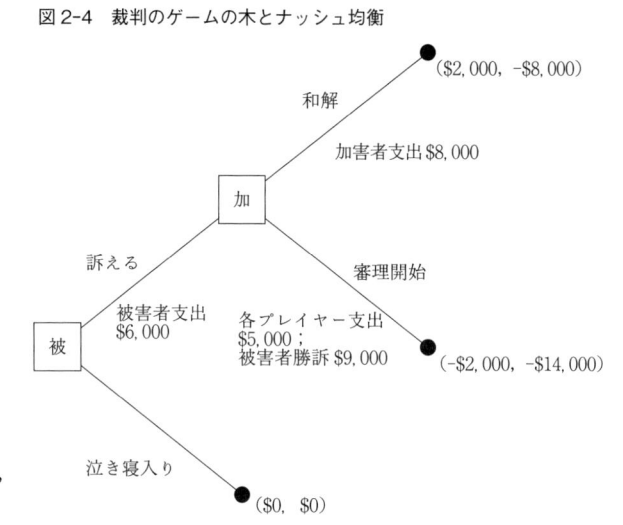

は必ずや「審理開始」を選択するであろうと被害者が信じている事態を考えてみよう。この場合，もし被害者が「訴える」を選べば彼は2千ドルを失うにいたる。訴えの提起に6千ドルを費やし，審理開始によってさらに5千ドルを費やし，裁判では9千ドルの

図2-4　裁判のゲームの木とナッシュ均衡

判決しか得られないからだ（「審理開始」の枝の終点に「−$2,000」と記してあるのはこのためである）。これに対して，被害者が「泣き寝入り」を選択すれば，彼は1ドルも失わず，この事態の方が「訴える」の帰結よりもましである。したがって，被害者は，加害者が「審理開始」を選択すると信じている限り，必ずや「泣き寝入り」を選択するであろう。今度は加害者の立場に立って，被害者は「泣き寝入り」を選択すると信じていると考えてみよう。この場合，「和解」するか「審理開始」するかの選択は加害者にとってもはやどちらでもよい問題であり，したがって（訴訟が提起されれば）審理を開始させるという立場を取ることもまた一つの合理的な選択であろう。これによって被害者の「泣き寝入り」と加害者の「審理開始」の組合せは一つのナッシュ均衡を形成していることが確認された。

　しかしながら，この事案にはナッシュ均衡がもう一つ存在する。被害者の「訴える」と加害者の「和解」の組合せがそれである。なぜそうであるかを理解するために，（訴えが提起されれば）加害者は「和解」を選ぶと被害者が考えていると仮定しよう。この場合，被害者は「訴える」を選べば6千ドルの費用と8千ドルの和解金と併せて正味2千ドルの利得となるが，「泣き寝入り」すれば1ドルも入らない。したがって，明らかに被害者は「訴える」を選ぶだろう。加害者はどうか。被害者は「訴える」を選ぶと加害者が考えているとすれば，加害者にとって「審理開始」を選んで1万4千ドルを失うよりも「和解」

の道を選んで8千ドルを支払う方が有利であろう。したがって，被害者の「訴える」と加害者の「和解」の組み合わせもナッシュ均衡を構成している。

　以上に挙げた二つのナッシュ均衡のうちいずれが現実的であるか。大多数の人は後者であると答えるだろう。前者の均衡が現実性を欠いているのは加害者が「審理開始」を選ぶだろうという考え方には不自然さが伴うからである。被害者が現実に「訴える」行動をとった場合，その時点での加害者にとっては「審理開始」を選択することは合理的でない。和解すれば8千ドルの支出で済むのに，審判を開始させれば1万4千ドルを失うからである。したがって，加害者は「審理開始」を選ぶはずがないといえそうだが，この点についてはいくつかの言い表し方がある。その一つは，(訴訟が提起されれば「審理開始」は結局とり得ない行動であることに注目して)それは，「真摯な行動（credible action）」ないしは「真摯な脅し（credible threat）」ではないという言い方である。もう一つの言い方は，「相手が選択すると信じ得る行動とはその選択を現実に行う時点においてそのプレイヤーにとってその行動が合理的なものでなければならない」というものである。ゲーム理論の専門用語では，そのような行動のことを**部分ゲーム合理的**（subgame rational）」ないしは「**部分ゲーム完全**（subgame perfect）」という。そのような行動は行動の選択が現実のものとなった時点で残っている部分のゲーム（被害者が「訴える」を選択した後において加害者が「和解」と「審理開始」のいずれかを選択するというゲームがまさにこれである）において合理的な選択だからである。

> **Column 2-4　どうしたら見せかけの脅しを真摯な脅しに変えられるか**
>
> 　裁判のゲームにおける被害者は，「加害者は訴えられたら和解するはずだ。今は断固として審理を開始させると言っているが，これは見せかけの脅しにすぎない」と考えるだろうというのが本文での結論であった。では，どうしたら加害者はこれを真摯な脅しにすることができるだろうか。一つの方法は，「彼は必ずや審理開始を求める人物である」という世評を作り上げておくことだろう。もう一つの手法は，何らかの手法を用いて審理を開始せざるを得ないように自らを拘束しておくことだ。「固定報酬額を支払って先に弁護士を雇ってしまう」とか，「サラリーを受け取って働く社内弁護士から成る法務チームを結成しておく」などの方法がこれにあたるのかもしれない。

以上で，ゲームの解法に必要な重要概念の解説を終えた。簡単に復習しておこう。まず，プレイヤーに支配戦略がある場合には，それによって行動が決定される（囚人のジレンマがその例であった）。次に，支配戦略はないがナッシュ均衡は存在する場合がある。[4] ナッシュ均衡が複数存在する場合においてしばしば選択される行動はフォーカル・ポイントとなる行動（「エッフェル塔での待ち合わせ」がそうであった）か，あるいは，部分ゲーム完全な行動である（後者の場合には，「見せかけの脅し」を排除するなどの措置をとることが重要となる）。

これらの概念は，現実世界における人々や企業の行動について考えるうえで有用であり，同時に（前にも述べたことだが）ゲーム理論を引用したりこの分野の用語を使ったりしている文献を理解するうえでも欠かせないものである。ただし，これまでの議論は浩瀚なテーマの初歩的な説明にすぎないことはいうまでもない。本章の **7** に掲げた文献の中から気に入ったものを選んでゲーム理論の研究をさらに深めてみてはどうであろうか。

4 モラル・ハザードとインセンティブ

ここで，ゲーム理論の話からしばらく離れ，ある人が知っている情報を他の人は知らないという事態によって引き起こされる問題について考えてみたい。これは様々な法律問題に関連するテーマであるが，ゲーム理論にとっての重要性に鑑み，本書ではこの章で取り上げることにした。いくつかのトピックを論じた後で情報の不完全性が重要な意味を持つゲーム理論上の問題である「交渉問題」を取り上げる。

最初のトピックは保険業界にその名の由来を持つ現象についてである。保険業界においては，保険をかけることによって保険の対象となる損害の発生リスクが高まるという事実がかなり以前から知られていた。保険に入った者は損害の回避に役立つ行動を怠るようになるからである。例えば，火災保険に入った者は入っていない者に比べると火災による財産の損失への関心が稀薄となり，結果として火災防止措置を怠りがちとなる。保険業界ではこのような現象を

---

[4] （訳者注）与えられた行動の選択肢の中の一つだけを選ぶ戦略（これを「**純戦略（pure strategy）**」という）しかとり得ない限り，ナッシュ均衡が存在するとは限らない。これに対して，選択肢の中の複数の行動をそれぞれ一定の確率で実施する戦略（これを「**混合戦略（mixed strategy）**」という）をとり得る場合にはナッシュ均衡は必ず存在することが知られている。

「モラル・ハザード（moral hazard）」と呼ぶようになった。

モラル・ハザードという概念は，保険に固有の現象を超えて，より一般的な現象を指す言葉として用いることができる。すなわち，それは，「契約を締結した者は契約の相手方に対して不利な行動を取るインセンティブを抱きやすい」という現象である。いくつか例を挙げてみよう。第一に，雇用契約を結んだ従業員は雇主が期待するほどには働かないことが多い。第二に，株主が望むような賢明な経営判断をする企業経営者は必ずしも多くない。第三に，働いた時間数に応じた報酬を支払われる弁護士はクライアントが求める以上の時間をかけて業務にあたる傾向にある。第四に，国から生活手当を受けている者は就職先の発見や職業訓練の履修に関して政府が望むほど熱心にはならない。

> **Column 2-5　モラル・ハザードと情報**
>
> モラル・ハザードは情報の経済学に属する問題として論じられることが多い。契約関係に入った者が相手方当事者に不利な行動をとるインセンティブを抱く背景にはその者の行動（火災保険加入者の火災防止に向けた行動や従業員の就業態度などを考えてもらいたい）に関する情報を相手方当事者が十分持ち合わせていないという状況が存在するからである。これらの情報を十分持ち合わせていれば，しかるべき規定を契約の中に盛り込むことによって問題に対処することが可能である。

モラル・ハザードが生み出す問題は，契約を締結した者が相手方に不利な行動をとるインセンティブを抱くということにとどまるものではない。契約が生み出すインセンティブは結局のところ契約の当事者双方にとって不利益な結果をもたらすものである。この点を明らかにするために，火災保険を例に取り上げて考えてみよう。火災防止のために保険加入者が容易にとり得る行動の例として，外出する際に暖炉に火が残っていれば暖炉の扉を閉めるという習慣について考えてみよう（暖炉の扉を閉めることは残り火が家屋内に飛散して着火する事態を防ぐ働きをする）。この習慣を維持する費用は1年当たり10ドルとし，この習慣が維持されれば，保険会社は1家屋当たり平均して年間100ドルのコストを節約できることが統計的資料から推定できると仮定する。

この火災防止のための習慣が維持されれば，保険加入者と保険会社の双方にとって利益となる。なぜならば，たしかに保険加入者は年間10ドルの費用を負担しなければならないが，保険会社にとってはそれが100ドルの節約となる

以上，保険会社へ加入者が支払う保険料を年間10ドル以上，たとえば，50ドル値下げすることが可能だからである。これが実施されれば，保険加入者も保険会社も，ともに上記の習慣が維持されない事態に比べて利益を得ることは明らかであろう。したがって，火災保険の保護を受けることによって保険加入者が上記の習慣を怠りがちとなることが不幸にして事実だとすれば，結局加入者も保険会社もそれによって不利益を受けていることになる。

　モラル・ハザード問題はどうしたら解消できるのか。一つの可能性は保険会社が保険加入者の損害回避の行動についての情報を入手することであろう。保険加入者が暖炉の扉を閉めているか否かを何らかの手段を用いて知ることができれば，この扉を確実に閉めるように仕向けることが可能となる。例えば，暖炉の扉を閉める保険加入者だけを対象に年間の保険料を引き下げるとか，あるいは，暖炉の扉を閉め忘れたことが原因で発生した火災は保険の対象から除外するなどの措置を保険会社はとることができる。より一般的に言えば，問題となる契約当事者の行動ないし状況についての情報を他方当事者が入手できればモラル・ハザード問題は解消される。雇主が従業員の勤務状況を正確に知ることができれば，勤務状況に応じて賞罰を与えることにより従業員の勤務態度の悪化を防ぐことができる。働いた時間数に応じた報酬が支払われる弁護士を雇ったクライアントは依頼した法律業務を行うために必要な時間数が分かれば契約上報酬を支払うべき時間数をその時間数までとすることができる。生活手当の受給者がどれだけ真摯に就職先を見つける努力をしているかが分かれば，生活手当の継続を努力の程度によって条件付けることができる。

> **Column 2-6　保険契約とモラル・ハザード**
>
> 　保険契約に見られる以下のような規定をモラル・ハザードの問題として説明してもらいたい。モラル・ハザードはいかにして解消されているであろうか。
> - 就業不能保険（労働者が疾病や事故により就労不能となった場合に支払われる所得補償保険のこと）は就業不能となった労働者に対して支払われる給付金の額を賃金の60％程度に限定している場合が多い。
> - 死亡の原因が自殺である場合には生命保険は支払われない。
> - 住宅洪水保険は，地下室に置かれていた財産が床下浸水によって被害を受けた事態に対しては適用されない。

十分な情報が得られればモラル・ハザード問題は解決される。しかし，そのような情報をいかにして入手するかは別問題である。火災保険の加入者が火災を防止すべくいかなる措置をとっているかを保険会社が知るにはどうしたらよいか。従業員の勤務状況を雇主が知るにはどうしたらよいか。経営者がつかむことのできる収益拡大の機会について株主が情報を得るにはどうしたらよいか。弁護士が依頼された案件を処理するのに必要な時間数をクライアントはどうしたら知ることができるか。

状況によっては情報の入手が容易な場合もあるかもしれない。例えば，家庭を訪問して煙探知器を装備しているか否かを知ることは保険会社にとって容易である。従業員の出勤状況を把握することも雇主にとってさほど困難なことではあるまい。これに対して，保険加入者がしかるべきときに暖炉の扉を実際に閉めているか否かを保険会社が知ることは必ずしも容易ではなく，従業員が勤務中に休憩を取りすぎていないかを雇い主が知ることも難しい。経営者に収益拡大の好機が訪れていることを株主が知ることや弁護士が案件処理に要する時間をクライアントが知ることはさらに困難な作業であるに違いない。

情報を入手することでモラル・ハザード問題を解消させようとすることは，しばしば契約当事者に新たな問題を投げかける。一つの問題は，どんなに役立つ情報といえどもそれを入手するにはコストがかかるということである。保険加入者が煙探知器を装備しているか否かは保険会社にとって入手可能な情報である。しかし現実にこれを入手するためには報酬を支払って誰かに加入者の居宅に行ってもらわねばならない。入手した情報が曖昧あるいは不完全な場合にも問題が生じる。例えば，従業員の勤務態度について雇い主が知り得ることや弁護士が案件処理に必要とする時間についてクライアントが推定し得ることはあまりあてにならない。したがって，従業員が適正に働くように動機付けることは雇い主にとって困難であり，同様に弁護士が案件処理に費やし得る時間を指定することはクライアントにとって難しい。

モラル・ハザードの第二の対処方法は「**成果報酬制**（output-based incentive）」の導入であり，従業員に支払う給与を会社の収益への貢献に連動させる処置がこれにあたる。例えば，デパートの売り場で働いている従業員に対して彼の売上に応じた給料を支払うようにすれば，彼は時間給だけで働く場合に比べてより懸命に働くであろう。企業経営者の報酬が企業の利益と強く連動する——おそらくはストック・オプションを与えることによって——となれば，彼は企業

の利益を高める機会を摑む動機をより強く抱くであろう。（免責額を設けたり，補償額の上限を設けたりして）填補される損失を部分的なものにすれば，保険加入者は損失の残りを自らの負担とせざるを得ず，その損害発生リスクを軽減しようとするであろう（「損害の有無」は保険加入者の損害防止努力の「成果」であるからこのシステムも一種の成果報酬制といえる）。

　しかしながら，成果報酬制には関係者のリスクを高めるという欠点がある。仮に企業経営者の報酬のかなりの部分をストック・オプションにすれば，報酬額は偶然の要素に強く依存することになるので経営者の報酬はリスクの高いものとならざるを得ない。保険によって填補される損害が部分的なものにとどまれば保険加入者は必然的に一定のリスクに晒される。しかし，リスクを回避することこそが保険を購入した目的であったことを考えるとこの結果はある種の背理である。要するに，成果報酬制によってモラル・ハザード問題が軽減されることは事実であるが，このシステムにはリスクを生み出すという難点があり，その有用性には限界がある。もっと具体的にいうと，リスク回避的な当事者に多くのリスクを課せば，その者はその見返りとして受け取り額の引き上げ（経営者や従業員の報酬の場合など）や支払額の引き下げ（保険料の場合など）を求めることになり，これによって生じる相手方当事者の追加的負担が成果報酬制が生み出す利益を上回ってしまうかもしれない。

　成果報酬制のもう一つの問題は成果の評価の難しさにある。例えば，売り場で働く各人の売上への貢献をいかに評価するかは決して自明ではない（顧客の応対をした者と売上の記帳を行った者は別人かもしれない）。このような場合，成果報酬制の導入は必ずしも容易ではない。

　以上を要するに，モラル・ハザードは2通りの方法によって軽減することが可能であるが，これを完全に解消することはほとんど不可能である。したがっ

---

5)　（訳者注）　ただし，ストック・オプションの価値のうちで，そのオプションの原資産の価値から行使価格を差し引いた値を超過する部分（以下，これをそのオプションの「時間的価値」という）に関しては，リスクが大きいほど価値が高まるという性質がある。原資産の価値が行使価格を十分上回っている限りオプションの価値に占める時間的価値の割合はわずかなものであるからこの点が問題となることにはないが，原資産の価値が低下するほどその割合は増加し，原資産の価値が行使価格を下回った場合には時間的価値だけがオプションの価値となる。このような場合，ストック・オプションはこれを保有する経営者に対してよりリスクの高い経営を行うインセンティブを与えるという問題を生み出す。ストック・オプションのリスクが経営者にもたらす作用という観点からいえば本文で指摘されていることと正反対の問題であるので誤解のないように留意されたい。

て，モラル・ハザードは不可避的に存在すると考えざるを得ない。

なお，モラル・ハザードは政府の介入を正当化するという意見を耳にすることがあるが，この考えは間違っている。仮に従業員が最善の勤務を行わず，あるいは保険加入者が損害防止のための適切な措置を怠るとすれば，それは雇い主や保険会社が情報の入手や成果報酬制を用いてモラル・ハザードを克服する方法を発見できていないからに他ならない。したがって，情報の入手や成果報酬制の設計という点で政府の方が民間企業よりも優れていると考えられる理由がない限り，民間のモラル・ハザード問題に政府の介入を求める理由はないはずである。

5 逆選択

次に，「**逆選択**（adverse selection）」と呼ばれる現象について述べる。逆選択も，モラル・ハザードと同様に，情報の非対称性と契約という二つの要素を含んだ現象である。逆選択は重要な点において立場を異にする人々の間で同種の契約を結ぶ意欲に差があるという状況において生じるものである。

逆選択の有名な例は中古車市場に関するものであり，これを「**レモン問題**（lemon problem）」という。中古車市場に出回る車には一般の車と比較して問題を抱えた車（これを「レモン」という）の割合が多いことが知られている。レモンの所有者は，自分の車の売却について正常な車の所有者よりも熱心なことがその理由である。もちろん中古車市場で売られる車がすべてレモンというわけではない。人は，たとえ自分の車に欠陥がなくても（新車の購入，あるいは，車を運転する予定のない遠隔地への引越しのためなど），様々な理由によりこれを売却しようとするからである。しかし，中古者市場で車を買おうとする人の多くはそこで売られている車には相対的にレモンが多いことを知っているに違いない。その結果，中古車の取引価格は，中古車市場におけるレモンの割合が極めて少ないと仮定した場合の価格と比べてより低い価格に抑えられざるを得ない。ところが，このようにして成立する市場価格は正常な中古車を売ろうとする者にとっては受け入れ難いほどに低いものかもしれず，そう考える者たちは結局車を市場で売却することを断念するであろう。そして，正常な車の売却が減少すれば市場におけるレモンの割合はさらに増大し，中古車市場における品質問題は悪化の一途を辿らざるを得ない。

5 逆選択

　レモンの割合が増えるほど中古車の価格は低下する。その結果，正常な中古車の売主とそれに見合う価格を支払う用意のある買主の間の取引が阻まれる。成立すれば双方が利益を得るにもかかわらずである。中古車市場にレモンが出回りやすいという事実が市場を機能不全に陥れるのである。

　逆選択は保険の世界にも登場する。再び火災保険について考えてみよう。火災保険に入ろうとする人には（配電設備が不良な家屋の所有者などのように）火災事故を生み出すリスクの高い人が相対的に多いと考え得るのではないだろうか。だとすれば，保険会社は資産の保有者一般を対象とした場合と比較して相対的に多くの保険金を支払う事態に遭遇することになり，これに見合うように保険料を引き上げざるを得ない。そして，保険料が上がれば火災事故を引き起こすリスクの少ない資産家は保険に入ることを見送るか，あるいは保険の加入物件を減らそうとするであろう。彼らのリスクの低さを保険会社が正確に知ることができれば設定したであろうレベルの保険料であれば保険の加入が実現したにもかかわらずそうなってしまう。結局のところ，火災事故を生み出すリスクが高い人だけが保険への加入を望み，その結果，保険料はさらに上昇し，リスクの低い人はますます保険への加入を見送らざるを得ない。

　もう一つ別の例を挙げよう。新規にレストランを開こうとする者が出店資金を銀行借入れによって賄う事態を想定してもらいたい。この場合，成功する見込みが高いレストランと成功する見込みが低いレストランを比べると前者のオーナーよりも後者のオーナーにとって銀行借入れはより魅力的なものではないだろうか。事業が失敗して破産すれば借入金の返済をしなくてよいのだから，成功する見込みの低いレストランのオーナーにとって銀行借入れのコストは相対的に安価であり，そのようなリスクの高い事業のために自分自身や友人の自己資金を大量投入しようとはしないであろう。

　レストランのオーナーの中で銀行借入れに頼ろうとする人ほど破産の可能性が高いということが意味するものは何か。それは，貸付先の破産によって生じる損失を埋め合わせるために銀行は貸付金利を引き上げざるを得ないということである。しかし，金利が上昇すれば借入れの需要は減少する。したがって，堅調な経営を約束されたレストランのオーナーは銀行借入れを避けるようになる。彼らの店舗が破産する可能性は低いことを銀行が知っていれば，低い金利の借入契約が成立したであろうにもかかわらず，それは実現されない。返済が不能となる可能性が高い人ほど銀行借入れを望むというこの現象は逆選択に他

ならない。

> **Column 2-7** 逆選択は保証によって回避できるか
>
> 　保証（warranty）を得ることによって逆選択問題を回避できる場合もある。例えば，売却しようとしている車がレモンでないことを知っている中古車のディーラーはその点について買主に保証を与えればよい。具体的には，売却後1年間の補修費用を売主負担とする規定や一定の回数以上補修する必要が生じた場合は売主が車を買い戻す規定などを売買契約に盛り込めばよい。そうすることで逆選択問題が回避できることを各自自分の言葉で言い表してみてもらいたい。

　逆選択への対処方法は何か。一つの方法は，情報量において劣る当事者が必要な情報を入手することである。例えば，中古車を買おうとする者が対象となる車を修理工場に持っていってその性能を見極めることができれば逆選択問題は解消される。それがレモンであることが分かればそれなりの価格が付され，逆にそれが正常な中古車であることが分かればより高い価格で取引が成立する。したがって，正常な中古車を売却したいと思う者の中には車を購入希望者に精査させることを許す者もいる。そうすることによって，比較的高い価格を設定しても，それがレモンでないことを知った購入希望者はその価格を受け入れるはずだからである。保険の話についても同様の手段が通用する。例えば，火災保険の加入を申し込んだ者が火災事故を起こすリスクに関する情報を（例えば，その者の家屋の配電設備の状況を調査するなどして）保険会社が入手できればリスクの高い人に対してだけ高い保険料を課すことが可能となる。そうすれば，リスクの少ない加入者は高い保険料を支払わなくて済むので逆選択問題は解消される。逆選択は情報の非対称性に由来する問題であるという点でモラル・ハザードと似た問題であり，必要情報を入手できれば解消可能という点でも共通している。[6]

---

[6]　（訳者注）　情報劣位にある者が情報優位なものから情報を引き出す手法を一般に「**スクリーニング（screening）**」という。スクリーニングは，情報優位にある者が自己の保有する情報を情報劣位にある者に伝達し，それを信じさせる手法（これを一般に「**シグナリング（signaling）**」という）とならんで情報理論の重要なテーマである。例えば，企業が学生の採用にあたり大学の成績を（大学で習ったこと自体はあまり役に立たないことを知りつつも）重視することは学生の能力・適性に関するスクリーニングとして機能し，上場企業が自社株を市場で買い戻す行為は自社の株式が市場で過少評価されていると経営者が信じているという情報に関するシグナリングとして機能すると言われている（なぜそうであるのか，各自考えてもらいたい）。

ただし，情報の入手にはコストがかかることを忘れてはならない。中古車がレモンであるか否かを見極めるには対象車を検査するなどの作業が必要であるし，火災保険の加入者が抱えている危険の大きさを知るためにも相応のコストを負担しなければならない。したがって，情報入手は逆選択問題の完全な解消方法とはいい難い。問題の軽減につながる場合も多いが，そうでない場合も少なくない。

逆選択問題のもう一つの特徴は，政府の介入によって状況を改善し得るという点である。火災保険の例を再度取り上げてみよう。問題は，大きな危険を抱えた加入者がいることで保険料が上がり，保険料が上がることによって危険の小さい人が保険に入ろうとしなくなる点にあった。この場合，すべての人間が火災保険に加入し，全体の危険の平均に見合う保険料を支払うことを法令によって義務付けることは有益であるかもしれない（その詳しいメカニズムについては専門書を参照されたい）。

6 交　渉

本章の締め括りのテーマとして交渉問題について考えてみたい。いうまでもなく交渉は，契約の締結から裁判上の和解に至るまで法律家が日常的に行う活動である。議論を簡潔にするために，取引価格だけが交渉のテーマであると仮定する。交渉当事者の目的は，交渉を決裂させない限度においてパイの取り分を最大化することである。いずれかの当事者が欲張り過ぎると交渉は決裂し，両者ともにパイの分け前には一切あずかれない事態となる。すぐ後で明らかになるように，これもまた情報の非対称性が重要な意味を持つ状況である。

交渉の決裂を回避しつつより大きなパイの分け前を得るにはどのように交渉を進めたらよいか。ここで重要な役割を演じる概念が「**留保価格**（reservation price）」である。留保価格とは，買主にとっては支払う用意のある最高の価格，売主にとっては受け入れる用意のある最低の価格を意味する。例を使って留保価格の意味と相手の留保価格を知ることがなぜ重要であるのかを説明しよう。

あなたは自分の所有する土地を売却しようとしている。買い手はこの土地にレストランを建設することを予定している。この場合，買い手の留保価格はこの土地の購入代金として彼が支払う用意のある最高価格を意味する。その値はレストランの予想収益や他の買収候補地の価格等によって決まるであろう。[7]こ

の留保価格は100万ドルであり，あなたはそのことを知っていると仮定しよう。さらに，議論を単純化するために，あなたは最終価格を提示できる立場にあると仮定しよう。ここで，最終価格とは，これ以上あなたに譲歩する余地がないと相手が信じる価格のことである。そこで，あなたが限りなく100万ドルに近い価格，たとえば99万ドルを最終価格として提示すれば，相手はこれを受け入れるに違いない。なぜならば，あなたの提示価格を拒めばあなたはこの交渉を決裂させると相手が信じている以上，その価格が100万ドルを下回っている限りこれを受け入れることが相手にとっての合理的選択だからである。こうして，あなたは相手の留保価格をわずかに下回る価格を提示することによって交渉の決裂を回避しつつパイの最大限の分け前を確保したことになる。

しかしながら，現実の世界では相手の留保価格がいくらであるかは分からない。そこで，より多くの利益を得ようとするあまり相手の留保価格を超える——したがって相手が決して受け入れることのない——価格を要求してしまう。つまり，より多くを要求するほど契約が成立すれば大きな利益を得るが，同時に交渉が決裂するリスクも増大する。そこで，あなたはより高い価格を要求すれば交渉決裂のリスクも高まるというジレンマにどこかで折り合いをつけねばならない。最善の交渉戦略は強気一辺倒の交渉スタイルをとることではない。

先ほどの事例に戻ってもう少し詳しく考えてみよう。議論を単純化するために，最終価格を提示するのはあなたであると再度仮定する。したがって，相手にはその価格を受け入れるか，交渉を決裂させるかの二つの選択肢しかない。この買手候補者に土地を売却できなかった場合にあなたがとり得る最善の選択肢は，この土地を40万ドルで購入する用意がある他の買い手に売却することであるとしよう（つまり，あなたの留保価格は40万ドルである）。

あなたは交渉中の買主の留保価格について考えなければいけないが，先ほどと異なり今度はそれがいくらであるかをあなたは知らない。ただし，ここでは，それが70万ドルか100万ドルのいずれかであることをあなたは知っていると仮定しよう（あり得る留保価格の値が二つしかないという仮定は便宜上のものにすぎない）。さらに，それぞれの可能性は70万ドルが75%で100万ドルが25%と

---

7)（訳者注）より一般的に言えば，留保価格は交渉が決裂した場合にとり得る最善の選択肢（これを，「Best Alternative to Negotiated Agreement」の頭文字をとって「BATNA」という）によって定まる。

8)（原注）相手がこれを受け入れない事態とはいかなるものかについても考えてみること。

仮定しよう。したがって，もしあなたが70万ドルの価格（正確にはそれをわずかに下回る値）を要求すれば買主はその者の留保価格が70万ドルであるか100万ドルであるかにかかわらずこれを受け入れ，あなたは70万ドルを受け取る。これはあなたの留保価格である40万ドルよりも30万ドルほど有利な結末である。

これに対して，あなたが100万ドル（正確には，これをわずかに下回る値）を要求し，仮に相手がそれを受け入れたならば，あなたは100万ドルを受け取る。この結果はあなたの留保価格を60万ドル上回っている。しかしながら，この事態が成立する可能性は25％しかなく，75％の確率で相手の留保価格は70万ドルであり，この場合相手はあなたの要求を拒絶し，あなたはこの交渉からは1ドルも手にすることができない。したがって100万ドルを要求することの期待利得（ここでは，この交渉での受取額からあなたの留保価格〔40万ドル〕を差引いた値の期待値を意味する。以下，同じ）は60万ドル×25％＝15万ドルであり，この値はあなたが70万ドルを要求した場合の期待利得である30万ドルを下回っている。したがって，100万ドルを要求することは強気にすぎる振る舞いであり，あなたは要求を70万ドルにとどめるべきである。

これとは異なり，強気に振る舞うことが意義を持つ状況も存在する。例えば，上記の事例において買手の留保価格が100万ドルである可能性が75％あると仮定してみよう。この場合，100万ドルを要求することの期待利得は100万ドル－40万ドル＝60万ドルに75％を乗じた値，すなわち60万ドル×75％＝45万ドルである。この値は70万ドルを要求した場合の期待利得である30万ドルよりも（あなたが非常にリスク回避的でない限り）優れている。

以上の事例分析を踏まえて，交渉戦略全般についていえることを書き出してみよう。[8]

---

8) （訳者注）交渉論において重要なもう一つの概念に「**ナッシュ交渉解**（Nash bargaining solution）」がある（ナッシュ均衡と同じくこれもジョン・ナッシュが考案した概念であるが，両者を混同しないように注意されたい）。本文の場合と同様に取引価格だけが交渉のテーマであると仮定してこの概念の意味するところを示してみよう。売主の留保価格をA，それによって売主が得る効用をP（A），買主の留保価格をB，それによって買主が得る効用をQ（B），交渉の成立価格をX，それによって売主および買主が得る効用をそれぞれP（X），Q（X）とすれば，ナッシュ交渉解とはP（X）－P（A）とQ（X）－Q（B）の積を最大とする取引価格のことである。ジョン・ナッシュは一定の公理の下では，交渉は必ずナッシュ交渉解で妥決することを論証し，その後の研究者（ナッシュ自身も含む）は，非協力ゲームのモデルを用いて（一定の制約の下ではあるものの）当事者の効用最大化行動の帰結としてナッシュ交渉解が成立することを示した。ナッシュ交渉解はやや分かりにくい概念であるが，各当事者がリスク中

第一に，合理的な交渉戦略をとったとしても，双方に利益をもたらすはずの契約が不成立となる事態があり得る。なぜならば，不確実な情報しか持ち合わせていない状況下にあっては結果として相手が受諾できない提案をするほどに強気の交渉態度で臨むことが合理的な場合があるからである。土地売却の事例のうちで最後に取り上げた状況がこれにあたり，そこでは，100万ドルを要求することが合理的であった。それが合理的であるのは100万ドルの要求を受け入れるほどにこの土地に対する買主の評価が高い可能性が75%であったからである。しかし，これは見込み違いであるかもしれず，実際の買主の評価がもっと低いものであった場合この交渉は決裂を免れない。

　第二に，これまでの事例から導き出された教訓は汎用性が高く，もっと複雑で現実的な交渉プロセスにも応用が利くものである。そのような交渉は通常何回かに分けて行われるものであり，しかも各回の交渉において各当事者が提案と再提案を繰り返すものである。しかし，そのような状況の下においても各当事者はいかなる要求をすべきかを与えられた不確かな情報の下で合理的に考え出さなければならないという点ではこれまでに述べた事例と変わりがない。いずれかの当事者が相手の留保価格を見誤り，過大な要求をして交渉が決裂する場合がある点も同様である。

　第三に，たしかに，これまでの事例で用いた考え方は現実の交渉を進めるうえでの指標としての役割を果たすであろう。しかしながら，それは交渉が多くの点において「技芸（art）」であることを否定するものではない。人の心理にかかわる事項の中には，安易に評価したり総括したりすることができない重要な要素が含まれている。それでも，これまでの事例で示した考え方をすることは様々な交渉スタイルを体系的に比較するうえで有用な働きをするのではなかろうか。

7　読書案内

　本書の原本に紹介されている書物とこれに対する原著者のコメントの要旨は

立的であるとすれば各自の効用は利得に比例するので（第1章の注4）参照），売主の留保価格と買主の留保価格の中間値がナッシュ交渉解となることに思い至れば直感的にも理解しやすいのではないだろうか（この点につき第3章の注2）の図も参照されたい）。なお，一方の当事者だけがリスク回避的な場合のナッシュ交渉解は双方がリスク中立的な場合ナッシュ交渉解に比べてリスク回避的な当事者にとって不利なものとなることも記憶に留めおかれたい。

7 読書案内

以下のとおりである。

1. Thomas Schelling, *The Strategy of Conflict*（Cambridge, Mass.: Harvard University Press, 1960）。古典的名著。親しみやすい文体も特徴的。
2. Avinash Dixit and Barry Nalebuff, *The Art of Strategy: A Game Theorist's Guide to Success in Business and Life*（New York: Norton, 2010）。ゲーム理論を幅広く、かつ分かりやすく解読した最新書。
3. Douglas Baird, Robert Gertner, and Randall Picker, *Game Theory and the Law*（Cambridge, Mass.: Harvard University Press, 1994）。法律家にとって興味深い作品。
4. Robert S. Pindyck and Daniel L. Rubinfeld, *Microeconomics*, 7th ed.（Upper Sadle River, N.J.: Prentice Hall, 2008）。13章がゲーム理論を分かりやすく解説しており、17章がモラル・ハザード、逆選択、交渉等の問題を取り上げている。
5. Eric Rasmusen, *Games and Information*, 4th ed.（Malden, Mass.: Wiley Blackwell, 2006）。専門的な本であるが解説は詳細である。
6. Drew Fudenberg and Jean Tirole, *Game Theory*（Cambridge, Mass.: MIT Press, 1991）。古典的な上級教科書。

日本でもゲーム理論を論じた文献は近年非常に増えてきている。その中にあって、本格的にこれを学ぼうとする者が是非とも読むべきものは、

① 岡田章『ゲーム理論〔新版〕』（有斐閣・2011年）

であろう。1996年に出版されたこの本の初版も名著の誉れ高いものであったが、近時の理論等も加わった本書はさらに充実した内容となっている。ただし、数学的記述が多いので、これに不慣れな読者が本書を読み進めるにはそれなりの覚悟が必要である。

①よりも入門書的な本を望む読者には、

② 渡辺隆裕『ゼミナール ゲーム理論入門』（日本経済新聞出版社・2008年）

をお薦めする。本書の概説は丁寧で分かりやすく、内容的にも多くの論点を取り上げている。

②よりもさらに簡潔で読みやすい入門書を希望の読者には、

③ 松井彰彦『高校生からのゲーム理論』（ちくまプリマー新書・2010年）

をお薦めする。

さらに、

④ アビナッシュ・ディキシット＝バリー・ネイルバフ（嶋津祐一＝池村千秋訳）『戦略的思考をどう実践するか——エール大学式「ゲーム理論」の活用法』（阪急

コミュニケーションズ・2010年)は前掲の米国著書2の翻訳であり，分かりやすい。

第3章 契　　約

1 概　　説

　契約書の作成は，法律家にとって重要な業務である。多くの法律業務は商業取引，とりわけ，商品の製造や役務の提供，不動産の売買や開発，知的財産権の使用許諾，企業買収，資金調達などに関係しているが，これらの取引は必然的に契約の締結を伴うものである。商業取引に関係する業務が多いという点では，民間企業がクライアントの場合だけでなく，政府や公共機関がクライアントの場合も同様である。政府と公共機関は，全体で国のGNPの3分の1を超える金額を消費しているが，その多くは商品や役務の調達にあてられており，これらの支出は（そのための資金の投入や補助金制度の運営・管理も含めて）ほとんどすべて契約を締結することによって実施されている。さらに，ビジネスの世界であれ，プライベートな問題（離婚や子供の親権に関する問題など）についてであれ，ほとんどすべての紛争は和解によって解決されるが，和解の合意も契約にほかならない。よって，大多数の法律家にとって契約書の作成は重要な業務の一つであり，さらに，契約の紛争に関与する法律家にとっても，契約の枠組みを理解しておくことは非常に有益である。したがって，契約の作成方法や分析方法を習得することが法律家にとって必須の事項であることは疑いの余地がない。

　効果的な契約を作成するための第一歩は，契約が果たしている役割，契約の締結後に生じる問題，それらの問題を回避する方法などを体系的に理解することである。例えば，建物の建設を業者に依頼したいと考えているクライアントは，業者に対し，定額報酬を支払うか，それとも，原価に一定の利益を上乗せした金額を報酬として支払うかについて，あなたに助言を求めるかもしれない。この場合，クライアントは，生じ得る問題点（例えば，定額報酬を採用した場合には，業者が低品質の素材を使用する可能性があるという問題点）を予測し，それに対する予防措置を契約書の中に組み込んでおくこと（例えば，業者が低品質の素材を使用することを防ぐため，使用すべき素材の質を契約書の中に特定しておくこと）を期待しているであろう。さらに，クライアントは，相手が契約違反をした場

合の法的帰結（例えば，建物が約束された期限までに完成しなかった場合の損害の算定方法）や仲裁条項を契約書に挿入することの適否についても予め知っておきたいはずであり，そのためにあなたは契約法に関する知識も総動員して契約書の作成・分析にあたらなければならない。

2 なぜ契約が締結されるのか

非常に抽象的ないい方をすれば，人が契約を締結する理由はただ一つ，それによって何らかの利益を得るからである。この点は契約の相手方においても同様のはずであり，したがって，契約が成立するのは契約当事者双方に利益がある場合に限られる。

契約が締結される要因のいくつかを以下に記す。これを読めば，契約の締結により各当事者が得る利益の源泉が明らかとなるであろう。

A 価値評価の相違

ある資産の所有者が，その資産について他人より低い価値評価を下すことは少なくない。例えば，ある家屋の所有者が別の町に引っ越さなければならない場合は，彼はその家屋について，その町で新たな住居を探している人よりも低い評価を下すであろう。また，新しい事務用什器を導入した会社にとっては，従来使っていた古い事務用什器はもはや不要であり，その什器に対してこれを利用したい別の会社よりも低い価値しか見出さないであろう。所有者が，その所有物に他者よりも低い価値しか見出さない場合，その所有者とその他者との間で所有権の移転（あるいはリース）を目的とした契約が締結されれば双方が利益を受ける。仮に所有者がその所有物を1,000ドルと評価し，他の者がそれを2,000ドルと評価しているとすれば，この二つの金額の間のいずれかの価格（例えば，1,500ドル）での売買契約はすべて，両当事者に利益をもたらすものとなる。

B 製造における優位

商品役務の需要者にとって自らそれを生産するよりもこれを他人から調達した方がより安価な，あるいは，より優れたものが得られる場合がある。例えば，家屋を改築する場合，自らこれを行うよりも，家屋の改築を専門とする者に依

頼した方が時間や労力の面においてはるかに効率的であるし、改築の専門家である以上、その仕事の質もおそらくはるかに高いものとなるであろう。同様に、レストランのオーナーは自ら看板を作るよりも看板製作の専門家にこれを依頼した方が、より安価でより魅力的な看板を入手できるであろう。腕時計の修理をしたいと思っても自分自身ではどうしようもなかったり、自分で散髪しても悲惨な結果になるだけであったりするように、そもそも自分自身では全くやりようがないとか、到底うまくできないという場合もある。

　ある者がコストや品質において優位性を持つ理由は様々であるが、特に重要なものは、製造における規模の経済（economies of scale）、専門性および特殊能力の3点である。

　自分以外の者の方がより安価で、よりうまく行える作業がある場合、そのような作業に関して契約を締結することは、双方にとって利益となるはずである。例えば、自分では200ドルかけても実施できない企画を100ドルでやってくれる者がいれば、前者が後者に例えば150ドルを支払えば、後者はその企画の実施を引き受けるだろう。このような場合、双方にとって利益となる契約が成立するための要素がすべて揃っており、契約を締結することは両者にとって利益となる。

C　補　完　性

　商品役務を提供するに際して、2人の当事者の能力が相互補完的に作用し合うこともある。例えば、新製品を開発したエンジニアとマーケティング能力に秀でた者が提携することで、それぞれが単独ではなし得なかった形で、あるいは、単独でなし得たよりもより優れた形で、その新製品を市場に提供できる。あるいは、石油の掘削を専門とする企業とパイプラインの建設業者が協働することで、それぞれが単独で活動する場合に比べて、より安価で、しかも、より大きな利ざやを確保しつつ、石油を市場に提供できる。各当事者の相互補完的な技術や能力を結合することで、それらの者の利潤の合計を増大させることができる場合、それらの者は、双方にとって利益となる契約を締結できる立場にある。

D　資金調達

　資金調達が必要な場面というのも、両当事者にとって利益となる契約が締結

される典型的な状況である。一方が，新事業を開始したい，家屋を購入したい，子供を大学に入れたい，あるいは，高額な医療費を支払いたいと思っており，他方がお金を貸し付けることや投資することに興味を持っている場合には，双方にとって利益となる契約を締結できる可能性がある。資金を必要とする者が，資金を提供する者に対して利息の支払や新事業から上がる利益の一部の提供を条件として資金を調達すれば，両者にとって利益となる契約が生まれる。

E リスクの分配

リスク負担能力やリスク回避度に違いのある当事者がリスクを分配するための契約を継続することは双方にとって利益となる。保険契約はその典型であり，保険加入者は一定のリスクを保険でカバーしてもらうことの対価として保険料を支払い，保険会社は保険加入者にその保険を提供する。別の例としては投資組合契約がある。単独では投資リスクを引き受けたくないと思う個々の組合員も，組合員間でリスクを分散させることができれば投資リスクを引き受けることができる。

F 期待の差異

不動産，通貨，証券などの将来の価格をいくらと予測するかは人によって異なるので，これに関して契約を締結することは双方にとって利益となり得る[1]。例えば，ある不動産の価格が今後下落すると予想している者は，その価格が今後上昇すると信じている者にその不動産を売却するであろう。また，今後円がドルに対して上昇すると予想している者は円の先物を購入し，円ドルの為替レートが逆方向に動くと予想している者は円の先物を売却しようとする。

ちなみに，ほとんどの契約は以上で述べた理由が複数重なり合って締結されるものであり，どれか一つの理由のみによって締結されるわけではない。例えば，製造物供給契約にも資金調達の要素が含まれていることがある。この場合，買主が売主に前もって代金を支払うことにより実質的な貸付けを行っており，その見返りとして売買代金は製品の引渡しまで代金を支払わない場合よりも低く抑えられる。

---

1) （訳者注）ここで双方が利益を受けると言うことの意味は，主観的確率によって評価した各自の収益の期待値がいずれも増加するということであって，結果として双方が利益を得るという意味ではない。

3 契約書作成の基本原則と留意点

あなたがクライアントのために契約書を作成する基本原則と留意点のうち特に重要と思われる点を以下に記す。本章の **4** 以降では，これらの基本原則や留意点を具体的な契約類型にあてはめた考察を行うので，これらの諸点は今後も頻繁に登場する。

A 契約が生み出すパイの最大化

契約書を作成するうえで最も重要な原則は，契約が生み出すパイを可能な限り大きくすることである。契約が生み出すパイが大きいほど，各当事者に分配される取り分も大きくなるのだから，これはある意味当然である。この原則は，拡大されたパイが一見全て相手方に帰属する場合においても重要である。あなたは，パイの増加分の一部をクライアントも享受し得る手立てを何かしら考えつくはずであるから，あなたがパイを拡大させる方法を考えつけば，クライアントも利益を得る可能性が高いからである。[2]

---

[2] （訳者注）この点は第 2 章の注 8）に記したナッシュ交渉解の概念を使うとより明確に説明できる。下の図 A の灰色部分は当事者 X と Y （いずれもリスク中立的と仮定する）の間の交渉によって各自が得られる利得（リスク中立性を仮定しているので効用と同視できる）を表しており（以下，この領域を Zone Of Possible Agreement の頭文字をとって「ZOPA」という），この領域の中の線分 ab 上のいずれかで交渉が成立すればパレート効率的（第 7 章の 387 頁参照）である（線分 ab が傾き 45 度であるのは契約の対価を調整することによって各当事者の利得は差し引き 0 の変化を示し得るからである）。ここで，点 c が X の留保価格，点 e が Y の留保価格を示すとすれば，ナッシュ交渉解は線分 df の中点である M となる。この状況において，X の代理人であるあなたが税務上 Y にのみ利益をもたらす取引形態の変更（例えば，法人である Y の利得を税務上キャピタル・ゲインから配当利得に変える方法などがこれにあたる）を思いついたとしよう（取引形態の変更は X にとっては利益にも不利益にもならないものとする）。この変化が Y にもたらす利得を k とした場合の新たな当事者間の関係を示したものが図 B である。新たな ZOPA は図 B の灰色部分となり，そのパレート効率的な領域は線分 a'b' であり，新たなナッシュ交渉解は線分 d'f' の中点である M' になるが，図から明らかなように M' がもたらす利得は M と比較して両当事者にとって有利なものとなる。

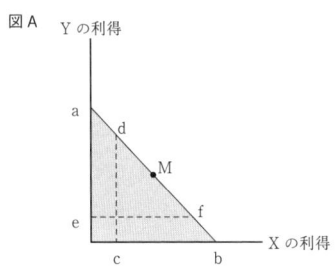

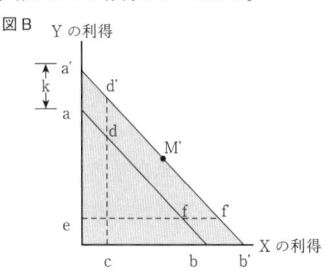

契約が生み出すパイは，その契約の正味価値を増大させる条項を規定することによって拡大する。例えば，ある商品の買主であるクライアントは，その商品を売主が通常それを納品する時期（例えば，「12月15日」）よりも早い時期（例えば，「12月1日」）に必要としており，その時期までに商品が納入されると3,000ドルの追加利益を得ることができるが，売主には1,000ドルの追加費用がかかると仮定しよう。この場合，早期の納品によって差し引き2,000ドル（＝3,000ドル－1,000ドル）の正味価値が生み出されるのであるから，パイの喩えによれば，それは各当事者の分け前を増やすことにつながるはずである。

しかし，なぜ1,000ドルの追加費用がかかるにもかかわらず，売主は12月1日までに納品することに合意するのであろうか。それは，買主であるあなたのクライアントが，12月1日までに納品する方が売主にとって利益が大きい限度において代金を引き上げる用意があるからである。もし，クライアントが，納品日を12月1日とする条件として代金を2,000ドル引き上げることを提案すれば，売主はこの提案を受け入れるであろう。これにより，売主は1,000ドル（＝代金の増加分2,000ドル－費用の増加分1,000ドル）の追加利益を得ることができ，あなたのクライアントも（3,000ドルの価値のあるものに対して2,000ドルを支払うことにより）1,000ドルの追加利益を得ることができる。

この事例から学ぶべき重要な教訓は，ある条項が契約の正味価値を増加させる（すなわち，その条項がもたらす追加利益が，その条項を設けることで必要となる追加費用を上回っている）限り，その条項を契約書に含めることによって両当事者ともによりよい地位を得る方法は必ず存在するということである。これは，その条項を契約書に挿入することによって利益を得る者（上でみた事例でいえば，買主）が，その条項を規定することで追加の費用を負担することとなる者（上でみた事例でいえば，売主）に対し，その追加の費用を上回る金額を支払ってもなお利益を得ることができるからである。

逆に，ある条項が契約の正味価値を減少させる場合，両当事者の利益に資する形でその条項を取り除くことが有益である。例えば，商品に特別な包装を施すことが規定されている配送契約があり，その包装をするために売主は5,000ドルを要するが，買主であるあなたのクライアントにとってその包装は1,000ドルの価値しかない場合を想定してみよう。この場合，もしクライアントが，1,000ドル以上（たとえば，2,000ドル）の代金減額と引き替えに，その特別な包装を要求する規定の削除を提案し，売主がこれに合意したとすれば（売主は合

意するはずである)，あなたのクライアントは(代金は 2,000 ドル減額された一方で，商品の価値は 1,000 ドルしか下落していないため) 1,000 ドル，売主は(要する費用が 5,000 ドル減った一方で，受け取れる代金は 2,000 ドルしか減っていないため) 3,000 ドルの利益を得る。

重要なことは，ある契約条項が当事者双方にとって利益になるのは，その条項による契約価値の増加がその追加費用を上回るときだけだということである。つまり，大多数の契約条項はそれによる価値の増加がその追加費用を上回るからこそ契約書に規定されるのである。

ここでの教訓は，契約書を作成するに際して，もしあなたが望む条項が含まれていなかったり，あるいは，望まない条項が含まれている場合には，一定の代償を支払うことで，その条項を挿入または除去できるということである。その条項がクライアントにもたらす利益と相手に生じさせる費用を検討すれば，クライアントが相手を従わせるに足る代償を支払うことによって，追加の利益を得るか否かが明らかになるし，条項の加除の要求に合意するに足るだけの代償が相手から提示されているか否かを見極めることもできる。この原則は契約書作成に関する根本的な原則であり，実際，本章の残りの部分において取り上げる論点の多くはこの原則，すなわち，契約の諸問題に対処するにあたっては契約が生み出す価値の和を増加させることが契約当事者に利益をもたらすという原則の応用問題として捉えることができる。

B インセンティブに関する議論

契約書の作成に関してクライアントに助言する際には，その契約が関係者にどのようなインセンティブを与えるものであるかを正確に理解しておかなければならない。ある契約条項を所与のものとした場合，様々な事象に対して相手はどのような行動をとるだろうか。例えば，建築契約において建築業者の報酬を固定額とした場合，建築業者は低品質の資材を用いるインセンティブを抱くのではないか。その可能性が高いとすれば，使用すべき資材の品質を契約書中に特定することによってこの問題を回避すべきではないか。あるいは，契約違反時の予定損害賠償金(liquidated damages)を 2,000 ドルとすることが契約書に規定されている場合はどうか。クライアントを保護するためにこの条項を設けたつもりでも，実際には，この条項が建築業者に契約違反を犯すインセンティブを与えてしまうこともあるのではないか。例えば，契約どおりに債務を履

行すると建築業者に2,000ドルを超える損失が生じるような場合には，建築業者は契約違反を犯して予定損害賠償金を支払った方がよいということになるだろう。であるならば，契約代金がさらに高くなることを覚悟のうえで予定損害賠償金を増加すべきであろうか。契約書を作成する際には，その内容によって生じるインセンティブ（意図的なものであるか否かを問わない）を注意深く検討することが極めて重要である。そうすることで，各当事者にとっての契約の価値は変化し，より適切な契約条項を規定できるようになるからである。

　ところで，契約条項のインセンティブについて思いをめぐらすことは重要ではあるものの，契約当事者が，常に自己の利益のみを考えて行動すると考えることは短絡的との誇りを免れない。契約を締結する者の多くは，契約が生み出すインセンティブの内容にかかわらず，一般に望ましいとされる行動をとることを望んでおり，「契約は守られるべし」という倫理感や（一般的な，あるいは現在の契約相手との将来の取引において関係してくる）自分の名声（reputation）を守るという観点から契約条項を遵守し，その他の点においても誠実に行動しようとするものである。しかし，通常の契約当事者は聖者ではないのだから，狭い意味での自己の利益がその者の行動に重大な影響を及ぼすと仮定することは合理的であろう。そうである以上，当事者の利害が相反する行動よりも利害が一致する行動をとるインセンティブを付与する契約の方が望ましいといえるであろう。なお，以下でインセンティブについて論じる際には金銭的な報償に焦点をあてて議論を進めるが，倫理感や名声への配慮が望ましい結果の確保に役立つこともしばしばあることを心に留めおかれたい。

C　不確実性とリスク負担

　契約には通常不確実な要素が含まれており，それは当事者にとって望ましくないものであることが多い。よって，不確実性に効果的に対処することがよい契約書を作り上げるためのもう一つの重要なポイントとなり，何が不確実な要素であるかを見極め，その対処方法を予め準備しておくことが有益となる。例えば，もし，あなたのクライアントのために建物を建てる建築業者が，想定外のコスト増という問題に直面した場合には何が起きるであろうか。あるいは，契約が締結され建築業者が作業を開始した後にクライアントの財務状況が悪化

---

3)　（訳者注）この点については第7章の **4**E の議論も参照されたい。

し，この取引を取り止めたくなった場合はどうなるのか。あなたは，そのような事態において建築計画はどのように修正され，業務自体を中止する場合には誰が誰にいくら支払うかを定める条項を予め設けておくべきではないだろうか。つまり，あなたは，厄介な事態が生じうることを想定したうえで，どのように契約の文言を変更し，どのようにリスクを分配するかを予め考えておかなければならない。

D 契約条項の実効性

　契約条項が機能するためには，その条項が規定する要件が容易に理解可能であり，しかも，その要件の成否が合理的な費用をかければ検証可能なものでなければならない。例えば，建築請負契約の中に「資材費が一定額を超えた場合には建築業者は義務の履行を免れる」という条項を挿入した場合，裁判官や仲裁人は，資材費が建築業者を免責する基準金額を実際に超えたか否かを容易に検証できる。したがって，この条項は正しく機能し，建築業者は義務の履行を免除され，相手から契約違反で訴えられても裁判で勝訴することを確信できる。逆に，資材費が基準額を超えていない場合には，相手建築業者が資材費の価格高騰を理由として契約から離脱することはできず，相手もそのことを正しく認識できる。

　これに対して，義務履行の免責事由を「基礎工事が困難であること」と規定した場合，この規定はうまく機能しない可能性が高い。基礎工事が本当に困難であったとしても，それを建築業者が立証することは容易ではなく，したがって，そのような規定は建築業者を十分には保護していない（移動困難な大量の岩石が出現した，あるいは，掘削地に湧水が生じたといった事情によって基礎工事が困難となったことを裁判官や仲裁人に対して立証することは容易ではない）。他方で，実際には困難でないにもかかわらず，諸般の事情によって基礎工事が困難であると建築業者が主張した場合，相手がその主張は間違いであることを反証できないこともあり得る。さらに，いずれの場合であっても，各当事者は，その条件が満たされたか否かを立証するために高額な訴訟費用を支払わなければならないであろう。

　したがって，クライアントのために何らかの条項を契約書に規定しようとする場合には，その条項の意味が裁判官や仲裁人に容易に理解可能であり，しかも，その要件の成否が容易に検証可能であることを見極めなければならない。

解釈と検証のいずれかまたは双方が容易でない条項がある場合には，（おそらく，一定の労力と費用をかけて）これをより容易にする方法を考えておくべきであろう。例えば，建設業界の外部専門家が現地を調査し，基礎工事が困難であるか否かを判定することを予め契約に規定しておくなどの方法がこれにあたる。なお，クライアント自身よりも弁護士の方が，紛争が生じた場合における契約条項の実効性やその適用可能性の判断に要する費用についての知識が豊富であることにも留意が必要である。

E 紛争とその解決

どれだけ注意深く契約書を作成しても，紛争が生じる可能性を皆無とすることはできない。そこで，あなたは，契約違反時の予定損害賠償金（すなわち，様々な契約違反の際に，誰に対していくら支払うべきか）を規定しておくか否か，さらには，規定するとすれば具体的にそれをいくらとするか，を考えなくてはならない。そのような規定が明確に定められている限り，契約違反を避ける明確なインセンティブを付与できるし，契約違反時の紛争解決に要する費用を最小限に抑えることができる[4]。

次に，紛争が起きてしまった場合には，それを裁判所ではなく，仲裁で解決する旨を契約書に規定すべきか否かについても考えておく必要がある。仲裁の方が，一般に手続が簡明であり，高い費用と長い時間をかけて裁判を行うよりも望ましい場合が多い。しかも，紛争の対象となっている事項に関して専門的な知識を有していない裁判官や陪審員ではなく，当該分野に精通した者を仲裁人に選任できる点も仲裁の利点である。このような利点があるため，紛争を仲裁によって解決する旨を規定している契約は多く（ただし，仲裁判断が裁判所によって執行可能であることが前提である），すべての産業分野において仲裁はよく利用されており，国際契約にも仲裁条項が挿入される場合が多い。

準拠法に関する条項（すなわち，どこの地域の法律が適用されるかを定めた条項）を契約書に規定しておくことも検討に値する。その契約が仲裁を通して執行されるものであろうと，裁判所を通じて執行されるものであろうと，準拠法選択に関する条項を規定しておくことは不確実性を減少させ紛争を回避しやすくする点において有益である場合が多い。さらに，類似の契約を数多く結ぶ者には，

---

4) （訳者注）この点については第7章の **4** E を併読することを奨める。

規模の経済（economies of scale）を享受できるという利点もある。

本章の**7**では紛争の発生やその解決に関する論点を取り上げるので，以上の話題はその際に再度取り上げる。

4 製造物供給契約

有体物を製造または建築してこれを供給する契約は日常的に交わされるが，その対価の定め方には原則として「**原価加算方式**（cost-plus）」と「**定額報酬方式**（flat-fee）」の二つがある。原価加算方式の場合には，仕事を依頼する者が，仕事を引き受ける者に対して，必要となった全費用に一定の上乗せ金額（この上乗せ金額は，定額で定められる場合もあれば，かかった費用の一定割合という形で定められることもある）を加算した金額を支払う。これに対して，定額報酬方式の場合の支払額は一定であり，その値を契約書の中で特定する。例えば，あなたのクライアントが，その所有マンションを改築する契約を締結したと仮定しよう。この契約が原価加算方式のものであり，上乗せ金額は支出した費用の20％と規定されていて，建築業者はこの改築に15万ドルを支出した場合，クライアントは18万ドル（すなわち，15万ドルに，その20％を加算した18万ドル）を支払わなければならない。他方で，その契約が定額報酬方式のものであり，報酬として17.5万ドルが支払われる旨規定されているとすれば，建築業者がその改築に要した費用がいくらであったかにかかわらず，クライアントが支払うべき金額は17.5万ドルである。

どちらの方式がクライアントにとって望ましいかは状況次第である。各方式の特徴を考慮のうえ，クライアントの置かれた状況に照らして，どちらの方式が望ましいか，さらには，何か追加すべき条項がないかを検討しなければならない。その際には，すでに述べたインセンティブに関する問題やその他の留意点にも考慮する必要がある。

A 部品の調達費用に関するインセンティブ

原価加算方式には，建築業者に対し，より安価な部品を調達しようとするインセンティブを与えないという難点がある。[5] 例えば，あなたのクライアントが

---

5) （訳者注）　この**A**においては，調達する部品の品質はどれも同じであって価格だけが異なることを前提として議論がなされている点に留意されたい。品質の問題は次の**B**で検討されて

所有するマンションの改築の一環として，新しい窓枠の購入が必要であると仮定しよう。最も安価な窓枠を購入するためには，建築業者が，電話やインターネットを用いた調査を行ったり，遠方の仕入先まで足を運んだりする作業が必要となる。そこで，建築業者に支払われる報酬が原価加算方式の下で，例えば総費用の120％相当と決められているとすれば，建築業者は手間暇かけて最安値の窓枠を見つけるインセンティブを持ち得ない。それどころか，このような原価加算方式の契約の下では，窓枠の値段が高いほど建築業者の利益も大きくなるため，建築業者が高い窓枠を探すインセンティブを抱くおそれすらある。例えば，ディスカウント店ではある窓枠が400ドルで売られており，他の店では同じ窓枠が500ドルで売られていた場合，建築業者は500ドルの窓枠を買ってしまうおそれがあり，その結果，クライアントは，本来であれば1個当たり480ドル（＝400ドル×120％）で購入できた窓枠に対し1個当たり600ドル（＝500ドル×120％）を支払うことになりかねない。

　これに対して，定額報酬方式の下では，建築業者は部品の購入にいくら使おうとも定額の支払を受けるのであるから，部品の調達費用が低いほどその利益は増加する。そのため，建築業者は安価な部品を探すインセンティブを有する。例えば，あなたのクライアントが所有するマンションの改築について，建築業者に定額報酬として20万ドルを支払うという定額報酬方式の契約が締結されていると仮定しよう。この場合，建築業者は，窓枠を400ドルで購入しようが500ドルで購入しようが，受け取る金額は20万ドルであることに変わりはないため，400ドルで窓枠を購入した方が得である。より高い窓枠を買うことは建築業者自身の資金を浪費することを意味するのだから，彼が400ドルの窓枠を購入することに疑問の余地はない。

　以上のとおり，もし他の条件がすべて同じであるとすれば，この状況下では，原価加算方式よりも定額報酬方式の方があなたのクライアントにとって望ましい。あるいは，クライアントに請求できる部品購入費用に上限を設けることを契約書に規定することによって原価加算方式が引き起こすインセンティブ問題を回避することも考えられる。例えば，窓枠の購入代金に400ドルという上限を設けるというのがその例である。ただし，この方法が機能するためには，窓枠の適正価格をあなたが知っていなければならない。しかし，あなたもクライ

いる。

アントも窓枠の適正価格を正確に知っているということは通常あり得ないので，結局のところ，400ドルの上限を設けるためには一定費用をかけて事前調査を行わなければならない。なお，「建築業者が部品を購入する際にはその価格について事前に注文主の了解をとらなければならない」という規定や，「建築業者ではなく注文主自らが部品を購入する」という規定を設けることも考えられるが，この場合もクライアントが部品の適正価格についての知識を有していることが必要であり，このような規定は実務上様々な不便を生み出すことも事実である。したがって，たとえ一定の規定を追加することによって原価加算方式の問題点（すなわち，建築業者が安い部品を探すインセンティブを有しないという問題点）が軽減できるとしても，問題を完全に払拭することは難しく，仮に問題を完全に解消できる条項が存在するとしても，それを実効的に機能させることは容易ではない。

以上は注文主がクライアントであるという前提での検討であり，この場合にはクライアントにとって定額報酬方式の方が原価加算方式よりも望ましそうであるとの結論に至った。では，もしあなたのクライアントが建築業者の側であった場合にはどうであろうか。実は，この場合においても，定額報酬方式の方が原価加算方式より望ましい。定額報酬方式は改築に要する総費用を低くすることによって契約が生み出すパイを増大させるものだからであり，前述のとおり，それは両者にとって利益をもたらすものである。

定額報酬方式が契約が生み出すパイを増大させるかを確認するために，改築作業の一環としてなされる新しい窓枠の購入に再び注目してみよう。窓枠を1個400ドルで売っている店と500ドルで売っている店があるという状況のもとで，両当事者は窓枠の仕入れ代金とその20%相当の金額を建築業者の報酬とする原価加算方式と窓枠の据付けに対して1個当たり550ドルを建築業者の報酬とする定額報酬方式の二つの契約を検討しているとしよう。

原価加算方式のもとでは，建築業者は自己の利益最大化するために1個500ドルの窓枠を購入し，その結果，注文主は窓枠1個につき600ドル（＝500ドル×120％）を支払い，建築業者は窓枠1個につき100ドル（＝600ドル−500ドル）の利益を得るであろう。

これに対して，定額報酬方式の下では，建築業者は当然のことながら1個400ドルの窓枠を購入するであろう。そうすることにより，建築業者は窓枠1個につき150ドル（＝550ドル−400ドル）の利益を得るが，この値は原価加算

方式の下で得られる利益を50ドル上回っている。注文主から見ても，窓枠1個につき600ドルではなく，（契約書に規定されたとおり）550ドルを支払えばよいのであるから，原価加算方式より定額報酬方式の方が望ましい。定額報酬方式の方が双方にとって望ましい以上，どちらのタイプの契約を締結するかを合意することは決して難しいことではない。

ここで，前に述べた，「契約が生み出すパイを増大させる契約条項は各当事者が得る取り分を増大させ得るものであるがゆえに両当事者にとって常に利益となる」という原則を思い出してもらいたい。説明を簡略にするため以後はこの原則に繰り返し言及することはしないが，本章の残りの部分においてもこの原則は常に成立するものである。

B 部品の品質に関するインセンティブ

上記のとおり，定額報酬方式の下では，建築業者は最も安い部品を見出すことによって利益を最大化するインセンティブを有しているが，全く同じ理由により，定額報酬方式の契約は，建築業者に最も低品質の部品を使用するインセンティブを与えてしまう（ここでは，品質と価格は連動すると仮定している）。

これに対して，原価加算方式の下では，建築業者は部品の費用をすべて注文主に請求することができるから，その費用を低く抑えるために低品質の部品をわざわざ探したところで得られるものは何もない。さらにいえば，加算される金額が費用の一定割合という形で規定されている以上，低品質の部品を探し出して購入することは建築業者にとって不利益ですらある。したがって，建築業者は低品質の部品を斥け，高品質で高価格な部品を購入するインセンティブを持つ。建築業者が低品質の部品を購入するように動機付けられることは注文主にとって望ましくないことは明らかであるから，この観点からは，原価加算方

---

① （原注）定額報酬方式の契約の下で安価な窓枠を見つけ出すための建築業者の追加的な労力は，窓枠1個当たり50ドルという追加的な利益を相殺する要素として勘案されるべきであるが，ここでは，そのような追加的な労力は，窓枠1個当たり50ドル未満であることを仮定している。

6) （訳者注）正確にいうと，報酬額が500ドルを上回る限り定額報酬方式を用いる方が建築業者にとって有利であり，報酬額が600ドルを下回る限りこの方式を用いる方が注文主にとって有利である。ただし，これらの値（ある種の留保価格と言ってよいであろう）を当事者が認識するためには購入できる窓枠の売主別の価格についての情報を持っていなければならない。この点は建築業者にとってはさほど困難なことではないかもしれないが，平均的な注文主にとっては必ずしも容易なことではないであろう。

式の方が望ましい。

　定額報酬方式の契約を締結した結果，低品質の部品が使われてしまうという問題を回避するにはどうすればよいか。一つの方法は，部品を購入する時は予めクライアントの承諾を得ることを建築業者に義務付けておくことである。ただし，これは時間と労力を要する手続である。承諾を得るには建築業者がクライアントに連絡をとらねばならず，掘り出し物を偶然見つけた場合，それをその場で購入できずに買い逃してしまうということもあり得る。くわえて，報酬が定額で定められている建築業者は注文主が（高品質の素材にこだわるなどの理由により）承諾を不合理に留保したり，承諾と引替えに無関係な譲歩を建築業者から引き出そうとすることを懸念するであろう。

　もう一つの方法は，定額報酬方式の下で使用すべき部品の品質（例えば，窓枠のブランドやモデル）を特定しておくことである。ただし，これを実現するためには，窓枠の品質やクライアントの希望条件を契約書の作成時点で詳しく知っていなければならない。このような情報を前もって収集することは必ずしも容易ではないし，そのための時間と費用も無視できない。[②]

　以上のような限界はあるものの，事前承認を求める条項や部品の品質を特定する条項が様々な場面で有用となることは確かであろう。

　他方で，原価加算方式の契約であっても，品質に関する問題は生じる。すなわち，不必要に高品質のものとなってしまうという問題である。例えば，原価加算方式の契約の下では，建築業者は必要以上に立派で高価な窓枠を購入するかもしれない。建築業者が，その業務遂行のために要した費用とその費用の一定割合相当の金額をクライアントから支払われることになっている場合には，費用を増加させるいかなる行為も建築業者にとって利益となる。したがって，建築業者は，たとえ，その品質や価格がクライアントの観点からは正当化できないようなものであっても，窓枠の仕入れに可能なかぎり多くの金額を費やそうというインセンティブを持つ。[③]したがって，原価加算方式の契約においても定額報酬方式の契約の場合と同様，クライアントの事前承認を部品購入の条件としたり，購入すべき窓枠の品質を予め特定しておくことは有用である。

---

　②　（原注）　クライアントによる事前承認を条件とする契約の下でも，クライアントが窓枠の品質を見極められることが必要となるものの，契約書作成時点で必要とされるわけではない点に違いがある。

　③　（原注）　建築業者が高価な窓枠を購入したがるもう一つの理由として考えられるのは，部品の販売業者から暗黙の信頼を勝ち取ること，あるいはキックバックを受け取ることである。

以上を要約すると，目的に適わない低品質の部品が使用されるリスクは，原価加算方式の下では存在せず，定額報酬方式の契約の下では存在する。逆に，不必要に高品質のものが使用されてしまうリスクは，定額報酬方式の下では存在せず，原価加算方式の下では存在する。部品の品質に関するこのようなリスクは，事前承認を部品購入の条件とする規定や品質を指定する規定を契約書に挿入することによってある程度回避し得るが，いずれの方法にも一定の限界がある。

C 不確実性と再交渉

人生に不確実性はつきものであり，不確実性にいかに対処するかという観点に立って原価加算方式と定額報酬方式の選択を考えると，そこにいくつかの論点が見出される。契約の再交渉問題はそのうちの一つである。

クライアントの計画や希望が改築作業の途中で変化する場合を考えてみよう。例えば，クライアントが改築作業の途中でキッチンの配置方法を変更した方が潜在的なテナントに対して魅力的かもしれないと考え，あるいは，埋め込み式の照明器の方が標準的な照明器よりも優れていると考えるに至ったとしよう。原価加算方式の契約の場合，改築計画を変更するために契約の再交渉をする必要はほとんどない。原価加算方式の下では，計画の変更があっても，それに要する費用をクライアントに請求すればよいだけであるから，建築業者は何ら追加の費用を負担することにはならず，したがって，計画の変更を認める条項を原価加算方式の契約に挿入することを受け入れるであろう。これに対し，定額報酬方式の下では建築業者は当初合意されていたよりも多額の費用を負担しなければならなくなるので契約の再交渉が不可避的に必要となる。

注文主の立場からいえば再交渉には二つの難点がある。その一つは時間と労力の負担が大きいことであり，もう一つは，再交渉の時点では，十中八九建築業者の方が有利な地位にあるということである。再交渉が必要となる頃までには，クライアントが別の誰かにその業務を依頼することはもはや不可能な場合が多い（おそらく，契約上もそれは許容されていないだろう）。したがって，すでに

---

④ （原注）ただし，もし，建築業者の利益が（本文における事例のように，費用に対するパーセンテージで定められているのではなく，）定額で定められていた場合であって，計画変更が改築作業を大幅に拡大させるものである場合には，建築業者は，追加の費用をクライアントに請求するだけでなく，定額で定められている利益額も増加させることを望むであろうから，ある程度の再交渉が不可避的に必要となる。

業務に従事している建築業者は，再交渉の場において，不合理な金額をクライアントに要求するなどクライアントの弱みにつけ込める立場にある。この問題は，一般に「ホールドアップ問題（holdup problem）」と呼ばれるものの一例である。再交渉の必要性と再交渉に伴う二つの問題（追加負担とホールドアップ問題）は，最初の時点で，クライアントがあらゆる事項を十分に検討し，何を得たいのかをきちんと認識し，かつ，それを弁護士に正確に伝えていれば未然に防止できるはずであるが，その作業自体が大きな負担である。しかも，クライアントが（あるいは，あなた自身が），将来希望するかもしれない変更点をすべて予測できるとは通常考えにくい。不確実性があるがゆえに再交渉が必要となるかもしれない事案では，再交渉のしやすさという観点から，原価加算方式の方が定額報酬方式よりも望ましいように思える。

D　不確実性とリスク負担

不確実性に関して考慮すべきもう一つの論点はリスク負担の問題である。原価加算方式の下では原価の変動に関するリスクを負担するのは注文主であり，建築業者はリスクを負担しない。注文主がリスク回避的であれば，不確実性が大きいほど注文主が負担するリスクも高まる。

定額報酬方式の契約では状況は逆である。建築業者の報酬額は一定であるので原価に関するリスクはすべて建築業者が負担している。したがって，原価高騰のリスクはリスク回避的な建築業者にとっては大きな負担となるが，注文主はリスクから守られている。

リスクの分担という点に絞って考えた場合，どちらの方式が優れているであろうか。答えは，ひとえに，いずれの当事者のリスク負担能力が高いかにかかっている。例えば，建築業者が多数のプロジェクトに従事する大企業であったり，コングロマリット企業の一部分である場合，彼らがとり得るリスクは，創業間もなく資産規模が小さい注文主よりもはるかに大きいに違いない。このような場合には，いずれの当事者の観点からも，定額報酬方式を用いる方が合理的であろう。

逆に，注文主は大規模な会社であるが，建築業者は小規模な建築会社である場合には原価加算方式の方が望ましい。原価加算方式であれば売主はリスクを負担する必要がないため，小規模な建築会社としては，定額報酬方式よりも原価加算方式の方が受け入れやすいし，リスク負担能力が高い注文主にとっても

原価加算方式の方が望ましいであろう（定額報酬方式の場合，小規模な建築会社は負担するリスクの代償として大きな対価を要求するであろうから買主にとっても定額報酬方式は望ましくないはずである）。

> **Column 3-1** 定額報酬方式と原価加算方式の要点
>
> - 定額報酬方式は建築業者に最安値の原材料を探すインセンティブを与えるものであり，この安い原価を反映して報酬額自体も安価となりがちである。原価加算方式を用いると原材料価格が高くつくという問題は上限価格の設定や注文主の事前承認を原材料購入の要件とすることによって回避できる。[7]
> - 原価加算方式は低品質の原材料を購入するインセンティブを建築業者に与えないという点において定額報酬方式より優れている（ただし，品質が「よすぎる」原材料を購入するインセンティブを与えてしまうという問題を伴う）。定額報酬方式の下で品質が劣化するという問題は契約の中で品質を特定し，あるいは，注文主の事前承認を原材料購入の要件とすることによって回避できる。[8]
> - 原価加算方式には当初の計画を変更する際に契約内容の再交渉が通常必要とならないという利点がある。これに対して，定額報酬方式の下では再交渉が必要となる場合が多い。再交渉は時間と労力のかかる手続であり，くわえて，注文主はホールドアップ問題に晒される。
> - リスクの分担という観点からいえば，注文主がリスク回避的であれば定額報酬方式が望ましく，建築業者がリスク回避的であれば原価加算方式が望ましい。
>
> 以上のまとめは，定額報酬方式の契約と原価加算方式の契約の優劣を網羅的に記したものではないが，考慮すべき最重要点をカバーしているはずである。

E 応用問題：体育館の建設

小さな私立学校が体育館の建設を計画しており，あなたはこの学校の弁護士であると仮定する。この学校は，体育館の建築を依頼すべく大きな建築会社と交渉をしている。その際の契約内容の基本的枠組みはどのようなものとすべきであろうか。

詳細な議論に入る前に，製造物供給契約の作成における重要点を二つだけ確認しておこう。すなわち，第一に，原価加算方式と定額報酬方式のいずれを用いるかを決めるにあたっては，これまでに述べた論点をクライアントの状況を踏まえて注意深く検討すべきであり，第二に，いずれの方式を採用するにして

---

[7] （訳者注）　ただし，いずれの方法にも一定の限界があることは前述のとおりである。
[8] （訳者注）　ただし，いずれの方法にも一定の限界があることは前述のとおりである。

も，その方式の欠点からクライアントを守るためにとり得るすべての措置をとるべきである。では，重要と思われる論点を取り上げながらこの事例について詳(つぶ)さに検討していこう。

　定額報酬方式は，建築業者に安い価格の材料を探すインセンティブを与える点において，そのようなインセンティブを与えない原価加算方式よりも魅力的である。こう考える背景には，クライアントである学校や学校が依頼した設計士には部品の価格について十分な知識がなく，したがって上限価格を設けたり，部品の購入前に学校側の承認を求めることによって建築業者が適切な価格の部品を購入するようにコントロールすることは難しいであろうという判断がある。そこで，あなたとしては，原価加算方式では代金が不相当に高くなることを懸念し，定額報酬方式を用いたいと思うであろう。

　しかしながら，定額報酬方式を用いた場合には建築業者が体育館の品質を不当に低いものとするおそれがあり，あなたはそのような事態が起きないようにクライアントを守らなければならない。ただし，体育館の品質がクライアントの期待に適うことを確保しようと思えば，クライアントに時間をかけて詳細な検討をしてもらい，希望する体育館の条件を正確に特定してもらったうえで，それを契約書に書き込む作業が必要となる。言い換えれば，クライアントは，床板の種類や来賓用の折りたたみ椅子のブランド，シャワー設備や暖房設備の種類を含め体育館のあらゆる部品を詳細に指定しなければならない。クライアントはおそらくそのような知識をあまり有してはおらず，これに要する時間も多大なものとなるであろう。しかしながら，その体育館を設計した設計士に頼めば品質問題を回避できるだけの詳細な提案書を作成してくれるかもしれない。定額報酬方式をとる場合には，建築業者が品質の面で手を抜くことがないように可能な限り詳しい契約書を作成したいところである。

　あなたは，クライアントに対して建築計画を注意深く検討するよう指導すべきである。建築計画はクライアントの希望を正しく反映しているか。後で変更したい点が生じることはないか。依頼した作業がいったん開始された後に契約の修正を求める場合には別途の交渉が必要となってしまうので，しっかりした意思決定を前もって行うことが望ましい。事前にしっかり検討しておくことは結果的に時間の節約になるし，後のトラブルや追加費用の発生を回避するというメリットをもたらす。特に，ホールドアップ問題を忘れてはならない。建築作業が途中まで進んでからクライアントが来賓用のバルコニーを付け加えよう

とすれば，建築業者はクライアントの立場が弱くなっていることを奇貨として，これに必要な追加作業に対して過大な報酬を請求してくるかもしれない。

定額報酬方式にはクライアントが追加の費用負担のリスクを負わないという利点がある。クライアントにとっては，短期間のうちに追加の資金を調達することは困難かもしれず，追加の費用負担のリスクはとり得ないかもしれない。さらに，もし，建築業者が大きな企業であって，体育館の建築というプロジェクトに伴うリスクを容易に負担できる会社であれば，定額報酬方式の下で建築費用の変動リスクを負うことに対してさほど大きな代償は要求しないだろう。

以上の検討をまとめると，定額報酬方式を選択したうえで満たすべき品質水準を契約の中に規定し，同時に，契約の再交渉を避けるという観点から満たすべき建築条件を予めクライアントに詳しく考えてもらうことが重要である。

ところで，もしあなたの助言がなければ，学校は以上のような諸問題を十分検討することはできたであろうか。おそらくそれは難しかったはずであり，したがって，あなたの助言は適切な契約の締結という目標に対して大いなる貢献を果たしたに違いない。

Column 3-2　一般的な契約条項

以下の契約条項の抜粋がすでに議論した論点とどのように関係するのか考えてもらいたい。

定額報酬方式の契約　　以下の条項は，市と建築業者との間の定額報酬方式の契約から抜粋したものである（本章 **9** の文献 3 ③の chapter 3E-93 参照）。

第 3.01 条（建築業者の責任）

建築業者は，すべての作業を自らの費用で行う。建築業者による作業は，現在の最良の実務慣行に従い，指定された材料と最高度の製作技術を用いて実施されなければならないものとし，それらの条件が満たされているか否かはすべて，市のエンジニアによって判断される。建築手法についても，市のエンジニアの承認を要する。

第 3.03 条（検査）

市は，不完全な材料や制作物を拒絶する権利を有する。

原価加算方式の契約　　以下の条項は，ある会社（委託者）とある建築業者との間の原価加算方式の下で，建築業者に対して定額の報酬を支払うことを規定した契約から抜粋したものである（本章 **9** の文献 3 ③の chapter 3E-71 参照）。

第6条（委託者のエンジニアの権限）
　　委託者は，すべての段階における作業内容を指示し，すべての授権された費用を承認する権限を持つ適切なエンジニアを起用する。当該エンジニアは，契約に規定された条件に合致しない作業や材料を拒絶する権限を有するものとする。

第8条（材料の調達）
　　建築業者は，すべての発注書を委託者に提出し，その事前承認を得るものとする。委託者は，自らの責任で，直接，材料を購入する権利を有するものとする。また，委託者は，自ら所有する在庫品の中から，材料や設備を提供する権利を有するものとする。

Column 3-3　クライアントが建築計画を変更した場合

　定額報酬方式が学校にとっておそらくは最善であろうが，この方式を用いる以上は建築途上で建築計画を変更することは避けるべきであることの理由は本文で述べた。たしかに，学校が前もってすべての要素を検討しておくことが理想的であるが，現実には必ずしもそうはいかない場合も多いであろう。例えば，新たな法規制が施行されて建築のデザインを変更しなければならなくなるかもしれない。そこで，次善の策として，建築計画を変更した部分については原価加算方式で対価を支払うと規定しておくことが考えられる。定額報酬方式の契約にそのような補充規定を設けることには，どのような利点と難点があるか考えてみてもらいたい。

F　契約紛争に際して展開すべき議論

　これまでに検討してきたことは契約書の作成のみならず，契約紛争が起こった際に展開すべき議論を作り出すうえでも役に立つ。例えば，学校の体育館の建設に関する契約において，ある特定の素材（その耐久性の高さを評価して設計者が推奨したもの）を屋根の素材として用いることが規定されていたとしよう。ところが，建築業者は耐久性に劣る低品質の材料を選択してしまい，それが契約において指定された素材と実質的に同等であると主張しているとしよう。

　この契約の中に，建築業者が誠実に義務を履行すべきことを定めた一般規定が存在するとすれば，あなたは，この規定の解釈を通じて，建築業者は低品質の材料を交換すべき義務があると主張しようと考えるのではあるまいか。しかし，そう考える一方で，あなたのクライアントはコストを低く抑えるために（原価加算方式ではなく）定額報酬方式の契約を締結したのであるから経費を節

約するのは合理的ではないかという反論が建築業者からなされることを懸念するに違いない。このような反論があり得る以上，あなたとしては，単純に誠実義務の存在だけを主張してあとは裁判所の判断に任せるのではなく，もっと要点を押さえた議論を展開すべきである。

　これまでに検討してきたことを応用すればそのような議論が可能となる。例えば，あなたは建築業者に対して次のように反論すればよいのである。「定額報酬方式の下では建築業者は安価で低品質な部品を選びがちであるがゆえにわたしのクライアントは具体的な規定を設けることによって品質に関する手抜きを防止しようとしました。使用されるべき屋根の素材を特定したのはそのためです」。この議論を基にして，建築業者が使用した屋根の素材がクライアントの目的に不適であることを示すにはどうすればよいのか，具体的に考えてみよう。例えば建築業者が選んだ素材を使うと数年のうちに屋根の水漏れが発生しその修理には3万ドルを要するが，建築業者がこの素材を購入したことによって節約できた金額は5,000ドルにすぎないということをあなたは立証できるかもしれない。であるとすれば，あなたはこう主張すべきである。「したがって，仮に当事者間で十分な議論が尽くされていたならば，クライアントはそのような低品質の材料を使うことに合意するはずはありませんし，経験豊かな建築業者は当然そのことを熟知していたはずです」。万が一裁判所がこの主張を受け入れようとしない場合には，次のように続ければよい。「もし私たちのこの主張が認められないとすれば，今後定額報酬方式の契約は品質の悪化，ひいては契約が生み出すパイの縮小を招くことになり，将来の契約当事者たちを苦しめることになるでしょう。そして，この結果を予期した将来の注文主たちは契約を結ぶ意欲を失ってしまうかもしれませんし，仮にそうでないとしても，契約の両当事者は共同の利益に反する行動を抑制すべく（例えば，使用してはならない素材をすべて列挙するといった方法によって）過剰に詳細な契約書を作成するために多大な時間とコストを費やさなければならなくなるでしょう」。

　以上の主張は，「建築業者が屋根の材料として低品質の素材を選択したことは不誠実（bad faith）であり，これによってクライアントは不利益を受けた」という抽象的な主張に比べるとはるかに具体的であり，裁判官や仲裁人に対しても説得力を持つであろう。

　以上により，契約全体の目的や具体的な条項の目的を正確に理解することが，そうでなければ気付くことのなかった有益な主張を訴訟の場面で展開する助け

となることを示し得たのではないだろうか。

5　代理契約

　ある当事者（以下，「**本人**〔principle〕」という）が他の当事者（以下，「**代理人**〔agent〕」という）に対して，何らかの業務を委託する契約（以下，「**代理契約**〔agency agreement〕」という）は日常的に締結される[9]。例えば，ある人が弁護士に法律業務を委託する契約，ある人が不動産業者に不動産の斡旋を委託する契約，店舗のオーナーが店舗を管理・運営してくれる人を雇う契約，納税者が税理士に税務問題の処理を委託する契約，土地所有者が作物を育てるために農家を雇う契約などはすべて代理契約にほかならない。本人は個人であるとは限らず，例えば，会社が従業員を雇用する場合には，会社が本人であり，従業員が代理人である。代理契約は，非常に広範な領域に及ぶ契約類型である[⑤]。

　代理契約には，「**成果基準型**（performance-based）」（**アウトプット基準型**〔output-based〕ともいう），「**インプット基準型**（input-based）」，「**定額報酬型**（fixed-fee）」という三つの主要類型がある。成果基準型の契約においては，報酬額は予め指定された一定の基準によって測定される成果によって定まる。例えば，不動産の売却価格を基準として不動産業者への報酬が支払われる契約，店舗が一定の利益を生んだ場合や顧客満足度が上昇したとの調査結果が出た場合に店長に対して追加の報酬が支払われる店長との雇用契約，販売した商品の売上高の一定

---

9) （訳者注）法律論や経済論の中で使われる代理という概念は文脈によってその意味を異にするのでここで整理しておきたい。代理という概念の最も狭い意味は，本人に帰属する権利・義務を創設できる権限のことであり，日本の民法典において代理という言葉はこの意味で使われている。代理という概念が次に意味するものは，ある者が他の者のための事務を処理することを内容とする契約を結んだ場合における両当事者の関係のことであり（この場合，代理人は必ずしも本人に帰属する権利・義務を創設する権限を有しているとは限らない），米国の法律論ではこの意味において代理という言葉が使われる場合が多い（本章の **5** においてもこの意味で代理という言葉が使われている）。代理という概念が3番目に意味するものは，行為主体とその行為がもたらす損益の帰属主体が異なる場合における両者の関係であり（両者の間に契約が存在することは必要とされていない点に注意），第5章 **2** Bに登場する「エージェンシー問題」や「エージェンシー・コスト」における代理（agency）とはまさにこの意味のものである（この意味における代理関係は企業の支配株主と少数株主，あるいは株主と債権者の間にも成立するものであることに留意されたい）。

⑤ （原注）すでに検討した製造物供給契約も，注文主を本人，建築業者を代理人とする本人・代理人間契約の一類型として捉えることができる。本章 **4** では製造物供給に固有の論点である定額報酬方式と原価加算方式の比較というテーマに焦点をあてたが，ここでは，もっと多くの論点や契約類型を検討する。

割合を歩合制で支払う営業担当者との雇用契約，回収された金額や和解で得た金額の一定割合を成功報酬として支払う弁護士の委任契約などはいずれも成果基準型の契約である。

これに対して，インプット基準型の契約における報酬額は，代理業務を行うために投入された経営資源の数量（働いた時間など）と連動している。例えば，店舗の従業員や弁護士に対する報酬が働いた時間を基準として支払われる契約や，前記の原価加算方式の契約のように受託業務の履行に要した費用を基準として受託業者への報酬が支払われる契約がこれにあたる。

これに対して，定額報酬型の契約の代理人は業務の履行に対する対価として予め特定された金額の支払を受ける。例えば，税務申告業務を行った税理士，遺言を作成した弁護士，団体旅行を引率した案内人，建物を建築した建築業者などは，定額報酬型の契約によって予め合意された報酬額だけを受け取る場合が多い。

実際の代理契約はこれら三つの方式を組み合わせたものであることが多く，店舗の店長に対して勤務時間数（インプットの一つ）を基準とした給与を支払いつつ，店舗の生み出した利益（成果の一つの指標）の一定割合をボーナスとして支給する契約などはその例である。いかなる種類の代理契約においても，契約条件を十分に規定するためには様々な事項（例えば，ある店舗の店長が受け取る報酬をその店舗の利益の何％とするか）を詳細に規定しなければならない。

成果基準型，インプット基準型および定額報酬型の契約の三つには，いくつかの点で重要な違いがある。以下では，あなたのクライアントが代理契約の本人にあたると仮定したうえで，どの種類の契約を作成すべきであるかを考えてみよう。[6]

A インセンティブ

代理契約にあっては，本人の目的が達成されるように尽力するインセンティブをいかにして代理人に与えるかが重要となる。店舗のオーナーや不動産の所有者は利潤を得ることを望み，弁護士の依頼者は多額の勝訴判決を得ることを

---

[6] （原注）クライアントが本人であるという仮定は議論を単純にするためだけのものであり，仮にクライアントが代理人であったとしても，どのような契約を締結すべきかという点に関する結論は同じとなる公算が高い。これは，一方にとって望ましい契約は，その契約が生み出すパイを増加させることによって他方にとっても望ましいものとなるという，すでに慣れ親しんだ理由によるものである。

望む。しかしながら，これらの契約の代理人がこのような本人の目的を達成するために尽力するとは限らない。代理人はそのように行動するインセンティブを与えられない限り，それに必要な努力を払おうとはしないかもしれない。そこで，「最大限の努力（best effort）義務」を契約書に規定するのが一般的であるが，これだけでは十分とはいえない。そのような規定は解釈が難しいし，本人が代理人の努力の程度を監視し，その結果を裁判所で示すことは難しいからである。そこで，各契約類型はいかなるインセンティブを生み出すものであるかを知っておくことが重要となる。

　成果基準型契約の場合，よりよい成果をあげようとするインセンティブが明らかに存在する。店舗の店長の給与をその店舗の利益に基づいて算定する仕組みは，店長がその店舗の利益を最大化するインセンティブとして機能するし，弁護士の報酬額を勝訴金額や和解で勝ち取った金額に連動させる仕組みは，弁護士がクライアントのために可能な限り大きな金額を勝ち取るインセンティブとして機能する。

　成果基準型契約のインセンティブがどれだけ強いかは契約の内容次第である。例えば，店舗の利益の5％分だけを報酬として受け取る契約を締結した店長の場合，店舗の利益を増加させるために働くインセンティブはあまり強くはないであろう。例えば2,000ドルの追加利益をもたらす広告を立案するために週末をつぶして働くかどうかを考える場合，店長は，それによって得られる追加の報酬（2000ドルの5％である100ドル）は週末勤務を正当化するには小さすぎると考えて，週末勤務を断念するかもしれない。この状況の下で店長のインセンティブを高めるためには，店舗の利益のより大きな割合を店長に支払うことが必要である。例えば，利益の25％（上記の事例で言えば，2,000ドル×25％＝500ドル）が店長に支払われるとすれば，これは店長が週末勤務のインセンティブを抱くに十分な金額といえるかもしれない。しかし，利益の25％を支払えばつねに十分であるとはいえない。店長が週末の他の過ごし方に700ドルの価値を認めている場合（例えば，すでに旅行の予約をしており，飛行機のチケット代は返金不可である場合）には，やはり店長は週末勤務を見送ることだろう。週末勤務によって得られる追加的な報酬よりもそれによって失う金額の方が大きいからであり，店舗と店長が得る合計の価値を最大化させるインセンティブを店長に付与するためには，週末に対する店長の評価が2,000ドル未満である限り常に週末勤務を選択するレベルの報酬を支払わなければならない。しかし，これは，

店長が週末働くことによって店舗が得る追加利益の100%（つまり，2,000ドル全額）を店長に支払うことを意味する。同様に，店舗の損失を防ぐ十分なインセンティブを店長に与えるためには，店舗に生じる全損失の100%を店長に負担させなければならない。

しかし，店長が店舗が生み出す追加利益をすべて受け取り，同時に，追加の損失をすべて負担するという契約を本人である店舗のオーナーが望むはずはないし，そもそもそのような契約は現実的ではない場合が多いだろう。仮に店長が一定の基準値を上回る利益のすべてを受け取れるとした場合には，店長の報酬は店舗のオーナーが支払う用意のある金額を容易に上回ってしまうかもしれないし[7]，それだけの損失を負担できるほどの資産を店長が有していないとすれば，そのような損失を負担させることは非現実的である。このような問題は，たとえ店長が受け取る利益と損失の割合を100%より低くしたとしても（100%よりはるかに低くしたとしても）避け難いものであり，例えば，大企業の経営者が企業利益の5%を受け取るとすればこの経営者の報酬は数億ドルに上るであろうが，このレベルの金額を経営者に支払うことに納得する株主は少ないのではなかろうか。

以上を要するに，成果基準型の契約の下でインセンティブの強さを決める最大の要因は代理人が受け取る利益や負担する損失の割合であるが，この割合が高すぎる契約は本人にとって望ましくないか，あるいは，そもそも現実的でない場合が多い。

代理人にインセンティブを与えるもう一つの方法は，成果基準型の契約ではなく，インプット基準型の契約を選択することである。店舗のオーナーは，店長がより長時間働けばより多くの利益を得られると期待して，店長に一般的な水準よりも長く働いてほしいと思うかもしれない。その場合，オーナーは店長の報酬が勤務時間数に連動した契約を望むであろう。さらに，週末勤務に対しては特に割高な賃金を支払うことにすれば，店長は週末勤務も厭わず働き続けるかもしれない。

しかしながら，店長の勤務時間の長さが店舗が生み出す利益額を決定する唯一の指標というわけではない。例えば，店長がどのように部下を管理し，顧客

---

[7]（原注）もう一歩踏み込んだ議論をするために，店長のみならず，その店舗のすべての従業員が完全なインセンティブ，すなわち，追加利益の100%を受け取れる場合を考えてみよう。そのような取決めが現実的でないことは明らかであろう。

に対応し、その他の様々な場面でどのような行動をとるかという点も店舗が生み出す利益額に影響を与えることは明らかである。実際、長時間働いているものの、多くの時間を同僚とのおしゃべりに費やしている店長もいることは想像に難くない。要するに、労働時間を唯一の基準として報酬額が決定される店長は、部下を効率的に管理したり、優れた顧客サービスを行ったり、個人的な用事よりも業務上の用事を優先したりするインセンティブを抱き難く、これをインプット基準型契約の一般的な問題としていえば、利益を決定する多数の要因のうちのいくつかだけを基準として報酬額を決定するという仕組みを用いる限り代理人はそれ以外の要因について努力を尽くすインセンティブを持ち得ないのである。

では、どのようにすれば代理人が本人の望む行動をとるように仕向けることができるのか。最も直截な解決策は一定の費用をかけて代理人の仕事を監視してこれを評価することであろう。例えば、顧客満足度を調査するためにマーケティング業者を起用し、ボーナス支給の適否や店長を解雇することの要否を決定する際に、その調査結果を用いる方法がこれにあたる（このような情報を利用することによって事実上成果基準型契約の要素を取り入れている点に留意されたい）。ただし、利益額に影響を与えるインプット要素を監視するという手法には少なからぬ費用がかかり、くわえて、得られる情報も必ずしも十分ではないという問題を孕んでいる。

最後に、定額報酬型の契約の場合には、代理人が優れた成果を発揮する直接的なインセンティブは何ら存在しない。そのため、本人としては、代理人の善意や評判、あるいは、今後も依頼を引き受けたいという代理人の気持ちを全面的に信用するか、あるいは、インプット基準型の契約の場合と同様に、十分な努力が尽くされたことや業務の出来ばえを報酬支払の条件としつつ、仕事ぶりを監視するために一定の費用をかけることが必要であろう。

B　リスクの負担

どのような契約類型を選択すべきかを考える際のもう一つの考慮要素はリスク負担に関するものである。リスクの大きさはどの程度か、誰がそれを負担しているか、誰がそのリスクを最も負担し得る立場にあるかなどの点が問題となる。まず、成果基準型の契約においては、（利益の分配にあずかる限度においてではあるが）代理人がリスク負担者である。業務の成果を確実に予測できる代理

人はいないからであり，消費者の嗜好の変化，競合店の開店，天気が需要に及ぼす影響，一般的な経済環境の変化など様々な理由のために，店長は売上げがいくらになるかについて確固たる自信を持つことはできない。したがって，もし彼の報酬が店舗の利益のみによって決定されるとすれば，彼の収入は非常に不確実であり，その値は月ごとに大きく変動するものとなるであろう。同様に，もし弁護士が，裁判で勝訴した金額や和解金の一定割合のみを報酬として受け取る場合，和解協議や裁判所の判断は予測不能である以上，その弁護士の収入は非常に不確実なものとなる。成果基準型の契約は報酬を利益や成果と結びつけることで大きなインセンティブを生み出すという利点を有するが，同時に，代理人が大きなリスクを負担するという難点を伴っている。

これとは対照的に，インプット基準型の契約は代理人にリスクを課さない場合が多い。時間給で働く店長は自分の勤務時間を所与とする限り給料がいくらであるかを知っており，店舗の利益の多寡は店長の給料に何らの影響も与えない。タイムチャージで請求する弁護士は（その案件に何時間を費やすかについて一定の不確実性が伴うので完全にとはいえないものの）自分がいくらの報酬を受け取れるかを合理的に把握できる立場にあり，クライアントがいくらの金額を回収できたかは関係ない。

定額報酬型の契約の代理人も受取報酬額に関してはリスクを負わない。ただし，業務を遂行するうえでどれほどの労力が必要となるかが初期段階では分かりづらい案件の代理人は行うべき業務の多寡に関して少なからぬリスクを負う。いつ決着がつくかが分からない訴訟案件を定額報酬で引き受けた弁護士はその典型であろう。

以上を要するに，代理人がリスク回避的である場合には，インプット基準型か定額報酬型の契約が一般的には望ましいであろう（その場合にリスクを負担するのは本人である）。店長の報酬が労働時間に基づいて決定されたり，固定報酬であったりする場合には，店舗オーナーが利益に関するリスクを負担することになり，弁護士の報酬が費やした時間によって決定されたり，固定報酬であったりする場合には，クライアントが案件の結果に関するリスクをすべて負担することになる。これに対し，もし本人の方が代理人よりもリスク回避的な場合には，インプット基準型か定額報酬型の契約の方が望ましい。なお，一般的には，代理人の方が本人よりもリスク回避的であることが多いと思われがちであるが，実は必ずしもそうではない。例えば，本人である訴訟の原告は大した資

産も持ちあわせていないが，代理人は社会的に成功した弁護士であるか，あるいは，大手法律事務所であるとしよう。この場合には，クライアントが全面的にリスクを負うインプット基準型の契約よりも勝訴した金額や和解で得た金額の一定割合を弁護士が報酬として受け取る成果基準型の契約の方が当事者双方にとって好ましいものである可能性が高い。例えば勝訴金額の33%を弁護士が受け取る成功報酬契約の場合，クライアントはそれでも相当のリスクを負ってはいるものの，敗訴した場合には多額の弁護士報酬の支払義務を免れることができる。

Column 3-4　成果基準型の契約，インプット基準型の契約および定額報酬型の契約の要点

- 成果基準型の契約はよい業務を行うインセンティブを代理人に与える。ただし，強いインセンティブを与えようと思えば，代理人がその業務によって生み出す利益の大部分を受け取り，損失の大部分を負担することが必要となるが，これは本人にとって望ましいことではないし現実的でもない。
- インプット基準型の契約もまた，よい業務を行うインセンティブを代理人に与えるものであるが，業務の成否に影響する様々な要素を監視・評価することは難しい点においてそのインセンティブは不十分となる可能性を免れない。さらに，監視が可能であっても，それには多額の費用がかかる場合も稀ではない。
- 定額報酬型の契約は，よい業務を行うインセンティブを生み出さないが，監視を行うことがこの点の解決策となり得る場合もある。
- 成果基準型の契約は代理人にリスクを負わせるという性質を有しているので代理人が本人よりもリスク回避的である場合にはこの点が同契約の難点となる。
- インプット基準型の契約は代理人をリスクから守る性質を有しているので，代理人が本人よりもリスク回避的である場合にはこの点が同契約の利点となる。

C　応用問題：コーヒーショップの店長

あなたは，第二のスターバックスになることを目指して新規コーヒーチェーンを展開している新興企業の法務部長であり，自社のすべてのコーヒーショップの店長を対象とする契約を作成中である。社内での議論において以下のポイントが指摘された。

- 会社が希望する人材は，周辺地域において，通常，約5万ドルの固定年収を得ている。
- 店長の職責は（設備を清潔に保ち，時間通りに営業を開始する責務なども含めて）多岐にわたるが，とりわけ，従業員の雇用・解雇や監視（従業員の勤勉さや顧客対応の

チェックなど)，中央倉庫や流通システムからの品物の発注が中心的な仕事である。
- 会社のコンピュータシステムにより，毎日の売上げや商品原価は完全に把握できる。加えて，各店舗で何人の従業員が働いているか，彼らの時給がいくらであるか，彼らが1日に何時間働いているかも知ることができる。なお，会社は，近い将来株式を上場させようと考えている。

このコーヒーショップの店長用の契約は，どのようなタイプの契約とするのがよいであろうか。

(1) 成果基準型の契約

各コーヒーショップの売上げと費用を補捉し計算できる同社のコンピュータシステムのおかげで，各ショップの利益額はたやすく確定できる。そのため，各店長の給与をその店舗の利益に連動させる成果基準型の契約はうまく機能しそうである。

しかし，利益基準型の報酬を検討するにあたっては，店長が負担するリスクに配慮しなければならない。たしかに，小売店舗の店長の地位に就こうとする者には指導力があって平均よりもリスク負担能力の高い人が多いであろう。しかし，そのような人といえども利益額に影響を与える偶発的な諸要素に自分の給与が過度に依存する仕事には興味を持たないであろう。あなたの会社が本当に雇いたいと思う店長候補者は，たとえ期待値が7万ドルの給与であってもその額が完全に店舗の利益額に依存する場合には，5万ドルの固定給（会社が希望する人材の他社における通常の収入）の方がよいと考えるかもしれない。たとえ期待値で見れば利益基準型の報酬のほうが高いとしても，収入が極度に低下するリスクがあることは店長候補者にとって魅力的ではないであろう。コーヒーショップが流行すれば給与は12万ドルになるが，失敗すれば2万ドル（場合によってはゼロ）になるかもしれないことを考えればこの点は明らかであろう。

そこで，よき店長候補者を雇うためには例えば4万ドルの基本給を保証したうえでそれに利益に連動する要素，おそらくは店舗の利益の小さな割合を上乗せすることが必要であろう（これは，定額報酬型と成果基準型を組み合わせたものであることに留意されたい）。例えば，もし，利益に連動する部分の報酬の期待値が平均2万ドルであるとすれば，店長の給与の期待値は6万ドルになる。この組合せであればリスクはかなり小さいので，応募者にとっても魅力的であろうし，会社のコストも（平均7万ドルではなく）平均6万ドルで済ますことができる。ただし，利益に連動する部分の報酬が比較的小さいこの給与体系のもと

では，店長が店舗の利益を最大化しようというインセンティブは，給与が完全に利益額に依存している場合に比べれば弱くならざるを得ない。

　あなたの会社は上場する予定であることから，コーヒーショップの店長にストック・オプションを付与することも検討に値する。一般論としていえば，たしかに，ストック・オプションは保有者にやる気を起こさせるものである。例えば，各店長に，会社の株式の0.1％分に対応するストック・オプションを与えてはどうか。そんな考えが浮かぶかもしれない。しかし，成果を向上させるインセンティブとして利益基準の報酬を用いることを考えている場合に，ストック・オプションを導入することによってどれほど店長のインセンティブを強化できるであろうか。そう考えてみると，実はストック・オプションという形態で報酬を支払うことは特段のインセンティブを生み出さないことに気づくであろう。会社は数多くの店舗を運営しており，会社全体の株主価値は1店舗の店長の行動によって大きく影響されることはないし，各店長に与えることのできるストック・オプションは会社の株式全体から見ればごくわずかなものでしかないからである。他方で，ストック・オプションは，報酬の形態としては非常にリスクが高い。したがって，店長の報酬にストック・オプションを含めることは決して得策ではないという結論に至る場合が多いのではなかろうか。

Column 3-5　映画脚本家の契約

　以下の条項は，代理契約（具体的には，英国の映画会社が映画脚本家との間で締結するための標準契約）からの抜粋である（本章 **9** の文献3⑦の83頁-90頁参照）。あなたは，以下の条項を本章で学んだポイントに結びつけて理解することができるであろうか。以下の条項がなぜ両当事者の共通の利益になるのかを考えてみてほしい。

　本契約において，脚本家は，以下の仕事を引き受ける。
1. 脚本家は，制作会社が開催するストーリーの協議会に出席する。
2. 脚本家は，脚本を書く前にリサーチと準備を行う。
3. 脚本家は，制作会社との契約に従い，脚本の概要，脚本の初稿，再稿および撮影用の脚本を作り，これを提出する。各脚本は綺麗にタイプされていなければならない。また，履行期限を守ることが本契約の本質的要素である。
4. 脚本家は，必要に応じて第三者と協力し，全力を尽くして，適切なサービスを提供する。

　制作会社は，脚本家が病気や就業不能な状況である場合でない限り，予め合意された納期より14日超遅れた作品を受け取る義務を負わず，対価を支払う義務を負

わない。

　上記の脚本家の仕事に対する対価は，23,200 ポンドである。くわえて，脚本家は，米国のテレビネットワークのゴールデンタイムでの使用1回につき 13,000 ポンド，ROW free TV での使用1回につき 6,000 ポンド，英国テレビでの使用1回につき 2,000 ポンド，PBS での使用1回につき 1,500 ポンドの支払を受ける。

(2) インプット基準型の契約

　店長は，自らの振る舞いや仕事のやり方などを通じて，様々な方法で店舗の利益の増減に影響を与える立場にいる。例えば，店長が何時間働くかは店舗の利益額に当然影響を与えるため，店長との契約ではこの点について何らかの規定を設けておくべきであろう。同時に，契約には，あなたが店長に真剣に取り組んでほしいと思う行為を規定しておくべきである。しかし，残念なことに，そのような行為が正しく履行されたか否かは（最終的な判断権者である）裁判官にとっては観察不能ないしは検証不能である場合が多い。例えば，店舗の利益は，店員の接客の良し悪し（どの程度プロフェッショナルに，効率的に，また，礼儀正しく仕事をこなしたか）などに大きく影響される。したがって，店員たちに期待されているものが何であるかを理解させ，さらには，彼らを直接監視することを通じて，彼らに期待されたレベルの仕事を遂行させることは店長の重大な職責である。言い換えれば，店長は，従業員を管理し，やる気を起こさせる技術に長けていなければならない。しかし，店長の努力のそのような側面を監視し，評価することは簡単でない。この問題に対処する一つの方法は，会社の担当者が顧客を装って店舗を抜打ち調査し店長の仕事ぶりを評価することであろうが，それには相応のコストをかける必要がある。

Column 3-6　コーヒーショップの店長の契約

　著名なコーヒーチェーンの店長は，基本給のほかに，2種類のボーナスを受け取る。まず，過去の店舗の成績を基準に設定された数値を店舗の利益が上回った場合には「利益ボーナス（profit bonus）」が支払われる。利益ボーナスは，四半期ごとに，店長の基本給の 20% を上限として支払われる。もう一つのボーナスは，その店舗が会社の公式ポリシーをどの程度遵守しているかについての（客を装った調査員による報告書に基づく）評価に基づき支払われる「寸評ボーナス（"snapshot" bonus）」であり，その最大額は，利益ボーナスの最大額とほぼ同額である。すべてのボーナスは，店長と副店長の間で7対3に分けられ，両者とも，コーヒーを含めた商品の大幅デ

ィスカウントを受ける。

(3) 定額報酬型の契約

　もちろん，5万ドルの定額報酬を店長に提示することもできる。この場合，店長は報酬額に関するリスクを負わないが，同時に，努力をしようというインセンティブも持ち得ない。定額報酬の契約を用いるのであれば，店長の仕事ぶりを向上させるために，会社は店長の行動とその成果を監視する方策を考えるべきであろう。

(4) 最終判断

　以上の諸要素をすべて考慮した結果，あなたは，おそらく成果基準型の報酬要素（店舗の利益の一定割合を報酬とするもの）を含んだ契約を作成することを望むであろう。また，いくつかのインプット基準型の報酬要素（店舗での労働時間に連動した報酬要素など）も組み入れたいと考えるであろう。なお，成果基準型の契約を結ぶためには店長が負担するリスクへの見返りを与える必要があるが，店舗が成功するためには店長の貢献が非常に重要であるとすれば（その可能性は高い），そのためのコストは新興企業にとっては負担するに値するものであろう。

6　その他の契約類型

　重要な契約類型は前2項で取りあげた2種類のほかにも数多く存在する。そのうちのいくつかを簡単に見ていくことにしよう。目的とするところは，**1**で留意点として指摘した諸点を契約類型ごとに検討することであり，契約類型を網羅的に紹介することは意図していない（**2**で論じた契約の締結理由を思い出し，以下で議論する内容の契約がどうして合意に至るのかを考えてみてほしい）。

A　共同事業契約

　弁護士や医師が共同で業務を行うために結ぶパートナーシップ契約，新薬を開発する製薬会社とそれを販売する製薬会社間の契約，複数の投資家が事業を興しそのうち1人に経営を委ねる内容の投資家間の契約，ビジネスの世界に多くの人脈とノウハウを有するベンチャー投資家とビジネスの経験が比較的少な

い発明家の間の契約などは，各当事者が異なる任務を担いながら共同で事業を営もうとする際に締結する契約の例である。このような契約は非常に多く存在するし，その種類も多種多様である。これまでに取り上げた製造物供給契約や代理契約も一種の「共同事業」といえなくはないが，そこでは一方の当事者だけが具体的な業務を行うことになっていた。これに比べると，共同事業契約の外延ははるかに広いといえるであろう。

　共同事業を規律する契約においては，インセンティブという要素が重要である。とりわけ考えなければならないことは，各当事者は何をすることに対して動機付けられるかである。すべてのパートナーが概ね同じような立場にある弁護士間のパートナーシップ契約の場合であれば，例えば，各パートナーが新たなクライアントを獲得するなどして業務に精進し成功を収めようとするインセンティブを契約書に組み入れるべきであろう。その一つの方法は，各自の報酬額を新規クライアントの獲得数や勤務時間に連動させることである。これに対して二つの製薬会社間の契約においてはそれぞれが異なる役割（一方は新薬の開発，他方はそれを販売すること）を担っているため，各当事者に対して異なったインセンティブを付与する必要がある。あなたとしては，効果的なインセンティブを付与するにはどのような条項が適切であるかを具体的に考え出さなければならない。おそらく，新薬の開発を担当する会社は新薬の製造認可の成否や認可の時期を基準として対価を受け取るべきであり，新薬の販売を担当する会社は新薬の売上高から広告費用を差し引いた金額を基準として対価を受け取るべきであろう。

　共同事業契約を作成する際には，不確実性とリスクの配分についても考慮しなければならないが，この点をどう取り扱うかは状況によってかなり異なる。例えば，弁護士間のパートナーシップ契約においては，配分される報酬が低くなりすぎてしまうことが契約当事者の不安材料となるであろう。この問題を回避するという観点からは，ある年度の新規クライアントの獲得数や勤務時間数を基準として報酬を支払うよりも，当事者間により均等に利益が分配される契約の方が好まれるかもしれない。ただし，そのような契約は，個々の弁護士をリスクから守る一方で，各自のインセンティブを抑える効果を有する。したがって，何らかの形で各自のインプット量や成果に応じた報酬の要素を取り入れることはやはり必要となるであろう。

　製薬会社の共同事業においてもリスク分配は必要である。新薬の開発を担当

する会社が比較的小規模な会社である場合，新薬の開発や試験の実施あるいは認可獲得の手続に付随する様々なリスクを一手に引き受けるには不向きであるかもしれない。その際，販売を担当する会社の規模が大きければ，そのようなリスクのうちの少なからぬ割合を同社の負担とすることが有益であろう。ただし，このようにすれば開発担当会社のインセンティブは希薄化するので，販売担当会社が開発担当会社の努力水準を監視できるような契約上の仕組みを構築することが必要かもしれない。

最後に述べたことに実効性を与えるためには前述のもう一つの重要点，すなわち，観察可能性と検証可能性への配慮を怠ってはならない。新薬を開発する会社が高品質の新薬を開発しようという努力やそれをできるだけ早く開発しようという努力は，部外者にとって判定可能なものであるのか。開発担当会社の進捗状況を監視するために製薬開発の専門家を起用すれば十分な監視をなし得るのか。それにはどのくらいのコストがかかるのか。開発担当会社が開発に要したと主張する費用はどのくらい正確か（もし，その会社が新薬開発に必要だとして遠心分離器を購入した場合，販売担当会社はどうやってその真否を確認できるか）。契約に挿入したい事項の観察・検証可能性という論点は重要であり，それらの事項を契約に挿入することの適否を予め慎重に検討すべきであろう。[10]

> **Column 3-7** 法律事務所のパートナーシップ契約
>
> 以下の条項は，様々な法律事務所のパートナーシップ契約を紹介している文献か

---

[10] （訳者注）共同事業契約，特に外国企業との間の合弁事業契約を作成するにあたっての留意点として「いかにして円満裡に契約を解消させ得るか」という問題がある。このような契約にあっては共同事業の将来に対する当事者間の構想にかなりの乖離がある場合が多く（「同床異夢」といってもよい），その乖離は事業が成功するほど顕在化する場合が多いからである。次の規定は，国際合弁事業契約が当事者間の意見の不一致により解消される場合（いずれの当事者にも債務不履行がないことを前提とする）を予め想定したうえで，外国企業である当事者（A社）が所有している合併会社（X社）の株式を国内企業である当事者（B社）に売却する際の買取価格の決定方法を定めたものである。本章で論じた「パイの最大化」という理念に照らしてこの規定にいかなる合理性があるか考えてみてもらいたい。
  1. A社とB社は互いにX社の1株当たりの価格を算定し，2項で述べるP社の価格算定の通知と同時にこれを相手方に通知する。
  2. 株価の算定を専門にしているP社は，A社とB社のいずれかまたは双方の要請に従い，X社の1株当たりの価格を算定し，これをA・B両社に対して通知する。
  3. A社，B社およびP社が算定した三つのX社株式の価格を高いものから順に並べて，その中央に位置する価格と残りの二つの価格のうちでこの中央の価格との差が相対的に小さい価格の二つだけを取り出し，その平均値を1株当たりの価格としてB社はA社の所有するX社株式を買い取るものとする。

らの引用である。以下を読んで、インセンティブとリスク分配の観点から二つの契約を比較してほしい。

利益分配の計算式を定めた契約（本章**9**の文献3②の書物のSection 5.04［2］参照）

　一つの契約は、以下のものをはじめとする各種用語の定義から始まる。

　　　「ワーク・クレジット（work credit）」とは、パートナーまたはアソシエイトが提供するリーガル・サービスに対して支払われた報酬総額の85％を指し、「アソシエイト・プロフィット（associate profit）」とは、アソシエイトのワーク・クレジットからアソシエイトの直接費用全額を差し引いた金額を指し、「クライアント・クレジット（client credit）」とは、あるパートナーに帰属するクライアントを基準に計算した当該パートナーのパーティシペーションの加算額を指し、「パーティシペーション（participation）」とは、事務所の利益全体に対する各パートナーの取り分を指す。

　この契約書では、パートナーが受け取る金額は以下のように規定されている。

　　　各パートナーは、毎年少なくともXドルのパーティシペーションを保証される。各パートナーの通常のパーティシペーションは、ワーク・クレジット、クライアント・クレジット、事務所のその他の利益に対する頭割りの取り分、アソシエイト・プロフィットに対する頭割りの取り分の合計とする。

パートナーの対等性を重視した契約（本章**9**の文献3②の書物のSection 5.04［3］参照）

　もう一つの契約は対等なパートナー制度を規定したものであり、パートナーは「毎年の事務所の利益の平等な分配を受ける」ことが明記されている。引用した文献の中ではこの契約について次のような解説が記されている。

　　　対等なパートナー制度は、おそらく新しい法律事務所や小さな法律事務所において多く用いられている。これは、それらの事務所の参加者が、善かれ悪しかれ、負担と報酬を平等に分け合う意図を有していることを示している。そのような制度の目的は、数字のよくないパートナーの数字以外の面での貢献に事務所が価値を置いていることをよい数字を残しているパートナーに認識させることにある。他方で、そのような報酬制度は、数字のよくないパートナーを数字のよいパートナーとのギャップを埋めるように駆り立てる効果もある。

　あなたは、この解説についてどう思うであろうか。

B　資産の売買・賃貸

　資産の売買契約や賃貸契約もよくある契約の一種であるが、このような契約においても、種々のインセンティブが考慮要素となる。

資産を購入または貸借しようとする当事者は，通常，その資産の状態に気を配るが，これは契約条項によって直接的に対処できる問題である。例えば，クライアントが，賃貸マンションが清潔に保たれていて給湯設備も整っていることを望む場合には，それらの要件が満たされていることを取引の前提条件とすることを契約書に具体的に規定すればよい。もしクライアントが住宅を購入しようとしている場合には，特定の日においてその住宅の検査を実施することを取引の前提条件とすることもできる。そのような規定を設けることによってその住宅を良好な状態に維持する明確なインセンティブを相手方に付与することができる。

賃貸借契約の場合には，賃貸した不動産を借主が良好な状態に保つことを貸主は確保したいであろう。したがって，あなたが貸主の代理人であるとすれば，その点を規定した契約条項を設けるべきであり，さらに，賃貸借期間中に賃貸物件を検査できる権限を貸主が持つ旨の条項や，必要となる修繕コストを上回る額の敷金を借主に提供させる旨の条項，あるいは，賃貸物件の保全が適切に行われなかった場合に借主にペナルティ（例えば，賃貸借の終了など）を課す旨の条項などを設けることによって，その実効性を補完すべきであろう。クライアントである貸主が，（転借人は賃借人に比べて賃貸物件の取扱いに注意を払わない可能性が高いなどの理由により）賃貸物件の転貸を望まない場合には，その点も契約に明記することが必要である。[8]

商品の配送を伴う契約の場合には，配送中に商品が傷ついてしまう可能性を低減させることに向けたインセンティブについても考えなければならない。他のすべての条件が同一だとすれば，商品の毀損や紛失のリスクは売主が負担するのが適切である。なぜならば，配送する商品を包装し，配送の手はずを整えるのは売主だからである。売主がリスクを負担することを契約に明記すれば，売主は適切な予防措置をとるよう動機付けられるであろう。

情報開示に関するインセンティブの議論は，これまでの議論とはかなり異なる。当事者の一方（通常は売主であるが，買主であることもある）は目的物の現状に関する情報を有しているが他方は有していないという事態はしばしば生じる。例えば，売主は有毒廃棄物が土地に投棄されたことや，家屋の地下室に漏水が

---

[8] （原注）物件の所有者は，物件を賃貸するか否かを検討するにあたり，賃借人候補者が賃貸物件を適切に取り扱う可能性や他の賃借人に迷惑をかける可能性などを判断するため，様々な角度から賃借人候補者を査定するのが通常である。

あることを知っているが，買主はそれを知らない場合がある。そのような場合には，情報を有する当事者はそれが自己にとって好ましくないものである限りこれを開示しないインセンティブを有し，法的にもそれを開示する義務を負わないこともある。このような可能性を念頭においておくことは非常に重要であり，あなたは，開示を義務付ける条項や，検査を要求できる条項，一定の不利益な事態が生じた場合には補償を求めることができる条項などを用いることにより，そのような可能性からクライアント（買主）を守らなければならない。例えば，購入した土地に関して浄化を行うべき環境法上の義務があると判明した場合には売主がそのコストを負担する旨の条項を契約書に挿入することなどはその例である。

　資産の譲渡には多くのリスクが付随する。それらのリスクを洗い出し，分析することによって，それらのリスクの最善の配分の方法を見つけ出すことができる。あなたが買主の弁護士である場合には，所有権に関するリスク，偶発債務（例えば，環境汚染）に関するリスク，配送完了前の商品の紛失や盗難のリスクに特に留意すべきである。もう一つのリスクは，売主が契約に違反して，対象資産を第三者に売却してしまうことである。あなたが売主を代理している場合には，買主が，純粋な心境の変化，財務状況の悪化，あるいは，よりよいビジネス機会を得たことなどによって，取引から手を引こうとする可能性に思いをめぐらせるべきである。誰がどのようなリスクを負担するかを契約書に明示することに加え，クライアントに，一定のリスクに対して保険をかける（例えば，権原保険や賠償責任保険を準備する）ことも検討に値する。リスクの配分はインセンティブに影響を与えるが（前記のとおり，配送中の商品の毀損についてのリスクを負っている売主は，それを負わない場合と比べて商品の包装に関してよりよい仕事をするであろう），リスク負担能力や保険の調達能力は当事者によって様々である。[11]

---

11) （訳者注）次の各条項は非上場の大規模会社の全株式を対象とした売買契約の中にしばしば見出されるものである。パイの最大化（適切なインセンティブの確保やリスクの適切な配分によって生み出されるパイの最大化を含む）という観点からみてこれらの条項には合理性があるといえるであろうか。
　　●売主は契約の締結日から取引の実行日までの間，対象会社をして従前と同様の方法で事業を継続せしめ，対象会社が契約書所定の重要取引を行う場合には事前に買主の同意を得なければならない。
　　●売主は対象会社が抱えている偶発債務に関して買主に対し損失填補責任を負うが，そのためには買主が取引実行日から3年以内（ただし，税務債務については7年以内，環境

6 その他の契約類型　　　　　　　　　　　　　　　　　　　　95

| Column 3-8　マンションの賃貸借契約 |

以下の各条項がマンションの賃貸借契約に含まれている理由を考えてみよう。
- 借主は，賃借物件に，ペンキを塗り，飾付けをし，あるいは，その他のいかなる装飾または変更行為もしてはならない。洗濯機，エアコン，室内暖房具，およびTVアンテナは，貸主の事前の書面による同意がない限り設置してはならない。
- 借主は，賃借物件を清潔な状態に保たなければならない。
- 貸主は，修繕もしくは検査を行うため，または，将来の借主に物件を見せるために，賃借物件に立ち入ることができる。
- 借主は，貸主から書面による事前の同意を得ない限り，賃借物件を譲渡または転貸してはならない。

C　ローン契約

　ローン契約もまた経済活動のあらゆる場面に登場する契約類型である。個人も，企業も，非営利団体（例えば，美術館や学校）も，政府も，金銭の貸し借りをする。借主と貸主が直面するインセンティブの論点は数多いが，以下ではそのうちのいくつかを，まずはクライアントが貸主である場合の視点から検討し，次にクライアントが借主である場合の視点から検討する。[9]

　貸主の最善の利益を考えるにあたってあなたがまず配慮すべきことは，借主が資産を処分するなどしてローンが返済不能となる可能性についてである。この可能性に対処する方法としては，担保権（例えば，抵当権）の設定や一定の約定（例えば，クライアントの承諾なしには資産を処分しないことの約束など）を取り付けることや，（例えば，大きな支出を行う際には貸主の事前の承諾を得ることを要求する条項を契約書に含めることなどにより）借主の支出をコントロールできる契約条項を挿入することなどが考えられる。

　さらに，借主がリスクの高い事業に着手することを未然に防ぐことにも配慮すべきかもしれない。成功すれば人生がバラ色となり，仮に失敗しても破産宣

　　　上の債務については20年以内）に具体的な損失の塡補を請求することが必要であり，かつ，塡補額は合計で買取価格の一定割合を上限とする。
- 売主は取引実行日から一定期間は対象会社と類似の業務を行わず，かつ，対象会社の従業員を雇用しない。
- 買主は対象会社をして同社の過去または現在の役員に対する損害賠償請求権を行使させない。

[9]　（原注）　新株発行など別途の資金提供の方法にも類似の論点があるが，ここでは，議論を簡略にするため，ローンのみに焦点を当てる。

告を受ければよいと考えている借主はえてしてそのような道を追求しがちである。しかし，その事業が失敗した場合，貸主たるクライアントはローンの返済を受けることができない。そこで，借主の投資判断をコントロールする権限を付与する契約条項を通じて，借主が過剰なリスクを引き受けることを防ぐことが有益であろう。

　ただし，クライアントがコントロールできる借主の活動の範囲は限定的とならざるを得ない。のみならず，クライアントは，借主が健全な事業の遂行自体を妨げるような（そうなればローンの返済も滞ってしまうだろう）制限は課したくないであろうし，そもそも過大な制限を課そうとしたために借主がローン契約を結ぶこと自体を忌避する事態となっては元も子もない。

　借主の返済を確保するための予防措置を講じたとしても，借主が破産する可能性は残らざるをえない。よって，契約書の中には，そのような事態に対する備えも必要となる。例えば，会社法や破産法が貸主たるクライアントを適切に保護しておらず，契約によって追加的な保護を確保することが認められている場合には，他の債権者がクライアントに先立って優先的な返済を受けることを防ぐ条項を契約書に設けることも有益であろう。

　次に，あなたが借主を代理している場合について考えよう。この場合，あなたの関心事は貸主の弁護士の関心事の裏返しとなる（借主の金銭的支出やビジネス上の判断に対するコントロールに関する点などはその典型である）。ただし，クライアントに対し課される制約がすべてよくないものであるという考えをしてはならない。実際，一定の制約なしには貸付けそのものを実施してもらえないかもしれないし，仮に実施されるにしても返済不能となるリスクが増大することの見返りに貸主は高い利息を要求するかもしれない。この話を聞いて，これまで繰り返し論じてきたテーマ——すなわち，契約のパイを最大化することは両当事者にとって有益であり，この点は，たとえパイを最大化するための条項が，それ自体を単独で見れば一方に不利益である場合であっても同じであるということ——を思い出してもらいたい。ある条項が一方にとって好ましくないものであるとしても，その当事者はその条項を契約書に挿入することの見返りとして他の点で十分な埋め合わせを得ることができる。上記の事例でいえば，貸主に対して事業運営に対する一定のコントロールを与える代わりに，借主であるクライアントは，より低い利率でローンを受けるという利益を得ることができる。なお，ローン契約を考えるにあたっては，利率（interest rate）が対価とし

ての機能を有している点に留意されたい。

　借主の弁護士の観点から検討に値する事項は他にもあり，その一例が早期弁済条項である。ペナルティなしに早期弁済できるオプションを持つことがクライアントにとって有益な場合があり，より低利での借換えを実施できる可能性がある場合や，想定以上の資金の回収が得られる可能性がある場合がそうである。ただし，早期弁済は貸主にとっては望ましくない事態であるのが通例なので，借主にとっての利益が貸主にとっての不利益を上回る場合においてのみ，早期弁済条項を設けることが合理的である[12]。

> **Column 3-9　住宅によって担保されたローン契約**
>
> 　以下の各条項が住宅を担保物件とする標準的なローン契約に含まれている理由を考えてみよう（本章 **9** の文献3⑤の文献の1407-1420頁参照）。
> - 借主は，貸主が指定した火災，洪水その他の災害による損失に関し，物件に保険を付けなければならない。保険会社は借主が選ぶものとするが，貸主の承諾を要するものとする。
> - 借主は，60日以内に，物件を主たる住居として占有し，使用しなければならず，少なくとも1年間は当該物件を占有し続けなければならない。借主は，当該物件を破壊したり，毀損したりしてはならない。
> - 借主がその義務を履行しない場合，貸主は，当該物件の価値や貸主の権利を保全するために必要ないかなる行為も行うことができる。
> - 借主は，合理的な範囲で，当該物件に立ち入ることができ，当該物件を検査することができる。
> - 貸主が何らかの権利を行使せず，あるいは，救済の利用を主張しなかったとしても，それはいかなる権利の行使や救済の利用の放棄または排除をも意味

---

12) （訳者注）　次の各規定は，いずれも国際的なローン契約の中にしばしば見出されるものである。パイの最大化（適切なインセンティブの確保やリスクの適切な配分によってもたらされるパイの最大化を含む）という観点から見て各規定は合理的なものといえるであろうか。
- 固定金利のローン契約における早期弁済禁止条項。
- 変動金利のローン契約における金利の変更時に限って早期弁済を認める条項。
- 借主が他のローン契約に対して担保権を設定することを禁止する条項（これを「negative pledge clause」という）。
- 借主の他のローン契約に関して債務不履行事由が発生したことをもって本契約上の債務不履行事由とする旨の条項，あるいは，他のローン契約の貸主が期限の利益の剥奪を宣言した場合には本契約の貸主も期限の利益を剥奪できる旨の条項（前者を「cross-default clause」，後者を「cross-acceleration clause」という）。
- 利払いに対して借主に源泉徴収義務が発生した場合には，貸主の正味受領額を不変とするのに必要な限度で利率が上昇する旨の条項。

するものではない。

7 契約紛争の解決方法

　契約書を作成するにあたり弁護士が当然にすべきことは，将来困難な事態や法的トラブルが発生する可能性を予想し，そのような状況に陥ることをどうやって回避するか，そして，もしそれが発生してしまった場合にはどのように対処すればよいのかについて，予め考えておくことである。以下に取り上げる偶発条項（contingent provision），損害賠償金条項および仲裁条項は，それを実践するのに役立つ手段である。

A　偶発条項

　紛争に発展する可能性のある問題の中には，偶発条項を設けておくことで回避できるものがある。起こり得る問題について注意深く考えておけば，問題に対処し紛争を防止するような条項を予め規定しておくことができるであろう。例えば，あなたのクライアントはGMの工場で使われている電子部品を作る小さな会社であり，GMはその電子部品の安定供給を得るために，クライアントと長期の部品供給契約を締結しようとしていると仮定しよう。この場合，クライアントの工場でストライキが起こった時には，契約上，部品供給義務が一時的に停止されるようにしておくことが必要である。そのような場合にGMの損害を賠償しなければならないとすれば，資金難によりクライアントの事業は破綻してしまうおそれがあるからである。ストライキの可能性が低ければ，そのような条項を盛り込むためにクライアントが負担すべきコストはそれほど高くはないはずであり，一方，万が一ストライキが起こった場合のことを考えると，そのような条項による保護はクライアントにとって非常に重要である。
　より多くの偶発的事象に備えておくことが望ましいことはいうまでもないが，偶発条項を設けるにはそれなりのコストがかかることもまた事実である。したがって，契約上どのような偶発的事象について規定を設けるかについてはある程度の取捨選択が必要であり，交渉過程や契約内容をより複雑化させることを正当化できるほどの可能性と重要性がある偶発的事象についてのみ規定を設けるべきである。くわえて，懸念される偶発的事象に関する規定のない契約につ

いて，裁判所がクライアントの要望にそった形で契約を解釈してくれる可能性がどのくらいあるのか，この点についても契約法に関する一般的な知識を使って予想しておくべきである（たとえ契約書に明記されていなくても，裁判所は，ストライキが起こった場合のクライアントの義務を免除するかもしれない）。ただし，裁判所の契約解釈に依拠するという選択はリスクを伴うものであり，訴訟費用も高額化するおそれがあることには留意が必要である。

Column 3-10 マンションの賃貸借契約および建築契約：偶発条項

マンションの賃貸借契約に含まれる以下の条項（本章**9**の文献3⑤〔の1997年版〕の1407頁-1420頁参照）は，両当事者の利益に適うといえるであろうか。

火災その他の惨事 もし賃借物件が火災によって破壊または毀損された場合には，この賃貸借契約は，賃貸人の選択により解除される。もし，その破壊によってマンションが居住に適さなくなった場合で，この賃貸借契約が解除されなかったときは，その割合に応じて賃料の支払が免除される。もし，賃貸物件が，30日以内に賃貸人によって修繕されない場合には，賃借人はこの賃貸借契約を解除できる。

標準的な原価加算方式の建築契約に含まれる以下の二つの偶発条項（本章**9**項の文献3①の47頁参照）はうまく機能するであろうか。

29 **遅　延**　建築業者は，苛酷な天候，労働紛争，公的機関による行動その他の建築業者の合理的な予測およびコントロールを超える事象による遅延について，免責される。

30 **予期せぬ隠れたる問題**　建築業者が合理的に予測不能であった隠れたる問題に直面した場合は，「保証された最大費用額（Guaranteed Maximum Cost）」は公平に調整され，そのような偶発的事象への対処に要した費用は「業務に要する費用（Cost of the Work）」に含まれる。

B　損害賠償金条項[13]

偶発的事象が生じた場合，内容によっては，契約違反に基づく損害賠償金の問題が重要となる。契約違反が生じた場合に損害賠償金が支払われるべき旨やそれがいくらであるかが契約書に規定されていなければ，裁判所がその金額を

---

[13]（訳者注）強制履行を限定的にしか認めない米国とは異なり，日本法においては，契約違反に対し，損害賠償請求のほかに強制履行を請求することが原則として可能である（民法414条）ため，Bにおける損害賠償の機能に関する分析は，必ずしも，日本法においてそのまま妥当するわけではない。

決定することになる。その場合，認められる損害賠償額は，通常，裁判所（典型的には陪審員[14]）や仲裁人が計算する履行利益である。しかし，すでに述べたように，契約違反があった際に第三者に損害額を決定させることに伴うリスクをとるよりも，賠償金額の予定という形で損害賠償金の水準を予め定めておくほうがクライアントの利益に適うことが多い（ただし，予定損害賠償金が，想定される履行利益と比較して高額すぎる場合には，それが裁判所に違約罰〔penalty〕とみなされることにより，有効とされない可能性がある[15]。したがって，実際には，設定できる予定損害賠償金の水準には一定の制約があることに留意が必要である）。

予定損害賠償金を定めておくことの重要な利点は，契約違反があった際に当事者が支出する費用の節約になることである。当事者が予め損害賠償額の水準を定めていれば，契約違反時に支払うべき金額が明白である。もしそのような規定がない場合には，損害賠償金の水準について争いが起きることが多く，その紛争を解決するために必要以上の労力がかかると同時に最終的に支払うことになる金額についての不確実性も高まる。

予定損害賠償金の水準を定めるに際しては，様々な要素を考慮しなければならない。その際，特に考慮すべきことは，水準を設定したこと自体が当事者の義務履行に影響を与えるという点である。損害賠償金を支払う必要があるという予想は，義務の履行を促進する。したがって，損害賠償金を支払う必要がない場合に比べ，支払う必要がある場合には，契約違反の可能性が相対的に低くなる。例えば，引渡しが遅延した場合に損害賠償金を支払う必要があるという事実は，受託業者に対して引渡しの遅延を発生させないインセンティブを与え，結果として引渡しが遅延する可能性が低減する。より正確にいえば，損害賠償義務が契約違反を防止する効果はその水準と連動する。すなわち，支払うべき損害賠償金の水準が低い場合には契約違反を防ぐ可能性は低く，支払うべき損害賠償金の水準が高い場合には，たとえ義務の履行に高い費用を要する場合やそうすることが義務者にとって非常に不利益な場合であっても，契約違反を防

---

14) （訳者注）米国の法制度を前提とした記述である。日本においては陪審員制度は存在しない。ただし，日本でも，原則として一般市民から選ばれた裁判員6名と職業裁判官3名による合議体により，一定の重大な刑事事件の事実認定および量刑を判断する裁判員制度が2009年5月21日から施行されている。

15) （訳者注）米国の法制度を前提とした記述である。米国法とは異なり，日本法では，違約罰を一般的に禁じる法理はない。ただし，日本法においても，高額すぎる予定損害賠償金は，公序良俗違反（民法90条）や，利息制限法や消費者契約法などの特別法違反として無効とされる可能性がある。

ぐ可能性が高い。目指すべきは，契約当事者双方にとって利益となる水準の損害賠償金を定めることである。すなわち，義務を履行することが理にかなっている限りは義務の履行が確保され，ひとたび義務を履行することが理にかなわない事態になった場合には義務が履行されないこととなるような水準の損害賠償金である。あなたはこの水準がどこにあるのかを見極めなければならない。[16]

　予定損害賠償金を契約書に規定することによって当事者の義務履行に対するインセンティブをクライアントのニーズに沿うように調整することができる。もし，引渡しの遅延がクライアントに多額の支出をもたらすのであれば，時宜に適った引渡しがなされる可能性を最大化させるため，高い予定損害賠償金を設定することが望ましいであろう。

　損害賠償金条項（予定損害賠償金の定めを含む）のもう一つの機能は，契約違反が生じたことで不利益を受ける当事者をリスクから守ることである。そのような保護が望ましいものであるか否かは不利益を受ける当事者がリスク回避的であるか否か，そして，どの程度リスク回避的であるかによる。例えば，大企業にとってはこの種の保護の必要性は低いかもしれないが，義務が履行されることに深く依存している小規模な会社の場合（相手が契約違反を犯すと経営が破綻してしまう場合がその例である）には，損害賠償の保険的な側面が非常に重要となる。他方で，契約違反を犯すかもしれない当事者がリスク回避的である場合には，損害額の支払をしなければならない可能性自体が回避すべきリスクとなる。その場合には，義務の履行が過大な負担とならないように一定の場合には損害額の支払を免れる仕組み（すなわち，一定の状況においては，契約上の義務の履行を免除する旨の規定）を設けることがリスク配分の観点からみて望ましい。いずれにしても，予定損害賠償金を契約書に定めることによって，リスクに対する防御をクライアントのニーズに応じたレベルに設定することができる。

　損害賠償金の水準は，契約の対価にも影響を与える。義務違反時に義務者が支払わなければならない損害賠償金が大きいほど，義務者が契約締結時に要求する義務履行の対価は高くなる。高い水準の損害賠償金がもたらす高いリスクに対し，より高い報酬が要求されるのである。もしあなたのクライアントが，建築業者に対し，契約違反を犯した場合に非常に高い損害賠償金を支払うことを希望する場合には，建築業者は，通常より高い対価の支払を求めるであろう。

---

16)　（訳者注）　この論点については第7章 **4** E も参照されたい。

すでに議論したように，予定損害賠償金は双方にとって利益となる水準に設定すべきであり，そうするためには，契約上の義務履行の対価が両当事者にとって最も望ましい状態になるように調整しなければならない。契約書を作成するにあたっては，損害賠償金，とりわけ予定損害賠償金に関する以上の諸論点を十分考慮することが重要である。

C 仲裁条項

法的な紛争が生じた場合のもう一つの大きな論点は，紛争の解決を仲裁で行うか裁判所で行うかということである。ただし，紛争が仲裁によって解決される場合でも，その決定は裁判所の力を借りなければ執行できないということは認識しておくべきである。この点が確保されていなければ仲裁をすることの利点は失われてしまう。

本章の **3** E でも指摘したように，仲裁にはいくつかの利点がある。まず，仲裁手続を使えば，裁判を起こした場合よりも，通常，低コストでかつ早期に紛争解決を図ることができる。しばしば裁判を長引かせることとなる繁雑な手続（広範な証拠開示制度〔discovery〕[17]や，時間とコストのかかる申立手続〔motion〕，上訴手続など）が仲裁には存在しないからである。

仲裁を選択した場合，当事者自身が仲裁人を選ぶことができる。対象事業に精通した者に紛争を解決してもらいたければ，十分な専門性を有する仲裁人を選任すればよい。例えば，建築に関する紛争の場合には，建築業界での経験を有する者を仲裁人に選任することが多い。これに対して，幅広い案件を担当する裁判官や一般人の中から選ばれた陪審員は特定の分野について専門性を有していないことが多い。ただし，仲裁を用いることが常に望ましいというわけではない。紛争解決の経験の豊富さという点においては，一般的に，仲裁人よりも裁判官の方が望ましい。この点は，仲裁を選択することの適否や仲裁人の選択を考えるに際し注意すべきことである。

仲裁の場合，紛争を解決するルール自身も実質的には当事者が選択する。裁判の場合には，裁判所がどのようなルールを用いるかについて当事者が容喙することはほとんどできない。自らが選んだルールを用いる方がよいと考える当事者にとって，仲裁はそれを可能にする唯一の道である。ただし，その場合で

---

[17]（訳者注）米国の法制度を前提とした記述である。日本の裁判においては，米国のような広範なディスカバリー制度は存在しない。

も，当事者がゼロからルールを作り出すわけではなく，仲裁協会が予め用意している仲裁規則や，事業者団体が作成したルールを採用するのが通常である。しかし，ルールの採用に関しては当事者に広い裁量の余地が与えられており，この点に仲裁の利点を見出す者は少なくない。

最後に，仲裁には紛争当事者のプライバシーを保護するという利点もある。仲裁手続は非公開であり，紛争の発生やその解決方法の詳細を開示する必要がないからである。

仲裁には以上のような利点があることから，契約の紛争に関して仲裁が果たす役割は重要性を増しており，最近では，多くの契約が仲裁条項を有している。紛争解決手段としてほぼ必ず仲裁を用いるという産業分野もあるし，国際取引を規律する契約の多くにも仲裁条項が使われている。仲裁の利点を明確に理解しておくことは弁護士にとって必須の知識であろう。

8 契約交渉

本章ではここまで，クライアントのためにどのような契約を作成すべきかについて論じてきた。では，そのような契約を締結するためには，どのような方法を用いて交渉すべきであろうか。ご存知のとおり，交渉論の発展には近年著しいものがあり，その詳細を述べることは本章の目的を超える。以下に記す論点は，詳しく論じるまでもない自明のことのように思えるかもしれないが，それでも，明確に記す価値がある。以下の点を銘記しておくことは秩序立った方法で交渉を進めるためのフレームワークを提供してくれる。以下で述べる原則に従って秩序立った交渉を行うことは必ずや交渉家としてのあなたの仕事に役立つであろう。

A　パイの最大化を図ることの重要性を当事者双方が理解すること

すでにみてきたとおり，契約書に規定される条項は，両当事者にとって利益となることが非常に多い。しかし，ある条項が両当事者にとって利益となるにもかかわらず，そのことを一方当事者しか気付いていない場合がある。その場合，相手にその条項が（おそらく，何らかの調整を施すことによって）双方にとって利益となることを納得させることができなければ，交渉は行き詰まり，その条項は契約書から除かれてしまう。

例えば、前にも論じた義務のタイムリーな履行（on-time performance）に関する条項を考えてみよう。あなたは、クライアントのためにこの条項を契約に挿入しようとして交渉を進めていると仮定する。（価格調整を施すことを前提とすれば）この条項が両当事者にとって利益となることは、あなたにとって自明であるが、相手はこの条項が自分にとって利益となり得ることを理解していないとしよう。この場合、あなたは、以下のような説得をすべきではないだろうか。「たしかに義務のタイムリーな履行を保証することによりあなたのコストは1,000ドル増加するでしょう。しかし、義務のタイムリーな履行は私のクライアントにとって非常に重要であり、クライアントはその代償として2,000ドルを追加的に支払う用意があります。したがって、この価格調整と引換えにこの条項を規定することは両当事者にとって利益となります」。あなたがこの説得をなし得ないならば、両当事者の利益となるこの条項を契約書に規定することはできないのである。

なお、ある条項を契約書に含めることの代償として相手に交付するものは、必ずしも金銭である必要はない。金銭に代えて、相手への一定の協力義務を契約書に規定することもあり、場合によっては、このような代替措置の方が望ましいこともある。

B 欲深くあれ、ただし欲張りすぎるな

あなたと相手の弁護士が契約の内容（理想としていえば、すべての契約条項が双方にとって利益となるもの）について合意に至ることに加えて、両者はその契約の対価についても合意する必要がある。契約の対価の決定は、契約が生み出すパイをどう分配するかを決定することを意味するから、非常に重要である。あなたの目標は、もちろん、クライアントのために可能な限りパイの大きな割合を獲得することである。しかし他方で、契約自体が締結されない事態は避ける必要があるため、あまりに過度な要求はすべきではない（欲張りすぎてはならない）。実際、一方が過度に貪欲であると取引は不成立となり、いずれの当事者も契約が生み出すパイを享受できない。あなたの目標（すなわち、クライアントのためにパイの大きな割合を獲得すること）を達成しつつ、双方に有益な取引の遂行が妨げられないようにするには、どのように交渉すればよいのか。この点については、第2章 **6** の議論を参照願いたい。

9 読書案内

本書の原本に紹介されている書物とこれに対する原著者のコメントの要旨は以下のとおりである。

1. Edward P. Lazear and Michael Gibbs, *Personnel Economics in Practice* 2nd ed.（Hoboken, NJ: John Wiley, 2009）。経営者と従業員間の契約に関する理論的で情報に富んだ，かつ，実践的な文献。
2. James Brickley, Clifford W. Smith and Jerold Zimmerman, *Managerial Economics and Organizational Architecture* 5th ed.（Boston: McGraw-Hill, 2008）の15章。インセンティブ問題をより本格的に取り扱っている文献。
3. 契約実務に関する文献（とりわけ，契約書のサンプルを含むもの）として，推薦できるもの
   ① James Acret, *Construction Industry Formbook*, 2nd ed.（Colorado Springs: Shepard's/McGraw-Hill, 1990）.
   ② Leslie D. Corwin and Arthur J. Ciampi, *Law firm Partnership Agreements* (New York: Law Journal Seminars-Press, 1998).
   ③ Albert Dib, *Forms and Agreements for Architects, Engineers, and Contractors*, vol. 1, release 363/94.（Deerfield, Ill.: Clark Boardman Callaghan, 1994）.
   ④ John F. Dolan, *Fundamentals of Commercial Activity*（Boston: Little, Brown, 1991）.
   ⑤ George Lefcoe, *Real Estate Transactions, Finance and Development* 6th ed.（New York: LexisNexis, 2009）.
   ⑥ Mark Litwak, *Dealmaking in the Film and Television Industry: From Negotiations to Final Contracts* 3rd ed.（Los Angeles: Silman-James Press, 2009）.
   ⑦ Anthony Mosawi, *Entertainment Law: A Guide to Contract in the Film Industry*（London: Butterworths, 1997）.
   ⑧ Kit Werremeyer, *Understanding and Negotiating Construction Contracts* (Kingston, MA: R. S. Means, 2006).
   ⑨ Aaron Wise and Bruce Meyer, *International Sports Law and Business*, vol. 1 (The Hague: Kluwer, 1997).

本章で論じた内容を主題として取り扱った日本語の書物は少ないが，
　① 伊藤秀史『契約の経済理論』（有斐閣・2003 年）
は，契約理論を深く学びたい人にとっては必読の文献であろう。ただし，数学的記述が多いので，これに不慣れな読者が本書を読み進めるにはそれなりの覚悟が必要である。

② 柳川範之『契約と組織の経済学』(東洋経済新報社・2000年)は，平易な文章で書かれた契約理論のよき入門書と言えよう。

第4章 会　　計

1 概　　説

　意外に聞こえるかもしれないが，会計の世界に理解不能なことは何一つ存在しない。会計とは，財務に関する情報を秩序立てて示すために作り出された技法であって決してそれ以上のものではないからである。同時に，会計はあらゆる事象の報告にも使える世界共通の言語であり，アマチュア劇団が初の銀行融資を受けるために作成した事業計画書から多国籍複合企業の詳細な財務報告書に至るまで，様々な分野で活用されている。さらに，財務諸表は法律家が日常的に取り扱う文書であり，家族法の専門弁護士，訴訟活動中心の弁護士，行政府で働く法律家，非営利団体の社内弁護士，労働法の専門弁護士，さらには，公益活動に携わる弁護士に至るまで，あらゆる種類の法律家が日常業務の中で財務諸表を扱っている。会計に関する基本知識は法律家が習得すべき必修の教養といえるであろう。

　会計の歴史は古い。クリストファー・コロンブスが最初に大西洋を渡る航海に出たときの乗組員の1人は黄金や香料が発見された場合にそれを記録すべく任命された王室の会計検査官であった。現代会計システムの淵源は14・15世紀におけるフィレンツェやベニスの商人にまで遡ることができる。それ以前は日常用語とローマ数字から成る記録管理システムが用いられていたが，これではルネサンスの到来とともに爆発的に増加した商取引に対応することができず，この欠陥を克服する手段として新しい会計の技術が生み出され現代に至ったわけである。

　会計の技法は多様である。会計と聞くと，上場会社が株主に対して定期的に配布する洗練された（ただし，しばしば，手に余るほど膨大な）財務諸表を想像する人が多いかもしれないが，現在の経済および法制度の中で会計が用いられる場面はこれ以外にもたくさんある。例えば，政府が用いる会計技術は民間企業

---

1) （訳者注）　日本では，貸借対照表や損益計算書などの会計に関する基本書類を会社法上は「計算書類」，金融商品取引法上は「財務諸表」と呼んでいる。本章では会社法上のものを意味する場合を除き，すべて財務諸表と呼ぶことにした。

の会計慣行とは微妙に異なるし，原価計算は，新薬の開発から地域の慈善団体の募金活動に至るまで，諸般の事業活動のコストを分析するための特殊な会計技術である。会計技術は，契約書，ローンの申込書，許認可や補助金の申請書，税務申告書その他法律家が作成する多くの書類の中で日常的に使われている。用いられる会計技術は状況ごとに異なるが，すべては会計という一つの共通言語から派生したものである。

本章の前半では会計の基本事項を紹介する。まず，財務諸表の三大構成要素である貸借対照表，損益計算書およびキャッシュフロー計算書を概観し，財務諸表の伝統的作成ルールである複式簿記について説明し，最後に，現代会計の基礎を構成する諸原則について説明する。これらの基本原則を理解することで，財務諸表の長所と短所を理解し，同時に，その作成と解釈に関して生じる諸問題を理解できるようになるであろう。

本章の後半では会計の実務的かつ制度的な側面を取り上げる。そこでは，財務諸表の作成方法を定めた法令と監査人が果たすべき役割について説明し，最後に，対象期間や対象企業を異にする財務諸表の調査・比較を行うために法律家や金融の専門家が用いる財務諸表分析の手法を紹介して本章の結びとする。

2 三つの基本書類

財務諸表には，通常，貸借対照表，損益計算書およびキャッシュフロー計算書の三つがその基本書類として含まれており[2]，各書類からはそれぞれに固有の情報を入手することができる。ある企業の財務状態全般を理解するためにはこれら三つの書類を（それらに添付されている注記や付属明細表とともに[3]）日常的に参照すべきである。

A 貸借対照表

財務諸表のうちで最も理解しやすいものは「**貸借対照表**（balance sheet）」である。貸借対照表にはある時点（通常は，ある期間の期首〔例えば，1月1日〕と

---

[2] （訳者注）キャッシュフロー計算書は，金融商品取引法に従って作成される財務諸表には含まれるが，会社法に従って作成される計算書類には含まれない。

[3] （訳者注）会社法に基づく計算書類は「個別注記表」と「附属明細書」を伴い，金融商品取引法に基づく財務諸表は「注記」と「附属明細表」を伴う。

期末〔例えば，12月31日〕の二つの時点）における対象企業の財務状態が示されている。[4] 企業の財務状態は，「資産の部」，「負債の部」および「株主資本の部」という三つの項目に分けてこれを表示するのが会計の慣行である。図4-1 はあるインターネット関連の新興企業（以下，「I社」という）の貸借対照表の資産の部を示しており，図4-2 はI社の負債および株主資本の部を示している。

(1) 資　　産

貸借対照表の資産の部は，ある時点において企業が保有する経営資源の一覧表である。会計原則上，「**資産**（assets）」とは「過去の取引または出来事の結果としてある企業が所有または支配している経営資源であって将来の経済的便益をもたらす可能性が高いもの」のことである。この定義は「資産」という言葉の通常の意味と概ね合致していると思えるが，この定義を満たすためには過去および将来の両方の要素が含まれていることに注意が必要である。すなわち，会計上ある経営資源が資産と言えるためには，その資源が過去の取引または出来事の結果として生じたものであり，かつ，将来において経済的便益をもたらす可能性が高いことが必要である。さらに，上記の定義によれば，その経営資源が対象企業によって「所有または支配」されていることも必要とされている。[5]

この資産の定義は，企業の発展にとって重要な種々の経営資源を黙示的に排除している。例えば，将来の経済的便益を生み出す可能性が「小さい」経営資源はこの資産の定義に該当しない。くわえて，この資産の定義に該当するためには「過去の取引または出来事」から生じた資源である必要がある。したがって，多くの重要な資源，例えば，発明をはじめとする各種の知的財産や優れた役務を提供したことに対する評判，あるいは，社長の義理の妹が重要な顧客の副社長であることなどは資産の定義を満たさないがゆえに貸借対照表には計上できない。

会計慣行上，資産は一定の順序に従って貸借対照表に計上される。現金および現金同等物（例えば，銀行預金）が最初に計上され，続いて他の「流動資産」

---

4) （訳者注）　会社法に基づく計算書類に含まれる貸借対照表においては事業年度の期末の財務状態のみが示され，金融商品取引法に基づく財務諸表に含まれる貸借対照表においては事業年度の期末およびその前事業年度の期末の二つの財務状態が示される。
5) （訳者注）　企業会計基準委員会が作成した討議資料「財務会計の概念フレームワーク」における「資産」の定義は，「過去の取引または事象の結果として，報告主体が支配している経済的資源をいう」であり，「支配」については「報告主体がその経済的資源を利用し，そこから生み出される便益を享受できる状態」と説明されている。

図4-1 貸借対照表：資産（単位：千ドル）

	12月31日	
資産	1997年	1996年
流動資産		
現金および現金同等物	$109,810	$6,248
短期投資	15,256	—
棚卸資産	8,971	571
前払費用等	3,298	321
流動資産合計	137,335	7,140
有形固定資産	12,899	1,295
減価償却累計額（控除）	3,634	310
保証金	166	146
繰延資産	2,240	—
総資産合計	$149,006	$8,271

が計上される。この流動資産の区分には，比較的近い将来——通常は1年以内——に現金に交換される見込みの資産が含まれる[6]。例えば，販売可能な棚卸資産は流動資産であるが，事業に供するために購入した不動産は流動資産ではない。流動資産でない資産（工場，機械，あるいは当面売却する予定のない他の資産など）は貸借対照表の資産の部の最後に計上される[7]。

貸借対照表の資産の部からは多くの情報を得ることができる。例えば，図4-1に掲げた貸借対照表の資産の部を見ると，年初には約8,300万ドルであっ

---

6) （訳者注）日本の会計基準の下では，まず，企業の通常の事業過程（現預金を利用して棚卸資産を購入または製造し，これを販売することによって売上債権が生じ，債権を回収することで再び現預金となる過程を意味する）の中にある資産を流動資産に分類し（これを「正常営業循環基準」という），次に，この通常の事業過程にない資産であっても，1年以内に現金に交換される見込みがあればこれも流動資産に分類する（これを「1年基準」という）。流動資産に分類されない資産は，繰延資産または固定資産に分類される。

7) （訳者注）日本の法令および会計基準の下では，「資産の部」は「流動資産」，「固定資産」および「繰延資産」に分類され，さらに「固定資産」は「有形固定資産」，「無形固定資産」および「投資その他の資産」に分類される。ここで「繰延資産」とは，すでに支出が行われ，または，支払義務が確定し，これに対する役務等の提供を受けているにもかかわらず，その効果が将来に及ぶものと考えられるために繰延処理された結果，貸借対照表に資産として計上される特定の費用をいい，一般に公正妥当と認められる企業会計の慣行において，現在繰延資産に該当するのは株式交付費，社債発行費，創立費，開業費，開発費の5項目に限定されている。次に，「流動資産」または「繰延資産」に該当しない資産は「固定資産」に分類されることになる。そして「固定資産」のうち，「有形固定資産」には具体的な物理的形態をもつ建物や機械，土地等が含まれ，「無形固定資産」には具体的な物理形態をもたない特許や借地権，のれんなどが含まれ，「投資その他の資産」には長期保有の有価証券や回収が長期間にわたる長期貸付金，長期の前払費用等が含まれる。

図4-2 貸借対照表：負債の部および株主資本の部
（単位：千ドル。ただし，株式に関する記述部分を除く）

	12月31日	
	1997年	1996年
流動負債		
買掛金………………………………………	$32,697	$2,852
未払広告宣伝費…………………………………	3,454	598
未払製品開発費…………………………………	—	500
その他の負債および未払費用…………………	6,167	920
1年以内返済予定長期借入金…………………	1,500	—
流動負債合計…………………………………	43,818	4,870
長期借入金……………………………………………	76,521	—
リース債務……………………………………………	181	—
株主資本		
優先株式（額面金額：$0.01，授権株式数：10,000,000株，発行済株式総数：1997年および1996年においてそれぞれ0株および569,396株）…………………	—	6
普通株式（額面金額：$0.01，授権株式数：10,000,000株，発行済株式総数：1997年および1996年においてそれぞれ23,937,169株および15,900,229株）…………………	239	159
資本剰余金…………………………………………	63,792	9,873
繰延報酬……………………………………………	(1,930)	(612)
繰越損失……………………………………………	(33,615)	(6,025)
株主資本合計……………………………………	28,486	3,401
負債および株主資本合計………………	$149,006	$8,271

た総資産の金額が年末には約1億4,900万ドルに増加していることが分かり，同時に，現金，現金同等物および短期投資の合計が約1億1,900万ドル増加していることが分かる。実際のところ，この貸借対照表にあっては全ての資産項目の計上額が増加しており，この企業は急激に業容を拡大していることが分かる。この企業は新しい資産の調達資金をどうやって入手したのであろうか。そこには三つの可能性がある。すなわち，この1年間において，①多額の収益を上げたか，②多額の借入れをしたか，あるいは，③投資家から多額の出資（増資）を受けたかである。もちろん，これらの事象の二つ以上がこの1年間に起こった可能性もある。新興企業の場合にはこれら三つの出来事が同時に進行する中で事業が拡大していくことも稀ではない。

法律家の視点

あなたのクライアントは小売店のオーナーであり、この店には貸借対照表に計上されていない大きな経営資源がある。というのも、この店は間もなく開通する地下鉄駅の近くにあるからである（地下鉄の開通はこの店が関与した「取引」でも「出来事」でもないのでこの事実が貸借対照表に反映されることは通常あり得ない）。この場合、クライアントの代理人として銀行と融資の交渉をする際に、あなたはどうやってこの資源の有用性を銀行に納得させたらいいのであろうか。あるいは、どのようにしたら融資が返済されるまでこの資源の価値が消滅しないことを保証できるであろうか。考え得る手法は様々であり、例えば、この土地の市場価格を示すことも有用であろうし、銀行の承諾なしには土地を処分しない旨の約定書を提出することも可能であろう。一つだけ確かなことは、この資源の有用性を貸借対照表によって示すことはできないということである。

(2) 負債および株主資本

図4-2は図4-1に示した貸借対照表（資産の部）の反対側であり、図4-1と同じ期間の期首と期末における対象企業の負債と株主資本が記されている。この表に記載されている項目はいずれも企業の資源に対する権利であり、全体は債権者の権利（負債）と企業の所有者、つまり株主の権利（株主資本）に分けられている。さらに、負債の部は、流動負債（1年以内に現金化される予定のもの）とその他の負債（1年以内に現金化される予定ではないもの）に分けられている。[8] 株主資本の部は、株主により払い込まれた金額（図4-2の優先株式から資本剰余金までの部分がこれにあたる）と累積された損益（図4-2の繰延報酬と繰越利益がこれにあたる）により構成されている。

「**負債**（liabilities）」および「**株主資本**（owners' equity）」という用語は、会計上特別の意味を持っている。まず、負債とは「ある企業が過去の取引または出来事の結果負担するに至った資産・役務の提供債務であって将来経済的犠牲をもたらす可能性の高いもの」のことである。要するに、負債とは資産と正反対のものであり、過去の原因から生じた債務であって、将来経済的犠牲をもたらす可能性が高いもののことである。[9] 会計上負債と認められるものは様々である

---

8) （訳者注）日本の法令および会計基準の下では、「負債の部」は「流動資産」と「固定負債」に分類される。分類基準は資産の場合と同様であり、最初に正常営業循環基準が適用され、次に1年基準が適用され、「流動負債」に分類されない負債が「固定負債」に分類される。

が，企業の将来の経済的犠牲をもたらすもののすべてが負債の定義によってカバーされているわけではない。例えば，不況時においても従業員を解雇しないという企業の方針は，将来の経済的犠牲をもたらす可能性が高いが，労働契約上は従業員の自由解雇が認められている限りこの経済的犠牲は現存の債務から生じるものではない。同様に，継続中の訴訟に敗れれば100万ドルの懲罰的賠償義務を負担することになる場合であっても（この支払が企業にとって大きな経済的犠牲をもたらすことは疑いない），顧問弁護士の意見を徴した結果敗訴する可能性は低いと判断されればこの債務が貸借対照表上に負債として計上されることはない。

「株主資本」とは負債の概念に従属した概念である[10]。すなわち，株主資本とは「資産から負債を除いた残り」を意味する概念であり，したがって，負債と株主資本の合計は常に資産の合計と一致する。

図4-1に示した貸借対照表の資産の部はI社が急速に業容を拡大していることを示しているものの，その急成長の源泉が何であるかは明らかでない。しかし，貸借対照表の負債の部および株主資本の部をみれば，新たに資産を取得した資金の出所を知ることができる。図4-2をみると，まずこの1年間に負債が急激に増加している。受領済みの商品役務に対する支払義務を示す「買掛金」が対象期間の期首から期末にかけて約3,000万ドル増加し（約10倍の増加），同時に，長期借入金として新たな負債を調達している。これら二つの負債の合

---

9) （訳者注）企業会計基準委員会が作成した討議資料「財務会計の概念フレームワーク」における「負債」の定義は，「過去の取引または事象の結果として，報告主体が支配している経済的資源を放棄もしくは引き渡す義務，またはその同等物」である。

10) （訳者注）日本の法令および会計基準の下では，株主資本は「純資産」と呼称され，その内訳は，「株主資本」，「評価・換算差額等」，「新株予約権」および（連結貸借対照表の場合は）「少数株主持分」から成り立っている。このうちの「株主資本」には「資本金」，「資本剰余金」（「資本準備金」と「その他資本剰余金」から成る）および利益剰余金（「利益準備金」と「その他利益剰余金」から成る）が含まれる（他に「自己株式」も控除項目としてこの分類に計上される）。次に，「評価・換算差額等」には「その他有価証券評価差額金」（保有しているその他有価証券の帳簿価額と時価との評価差額），「繰延ヘッジ損益」（ヘッジ手段が時価評価されている場合において，ヘッジ対象に係る損益が認識されるまで繰り延べられるヘッジ手段に係る損益または評価差額），「土地評価差額金」（時限立法である土地の再評価に関する法律に基づく臨時的かつ例外的な処理として認められた土地の再評価による評価差額）および（連結貸借対照表の場合は）「為替換算調整勘定」（子会社の資産および負債を決算日の為替相場で換算することで生じる差額と，純資産の部をその発生当時の為替相場で換算することで生じる差額との間の差額）が含まれる。「新株予約権」には新株予約権の対価として払い込まれた金額や（ストックオプションの場合における）原則として付与日時点での公正な評価額が対象勤務期間にわたって費用処理されるごとに（当該費用と併せて）計上され，「少数株主持分」には子会社の資本のうち親会社に帰属しない部分が計上される。

計額だけで，この期間における1億ドル以上の資産の増加を説明できるが，これがすべてではない。そこで，株主資本の部をみると，資本剰余金が約5,400万ドル増加している。これは，新たに株式が発行されて資金がI社に流入したことを示している。つまり，I社の急激な業容の拡大は，主として，多額の長期借入金，投資家への新株発行および仕入先からの短期的な信用供与に基づいていたのである。

貸借対照表を解読することによって，我々はI社の将来性についてどのようなことがいえるであろうか。ここで，貸借対照表から読み取れるもう一つの重要な事実に注目する必要がある。それは，I社はたしかに急成長している企業であり，貸主，仕入先および投資家からも信用されているようであるが，にもかかわらず，この会社には設立時からの累積損失が3,300万ドルあり，そのうちの2,700万ドルの損失はこの1年間に発生しているという事実である。なぜI社は損失を出し続けているのか。この状態にありながら今後は利益を上げることが可能なのか。これまで赤字を計上してきた会社に投資家はなぜ資金を投入するのか。これらの疑問に答えるためにはこの会社の財務状況や将来性についての情報が必要であり，そのためには図4-3の損益計算書を参照しなければならない。

B 損益計算書

財務諸表を構成する2番目の基本書類は「**損益計算書**（income statement または profit and loss statement）」である。ある時点における企業の財務状態を示す貸借対照表と異なり，損益計算書はある期間（通常は1年）における企業の経済活動の成果を要約した書類である（Column 4-1を参照）。損益計算書はある会計期間における企業の収益と費用を包括的に示しており，収益が費用を上回ることは企業が利益を得たことを意味する。これに対して，**図4-3**のように費用が収益を上回った場合には，企業は損失を被ったことになる（I社は直近の1年間において2,760万ドルの損失を計上している）。

> **Column 4-1　損益計算書**
>
> 損益計算書はある期間における企業の経営成績を示している。その最大の特徴は，対象期間における企業の収益と費用を比較している点であり，収益と費用という二つの用語の意味するところは会計上重要である。

まず,「**収益**(revenues)」とは「商品役務の提供その他の主要な事業活動による資産の増加または負債の減少により株主資本が増加すること」である。[11][12]

次に,「**費用**(expenses)」とは,「商品役務の提供その他の主要な事業活動による資産の減少または負債の増加によって株主資本が減少すること」である。[13]

上記に述べた損益計算書の説明はいささか単純すぎる嫌いがあり,実際の損益計算書には会計技術に内在する種々の複雑さが織り込まれている。収益と費用の本質は何であるのか。これらの項目の金額はどのようにして各期間に割り当てられるのか。貸借対照表と損益計算書の関係はどのようなものであるか。企業の財務の健全性を評価するためにより重要なのはどちらであるか。会社の健全性や将来性を評価するために財務の専門家は損益計算書のどの項目に注目すべきか。これらの問題を考えるに先立ち,まずは,損益計算書の分かりやすい側面に関して何点か説明しておこう。

損益計算書は,通常,総収入の金額から始まり(図4-3の「売上高」がこれにあたる),そこから収入を生み出すために直接要した費用相等額が控除される。この直接要した費用のことを,一般に「売上原価」といい(図4-3参照),総収入から売上原価(直接費用)を控除した値のことを「粗利益」または「売上総利益」という(図4-3参照)。ただし,企業は事業の過程において売上原価(直接費用)以外にも様々な費用を支出するため,ある期間の純利益を算出するためにはこれら費用も粗利益から控除する必要がある。そこで,まず,営業費用

---

11) (訳者注) 収益および費用の定義には「主要な事業活動」という限定が含まれているが,米国の会計基準上主要ではない活動またはある出来事に基づく株主資本の増減が損益計算から除外されるわけではなく,例えば米国財務会計基準審議会(FASB)の発行するStatement of Financial Accounting Concepts No.6においては,収益および費用の定義のほか,副次的または付随的な取引およびその他のすべての取引や出来事等から生じる株主資本の変動を「利得(gains)」および「損失(losses)」という概念で捉え,これらを含めて損益計算を行っている。原文では分かりやすさの観点から収益および費用の定義のみについて触れているものと思われる。
12) (訳者注) 企業会計基準委員会が作成した討議資料「財務会計の概念フレームワーク」における「収益」の定義は,「純利益または少数株主損益を増加させる項目であり,特定期間の期末までに生じた資産の増加や負債の減少に見合う額のうち,投資のリスクから解放された部分である」とされ,「投資のリスクからの解放」については「投資にあたって期待された成果が事実として確定すること」と説明されている。
13) (訳者注) 企業会計基準委員会が作成した討議資料「財務会計の概念フレームワーク」における,「費用」の定義は,「純利益または少数株主損益を減少させる項目であり,特定期間の期末までに生じた資産の減少や負債の増加に見合う額のうち,投資のリスクから解放された部分」と説明されている。

図4-3　損益計算書（単位：千ドル）

	12月31日までの事業年度	
	1997年	1996年
売上高	$147,758	$15,746
売上原価	118,945	12,287
売上総利益	28,813	3,459
営業費用		
販売費	38,964	6,090
商品開発費	12,485	2,313
一般管理費	1,831	749
減価償却費	4,742	286
総営業費用	58,022	9,438
営業損失	(29,209)	(5,979)
受取利息	1,898	202
支払利息	(279)	—
純損失	$ (27,590)	$ (5,777)

（給料や一般管理費）を差し引いて営業利益（または営業損失）を算出し，次に財務費用（最も重要なものは，借入金等の利子である）と法人税を差し引いて「純利益」を算出するのが会計上の慣行である[14][15]。ある期間の費用が収益を超える場合

---

14) （訳者注）　日本の法令および会計基準の下では，損益計算書は原則的に次の順序で構成される。
　① 売上高：製造活動や販売活動などの企業の主たる営業活動から生じる経常的な収益
　② 売上原価：企業の主たる営業活動に係る費用のうち，製品等の製造または販売の原価部分
　③ 販売費及び一般管理費：企業の主たる営業活動に係る費用のうち，販売や管理業務から生じる費用
　④ 営業外収益：企業の主たる営業活動以外から生じる経常的な収益で，財務活動に関する収益等が該当
　⑤ 営業外費用：企業の主たる営業活動以外に係る経常的な費用で，財務活動に関する費用等が該当
　⑥ 特別利益：異常または臨時的な収益
　⑦ 特別損失：異常または臨時的な費用
　なお，「売上高」から「売上原価」が控除されて「売上総利益」（または「売上総損失」）が計算され，そこから「販売費及び一般管理費」が控除されて「営業利益」（または「営業損失」）となる。さらに「営業外収益」および「営業外費用」が調整されて「経常利益」（または「経常損失」）となり，さらに「特別利益」および「特別損失」が調整されて「税金等調整前当期純利益」（または「税金等調整前当期純損失」）となる。最後に，そこから法人税等（および税効果会計に伴う調整額），および，（連結損益計算書の場合には）少数株主持分損益が調整され，最終的に「当期純利益」（または「当期純損失」）が計算される。
15) （訳者注）　なお，収益または費用とは認識されない取引または出来事で，株主からの出資および株主への分配以外の要因からもたらされる純資産または株主資本の変動分（「その他有価

には，その企業は「純損失」を計上することになる。損益計算書の項目の立て方は，対象企業の業種や経理担当者の判断によってかなり変化するが，総収入から順次費用を控除していくという損益計算書の基本構造は同じである。

次の論点は損益計算書と貸借対照表との関係である。貸借対照表を作成するにあたっては，対象期間の純利益を「繰越利益」に加算する[16]。その結果，純利益の計上は株主資本の増加をもたらすが，この点は「会社の利益は株主に帰属する」という会社法の基本原理と合致している。繰越利益は，将来の事業に用いるために内部留保されるか，（配当またはその他の方法により）株主に分配されるかのどちらかとなる。I社のように会社が純損失を計上した場合には，損失額が株主資本から控除される。

ところで，I社は今後さらに赤字を計上し続けるのか，それとも黒字に転じるのか。この点を探る手掛かりが損益計算書の中に見出せるであろうか。図4-3の損益計算書から一つ分かることは，会社の売上総利益が現在の水準にとどまる限り営業費用を賄いきれそうもないということである。そこで，今後とり得る一つの改善策として，事業を拡大して「規模の経済」をもっと働かせることが考えられる。規模の経済を活かすことができれば，営業費用の上昇を上回るペースで売上と売上総利益が増加してこの会社は黒字となることができるであろう。ただし，I社の将来に関してはこれ以外にも様々な可能性がある。この問題を考えるためには財務諸表分析という技法が有用であり，企業の将来を合理的に推定する手段としてしばしば用いられる。財務諸表分析については本章の最後で紹介する。

法律家の視点

法律家は，利益および損失という概念を法律文書の中で頻繁に用いる。もしあなたのクライアントがベストセラー小説の著者であり，その映画化によって生じる「利益」の一部を売却したいと希望している場合，あなたはこの「利益」という概念を契約内容の一部として特定しなければならな

　証券評価差額金」，「繰延ヘッジ損益」，「為替換算調整勘定」等がこれに該当する）については，当期純利益までの計算の後の包括利益の計算において登場することになり，これを示した財務諸表を包括利益計算書という。

16)　(訳者注)　日本の法令および会計基準の下では，対象期間の当期純利益を「純資産の部」の内訳項目の一つである「その他利益剰余金」の中に「繰越利益剰余金」の一部として計上するのが一般的である。

い。同様に，火災によりある事業年度における工場の稼働を妨げられた事業主は，これによる被害の回復を求めるために，火災によっていくらの「損失」が生じたかを立証しなければならない。このような概念が必要となるのは商業的世界に限られない。例えば，あなたが慈善団体の代理人として募金担当役員の採用を検討している場合，あなたは担当役員が慈善団体にもたらす「利益」をどのように査定すべきか判断しなければならない。

C キャッシュフロー計算書

　財務諸表を構成する3番目の基本書類は，「**キャッシュフロー計算書**（cash-flow statement）」である。キャッシュフロー計算書は，損益計算書と同様に所定の期間における経営成績の報告を目的とする書類である。ただし，損益計算書が企業の収益性を示すものであるのに対し，キャッシュフロー計算書は企業がどのように現金を獲得・使用したかを報告するものである。Ｉ社のキャッシュフロー計算書は図4-4のとおりである。

　キャッシュフロー計算書の目的は所定の期間における対象企業の現金残高の変化を示すことにある。Ｉ社の貸借対照表を見ると，対象期間に企業の現金残高が103,562,000ドル増加したことが分かる（図4-1参照）。図4-4のキャッシュフロー計算書は，その下から3行目において103,562,000ドルの現金が対象期間中に増加したことを報告している。このことは貸借対照表とキャッシュフロー計算書のいずれからでも確認できるが，キャッシュフロー計算書をみると現金残高が増加した原因がより詳細に分かる。キャッシュフロー計算書の記載は当期純損失である27,590,000ドルという数字の計上から始まる（図4-3参照）。次に，この当期純損失を，対象期間における事業活動に関する貸借対照表項目の変化を反映させるべく調整する。調整の方法はやや複雑であるが，一般的にいえば，資産の増加と負債の減少は現金の使用を伴う事象であるからこれらの項目の数字を負の値として記入する（負の数値は現金の流出を意味している）。例えば，企業が商品の購入や借入れの返済をすれば，現金が使用されて現金残高が減少する。これに対して，資産の減少または負債の増加は現金の増加を伴う事象であるから，これらの項目の数字を正の値として記入する。例えば，企業が商品の売却や借入れの実施をすれば，現金が流入して現金残高が増加する。Ｉ社の場合，営業活動に関する調整は31,112,000ドルの現金増加であり，この結果，事業活動によるキャッシュフローは3,522,000ドル（＝－27,590,000ドル＋

図 4-4 キャッシュフロー計算書（単位：千ドル）

	12月31日までの事業年度 1997年
事業活動によるキャッシュフロー	
当期純損失	($27,590)
事業活動によって生じたキャッシュフローによる調整	
減価償却費	4,742
運転資本の変化	
棚卸資産	(8,400)
前払費用	(2,997)
買掛金	29,845
その他の負債および未払費用	7,922
営業活動によりもたらされたキャッシュフロー	3,522
投資活動によるキャッシュフロー	
短期投資の償還	5,198
短期投資の実施	(20,454)
固定資産の購入	(7,221)
投資活動によりもたらされたキャッシュフロー	(22,477)
財務活動によるキャッシュフロー	
新規株式公募による収入	49,103
ストックオプションの行使および普通株式の売却による収入	518
優先株式の売却による収入	200
長期借入金による収入	75,000
資金調達費用	(2,304)
財務活動によりもたらされたキャッシュフロー	122,517
現金および現金同等物の純増加	103,562
期首現金および現金同等物残高	6,248
期末現金および現金同等物残高	$109,810

31,112,000ドル）の増加となる。

　キャッシュフロー計算書には，投資活動に関連したキャッシュフローと借入の実施や配当の支払など財務活動に関連したキャッシュフローの情報も記載される。図4-4のキャッシュフロー計算書では，I社が対象年度において7,221,000ドルの現金を固定資産の購入に充てたことによって7,221,000ドルの現金が流出したことが示されている。さらに，このキャッシュフロー計算書には財務活動による現金の流入が122,517,000ドルあったことも示されている

(その主たる構成要素は7,500万ドルの長期借入と,5,000万ドル弱の新株発行に伴う現金の流入である)。最終的には,1997年の期首の現金残高は6,248,000ドルであり,これに事業活動,投資活動および財務活動による現金の純増加額を加えると1997年の期末の現金残高である109,810,000ドルになることが確認できるであろう。

以上のとおり,キャッシュフロー計算書に記載されている情報の大部分は,貸借対照表および損益計算書からも入手可能な情報なので,さしあたりは,これら二つの財務諸表に焦点を当てて議論を進めることにしよう。ただし,キャッシュフロー計算書は企業の流動性(liquidity)や支払能力(solvency)が問題になる場面では極めて有用な情報を提供するものであることは留意に値する(企業の流動性は企業が資金難に陥った場合等様々な場面において喫緊のテーマとなる問題である)。さらに,第5章で明らかになるように,キャッシュフローはファイナンス理論を用いた分析に不可欠の情報である。

3 複式簿記と財務諸表

財務諸表を構成する三つの基本書類である貸借対照表,損益計算書およびキャッシュフロー計算書は法律家が日常的に扱う書類であるが,その作成は企業の経理担当者が行うものであり,法律家が作成について責任を負うことはない。しかしながら,法律家は企業の経理担当者が行っている仕事の基本的な内容は理解しておくべきであり,そうすることによって財務諸表の意味するところを正しく把握し,同時に,財務諸表から分かる情報と分からない情報の境界を知ることができる。

A 財務諸表の取引記録の集積としての性質

前述のとおり,資産および負債の会計上の定義は「過去の取引または出来事によってもたらされた経営資源および義務」という観念を中核に置いている。このように資産や負債の定義を特定の取引や出来事にかからせている理由は会計の伝統的な記録方法の中に求められる。財務諸表は伝統的な会計慣行に従って記録された取引および出来事の集積を反映したものである。取引および出来事は,まず,「**仕訳帳**(journals)」または「**T勘定**(T accounts)」に記録され,勘定の残高は会計期間の終期に財務諸表のしかるべき箇所に転記される

(この作業を「決算」という)。取引や出来事の記録方法についてはこのあと説明するが，その前にこの記録方法に内在する一つの特徴について述べておきたい。具体例を使って説明しよう。例えば，企業がある備品を購入しまたは製品を売却したときにはこれを一つの取引と捉えてT勘定へ記録し，その結果は最終的にその企業の財務諸表に反映される。一方で，消費者の嗜好の変化や原材料価格の上昇のような事象は，たとえそれが企業の財務状態に対して重要な影響を与えるものであっても，T勘定に記録されるべき「取引」や「出来事」とはなり得ない。この点は財務諸表が企業の財務状況を完全には示し得ない理由の一つとなっている。なお，以下では主として，T勘定だけを使って説明をするが，仕訳帳の記入についても原理は同じである。

B 複式簿記の基礎

複式簿記は，企業の財務状況に影響を与える取引および出来事を記録するために通常用いる技法であり，取引および出来事の記録にはT字の図形が使われる。

下図はよく使われる資産T勘定の一例である。

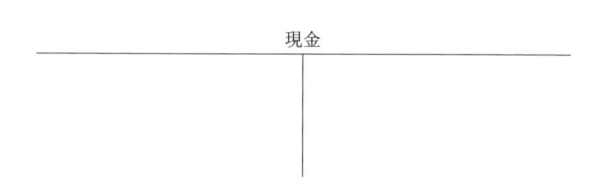

```
         現金
─────────────┬─────────────
             │
             │
             │
```

下図はよく使われる負債T勘定の一例である。

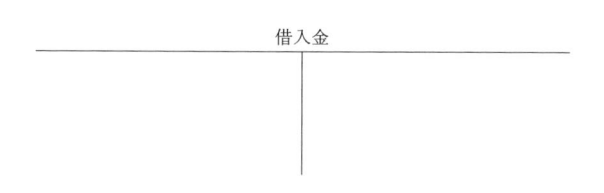

```
         借入金
─────────────┬─────────────
             │
             │
             │
```

各種の資産または負債には，その種類の資産または負債の貨幣価値の増減を記録するための固有のT勘定がある。T勘定を正しく使用するためには，①そのT勘定がいかなる種類の資産または負債の記録に使われるものであるか（T勘定の表題は何であるか），②いつT勘定への記入を行うべきか（資産または負債の貨幣価値に影響を与える取引または出来事はいつ生じたのか），そして，③資

産または負債の増加（または減少）を示すためにはＴ勘定のどちら側に数字を記載すべきか，を知る必要がある。最後の点については，次の会計慣行を理解していなければならない。すなわち，資産Ｔ勘定の場合には左側への記入は価値の増加を意味し，右側への記入は減少を意味するが，負債Ｔ勘定の場合はこれと反対で，右側への記入は価値の増加を意味し，左側への記入は減少を意味する。

現金	
$100	

（$100の現金の増加）

現金	
	$100

（$100の現金の減少）

借入金	
$100	

（$100の借入金の減少）

借入金	
	$100

（$100の借入金の増加）

簿記においては，Ｔ勘定の右側の記載を「貸方」といい，左側を「借方」という。Ｔ勘定を使用せずに現金100ドルの増加を示すには「借方　現金　100ドル」と記載し，現金100ドルの減少を示すには，「貸方　現金　100ドル」と記載すればよい。

　　注：会計で使用される「借方」および「貸方」という文言は，これらの用語の一般的な意味とは関係ないので，簿記におけるこれらの用語の使用方法に違和感を覚える必要はない。

取引または出来事の記録はつねに二つのＴ勘定に同一金額を記入する方法で行う（一つのＴ勘定の左側〔借方〕の記入はつねに同一金額のＴ勘定の右側〔貸方〕の記入と対になっている）。この記入方法が複式簿記と呼ばれるのはそのためである。

いくつかの簡単な取引を例としてＴ勘定を利用した複式簿記の記録方法を見ていこう。

事例 4-1

　　ある企業が現金500ドルを使ってコンピュータを購入したとする。その結果現金500ドルが減少し，コンピュータという資産が500ドル増加する。

現金		コンピュータ	
$500		$500	

　この単純な例からいくつかのことが分かる。第一に，複式簿記は二つのT勘定の記入から成るという上記の基本原則を確認できたであろう。第二に，資産の取得を記録するにあたっては，その資産の取得に要した費用をもってその資産の価値とするのが会計の慣行である。

事例4-2

　事例4-1の企業が5万ドルの土地を取得するために銀行から5万ドルを借り入れたとする。この場合においても，二つのT勘定の右側と左側に同一金額の記載がなされるが，ここでは事例4-1のように，二つの資産T勘定が変化するのではなく，一つの資産T勘定と一つの負債T勘定に変化が生じる。その結果は次のとおりである。

土地		借入金	
$50,000			$50,000

　さて，T勘定には資産勘定でも負債勘定でもないもう一つ別の勘定があり，これが複式簿記の中心的な役割を担っている。この勘定の名前は「株主資本」であり，資産勘定の合計（以下，「総資産」という）と負債勘定の合計（以下，「総負債」という）の「差額」を表している。すなわち，以下の等式は定義上つねに成立する。

　　　　　総資産　−　総負債　＝　株主資本

　負債勘定と同様に，株主資本勘定の増加は株主資本T勘定の右側の記入によって示され，減少は左側の記入によって示される。

事例 4-3 (少し複雑な例)

事例 4-2 の企業が事例 4-2 で取得した土地を売却して現金 10 万ドルを得たとする。この取引によってこの企業の生じた財務状況の変化は次の 2 点に要約できる。すなわちまず現金 10 万ドルの入手とこれまで保有していた土地の喪失である。そこで，この取引の T 勘定への記入は以下のようになされる。

現金		土地	
$100,000			$50,000

(この企業はもはや土地を所有していないので土地勘定の合計は 0 である)

しかしながら，上記の記載のみでは，T 勘定の右側と左側に同一金額の記入を行うという複式簿記の原則に違反してしまう。そこで，上記で紹介した株主資本 T 勘定を使用して，総資産と総負債の差額の変化をこの勘定に記録する。

この取引は株主資本にどのような影響を与えるだろうか。ここでは，総資産が 5 万ドル増加し (現金 10 万ドルの増加と土地 5 万ドルの減少)，総負債は変化していないので，総資産から総負債を控除した金額は 5 万ドル増加したことになる。したがって，総資産から総負債を控除した値である株主資本は 5 万ドル増加する。

株主資本 T 勘定に関しては，土地の喪失と現金の取得とのそれぞれに対応した二つの変化 (土地資産勘定の価値の減少に伴う 5 万ドルの株主資本の減少と現金勘定の増加に伴う 10 万ドルの株主資本の増加) として記録するのが会計上の慣行である (株主資本 T 勘定の価値は左側の記入によって減少し右側の記入によって増加することを思い出してもらいたい)。

この結果，上記の土地売却の会計処理は以下のようになる。

現金		土地		株主資本	
$100,000			$50,000	$50,000	$100,000

すなわち，T 勘定全体では，左右に等しい金額の記入を 2 回 (すなわち，全部で 4 回の記入) を行う。株主資本勘定の正味の変化は 5 万ドルであり，これ

は総資産から総負債を控除した金額の変化と一致している（10万ドルの現金の増加と5万ドルの土地の減少によって総資産は5万ドル増加し，総負債は変化していない）。

経理担当者は会計期間の期末に各T勘定の値をすべて合算し（正の値はすべて足し合わせ，負の値はすべて差し引く），その最終値を期末貸借対照表に記入する。例えば，上記で取り上げた会社の場合，現金T勘定として500ドルの負の（左側の）記入（コンピュータの購入）と5万ドルの負の（左側の）記入（土地の購入）と10万ドルの正の（右側の）記入（土地の売却）がこの会計期間においてなされた。したがって，現金T勘定の差し引き計算は，－500ドル－50,000ドル＋100,000ドル＝49,500ドルとなり，これが期末の貸借対照表に記入される現金の値となる。ただし，実際には，この会社も期首においていくらかの現金を保有していたはずであり，そうであるとすれば，その金額にこの49,500ドルを足し合わせた値が期末の現金勘定の値となる。

これまでに示してきたT勘定システムは，貸借対照表を作成するためのものであって損益計算書を作成するためのものではない。図4-3に示したような損益計算書を作るためには，損益勘定と呼ばれる勘定を追加する必要がある。損益勘定は株主資本の変化に関する追加情報を示すためのものであり，「費用勘定」と「収益勘定」に分けられる。これらの勘定の使い方を理解するために，Column 4-1に記載した収益と費用の定義を思い出してもらいたい。確認しておくと，収益とは，「株主資本の増加」であって，「商品役務の提供その他の主要な事業活動」から生じるものである。株主資本の増加は，総資産から総負債を控除した金額の増加を意味し，損益勘定を捨象してきたこれまでの説明の中では，該当する金額を株主資本勘定の右側に記入すべきであったが，これが「商品役務の提供その他の主要な事業活動」に起因する場合には収益勘定の右側に金額を記入する。同様に，費用とは「株主資本の減少」であって「商品役務の提供その他の主要な事業活動」から生じるものである。株主資本の減少は総資産から総負債を控除した金額の減少を意味し，損益勘定を考えない場合には該当する金額を株主資本の左側に記入すべきであったが，これが「商品役務の提供その他の主要な事業活動」に起因する場合には費用勘定の左側に金額を記入する。

損益勘定の用い方について前述の土地の売却の例を使って確認してみよう。上記のとおり，土地の売却は土地資産の喪失に伴う株主資本5万ドルの減少と

現金の受領に伴う株主資本10万ドルの増加を招き，両者を合わせて正味5万ドルの株主資本の増加を生み出した．以下はその記録方法である．

現金		土地		株主資本	
$100,000		$50,000		$50,000	$100,000

さて，損益勘定の導入は，この取引の会社処理にいかなる影響を与えるであろうか．結論からいうと，株主資本の増加および減少のうち一定のものについてはもはや株主資本勘定への記録はなされず，代わりに，損益勘定への記録がなされる．株主資本の増加または減少を記録するにあたり損益勘定を用いるべきか否かを決めるために，経理担当者はその変化が「商品役務の提供その他の主要な事業活動」に起因する変化であるか否かを判断しなければならない．上記の会社の場合，その主要事業が何であるかが分からなければ最終的にこの判断はできないが，ここではこの企業を不動産投資会社と仮定してみよう．であるとすれば，土地売却による株主資本の増加・減少はまさに損益勘定にあてはまる[17]．したがって，会計処理は次のようになされるべきである．

現金		土地		費用		収益	
$100,000		$50,000		$50,000			$100,000

上記の二つの会計処理方法を踏まえて，次の3点を確認しておこう．第一に，収益T勘定は右側が価値の増加を示し，費用T勘定は左側が価値の増加を示している．第二に，後者の会計処理における収益勘定への記入は前者の会計処理における株主資本勘定の右側への記入と同じであり，後者の会計処理における費用勘定への記入は前者の会計処理における株主資本勘定の左側への記入と

---

17) （訳者注）注11）記載のとおり，原文においては収益または費用についてのみ検討しているものと思われるが，米国の会計基準の下においてもこの他に利得または損失に該当するか否かという観点からの検討が必要になる．なお，日本の損益計算書上においては，企業の主たる事業活動に基づくものか否かにより，売上高，売上原価または販売費および一般管理費の一部として計上するか，それ以外の部分，すなわち営業外収益，営業外費用，特別利益または特別損失の一部として計上するかが決まる．

同じである。第三に、後者の会計処理の方が前者の会計処理よりも多くの情報を含んでいる（何が追加の情報といえるのか、説明してみること）。なお、実務では、株主資本の変化の源泉についてより多くの情報を与えるために、様々な種類の損益勘定（例えば、給料勘定、支払利息勘定、支払家賃勘定等）を用いる場合が多い。

経理担当者は会計期間の期末に各損益T勘定を合算し、その結果を損益計算書に記入する。上記の例においては、二つの損益勘定、すなわち、販売した土地の費用勘定と販売収益勘定を設定した。これらの勘定から作成される損益計算書は以下のようになる。

もちろん、実際の損益計算書はこれよりも複雑であるが、収益から始まる基本形式は同じであり、純利益を表す最終行に至るまでに各種の費用を掲げ、その金額を収益から順次控除する。

損益計算書

売上	$100,000
売上原価	$50,000
純利益	$50,000

株主資本の増加および減少のうちいかなる種類のものが損益勘定に記録されないことになるのか。例えば、投資家が10万ドルの現金を企業に出資して10％の株式を取得した場合、これによりもたらされる株主資本の増加は収益の定義に適合するだろうか。あるいは、この企業が配当を行い、株主に対して合計で10万ドルの現金を支払った場合、これによりもたらされる株主資本の減少は費用の定義に適合するだろうか。答えは、いずれも「否」である。このように、収益や費用の定義に該当しない株主資本の変化が存在する。これらの変化は貸借対照表に記載されるが、そのためのT勘定が設定されることなく、変化は株主資本勘定に直接記録される。結局のところ、すべての株主資本の変化は、株主資本T勘定と損益勘定のいずれかに記録される。株主資本の変動の全部または一部が株主資本T勘定に記録されずに損益勘定に記録された場合、会計期間末における株主資本の価値はどのようにして把握したらよいか。その答えは驚くほど簡単で、まず、収益から費用を控除し、その差額を株主資本T勘定の合計値に加算すればよい。収益から費用を控除した金額は貸借対照表の株主資本の部に繰越利益として表示され（その値がマイナスの場合は「繰越損失」となる）この金額を合算することによって株主資本に影響を与えるすべての取引が株式資本の計算に反映されたことになる。

法律家の視点

　法律家が，簿記の作成・管理に責任を負うことは通常あり得ないが，クライアントが会計上の不正行為を発見・予防し得る内部管理システムを構築するのを助けるべき状況にはしばしば遭遇する。例えば，クライアント企業の営業部長が悪質な人間の場合，彼は，不当に多くの取引を収益勘定に記録し，あるいは，費用勘定への記入を不当に減らすことによって業績の悪さを隠そうとしているかもしれない。そのような事態を防止するためにも，内部統制の基本原則は会計の責任者と営業の責任者を分離することである。多くの場合，法律家はこの分離体制の確立・維持に対する責任を果たさなければならない。

4　会計の諸原則

　簿記の説明は以上とし，次に，会計の基礎となる諸原則について論じたい。全体的問題，保守主義，費用収益対応の原則および境界問題の四つの項に分けて説明する。

A　全体的問題

　以下に述べることは一見自明のことのようであるが，留意すべき点である。

(1)　会計単位の公準

　財務諸表は企業を単位として作成される。したがって，会計の対象は「会社」や「組合」であって，その背後にいる投資家，仕入先，得意先などは対象に含まれない。この点は株主が何万人もいる巨大な上場会社の場合には明らかなことであろうが，小規模な会社や起業後間もない新興企業の場合には，会社とその関係者，特に投資家との関係が必ずしも明確でないことが多い。例えば，2人の若い起業家が会社を設立し，彼ら所有のガレージで事業を開始した場合，このガレージは会社の資産なのか株主の資産なのか。ガレージが年間1ドルの賃料で会社に賃貸されていた場合はどうか。あるいは，賃料が年間1ドルではなく100万ドルの場合にはどう取り扱うべきであろうか。

　会計上の慣行として，会社とその関係者（株主や重要な使用人など）間の取引については詳しい情報開示が求められる。関係者との取引は操作または濫用されやすいので，金融商品取引法，会社法あるいは法人税法の下でも特別な取扱

いを受けることが多い。いずれにしても財務諸表は企業を単位として作成されるという原則（これを「会計単位の公準」または「企業実体の公準」という[19]）を理解しておくことは法律家にとって重要である。この原則は法律義務の帰属主体が誰であり，その履行可能性がどれだけあるのかを見極める際の鍵となるものだからであり，企業の債務履行能力を評価するうえで考慮し得る資産は原則としてその企業の貸借対照表に示されている資産に限られる。例えば，巨大な多国籍企業の子会社と契約を締結した場合，親会社である多国籍企業自身やその別の子会社は法律上の義務を負担しない。したがって，契約関係に入る企業自体の弁済能力を見極めることが重要であり，そのためにはその企業の財務諸表を参照することが有益である。

法律家の視点

あなたのクライアントは飲食物の提供契約を大企業の子会社と締結しようとしているが，この子会社の貸借対照表を見る限り同社の財務状況は必ずしも良好でない。クライアントの役務の対価が確実に支払われるようにするためにあなたはいかなる措置を提案すべきであろうか。

(2) 会計の基本等式

繰り返し述べてきたとおり，会計の基本等式は「株主資本は総資産の金額から総負債の金額を差し引いた値に等しい」というものであり，これを言い換えれば，「総資産は総負債と株主資本の和に等しい」。この等式は，企業だけでなく，学校や宗教団体などの非営利団体にもあてはまるが，このような組織の場合には株主資本に対して持分を有する者は投資家であるとは限らない。そこで，これらの団体においては，「株主資本」という言葉に代えて，「利益剰余金」あるいは「純資産」という言葉が使われることがあるが，それが総資産と総負債

---

18) （訳者注） 金融商品取引法または会社法の下では，会社と一定の関係者（株主や重要な使用人など）間の取引については一定事項の開示が求められている。また，法人税法においては，一定の親族等により構成される会社の行為または計算で，これを容認すると法人税の負担を不当に減少させる結果となる場合には当該行為または計算を否認して法人税を計算できる旨規定されている。

19) （訳者注） ただし，大手企業の財務諸表にあっては子会社や持分法適用会社を対象に含めた連結財務諸表（会社法に基づいて作成されるものは「連結計算書類」といい，金融商品取引法に基づいて作成されるものは「連結財務諸表」という）の方が，企業グループ全体の経済的実態が適切に反映されやすいため，会社単位の財務諸表よりも重要視される傾向にある。

図4-5 会計の基本等式

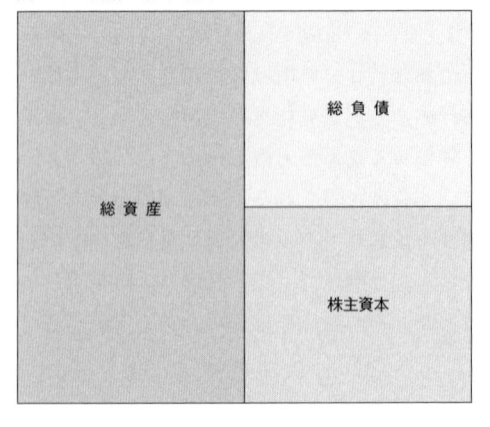

総資産 ＝ 総負債 ＋ 株主資本

の差額を意味する概念であるという点においては何ら変わるところはない。

　図4-5は会計の基本等式を図示したものである。この図を頭の中に入れておくことは法律家にとって有用である。例えば，クライアントがある企業と契約を締結する場合，あなたは，その企業がすでにどれほどの負債を負っているかを確認すべきである。くわえて，これらの負債の総資産に対する相対的な大きさを調べることも有用である。1,000万ドルの資産を持つ会社にとって100万ドルの負債はたいしたものではないが，50万ドルの資産しかない会社に100万ドルの負債があったら大変である（この場合の株主資本はマイナスである）。

　法律家は，ある企業に対するクライアントの債権をその企業の貸借対照表の右側のできるだけ上方に動かそうと努める傾向にある[20]。これはクライアントの債権をその企業に対する他の債権者の債権と比較してより有利なものにしようとすることを意味している（貸借対照表では通常の債権は劣後債権よりも上位に記載されるし，通常の債権の中では短期の債権，すなわち1年以内に返済される債権が上位に記載される）。債権の優先順位は，第三者が何らかの法的措置をとらない限り，債務者との契約によってこれを変化させることができる。さらに，特定の資産について担保の設定を受けることも可能であり，担保を得た債権者は担保の対象となった資産に関して他の債権者に優先して弁済を受けることができる。企業が支払不能になった場合には，（全債権者の同意の下に私的整理を進めることができない限り）倒産法の規定に従って各債権者は弁済を受ける。

B 保守主義

　会計の専門家は財務諸表の作成に際して保守的ないしは懐疑的な立場をとる

---

20)　（訳者注）クライアントの保有する他の企業に対する債権は，その企業にとっては債務であるのでその企業の貸借対照表には負債として計上される。

ように訓練されている。財務諸表の作成主体である企業の経営者には自社の財務状態をよくみせようとする傾向があることを考えると，会計の専門家が上記のような立場をとることによって全体のバランスが計られているとみることもできる。ただし，保守主義は，財務諸表に示し得る情報に一定の制約を課すものであることを法律家は心に留めておかなければならない。保守主義の考え方は前述の資産や負債の会計上の定義にも反映されているが（資産や負債は定義上過去の取引や出来事に起因するものに限られていたことを思い出してもらいたい），保守主義を体現した会計基準は他にもいくつか存在し，以下に述べる二つはその代表例である。

(1) 貨幣的測定の公準

これまでに紹介した会計上の表示はすべてドル単位であったが，これは決して偶然ではない。「貨幣的測定の公準」として知られる慣習の下では，全ての事象は貨幣を単位にして表示することが求められる。その結果，貨幣以外の単位で評価されたものが貸借対照表の中に現れることはない（例えば，10束の牧草，5エーカーの土地といった表示はない）。したがって，「消費者の嗜好の変化」のように貨幣額に変換することが困難な事象は原則として財務諸表には記載できない。[21]

(2) 取得原価の重視

会計の保守主義は，時価よりも取得原価を重んじる慣行の中にも見出せる。例えば，ある企業が1950年に10万ドル支払って土地を購入した場合，たとえその土地の現在の市場価格が100万ドルを超えていたとしても，その企業の財務諸表上におけるその土地の評価額は半世紀前と変わらぬ10万ドルである。[22]

時価よりも取得原価を重視する慣行は一見奇妙に思えるかもしれない。しかし，この慣行は保守主義という会計の基本原則に合致している。物価が徐々に

---

21) （訳者注）日本の財務諸表ではすべての事項を円で表示するのが原則である。その結果，外貨建ての収益や費用の多い企業や外国に子会社または関連会社の多い企業にあっては，為替の変動が損益計算上の利益額に大きな影響を与え，また，為替換算調整勘定等の変動を通じて株主資本にも影響を与える（なお，損益計算書上の当期純利益の変動は間接的に株主資本にも影響を与える）。

22) （訳者注）日本においては，金融等の円滑化を目的とした時限立法である土地の再評価に関する法律によって，会社法上の大会社等を対象として，平成10年3月31日から平成14年3月31日までの決算において，1回に限り，事業用の土地を（売却等をしなくても）時価により再評価することが認められたことがあるが，これは同法に基づく臨時的，かつ，例外的な処理である。

（あるいは急激に）上昇する経済状勢の中では取得原価を重視した方が（特に，土地のような資産の評価に際しては）堅実だからである。しかも，取得原価は実際の取引を基礎とする値であるが（先ほどの例における10万ドルという土地の評価額は過去において実際に支払われた金額であった），市場価格はしばしば主観的で操作可能な値である。例えば，美術品の価格評価は極めて主観的であり，美術品に高い市場価値があるという主張は必ずしもあてになるものではない。

取得原価と時価が異なることは財務諸表が企業の経済的実態と乖離する要因の一つにもなっている。取得原価と時価が大きく異なる場合，貸借対照表は企業の財務状態を正確に反映してはいないし，損益計算書すらも様々な誤解を生み出す温床となりかねない。しかしながら，取得原価を重視する慣行は今なお会計の世界に根強く存在している。

> Column 4-2　取得原価と公正価値
>
> 　本文で述べたとおり，貸借対照表に計上される資産の評価額は原則としてその資産の取得原価である。その値は資産の取得時の市場価格には近いかもしれないが，期間の経過とともに時価とは乖離せざるを得ない。例えば，30年前に購入されたマンハッタンの土地の場合，その購入価格は現在の価格とは大きくかけ離れているであろう。さらに，住宅抵当証券の場合には，たとえ近時に購入したものであっても，住宅市場の崩壊した今となっては取得原価と市場価格は大きく乖離しているに違いない。貸借対照表上の資産評価を取得原価で行うことは現実に支払われた価格を評価に用いているという点では信頼性を備えた会計処理であるといえようが，企業の最新の財務状態を知るという目的のための処置としては適切とは言い難い（30年前に購入したマンハッタンの土地は資産価格が過小評価されている例であり，住宅抵当証券は過大評価されている例である）。この状況に応えるべく新たに登場した会計ルールが「公正価値基準」であり，近年この適用範囲が増加している。[23] 公正価値基準の下で

---

23)　（訳者注）　日本の会計基準の下でも，近時に適用が開始された金融商品に関する会計基準，固定資産の減損に係る会計基準，賃貸等不動産の時価等の開示に関する会計基準などで，時価を反映させた評価または注記を行う範囲が拡大している。例えば，①金融商品については，(a) デリバティブ，売買目的の有価証券またはその他の有価証券については，期末毎に時価評価を行い，また，(b) 満期保有目的の債券，子会社または関連会社株式は原則的に期末毎に時価で評価することはしないものの，時価が著しく減価した場合には，強制的に時価までの評価減が求められている。また，②一定の固定資産についても，取得原価による評価を基本としつつも，時価等が一定程度低下した場合には，当該金額までの評価減が求められている。その他，③一定の不動産（投資や賃貸目的の不動産等）については，貸借対照表上は取得原価で評価されるものの，その時価に関する情報が注記により開示されることになっている。なお，これらの会計基準においては（「公正価値」ではなく）「時価」という表現が用いられているが，これは米国における会計基準や国際財務報告基準（IFRS）における「公正価値」という概念

は，この基準による評価対象となる資産は，評価日現在における市場の資産取引価格を参照して評価するのが原則であり，この基準を採用した企業は，資産の評価額を会計期間ごとに最新の市場環境を反映した価格に変更しなければならない。公正価値基準がうまく機能すれば，(継続して資産評価を行うための追加コストはかかるものの) 投資家や債権者が意思決定を行ううえでより適切な貸借対照表を作り出すことができる。資産が NYSE 上場会社の株式のように，市場で取引されているものであれば，公正価値の算定は容易である。そのため，市場で取引されている株式については，「市場評価 (mark to market)」が公正価値基準を用いる際の標準的な会計ルールとなっている。しかし，現在の市場価格が入手できない資産に公正価値基準を適用する際には様々な問題が発生する。例えば，不動産は個性の強い資産であるから，採用可能な最善の評価方法としては，類似する不動産をみつけてきてその取引価格を参照するほかはない。しかしながら，例えば，住宅抵当証券の場合，類似している住宅を見つけてその取引価格を参照するのは容易ではなく (住宅抵当証券が発行されている住宅は南フロリダだけでも 1,000 軒存在する)，公正価値の決定をウォールストリートの株価を見て決めるようなわけにはいかない。そこで，観測可能な市場が存在しない場合の対処策として会計の専門家は精緻な評価モデルを作り，これを用いて資産の公正価値を算定することをしばしば行うが，このようなモデルと現実の市場との関連性は希薄であるといわざるを得ない。このようなモデルを使った資産評価方法——これを「モデル評価 (mark-to-model)」という——に対しては，作成者の主観的判断を認める余地が大きすぎるために恣意的な資産評価に繋がりやすいとの批判がなされている。

C 費用収益対応の原則とその含意

費用収益対応の原則は次の二つのルールによって構成される。

- 収益は，それを生み出すための努力が尽くされた期間に対して割り当てなければならない[24]。
- 費用は，その効果が収益の獲得に貢献する期間に対して割り当てなければならない。

と大きな違いはない (なお，国際財務報告基準 [IFRS] とのコンバージェンスの観点から，日本においても企業会計基準委員会から平成 22 年 7 月 9 日付で「公正価値測定及びその開示に関する会計基準 (案)」が公表され，「公正価値」という概念を明確にしているが，未だ基準として確定していない)。

24) (訳者注) 日本の会計基準の下では，財または役務を第三者へ提供し，その対価として貨幣性資産を受領することを要件として収益を認識する原則が適用されている (これを「実現主義」という)。

費用収益対応の原則は，ある取引が収益または費用として記録される時期を決定するものである。この原則は，ある期間における企業の経済的活動を要約して示すという損益計算書の目的に合致しており，その期間におけるすべての収益とそれに関連する費用を —— しかもそれのみを —— その期間の損益計算書に反映させようとするものである。

　ある期間にすべての取引が完了しすべての経営資源が消費されるのであれば，費用収益対応の原則を実現することは容易である。しかしながら，現実の取引はもっと複雑であり，ある期間に購入した商品の支払を次の期間に行うこともあれば，複数の期間に跨って使用するために備品を購入することもある。このような事態に対処するために用いられる会計上の技法が「**経過勘定**（accrual and deferral）[25]」であり，適切な経過勘定を設定することによってある商品の代金の受取りが次の期間になったり，あるいは，経営資源の購入代金の支払が前の期間になされてしまっている場合でも，収益や費用を適切な期間に計上することが可能となる。

　経過勘定の使い方についてはこのあとすぐに説明するが，その前に，あなたが将来法律家として財務諸表を利用する際に費用収益対応の原則について留意すべき点を述べておきたい。それは，経過勘定のルールを熟知していても（さらにいえば，これらのルールの正しい適用を目指してどんなに専門家としての努力を尽くしたとしても），収益をいつ認識し，費用をどのように割り当てるかを最終的に決定するに際しては自己の主観的判断を混じえざるを得ないという点である。したがって，クライアントの利害が損益の計算にかかっている場合においては取引から生じる収益と費用の割当てを行っているのは誰であり，その判断の適否はどのようにして担保されているのかを法律家であるあなたは注意深く見極

---

[25] （訳者注）「deferral」には「繰延べ」という訳語があるが，「accrual」に対する適当な訳語は存在しない。ただし，現金の受領を待たずに収益を計上する会計原則は（現金の支払を待たずに費用を計上するルールと併せて）「発生主義」と呼ばれることが多い。なお，日本の会計基準の下では，①前払費用（一定の契約に従い継続して役務の提供を受ける場合における，いまだ提供されていない役務に対し支払われた対価），②前受収益（一定の契約に従い継続して役務の提供を行う場合における，いまだ提供されていない役務に対し支払を受けた対価），③未払費用（一定の契約に従い継続して役務の提供を受ける場合における，すでに提供された役務に対していまだその対価の支払が終わらないもの），④未収収益（一定の契約に従い継続して役務の提供を行う場合における，すでに提供した役務に対していまだそのその対価の支払を受けていないもの）の4項目が経過勘定とされている（企業会計原則注解5）。したがって，後記事例4-4の売掛金の計上は日本では経過勘定とは呼ばれないが，そのことによって会計処理の方法が変わるわけではない。

(1) 収益の計上

損益計算書に収益を計上する方法はいくつか存在する。事例を使って説明しよう。

事例4-4

我々は法律事務所を経営しており，この事務所にはA社，B社，C社という3社のクライアントがいると仮定する。ある年度（以下，これを「第1年度」という）において，我々はA社のために法律業務を行い，第1年度の終了前に同社から弁護士報酬10万ドルの支払を受けた。第1年度において，我々はB社に対しても法律業務を行い同社に20万ドルの請求書を送ったが，この請求書は第1年度末までには支払われなかった。第1年度において，我々はC社のための法律業務は行わなかったが，同社からは第2年度に行うべき法律業務の依頼があり，その着手金として30万ドルを第1年度中に同社から受け取った。費用収益対応の原則を実現するためには上記の各取引の収益をどのように計上すべきであろうか。

A社 A社の場合はすべての取引が第1年度に完結しているので会計処理は簡単である。すなわち，第1年度に10万ドルの収益を計上すれば必要十分であり，T勘定の作成にあたっては，現金勘定を10万ドル増加させ，同時に，収益勘定も10万ドル増加させればよい（図4-6a参照）。

図4-6a：A社に関するT勘定

現金		収益	
法律業務の対価の支払 $100,000			$100,000 法律業務の対価の支払

B社 事務所が努力を尽くした時期という観点からいえば，B社への業務から得た収益は第1年度に帰属せしめるべきであろう。しかしながら，同年度末においてはB社からの支払はまだなされていない。そこで費用収益対応の原則を実現するためには，請求書が未払いであるにもかかわらず，第1年度に収益を計上するための技法が必要となる。このために用いる一般的な方法は，「売掛金（短期的に支払われる請求残高）」という経過勘定（資産勘定）を利用することであり，具体的には，事務所の収益勘定を20万ドル増加させ，同時に，売掛金勘定も20万ドル増加させればよい（図4-6b参照）。ちなみに，第2年度のこの請求書が支払われた時点において現金勘定の20万ドルの増加と売掛金勘定の20万ドルの減少が生じるが，これは損益勘定の変化を伴うものではないので第2年度の事務所の損益計算書には影響を与えない。

図 4-6b：B 社に関する T 勘定

売掛金			収益		
法律業務の対価の請求	$200,000			$200,000	法律業務の対価の請求

　C 社　C 社の場合は，第 1 年度において事務所はすでに着手金を受領しているが同社に対する法律業務はまだ提供していない。この状況において費用収益の原則を実現させるためには，第 1 年度に現金の受領を計上しつつも収益の計上は第 2 年度まで待つ必要がある。このために用いる会計の技法が「繰延べ」であり，具体的には，「前受収益」という経過勘定（負債勘定）を用いる（前受収益は，将来における役務の提供義務を表していると考えれば，負債として計上することに納得がいくであろう）。具体的な会計処理としては，まず，第 1 年度に 30 万ドルの現金勘定の増加と同額の前受収益勘定の増加を計上し（図 4-6c 参照），第 2 年度に事務所が C 社に法律義務を提供した時点で前受収益を 30 万ドル減少させ，同時に，収益勘定を 30 万ドル計上する。こうすることによって，この取引による収益は第 1 年度ではなく，第 2 年度の損益計算書上のものとなる。

図 4-6c：C 社に関する T 勘定

現金			前受収益		
着手金	$300,000			$300,000	着手金

(2) 発生主義会計における費用の割当て

　費用の割当ては収益の計上と同様の難しさを抱えている。問題の源泉は——これも収益計上問題の場合と似ているが——現金の支出がなされる時期と対応する収益が生じる期間とが必ずしも一致しないことにある。この問題に対する会計の規則はかなり複雑であるが，ここでは二つの重要論点に絞って議論を進めることにしたい。

(a) 売上原価

　最初に取り上げる問題は，異なった時期に異なった価格で購入した棚卸資産の評価に関するものである。ある企業が灯油の販売事業に参入し，容量 1,000

---

26)（訳者注）当該法律業務はいまだ提供が開始されていないため，この時点で着手金を受領していても，日本の会計基準の下では，経過勘定である「前受収益」ではなく，経過勘定ではない「前受金」として処理される可能性もある。ただし，それによって会計処理の方法に実質的な変化が生じるわけではない。

ガロンの貯蔵タンクを新規に建設したとしよう。この企業はある年の1月にこのタンクを満タンにするだけの（つまり1,000ガロンの）灯油を1ガロン1ドルで購入し，3月にタンク半分の（つまり500ガロンの）の灯油を1ガロン3ドルで販売した。その後，この企業は9月に1ガロン2ドルの価格で500ガロンの灯油を購入してタンクを再び満タンとし，11月に1ガロン3ドルの価格で500ガロンの灯油を販売した。

上記の各取引のうち，1月の購入と3月の販売に対する会計上の取扱いは簡単である（図4-7を参照）。1,000ガロンの購入については，棚卸資産を1,000ドル増加させて，同時に，現金を1,000ドル減少させればよいし，500ガロンの販売については，費用勘定である売上原価を500ドル計上して棚卸資産を500ドル減少させ，同時に，1,500ドルの収益の計上と1,500ドルの現金の増加を記帳すればよい。

図4-7 二つの方法による棚卸資産の変動：T勘定

現金					収益	
3月の販売	$1500	$1000	1月の購入		$1500	3月の販売
11月の販売	$1500	$1000	9月の購入		$1500	11月の販売

棚卸資産					売上原価	
1月の購入	$1000	$500	3月の販売	3月の販売	$500	
9月の購入	$1500	?	11月の販売	11月の販売	?	

9月の500ガロンの購入も複雑な取引ではなく，現金が1,000ドル減少し，棚卸資産を同じ金額だけ増加させればよい。問題は，11月の500ガロンの販売をどのように処理すべきかである。現金と収益が1500ドル増加することは明らかであるが，売上原価と棚卸資産の変化の表現の方法はいくつか存在する。その一つは，先に購入した灯油の購入価格を優先させて売上原価（＝棚卸資産の減少額）を計算する方法であり（これを「**先入先出法**〔first-in, first out〕」，略して「**FIFO**」という），この場合，11月に販売した灯油の原価は1ガロン1ドルとなる。もう一つの方法は，後に購入した灯油の購入価格を優先させて売上原価（＝棚卸資産の減少額）を計算する方法であり（これを「**後入先出法**〔last-in, first out〕」，略して「**LIFO**」という），この場合の売上原価は1ガロン2ドルとなる。先入先出法を用いた場合には，11月の取引から生じる利益は1,000ドルとなる

が，後入先出法を用いた場合の利益はその半分の500ドルにしかならない。この販売の表現方法としていずれかの方法の方がより適切であるといえるであろうか。それぞれの方法の利点と欠点はどのようなものだろうか。この問題を処理し得る他の方法があるだろうか。どの方法が会計の基本原理と最も整合的であろうか。[27]

(b) 支出の資産計上と減価償却

経営資源を得るためになされた支出（例えば，コンピューターを購入するために支払われた2,000ドルの支出）が複数の会計期間の収入に貢献する場合にも類似の問題が発生する。ただし，ここでの問題は費用がいくらであるかではなく，どの期間の損益計算書に費用を計上すべきかである。この問題は以下の手法によって解決される。すなわち，この支出を一旦資産として計上し（これを「資産計上〔capitalization〕」という），次に，この支出が収益を生み出すと考えられる複数の会計期間にわたってこの資産の価値を減少させ，その減少額を当該会計年度の費用として計上する（これを「減価償却〔depreciation〕」という）。[28]

資産計上と減価償却の会計処理の具体的な方法を2,000ドルのコンピュータを取得した事例を使って説明しよう。まず，このコンピュータの購入時には現金勘定が2,000ドル減少し，備品勘定が2,000ドル増加する（いずれの勘定も資産勘定であるから，この会計処理は損益計算書に影響を与えない点に留意されたい）。次に，一定の期間——例えば5年間——にわたって，毎年備品勘定を減少させ，その減少額を減価償却費（費用勘定）として計上する。以上の会計処理を示したものが図4-8であり，最初に資産計上がなされ（「備品の購入」と記したものがこれにあたる），この資産が5年にわたって減価償却される結果，第1年度に

---

27) （訳者注）日本の会計基準の下では，棚卸資産の評価に関する会計基準により，2010年以後開始する事業年度については，棚卸資産の評価方法として，①個別法（取得原価の異なる棚卸資産を区別して記録し，その個々の実際原価によって期末棚卸資産の価額を算定する方法で，個別性が強い棚卸資産の評価に適した方法とされる），②先入先出法，③平均原価法（取得した棚卸資産の平均原価を算出し，この平均原価によって期末棚卸資産の価額を算定する方法で，平均原価は，総平均法または移動平均法によって算出される），④売価還元法（値入率等の類似性に基づく棚卸資産のグループごとの期末の売価合計額に，原価率を乗じて求めた金額を期末棚卸資産の価額とする方法で，取扱い品種の極めて多い小売業等の業種における棚卸資産の評価に適用される）の四つのみが認められており，後入先出法は，国際財務報告基準（IFRS）との整合性という観点から認められていない。

28) （訳者注）無形資産の場合は"depreciation"に代えて"amortization"という言葉を用いる場合の方が多い。第5章の注13)に登場する「EBITDA」の最後の2文字（DとA）はdepreciationとamortizationの頭文字である。

図4-8 資産計上と減価償却：T勘定

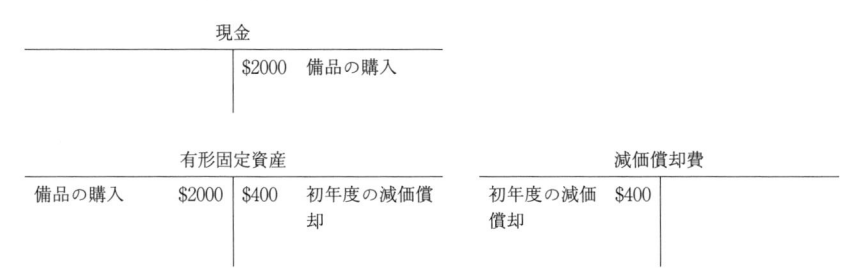

現金	
	$2000　備品の購入

有形固定資産			
備品の購入　$2000	$400	初年度の減価償却	

減価償却費	
初年度の減価償却　$400	

おいては 2,000 ドルの5分の1にあたる 400 ドルの費用が減価償却費として計上されている（「初年度の減価償却」と記したものがこれにあたる）。この資産計上と減価償却の組合せにより，購入した備品に対する投資が費用として計上される時期を，収益が生じる期間と概ね一致させることができる。

法律家の視点

　　法律家は，資産計上と減価償却に関してクライアントからしばしば助言を求められる。クライアントは，あるときには（例えば，財務諸表を投資家に配布するとき）支出を資産計上することによって当期の利益を増やすことを望み，また，あるときには（例えば，確定申告書上の計算を行うとき）支出の資産計上を望まず，あるいは，（資産計上を行うとしても）できるだけ早い時期に支出を費用化できる減価償却方法の採用を望む。この違いが生じるのは，経営者が，投資家に対しては大きな利益を示して彼らの投資を促進させ，税務申告書上は小さな利益を示して課税額を減らしたいと望む傾向にあるからである。法律家は，このような会社処理を正当化するための方策について助言を求められることが多く，この目的に適うように契約書を起草するように求められる場合も稀ではない。契約書の書き方次第で会計処理が変わるのはどのような場合であるか考えてみてほしい。

D　境界問題

　これまでに取り上げてきた勘定項目は備品や借入金といった簡明なものであったが，企業が遭遇する事象の中にはこのような簡明な勘定項目によっては処理しきれず，そもそも財務諸表上に記載すべきであるか否かさえも明確でない事象も少なくない。中でも，無形資産と偶発債務と特別損失という三つの勘定

項目に記される事象は法律家が熟知しておくべきものである。

(1) 無形資産

あらゆる経営資源が貸借対照表上資産として扱われるわけではないことはすでに述べた。例えば,「**無形資産**(intangible asset)」(有形性を欠いた経営資源をそう呼ぶ)の多くは財務諸表上資産として計上されず, その中には, 知的財産(商標や特許など), 社会的名声, 優秀な労働力など企業の成功に貢献する様々な要素が含まれている。取得原価を重んじる会計慣行や不確実な数字の計上を嫌う会計の保守主義の下では, 明確な取得費用を示し得ない限り, 無形資産が貸借対照表に計上されることはない。その結果, 多くの無形資産は, たとえそれが経済的に重要なものであっても, 財務諸表には反映されていない。

しかしながら, 企業が第三者から購入した無形資産の場合は取扱いが異なる[29]。例えば, 極めて価値の高いブランドであるコカ・コーラの商標はおそらくコカ・コーラ同社の貸借対照表には資産として計上されていない。しかし, もしゼネラル・ミルズ社がコカ・コーラ社からこの商標を100億ドルで購入したとすれば, この商標は100億ドルの資産としてゼネラル・ミルズ社の貸借対照表に計上され, その後の減価償却期間において漸次費用化されていく。このように, 同じ知的財産が, ある企業の貸借対照表には表示されないのに他の企業の貸借対照表には100億ドルの資産として表示される場合がある。

法律家の視点

今年13才になるJoey Winkle君はコンピュータの天才であり, 何百万人ものユーザーを魅了したウェブページをデザインして名声を博した。あなたが法務部長 (General Counsel) をつとめる企業はこのJoey君に仕事を委託したいと考えている。Joey君は1年前に彼一人だけを社員とする会社を設立し, この会社はJoey君に対して過去1年に10,000ドルの給料を支払ったが, 残りの収益はすべてをファーストフードや彼が好きなコンピュータゲームの購入のために使いきってしまった。あなたはJoey君と取引を行う方法を二つ考えている。その一つは, Joey君の会社と5年間の独占的役務提供契約を結び, 毎年100,000ドルを彼の会社に支払う方法であり, もう一つは, 彼が5年後に大学に入学するまで勤務を継続すること

---

[29] (訳者注) 第三者から購入した無形資産については取得費用を明確に示し得ることを考えれば, この取扱いは無形資産に関する基本的会計慣行と矛盾するものではない。

を条件として，彼の会社を450,000ドルで買い取ってしまう方法である。この二つの方法のいずれを選択するかによって会計上の取扱いはどのように変わるであろうか。

(2) 偶発債務

将来の状況次第では債務が発生する可能性がある場合にも，無形資産の場合と類似の問題が発生する。このような状況を生み出す企業の活動は非常に多い。よくある例としては，保証債務を引き受けた場合（主たる債務者が返済不能になったときに支払が求められる），品質保証を行った場合（製品が正常に機能しない場合に責任が発生する），訴訟の被告とされた場合（裁判で負けた場合に債務が発生する）などが挙げられる。これらの場合，債務は現時点では確定していないが，将来債務が発生する可能性は否定できない（以下，このような債務を「**偶発債務**〔contingent liability〕」という）。

会計の専門家が生み出した偶発債務の対処方法は，「状況に応じて異なる取扱いをする」というものである。まず，債務が発生する可能性が高く，しかも，その金額を合理的に見積もることができる場合（すなわち，最も偶発性の小さい偶発債務の場合），企業はこのような状況が生じた期間の損益計算書に損失を計上し，貸借対照表上の負債勘定を増加させる。これに対して，債務が発生する可能性が高いとはいい難い場合や，可能性は高いが債務の金額を合理的に見積もることができない場合には，偶発債務に関する情報を財務諸表上の注記として開示し，その中で債務の見積もり金額（または金額の範囲）を示す場合が多い。[30]

法律家の視点

法律家と企業の会計担当者間で最も多く議論される事項の一つは偶発債務を財務諸表上でどのように取り扱うべきかである。法律家は，クライアントを被告とする訴訟案件の結末や仮に敗訴した場合の要支払額の予測を立てることを求められる。くわえて，企業の会計担当者は顧問法律事務所に対して定期的に係争案件のリストを添付した書簡を送付し，リストに記

---

[30]（訳者注）日本の会計基準の下では，将来の特定の費用または損失であって発生の可能性が高く，かつ，その金額を合理的に見積もることができる場合には引当金が計上され，発生の可能性が高くない場合や金額を合理的に見積もることができないが重要な事項については貸借対照表への注記が求められている。

載されていない訴訟事件や訴訟に発展しそうな紛争がないか確認を求める。将来あなたがそのような書簡を受領し,リストにはあなたが現在担当している環境事件が記載されていなかったとしよう。この事件におけるクライアントの法的責任についてはまだ十分な検討がなされていないが,潜在的負担額は少なからぬ規模のものであるとすれば,あなたはこの書簡に対していかなる回答をすべきであろうか。

(3) 特別損失

もう一つの重要な境界問題は,自然災害,想定外の裁判,棚卸資産の予期せぬ品質の悪化,企業買収などのような日常的でない事象に関連して発生した費用の取扱いについてである。これらの費用は,株主資本を減少させるという点においては通常の費用と相違ないが,企業の日常業務とはかかわりがないので今後繰り返し発生する性質のものではない。そこで,会計上,このような費用を損益計算書上の他の費用と区別して記載することが会計慣行となっている。[31]

近時,特別損失として処理される費用が過大ではないかという問題提起が連邦証券取引委員会委員長の Arthur Levitt をはじめとする何人かの政府関係者からなされた。特別損失といえどもこれを計上した期間の純利益を減少させる(したがって,株主資本も減少させる)点においては通常の費用と同じであるのに,なぜ多くの企業は特別損失として処理することに積極的なのであろうか。

5 会計の法制度[32]

会計の法制度を知ることは法律家にとって重要である。これまで様々な会計原則や会計慣行について学んできたが,このような原則や慣行はいかなる法制度の下で企業を拘束する力を与えられているのか。また,企業自らが作成した財務諸表を信頼してその企業の財務状態を評価することはいかなる制度の中にその妥当性の根拠を見出し得るのか。本項では,日本の会計実務を規律している法制度を,その中核となる監査報告制度に焦点をあてて概観し,最後に会計情報の入手方法について略述する。

---

31) (訳者注) 日本の法令および会計基準の下では,特別損失は(特別利益とともに)経常利益(または経常損失)とは別の特別損益項目として損益計算書に記載される。
32) (訳者注) 本項においては,原文の構成や書きぶりを尊重しつつも,内容的には米国の法制

A 財務諸表の作成義務と会計基準の制定

日本の会計制度は，金融商品取引法に基づく会計制度と会社法に基づく会計制度の二つから成り立っている[33]。

まず，金融商品取引法（以下，「金商法」と略記する場合がある）上の会計制度を説明しよう。金商法は，投資家に対して投資判断に必要な情報を与える目的から，金融商品取引所に株式を上場している会社（以下，「上場会社」という）をはじめとする一定の会社（以下，継続開示会社という[34]）に対して，四半期ごとに（上場会社以外の場合は半年ごとに）財務諸表を作成し，これを公開することを義務付けている（金商法24条1項・24条の4の7第1項・24条の5第1項[35]）。

さらに，金商法は，継続開示会社に対して，財務諸表の作成を「一般に公正妥当と認められる企業会計の基準」に従って行うことを義務付けている（金商法193条，財務諸表等の用語，様式及び作成方法に関する規則1条1項，連結財務諸表の用語，様式及び作成方法に関する規則1条1項等）。明文化された会計基準は，かつては，金融庁長官の諮問機関である企業会計審議会[36]が制定していたが[37]，2001年7月以降は，経済団体連合会，日本公認会計士協会，東京証券取引所など民間10団体が設立母体となって発足させた企業会計基準委員会がこれを行っており[38]，これらの会計基準が，ここでいうところの「一般に公正妥当と認められる企業会計の基準」であるとされている（平成21年12月金融庁告示第69号・第

度を記した原文を全面的に書き改めて日本の法制度の記述にあてている。

33) （訳者注）日本の会計実務を規律する法律としては，本文に掲げた二つの法律（ならびにその関連法令）以外に税務会計を規律する法人税法その他の税法が存在する。ただし，税務会計は適正な納税額の計算を目的とするものであって企業の財務状態の評価を目的とする財務関係とは性格の異なるものである。

34) （訳者注）継続開示会社には，上場会社のほかに，原則として1億円以上の株式または社債等の公募を行ったことがある会社や直前5事業年度のいずれかの末日に1,000名以上の株主を有する会社が含まれる（金商法24条1項）。2012年3月26日の企業会計審議会の審議資料によれば，当時における上場会社の数は約3,900社であり，それ以外の継続開示会社は約1,000社である。

35) （訳者注）財務諸表は，年次のものは「有価証券取引書」に，半期のものは「半期報告書」に，四半期のものは「四半期報告書」に，それぞれ添付されて公開される。

36) （訳者注）2001年1月に中央省庁が再編されるまでは大蔵省所管の組織であった。

37) （訳者注）この中には，企業会計に関する原則的な基準書である企業会計原則（これには，企業会計全般に関する基本原則を定めた一般原則と損益計算書および貸借対照表に関する基本原則を定めた損益計算書原則および貸借対照表原則がある）をはじめとして，金融商品に関する会計処理，組織再編に関する会計処理など特定の取引または出来事の処理を定めた多数の個別の会計基準が含まれている。

38) （訳者注）企業会計基準委員会の定める会計基準，実務指針その他解説については同委員会のウェブサイト（https://www.asb.or.jp/asb/top.do）で確認できる。

70号)。なお,国際的な活動を行っている一定の会社の連結財務諸表については指定国際会計基準に従って作成することも認められている(連結財務諸表の用語,様式及び作成方法に関する規則93条)。

次に,会社法上の会計制度を説明する。会社法は,株主および債権者に対する情報提供と剰余金の分配可能額の確定という二つの目的のために,すべての株式会社(以下,単に「会社」という)に対して,各事業年度に関する財務諸表を作成しこれを定時株主総会の招集通知に添付することを義務付けている(会社法437条・435条2項,会社計算規則133条等)。なお,同法に基づいて作成される財務諸表を同法の用語を用いて以下,「計算書類」と呼ぶ。

さらに,会社法は,会社に対し,計算書類の作成を「一般に公正妥当と認められる企業会計の慣行」に従って行うことを義務付けている(会社法431条)。ここでいう「一般に公正妥当と認められる企業会計の慣行」としては,少なくとも上述の企業会計審議会や企業会計基準委員会が定めた会計基準はこれに当たるものと考えられているが,継続開示会社でない会社までがこれらの詳細な基準に従うことは必ずしも求められておらず,これらの会社にあってはより簡便な会計処理が許容されるものと考えられている。

B 監査報告制度
(1) 金融商品取引法上の監査報告

継続開示会社は,財務諸表の公開に先立ちこれを公認会計士または監査法人に監査させなければならない(以下,この監査を行う公認会計士または監査法人を

---

39) (訳者注) 正確にいうと,①その発行する株式が金融商品取引所に上場されていること(上場会社であること),②有価証券報告書において連結財務諸表の適正性を確保するための特段の取組みに係る記載を行っていること,③国際会計基準に関する十分な知識を有する役員または使用人を置いており,当該基準に基づいて連結財務諸表を適正に作成することができる体制を整備していること,④国際的な財務活動または事業活動を行っていること(外国の取引所や法令に基づき,国際会計基準に従って財務諸表を作成していること,または,外国に資本金の額が20億円以上の連結子会社を有していること等)をすべて満たす会社だけに認められた措置である(連結財務諸表の用語,様式及び作成方法に関する規則1条の2第1号)。
40) (訳者注) 具体的には,平成24年6月30日までに国際会計基準審議会が公表した会計基準がこれに当たる。
41) (訳者注) なお,金商法上,指定国際会計基準に基づく連結財務諸表を提出できる会社は,会社法上も指定国際会計基準に従って連結計算書類を作成できるものとされている。
42) (訳者注) 具体的に簡便な処理の指針を示すものとして,日本税理士連合会,日本公認会計士協会,日本商工会議所および企業会計基準委員会が作成する「中小企業の会計に関する指針」,中小企業の会計に関する検討会が作成する「中小企業の会計に関する基本要領」がある。

「監査人」と呼ぶ。金商法193条の2)。監査人は，一般に公正妥当と認められる監査の基準に準拠して監査を行い[43]，その結果を記した監査報告書を作成してこれを対象会社に提出する（提出された監査報告書は財務諸表と一緒に公開される〔企業内容等の開示に関する内閣府令第2号様式（記載上の注意）(60) c〕)[44]。

監査報告書の一般的な形式・内容は Column 4-3 に示したとおりである[45]。この書類は，2012年12月期の楽天株式会社の有価証券報告書に添付された監査報告書である。まず，監査報告書には，誰に対して当該報告書が提出されたかが記載される。楽天株式会社の例においては楽天株式会社取締役会が宛先とされている。また，監査報告書の作成者である監査人は，楽天株式会社の例においては新日本有限責任監査法人となっている。

次に，監査報告書の意見の箇所には，「我が国において一般に公正妥当と認められる企業会計の基準に準拠して，楽天株式会社の平成24年12月31日現在の財政状態及び同日をもって終了する事業年度の経営成績をすべての重要な点において適正に表示しているものと認める」との記載がある。この文章は，この財務諸表が一般に公正妥当と認められる企業会計の基準に則って作成されており，企業の財政状態，経営成績およびキャッシュ・フローの状況をすべての重要な点において適正に示していることについて，この監査報告書の作成者である新日本有限責任監査法人が合理的な確証を得たと判断したことを意味している。

このように，監査報告書は独立した監査人が財務諸表の品質を保証する書類であり，財務諸表利用者の立場から見れば，財務諸表を信頼して対象企業の財務分析を行うことを制度的に保証する書類として機能している[46]。

---

43) （訳者注）具体的な監査基準は企業会計審議会によって設定されてきたが，日本公認会計士協会も様々な実務指針書等を作成・公表することによって企業会計審議会が設定した監査基準の現実的対応を図ってきている。なお，日本公認会計士協会は，会計基準の実務指針の作成・公表も行っており，これも「一般的に公正妥当と認められる企業会計の基準」の解釈に影響を与えている。

44) （訳者注）監査の対象が半期の財務諸表を対象とするものの場合には「半期監査報告書」，四半期の財務諸表を対象とするものの場合には「四半期レビュー報告書」という。

45) （訳者注）ここに記したものは単体の財務諸表に関する監査報告書であり，連結財務諸表に関する監査報告書も別途存在する点に留意されたい。

46) （訳者注）もっとも，監査人による会計監査には，監査対象となる財務諸表に会社の判断や見積りが含まれること，監査人が会社のすべての活動を把握することが難しく，一定の監査証拠を通して判断せざるを得ないこと，さらには監査資源および時間に限りがあることなどから，一定の限界があることは否定できない。なお，財務諸表に重要な虚偽記載や重要事項の記載欠如（誤解を生じさせないために必要な事実の記載欠如を含む。以下，同じ）があったにもかか

Column 4-3　独立監査人の監査報告書(1)

独立監査人の監査報告書

平成 25 年 3 月 29 日

楽　天　株　式　会　社
取締役会　御中

　　　　　　　　　　　　　　　新日本有限責任監査法人

　　　　　　　　　　　　　　　指定有限責任社員
　　　　　　　　　　　　　　　業務執行社員　公認会計士　杉　山　正　治　㊞

　　　　　　　　　　　　　　　指定有限責任社員
　　　　　　　　　　　　　　　業務執行社員　公認会計士　石　田　健　一　㊞

　　　　　　　　　　　　　　　指定有限責任社員
　　　　　　　　　　　　　　　業務執行社員　公認会計士　高　木　健　治　㊞

　当監査法人は，金融商品取引法第 193 条の 2 第 1 項の規定に基づく監査証明を行うため，「経理の状況」に掲げられている楽天株式会社の平成 24 年 1 月 1 日から平成 24 年 12 月 31 日までの第 16 期事業年度の財務諸表，すなわち，貸借対照表，損益計算書，株主資本等変動計算書，重要な会計方針，その他の注記及び附属明細表について監査を行った。

財務諸表に対する経営者の責任
　経営者の責任は，我が国において一般に公正妥当と認められる企業会計の基準に準拠して財務諸表を作成し適正に表示することにある。これには，不正又は誤謬による重要な虚偽表示のない財務諸表を作成し適正に表示するために経営者が必要と判断した内部統制を整備及び運用することが含まれる。

監査人の責任
　当監査法人の責任は，当監査法人が実施した監査に基づいて，独立の立場から財務諸表に対する意見を表明することにある。当監査法人は，我が国において一般に公正妥当と認められる監査の基準に準拠して監査を行った。監査の基準は，当監査法人に財務諸表に重要な虚偽表示がないかどうかについて合理的な保証を得るために，監査計画を策定し，これに基づき監査を実施することを求めている。
　監査においては，財務諸表の金額及び開示について監査証拠を入手するための手続が実施される。監査手続は，当監査法人の判断により，不正又は誤謬による財務

わらず，この点を指摘せずに監査報告を行った監査人は，そのような監査報告をしたことについて故意または過失がなかったことを証明しない限り，これを知らないで対象株式を取得した投資家に対して損害賠償責任を負う（金商法 22 条）。この規定は民法の不法行為責任（民法 709 条）の特則と考えられているが，取得者が真実を知っていたことや監査人の側に故意・過失がなかったことの立証責任が監査人側にある点において（金商法 24 条の 4・22 条・21 条 2 項 1 号），民法の一般原則よりも監査人にとって不利なものとなっている。

諸表の重要な虚偽表示のリスクの評価に基づいて選択及び適用される。財務諸表監査の目的は，内部統制の有効性について意見表明するためのものではないが，当監査法人は，リスク評価の実施に際して，状況に応じた適切な監査手続を立案するために，財務諸表の作成と適正な表示に関連する内部統制を検討する。また，監査には，経営者が採用した会計方針及びその適用方法並びに経営者によって行われた見積りの評価も含め全体としての財務諸表の表示を検討することが含まれる。
　当監査法人は，意見表明の基礎となる十分かつ適切な監査証拠を入手したと判断している。

監査意見
　当監査法人は，上記の財務諸表が，我が国において一般に公正妥当と認められる企業会計の基準に準拠して，楽天株式会社の平成24年12月31日現在の財政状態及び同日をもって終了する事業年度の経営成績をすべての重要な点において適正に表示しているものと認める。

利害関係
　会社と当監査法人又は業務執行社員との間には，公認会計士法の規定により記載すべき利害関係はない。

　　　　　　　　　　　　　　　　　　　　　　　　　　　　以　　上

※1　上記は，監査報告書の原本に記載された事項を電子化したものであり，その原本は当社（有価証券報告書提出会社）が別途保管しております。
　2　財務諸表の範囲にはXBRLデータ自体は含まれておりません。

(2) 会社法上の監査報告

　会社法は，直近の事業年度に関する貸借対照表上の資本金が5億円以上であるか，あるいは，負債の部に計上された金額が200億円以上の会社（以下，「大会社」という）[47]に対して，公認会計士または監査法人を会計監査人に選任し，同法に基づき作成された計算書類をこの会計監査人によって監査させることを義務付けている（会社法436条2項1号・435条2項・444条1項4項・2条6号・328条）[48]。会計監査人は継続開示会社の財務諸表の監査の基準と同じ基準を用いてこの監査を行い[49]，その結果を記した監査報告書を作成してこれを対象会社に

---

[47]　（訳者注）注34記載の資料によれば，2012年当時における大会社の数は約10,000社であり，これから継続開示会社を除いた会社の数は約5,100社であり，継続開示会社でも大会社でもない会社の数は約249万社である。

[48]　（訳者注）委員会設置会社も会計監査人の設置を義務付けられるが（会社法327条5項），大会社以外の委員会設置は極めて少ないと思われるので本文では大会社だけを会計監査人設置会社として取り上げることにする。

[49]　（訳者注）平成14年改訂監査基準前文二3においては，監査基準の位置付けについて，証券取引法（現在の金融商品取引法）に基づく監査だけでなく，株式会社の監査等に関する商法の特例に関する法律（現在はその内容は会社法に統合されている）に基づく監査など，財務諸表

提出する(提出された監査報告書は計算書類とともに定時株主総会の招集通知に添付される。会社法436条2項1号・437条，会社計算規則133条等)。

　Column 4-4 は 2012 年 12 月期の楽天株式会社の定時株主総会招集通知に添付された同社会計監査人の監査報告書である。対象とされた計算書類は Column 4-3 の監査報告の対象である財務諸表とほぼ同じものであり，当然のことながら監査の報告の内容も実質的に同じものとなっている。財務諸表の監査報告書と異なり計算書類の監査報告書は対象会社の既存の株主以外の者に提示されることを前提として作成されるのではないが，大会社の計算書類は，会計監査人の監査を受けたものであることが制度的に保証されているがために，対象会社の財務分析の根拠資料となり得る資格を備えているといえるであろう。[50]

Column 4-4　会計監査人監査報告書

会計監査人監査報告書　謄本

独立監査人の監査報告書

平成 25 年 2 月 18 日

楽天株式会社
取締役会　御中

新日本有限責任監査法人

指定有限責任社員

の種類や意見として表明すべき事項を異にする監査も含め，公認会計士監査のすべてに共通するものとしており，継続開示会社の財務諸表の監査の基準と会社法の計算書類の監査の基準は，原則として異ならないと考えられる。

50)　(訳者注)　会社法上の監査報告書を作成した会計監査人も金融法上の監査報告書を作成した監査人と同様投資家等から損害賠償請求を受けるリスクに晒されているが，会計監査人が投資家等に対して直接責任を負担するのは会計監査人に悪意または重過失があった場合に限定されている(会社法429条1項)。なお，この責任とは別に会計監査人の任務懈怠により会社に損害が発生した場合に会計監査人は会社自体に対して損害賠償義務を負うが(会社法423条1項)，この責任を追及するにあたっては次のような障害があることに留意が必要である。①投資家等に損害が生じたからといって会社自体に損害が生じたとは限らない。②この責任を追及し得る者は会社の代表取締役と一般株主であるが，そのいずれも責任追及するインセンティブを持ち得ないことが多い(前者は自己への責任追及を誘発しかねないリスクを負っており，後者は責任を追及することによって得られる私的利益が少ない点が，それぞれの難点となる)。③定款上認められている場合には会計監査人は自己の責任の最大額を報酬の2年分にまで限定する旨の契約を会社と帰結することができる(会社法427条1項・425条1項1号ハ)。

5 会計の法制度

　　　　　　　　　業務執行社員　公認会計士　杉　山　正　治　㊞

　　　　　　　　　指定有限責任社員
　　　　　　　　　業務執行社員　公認会計士　石　田　健　一　㊞

　　　　　　　　　指定有限責任社員
　　　　　　　　　業務執行社員　公認会計士　高　木　健　治　㊞

　当監査法人は，会社法第436条第2項第1号の規定に基づき，楽天株式会社の平成24年1月1日から平成24年12月31日までの第16期事業年度の計算書類，すなわち，貸借対照表，損益計算書，株主資本等変動計算書及び個別注記表並びにその附属明細書について監査を行った。

計算書類等に対する経営者の責任
　経営者の責任は，我が国において一般に公正妥当と認められる企業会計の基準に準拠して計算書類及びその附属明細書を作成し適正に表示することにある。これには，不正又は誤謬による重要な虚偽表示のない計算書類及びその附属明細書を作成し適正に表示するために経営者が必要と判断した内部統制を整備及び運用することが含まれる。

監査人の責任
　当監査法人の責任は，当監査法人が実施した監査に基づいて，独立の立場から計算書類及びその附属明細書に対する意見を表明することにある。当監査法人は，我が国において一般に公正妥当と認められる監査の基準に準拠して監査を行った。監査の基準は，当監査法人に計算書類及びその附属明細書に重要な虚偽表示がないかどうかについて合理的な保証を得るために，監査計画を策定し，これに基づき監査を実施することを求めている。
　監査においては，計算書類及びその附属明細書の金額及び開示について監査証拠を入手するための手続が実施される。監査手続は，当監査法人の判断により，不正又は誤謬による計算書類及びその附属明細書の重要な虚偽表示のリスクの評価に基づいて選択及び適用される。監査の目的は，内部統制の有効性について意見表明するためのものではないが，当監査法人は，リスク評価の実施に際して，状況に応じた適切な監査手続を立案するために，計算書類及びその附属明細書の作成と適正な表示に関連する内部統制を検討する。また，監査には，経営者が採用した会計方針及びその適用方法並びに経営者によって行われた見積りの評価も含め全体としての計算書類及びその附属明細書の表示を検討することが含まれる。
　当監査法人は，意見表明の基礎となる十分かつ適切な監査証拠を入手したと判断している。

監査意見
　当監査法人は，上記の計算書類及びその附属明細書が，我が国において一般に公正妥当と認められる企業会計の基準に準拠して，当該計算書類及びその附属明細書に係る期間の財産及び損益の状況をすべての重要な点において適正に表示しているものと認める。

利害関係
　会社と当監査法人又は業務執行社員との間には，公認会計士法の規定により記載すべき利害関係はない。

以　上

法律家の視点

　法律家は監査人（会社法上の会計監査人を含む。以下，同じ）の選任に関してクライアントから意見を求められることがある。求められる意見は大手の監査法人と中堅の監査法人のいずれを監査人とすることが適切であるかという点に関するものである場合が多いが，判断はなかなか難しい。監査報酬の多寡という点からいえば一般に大手監査法人の方が中堅監査法人よりも高いと考えられがちであるが，後者の場合には海外に提携先の会計事務所がないところもあり，海外での活動（海外子会社の活動を含む）が多い企業の監査に支障をきたす（あるいは，支障はきたさないまでも，海外の会計事務所に任せた補助業務の費用が想定外に高くなる）場合も稀ではない。なお，第9章で紹介する回帰直線を用いてデータを分析すれば（説明変数〔488頁参照〕としては売上高や総資産を用いるのが通例である）監査人の報酬の多寡について洗練された意見を述べることができるであろう。

(3)　特殊な監査報告

　Column 4-3 や Column 4-4 に示された監査意見は「**無限定適正意見**（unqualified report）」と呼ばれるものである。これに対して，監査人が財務諸表の一部または全部を適正と認めない場合や会社が監査に協力せず必要な資料を提出しない場合，監査人は無限定適正意見を表明することができず，除外事項を付した限定付適正意見や不適正意見を表明せざるを得ない。このような事態が起きることは実務では極めて稀であるが，上場会社についてこのような事態が生じた場合には上場が廃止される可能性がある。[51]

　なお，監査人は，監査意見に加えて説明または強調することが適当と判断した情報を監査報告書に追記することが期待されており，これを「追記情報」という。

---

[51]（訳者注）例えば，東京証券取引所の有価証券上場規程601条（11）bにおいて，監査報告書について「不適正意見」または「意見の表明をしない」旨が，四半期レビュー報告書について「否定的結論」または「結論の表明をしない」旨が記載され，かつ，その影響が重大であると東京証券取引所が認める場合が上場廃止となる場合の一類型とされている。

Column 4-5 は会計方針の変更に関する追記情報の例である。正当な理由による会計方針の変更は，一般に公正妥当と認められる企業会計の基準または慣行に準拠する適正なものとして認め得るもの（正当な理由によらない会計方針の変更は，一般に公正妥当と認められる企業会計の基準または慣行に反するものとして，限定付適正意見や不適正意見の対象となる），期間相互の比較可能性を阻害し，利害関係者に誤解を与える可能性があるため，その重要性に応じて追記情報として記載されることが多い（なお，会計方針の変更を行った場合，財務諸表自体の中においてもその旨および影響額が注記される）。

Column 4-6 は継続企業の前提に対する重要な疑義を記した追記情報の例である。財務諸表は対象会社の事業が継続されることを前提に作成されるものであり（そのような企業を「継続企業」という），会計基準も同じ前提で設定されている。したがって，会社の継続性に疑義がある場合にはたとえ会計基準に適合した財務諸表であってもその妥当性に問題が生じる。そこで，現在の日本の会計制度および監査制度においては，経営者において継続企業の前提に重要な疑義をもたらす事象や状況を検討し，必要に応じてその内容を財務諸表に注記したうえで，監査人はこの注記を含めた財務諸表を監査し，注意喚起のために追記情報を記載するものとされている。

Column 4-5　独立監査人の監査報告書(2)

独立監査人の監査報告書

平成 25 年 6 月 28 日

ダイソー株式会社
取締役会　御中

……（省略）……

監査意見
　当監査法人は，上記の財務諸表が，我が国において一般に公正妥当と認められる企業会計の基準に準拠して，ダイソー株式会社の平成 25 年 3 月 31 日現在の財政状態及び同日をもって終了する事業年度の経営成績をすべての重要な点において適正に表示しているものと認める。

強調事項
　会計方針の変更に記載されているとおり，会社は，従来，機械及び装置のうち有

機関係設備の主要部分と研究開発設備について，それぞれ定率法を採用していたが，当事業年度より定額法に変更し，全ての有形固定資産について定額法を採用している。
　　当該事項は，当監査法人の意見に影響を及ぼすものではない。

……（省略）……

Column 4-6　独立監査人の監査報告書(3)

<u>独立監査人の監査報告書</u>

平成25年6月18日

株式会社中山製鋼所
取締役会　御中

……（省略）……

監査意見
　当監査法人は，上記の財務諸表が，我が国において一般に公正妥当と認められる企業会計の基準に準拠して，株式会社中山製鋼所の平成25年3月31日現在の財政状態及び同日をもって終了する事業年度の経営成績をすべての重要な点において適正に表示しているものと認める。

強調事項
　継続企業の前提に関する事項に記載されているとおり，会社は当事業年度において4期連続で営業損失を計上したほか，減損損失52,008百万円を計上したこと等により当期純損失を54,648百万円計上した結果，当事業年度末において40,688百万円の債務超過の状態となっている。また，会社において関係金融機関等から借入金元本の返済猶予を受けている状況にあり，継続企業の前提に重要な疑義を生じさせるような状況が存在しており，現時点では継続企業の前提に関する重要な不確実性が認められる。なお，当該状況に対する対応策及び重要な不確実性が認められる理由については当該注記に記載されている。財務諸表は継続企業を前提として作成されており，このような重要な不確実性の影響は財務諸表に反映されていない。
　当該事項は，当監査法人の意見に影響を及ぼすものではない。

……（省略）……

C　財務諸表の入手方法

　もしあなたが法律事務所の新人アソシエイトであり，上司であるパートナーがあなたの執務室のドアから顔を覗かせて，「○△会社の財務状態を調査する

ように」と指示した場合，あなたはどうすればいいであろうか。

最初に行うべきことは，その会社が継続開示会社であるか否かをそのパートナーに確認することである。そのパートナーがこれを知らなかった場合には，EDINET（http://info.edinet-fsa.go.jp/）を閲覧すればよい。EDINETとは「Electronic Disclosure for Investors' NETwork」の頭文字をとったデータベースの名称のことであり，このデータベースには継続開示会社の有価証券報告書がすべて掲載されている。したがって，対象会社が継続開示会社である限り，あなたはこのデータベースから対象会社財務情報を入手することができる。

対象会社が継続開示会社ではない場合，次に行うべきことはその会社が大会社であるか否かを調べることである。大会社であることの主たる判定事項である資本金額（資本金が5億円以上であれば大会社である）は商業登記簿の必要的記載事項であるから（会社法911条3項5号），その会社の登記簿謄本を取り寄せればこの点を確認できる。[52] この結果，大会社であることが確認できれば，大会社は貸借対照表と損益計算書の公告を義務付けられているので（会社法440条1項，会社計算規則136条），公告方法（これも登記簿謄本から知ることができる〔会社法911条3項28号・29号・30号〕）を調べれば，（対象会社が公告義務を遵守している限り）この二つの計算書類を発見することができる。

前述のとおり大会社の計算書類は会計監査人の監査を受けた書類であるから，弁護士であるあなたが対象会社の財務状態に関して判断を下す根拠書類としての資格を備えている。ただし，次の2点に留意すべきであろう。すなわち，第一に，官報公告または日刊新聞紙による公告が公告方法として定められている会社においては，貸借対照表および損益計算書の要旨を公告するだけで足り，この場合は個別注記表や計算書類の付属明細書は公告されない（会社法440条2項・939条1項）。完全な貸借対照表，損益計算書，個別注記表を入手するには[53]

52）（訳者注）　大企業であることのもう一つの判定事項である負債額（負債額が200億円以上であれば大会社である）は対象会社の直近の貸借対照表を入手しないと確認できない。貸借対照表はすべての会社が公告すべきものとされているので（会社法440条1項），（対象会社がこの規定を遵守している限り）会社の直近年度末の公告をを調べれば直近の負債額を確認できるが，現実的には負債額が200億円以上であるのに資本金額が5億円未満という会社は少ないであろう。

53）（訳者注）　なお，公告方法が電子公告の場合には，要旨ではなく完全な貸借対照表および損益計算書が公告され，また，これに一定の注記を含めることが要求されているが（会社計算規則136条），個別注記表に記載することが要求されているすべての注記が公告により開示されるわけではない。

定時総会の招集通知を入手する必要があり[54]、付属明細書を入手するには会社の株主または債権者の代理人として会社の本店に赴き閲覧・謄写を求める必要がある（会社法442条）。第二に、財務諸表と異なり計算書類は年に1回しか作成されないので、あなたが入手した計算書類は対象会社の決算期次第では最新のものといえないおそれがある。

最後に、あなたが調査を求められた会社が継続開示会社でも大会社でもない場合は対象会社またはその株主の協力を得ない限り計算書類を入手することは難しい[55]。さらに、仮に入手できたとしてもその計算書類は原則として公認会計士等の監査を受けたものではないので[56]、その内容をどこまで信頼してよいかは定かでない。なお、このような会社の計算書類の作成には税理士が関与している場合が多いが、税務会計と財務会計では目的が異なることに留意すべきである[57]。

6 財務諸表分析[58]

財務諸表の作成方法が分かったからといって財務諸表を分析して対象会社を評価することができるとは限らない。では、どうしたらそのような分析が行えるのか。本項では楽天株式会社の2012年度の連結財務諸表（164頁以下参照）を例に用いながら財務諸表の分析方法を考えてみたい。財務諸表分析の専門家は、創立後まもない頃の楽天の財務諸表を見て、同社が今日の成功を収めることを――あるいは、そもそも同社が今日まで生き長らえることを――予測できたであろうか。あるいは、今日の楽天の財務諸表を分析して今後同社がどのよ

---

54) （訳者注）個別注記表は計算書類の一部として定時株主総会の招集通知に添付される（会社法437条・435条2項、会社計算規則133条・2条3項2号イ・59条1項）。

55) （訳者注）大会社でない会社が公告すべき計算書類は貸借対照表に限られている（会社法440条1項）。

56) （訳者注）継続開示会社でも大会社でもなくても、継続開示会社の子会社である場合などには公認会計士等の監査を受けている可能性がある。

57) （訳者注）注33参照。計算書類は財務会計の範疇であるものの、中小企業においては二重の手間を避ける観点から、税務会計目的と財務会計目的の財務諸表を区別せずに作成している可能性がある。中小企業の会計においては、簡便な処理も許容され得るものであるため（注42参照）、このような計算書類が財務会計上も許容され得る場合はあるものの、留意が必要である。

58) （訳者注）原文では米国アマゾン社の財務諸表を分析の対象としているが、本書では楽天株式会社の財務諸表を分析の対象としたので、それに必要な限度で原文を書き改めている。

うな会社となっていくかを予測できるであろうか。

　財務諸表の分析はそれだけで一つの学問分野を構成している。経営管理大学院（ビジネス・スクール）には財務諸表分析を専門に扱う授業がいくつも存在するし，証券アナリストと呼ばれる人々は，公開会社が定期的に発表する財務諸表を分析することで生活の糧を得ている。財務諸表分析の技法は様々であるが（その中には第5章で説明する技法も含まれる），代表的な技法の一つは「**比率分析**（ratio analysis）」と呼ばれるものである。比率分析を行うには，財務諸表上の様々な数値間の比率（以下，これを「財務比率」という）に着目し，その値から対象企業の特質を見出そうとする。まず，特定の財務比率が対象企業にとって相応しい値と考えられる範囲内のものであるか否かを調べる。そして，仮にその財務比率がこの範囲を逸脱しているとすれば，それは対象企業の何らかの特質を示唆していると考えてさらなる調査を行う。

　以下，いくつかの財務比率を取り上げるが，比率分析には限界があることも事実である。この限界は，取得原価を重視するなどの会計の慣行に由来するものであり，この限界こそが第5章で論じるファイナンス理論を生み出す原動力となったといっても過言ではないであろう。

法律家の視点

　　法律家が助言すべき事項とファイナンスの専門家が助言すべき事項が重なりあうことは少なくないが，そのような場面で優位に立つのは比率分析のできる法律家である。さらに，純粋な法律問題に専念している法律家であっても財務比率を使いこなさなければならない事態に遭遇することがある。例えば，消費貸借契約には借主が所定の財務比率を一定の範囲内に維持することを求める条項が挿入される場合が多いが，万が一借主がこの条項を守れないと債務不履行責任を問われる事態になりかねない。したがって，このような条項を起案し，あるいは，それに関して助言を行うためには，財務比率の意義を理解しておくことが不可欠である。

A　流　動　性

　「**流動性**（liquidity）」は会社の短期間の支払能力を示す指標である。流動性を評価する一つの方法は，会社がどのくらいの手元資金を保有しているかをみることであり，そのために必要な情報は対象会社の貸借対照表から得ることがで

きるし，キャッシュフロー計算書を見て手元資金が所定の期間にどのように変化しているかを調べてもいいであろう。もう一つの方法は，「**流動比率**（liquidity ratio）」をみることである。ここで，流動比率とは，流動資産（現金および近い将来現金に変わる予定の他の資産）の合計額を分子とし，流動負債（すなわち，短期負債）の合計額を分母とする数値のことである。流動資産は流動負債よりも大きな値であるべきことは直感的にも明らかであろうが，財務諸表分析の専門家はさらに精緻な分析を試みる。彼らの一般的な意見によれば，流動比率は常に 1.5 ないし 2.0 以上であるべきであり，これを言い換えれば，流動資産は少なくとも流動負債の 1.5 倍から 2 倍以上あることが望ましい。

　流動比率の計算方法を確認するために，楽天株式会社の 2012 年度の連結貸借対照表を見てみよう。流動比率は次のように計算できる。

$$\text{流動比率} = \frac{\text{流動資産}}{\text{流動負債}}$$

$$= \frac{1{,}818{,}364 \text{ 百万円}}{1{,}698{,}159 \text{ 百万円}}$$

$$\fallingdotseq 1.07$$

　1.07 という数字は上記で示した基準値（1.5 から 2）に比べるとかなり小さい。なぜ楽天の流動比率は低いのか。その謎を解く鍵は同社の子会社が営んでいる業務の特殊性の中に潜んでいるようである。[59]

B　支　払　能　力

　「**支払能力**（solvency）」とは，長期債務の元利金を支払い続ける能力のことである。財務諸表分析の専門家は二つの指標を用いて企業の支払能力を調べる。その一つは，対象会社の負債額と貸借対照表上の他の数値との間の比率に注目するものであり，一般的に使われる指標は，負債額を分子とし，純資産または[60]

---

59)　（訳者注）　楽天には楽天銀行や楽天証券など金融業を営む子会社があり，楽天の連結財務諸表にはこれらの会社の業務もすべて反映されている。銀行業は顧客から大量の預金を受け入れることによって成立する業務であるから銀行業を営む企業の流動比率は通常の企業に比べて著しく低い数値を示す。証券業も顧客からの預り金や保証金が増えれば流動比率が低下する。試みに楽天の貸借対照表の資産と負債の両方の部門から銀行業に関するものと明示されている資産・負債を除くと同社の流動比率は 1.35 に上昇し，さらに証券業に関するものと明示されている資産・負債を除くと流動比率は 1.49 に上昇する。

60)　（訳者注）　以下の記述では，日本企業の貸借対照表を想定したうえで「株主資本」に代えて

総資産を分母とする比率である。この比率（以下，特に別段の記載をしない限り総資産を分母とする比率を取り上げ，これを「レバレッジ・レシオ〔leverage ratio〕」と呼ぶことにする）が示唆することを端的にいえば，負債を多くしすぎると（金融の専門用語を使って言えば，「レバレッジをかけすぎると」）企業の支払能力は低下するということである。たしかに，レバレッジ・レシオが高いと利益がわずかに減少するだけで，債権者への支払が困難になることがある。

ただし，レバレッジ・レシオの評価基準は業種によって大きく異なり，金融業の場合には，レバレッジ・レシオが90％以上であることが普通であるが，製造業のレバレッジ・レシオは通常これよりもかなり低い数値となる。楽天の場合は，2012年末時点での連結負債額は1,845,957百万円であり，総資産額は2,108,409百万円である。すなわち，レバレッジ・レシオは約88％であり，見方を変えていえば，楽天は100円の資産について，88円を負債で，残りの12円を株主資本で調達していることになる。楽天の本業がインターネット・ショッピング・モールの運営事業であることを考えると88％という数字はかなり高い値であるが，同社は子会社を通じて銀行業・証券業などの金融業を営んでいることを考えると合点がいく。試みに，資産および負債の部の中で銀行業または証券業のものと明示されている資産および負債を差し引いて計算すると同社のレバレッジ・レシオは70％に低下する。[61]

支払能力を定量化するもう一つの方法は年間の支払利息額とその支払に用い得る収益額を比較するものであり，一般的には「利息および税金支払前の利益」（これを Earnings Before Interests and Taxes の頭文字をとって「EBIT」という）を支払利息額で除した数値を用いて計測を行う（その際，実務的には損益計算書[①][62]

「純資産」という用語を用いる。注10）参照。

[61]（訳者注）それでも，70％はかなり高い数値である。楽天のレバレッジ・レシオが高い理由は同社の急速な規模の拡大とそのための資金調達の歴史を概観すれば理解できる。すなわち，楽天証券，楽天銀行等の金融機関のM&Aを開始する前の2002年末時点では，総資産額は34,054百万円，総負債額は3,834百万円（レバレッジ・レシオは約11％）であった。その時から2012年末までの10年間に楽天は多くのM&Aを行うなどして急速に事業規模を拡大したが，そのために必要な資金は（内部留保金の利用と2006年に実施された募集株式の発行により調達した資金を別とすれば）専ら負債により賄ってきたわけである。なお，レバレッジ・レシオを高めることの税務上の効率性について第5章の注4）を参照されたい。

① （原注）利息および税金を含まない収益を指標とする理由は以下のとおりである。まず，利息に関しては，我々は利息の支払に利用できる資金額を知ろうとしているのであるから，指標に用いる収益の額は利息が控除される前のものでなければならない。税金に関しては，法人税は所得に対して課せられるので，利息を支払い終わった後の金額で賄える。この意味において利息は税金に先行して支払われるものであり，極端なケースをいえば，EBITが100円で支払利

上の「営業利益」の値を EBIT と考える)。この数値は,「**インタレスト・カバレッジ・レシオ**(interest coverage ratio)」と呼ばれるものであり,数値(「何倍」と表現する場合が多い)が大きいほど会社の利息支払能力は高い。例えば,インタレスト・カバレッジ・レシオが 10 倍の企業の場合,営業利益が 90% 減少したとしても,なお利息の支払を継続できる(なぜそうであるのか,考えてもらいたい)。ちなみに,楽天の 2012 年度の財務諸表を見ると,同社の営業利益は 72,259 百万円で支払利息は 1,521 百万円であるから,インタレスト・カバレッジ・レシオは実に約 48 倍であり,レバレッジ・レシオの高さにかかわらず同社の支払能力が盤石であることが窺われる。[63]

C 経営の効率

多くの財務比率は会社の経営の効率性を測ることを目的としている。その一つは売掛金(受取手形を含む。以下,同じ)の売上高に対する比率であり,この比率をみる背景にある考え方は「売掛金,つまり顧客からの未回収金額が会社の売上高に占める割合が過大であることは経営上好ましくない」というものである。たしかに,請求書の処理が遅れることは望ましくないことであり,一般的には,売掛金の売上高に占める割合が 15% 以上であれば(特に数値が過去に[64]比して増大している場合には)経営上の懸念材料にあたると考えられている。[65]

ちなみに,楽天株式会社の 2012 年の貸借対照表および損益計算書をみると,売掛金(66,740 百万円)の売上高(443,471 百万円)に占める割合は約 15% であり,売上高が年間を通じて均等に生み出されていると考えれば,顧客が請求書

息が 100 円の場合,その会社は課税所得がないので税金を払う必要はない。
62) (訳者注) 現代では,インタレスト・カバレッジ・レシオの分子には EBIT ではなく EBITDA(第 5 章の注 13)参照)を用いる場合の方が多い。減価償却費は資金の流出を伴う費用項目ではないからである。
63) (訳者注) ちなみに,2012 年期の楽天の減価償却費は 19,617 百万円であるから(183 頁の※1 参照),同社の同期における EBITDA(= 営業利益 + 減価償却費)は 91,876 百万円でり,EBITDA を分子とするインタレスト・カバレッジ・レシオ(注 62)参照)は約 60 倍である。
64) (訳者注) 日本ではこの値の逆数を「売上債権回転率」と呼び,1 年間を売上債権回転率で徐した期間を「売上債権回転期間」(12 を除すと売上債権回転月数,365 を除すと売上債権回転日数)と呼んでいる。
65) (訳者注) 日本では昔から「掛け売り」の商慣習が根強く,今日でも売上債権回転期間の目安は 3 か月(すなわち,売上債権回転率の目安は 25%)と考えられている(井端和男『最新粉飾発見法——財務分析のポイントと分析事例』(税務経理協会・2012 年)78 頁,平野敦士監修『誰でも簡単にできる! 取引先信用調査の実践マニュアル』(中央経済社・2011 年)50 頁参照)。

を受領してから支払を済ますまでの平均期間は7.8週（＝52週×15％），つまり約1.8か月である。

経営の効率性を測る財務比率は他にも存在する。その一つが「**在庫回転率**（inventory turnover ratio）」，すなわち，売上原価を分子，期末の在庫額を分母とする値である。これは1年間に在庫が何回売却されたかを見積る数値であり，在庫回転率が高いほど（すなわち，在庫が会社に留まっている期間が短いほど），会社の在庫管理は効率的である。経営の効率性を測る他の財務比率としては，負債額に対する支払利息額の比率（資金調達の効率性の指標），税引前利益額に対する税引後利益額の比率（実効税率を測る指標）などがあり，これ以外にも様々な財務比率が利用可能である。これらの財務比率は従業員の成績を評価する際にも用いられることがあり，従業員の報酬体系の計算に組み入れられていることも稀ではない。

D 収 益 性

会社の収益性を測る財務比率もいくつか存在する。収益性の見方は様々であり，何が重要であるかは対象会社の業種によっても異なるが，一つの有力な指標は，営業利益の売上高に対する比率（「**マージン**〔margin〕」と呼ばれている）である（マージンは，売上高から直接費用〔売上原価〕と間接費用〔販売および一般管理費〕を控除した金額の売上に対する割合でもある）。楽天の2012年度の連結損益計算書をみると，同社のマージンは16％（＝72,259百万円÷443,474百万円）である。つまり，楽天が，2012年度において100円売り上げるごとに16円の営業利益を生み出したことになる。なお，一般に小売業はマージンの低い業種であり，一方で，高度な技術を用いる会社のマージンは高い場合が多い。

収益性を測るもう一つの指標は利益と投下された資金の総量を比較することであり，これを調べるためには損益計算書と貸借対照表の双方を参照しなければならない。指標に用いる「利益」には「純利益（純損失）」，つまり，営業利益から営業外収益（利息等），特別損益および税金を控除した金額を用いる場合が多く，[2][66]一方，「投下された資金」としては貸借対照表上の総資産と純資産

---

[2] （原注）指標として純利益（純損失）を用いることが多いのは，問題となっている比率（ROAまたはROE）は，会社の収益性を総合的に評価するためのものだからである。純利益は会社の最終的な利益を示すものであるのでこの計算に相応しい。

[66] （訳者注）ただし，対象となる期間に特別損益がある場合にはこれを除外した額を用いて計算した値の方が収益性の指標としては適切であるかもしれず，さらに，対象となる期間の営業

のいずれかを用いるのが一般的である。純利益の総資産に対する比率は「**総資産利益率**」または「**ROA**（return on assets）」と呼ばれており，対象期間において1単位あたりの資産が生み出した利益額と解釈することができる。楽天の2012年度のROAは次のように計算される。[67]

$$\text{ROA} = \frac{\text{純利益}}{\text{総資産}}$$

$$= \frac{19{,}413 \text{ 百万円}}{2{,}108{,}409 \text{ 百万円}}$$

$$\fallingdotseq 0.9\%$$

ROAの分母を総資産から純資産に代えたものが「**株式資本利益率**」または「**ROE**（return on equity）」であり，株主の投資額に対する利益率を表している。[68] 楽天の2012年度のROEは次のように計算される。[69]

$$\text{ROE} = \frac{\text{純利益}}{\text{純資産}}$$

$$= \frac{19{,}413 \text{ 百万円}}{262{,}451 \text{ 百万円}}$$

$$\fallingdotseq 7.4\%$$

楽天の2012年度のROE（7.4%）はROA（0.9%）よりもはるかに高いが，この点は同社の高いレバレッジ・レシオと辻褄が合っている。ちなみに，負債のない会社，つまり株主資本のみで運営されている会社においては，ROAとROEは同じである（なぜそうなるのか考えてもらいたい）。

E　EPSと株価収益倍率[70]

最後に，収益性を示す財務諸表上の指標と日々変動する株式の市場価値の間

　　　利益の計算上大きな減価償却費が控除項目として含まれている場合にはこれを繰り戻した額を用いて計算した値の方が収益性の指標としてより適切であるかもしれない。
67)　（訳者注）　ただし，楽天の2012年度の損益計算書には3,756百万円の特別利益と28,571百万円の特別損失が計上されており，さらに，営業利益の計算にあたって19,617百万円の減価償却費が控除項目として含まれているので（注63）参照），これらの値を調整した同社の純利益額は63,845百万円となり，この値を用いて計算したROAは3.0%となる。
68)　（訳者注）　純資産の一部である利益剰余金も，株主の会社に対する再投資額と解釈できる。
69)　（訳者注）　注67）と同様の調整を加えた楽天のROEは24.3%となる。

の比率分析について説明しよう。

これまで再三指摘してきたように，伝統的な会計慣行のもとでは取得原価こそが資産や負債の原則的な評価基準であり，したがって，財務諸表に掲載された資産や負債の評価額とその市場価格が一致する保証はどこにもない。例えば，貸借対照表上の数字の中で最も企業価値をよく示している数字は，おそらく純資産額であり，これを発行済株式総数で割れば「**1株当たり簿価**（book value per share）」が計算できる（楽天の1株当たり簿価は 262,451 百万円÷1,320,626,600 株=約199円である）。しかし，1株当たり簿価がその株式の真の価値を表しているとは限らない。なぜならば，これまで見てきたように，財務諸表は取得原価に基づいて作成されているために，長期保有資産の価格の上昇や低下は反映されていないし，多くの無形資産（評判，従業員のモラル，知的財産など）や金額を特定することが困難な偶発債務も反映されていない可能性が高い。偶発債務に関して付言すると，例えば，マイクロソフト社は独占禁止法違反のかどで司法省から提訴されているが，この訴訟の影響は同社の貸借対照表には現れていない（ただし，財務諸表の注記ではおそらく触れられているであろう）。

これらの問題の多くは財務諸表の特質に由来するものであり，評価手法を根本的に変えない限り（例えば，第5章で述べる DCF 法を用いない限り）完全には克服できない。しかし，財務諸表分析に若干の修正を加えるだけでも1株当たり簿価より実用性の高い指標を作り出すことはできる。このような視点に立って財務諸表分析の専門家たちが活用するようになった指標の一つが損益計算書上の純利益を発行済株式総数で割った「**1株当たり純利益**」または「**EPS**」（earnings per share）である。例えば，2012年度の楽天の場合，純利益は 19,413 百万円で発行済株式総数は 1,320,626,600 株なので，EPS は約15円である[71]。EPS は株式の市場価格の評価にも用いることができる。例えば，楽天の株式を取得するためにいくら支払ってもよいかを考える際には，毎年15円の利益を受けとるためにいくら支払う用意があるかを自分自身に問いただしてみればよい。仮に，このレベルの収益が永久に続き，この種の投資からは 10% の収益が期待されると考える人は1株あたり150円を支払う用意があるはずである（150円の 10% が15円である）[72]。これは楽天の1株あたり簿価（199円）の約75%であり，

70）（訳者注）EPS や株価収益率の計算においては，潜在株式数を分母に含める場合も多いが，ここでは潜在株式を考慮しないで計算を行っている。

71）（訳者注）注67）と同様の調整を加えた楽天の EPS は約48円である。

（仮にこの 150 円という値が正しい市場価格を示しているとすれば）その差は市場価格と帳簿価額の乖離を表していることになる。[73]

EPS と株式の市場価格とを比較する財務比較も有用である。この比率を求めるには市場価格を参照する必要があるので，対象となる株式は，公開市場で取引されているか，あるいは，参照できる取引価格が容易に入手可能なものでなければならない。市場価格の EPS に対する比率は「**株価収益倍率**（price-earnings multiple）」と呼ばれ，その逆数は「**PE レシオ**（price-earnings ratio）」と呼ばれる。楽天の 2012 年度の EPS は上記のとおり 15 円であり，同年度において楽天の市場株価は 641 円から 912 円の間で変動していた。そこで，変動幅の中央値である 777 円をとると，同社の PE レシオは約 52 倍となる。[74] PE レシオは，期待成長率への依存度が大きい数字であり，一般に PE レシオが高い企業は期待成長率も高いと考えてよいであろう。

7 読書案内

本書の原本に紹介されている書物は以下のとおりである。

> ① Leslie K. Breitner and Robert N. Anthony, *Essentials of Accounting*, 11th ed. (Prentice Hall, 2012).
> ② Lawrence A. Cunningham, *Introductory Accounting, Finance and Auditing for Lawyers*, 5th ed. (St. Paul, MN: West Group, 2009).
> ③ David R. Herwitz and Matthew J. Barrett, *Accounting for Lawyers*, 4th ed. (Westbury, NY: Foundation Press, 2006).
> ④ Gary John Previts and Barbara Dubis Merino, *A History of Accountancy in the United States: The Cultural Significance of Accounting* (Columbus, OH: Ohio State University Press, 1998).
> ⑤ Howard M. Schilit, *Financial Shenanigans: How to Detect Accounting Gim-*

---

72) （訳者注） 本文では直観的な説明に終始しているが，理論的にも，期待値 R の収益を毎年生み続ける資産の期待収益率が μ である場合，その市場価格は R/μ であることが知られている（第 5 章の注⑧参照）。ただし，レバレッジ・レシオの高い楽天の株式の期待収益率を 10% と想定することが妥当であるかどうかは別の問題である。なお，レバレッジ・レシオと期待収益率の関係については第 5 章の注 2) も参照されたい。

73) （訳者注） 楽天の EPS を 48 円として（注 71）参照）本文と同様の計算を行った場合の同社の 1 株当たり支払用意額 480 円であり，この値は同社の 1 株あたり簿価（199 円）の約 241% に当たる。

74) （訳者注） 楽天の EPS を 48 円として（注 71）参照）本文と同様の計算を行った場合の同社の PE レシオは約 16 倍である。

micks and Fraud in Financial Reports, 3rd ed. (Boston, MA: McGraw-Hill, 2010).
⑥ John A. Tracy, How to Read a Financial Report: Wringing Vital Signs Out of the Numbers, 7th ed. (New York, NY: John Wiley & Sons, Inc., 2009).
⑦ Gerald I. White et al., The Analysis and Use of Financial Statements, 3rd ed. (New York, NY: John Wiley & Sons, Inc., 2003).

　本章で論じた内容を主題として取り扱った日本語の教科書・参考書として，次のものを紹介したい。
　① 佐藤信彦＝河崎照行＝齋藤真哉＝柴健次＝高須教夫＝松本敏史編著『スタンダードテキスト　財務会計論Ⅰ〈基本論点編〉〔第7版〕』（中央経済社・2013年）
　② 武田隆二『最新　財務諸表論〔第11版〕』（中央経済社・2008年）
は，法令との関係を含め，財務会計について日本の会計基準に則した解説が詳細に付されているなど，有用な解説書である。
　③ 桜井久勝『会計学入門〔第3版〕』（日本経済新聞社・2006年）
　④ 山浦久司＝大倉学『初級簿記の知識〔第4版〕』（日本経済新聞出版社・2011年）
は，財務会計・簿記について簡単な解説が付されており，読みやすい入門書である。
　⑤ 脇田良一＝岩田康成『ビジネス・ゼミナール　決算書の読み方』（日本経済新聞社・2005年）
は，財務諸表利用者の視点から，分かりやすく各財務書類および監査報告書の読み方の解説がなされており，また，本章で扱ったような財務指標を用いた簡単な経営分析についても触れられており，有用な解説書である。
　⑥ 盛田良久＝蟹江章＝長吉眞一編著『スタンダードテキスト　監査論　第3版』（中央経済社・2013年）
　⑦ 山浦久司『会計監査論〔第5版〕』（中央経済社・2008年）
は，日本の会計監査制度についての詳細な解説が付されているなど，有用な解説書である。

【資料】楽天株式会社　有価証券報告書

1 【連結財務諸表等】
　(1) 【連結財務諸表】
　　① 【連結貸借対照表】

(単位：百万円)

	前連結会計年度 (平成23年12月31日)	当連結会計年度 (平成24年12月31日)
資産の部		
流動資産		
現金及び預金	※4　88,989	※4　267,596
受取手形及び売掛金	49,667	66,740
割賦売掛金	※4　66,219	※4　205,330
信用保証割賦売掛金	※8　2,153	※8　1,781
資産流動化受益債権	※6　88,959	※6　23,074
証券業における預託金	207,503	252,308
証券業における信用取引資産	115,633	130,165
営業貸付金	※4,※6　62,386	※4,※6　69,214
有価証券	76,600	4,300
銀行業における有価証券	※2,※4　537,790	※2,※4　428,676
銀行業における貸出金	155,677	189,471
保険業における有価証券	―	13,777
繰延税金資産	34,650	24,686
その他	※4　189,814	※4　155,709
貸倒引当金	△14,384	△14,468
流動資産合計	1,661,662	1,818,364
固定資産		
有形固定資産	※1　15,804	※1,※4　18,308
無形固定資産		
のれん	115,064	131,058
その他	58,222	83,686
無形固定資産合計	173,287	214,744
投資その他の資産		
投資有価証券	※3,※4,※5　20,684	※3,※4,※5　26,534
繰延税金資産	25,731	17,851
その他	33,630	23,344
貸倒引当金	△14,907	△10,737
投資その他の資産合計	65,138	56,992
固定資産合計	254,229	290,045
資産合計	1,915,892	2,108,409

【資料】 楽天株式会社　有価証券報告書

(単位：百万円)

	前連結会計年度 （平成23年12月31日）	当連結会計年度 （平成24年12月31日）
負債の部		
流動負債		
支払手形及び買掛金	※4　59,201	※4　79,965
信用保証買掛金	※8　2,295	※8　1,781
コマーシャル・ペーパー	19,800	33,800
短期借入金	※4, ※7　130,722	※4, ※7　145,417
銀行業における預金	741,501	808,080
1年内償還予定の社債	4,800	273
未払法人税等	3,980	2,873
証券業における預り金	139,482	177,515
証券業における信用取引負債	※4　38,229	※4　41,777
証券業における受入保証金	79,817	83,371
証券業における有価証券担保借入金	※4　28,734	※4　37,465
保険契約準備金	―	20,413
繰延税金負債	57	71
ポイント引当金	20,587	25,908
その他の引当金	※8　3,691	※8　4,243
その他	※4　205,221	※4　235,201
流動負債合計	1,478,125	1,698,159
固定負債		
社債	753	480
長期借入金	※4, ※7　190,746	※4, ※7　126,063
繰延税金負債	4,761	10,433
引当金	1,433	1,570
その他	7,171	7,621
固定負債合計	204,867	146,169
特別法上の準備金		
金融商品取引責任準備金	1,838	1,587
商品取引責任準備金	35	41
特別法上の準備金合計	1,873	1,628
負債合計	1,684,866	1,845,957

(単位：百万円)

	前連結会計年度 （平成 23 年 12 月 31 日）	当連結会計年度 （平成 24 年 12 月 31 日）
純資産の部		
株主資本		
資本金	107,959	108,255
資本剰余金	120,030	120,327
利益剰余金	5,459	21,590
自己株式	△ 3,625	△ 3,625
株主資本合計	229,824	246,546
その他の包括利益累計額		
その他有価証券評価差額金	2,433	6,330
繰延ヘッジ損益	53	―
為替換算調整勘定	△ 7,854	1,814
その他の包括利益累計額合計	△ 5,367	8,145
新株予約権	1,184	1,706
少数株主持分	5,383	6,052
純資産合計	231,025	262,451
負債純資産合計	1,915,892	2,108,409

【資料】　楽天株式会社　有価証券報告書

② 【連結損益計算書及び連結包括利益計算書】
【連結損益計算書】

(単位：百万円)

	前連結会計年度 (自平成23年1月1日 至平成23年12月31日)	当連結会計年度 (自平成24年1月1日 至平成24年12月31日)
売上高	379,900	443,474
売上原価	75,232	100,424
売上総利益	304,668	343,049
販売費及び一般管理費	※1,※2　233,879	※1,※2　270,790
営業利益	70,789	72,259
営業外収益		
受取利息	104	126
受取配当金	136	30
持分法による投資利益	398	450
為替差益	―	313
その他	571	595
営業外収益合計	1,212	1,516
営業外費用		
支払利息	1,677	1,521
為替差損	25	―
支払手数料	1,717	458
その他	314	280
営業外費用合計	3,733	2,261
経常利益	68,267	71,514
特別利益		
投資有価証券売却益	―	402
負ののれん発生益	124	―
段階取得に係る差益	―	2,991
持分変動利益	176	2
関係会社株式売却益	373	―
金融商品取引責任準備金戻入	125	251
その他	8	109
特別利益合計	808	3,756
特別損失		
固定資産除却損	※3　1,156	※3　1,533
減損損失	645	※4　18,661
災害による損失	※5　1,725	―
事業整理損	―	808
事業再編損	※6　77,122	※6　4,249
貸倒引当金繰入額	※7　2,150	―
その他	1,292	3,319
特別損失合計	84,093	28,571
税金等調整前当期純利益又は税金等調整前当期純損失（△）	△15,017	46,698
法人税, 住民税及び事業税	6,979	6,458
法人税等調整額	△20,825	20,185
法人税等合計	△13,845	26,644
少数株主損益調整前当期純利益又は少数株主損益調整前当期純損失（△）	△1,171	20,054
少数株主利益	1,116	640
当期純利益又は当期純損失（△）	△2,287	19,413

【連結包括利益計算書】

(単位:百万円)

	前連結会計年度 (自平成23年1月1日 至平成23年12月31日)	当連結会計年度 (自平成24年1月1日 至平成24年12月31日)
少数株主損益調整前当期純利益又は少数株主損益調整前当期純損失(△)	△1,171	20,054
その他の包括利益		
その他有価証券評価差額金	△3,557	3,874
繰延ヘッジ損益	263	△53
為替換算調整勘定	△3,222	9,688
持分法適用会社に対する持分相当額	△19	21
その他の包括利益合計	△6,535	※1 13,531
包括利益	△7,706	33,586
(内訳)		
親会社株主に係る包括利益	△8,763	32,926
少数株主に係る包括利益	1,056	659

【資料】 楽天株式会社　有価証券報告書

③【連結株主資本等変動計算書】

(単位：百万円)

	前連結会計年度 (自平成23年1月1日 至平成23年12月31日)	当連結会計年度 (自平成24年1月1日 至平成24年12月31日)
株主資本		
資本金		
当期首残高	107,779	107,959
当期変動額		
新株の発行	179	296
当期変動額合計	179	296
当期末残高	107,959	108,255
資本剰余金		
当期首残高	119,850	120,030
当期変動額		
新株の発行	179	296
当期変動額合計	179	296
当期末残高	120,030	120,327
利益剰余金		
当期首残高	13,183	5,459
会計方針の変更による累積的影響額	△2,812	―
遡及処理後当期首残高	10,371	5,459
当期変動額		
剰余金の配当	△2,624	△3,283
当期純利益又は当期純損失（△）	△2,287	19,413
当期変動額合計	△4,911	16,130
当期末残高	5,459	21,590
自己株式		
当期首残高	△3,625	△3,625
当期変動額		
自己株式の取得	―	△0
当期変動額合計	―	△0
当期末残高	△3,625	△3,625
株主資本合計		
当期首残高	237,187	229,824
会計方針の変更による累積的影響額	△2,812	―
遡及処理後当期首残高	234,375	229,824
当期変動額		
新株の発行	359	592
剰余金の配当	△2,624	△3,283
当期純利益又は当期純損失（△）	△2,287	19,413
自己株式の取得	―	△0
当期変動額合計	△4,551	16,722
当期末残高	229,824	246,546

(単位：百万円)

	前連結会計年度 （自平成23年1月1日 至平成23年12月31日）	当連結会計年度 （自平成24年1月1日 至平成24年12月31日）
その他の包括利益累計額		
その他有価証券評価差額金		
当期首残高	6,000	2,433
当期変動額		
株主資本以外の項目の当期変動額（純額）	△3,567	3,897
当期変動額合計	△3,567	3,897
当期末残高	2,433	6,330
繰延ヘッジ損益		
当期首残高	△198	53
当期変動額		
株主資本以外の項目の当期変動額（純額）	251	△53
当期変動額合計	251	△53
当期末残高	53	―
為替換算調整勘定		
当期首残高	△4,693	△7,854
当期変動額		
株主資本以外の項目の当期変動額（純額）	△3,160	9,669
当期変動額合計	△3,160	9,669
当期末残高	△7,854	1,814
その他の包括利益累計額合計		
当期首残高	1,108	△5,367
当期変動額		
株主資本以外の項目の当期変動額（純額）	△6,475	13,512
当期変動額合計	△6,475	13,512
当期末残高	△5,367	8,145
新株予約権		
当期首残高	957	1,184
当期変動額		
株主資本以外の項目の当期変動額（純額）	227	521
当期変動額合計	227	521
当期末残高	1,184	1,706
少数株主持分		
当期首残高	9,979	5,383
当期変動額		
株主資本以外の項目の当期変動額（純額）	△4,595	668
当期変動額合計	△4,595	668
当期末残高	5,383	6,052

【資料】 楽天株式会社　有価証券報告書

(単位：百万円)

	前連結会計年度 (自平成23年1月1日 至平成23年12月31日)	当連結会計年度 (自平成24年1月1日 至平成24年12月31日)
純資産合計		
当期首残高	249,233	231,025
会計方針の変更による累積的影響額	△2,812	―
遡及処理後当期首残高	246,421	231,025
当期変動額		
新株の発行	359	592
剰余金の配当	△2,624	△3,283
当期純利益又は当期純損失（△）	△2,287	19,413
自己株式の取得	―	△0
株主資本以外の項目の当期変動額（純額）	△10,844	14,703
当期変動額合計	△15,395	31,425
当期末残高	231,025	262,451

④【連結キャッシュ・フロー計算書】

(単位:百万円)

	前連結会計年度 (自平成23年1月1日 至平成23年12月31日)	当連結会計年度 (自平成24年1月1日 至平成24年12月31日)
営業活動によるキャッシュ・フロー		
税金等調整前当期純利益又は税金等調整前当期純損失(△)	△15,017	46,698
減価償却費	16,933	21,140
のれん償却額	7,847	7,972
減損損失	645	18,661
貸倒引当金の増減額(△は減少)	△768	△4,462
事業再編損失	77,122	4,249
その他の損益(△は益)	7,080	121
売上債権の増減額(△は増加)	△4,266	△9,769
割賦売掛金の増減額(△は増加)	13,538	△98,167
資産流動化受益債権の増減額(△は増加)	△88,644	△65,536
営業貸付金の増減額(△は増加)	22,697	△6,827
仕入債務の増減額(△は減少)	21,218	14,543
未払金及び未払費用の増減額(△は減少)	21,769	10,383
銀行業における預金の増減額(△は減少)	28,228	66,582
銀行業におけるコールローンの純増減額(△は増加)	△24,000	42,000
銀行業における貸出金の増減額(△は増加)	△29,797	△33,793
証券業における営業債権の増減額(△は増加)	28,983	△54,355
証券業における営業債務の増減額(△は減少)	△21,544	45,153
証券業における有価証券担保借入金の増減額(△は減少)	△4,040	8,730
その他	△7,801	6,259
小計	50,186	19,584
営業保証金の支払額	△391	△927
営業保証金の受取額	2,176	8,431
法人税等の支払額	△23,165	△6,917
事業再編による支出	△1,220	―
その他	―	△662
営業活動によるキャッシュ・フロー	27,585	19,508
投資活動によるキャッシュ・フロー		
定期預金の預入による支出	△9,945	△6,349
定期預金の払戻による収入	5,573	12,431
銀行業における有価証券の取得による支出	△390,827	△254,060
銀行業における有価証券の売却及び償還による収入	455,813	461,375
有形固定資産の取得による支出	△3,825	△5,111
無形固定資産の取得による支出	△15,162	△19,002
投資有価証券の取得による支出	△1,403	△14,045
子会社株式の取得による支出	△7,497	△5,108
連結の範囲の変更を伴う子会社株式の取得による支出	△7,483	※3 △37,068
連結の範囲の変更を伴う子会社株式の売却による収入	※2 33,554	―
その他の支出	△5,095	△5,770

【資料】 楽天株式会社　有価証券報告書

(単位：百万円)

	前連結会計年度 (自平成23年1月1日 至平成23年12月31日)	当連結会計年度 (自平成24年1月1日 至平成24年12月31日)
その他の収入	2,206	8,875
利息及び配当金の受取額	444	382
投資活動によるキャッシュ・フロー	56,351	136,548
財務活動によるキャッシュ・フロー		
短期借入金の純増減額（△は減少）	△19,235	6,835
コマーシャル・ペーパーの増減額（△は減少）	△30,200	14,000
長期借入れによる収入	173,350	28,210
長期借入金の返済による支出	△143,537	△86,268
社債の償還による支出	△4,800	△4,800
利息の支払額	△1,575	△1,526
配当金の支払額	△2,630	△3,285
その他	△6,019	△264
財務活動によるキャッシュ・フロー	△34,648	△47,099
現金及び現金同等物に係る換算差額	△1,171	2,005
現金及び現金同等物の増減額（△は減少）	48,117	110,963
現金及び現金同等物の期首残高	100,736	149,752
新規連結に伴う現金及び現金同等物の増加額	898	266
連結除外に伴う現金及び現金同等物の減少額	—	△325
現金及び現金同等物の期末残高	※1　149,752	※1　260,656

【連結財務諸表作成のための基本となる重要な事項】
(1) 連結の範囲に関する事項
　　連結子会社の数　　　　　　　　　88社
　　主要な連結子会社の名称
　　　楽天カード（株），楽天銀行（株），楽天証券（株），楽天トラベル（株），アイリオ生命保険（株），LinkShare Corporation, Buy.com Inc., PRICEMINISTER S.A.S., Play Holdings Limited, Kobo Inc.

　　新たに連結子会社となった会社　　20社
　　会社の名称及び新規連結の理由
　　（新規取得による）
　　　Kobo Inc., Kobo Europe S.A., KOBO (US) INC., ケンコーコム（株），Wuaki TV.S.L.,（株）シェアリー，Media Forum. Inc, Aquafadas S.A.S., Aquafadas Inc., AVE! Comics Production SASU
　　（追加取得による）
　　　アイリオ生命保険（株）
　　（事業開始による）
　　　楽天セールスソリューション（株），Rakuten Travel Singapore Pte. Ltd.
　　（新設による）
　　　楽天カードサービス（株），LINKSHARE AUSTRALIA PTY LIMITED, 楽天マート（株），マーケット・システムズ（株），楽天イー・モバイル（株），Kobo Software Ireland Limited, KOBO LIVROS DO BRASIL LTDA.

　　連結の範囲から除外された会社　　7社
　　会社の名称及び除外の理由
　　（清算結了による）
　　　楽天モーゲージ（株）
　　（事業再編による）
　　　（株）ネッツ・パートナーズ
　　（事業廃止による）
　　　RakuBai Limited, Lekutian Co., Limited, 北京楽酷天網絡技術有限公司，上海旅之窗網絡有限公司
　　（会社分割により重要性が低下したことによる）
　　　楽天バンクシステム（株）

　　非連結子会社の数　　　　　　　　47社
　　主要な非連結子会社の名称
　　Rakuten U.K.Ltd.　　　　　　　ほか46社
　　（連結子会社としなかった理由）
　　　非連結子会社とした各社は，いずれも当該各社の総資産，売上高，利益等が小規模であり，全体としても当連絡会計年度の連結財務諸表に重要な影響を及ぼさないことから，連結の範囲から除外しております。

(2) 持分法の適用に関する事項
　　持分法を適用した関連会社の数　　9社
　　主要な関連会社の名称
　　　テクマトリックス（株），楽天ANAトラベルオンライン（株）

　　新たに持分法適用関連会社となった会社2社
　　会社の名称及び新規持分法適用の理由
　　（新規取得による）
　　　スタイライフ（株），Daily Grommet Inc.

持分法適用関連会社から除外した会社　1社
会社の名称及び持分法適用除外の理由
（持分変動による）
　　アイリオ生命保険（株）

持分法を適用しない非連結子会社及び関連会社の数　49社
主要な会社の名称
　　Rakuten U.K. Ltd.
（持分法を適用していない理由）
　　持分法を適用していない各社については，連結純損益及び利益剰余金等に及ぼす影響が軽微であり，かつ全体としても重要性がないことから持分法の範囲から除外しております。

(3) 連結子会社の事業年度に関する事項
　　以下の連結子会社を除く連結子会社の決算日は，12月末日であります。

連結子会社の名称	決算日
楽天トラベル（株）	3月31日
楽天証券（株）	3月31日
楽天投信投資顧問（株）	3月31日
フュージョン・コミュニケーションズ（株）	3月31日
楽天銀行（株）	3月31日
eBANK Capital Management (Cayman) Ltd.	3月31日
ケンコーコム（株）	3月31日
RSエンパワメント（株）	3月31日
ドットコモディティ（株）	3月31日
マーケットシステムズ（株）	3月31日
アイリオ生命保険（株）	3月31日

　　3月末日が決算日である上記の連結子会社各社においては，12月末日で仮決算を実施しております。

(4) 会計処理基準に関する事項
① 重要な資産の評価基準及び評価方法
　　1) 有価証券
　　　売買目的有価証券　　　　　約定基準による時価法
　　　満期保有目的の債券　　　　償却原価法（利息法）
　　　その他有価証券
　　　　時価のあるもの　　　　　期末日の市場価格等に基づく時価法（評価差額は全部純資産直入法により処理し，売却原価は移動平均法により算定）
　　　　時価のないもの　　　　　移動平均法による原価法
　　2) 銀行業における有価証券
　　　満期保有目的の債券　　　　移動平均法による償却原価法（定額法）
　　　その他有価証券
　　　　時価のあるもの　　　　　期末日の市場価格等に基づく時価法（評価差額は全部純資産直入法により処理し，売却原価は主として移動平均法により算定）
　　　　時価のないもの　　　　　移動平均法による原価法または償却原価法
　　3) 保険業における有価証券
　　　その他有価証券
　　　　時価のあるもの　　　　　期末日の市場価格等に基づく時価法（評価差額は全部純資産直入法により処理し，売却原価は主として移動平均法により算定）
　　　　時価を把握することが　　移動平均法による償却原価法（定額法）
　　　　極めて困難と認められ
　　　　るもの

② 重要な減価償却資産の減価償却の方法
　1）有形固定資産（リース資産を除く）
　　　　　　　　主として定額法を採用しております。
　2）無形固定資産（リース資産を除く）
　　　　　　　　主として定額法を採用しております。耐用年数については，主として法人税法に規定する方法と同一の基準によっております。
　　　　　　　　ただし，ソフトウェア（自社利用分）については，社内における見込利用可能期間（主として5年）に基づく定額法を採用しております。
　3）リース資産　所有権移転ファイナンス・リース取引に係るリース資産
　　　　　　　　自己所有の固定資産に適用する減価償却方法と同一の方法を採用しております。
　　　　　　　　所有権移転外ファイナンス・リース取引に係るリース資産
　　　　　　　　リース期間を耐用年数とし，残存価額を零とする定額法を採用しております。
③ 引当金の計上基準
　1）貸倒引当金
　　　債権の貸倒による損失に備えるため，一般債権については貸倒実績率により，貸倒懸念債権等特定の債権については個別に回収可能性を検討し回収不能見込額を計上しております。
　　　なお，銀行業を営む一部の連結子会社においては，予め定めている償却・引当基準に則り，次のとおり計上しております。「銀行等金融機関の資産の自己査定並びに貸倒償却及び貸倒引当金の監査に関する実務指針」（日本公認会計士協会銀行等監査特別委員会報告第4号）に規定する正常先債権及び要注意先債権に相当する債権については，一定の種類毎に分類し，合理的に算出した予想損失率等に基づき引き当てております。破綻懸念先債権に相当する債権については，債権額から担保の処分可能見込額及び保証による回収可能見込額を控除し，その残額のうち必要と認める額を引き当てております。破綻先債権及び実質破綻先債権に相当する債権については，債権額から，担保の処分可能見込額及び保証による回収可能見込額を控除した残額を引き当てております。
　　　全ての債権は，資産の自己査定基準に基づき，営業関連部署が資産査定を実施し，当該部署から独立した資産監査部署が査定結果を監査しており，その査定結果に基づいて上記の引き当てを行っております。
　2）賞与引当金
　　　当社及び一部の連結子会社では，従業員に対して支給する賞与の支出に充てるため，支給見込額に基づき当連結会計年度に見合う分を計上しております。
　3）ポイント引当金
　　　ポイントの使用による費用発生に備えるため当連結会計年度において将来使用されると見込まれる額を計上しております。
　4）保険契約準備金
　　　一部の連結子会社では，保険業法第116条の規定に基づき，標準責任準備金対象契約に関しては，平成8年大蔵省告示第48号に定める方式，また，標準責任準備金対象外契約に関しては平準純保険料式により算出した額を計上しております。
　5）退職給付引当金
　　　一部の連結子会社では，従業員の将来の退職給付に備えるため，当連結会計年度末における退職給付債務の見込額に基づき，当連結会計年度末において発生していると認められる額を計上しております。
　　　数理計算上の差異は，その発生時の従業員の平均残存勤務期間以内の一定の年数（主として10年）による定額法により翌期から処理することとしています。
　6）利息返還損失引当金
　　　将来の利息返還損失に備えるため，合理的見積り期間に係る利息返還請求件数の返還実績率，平均返還額等を勘案し，将来返還が見込まれる額を計上しております。
　7）金融商品取引責任準備金
　　　一部の連結子会社では，証券事故による損失に備えるため，金融商品取引法第46条の5の規定に基づき「金融商品取引業等に関する内閣府令」第175条に定めるところにより算出した額を計上しております。
　8）商品取引責任準備金
　　　一部の連結子会社では，商品先物取引事故による損失に備えるため，商品先物取引法第221条の規定に基づき，同法施行規則に定める額を計上しております。

【資料】　楽天株式会社　有価証券報告書

④ 収益の計上基準
　1）マージン売上
　　　商品等の取扱高（流通総額）に比例して利用料が計算される「マージン売上」のうちキャンセル受付期間が設定されている取引については，取引発生時にキャンセル発生見込額を控除した取引高に対する利用料を売上として計上しております。
　　　なお，キャンセル発生見込額はキャンセル発生実績率に基づき算出しております。
　　　キャンセル受付期間完了前売上高　　　6,478百万円（前連結会計年度は5,569百万円）
　2）顧客手数料
　包括信用購入あっせん
　　主として残債方式
　個別信用購入あっせん
　　主として7・8分法
　信用保証
　　主として残債方式
　融資
　　主として残債方式
　3）加盟店手数料
　　　加盟店との立替払契約履行時に一括して収益計上することとしております。
⑤ 重要なヘッジ会計の方法
　1）ヘッジ会計の方法
　　　繰延ヘッジ処理によっております。ただし，特例処理の要件を満たすものについては，特例処理を採用しております。
　　　また，為替予約が付されている営業取引に関する外貨建金銭債権債務については，振当処理を行っております。
　2）ヘッジ手段とヘッジ対象
　　　　　　　ヘッジ手段
　　　　　　　　金利スワップ取引　為替予約
　　　　　　　ヘッジ対象
　　　　　　　　外貨建有価証券　借入金　外貨建仕入債務
　3）ヘッジ方針
　　　借入金の金利変動リスクを回避する目的で金利スワップ取引を行っており，ヘッジ対象の識別は個別契約毎に行っております。
　　　また，外貨建有価証券及び外貨建仕入債務の有する為替変動リスク等を回避する目的で，一定の規程に基づき為替予約を行っております。
　4）ヘッジの有効性評価の方法
　　　金利スワップについては，ヘッジ対象とヘッジ手段のキャッシュ・フロー変動の累計を四半期毎に比較し，両者の変動等を基礎にして，ヘッジの有効性を評価しております。ただし，特例処理によっている金利スワップ取引については，有効性の評価を省略しております。
⑥ のれんの償却方法及び償却期間
　　のれんの償却については，その効果が及ぶと見積もられる期間で均等償却することとしております。ただし，金額が少額の場合は，発生時に全額償却しております。
　　なお，LinkShare Corporation，楽天銀行（株）及びKobo Inc.等の買収等案件については，それぞれ当社グループ事業との関連性が高く，長期的な視野に立った企業価値評価に基づき買収を実施しております。
　　従って，当該のれんの償却については，合理的な見積りに基づき企業結合に係る会計基準に定める最長期間である20年で償却し，販売費及び一般管理費として，負ののれんの償却については営業外収益として計上しております。
⑦ 消費税等の処理方法
　　消費税及び地方消費税の会計処理は税抜方式によっております。
⑧ 重要なリース取引の処理方法
　　リース取引に関する会計基準の改正適用初年度開始前に取得した所有権移転外ファイナンス・リース取引については，貸手側，借手側いずれも通常の賃貸借取引に係る方法に準じた会計処理によっております。

第4章 会　　計

【会計方針の変更】
(ポイント引当金の認識時点の変更)
　従来、当社グループにおける楽天スーパーポイントプログラムの会計処理は、通常ポイントについては顧客がポイント利用可能となったポイント数の期末残高に対してポイント引当金を認識し、期間限定ポイントについては顧客のポイント利用時に費用処理をしておりましたが、当連結会計年度より通常ポイント、期間限定ポイントともに取引発生時点でのポイント付与見込み額に基づきポイント引当金を認識する方法に変更いたしました。
　当社グループでは、近年、ポイントの付与額及び利用額が年々増加し、マーケティングツールとしてのポイントプログラムの重要性が高まっております。このような状況を受け、当社グループでは、キャンペーンの効果を適時に把握するために「ポイント・キャンペーン・マネジメントシステム」の構築及び社内管理体制の整備を進め、第1四半期連結会計期間において、キャンペーンにより付与される通常ポイント及び期間限定ポイントについて取引発生時点におけるポイント付与予定額を適時に算定することを可能とし、主要マーケティングツールである楽天スーパーポイントの残高をよりタイムリーに管理、把握できる体制を整えました。これに伴い楽天スーパーポイントプログラムの会計処理の見直しを行い、ポイント付与の原因となる取引発生時点において、ポイント付与見込み額に基づきポイント引当金を計上する方法に統一することとしました。
　当該会計方針の変更は遡及適用され、前連結会計年度については遡及適用後の連結財務諸表となっております。
　この結果、遡及適用を行う前に比べて、前連結会計年度の営業利益及び経常利益はそれぞれ554百万円減少し、税金等調整前当期純損失は554百万円増加しております。また、前連結会計年度の流動負債の引当金に含まれるポイント引当金は5,290百万円増加しております。更に、前連結会計年度の期首の純資産に累積的影響額が反映されたことにより、利益剰余金の前期首残高は2,812百万円減少しております。
　なお、1株当たり情報に与える影響は、「(1株当たり情報)」に記載しております。

(1株当たり当期純利益に関する会計基準等の適用)
　当連結会計年度より、「1株当たり当期純利益に関する会計基準」(企業会計基準第2号 平成22年6月30日)、「1株当たり当期純利益に関する会計基準の適用指針」(企業会計基準適用指針第4号 平成22年6月30日公表分)及び「1株当たり当期純利益に関する実務上の取扱い」(実務対応報告第9号 平成22年6月30日)を適用しております。
　これに伴い、潜在株式調整後1株当たり当期純利益の算定にあたり、一定期間の勤務後に権利が確定するストック・オプションについて、権利の行使により払い込まれると仮定した場合の入金額に、ストック・オプションの公正な評価額のうち、将来企業が提供されるサービスに係る分を含める方法に変更しております。また、当連結会計年度に行った株式分割は、前連結会計年度の期首に当該株式分割が行われたと仮定し、1株当たり当期純利益及び潜在株式調整後1株当たり当期純利益を算定しております。
　なお、1株当たり情報に与える影響は、「(1株当たり情報)」に記載しております。

【表示方法の変更】
(連結貸借対照表)
　前連結会計年度において、「流動負債」の「引当金」にて表示しておりました「ポイント引当金」については、金額的重要性が増したため、当連結会計年度より区分掲記しております。この表示方法の変更を反映させるため、前連結会計年度の連結財務諸表の組替えを行っております。
　この結果、前連結会計年度の連結貸借対照表において、「流動負債」の「引当金」に表示していた18,988百万円（「会計方針の変更」による遡及適用前）は、「ポイント引当金」15,297百万円、「その他の引当金」3,691百万円として組替えております。

(連結損益計算書)
　前連結会計年度において、「特別損失」の「その他」に含めて表示しておりました「減損損失」については、金額的重要性が増したため、当連結会計年度では区分掲記しております。この表示方法の変更の変更を反映させるため、前連結会計年度の連結財務諸表の組替えを行っております。
　この結果、前連結会計年度の連結損益計算書において、「特別損失」の「その他」に表示していた1,938百万円は、「特別損失」の「減損損失」645百万円、「その他」1,292百万円として組替えております。

(連結キャッシュ・フロー計算書)
(営業活動によるキャッシュ・フロー)
　前連結会計年度において、「営業活動によるキャッシュ・フロー」の「その他の損益（△は益）」にて表示しておりました「減損損失」について、金額的重要性が増したため、当連結会計年度より区分掲記しております。また前連結会計年度において、「営業活動によるキャッシュ・フロー」にて区分掲記しておりました「銀行業における有価証券評価損益（△は益）」について、金額の重要性が低下したため、当連結会計年度より「その他の損益（△は益）」に含めて表示しております。
　この表示方法の変更を反映させるため、前連結会計年度の連結財務諸表の組替えを行っております。
　この結果、前連結会計年度の連結キャッシュ・フロー計算書において、「営業活動によるキャッシュ・フロー」の「その他の損益（△は益）」に表示していた5,512百万円及び「銀行業における有価証券評価損益（△は益）」に表示していた2,213百万円は、「減損損失」645百万円及び「その他の損益（△は益）」7,080百万円として組替えております。

(投資活動によるキャッシュ・フロー)
　前連結会計年度において、「投資活動によるキャッシュ・フロー」の「その他の支出」にて表示しておりました「投資有価証券の取得による支出」について、金額の重要性が増したため、当連結会計年度より区分掲記しております。この表示方法の変更を反映させるため、前連結会計年度の連結財務諸表の組替えを行っております。
　この結果、前連結会計年度の連結キャッシュ・フロー計算書において、「投資活動によるキャッシュ・フロー」の「その他の支出」に表示していた△6,499百万円は、「投資有価証券の取得による支出」△1,403百万円、「その他の支出」△5,095百万円として組替えております。

【追加情報】
　当連結会計年度の期首以後に行われる会計上の変更及び過去の誤謬の訂正より、「会計上の変更及び誤謬の訂正に関する会計基準」（企業会計基準第24号　平成21年12月4日）及び「会計上の変更及び誤謬の訂正に関する会計基準の適用指針」（企業会計基準適用指針第24号　平成21年12月4日）を適用しております。

【注記事項】
(連結貸借対照表関係)
※1 有形固定資産の減価償却累計額

	前連結会計年度 (平成23年12月31日)	当連結会計年度 (平成24年12月31日)
有形固定資産の減価償却累計額	26,785百万円	28,588百万円

※2 銀行業における有価証券の内訳は次のとおりであります。

	前連結会計年度 (平成23年12月31日)	当連結会計年度 (平成24年12月31日)
買入金銭債権	218,305百万円	196,339百万円
有価証券	319,485百万円	232,336百万円

※3 非連結子会社及び関連会社に対するものは次のとおりであります。

	前連結会計年度 (平成23年12月31日)	当連結会計年度 (平成24年12月31日)
関連会社(持分法適用会社)に対するもの		
投資有価証券(株式等)	9,605百万円	6,450百万円
非連結子会社及び関連会社(持分法非適用会社)に対するもの		
投資有価証券(株式等)	4,793百万円	895百万円

※4 担保に供している資産並びに担保付債務は次のとおりであります。
(1) 担保に供している資産

	前連結会計年度 (平成23年12月31日)	当連結会計年度 (平成24年12月31日)
預金	1,000百万円	1,097百万円
割賦売掛金及び営業貸付金	18,546百万円	21,518百万円
リース契約債権	4百万円	1百万円
有形固定資産	－百万円	609百万円
投資有価証券	－百万円	7百万円
合計	19,551百万円	23,233百万円

(注)1 前連結会計年度において、上記のほか、短期借入金の担保として自己融資見返り株券1,843百万円を、短期借入金及び信用取引借入金の担保として信用取引受入保証金代用有価証券21,699百万円を差入れております。また、有価証券担保借入金28,734百万円の担保として消費貸借契約により貸し付けた有価証券を差入れております。その他、為替決済、デリバティブ取引等の取引及びコミットメントライン契約等の担保として、銀行業における有価証券75,419百万円を差入れております。また、流動資産のその他のうち銀行業を営む連結子会社が有する先物取引差入証拠金は9,556百万円、保証金は1,469百万円、証券業を営む連結子会社が有する証券業の短期差入保証金は11,537百万円であります。
その他、資金決済に関する法律等に基づき、電子マネーの預り金に対して、投資有価証券1,003百万円を担保に供しております。
2 当連結会計年度において、上記のほか、短期借入金の担保として自己融資見返り株券362百万円を、短期借入金及び信用取引借入金の担保として信用取引受入保証金代用有価証券19,603百万円を差入れております。また、有価証券担保借入金37,465百万円の担保として消費貸借契約により貸し付けた有価証券を差入れております。
その他、為替決済、デリバティブ取引等の取引及びコミットメントライン契約等の担保として、銀行業における有価証券57,117百万円を差入れております。また、流動資産のその他のうち銀行業を営む連結子会社が有する先物取引差入証拠金は8,836百万円、保証金は1,789百万円、証券業を営む連結子会社が有する証券業の短期差入保証金は10,327百万円であります。
その他、資金決済に関する法律等に基づき、電子マネーの預り金に対して、投資有価証券6,836百万円を担保に供しております。

【資料】 楽天株式会社 有価証券報告書

(2) 担保権によって担保されている債務

	前連結会計年度 (平成23年12月31日)	当連結会計年度 (平成24年12月31日)
短期借入金	1,821 百万円	345 百万円
1年内返済長期借入金	22,514 百万円	17,718 百万円
証券業における信用取引借入金	18,331 百万円	4,843 百万円
長期借入金	21,780 百万円	19,888 百万円
買掛金	一百万円	3 百万円
預り金	8,214 百万円	11,462 百万円
合計	72,661 百万円	54,262 百万円

(3) 差入れている有価証券の時価額

	前連結会計年度 (平成23年12月31日)	当連結会計年度 (平成24年12月31日)
信用取引貸証券	20,342 百万円	43,084 百万円
信用取引借入金の本担保証券	18,478 百万円	4,905 百万円
消費貸借契約により貸し付けた有価証券	28,918 百万円	37,578 百万円
その他担保として差し入れた有価証券	154 百万円	434 百万円

(4) 差入れを受けている有価証券の時価額

	前連結会計年度 (平成23年12月31日)	当連結会計年度 (平成24年12月31日)
信用取引貸付金の本担保証券	99,229 百万円	122,645 百万円
信用取引借証券	3,543 百万円	12,609 百万円
受入保証金代用有価証券	203,573 百万円	248,964 百万円

※5 貸株に供した投資有価証券
　固定資産の「投資その他の資産」に計上した「投資有価証券」のうち、下記について貸株に供しております。

前連結会計年度 (平成23年12月31日)	当連結会計年度 (平成24年12月31日)
150 百万円	164 百万円

※6 貸出コミットメントライン契約
　一部の連結子会社はクレジットカードに附帯するキャッシング及びカードローンによる融資業務を行なっております。当該業務における貸出コミットメントに係る未実行残高は次のとおりであります。

	前連結会計年度 (平成23年12月31日)	当連結会計年度 (平成24年12月31日)
貸出コミットメントラインの総額	1,634,305 百万円	1,869,728 百万円
貸出実行残高	159,381 百万円	203,273 百万円
未実行残高	1,474,923 百万円	1,666,455 百万円

　なお、同契約は融資実行されずに終了するものもあり、かつ、利用限度額についても当社グループが任意に増減させることができるものであるため融資未実行残高は当社グループのキャッシュ・フローに必ずしも重要な影響を与えるものではありません。

※7 借入コミットメントライン契約
　当社及び一部の連結子会社では，複数の金融機関と借入コミットメントライン契約を締結しており，未実行残高は次のとおりであります。

	前連結会計年度 （平成23年12月31日）	当連結会計年度 （平成24年12月31日）
借入コミットメントラインの総額	148,032 百万円	141,620 百万円
借入実行残高	13,695 百万円	21,583 百万円
未実行残高	134,336 百万円	120,036 百万円

※8 信用保証割賦売掛金及び信用保証買掛金
　一部の連結子会社にて返済金の計算，請求及び回収事務等を行わない信用保証について，信用保証割賦売掛金及び信用保証買掛金から除いて計上しております。当該信用保証残高の状況は次のとおりであります。

	前連結会計年度 （平成23年12月31日）	当連結会計年度 （平成24年12月31日）
信用保証	22,306 百万円	19,057 百万円
債務保証損失引当金	△69 百万円	△210 百万円
差引	22,236 百万円	18,846 百万円

【資料】 楽天株式会社　有価証券報告書

(連結損益計算書関係)
※1　販売費及び一般管理費のうち主要な費目及び金額は，次のとおりであります。

	前連結会計年度 (自　平成23年1月1日 至　平成23年12月31日)	当連結会計年度 (自　平成24年1月1日 至　平成24年12月31日)
ポイント費用	10,309 百万円	11,863 百万円
広告宣伝費及び販売促進費	40,926 百万円	58,698 百万円
人件費	53,746 百万円	60,188 百万円
賞与引当金繰入額	2,964 百万円	2,672 百万円
減価償却費	15,676 百万円	19,617 百万円
通信費及び保守費	14,692 百万円	15,355 百万円
委託費及び外注費	25,253 百万円	30,149 百万円
貸倒引当金繰入額	13,773 百万円	9,846 百万円
利息返還損失引当金繰入額	4,264 百万円	― 百万円
その他	52,273 百万円	62,398 百万円
計	233,879 百万円	270,790 百万円

※2　一般管理費に含まれる研究開発費は，次のとおりであります。

	前連結会計年度 (自　平成23年1月1日 至　平成23年12月31日)	当連結会計年度 (自　平成24年1月1日 至　平成24年12月31日)
	540 百万円	614 百万円

※3　固定資産除却損の内訳は，次のとおりであります。

	前連結会計年度 (自　平成23年1月1日 至　平成23年12月31日)	当連結会計年度 (自　平成24年1月1日 至　平成24年12月31日)
工具，器具及び備品	195 百万円	186 百万円
ソフトウェア等	942 百万円	1,323 百万円
その他	19 百万円	23 百万円
計	1,156 百万円	1,533 百万円

※4　減損損失
　　当連結会計年度 (自　平成24年1月1日　至　平成24年12月31日)
　　当社グループは以下の資産グループについて減損損失を計上しております。

場所	用途	種類	減損損失額 (百万円)
Buy.com Inc. (米国)	―	のれん	12,566
	インターネット サービス事業	その他無形固定資産	5,778
―	―	その他	316
		計	18,661

　当社グループは，原則として事業をグルーピングの単位とし，遊休資産及び賃貸不動産については，個別の物件を単位として判定しております。
　当連結会計年度において，株式取得の際に検討した事業計画において想定していた利益計画の見直しを行った結果，のれん及びその他無形固定資産について回収可能価額まで減額し，当該減少額を減損損失として計上しております。
　のれん及びその他無形固定資産については，使用価値を回収可能価額とし，回収可能価額を零として算定しております。

※5 災害による損失
　前連結会計年度（自　平成23年1月1日　至　平成23年12月31日）
　　東日本大震災の影響による損失を災害による損失として計上しております。内訳は次のとおりであります。

貸倒引当金繰入額	752百万円
寄付金等	312百万円
修繕関連費用	567百万円
その他	92百万円
計	1,725百万円

※6 事業再編損
　前連結会計年度（自　平成23年1月1日　至　平成23年12月31日）
　　クレジットカード事業の再構築等に伴う損失を事業再編損として計上しております。内訳は，次のとおりであります。

事業譲渡損失	48,861百万円
減損損失（※）	14,230百万円
貸倒引当金繰入額	11,870百万円
その他	2,159百万円
計	77,122百万円

　　（※）楽天KC（株）ののれんについて全額減損損失を計上しております。

　当連結会計年度（自　平成24年1月1日　至　平成24年12月31日）
　　Play Holdings Limitedグループの事業再編に伴う損失を事業再編損として計上しております。内訳は，次のとおりであります。

その他無形固定資産減損損失（※）	2,140百万円
有形固定資産減損損失	219百万円
棚卸資産評価損	526百万円
貸倒引当金繰入額	213百万円
その他	1,149百万円
計	4,249百万円

　　（※）その他無形固定資産については，回収可能価額まで減額し当該減少額を減損損失として計上しております。
　　なお，その他無形固定資産について回収可能価額を零として算定しております。

※7 貸倒引当金繰入額
　前連結会計年度（自　平成23年1月1日　至　平成23年12月31日）
　　東日本大震災後の相場急変に伴う顧客の決済金不足に関する多額の立替金に対して発生した貸倒損失568百万円及び貸倒引当金繰入額1,582百万円であります。

【資料】 楽天株式会社　有価証券報告書

（連結包括利益計算書関係）
当連結会計年度（自　平成24年1月1日　至　平成24年12月31日）
※1　その他の包括利益に係る組替調整額及び税効果額

その他有価証券評価差額金	
当期発生額	5,584 百万円
組替調整額	17 百万円
税効果調整前	5,602 百万円
税効果額	△1,727 百万円
その他有価証券評価差額金	3,874 百万円
繰延ヘッジ損益	
当期発生額	△91 百万円
税効果調整前	△91 百万円
税効果額	37 百万円
繰延ヘッジ損益	△53 百万円
為替換算調整勘定	
当期発生額	9,638 百万円
組替調整額	50 百万円
為替換算調整勘定	9,688 百万円
持分法適用会社に対する持分相当額	
当期発生額	21 百万円
その他の包括利益合計	13,531 百万円

（連結株主資本等変動計算書関係）

前連結会計年度（自　平成23年1月1日　至　平成23年12月31日）
1. 発行済株式に関する事項

株式の種類	当連結会計年度期首	増加	減少	当連結会計年度末
普通株式（株）	13,181,697	12,881	—	13,194,578

（変動事由の概要）
　普通株式の発行済株式数の増加12,881株は，新株引受権の行使による新株の発行による増加5,939株，新株予約権の行使による新株の発行による増加6,942株であります。

2. 自己株式に関する事項

株式の種類	当連結会計年度期首	増加	減少	当連結会計年度末
普通株式（株）	60,079	—	—	60,079

3. 新株予約権に関する事項

| 会社名 | 内訳 | 目的となる株式の種類 | 目的となる株式の数（株） | | | | 当連結会計年度末残高（百万円） |
			当連結会計年度期首	増加	減少	当連結会計年度末	
提出会社	ストック・オプションとしての新株予約権（注）	—	—	—	—	—	1,184
合計			—	—	—	—	1,184

（注）提出会社である楽天（株）平成20年ストック・オプション及び平成21年ストック・オプションは，権利行使期間の初日が到来しておりません。

4. 配当に関する事項
(1) 配当金支払額

決議	株式の種類	配当金の総額（百万円）	1株当たり配当額（円）	基準日	効力発生日
平成23年2月15日取締役会決議	普通株式	2,624	200	平成22年12月31日	平成23年3月31日

(2) 基準日が当連結会計年度に属する配当のうち，配当の効力発生日が翌連結会計年度となるもの

決議	株式の種類	配当の原資	配当金の総額（百万円）	1株当たり配当額（円）	基準日	効力発生日
平成24年2月13日取締役会決議	普通株式	利益剰余金	3,283	250	平成23年12月31日	平成24年3月30日

【資料】 楽天株式会社　有価証券報告書

当連結会計年度（自　平成24年1月1日　至　平成24年12月31日）

1. 発行済株式に関する事項

株式の種類	当連結会計年度期首	増加	減少	当連結会計年度末
普通株式（株）	13,194,578	1,307,432,022	—	1,320,626,600

（変動事由の概要）
　普通株式の発行済株式数の増加1,307,432,022株は，平成24年7月1日付の株式分割による増加1,306,865,340株，新株予約権の行使による新株の発行による増加566,682株であります。

2. 自己株式に関する事項

株式の種類	当連結会計年度期首	増加	減少	当連結会計年度末
普通株式（株）	60,079	5,947,917	—	6,007,996

（変動事由の概要）
　自己株式の増加5,947,917株は，平成24年7月1日付の株式分割による増加5,947,821株，単元未満株式の買取りによる増加96株であります。

3. 新株予約権に関する事項

| 会社名 | 内訳 | 目的となる株式の種類 | 目的となる株式の数（株） | | | | 当連結会計年度末残高（百万円） |
			当連結会計年度期首	増加	減少	当連結会計年度末	
提出会社	ストック・オプションとしての新株予約権（注）1	—	—	—	—	—	1,442
連結子会社	ストック・オプションとしての新株予約権（注）2	—	—	—	—	—	264
合計			—	—	—	—	1,706

（注）1　提出会社である楽天（株）平成21年ストック・オプション及び平成24年ストック・オプションは，権利行使期間の初日が到来しておりません。
　　　2　連結子会社であるケンコーコム（株）平成22年ストック・オプション並びに平成23年ストック・オプション及びKobo Inc.平成24年ストック・オプションは，権利行使の初日が到来しておりません。

4. 配当に関する事項
(1) 配当金支払額

決議	株式の種類	配当金の総額（百万円）	1株当たり配当額（円）	基準日	効力発生日
平成24年2月13日 取締役会決議	普通株式	3,283	250	平成23年12月31日	平成24年3月30日

(2) 基準日が当連結会計年度に属する配当のうち，配当の効力発生日が翌連結会計年度となるもの

決議	株式の種類	配当の原資	配当金の総額（百万円）	1株当たり配当額（円）	基準日	効力発生日
平成25年2月14日 取締役会決議	普通株式	利益剰余金	3,943	3	平成24年12月31日	平成25年3月29日

（連結キャッシュ・フロー計算書関係）
※1　現金及び現金同等物の期末残高と連結貸借対照表に掲記されている科目の金額との関係は，次のとおりであります。

	前連結会計年度 （自　平成23年1月1日 　至　平成23年12月31日）	当連結会計年度 （自　平成24年1月1日 　至　平成24年12月31日）
現金及び預金勘定	88,989百万円	267,596百万円
有価証券勘定	76,600百万円	4,300百万円
計	165,589百万円	271,896百万円
預入期間が3ヶ月を超える定期預金	△12,358百万円	△6,463百万円
外国他店預け	△1,665百万円	△2,689百万円
拘束性預金	△1,214百万円	△1,287百万円
金銭信託	△600百万円	△800百万円
現金及び現金同等物	149,752百万円	260,656百万円

※2　前連結会計年度に株式の売却により連結子会社でなくなった会社の連結上の資産及び負債の主な内訳
　　株式売却により楽天KC（株）を連結の範囲から除外したことに伴う連結除外時の連結上の簿価による資産及び負債の内訳並びに同社の売却価額と売却による収入との関係は次のとおりであります。

楽天KC（株）
流動資産	93,402百万円
固定資産	8,619百万円
流動負債	△22,893百万円
固定負債	△38,817百万円
（うち負債に含まれる売却債権額）	50,000百万円
事業譲渡損失	△48,861百万円
	41,449百万円
（うち子会社株式の売却価額）	4,449百万円
（うち債権売却価額）	37,000百万円
現金及び現金同等物	△8,460百万円
差引：子会社株式の売却による収入	32,989百万円

※3　当連結会計年度に株式の取得により新たに連結子会社となった会社の資産及び負債の主な内訳
　　株式取得により新たに以下の会社を連結子会社としたことに伴う連結開始時の資産及び負債の内訳並びに株式取得価額と買収等による支出との関係は次のとおりであります。

① Kobo Inc.
流動資産	8,225百万円
固定資産	11,835百万円
のれん	15,303百万円
流動負債	△5,656百万円
固定負債	△1,420百万円
合併準備会社への投資価額	△3,886百万円
その他	177百万円
新規連結子会社株式の取得価額	24,578百万円
現金及び現金同等物	△2,560百万円
差引：新規連結子会社株式の取得による支出	22,017百万円

【資料】 楽天株式会社　有価証券報告書

② アイリオ生命保険（株）

流動資産	22,272 百万円
固定資産	18,790 百万円
のれん	6,217 百万円
流動負債	△21,996 百万円
固定負債	△4,781 百万円
少数株主持分	△1,730 百万円
支配獲得時までの持分法適用後の連結貸借対照表上額	△4,278 百万円
段階取得差益	△2,978 百万円
新規連結子会社株式の取得価額	11,515 百万円
現金及び現金同等物	△3,903 百万円
差引：新規連結子会社株式の取得による支出	7,612 百万円

第5章 ファイナンス

1 概　説

　ファイナンスとは何か。多くの人にとってこの言葉が連想させるものは富裕な投資銀行家たちが群れ集う姿や国境を越えて行き交う巨額の資金の流れなどであろう。たしかに、これらの事象がファイナンスという世界の一側面を示していることは疑いない。しかしながら、ファイナンスは同時に一つの知的構築物でもあり、この視点から捉えたファイナンスは、ハリウッド映画で描かれるウォール・ストリートのような魅力はないにしても、固有の論理と体系を備えた学問たり得るものである。

　学問としてのファイナンスの外延は必ずしも明確でないが、著名な教科書の一つはこれを次のように定義している。

> ファイナンスとは、人々が稀少資源を「継時的に（over time）」いかに配分するかを問う学問である。ファイナンスの意思決定は資源の配分に関する他の意思決定と二つの点で相違する。すなわち、ファイナンスの意思決定が問題にする利益と費用は、第一に、複数の時点間にまたがるものであり、第二に、それがいくらであるかは決定者にとってもそれ以外の者にとっても決定時には未定であることが多い。[1]

　この定義はファイナンスを巨視的に理解するうえで有用である。第一に、この定義はファイナンスが「異時的（inter-temporal）」な事象であることをよく捉えている。本章で学ぶ様々な技法は、現時点におけるある行為（投資の実施や契約の締結など）の費用とその行為が将来のいずれかの時点でもたらす利益（配当その他の収益の実現など）のバランスをはかることを目指したものである。第二に、上記の定義はファイナンスの意思決定が抱えるもう一つの重要な要素を強調している。すなわち、ファイナンスの判断はほとんど常に不確実性を伴う。ある会社の株式の購入を決める時点で、投資家はその会社が将来無用の長物となるか、それとも第二のマイクロソフトとなるかを知るよしもない。ある

---

[1]　（原注）　Zvi Bodie & Robert C. Merton, Finance（2000）からの引用。

土地の購入を持ちかけられた大学当局は、もっとよい土地の購入が翌日には可能となるか否かを知らない。ファイナンスはこのような不確実性を評価する手段を提供してくれる。

　ファイナンスという学問に関して予め知っておくべきもう一つの重要な点は、それが非常に新しい学問分野であるということである。500年以上の歴史を持つ会計学などとは異なり、ファイナンスの研究が進められたのは比較的最近のことである。ファイナンス理論の曙光ともいうべき文献は1930年代の学術雑誌の中にも若干見出せはするが、この分野の本格的な研究が始められたのは第二次世界大戦後のことである。今日の発展の礎となった研究が行われたのは1950年代から60年代初めという最近のことであり、この分野の研究に初めてノーベル賞が与えられたのは1990年代になってからである。ファイナンスはこのように若い学問であり、その内容は今日なお急速な進歩を遂げている。

　ファイナンスは非常に複雑な学問であることにも留意する必要がある。現代のファイナンス理論は精緻でしかも多面性を備えた学問である。くわえて、ファイナンス理論に関する見解の相違の多くは、計量経済分析（その内容は第8章および第9章で紹介する統計分析や回帰分析の技法に近いものである）を用いて集められた実証的証拠をいかに解釈するかにかかっている。さらに、会計学の世界が四則演算の世界に還元し得るのと異なり、ファイナンス理論では解析学その他の高等数学を日常的に使用する。ファイナンスを学ぶ者は誰しもいずれかの時点で自らの能力に限界を感じるといっても過言ではないであろう。

　それにもかかわらず、ファイナンスは法律家がある程度慣れ親しまなければならない領域である。まずもって、会社法務に携わる弁護士がファイナンスの論理を理解しなければならないことは自明であろう。多くのビジネス取引はファイナンス上の目標達成を目指したものであり、これに関係する文書も交渉も

---

② （原注）　最初のノーベル賞は、1996年に、Harry Markowitz（ポートフォリオ理論の研究に対して）、William Sharpe（資本資産価格モデルを発展させたことに対して）およびMarton Miller（コーポレート・ファイナンスの理論への貢献に対して）の3氏に贈られた。続いて、1997年のノーベル賞がRobert C. MertonとMyron Scholesの両氏に（オプション価格モデルに対する彼らの貢献に対して）贈られた。本章を読み終える頃にはこれらの人々の学問的業績がいかなるものであったのかについての一般的理解を得ることができるだろう。なお、本章で引用する別の2人の学者もノーベル賞受賞者であるが彼らの受賞理由は純粋な意味でのファイナンスとはいえない分野に関してである。すなわち、Franco Modiglianiは1985年に貯蓄行為と財務市場の分析に関する研究を理由に、Ronald Coaseは1991年に取引費用と所有権に関する研究を理由に、それぞれノーベル賞を受賞した。

すべてこの目的を踏まえたものでなければならないからである。しかしながら，ファイナンスの世界を知ることはもっと多くの種類の法律家にとって大切なことである。例えば，家族法を専門とする弁護士は財産管理や婚姻関係をめぐる紛争に多くの時間を費やすが，これらの分野においては，不確実な費用と利益の異時点間におけるバランスをとることが肝要であり，そうである以上，この分野においてもファイナンス理論を用いた分析は有用である。さらにいえば，決定分析を活用できるすべての法分野（その中には訴訟や交渉をはじめとする多くの実務領域が含まれることは第1章で見た通りである）において，決定の木の枝の価値算定にファイナンス理論が役に立つ。例えば，裁判を起こすことの価値を知るためには，（裁判終了時という）将来の時点における，（裁判の勝敗という）不確実な要素に対処しなければならない。ある意味において，ファイナンス理論とはより精緻な（同時に，より難解な）言葉を用いた決定分析の上級編とでも呼ぶべきものである。

　本章においては，紙面の制約上ファイナンス理論の詳細を述べることはできないが，法律家の世界にしばしば登場するファイナンス理論の諸概念の概略を述べてみたい。（会社法や租税法の先端分野を含む）法律問題の分析に用いられるファイナンス理論の諸問題の（定量的ではなく）定性的な側面に焦点をあてた議論から始め，次に，金銭の時間的価値，ポートフォリオ分散投資理論，リスクとリターンのトレード・オフ，効率的市場仮説，資本資産価格モデルなどの具体的諸問題を取り上げる。最後に財務アナリストやビジネス関係者が金融資産や投資機会を評価する際に日常的に用いる「価格算定（valuation）」の技法の基礎を紹介する。

2　ファイナンス理論の基礎

　ファイナンスについて語り始めるにあたり，この分野における古典的学術論文の抜粋をいくつか紹介したい。これらの文章を読むことは二つの目的に資する。すなわち，第一に，これらの文章はファイナンスという学問の礎となる思想を述べている。これらの文章を読むことによって，ファイナンス理論とはいかなる問題を解決するために作り上げられた理論であるかを理解し，同時に，その論理構造の基本を知ることができるであろう。第二に，これらの文章を通じてこの分野における著名な思想家は誰であるかを知ることができる。法科大

学院の先端科目や法実務の世界では次のような言葉をよく耳にする。すなわち，「コースの分析（Coasean analysis）」，「バーリー＝ミーンズ的企業観（Berle and Means corporation）」，「モジリアニ＝ミラー命題（Modigliani and Miller theorem）」などの言葉である。学識豊かな法律家を目指す者は是非ともこのような言葉に慣れ親しんでおくべきである。

A 企 業 論

ファイナンスについて考える者が最初に興味を抱く問題の一つは「企業論（theory of the firm）」であろう。経済学者たちは企業の経済的機能を理解しようと努めてきた。最初に，このテーマに関する最も有名で最も頻繁に引用される文献を紹介しよう。この文献の著者はロナルド・コース（Ronald Coase）というノーベル経済学賞受賞者である。この文献が論じているテーマは，「なぜある経済行為は企業の組織の中で営まれ，他のある経済行為は市場価格によって定まる取引，つまり契約によって規律されるのか」というものである。この問題に対してコースが出した答えは，ファイナンス理論はもとより経済学の他の諸分野の研究に対しても多大なる影響をもたらした。

R. H. Coase
「企業の本性」
(The Nature of the Firm)
4 Economica 386, 389-93（1937）

　企業の注目すべき特質は価格メカニズムの否定にある。［中略］特化の進んだ交換経済の中になぜ企業なるものが存在し得るのか，本稿の目的はその理由を解明することにある。［中略］
　企業を設立することで利益が生まれる主たる理由は，価格メカニズムの利用にはコストがかかるという事実に帰せられるであろう。価格メカニズムだけに頼って生産活動を行うことにより生じる最も顕著なコストは，そもそも価格がいくらであるかを知るために費やされるコストである。価格情報を商品として売りさばく専門家が現れればこのコストは減少するが決して消滅はしない。さらに，市場で交わされる一つ一つの取引のために契約交渉を行うコストも考慮せねばならない。［中略］
　企業が生まれても契約はなくならないが，その数は大幅に減少する。生産手段の提供者（「所有者」といってもよい）はその企業を通じて彼と協力関係に立つ他の生産要素の提供者たちとの間で彼らの役務が提供されるたびにいちいち契約を結ぶ必要はない。この点は価格メカニズムの作用を通じて協力関係を築き上げる場合との大き

な違いであり，企業に対して役務を提供する者との関係は包括的な一つの契約によって規律されている。彼らとの間の包括的な契約，すなわち彼らと企業の間の「雇用契約」の特徴は注目に値する。この契約の中で役務の提供者は一定の（固定給または変動給からなる）報酬を受け取る対価として一定の限度の下で起業家の指揮命令に従うことを約束する。この契約の最大の特質は一定の限度の下で起業家に裁量権を与えているという点である。つまり，この限度の範囲内である限り起業家は役務提供者を自らの命令に服従させることができるのである。

　価格メカニズムに頼ることには別の難点（別のコストといってもよい）もある。商品役務の供給に関しては一般的に長期の契約を結ぶことが望ましいであろう。なぜならば，第一に，契約が長期であるほど契約を結び直すために費やされるコストを節約できるし，第二に，契約当事者がリスク回避的である限り，彼らはより長期の契約関係を望むからである。しかしながら，将来を予測することは難しいので，契約を長期にするほど，商品役務の提供を受ける者にとっては，契約の相手方がなすべき行為を特定することが困難となる。商品役務を供給する者がとり得る行為の数が複数ある場合において，そのうちのいずれの行為をとるべきことになるかは彼らにとってはさほどの関心事ではないかもしれないが，商品役務の買主にとっては重大事である。しかし，買主はいずれの供給を必要とするかを事前に知ることはできない。そこで，提供すべき商品役務を概括的に規定し，その具体的内容は後日を待って特定するという道が選ばれることになる。契約で規定されるのは商品役務の提供者がすべきことの限度だけであり，提供すべきものの詳細は契約には記載せず，後で買主が決定するわけである。このようにして経営資源の用い方が（契約所定の限度の範囲で）買主の判断に委ねられ，これによって「企業」という言葉で表現される人的関係が生み出される。すなわち，企業とは短期的な契約を結び続けていくことが不適切な状況において生まれる現象である。［中略］

　本項の議論を要約するに，市場が機能するためには一定のコストがかかるが，組織を形成し特定の権限者（以下，これを「起業家」と呼ぶ）に経営資源の使い方の裁量を与えることによってこのコストは節約できる。起業家は彼に与えられた権能を行使するにあたり，市場取引を通じて行動する場合よりも安価な価格で経営資源を取得すべきであるという事実を常に念頭に置いて行動しなければならない。なぜならば，もしそれが適わないのであれば市場を通じた取引に立ち戻るべきであるからである。

　企業と市場の境界を考えるにあたっては，しばしば不確実性の問題が重要となる。不確実性がなければ企業は出現しないといっても過言ではないであろう。［中略］

　留意すべきもう一つの点は，市場の取引活動と企業組織の中で行われる取引活動では，政府その他の取締機関による取扱い方が異なるということである。［中略］

　以上に述べたことが，価格メカニズムによって経営資源の配分が規律されるという仮定が一般に妥当する特化の進んだ交換経済の中に企業の如き組織が生まれることの理由である。すなわち，企業とは経営資源の用い方を起業家に委ねることを決

めたことによって生じる人的関係の束なのである。

　この抜粋の内容についてはよく知っていると思った読者も多いかもしれない。「企業内部で経済活動が営まれるのはいかなる場合か」という問題は，第3章で論じた「人や企業が，その意図するものの実現を契約を通じて第三者に委ねるのはいかなる場合か」という問題を逆の向きから論じたものとみることもできるであろう。コースの定義によれば，企業とは起業家の裁量の下で中央集権的に経済活動を行う組織のことである。コース教授のこの論文は経済活動の組織化に関する考え方に絶大な影響を与えた。

　コース教授の「企業の本性」は，企業の現実の行動に対しても重大な影響を及ぼした。この論文は，企業の所有者や経営者に対して，様々な経済行動を企業の外部に切り出し，あるいは逆に内部に取り込むことによってコストの削減と効率性の向上を図ることの重要性を教えたからである。会社のM&A（経済活動の統合）や会社の整理・縮小（経済活動の分離）はコーポレート・ファイナンスの要となる行為である。米国の経済界であまねく活躍している投資銀行家や経営コンサルタントたちが果たしている役割とは，コース教授の説くところに従って米国の産業構造を合理化することにあるとみることもできる。これらの専門家に助言を与える法律家たちもまた，この世界において重要な役割を果たしていることはいうまでもない。

　コース教授の論稿のもう一つの重要な論点は起業家の裁量が果たす役割についてである。経済活動を企業の内部に取り込むことが合理的であり得る一つの理由は企業経営者が，労働者の配置転換や，機械装置の用途の変更などを通じて経営資源の再編成を行う際の裁量に価値が見出せるからである。コース教授によれば，この裁量の存在こそが企業と市場取引を峻別するものである。会社法を勉強すれば分かるように，経営者の裁量を確保することはアメリカ会社法の最大の特徴の一つである。契約による拘束や法制の改革によってこの裁量権

---

③　（原注）契約理論を学び終えた読者の目からすれば，硬直的な契約上の取決めと企業内部における弾力的な資源の配分を峻別するコース教授の見解はいささか極端であるという印象を与えるかもしれない。第3章でみたとおり，特定の当事者の裁量の余地を拡げることによって契約関係を企業内取引に近いものとする技法は多数あるし，逆に現代の会社法学者は会社の定款を特殊な契約と捉えることの有用性を重視し，会社法を契約法的に解釈する傾向を強めている。しかしながら，法の理論と実務におけるこのような発展は決してコース教授の独創的考察の価値を減じるものではない。むしろ，彼が企業と市場との間の根本的な違いを明確に示したからこそ，この両分野における我々の考えが知的に進化したといえるのではないであろうか。

が脅されるという問題に対して法律家は常に注意を払わなければならない。経営の自由度を維持することがなぜ重要なのか，この点を説明する役割は法律家が果たさなければならない場合が多いからである。このような見解を確信を持って主張し得るのはコース教授とその後継者たちの貢献に負うところが大きい。

しかしながら，裁量を与えることには濫用の危険が伴う。これは契約を論じる際にも会社を論じる際にも不可避的に発生する問題である。経営者の裁量が生み出すこの好ましからざる側面を取り上げた古典的文献は，コース教授の論文が発表される数年前にコロンビア大学の二人の教授によって発表された。コロンビア法科大学院のアドルフ・バーリー（Adolf Berle）とコロンビア大学経済学部のガーディナー・ミーンズ（Gardiner Means）の2人が記した次の書物がそれである。

Adolf A. Berle and Gardiner C. Means
『近代株式会社と私的財産』
(The Modern Corporation and Private Property)
第1章（1932年）

現代の会社は，もはや，個々人が私的なビジネス活動を行うための装置ではない。依然としてこの目的のために使われる場合も少なくはないが，会社という法形式を用いることはより大きな意味を持つに至った。今日の会社は，財産の新たなる所有形式を作り出し，同時に，経済活動の新たな秩序を生み出した。かつての時代には身分と権限の分配を特徴とする「封建制（feudal system）」が存在し，社会秩序の基軸としてその重要性を認められていたが，それと似た意味において「会社制（corporate system）」とでも呼ぶべきものが生成されたといっても過言ではないであろう。
［中略］

この観点から見た会社とは，膨大な数の人々の富を集め，統一された意思決定の下でこれを運用することを可能とする装置である。決定権の集中は産業界に新たなスターたちを生み出すことになったが，この世界の中に彼らをどのように位置付けるべきかはいまだ定かではない。投資家がその富の運営を統一された意思決定に委ねるということは，伝統的な財産秩序を事実上解体し，これに代わる新しい秩序を確立させる必要性を生み出した。富をリスクに晒している投資家以外の人物が意思決定を行いうるという事実は，人々の心にこの決定権を掌握し収益の配分を事実上コントロールしたいという新たな欲望の種を植え付けた。［中略］

経済活動にこのような秩序がもたらされた背景には二つの歴史的改革があり，そのいずれもが権限の一極集中が及ぶ領域の拡大に貢献した。その一つは，産業革命

の基礎となった工場制度の確立である。工場制度が定着したことにより1人の経営者の指示に服する労働者の数は加速度的に増大した。もう一つの改革は株式会社制度の普及である。その革命的効果は工場制度に優るとも劣らぬものであり、この制度によって膨大な数の人々の富が一つの意思によって集権的に運営されるようになった。これらの変革を通じて権限を持つ者の力は飛躍的に増大し、一方で、労働者と資本家の立場にも大きな変化が生じた。すなわち、それまでは独立性を保持しつつ工場に出入りしていた労働者たちは工場長の指示に服する賃金労働者となり、株式会社に投資する資本家は彼らの富を会社を運営する者の手に委ね、これによって、彼らはもはや富の独立した所有者ではなく、資本の対価を受け取るだけの者となったのである。

ただし、このような変革は会社という法形式を用いることで必然的に生じたものではない。個人が自らの事業を法人化して会社を作ることは昔も今も可能である。この場合の会社は、その個人の投資、その個人の活動、その個人の取引を体現しており、できあがった会社は設立者個人の「分身（alter ego）」にすぎない。会社という法形式がなし得ることがこれにとどまっていたとすれば、それによって出現し得たものは、人々が事業活動を行うに際してはある種の「法的衣装（legal clothing）」を纏うことがあるという慣習だけであったであろう。それは、財産の所有形式や経済活動の秩序の急進的な変革を伴うものではなく、封建制と比較し得る新たな「制度（system）」を生み出すものではない。

会社制は、この私的ないしは「閉鎖的」な会社が公開会社という異質の存在に取って代わられることで初めて出現するに至ったものである。公開会社の所有者の数は増加の一途を辿り、結果として所有と支配との間に著しい乖離が生まれた。〔中略〕

米国の会社法は閉鎖会社と公開会社の間に区別を設けていないが、両者の経済原理は根本的に異なっている。所有と支配が分かたれたことによって公開会社の所有者と経営者の利害はしばしば対立し、経営者の権限濫用を防止するために役立つはずの制度の多くが機能不全に陥った。このようにして生まれた巨大な会社群は規模という観点だけからみても小規模な閉鎖会社にはない社会的重要性を持っている。証券市場を通じて投資を行う大衆への責任を担うこととなったこれらの会社は、もはや限られた人々の活動を装うための法的衣装ではなく、企業に資金を投入する投資家層に（少なくとも名目的には）奉仕するための機構へと変身を遂げた。このようにして、所有者のみならず、労働者、消費者そして国家に対する責任は、企業を新たに支配することとなった者たちの双肩に荷われることになった。このような関係を創設した点において公開会社の誕生は一つの革命であったと言っても過言ではないであろう。同時に、それは、伝統的な「所有権」という概念の一体性を打ち砕き、これを名目上の所有権とかつてはその概念の一部であった実質的な支配権に区分けした。こうして会社は利益を追求する企業のあり方そのものを変えたのであり、この革命を論じることが本書の目的である。〔中略〕

所有権概念の一体性が破壊されたことによってそれまで 300 年の長きにわたり維持されてきた経済秩序の基盤が失われた。中世末以降の経済活動の中核を占めてきた私企業は私有財産制をその礎（いしずえ）としている。［中略］封建制の下での経済活動が慣習法から成る精緻な秩序によって支えられていたのに対し，私企業の世界の秩序を支配するものは財産所有者が目指す自己利益の追求であった。この利益追求を制約するものは競争原理と需供のバランスだけであり，この制約の下で各自が私的利益を追求することこそが経済の効率性を担保する最大の鍵と考えられてきた。各自に対して自己の財産の使い方を自由に決める権利とその結果得られる果実を十分に享受できる権利の二つを保証すれば，各自の利益の追求を媒介として各自が所有する財産の効率的な利用が達成される。そう考えられてきたのである。

　しかし，そのような考え方は公開会社には通用しない。これまでにみてきたとおり，公開会社の富を用いる者は富の所有者ではない。富を支配し，その運用の効率性や収益性を確保すべき地位にある者が所有者として収益の大半を手中に収めるということはもはやあり得ない。一般的にいえば，現代の会社の運命を担う者たちの株式所有割合は非常に小さく，したがって，会社を効率的に運営することによってもたらされる利益のなかで彼らの手元にわたるものはごくわずかである。一方，会社の利益の受益者である株主に対して富の使用のさらなる効率化を図るように動機付けることももはやできない。株主は富の使用権限を企業の支配者に譲り渡してしまっているからである。このようにして，所有権の一体性の崩壊は，財産の所有者が自己の利益を追求することによってその利用の効率性が確保されるという経済原理の大前提に終焉をもたらし，企業活動における個々人の主体的行動の基本原理は再考を迫られている。我々がすべきことは，経済を支える動機付けの仕組みの再構築と，会社の経営目的の再検討であろう。

　「バーリー＝ミーンズ的企業観（Berle and Means Corporation）」と呼ばれる問題，すなわち，集権化した経営者と分散化した株主から成る会社が生み出す問題は，米国の会社法とコーポレート・ファイナンスが立ち向かうべき中心課題の一つである。コース教授の『企業の本性』が示唆するとおり，会社という法形式を用いて効率性を追求するためには経営の自由度を確保することが重要である。しかしながら，このことと（バーリー＝ミーンズが指摘する）経営者の裁量を野放しにすることの危険とは緊張関係にあり，この二つの理念の相克こそ会社法に課せられた最大の課題といえるであろう。法科大学院の会社法の授業で学ぶことの多くは経営者の経営判断を不当に縛ることなく投資家保護のために必要な経営のコントロールを達成するにはどうしたらよいかという問題の考察にあてられる。この二つの要請を賢明な方法によってバランスさせることは企業法

務に携わる法律家の重要な役割である。

　歴史好きな人は，公開会社における経営者裁量権の問題が最初に注目されたのはいかなる時代であったのかを知って興味を感じるかもしれない。それは1932年，つまり大恐慌の只中であり，同時に，ニューディール政策が始まる前夜であった。

　米国社会の中で株式の分散所有が進んだ大規模会社の存在が注目を集めるようになったのは第一次世界大戦後のことである。それまでは大富豪一族（カーネギー家，ロックフェラー家，メロン家など）が業界を代表する企業を所有する状況が一般的であった。この状況に変化をもたらしたものは1920年代における株式市場の興隆であり，大量の個人投資家の出現によって大衆が企業を分散的に所有するという状況が生み出されたのである。

　つまり，バーリー＝ミーンズが論じた現象は歴史上まだ新しいものであった。しかしながら，彼らの分析が正鵠を射たものであることは直ちに理解され，ルーズベルト大統領が提案した一連の改革法案（その中心は経営者に対する株主の相対的な権限の回復を目指した1933年証券法と1934年証券取引所法である）の理論的支柱となったのである。

　バーリー＝ミーンズ的企業観が描き出した問題は米国で企業法務に携わるすべての法律家のよく知るところである。さらに，公開買付けや委任状争奪戦など現在ではすっかり著名となった企業支配権をめぐる一連の活動も経営者の裁量権を抑制するうえで重要な役割を果たしていると考えられるようになった（これらの活動は株主が企業支配権を経営者から取り戻す機能を有している）。会社法を勉強すれば分かることであるが，このような活動や企業統治に関する他の諸制度が経営者の権限濫用を防ぐための装置として有効に機能しているか否かは意見の分かれるところであり，さらに，ポイズン・ピルその他の買収防衛策が経営者の権限の肥大化を再び進行させる働きをしているか否かについても活発な議論が展開されている。これらの重要かつ興味深いテーマを論じることは別の機会に譲るとして，ここで一点指摘しておきたいことがある。それは，バーリー＝ミーンズが彼らの著書で明らかにした問題は，会社という制度に特有の「エージェンシー問題」[1]の一つであるということである。この書物が出版されて以降この問題の解決を図るべく様々な法律論が展開されてきた。そこで示唆

1）（訳者注）エージェンシー問題の意味については第3章の注9）も参照されたい。

されてきた対処措置は，代理人（ここでは経営者が代理人である）が本人（ここでは株主が本人である）の利益に適うように行動することを義務付ける法的措置であるという点において第3章で論じたことと似ている。[④]

B 現代ファイナンス論の起源

現代のファイナンス論を学問的に論じた文献はいささか専門的すぎて初学者には不向きである。そこで，ここでは，この分野の全体像を理解してもらうための資料として，ファイナンス理論の黎明期の文献を二つほど紹介する。いずれの文献も，法科大学院の先端科目の授業で再度言及されるはずのものである。

最初に引用するのはモジリアニ（Modigliani），ミラー（Miller）両教授が著した文献の冒頭部分である。この文献はファイナンス理論の研究者が長年関心を抱いてきた問題を論じている。すなわち，それは，「企業価値を最大化するためには企業はいかにして必要資金を調達すべきか」という問題である。（銀行からの借入金等により）負債を増やすか，（株式の発行等により）株主持分を増やすか，あるいはその二つを組み合わせるか，どの方法が最善の資金調達手段，すなわち資本コストの最小化をもたらすものであるのか。分析を単純化するための仮定を設けたうえで両教授が辿りついた結論は驚くべきものであった。すなわち，それは，「企業の資本構成，つまり負債と株主持分の割合は，企業全体の価値に対していかなる影響も与えない」というものであった。

Franco Modigliani and Merton H. Miller
「資本コスト，企業の資金調達および投資の理論」
(The Cost of Capital, Corporation Finance,
and the Theory of Investment)
3 Am. Econ. Rev. 261, 261-71 (1958)

企業の「資本コスト」とは何か。ここでは二つの事実を念頭においてこの問題を考えてみたい。すなわち，第一に，企業は資産を取得するための資金を必要として

---

④ （原注）バーリー＝ミーンズ的企業観は株主と経営者間の利害対立を表す代名詞となってしまった感があるが，彼らの著書は他の会社関係者，特に労働者に対する経営者の力の増大についての懸念も示していた。これらの人々の利益を守るためには，ときに株主利益を犠牲にしてでも公権利の介入が必要であるというのがバーリー，ミーンズ両教授の意見であったのであるが，バーリー＝ミーンズ理論に言及する現代の論者はこの点を等閑に付しがちであり，この傾向は特に米国において顕著である。

いるが，この資産が生み出す収益の値は不確実であり，第二に，資金は，定額の請求権から成る純粋の負債から不確実な収益の分け前にあずかれるだけの純粋の株主持分まで様々な手段を通じて入手可能とする。［中略］

これまでの経済学者は，ある仮定を設けることによって資本コスト問題の本質から目を逸らす傾向にあった。その仮定とは，会社の資産が産み出す収益は確実な資金の流入と同視できるというものであり，経済学者はこの仮定に立ったうえで，「企業の資本コストはその企業が発行している社債の適用金利に他ならない」と考え，さらには，「合理的な企業は資産の限界収益が市場金利と等しくなるレベルまで投資を拡大すべきである」というよく知られた命題を導き出していた。［中略］

収益を確実なものとみなす（あるいは，等価値の確実な収益に置き換える）というアプローチは，資本が蓄積されていく過程を巨視的に把える場合などに有用であることは事実であろうが，これによって現実を近似的に把え得ているかと言えば疑問であると言わざるを得ない。もう一つのアプローチは市場価値の最大化という観点に立って資本コストを実践的に定義し，実用的な投資理論を作り出そうというものである。このアプローチの下ではすべての投資プロジェクトとそれに伴う資金計画の可否は次の基準を満たすか否かによって定まる。その基準とは，その資金計画に則ってプロジェクトを実施した場合に企業の株式市場価値は増大するか否かというものであり，この基準を満たすプロジェクトはこれを実施する価値があり，そうでない場合，そのプロジェクトの収益は当該企業の限界資本コストを下回っていると考えるべきである。［中略］

市場価値に力点を置くこのアプローチに真理が潜んでいることは昔から誰もが認めるところであった。問題は，このアプローチだけでは状況の分析が進まないことである。このアプローチがさらなる発展を遂げるのを妨げてきた主たる原因は企業の資本構成がその企業の市場価値にもたらす効果とその効果を客観的な市場のデータによって裏付ける理論が欠如していたことにあると思われる。本論は，このような理論を確立し，それに基づいて資本コスト問題を分析することを目的とするものである。

我々はまず基本的な理論を示し，その妥当性を実証データに照らして検証し，［その後に］この理論を使って資本コスト問題を解き，不確実性を伴う状況化における企業の投資の理論を明らかにする。［中略］

［このあと，この論文は，情報の完全性，契約の柔軟性，税金問題の捨象など分析を単純化させるために必要な仮定をいくつか設けたうえで企業の資本構成と企業の市場価値の関係を分析し，最終的には一見挑発的ながら深甚な影響力を持つ下記の二つの命題を導き出すに至る。］

第1命題：［前略］企業の市場価値はその資本構成とは無関係であり，その値は（その企業の保有資産が生み出す収益の）期待値を（必要資金を全て株式として調達したと仮定した場合における）その収益の割引率を用いて現在価値に換算することによってこれを求めることができる。［中略］すなわち，企業の平均資本コストが企業の資本構成によって影響を受けることはない。［中略］

第2命題：株式の期待収益率は収益の現存価値を求める際に用いる割引率にリスク・プレミアム（＝この割引率と市場金利との差）とこの企業の負債比率（＝負債の時価を分子，株主持分の時価を分母とする値）の積を加えた値と一致する。[2]

以上の文章は一読しただけでは難解に感じるかもしれない。しかし，モジリアニ＝ミラー両教授の命題（以下，「**モジリアニ＝ミラー命題**〔Modigliani and Miller Theorem〕」という）の勘所を要約して述べることは容易である。すなわち，彼らが看取したことは，企業が負債への依存を高めるほど株主持分のリスクは高まりその分だけ株式の価値を減らしてしまうということである。[3]

モジリアニ＝ミラー命題以前のファイナンスの専門家は，「株主持分のコストよりも負債に対して支払われる利息の方が安い限り，資本構成に占める負債の割合を増大させることによって企業は平均資本コストを引き下げることができる」という前提に立って分析を行っていた。モジリアニ＝ミラー命題は負債によって資金を調達すると株式のリスクが高まる分だけ1株あたりの価値は上昇を妨げられる点に注目することにより，この伝統的な理解を否定した。モジリアニ＝ミラーが行った分析の詳細をここで示すことはできないが，彼らは，負債の調達によって一見生み出されているように見える利益はリスクの増大によって打ち消されてしまい，結局のところ企業の資本構成は企業全体の価値に

---

2) （訳者注） モジリアニ＝ミラーの第2命題は，一般に次のように表現される場合が多い。

$$\mu_A = \frac{E}{E+D}\mu_E + \frac{D}{E+D}r$$

ただし， μ_A＝必要資金をすべて株式で調達した場合の収益の割引率
μ_E＝株式の期待収益率
r＝市場金利
E＝株主持分の時価総額
D＝負債の時価総額

である。しかし，上式は次のように変形することが可能であり，これが本文に記した第2命題の表現である。

$$\mu_E = \mu_A + \frac{D}{E}(\mu_A - r)$$

3) （訳者注） もう少し正確にいうと，「負債比率を高めると株主持分の期待収益率は上がるので，他の条件に変化がないとすれば1株当たりの価値は増大するはずであるが，実際には収益の不確実性も一緒に増大してしまうために，結局のところ1株あたりの価値は変わらない」ということである。ちなみに，ここで上昇する不確実性は固有リスクと市場リスクの双方に及ぶものであるから，232頁以下で述べる分散投資を進めてもこの不確実性を減少させることはできない。

影響を与えないという結論を論証したのである。

　しかしながら、ここで注意すべきことは、この論文の著者である2人の教授すらも上記の結論が現実世界の実相を示してはいないことを知っていたことであろう。モジリアニ＝ミラー命題の真の価値は、これを通じて、資本構成の選択が現実世界における企業価値に影響を与えることの真の理由をファイナンスの研究者やアナリストがより注意深く、より体系的に考えるようになったという点に求められるべきである。より端的にいえば、モジリアニ＝ミラー命題が世に知られた後の論者は（モジリアニ＝ミラー両教授も含めて）、資本構成が企業価値に影響を与えることの理由を両教授がモジリアニ＝ミラー命題を導き出す際に設けた仮定の非現実性の中に求めるようになった。具体的には、まず、税制の存在により株式を発行するよりも借入れを行う方が有利となる状況が存在する。さらに、資金繰りが悪化したり倒産した場合に発生するコストの存在も資本構成の選択に影響を与える。

　以上の諸点は顧問先の企業やその財務アドバイザーの行動に大きな影響を及ぼすものであり、その理解を深めておくことは法律家にとっても重要である。コーポレート・ファイナンスの世界で日常的に生起することの多くは、企業全体の価値を高めるべくその資本構成を調整しようとする努力の現れとして捉えることができる。新規に株式を発行したり、既存の借入金を返済したりすることによって、企業はその資本構成に変化を加え、そうすることで企業全体の価値を高めようとしている。モジリアニ＝ミラー命題の背後にある仮定が成立する世界ではこれらの営みは無意味であるが、現実の世界では、それは企業にとって死活的に重要な取引である。

　資本構成を変化させることにはもう一つ重要な意味がある。それは、「公開会社の経営者（代理人）は株主（本人）の利益を軽視する傾向を免れない」というバーリー＝ミーンズの前出の論稿が提示したエージェンシー問題への影響についてである。下記の著名な論稿において、ジェンセン（Jensen）・メックリング（Meckling）の両教授は、資本構成の変化が経営者と株主間の利益相反問題

---

4)　（訳者注）　負債と株主持分の投資家レベルでの実効税率が等しいと仮定し、かつ、負債比率の上昇による倒産リスクの増大（およびそれに伴う借入利率の上昇）を捨象して考えるとすれば、負債を有する企業の企業価値（＝債権者価値＋株主価値）は同一の事業を営む負債のない企業の企業価値に比べて負債額に法人税の実効税率を乗じた値だけ大きくなることが知られている。その原因は配当の支払は法人税の支払後の利益からなされるのに対して利息の支払は法人税の計算上損金として処理できるからである。

の解決に役立つのではないかという考えを提示した。

Michael C. Jensen and William H. Meckling
「企業の理論：経営者の行動」
(Theory of the Firm: Managerial Behavior)
3 J. Fin. Econ. 35, 36-43 (1976)

　現代の会社のあり方をめぐる諸問題の多くは，最近注目を集めつつあるエージェンシー関係の各論として捉えることができる。[中略]
　ここで，「エージェンシー関係」とは，一人または複数の人間（本人）が他の人間（代理人）に一定の役務の遂行を委ねる場合であって代理人に自らの判断によって行動し得る一定の権限が与えられている関係を意味する。本人と代理人のいずれもが自らの効用を最大化することを目的に行動すると仮定する限り，代理人が本人の最善の利益のために行動するとは限らないと考え得る理由は十分あるといえるだろう。本人は自らの利益が守られないことを防ぐべく二つの行動をとることができる。その一つは，代理人に適切な動機付けを与える仕組みを作ることであり，もう一つは代理人の逸脱行動を防ぐべく一定の費用をかけて彼の行動をモニター（監視）することである[5]。これに加えて，本人が代理人に一定の対価を支払い，その見返りとして代理人は本人を害する行動をとらないことを約束し，その約束に反した場合には損害を補填することを保証すべく一定の費用を支出する場合もある（このような費用を以下「ボンディング・コスト」という[6]）。本人の視点からみて代理人が最善の判断を下すことを確保するためには，本人も代理人も一定のコストをかけざるを得ない。大多数のエージェンシー関係においては，本人はプラスのモニタリング・コストを負担し，代理人はプラスのボンディング・コストを負担し〔これらのコストには非金銭的な費用が含まれる〕，それにもかかわらず代理人が現実に下す決定と本人の厚生を最大化する決定との間にはなお乖離があるというのが実状である。この乖離によって生じる本人の厚生の減少のドル換算額もまたエージェンシー関係が生み出すコストの一つであり，以下これを「残余コスト」と呼ぶ。以上によれば，エージェンシー・コストは下記の三つの要素の合計額と定義できる[7]。
　(1)　本人が負担するモニタリング・コスト
　(2)　代理人が負担するボンディング・コスト

---

[5]　（訳者注）　経営者が事業報告書や計算書類を作成して財務状況や営業結果を報告するために費やされるコストはモニタリング・コストの一例である。

[6]　（訳者注）　経営者が経営者である期間やその後の一定の期間について企業と競業する他の会社の業務に関与しないことを株主に約束するとすれば，これによって生じる機会費用はボンディング・コストの一例である。

[7]　（訳者注）　本人が代理人に支払う対価はエージェンシー・コストの定義には含められていない点に留意されたい。本人と代理人間の支払は両者の効用の総和には影響を与えないからである。

(3) 残余コスト

[中略]

　会社の株主と経営者の関係はエージェンシー関係の定義に合致する。したがって所有と経営が分離した現代の会社に見出される諸問題がエージェンシー問題に還元し得ることは驚くにあたらない。我々は会社という形態からエージェンシー・コストが生み出される理由と過程を検討することを通じて企業の資本構成に関する理論が成立することを以下に示そうとするものである。[中略]

　ここでは，経営者が企業の「残余請求権（residual claim）」，つまり株式を100％所有している場合と彼らがその一部を外部者に売却した場合を比較することによって外部株主の存在がエージェンシー・コストに及ぼす影響を分析する。まず経営者が株式を100％所有している場合，彼は自らの効用が最大化されることを目指して事業上の決定を行う。決定を行うに際して考慮される事項には彼が手にする金銭的な利益ばかりでなく，起業家としての活動が生み出す様々な非金銭的効用が含まれ，後者の例としては，オフィスの調度品，魅力的な秘書，忠実な社員，様々な慈善活動，社員たちとの間の個人的関係（「情愛」や「尊敬」など），業務の必要性を上回る操作性を備えたコンピューター，友人たちから調達する生産要素などが挙げられる。各種の金銭的利益と非金銭的利益の最善の組合せは，（税金問題を捨象して考えるとすれば）非金銭的な利益のそれぞれについての支出（ただし，その支出が生産効果を伴う場合にはその効果を差し引いた値とする）を1ドル増やすことによって得られる限界効用がいずれも等しく，しかも，それが税引後所得が1ドル増加することによって得る購買力と一致する場合に達成されたといえるであろう。

　100％のオーナー経営者が自分の保有する株主持分の一部を売却すると彼の利益と外部株主の利益の間の乖離が生じ，エージェンシー・コストが発生する。なぜなら，この状況においては経営者が自己の効用の最大化を図って手に入れる非金銭的な利益については，その費用を一部しか負担しないからである。仮に，経営者が株式の95％を所有しているとしよう。この場合，彼には1ドルを追加的に支出することによって得られる非金銭的な利益の効用が95セント（1ドルではない点に留意せよ）の現金が生み出す購買力と等しくなるまでその非金銭的な利益を追求し続けることであろう。このような行動は外部株主がモニタリング・コストを費やせば減少するが，それでも消滅することはないであろう。そして，株式市場がこの結果を予期する限り，これによって生じる費用の資産効果はすべてオーナー経営者の負担に帰するはずである。なぜなら，少数株主になろうとする者は彼らとオーナー経営者との間の利害の不一致を予期し，この不一致によって生じる結末（モニタリング・コストの支出を含む）を織り込んだ価格によってしか株式を購入しようとしないはずであるからである。しかし，それにもかかわらず，株主としての権利を現金という一般的な購買力に転換することによって追加的に得られる効用が上記の費用を上回る限りオーナー経営者はこの費用を負担してでも権利の一部を売却しようとするであろう（なお，株式を保有したままでこれを担保として現金を借り入れるという選択肢について

はすぐ後で論じる)。

　オーナー経営者の持株割合が減少すれば企業の最終利益に対する彼の権利も減少し，彼は経営者としての役得の中に利益を見出そうとする傾向を強める。この結果，少数株主はより多くの費用を費やして経営者の行動を監視することを必要とするので，結局のところ経営者の持株割合が減少するほど彼が株式市場から追加の現金を手にする際に発生する資産減少効果は上昇せざるを得ない。

　オーナー経営者と外部株主間のエージェンシー問題は，経営者が企業の財産を彼個人の欲望のために濫用することによって生じるという問題については今後も繰り返し言及することになるだろう。しかしながら，これは，経営者と株主の間におけるエージェンシー問題ではないし，おそらくは，最大のエージェンシー問題ですらないであろう。最大のエージェンシー問題は，経営者の所有割合が低下すると，収益性の高い新規事業の探求などの創造的活動に従事しようとする経営者のインセンティブが低下してしまうことに求められるであろう。例えば，新規事業を理解するために彼自身が新技術を習得してこれを管理する必要がある場合，そのために費やされる労苦を嫌ってその事業の探求を断念するという事態が起こりうる。このような個人レベルでのコストやそれに伴う精神的な負担を避けることはそれ自体が経営者が業務を通じて取得する効用の（減少を防ぐという意味における）一部であり，それを追求することで企業の価値は実質的に低下してしまう。［中略］

負債のエージェンシー・コスト

　外部株主がいることがエージェンシー・コストの発生原因であるとすれば，外部株主は自己の所有株式をオーナー経営者に売り渡すことで利益をあげ得るはずである。オーナー経営者は自己の持株比率を高めることによってこのコストを回避できる立場にあるからであり，彼が自己の保有資金と社債その他の負債証券の発行を通じて調達した資金を元手に外部株主の所有株式を買い戻していけば，結果としてオーナー経営者は再び100％の株式所有者となることであろう。外部株主のいないこの1人株主会社にはエージェンシー・コストは発生しない。ところが，現実世界には株式の発行を通じて資金調達をした多数の株主を擁する会社が多数存在している。したがって，そこにはそれを必然化する何か別の理由があるはずである。

　想像力のある起業家には，企業の資本構成を自在に設計する機会が与えられている。すなわち，企業の資本は企業の財産と収益に対する請求権の階層によって成り立っており，各請求権は異なったレベルのリスクを有し，それに見合ったプレミアの支払を受ける。

　しかるに，起業家が提供したわずかな資金が100％の株主持分を構成し，残りの資本はすべて借入金で賄っている大規模会社を見出し得ないのはなぜであろうか。思うに，そこにはいくつかの理由があり，その主たるものは，(1) 負債比率が高い企業に固有のインセンティブ問題，(2) このインセンティブ問題が生み出すモニタリング・コスト，および (3) 倒産コストの三つであろう。これらのコストは，い

ずれも企業に負債があることによって生じるエージェンシー・コストの一形態である。[中略]

企業所有構造の理論
　これまで外部株主や外部債権者の出現によって生じるエージェンシー・コストの性質について論じてきた。ここからの目的はこれらの考察に基礎を置いて企業の所有構造の理論を作り出していくことである。ここで、「資本構造」ではなく「所有構造」という言葉を用いたのは、株主持分と負債の比率だけではなく経営者が保有する株主持分の割合もまた重要な変数となることを強調するためである。[後略]

　このジェンセン＝メックリングの論稿は、本項でこれまでに紹介した三つの文献のテーマを総合したものである。すなわち、第一に、この論稿は表題（Theory of the Firm）からしてコース教授の「企業の本性（Nature of the Firm）」を想起させるものである。内容的にも、本稿は企業の構造に適した経済関係とはいかなるものであるかを明らかにしようというコース教授の問題意識を継承しており、この問いに対する答えとして、経営者と株主が一致する場合に企業の構造は最善となると主張している。第二に、ジェンセン＝メックリングはバーリー＝ミーンズ的企業観に関してもその解決策を提示している。すなわち、経営者の裁量権に対するコントロールの欠如という公開会社に固有の問題を解決する一つの方法は、経営者をして（再度）企業の所有者とならしめること、つまり、公開会社の非公開化を進めることである。第三に、ジェンセン＝メックリングの論稿はモジリアニ・ミラー命題のテーマにも関連している。ジェンセン＝メックリングは企業の最適な資本構成は何であるかを論じているからであり、この問題に対する彼らの答えは、所有と経営を一致させることによって生じる価値創造的要素と負債比率を高めることによって発生するコストのバランスをとるべしというものである。

　ジェンセン＝メックリングの理論は現実世界でも実践されるようになった。この論稿が書かれた1976年以降企業買収は加速度的に一般化していったが、その中には少数の投資家集団が大量の負債を調達して（このような負債は「ジャンク・ボンド」と呼ばれることがある）公開会社を買収する取引が少なからず含まれていた。これらの投資家集団が追及した戦略はジェンセン＝メックリングが唱導したものに他ならない。すなわち、彼らは自らが多数の一般株主に取って代わることにより企業経営に対するコントロールを強め（つまり、経営の裁量権

に制約を課し），そうすることによって企業価値を高め得ると考えたのである。このような取引の適否については意見が分かれるところであるが，ジェンセン＝メックリング両教授と2人の論稿が依拠する思想がこのような取引の理論的支柱となったことは疑いを入れない。

C ファイナンスの目標

以上に掲げた文献はファイナンス理論が扱う重要な論点のうちのいくつかを取り上げている。どれだけの経済活動を企業の内部で営むべきか。どうしたら経営者が彼らにとっての「本人」（それは伝統的に株主を意味するものとされてきた）に対し忠実であり続けるようにできるのか。企業にとって最善の資本構成とは何か。企業は負債比率を上げるべきか，それとも，下げるべきか。株式は多数の株主が分散して所有する方がよいか，それとも，企業の活動をより容易に監視しうる少数の株主が集中的にこれを所有する方がよいか。

これらの問題に答えるべくファイナンス理論はこのあと紹介するものも含めて様々な技法を作り上げてきた。これらの技法の多くは，長期間にわたって収益を生み出す活動（新工場の建設など）の価値の算定，あるいは，資本市場における株式の動向を分析して企業が抱えるリスクの大きさや経営の実績を評価するために用いるものである。このような技法を使うことによって，ファイナンスの専門家は，新規製品の販売を開始すべきか否か，資本構成を変更すべきか否か，さらには，経営陣を刷新すべきか否かなどという問題についてまでも意見を述べることができるようになった。

以下の各項では，これらの分野を特徴づける技法のうちで法律家にとっても大切な基礎的技法を紹介する。最初に，最も根本的な概念である「貨幣の時価的価値」を論じ，次に，これよりは少し複雑であるが同様に重要な他の諸概念を取り上げる。

3 貨幣の時価的価値

すべての法律家が理解すべきファイナンス理論の根本原理は，現在受け取る金銭の価値と将来受け取る金銭の価値との関係である。この関係はしばしば「**貨幣の時価的価値**（time value of money）」という言葉で言い表される。本項では，この概念の意味と法実務におけるその重要性を論じる。

A　現在の金銭と将来の金銭の比較

　弁護士がしばしば迫られる選択は，ある額の金銭を直ちに受け取ることをクライアントに薦めるか，それとも将来のある時点でより大きな額の金銭を得ることを薦めるかというものである。例えば，あなたが不当解雇を理由に前の雇主に対して訴訟を提起した原告の代理人であるとしよう。この裁判で前の雇主は和解金として1,000ドルを支払うことを申し入れてきたが，訴訟を継続すればあなたのクライアントは（弁護士費用その他の経費を差し引いたうえで）1,100ドルの支払を受けることになるとあなたは確信しており，あなたが知らない唯一の情報は訴訟の遂行に費される日数だけであると仮定する。この場合，直ちに1,000ドルの和解に応じる道と，これを拒否して訴訟を継続する道のいずれを選択すべきかという問題についてあなたはクライアントにいかなる助言を与えるべきであろうか。[5]

　この問題に対処する方法の一つは和解金を受け入れてこれを銀行の口座に預け入れ，裁判が終了するまでそのままにしておけばクライアントはいくらの現金を手にすることができるかを考えてみることであろう。この仮想世界における銀行口座の残高を将来の判決額と比較することは貨幣の時間的価値の何たるかを理解するためのよき出発点となる。

　この考察を完全なものとするためには，銀行口座が生み出す利息の利率を知る（ないしは「推定する」）必要がある。そこで，銀行口座に預けた現金には1年間に5％の利息が支払われることが判明したと仮定しよう。したがって，和解金を1年間銀行口座に預ければ，1,000ドルと1,000ドルの5％の和である1,050ドルの現金を取得する。数式で表せば，

$$\$1,000 + 0.05 \times \$1,000 = \$1,000(1+0.05)$$
$$= \$1,050$$

である。

---

[5]　（原注）　第1章で学んだ決定分析に則って考えると，本文の議論は状況を単純化しすぎていると思えるかもしれない。まず，判決額は多くの場合不確実であり，起こり得る複数の判決額を分析の対象とするか，あるいは，判決額の期待値を用いて分析を行う方が適切であろう。くわえて，あなたが訴訟の継続を決めれば，それによって被告は和解額を引き上げてくる可能性もあり，さらに，判決前利息（pre-judgment interest）の認定額次第では裁判が長引くほど判決額が大きくなるという可能性も存在する。ここでは，貨幣の時間的価値という問題に絞って考察を加えるために，これらの諸問題を無視している点に留意願いたい。

したがって，もし訴訟が1年後に終了することを知っていれば，訴訟を継続することの価値，つまり1,100ドルは，和解金を1年間銀行口座に預け入れておくことの価値，つまり1,050ドルをわずかながら上回ることが分かる。しかしながら，訴訟の終了までに2年の歳月を要するとすればどうか。ここで，次のように考えたい誘惑に駆られる人がいるかもしれない。すなわち，「1年目の終了時に50ドルの利息が口座に入り，2年目にさらに50ドルが追加されるのだから，2年目の終了時にはちょうど1,100ドルを手にすることになるだろう」という考えである。しかしながら，この考え方は単純すぎる。なぜならば，2年目の利息は，本来の元本額である1,000ドルではなく，これに1年目の利息を加えた1,050ドルに対して支払われるものだからである。1年目に生じた利息に対して支払われる2年目の利息を計算に入れるならば，2年目終了時の口座の残高は1,050ドルプラス1,050ドルの5％，すなわち，

$$\$1{,}050 \times (1+0.05) = \$1{,}050 + \$52.50$$
$$= \$1{,}102.50$$

となる。つまり，クライアントにとっては訴訟を継続して2年後に1,100ドルを受け取るよりも和解金の申出を受け入れてこれを銀行口座に預け入れ，5％の利率の下で2年間これを運用する方がわずかではあるが有利である。さらにいえば，訴訟の完遂にもっと時間がかかるならば直ちに和解するという選択肢はさらに魅力的なものとなる。決定分析で用いた用語を使うならば，直ちに和解するか訴訟を継続するかを選択するためのクロスオーバー・ポイントは2年弱の期間である。

以上の分析から貨幣の時価的価値の基本構造を捉えることができる。1年後の銀行口座の価値は1,000ドル×(1+0.05)，2年後の価値は1,000ドル×(1+0.05)^{2}である。同様にして，5年後の価値は1,000ドル×(1+0.05)^5＝1276.28ドルであり，10年後の価値は1,000ドル×(1+0.05)^{10}＝1628.89ドルとなる。[6]

---

[6] （原注）これを一般化すれば，現金（PV）をある利率（r）で利息を生み出す銀行口座に所定の年数（n）預け入れた場合の将来の価値（FV）は下記の方程式によって表わすことができる。

$$FV = PV \times (1+r)^n$$

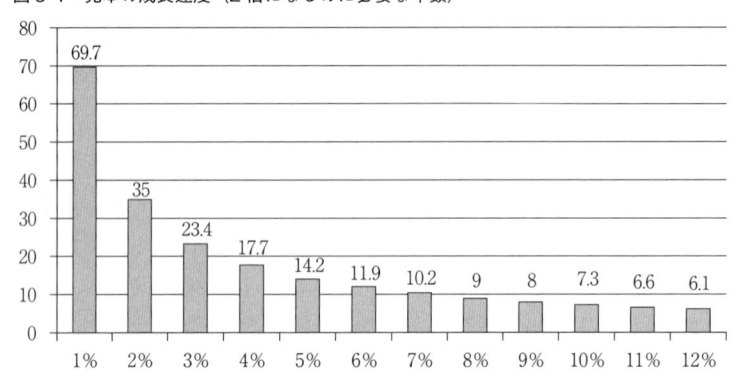

図 5-1　元本の成長速度（2 倍になるのに必要な年数）

利率	年数
1%	69.7
2%	35
3%	23.4
4%	17.7
5%	14.2
6%	11.9
7%	10.2
8%	9
9%	8
10%	7.3
11%	6.6
12%	6.1

B　単利と複利

A で述べた「単純過ぎる」利息の計算方法についてもう一度考えてみよう。1 年目に発生する利息額をもって将来の各年に支払われる利息額とみなすこのアプローチはたしかに魅力的ではある。第一に，この計算は容易であり，第二に，短い期間についてであればこの方法で計算した金利（これを「単利」と呼ぶ）と前述の正確な方法を用いて計算した金利（これを「複利」という）との間に大差はない。前の例でいえば，1 年に 50 ドルの単利は 2 年終了時に 1,100 ドルの価値を生み出すが，この値は正しい価値である 1,102.50 ドルとほとんど変わらない。しかしながら，期間が長くなるほどその差は大きなものとなり，天文学的な違いが生まれるまでにさほど長い期間は必要としない。上記の例の場合，複利の下での 10 年後の口座残高は 1,628.89 ドルであり，発生利息額（$628.89）は単利が生み出す利息額（$500＝$50×10）を 128.89 ドル上回る。

複利の力はファイナンスの世界における驚異の一つであり，それが貨幣の時間的価値に及ぼす効果は人が直感的に想像するレベルを（特に利率が高い場合には）凌駕している。この点に関して，記憶に値する近似的な計算方法を一つ紹介しよう。それは，複利が生み出す価額が元金の 2 倍に達する年数を概算で導き出すための計算方法であり，「**72 ルール**（Rule of 72）」と呼ばれている。その名が示すとおり，72 という数を年利（%）の値で割るとその商は手持ちの金額が 2 倍になるのに必要な年数に近い数字となる。したがって，5% の利息を生み出す銀行口座の残金が 2 倍になるには約 14.4（＝72÷5）年かかる。前の例を使ってこの計算の正確性を確かめてみよう。1,000 ドルの和解金を銀行に

14年間預け入れた場合の残高は 1,000 ドル × (1 + 0.05)^{14} = 1,979.93 ドルであり，たしかに 2,000 ドルをわずかに欠ける金額になっている。図 5-1 に所定の金利の下で元本額が 2 倍になるのに要する年数の一覧を示しておいたので参照願いたい。

C 1回の将来払いの現在価値

法律家がしばしば遭遇する別のタイプの問題として，将来のある時点における受取額を現在の価値に換算するというものがある。例えば，あなたのクライアントが宝くじに当選し，1 年後に 100 万ドルを受け取ることになったと仮定しよう。さらに，この宝くじを管理している委員会が存在し，この委員会からあなたのクライアントに対してこれよりも若干少ない金額——94 万ドルとしよう——を直ちに支払うことで済ませられないかとの相談があったと仮定する。この場合，あなたはクライアントにどんな助言をすべきであろうか。

この問題は，直ちに支払われる和解金と訴訟を継続した後に支払われるより大きな金額の間の選択という前述の問題と類似している。そこにおいて我々が行ったことは現在受け取る金額の将来価値の計算であった。ここにおいて我々が行うべきことは将来受け取る金額の現在価値の計算である。法律家が（ファイナンスの専門家も同様であるが）これらの二つの問題を解くために用いる方法は極めて似ている。しかるべき利率で利息を生み出す銀行口座に今いくらの現金を預ければ 1 年後に 100 万ドルの現金を手にすることになるか，この計算を行うことができれば宝くじの賞金 100 万ドルの現在価値を知ることができる。

数式を使っていい直してみよう。適用金利は引き続き 5％ であると仮定する。我々が求めているものは，(1 + 0.05) を掛けると 100 万ドルになる金額である。すなわち，

$$\text{現在価値} \times (1 + 0.05) = 100 \text{万ドル}$$

であるから，この式の両辺を (1 + 0.05) で割ることによって，

$$\text{現在価値} = \frac{100 \text{万ドル}}{1 + 0.05}$$

$$= 95 \text{万} 2{,}380.95 \text{ドル}$$

となる。したがって，直ちに 94 万ドルを支払おうという宝くじ委員会の申出

は1年後に支払われる100万ドルの現在価値を下回っている。それでもやはり現金を直ちに受け取りたいとクライアントが望む可能性は否定はできないが（少なくとも、「百万長者」となるだけのために1年間待つことを望む者はいないであろう），ファイナンスの専門家はこの申し出を断ることを薦めるであろう。

以上の考え方を応用すれば，もっと遠い将来に支払われる金額の現在価値を計算することもできる。宝くじ委員会が100万ドルを交付するのは4年後であると考えてみよう。支払時期が遅くなるほど現在価値は減少するに違いないという直感は正しい。解法の方法は前と同様であり，今いくらの現金を銀行に預ければ4年後に100万ドルを手にできるかを考えればよい。すなわち，

$$現在価値 \times (1+0.05) \times (1+0.05) \times (1+0.05) \times (1+0.05) = 100万ドル$$

であるから，両辺を $(1+0.05)^4$ で割って，

$$現存価値 = \frac{100万ドル}{(1+0.05)^4}$$
$$= 82万2,702.47ドル$$

となる。時間が経過するほど銀行口座の残高が増えるのと同じ理屈によって，支払われる時期が遅くなるほど現在価値を求めるための分母の値が増大する点に注意してもらいたい。⑦

D　反復される将来払いの現在価値

前項の問題の発展形は将来反復的になされる支払の現在価値を計算することである。例えば，10年間にわたり毎年5万ドルを合計で10回支払うという和解案の申込みを受けたとしよう。あなたのクライアントは交通事故の被害に合って就業能力を喪失した55才の人物であり，示談交渉の場において，失われた残りの就業期間の賃金の補償額としてこの申込みを受けたと考えてもらいたい。法律家であるあなたがここで考えるべき問題はこの延べ払いの示談案を受

---

⑦（原注）　所定の年数 (n) の経過後に支払われる現金 (FV) の現存価値 (PV) を求める一般公式は以下のとおりである（r は適用金利である）。

$$PV = \frac{FV}{(i+r)^n}$$

この公式は本章の注⑥の式の両辺を $(1+r)^n$ で割ったものと同じである点に留意されたい。

図 5-2 反復される支払と一回だけの支払

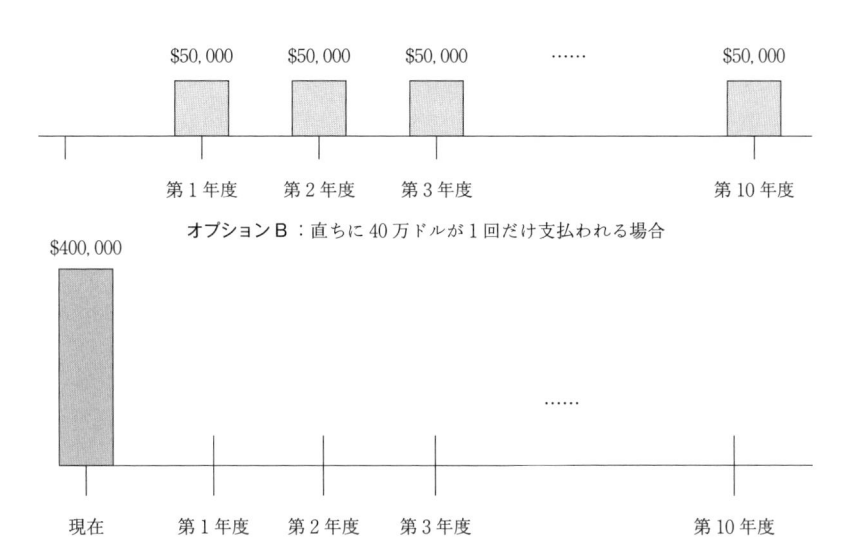

オプション A：10 年間にわたり毎年 5 万ドルが支払われる場合

$50,000　　$50,000　　$50,000　　……　　$50,000

第 1 年度　　第 2 年度　　第 3 年度　　　　　　第 10 年度

オプション B：直ちに 40 万ドルが 1 回だけ支払われる場合

$400,000

現在　　第 1 年度　　第 2 年度　　第 3 年度　　　　　　第 10 年度

け入れるべきか，それとも一時金としてまとまった金額，例えば40万ドルの支払を求めるべきかである。大半の法律家は（そして，大半のファイナンスの専門家さえも）このような問題の解法を計算機やコンピューターに頼りがちである。しかしながら，我々は自らの手でこの問題を解くために必要な技法をすでに獲得している。示談案を10回の5万ドル払いに分けて考えればよいのである（図5-2のオプションA参照）。まず，第1年度末に受け取る第1回目の支払額の現在価値の求め方は分かっている。適用金利をこれまでと同様5%とすれば，現在価値は5万ドル÷(1+0.05)＝4万7,619.05ドルである。残りの9回の支払についても同様の計算を行えば，

$$現存価値 = \frac{\$50{,}000}{1+0.5} + \frac{\$50{,}000}{(1+0.05)^2} + \frac{\$50{,}000}{(1+0.05)^3} + \cdots + \frac{\$50{,}000}{(1+0.05)^{10}}$$

$$= \$47{,}619 + \$45{,}351 + \$43{,}192 + \cdots + \$30{,}696$$

$$= \$38 万 6{,}087$$

となる。

この値と比較すれば，直ちに40万ドルの支払を受けるという選択肢は非常

に魅力的なものである（「40万ドルを利率5％の銀行口座に預け入れて10年間毎年5万ドルずつを引き出していけば10年後の口座になお残高がある」と考えてもよい）。

　法律家が関与する状況の中で反復される支払が問題となることは驚くほどに多い。なかでも多いのは，ある人が生存している限り支払が継続される事象であり，終身年金はその典型であるが，退職給付の多くや不法行為の示談金額の中にも類似の状況を見い出すことができる。このような事象の現在価値を算定するためには適切な金利と人の余命の双方を推定することが必要となる。ファイナンスの専門書では終身年金の現在価値の計算に多くの頁を割いており，これに用いる様々な公式を紹介している。[8]

> **Column 5-1　現在価値か将来価値か**
>
> 　現在の支払と将来の支払を比較するに際しては，（Aでそうしたように）現在価値を将来価値に換算する方法をとってもよいし，逆に（Bでそうしたように）将来価値を現在価値に換算してもよい。どちらの方法でも差支えないが，大事なことは比較すべき支払の価値を同じ時点のものとして表すことである。リンゴはリンゴと，オレンジはオレンジと比較すべきである。
>
> 　もっとも，専門家はほとんどの場合将来価値を現存価値に換算するという方法を用いる。その理由はいくつかあるが，明らかにいえることとして，支払の価値は現在価値で表す方が分かりやすいということが挙げられる。あなたの財布の中に今入っている現金，それは現在価値で示されている。ある将来の支払の現在価値を100ドルと判定するということは，この支払と財布の中にある100ドル紙幣とが価値において等しいことを意味している。

E　内部収益率

　これまで，支払われる現金の現在価値や将来価値の求め方を論じてきた。そのためには計算に用いる金利を特定する必要があり，便宜上5％という金利を使ってきた。しかしながら現実世界に登場する問題には逆のパターンのもの，

---

[8]（原注）例えば，金額 P が毎年永遠に支払われる年金（永久年金）の現在価値を金利 r の下で求める公式は以下のように非常に単純なものとなる。

$$PV = \frac{P}{r}$$

一方，毎年の支払が所定の割合（g）で成長し続ける永久年金の現在価値は以下の公式で求め得る。

$$PV = \frac{P}{r-g}$$

すなわち現在と将来の価値は分かっていて両者を結び付ける金利を割り出すことが必要な場合もある。ファイナンスの世界ではこの金利を「**内部収益率**（internal rate of return）」という。例えば，あなたのクライアントは55才であり，10年後に始まる退職生活に備えて3万ドルを銀行に預けようとしていると仮定しよう。さらに，銀行はクライアントに次の二つの道のいずれかを選択することを申し出ていると仮定する。すなわち，10年間にわたって預金に年間複利で10%の利息を発生させるか，あるいは，10年後に10万ドルをクライアントに一括して支払うかという二つの道である。あなたはクライアントにいずれの道を薦めるべきであろうか。

この問題の解き方はいくつかある。一つの方法は10%の複利の下で10年後の口座の残高がいくらになるかを計算する方法である。これまでの議論によればこの計算は次のように行えばよい。

$$将来価値 = 当初の預入額 \times (1+年利)^{(年数)}$$
$$= 3万ドル \times (1+0.10)^{10}$$
$$= 3万ドル \times 2.59$$
$$= 7万7,812 ドル$$

この分析を基にあなたは，3万ドルを10%の利率で銀行に預ければ10年後に7万7,812ドルを受け取ることを知る。そこで，この結果と比較したうえで，「2番目の選択肢を選んで10年後に10万ドルもらうべきだ」とクライアントに助言することができる。

けれども，2番目の選択肢よりもさらに利益を確保するためには具体的に何%の金利を生む銀行口座にお金を預け入れるべきかを知りたい場合にはどうすればよいのか。異なる金利を申し出ている銀行が他にもいくつかあり，あなたがそれらの銀行と2番目の選択肢を提案している当初の銀行の優劣を比べようとしているとすれば，この問題はまさしく当を得たものとなる。

この問題を解く愚直な方法は，試しにいくつかの金利を使って計算を行い，3万ドルを10年後の10万ドルにするにはどの金利が一番近いかを調べてみることだろう。10%の金利では低すぎる（10年後の金額は7万7,812ドルにしかならない）ことはもう分かっている。では15%ではどうか。計算してみると，

$$\$30{,}000 \times (1+0.15)^{10} = \$30{,}000 \times 4{,}046$$
$$= \$12\,万\,1{,}366.70$$

となり，たしかに結果は 10 万ドルに達しはしたが，少しオーバーしてしまった。ということは，12% 前後の金利の方がよいのであろう。12% の結果は，

$$\$30{,}000 \times (1+0.12)^{10} = \$30{,}000 \times 3{,}106$$
$$= \$9\,万\,3{,}175.40$$

となり，さらに近い数字となったがまだ正確ではない。しかし，このように進めていけばやがては正解に至るはずである。

もう一つの方法は専門の計算機に頼ることである。計算機がすることは実質的には上記と同様の反復計算であるが，これをはるかに速く実行し，3 万ドルを 10 年後に 10 万ドルとするための金利は 12.7495% であることを教えてくれる。要するに，

$$\$30{,}000 \times (1+0.127945)^{10} = \$30{,}000 \times 3.33$$
$$= \$10\,万$$

である。

この計算が意味することは，3 万ドルを預けてくれれば 10 年後に 10 万ドルを支払うという銀行の示した案の内部収益率は（年間複利で）12.79% であったということである。この点が分かれば，あなたはクライアントに対して 12.79% 超の金利を提示する銀行が他にない限り第 2 案を受け入れた方がよいと助言することができる。ちなみに，内部収益率は様々な他の法律問題やファイナンスの問題（投資機会の評価など）を考察する際にも使われる。

F　いくらの利率を用いるべきか

ここまでの議論において，我々は「適切な利率の選択」という貨幣の時間的価値をめぐる諸問題の中で最も難解かつ重要な問題を棚上げにしてきた。複利の持つ特質ゆえに利率をいくらにするかということは資産価値の評価に大きな差をもたらす。前項の議論を振り返ると，3 万ドルを 10 年間投資する場合，利率が 10% であれば 7 万 8,000 ドル弱にしかならないが，利率が 12.79% であれば 10 万ドルに達する。対象期間が長くなるほど現在価値や将来価値の評価

はいくらの利率を使うかによって大きく変わってくる。

実務で適用金利の選択を行うのはファイナンスの専門家であるのが普通である。大きな取引の場合にはインベストメント・バンカーがその任にあたるし、クライアント企業の内部にもこの分野の専門家がいる場合が多いであろう。しかしながら、そのような場合であっても弁護士は何が行われているのかその意味を理解していなければならないし、中小規模のクライアントや個人の依頼者を相手とする場合には関係者の中で最もファイナンスに詳しいのは弁護士であるという場合も稀ではない。そのような場合はこの問題についても法律家の助言は重要である。鳥なき里にあっては蝙蝠すらも鳥として振る舞い得るものである。大雑把にいえば、適用金利を選ぶにあたっては以下に述べる3通りの考え方がある。理論的には2番目の考え方が最も正当であり、ファイナンスの専門家は通常これに近い方法で金利の選択を行う。しかしながら、1番目と3番目の考え方にも少なからぬ利点が存在し、こちらを用いる方が実務的な場合もある。

(1) **あなた自身の預貯金の金利**

本項の冒頭では銀行口座で発生する利息の利率を用いて計算を行った。この方法を用いることが賢明な場合はもちろん存在する。例えば、あなたのクライアントが不法行為の被害者であり、和解金として受領する現金を生活費の補填やリハビリの治療費などの将来の支出に用いようとしている場合、クライアントがその資金を元手に生み出し得る利率を用いることにはそれなりの合理性があるであろう。しかしながら、この方法には問題があることもまた事実である。なぜならば、このアプローチは銀行に預け入れたお金と銀行より信用が低く預金保険機構による支払保証の枠外にある企業からの支払とを暗黙のうちに同視しているからである。この違いが重要であるか否かは状況によって異なる。支払日が1年か2年先で支払者がマイクロソフトであれば違いは重要ではないであろう。これに対して支払日が5年後で支払者はそれまでに倒産するリスクのある新興企業であればその差は重大であり、そのような場合に銀行口座の利率を使って将来の支払額の現在価値を求めることは支払の価値を過大評価しているという誇りを免れないだろう。

(2) **支払者の特質に応じた利率**

2番目の方法は支払をする法人や自然人が抱えるリスクに対応した利率を用いるものである。この方法を用いた場合、（債務不払となる可能性がはほとんどな

いと一般に考えられている）連邦政府の支払については相対的に低い利率を用いて将来の支払の現在価値を算定し，支払者がマイクロソフトであれば適用利率を少し引き上げ，支払者が新興企業や大多数の自然人であれば，さらに高い利率を使用する。「リスクに応じた利率」というこのアプローチが優れたものであることは直感的にも明らかであろうが，様々な支払者に対して具体的にいくらの利率を用いるべきであるかは必ずしも明らかではない。実際のところ，ファイナンス理論は様々な支払者が抱えるレベルの異なったリスクに対応した収益率を算定することに少なからぬ議論を費してきた。本章 **4** D で紹介するいわゆる CAPM は上場企業のリスクを評価するための最も有名な技法であり，あなたのクライアントが将来の支払約束の現在価値を算定するためにはこの CAPM（あるいはこれと同じ発想の下に作り出された他の技法）を用いる公算が高い。

　大雑把にいえば，これらの技法は対象となる企業が資本市場から資金を調達する際に支払わなければならない対価を推定しようとするものである。資金を調達しようとする企業に対して市場がいかなる要求をするかが分かれば，その企業の将来の支払を現在価値に換算するために用いるべき基準が判明するであろう。具体的に考えてみよう。あなたのクライアントは契約上の紛争を解決するために 10 年後に 10 万ドルを支払う旨の提案を受けている。ただし，この提案をしているのは銀行ではなく建設会社であるとする。前項で行った計算によれば，10 年後の 10 万ドルを 12.79％ の利率で割り引くとその現在価値は 3 万ドルになる（その理由を再確認すること）。しかし，この建設会社は他の債権者から 20％ の利率で資金の提供を受けていることが判明したとすればどうであろうか。この場合，この建設会社が 10 年後には 10 万ドルを支払うという約束の現在価値は 3 万ドルを下回っているであろう。そこで 20％ の割引率で計算し直してみると現在価値は 16,151 ドルでしかないことが分かる。

　上記の例から分かるように，適用利率をクライアントの預金の利率から支払者の借入利率に改めることは現在価値の計算に甚大な影響を与える。10 年後の 10 万ドルの現在価値は 5％ の割引率によれば 6 万 1,391.33 ドル（＝10 万÷(1＋0.05)^{10}）であるが，これを 12.79％ で割り引くと現在価値はその 2 分の 1 弱である 3 万ドルとなり，割引率をさらに高めて 20％ にすれば現在価値はそのまた半分強である 1 万 6,151 ドルにしかならない。

(3) あなた自身の借入利率

　支払者の借入利率を用いて現在価値を計算するという手法は理論的には魅力的であるが現実的には常に適切なものとはいい難い。例えば，あなたのクライアントがデリカテッセンの経営者であったが水道管の破裂によって店舗が水浸しになってしまったと仮定してもらいたい。店を再開するには直ちに5万ドルを支出する必要がある。この資金をすぐに入手し得る唯一の方法はカードローンを利用することだが，これには年間20%の利息が発生する。水道会社は信用格付がトリプルAの会社であり，直ちに4万8,000ドル支払うか1年後に5万6,000ドル支払うかのいずれかの和解案を提示してきた。あなたのクライアントはいずれの案を選択すべきだろうか。この場合，水道会社の信用格付に依拠した割引率を用いて計算を行うならばあなたは後者の道を選択することになるであろう。5万6,000ドルは4万8,000ドルの116.67%に相当する金額であるから（\$56,000＝\$48,000＋\$8,000＝\$48,000×116.67%），水道会社の借入利率が16.67%を上回る限り，5万6,000ドルを借入利率を使って現在価値に換算した金額は4万8,000ドルを上回るからである。しかしながら，この道を選択することはクライアントに不利な結果を招く。クライアントは金利20%のカードローンを使わなければならないからであり，5万6千ドルをクライアントの借入利率（20%）で割り引き計算した現在価値の4万6,666.67ドル（＝\$56,000÷(1＋0.20)）は，和解金として直ちに受け取ることのできる4万8,000ドルを下回っているからである。[9]

(4) リスク回避問題再論

　利率選択問題を論じ終える前にこの問題とリスク回避問題との関係について述べておきたい。将来の支払を現在価値に換算するという作業によってリスク回避問題を処理し終えたと考えてはならない。想定し得る様々な事態の中にはあなたのクライアントに対して特に不利益となるものが含まれていないかを考

---

[9]（原注）　現在価値を求めるための割引率として支払者の調達コストと受取人の機会費用のいずれが適切であるかの基準は必ずしも明白ではない。前述のとおりファイナンスの専門家は支払者の調達コストを用いることを好む。たしかに，受取人が支払者の義務を市場で売却できる状況を想定する限りこのアプローチが適切であろう。本文に記載した事例においても，1年後に5万6,000ドルを支払うという水道会社の義務を市場で売却できるとすれば，市場は水道会社の調達コストに依拠してこの義務を評価するであろうから同社の調達コストを基準に用いることはクライアントにとっても適切な処理である。しかしながら，将来払の約束がすべて市場で売却できるわけではない。クライアントの借入利率を基準に用いることが適切な場合もあり得る理由がここにある。

察する必要があるからである（クライアントが多額の資金を必要とするときに少額の支払いしかされない事態はその典型である）。

さらに，支払者の調達コストを用いて現在価値を計算するにあたり市場の評価は独自なものであることについても知っておくべきであろう。この点は後でより詳しく論じるが，要点をいえば，市場は分散投資によって除去できるリスクは考慮せず，分散不能なリスクだけを考慮する傾向を有している。多くの場合，あなたのクライアントは多数の人々に対する債権のポートフォリオを有しているわけではないであろう。であるとすれば，市場からの資金調達コストに無条件で依拠することは危険であるかもしれない。

4 コーポレート・ファイナンスの重要概念

3で論じた貨幣の時間的価値は様々な目的のために使うことができる分析概念であった。以下ではコーポレート・ファイナンスの世界に登場するもう少し専門的な諸概念を紹介したい。効率的市場仮説，リスクとリターンの関係，分散投資理論および資本資産価格モデルの四つがそれである。

A 効率的市場仮説

法科大学院の授業においても法実務においても「**市場の効率性**（market efficiency）」という言葉を耳にすることが多いであろう。ここでいう効率性とは「費用の効率性」のことではなく，市場で取引されている証券の価格に関する一定の性質を意味する言葉である。日常的な会話においては，株式市場の効率性と株式の市場価格が実体経済を正しく反映したものであることが同義の意味に用いられる場合もある。例えば，あなたは誰かが次のような言葉を口にするのを聞いたことがあるのではないか。「IBM の株式の本当の価値が 1 株 150 ドルであることを僕は知っている。なぜならば，同社の株式は市場において現にその価格で取引されており，市場は効率的であるからだ」。しかしながら，厳密にいえば，市場効率性とはもっと狭い意味の概念――さらに正確にいえば，狭い意味を持った複数の概念――のことである。下記の論稿はこの点を論じた著名な論文の一部である。

Ronald J. Gilson and Reinier H. Kraakman
「市場効率性のメカニズム」
(The Mechanism of Market Efficiency)
70 Va. L. Rev. 549 (1984)

　ファイナンス理論が近時に生み出した諸概念の中で法学界で最も広く受容されるに至ったものは「**効率的資本市場仮説**（efficent capital market hypothesis〔以下、頭文字を取って「ECMH」という〕）」であろう。ECMH は様々なテーマに関する法律論をより豊かなものにすることに貢献してきた。ECMH は、いまや法科大学院のケース・ブックやビジネス・ローに関する教科書でも論じられているし、（証券取引委員会の規制の範囲内と範囲外の双方に関する）証券取引規制のあるべき姿についての議論の骨組みともなっており、同委員会が管理する開示システムの主たる改革の骨格としての役割も果たし、裁判所の決定をはじめとする法実務にも影響を与え始めている。要するに ECMH は今や金融市場の規制をはじめ様々な法律論のフレーム・ワークとして機能している。［中略］

　市場の効率性という概念は経済学の多くの論稿にも影響を与えてきた。ジェンセン教授は次のように述べている。「経済学における様々な命題の中で効率的市場仮説ほど実証的研究による裏付けを備えたものはない」。たしかに、（例外的事象もあるものの）資本市場は新規の情報に対して効率的に反応するという事実は数多くの研究によって確認されてきた。財務会計の資料だけを取り上げても、資本市場の効率性に関する実証研究の報告は相当な数に上る。［中略］

　資本市場の効率性という言葉は当初は実証的データを記述する際の用語として使われていた。ここでいう市場の効率性とは「市場の価格は常に利用可能な情報を完全に反映している」という意味であり、「利用可能な情報を使って必勝の投資戦略や裁定機会を見つけ出すことはできない」という経験的主張を端的に言い表したものである。さらに、ユージン・ファーマ（Eugene Fama）が 1970 年に著した歴史的論文の中で価格の変動を調査する際の基準として ECMH を「弱い効率性」、「やや強い効率性」、「強い効率性」という三つの形式に分類したことは有名である。[1]

- 「弱い効率性」の基準は、証券の市場価格の動向を調べても有益な投資機会を発見することはできないという仮説を検証するためのものである。[2]

---

[1]　（引用文中の脚注）〔Eugene Fama, 効率的資本市場：理論と実証の再検討（Efficient Capital Market: A Review of Theory and Empirical Work）, 25 J. Fin. 383, 388 (1970)〕。なお、この論稿において、ファーマは「弱い効率性」と「強い効率性」という二つの基準を考えついたことは Harry Roberts に負うところが大きいと記している。同上 383 頁の注 1 参照。

[2]　（引用文中の脚注）　同上 389-396 頁参照。「弱い効率性」の基準を用いた検証結果は、証券価格の過去の変動を調べても有益な投資機会を発見することはできないという仮説を概ね支持している。［中略］弱い効率性の基準は二つに大別できる。その一つは相関分析を用いた基準であり、これによれば、証券の市場価格の継時的動きの中に固有のパターンを見い出すことはほとんどできない。［中略］もう一つは、「フィルター・ルール」と呼ばれる投資戦略の分析手法

- 「やや強い効率性」の基準は、公衆が縦覧可能な情報や投資家にとって自明の情報を利用して有益な投資機会を発見することはできないという仮説を検証するためのものである。[3]
- 最後に、「強い効率性」の基準は、上記の仮説が限られた投資家グループ（企業インサイダーなど）にしか知られていない情報に関しても成立するか否かを調べるためのものである。[4]

　効率性の基準を弱い、やや強い、強いという三つの範疇に分けることによって有益で精緻な分析ができるようになった。そして様々な検証が繰り返し実施された結果として、（理由はさておき）「市場に裁定機会は存在しない」という仮説は次第に説得力を高めていった。情報が私的なものであるほどそれを使うことで利益が得られるだろうという考え方は直感的に正しい感じがする。それゆえに、「それでも利益は得られない」という反論がより強固に主張されるようになっていった。

　やがて、学者たちは「弱い」、「やや強い」、「強い」という効率性の分類を検証するための基準としてではなく、各種の情報に対する市場の反応を記述するための用語として用いるようになった。例えば、「市場価格はやや強い（＝公表された）情報は効率的に反映しているが、強い（＝未公表の）情報は反映していない」というような言い方がそれである。さらに学者は、市場そのものを記述するための用語としても「弱い」「やや強い」「強い」という言葉を用いることがある。この用法は市場で形成される価格に関して黙示的にある事実を認めている点に注意されたい。すなわち、それは、市場は様々な情報をその種類に応じた方法で価格に反映させるもので

を用いた基準であり、その結果は、「罫線分析家（chartist）」と呼ばれる人々が行うような市場価格の分析によって特別の利益を生み出すことはできないというものである。

〔3〕（引用文中の脚注）　同上 404-409 頁。やや強い効率性の基準は価格に影響を与える情報が公表された際に価格がその情報を反映した値に調整されるまでにどれだけの時間を必要とするかを調べるものである。このような情報の公表直後の取引によって投資家が正常でないレベルの利得を得られるか否かを問題とし、その前後における価格の変動を見るのが一般的な調査方法である。［中略］その結果、正常な範囲を超えた利益が見つかれば投資機会が存在していたことになり、市場は効率的ではなかった可能性がある。しかしながら、これまでになされた調査は総じて公表された情報にする効率的な価格の反応を示しており、その中には収支報告、配当の発表から会計ルールの変更、株式分割、メディアの評価、さらには公定歩合の変更に至るまでの広い情報が含まれている。［中略］ただし、これらの調査は一律に市場の効率性を示すものではないことにも注意を払うべきだろう。

〔4〕（引用文中の脚注）　同上 409-413 頁。特定の種類の情報から生じる投資機会の有無を調べる弱い効率性の基準ややや強い効率性の基準と異なり、強い効率性の基準は未公開な情報から生じる投資機会を調べるためのものではない。調査を行う者はそのような情報の有無を知らないか、仮に知っているとしてもそれを調査するために用いるとは考え難いからである。そこで、強い効率性の調査はもっと間接的な手法を用いる。具体的には、未公開の情報を持っていそうな投資家グループを特定し、彼らが市場の平均レベルを超える利益を得ているかどうかを調査する。調査の結果は微妙であった。まず、企業インサイダー（役員、幹部社員、幹事銀行など）は恒常的に市場を上回る利益を得ている。実行前の取引注文を知り得る立場にある証券取引所の技術職員についても同様である。［中略］他方、投資証券ファンドの収益は市場の平均を若干上回ってはいるものの、業務上の管理費用や取引費用を賄うレベルを超えるものではない。

あり，その結果として市場の効率性には異なったレベルが生じるという事実である。

ギルソン＝クラークマンのこの文献に示されているとおり，効率的市場仮説には3種類のものがあるが，それらはすべて「**情報の効率性**（informational efficiency）」を語ったものである。これらの仮説がいっていることを要約すれば，「投資家は価格の過去の動き，公表された情報，未公表な情報その他のいかなる情報を用いても株式市場において平均以上の利益を得ることはできない。なぜならばこれらの情報はすべて市場価格に織り込み済みであるからだ」ということである。しかしながら，効率的市場仮説は株式の市場価格が実体価値を正しく示していることを主張するものではない。例えば，1990年代の株式市場で高い評価を受けていたインターネット関連会社の多くはその後数年以内に倒産した。つまり，今日の目からみれば，当時の株式市場の評価は誤っていたことになるが，このことは効率的市場仮説の価値を否定するものではない。効率的市場仮説は株式の長期的ないしは本源的な価値を語るものではないからである。もう一つ例を示そう。米国の株式市場の総価格は2000年から2002年と2008年から2009年の2回にわたり大幅に低下したが，市場価格に反映されていたはずの情報に照らしてそのような価値の減少が予期し得たものでない限り，このこともまた効率的市場仮説を否定する根拠とはなり得ない。⑩

効率的市場仮説は最近数十年間における法の発展に著しく貢献した。当然のことながら，その影響は証券取引法の分野において最も顕著である。例として，有価証券報告書の虚偽記載事件における原告の立証責任について考えてみよう。伝統的には，虚偽記載と損害との間の因果関係を立証するために，原告は報告書記載の虚偽情報を信頼して被告発行の証券を購入したことを立証しなければならなかった。しかしながら，裁判所は最近20年間における効率的市場仮説

---

⑩ （原注）効率的市場仮説を支持する実証データの大半はニューヨーク証券取引所やナスダック市場をはじめとする大規模な米国の証券市場（そこでは，大量の証券が取引され，同時に多くのアナリストがあらゆる種類の証券について分析を続けている）を調査の対象としている。取引量がもっと少ない市場や別の方法で価格が定まるような市場では情報の効率性は存在していないかもしれない。極端な例であるが，ある会社とあなたの2人しか参加しない私的な取引においてその会社がある株式を1株100ドルで売却することを申し込んできた事態を想像してもらいたい。この場合，株式の売買価格を定めるうえで市場はいかなる役割も果たしておらず，したがって，100ドルという売却申込価格がいかなる意味においても効率的であると考えてよい根拠は存在しない。つまるところ，効率的市場仮説に関する文献が説くところをそれが妥当することが検証されていない取引の世界にあてはめることは危険である。

の議論を踏まえ，「情報を信頼して株式を買った」という証明を要求するこの伝統的な姿勢を放棄するに至った。その論拠は，証券の市場価格は被告の虚偽記載を反映しているはずであり，そうである以上，原告が市場価格で証券を買っている限り原告は間接的に虚偽記載を信頼したことになるというものである。この革新的な法理論――これは「市場に対する詐欺理論（fraud-on-the-market theory）」と呼ばれるようになった――によって証券をめぐる紛争に対して裁判上の救済を得ることは大幅に容易となったが，これは効率的市場仮説がもたらした直接的な成果であるといえるであろう。

　効率的市場仮定はこれ以外の法事象に対しても少なからぬ影響を及ぼしてきた。例えば会社経営者の報酬の取決めについて考えてみよう。第4章**6**Dにおいて我々は財務諸表から導き出せる収益性の指標として総資産利益率（ROA）や株主資本利益率（ROE）などの概念を学んだ。しかしながら，これらの数値は経営者の成果を計る指標として必ずしも適切であるとはいえない。その理由は財務諸表上に表し得る数値には会計慣行上の制約があるからであり，例えば，ある企業が非常に価値の高い特許の開発に成功し，これによってその企業価値が著しく増大したとしても，この点は財務諸表には表れない（この特許の取得コストが無形資産の帳簿価格として記されるだけである）。したがって，会計上の収益性を指標に用いて経営者の報酬を定める限り，この新特許がもたらす成果は報酬の増加をもたらさない。ところが，報酬を会社の株式の市場価格と連動させれば，（市場の情報効率性が機能することの結果として）新特許の成果は報酬に反映される(11)。このような理由から公開企業の経営者の報酬は株式の市場価値と連動する傾向を深めている。

> Column 5-2　市場の効率性と行動ファイナンス
>
> 　最近の数年間米国の株式市場は低迷しているが，それ以前から専門家の中には株式市場の効率性に関する従前の見解の妥当性を見直すべきだと唱える者たちがいた。最近の実証研究の結果は株式市場の動きの中に効率的市場仮説とは相容れない現象が存在することを示唆しており，それが彼らの見直し論の論拠となった。その一つの例として，一定の種類の過去の情報（企業の時価総額と簿価との比率など）を用いて

---

(11) （原注）市場はやや強い意味においてのみ効率的であるとすれば，新特許に関するニュースを発表してこれを公表済みの情報としなければ，その価値は株式価格に反映されない。これに対して，市場が強い意味において効率的であるとすれば（そうであるか否かは議論の分かれるところであるが），新特許の開発は公表を待たずに株式価格に織り込まれる。

株式の将来の収益性を予測することに成功した投資家たちがいたことを示唆する調査結果が存在する。あるいは，「不合理な熱狂」等の心理的要因によって金融その他の市場は攪乱されると考える理論家も存在する。彼らの見解によれば，その最たるものがいわゆるバブル現象であり，その際の市場価格は後から見れば非常識な水準にまで高騰する。17世紀前半におけるチューリップ・バブルや1997年から2005年までの米国における不動産相場はその代表であろう。市場の効率性という命題は，今後ともファイナンス理論の柱石としての役割を果たし続けるだろう。しかしながら，それが妥当する限界についてはさらなる論議を呼ぶことであろう。市場の効率性に対して懐疑的な思想への良き入門書としては，Andrei Shleiferの「不効率な市場：行動ファイナンス入門 (Inefficient Market: An Introduction to Behavioral Finance)」(2000)があり，行動ファイナンスの最新状況を解説した一般向けの本としては，Lucy F. Ackert and Richard Deavesの「行動ファイナンス：心理，意思決定，市場 (Behavioral Finance: Psychology, Decision-Making, and Markets)」(2010)がある。

B リスクとリターン

ファイナンスの概念の中で法律家にとって重要な次なるものは，リスクとリターンの間のトレード・オフの関係である。ファイナンス理論における「**リスク (risk)**」と「**リターン (return)**」という言葉は特別な意味を持っているので注意が必要である。

まず，金融資産に対するリターンとは，その資産が一定の期間（通常は1年）に生み出す経済的利益の総額のことである。経済的利益は，社債の利息や株式の配当のようにその期間の中で受け取る利得という形式で実現されることもあれば，資産価値の上昇という形式で実現されることもある。したがって，ある株式の1株あたりの価値が年初には100ドルであって年末には110ドルであれば，この株式の1年間におけるリターンは10％（＝$10÷$100）であり，その間に1株あたり5ドルの配当が支払われていれば，リターンは15％（＝10％＋$5÷$100）である。[8]

これに対して，リスクとは，資産がある期間に生み出すリターンのばらつき（「不確実性」といってもよい）の大きさを示した概念である。[9] 上記の株式を例に

---

[8] （訳者注）本文の例示からも分かるように，リターンは「**収益率 (rate of return)**」，つまり投資額1ドル（あるいは1円）あたりの利得をもって表すのが通例である。なお，利得が不確実な資産（これを「**危険資産 (risky asset)**」という）の収益率は確率変数であり，これを記述するための代表的な数値はその期待値を意味する「**期待収益率 (expected rate of return)**」である。

[9] （訳者注）リスクを表す指標としては収益率の標準偏差を用いるのが一般的であり，これを

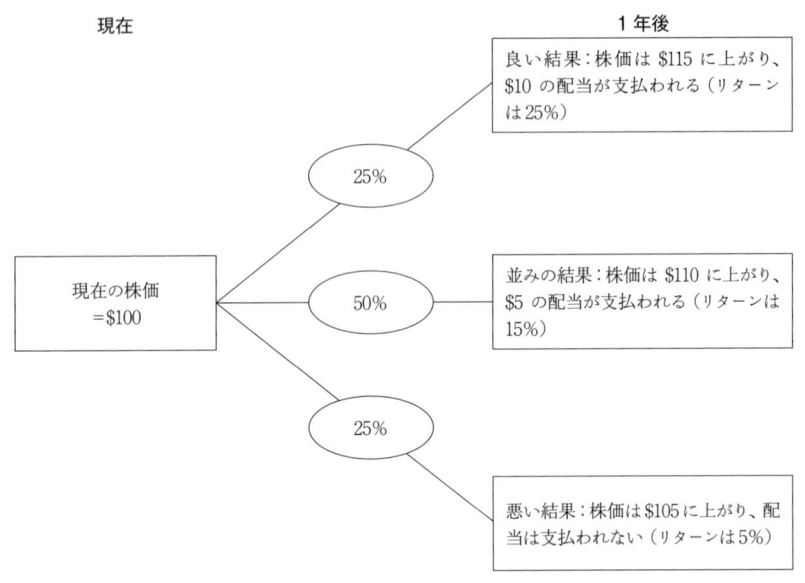

図5-3 リターンのばらつきの概念図

現在　　　　　　　　　　　　　　　　　　　　　　　　　1年後

```
                        ┌─ 25% ──→ 良い結果：株価は $115 に上がり、
                        │           $10 の配当が支払われる（リターン
                        │           は25%）
現在の株価 ──────────────┼─ 50% ──→ 並みの結果：株価は $110 に上がり、
  =$100                 │           $5 の配当が支払われる（リターンは
                        │           15%）
                        └─ 25% ──→ 悪い結果：株価は $105 に上がり、配
                                    当は支払われない（リターンは5%）
```

とって考えてみよう。ある年の初めにこの株式の価値は1株100ドルであり、この時点に立ってこの株式の将来につき思いをめぐらしていると仮定する。まず、今後1年の間にこの株式の価値は1株につき10ドル上昇し、同時に1株に5ドルの配当が支払われるはずだと考えていると仮定する。この仮定に立つ限り、この株式の今後1年間におけるリターンは15%となる可能性が高い。しかしながら、この結果は不確実である。具体的にいえば、一定の確率（これを25%とする）で、この株式の収益性は悪化し、その場合には配当は支払われず価値の上昇も1株5ドルにとどまるが、一方、一定の確率（これも25%とする）で株式の収益性は向上し、その場合には1株10ドルの配当が支払われるうえに株式の価値も1株につき15ドル上昇するものとしよう。

図5-3はこの株式のリターンに関して起こり得る事態の確率と結果をまとめたものである。今後1年間におけるリターンの期待値は15%であるが、現実のリターンは25%に上がることも5%に下がることもある。

我々の目的は金融資産のリスクとリターンの関係を明らかにすることであり、

「ボラティリティ（volatility）」と呼ぶことが多い。標準偏差の詳しい説明については第8章 **1** C (2)を参照されたい。

4 コーポレート・ファイナンスの重要概念

図 5-4 米国金融資産の収益性の歴史：1926-2009

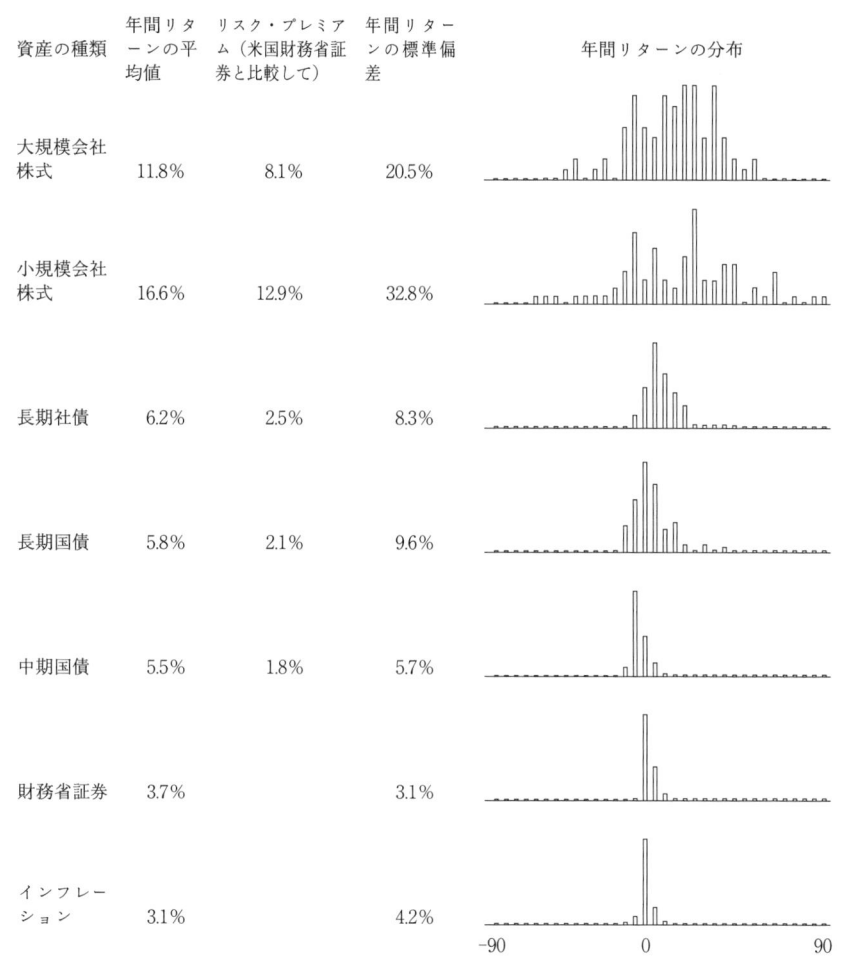

資産の種類	年間リターンの平均値	リスク・プレミアム（米国財務省証券と比較して）	年間リターンの標準偏差	年間リターンの分布
大規模会社株式	11.8%	8.1%	20.5%	
小規模会社株式	16.6%	12.9%	32.8%	
長期社債	6.2%	2.5%	8.3%	
長期国債	5.8%	2.1%	9.6%	
中期国債	5.5%	1.8%	5.7%	
財務省証券	3.7%		3.1%	
インフレーション	3.1%		4.2%	

出典：Stocks, Bonds, Bills and Inflation: 2009 Yearbook (Chicago: Ibbotson Associates, 2010)（ただし，一部を修正している）

そのためには様々な金融資産についてリスクとリターンを過去のデータに照らして検討し，両者の関係を明確化することを試みるべきである。この点に関する実証研究の結果，金融資産のリターンとリスクの間には強度の一貫した関係があることが明らかとなった。まず，国債は一般の企業が発行する社債に比べてリターンも小さいがリスクも小さい（つまり，リターンのばらつきも小さい）。次に，社債は株式に比べてリターンもリスクも小さい。株式の中にあっては，

大規模な伝統ある企業の株式は小規模な新興企業の株式に比べてリターンもリスクも小さい。少なくとも過去1世紀における米国の資本市場に関する限り、以上の関係を支持する実証データは十分に存在する。図5-4はイボットソン・アソシエイツが1926年から2009年までの期間を対象に調査した資料からの引用であり、リスクとリターンのトレード・オフの関係を示すためにエコノミストたちがしばしば用いるデータである。

図5-4の第2列には1926年から2009年までの83年間における各種金融資産の年平均リターンが記されている。上述のとおり、株式の平均リターンは高く、大規模会社の株式のリターンは11.8％、小規模会社の株式のリターンは16.6％となっている。企業の長期社債のリターンはこれよりも低く（6.2％）、以下、長期国債（5.8％）、中期国債（5.5％）、短期の国債である財務省証券（3.7％）の順にリターンは小さくなっていく。

このうちの財務省証券はファイナンスの分析を行ううえで特別の重要性を持っている。財務省証券はリスクのない資産と考えられているからであり、他の金融資産については、本来のリターンとリスクのない財務省証券のリターンとの差額を用いてその収益性を示す場合もある。「リスク・プレミアム」と題する図5-4の3段目はこの数値を示したものであり、そこには1926年から2009年までの期間における各資産の平均リターンの財務省証券の平均リターンに対する超過額が記されている。

図5-4の次の2列は各資産のリスクを二つの異なった方法で示したものである。まず、一番右側の段には分析対象期間である83年間における各資産の年間リターンの分布状況を示したヒストグラムが示してある。株式のリターン

---

⑫（原注）図5-4の最終行は83年間における米国の年平均インフレ率を表しているが、この数字が意味するものは重要である。他の資産の平均リターンは「名目」上の値であるから、「実質」のリターンとインフレの双方の要素を含んでいる。株式の価値が1年で10％上昇したとしてもその間に2％のインフレが発生しているとすれば株式の実質上のリターンは8％である。ファイナンスの世界ではリターンを名目上の数値として表すのが一般的であるが（「僕の保有株式資産は去年25％上昇した」という場合を想定してもらいたい）、実質的なリターン、すなわち名目上の期待収益率から期待インフレ率を差し引いた値に注目した方がよい場合もしばしば存在する。例えば、所有している証券が生み出す購買力が2倍に達するのにあと何年かかるかを推定しようとする場合には実質的な収益率を用いて計算を行う必要があるだろう。前に述べた72ルールを使って考えれば、実質上の期待収益率が6％であるとした場合、購買力が2倍となるには約12年の歳月が必要となる。

10）（訳者注）リスクのない資産は、危険資産（注8）参照）と対比する意味で「**安全資産（risk-free asset）**」と呼ばれることがある。

は他の資産のリターンに比べるとはるかに分布が広がっており，少なからぬ数の年においてリターンはマイナスとなっている。右から2番目の段に示した数値は年間リターンのばらつきの大きさを示す統計上の指標であり，この値を「標準偏差」という。標準偏差の意味とその求め方については第8章で詳しく論じるが，とりあえずここで注意すべきことは，リターンが大きな資産ほどそのばらつきも大きいということであり，これは，「リスクとリターンの間には正の相関関係がある」というファイナンスの基本原則に適っている。

収益性のデータの解析は難しい作業であり，法律家自らがその専門家となる必要はない。しかしながら，この分野の基本知識を身につけ，「将来を予測して今日の投資機会の価値を定める」というファイナンスの技法の意味を理解しておくことは法律家にとっても重要である。この技法が拠って立つ前提は，金融資産の将来の収益は，程度の差はあれ，過去の収益と連動しているということである。それゆえに，国債は株式に比べてリターンもリターンのばらつきも小さいことが予期されている。ファイナンスの世界の過去は同世界の未来の予兆とみなされているのである（ただし，Column 5-3 の議論も参照されたい）。リスクとリターンの間のトレード・オフの関係についてクライアントの注意を喚起し，クライアントが株式のようにリターンが大きな資産に投資することは損失を被る可能性を伴うことをよく理解したうえで行動するようにさせることは法律家にとって重大な職責であろう。

法律家の視点

法律家がリスクとリターンの間のトレード・オフの関係を役立てるべき局面の一つは，クライアントがリスクを伴う取引を実施しようとしているときである。法律家はクライアントがそのような取引を回避するか，あるいはそのリスクに見合うだけの対価を得られるように助言すべきである。例えば，あなたのクライアントは小さなパン屋を営んでいて，彼がある工場との間でパンの供給契約を締結しようとしているとしよう。この契約を結んだ場合，クライアントは，（新しい高価なオーブンを買うなどのために）かなりの初期投資を実施しなければならないと仮定する。この場合，あなたとしては相手方となる当事者の財務諸表を検討することはもちろんのこと，できればその会社が銀行その他の借入先に支払っている利息の利率を調べるべきである。もしその利率が高ければ，その工場が債務不履行を引

き起こす可能性は一般の企業以上に高いと考えられる。その場合には，新しいオーブンの調達コストに見合う一時金を最初に支払ってもらうか，あるいは長期供給契約に伴うリスクに見合うだけの報酬を要求することをクライアントに示唆すべきではないだろうか。

> **Column 5-3** 過去は将来の予兆か
>
> 　本文に記したように，ファイナンスの専門家は金融資産，特に株式については，過去の収益の動向が未来の，少なくとも今後10年前後の期間の，収益の動向を占うためのよき資料であるという前提に立って分析を進めることが多い。しかしながら，学界では，リスクとリターンのトレード・オフの関係に関する伝統的な把え方は株式のプレミアム，つまり株式の平均リターンの他の金融資産の平均リターンに対する超過額を過大に評価しているのではないかとの疑念が高まりつつある。この疑念を抱く者の中には，20世紀の米国の株式市場の動向だけを基礎として株式市場の将来を予測しようとすることの問題を指摘する者もいる。彼らの主張によれば，20世紀の米国の株式市場は他のいかなる期間にも増して高い収益性を示していたし，同期間内においても米国の株式市場ほどの収益性を示した株式市場は他に存在しなかった（例えば，1900年にサンクト・ペテルスブルグの株式市場で長期投資を行ったロシア人投資家の結果は悲惨なものであったに違いない）。さらに，対象を米国のデータに限定して考えたとしても，どこまで遡ってデータを集めるかによって将来の予測は変わってしまう。今日の株式市場は1930年代から1940年代にかけての市場と似ているだろうか。だとすれば，この20年間のデータを考慮することによって将来予測の正確性は改善されるだろうか。その場合には，その後の50年代，60年代および70年代のデータも組み入れるべきだろうか。あるいは逆に，「最近のデータ」だけを使った方が予測の精度は上がるのか。その場合には，2007年から2008年に起こった世界同時株安現象をどうみるかも重要な問題となる。専門家の中には世界の経済状勢の変動がその原因であり，この変動は予想可能な将来においても継続すると考える者もいる。あなたがこの見解に同意するのであれば，最近のデータを「最近10年」に絞ったとしてもそこから導かれる予測は楽観的すぎるかもしれない。

C　分散投資理論

　ファイナンス理論が築き上げてきた叡智の中で法律家が理解すべきものの一つに「**分散投資理論**（diversified investment theory）」がある。これを論じた最初の論稿はハリー・マルコビッツ（Harry Markowitz）の「ポートフォリオの組成（Portfolio Selection）」（1952）であるが，そこにおけるマルコビッツの主張を一言

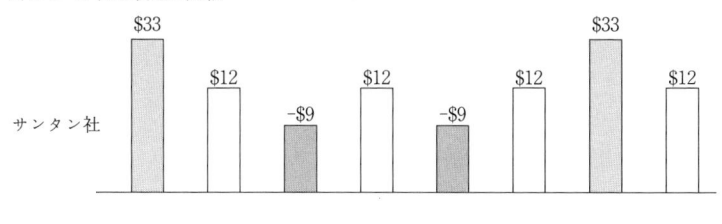

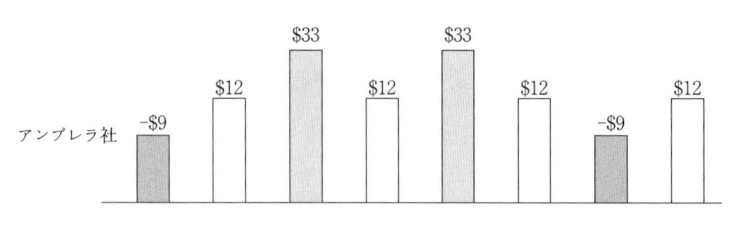

4　コーポレート・ファイナンスの重要概念

図5-5　2社の収益の比較

サンタン社
- 晴天続: $33
- 平年並: $12
- 雨天続: -$9
- 平年並: $12
- 雨天続: -$9
- 平年並: $12
- 晴天続: $33
- 平年並: $12

アンブレラ社
- 晴天続: -$9
- 平年並: $12
- 雨天続: $33
- 平年並: $12
- 雨天続: $33
- 平年並: $12
- 晴天続: -$9
- 平年並: $12

でいうならば，「投資の対象資産を分散させればリターンを下げることなくリスクが下がる」ということである。

　分散投資理論の原点は，個々の投資はその対象資産に固有のリスクを伴うという点にある。これらのリスクが対象資産に固有なものである以上，投資家はある資産の価値の上振れを他の資産の価値の下振れと相殺できるはずである。この点を理解してもらうために，日焼け止めクリームだけを製造・販売している「サンタン社」と傘だけを製造・販売している「アンブレラ社」がそれぞれ抱えているリスクについて考えてもらうことにしよう。晴れの日の多い年は前者にとっては望ましく後者にとっては望ましくなく，反対に，雨の多い年は前者にとって望ましくなく後者にとって望ましい。平年並みの年には両社とも平均的な収益を生み出すものとする。図5-5はこの両社の株式1株が各年に生み出すリターンを示したものであり，サンタン社のリターンが良い年にはアンブレラ社のリターンが悪く，前者が悪いときには後者が良い結果を示している。

　サンタン社とアンブレラ社のいずれか一方だけへの投資には少なからぬ「天候リスク」が伴う。いずれの企業の株式も，天候に恵まれた年には1株33ドルの利益を生むが，天候に恵まれなかった年には1株9ドルの損失を出し，気

候が平年並みであればその平均である1株12ドルの利益を生む。しかしながら、これら二つの会社に対して同額の投資をしたならば——つまり、これら二つの会社に対して分散投資をしたらば——どうなるであろうか。その場合、天候リスクは発生しないであろう。晴天の続く年にはサンタン社が生み出す超過利益がアンブレラ社の損失を補い、雨がちの年にはアンブレラ社が生み出す超過利益がサンタン社の損失を補うからである。この結果、両社に対して同額の投資をすれば、すべての年において安定的なリターンを得ることができる。つまり、そうすることによって、リターンのばらつき、すなわちリスクを除去することができる。

前述のマルコビッツの論稿を端緒として様々な研究がなされ、その結果、現代のファイナンス理論ではリスクを「**分散可能リスク（diversifiable risk）**」（＝分散投資をすることによって除去することのできるリターンのばらつき）と「**分散不能リスク（nondiversifiable risk）**」に分ける考え方が支配的となりつつある。後者のリスクは、「**市場リスク（market risk）**」あるいは「**システマティック・リスク**」と呼ばれる場合もある。この言葉が示唆するように、金融資産が抱えるリスクの中には経済全体の市場動向や景気変動に連動する部分が存在する。実証研究によれば、このような大きな要因によって生じるリターンの変動はすべての投資に影響を与えるものであり、分散投資を進めてもこのようなリスクを除去することはできない。[13]

分散投資理論を裏付ける実証研究は多数存在するがこれを詳しく紹介することは本章の目的にはそぐわない。ただし、一つだけ知っておくべき点があり、まずは、**図5-6**をご覧願いたい。ここに示したものは米国の株式で構成された様々なサイズのポートフォリオのリスクの大きさを「ボラティリティ」という指標によって示した1987年の調査資料である。[11]

図5-6が示すとおり、ポートフォリオが1株から成る場合、つまり分散投

---

[13] （原注）分散投資理論は主として米国の金融市場の分析を通じて発展してきたものである。そこで、金融市場の世界化が進む今日においては、これまで分散不能リスクと考えられていたものの一部は米国市場に固有のものであり、国境を越えた分散投資を進めることによりこれを除去することができるのではないかという点に注目が集まりだしている。この点に関するこれまでの研究によれば、まだ暫定的な結論ではあるものの、「投資の国際化によって分散不能リスクの一部を分散可能リスクに変えることができる」ようであり、であるとすれば、分散不能リスクの外延は変わりつつあるといえるだろう。

[11] （訳者注）「ボラティリティ」とは収益率の標準偏差を意味する言葉であり（本章の注9）参照）、これが**図5-6**のタテ軸の単位となっている。

図5-6 分散投資のメリット

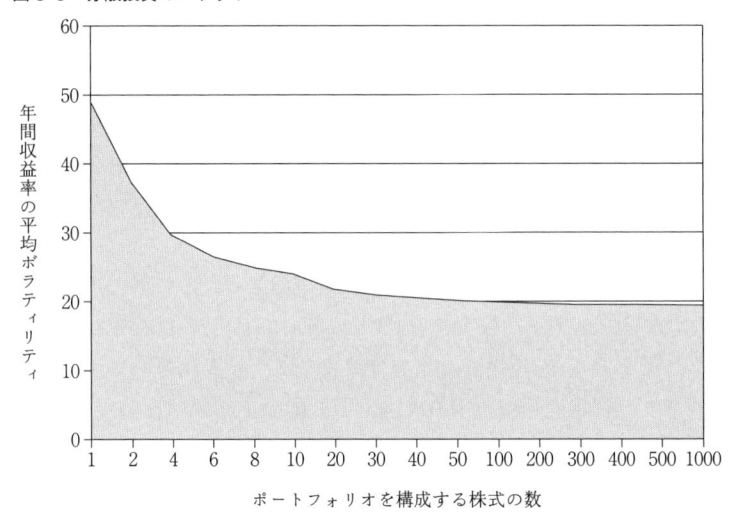

出典：Meir Statman, How Many Stocks Make a Diversified Portfolio?, 22 J. Fin. & Quant. Anal. 353 (1987)

資を一切行わない場合，ボラティリティの平均は約50％である。これに対して，投資を二つの証券に等しく振り分けた場合の平均ボラティリティは37％となり，10個の証券から成るポートフォリオのボラティリティは23％にまで低下している。ポートフォリオの対象資産を30個の証券にまで増やすとボラティリティは21％未満となるが，この値は分散投資を徹底した場合のボラティリティとほぼ等しい値である（対象資産を1000個の証券に増やしてもボラティリティは約19.21％にまでしか下がらない）。このため，財務管理に携わる者は投資の対象を30銘柄以上に分散できれば分散投資の目的を果たし得たと考えるのが一般的である。[14]

法律家は分散投資理論から様々な教訓を導き出すことができる。第一に投資判断を行うクライアントを助けなければならない状況は頻繁に発生する。個人のクライアントは老後のために行っている貯蓄の具体的方法を知らねばならず，

---

[14] （原注）ただし，この「30銘柄」という数字の意味については若干の注意が必要である。なぜならば，投資の対象銘柄が同じ産業に属しているとすれば，各銘柄に固有なリスクの間に強い正の相関関係が残るために分散投資の目的は達成されないからである。さらに，30銘柄を超える分散投資が生み出す追加のメリットも決して少なくないことを示唆する近時の実証研究も存在する。

財団法人であるクライアントは財団の基金を投資にあてねばならず，信託会社であるクライアントは信託資産の管理に対して責任を負っている。リスクとリターンのバランスをどうとるかはクライアントの選好の問題であるとしても，分散投資の利益をクライアントに知らせることは法律家の重大な職責である。分散投資をしないことはクライアントを不必要なリスクに晒す結果を招くからである。

あなたのクライアントが大きなビジネス上のリスクを抱えた企業（例えば，新興のハイテク企業）である場合にも分散投資理論を理解しておくことは重要となる。このような起業への投資を勧誘する局面において，法律家はしばしば次のような意見を述べる。「投資対象を分散する限り投資家のリスクは市場リスクだけであり，投資先企業の固有リスクを心配する必要はないでしょう」[15]。この意見に説得力があるからこそ米国の機関投資家は新興企業への投資を増やしてきたといえるだろう。多数の新興企業を投資の対象としている限り，分散投資の効果として各企業の固有リスクは互いに相殺され消滅するからである。

分散投資の価値については規制当局も遅ればせながら理解するようになってきた。年金機構や信託基金など多くの金融機関は30年前には投資適格債や優良企業株式のようなリスクの低い資産に対してしか投資することを認められていなかったが，今日では，十分な分散投資を行っている限り，はるかに広い範囲の資産に対して投資を行うことが許されている。学界の通説に従う限り，このような変化は望ましいものであろう。なぜなら，その結果として金融機関の期待収益率は高まり（なぜそういえるのか考えてみること），同時に，より広い経済分野に資金が流れるようになったからである。

D　資本資産価格モデル

Cで論じたように，個々の金融資産に含まれるリスク，つまりリターンのばらつきは，分散可能なリスクと分散不能なリスクに分けられる。金融や財務の専門家，あるいはしっかりとした助言に従って投資を行う人々にとって資産リスクの重要部分は分散不能なリスクだけである。そこで，後に述べる金融資産

---

[15]（原注）ただし，新興企業のリターンがいかなるレンジ（447頁参照）の中で変動するものであるのかは投資家にとって重要である。レンジはリターンの期待値を決定付ける要素であり，後に価格算定の議論をする際に述べるように，リターンの期待値は企業の価格算定の重要な要素となるからだ。

の価格算定をはじめとするファイナンスの様々な分野において，分析の対象となる金融資産（例えば，GE やインテルの株式など）の分散不能リスクを計測するための技法が編み出されてきた。これらの技法のうちで最も有名なものが「**資本資産価格モデル**（Capital Asset Pricing Model）」であり，頭文字をとって以下これを「**CAPM**（キャップ・エム）」と呼ぶことにする。

1960年に発表された John Lintner と William Sharpe の共著の中で彼らが最初に提示して以来，CAPM はこれまでに論じてきたファイナンスの諸概念を統合した重要にして有用な理論としての地位を築いてきた。CAPM は金融資産，特に株式の市場価格の決定原理を明らかにすることを目指した理論であり，分散投資によって除去可能なリスクは計算の対象から捨象してよいという考え方に依拠している。そうである以上，各株式の価格は，そのリターンが資本市場全体の動きにどれだけ連動しているかに強く依存することになるであろう。したがって，過去においてその株式が市場全体の動きに対していかなる反応を示してきたかを観察すれば，資本市場がその株式を現在および将来においていかに評価するかを知ることができる。これが，CAPM の考え方の骨子である。

紙数に限りがあるのでCAPMについて本格的な解説を行うことは割愛せざるを得ないが，CAPM に関して法律家が是非知っておくべきことが一つある。それは CAPM によって導き出された「**ベータ（β）**」という概念についてであり，この概念こそが金融資産の価格を決定付ける指標としての役割を果たす。ベータは，個々の金融資産のリターンの変動と市場全体のリターンの変動との関係を表した数値であり，ある株式のベータが1.0であればこの株式と市場平均とは等しいレベルの市場リスクを抱えている。ベータが1.0を上回る株式は市場の平均よりも不安定であり，市場が好況になれば市場よりも高い割合で価格が上昇し，逆に市場が不況になれば市場よりも高い割合で価格が下落する。逆に，ベータが1.0を下回る株式は市場の平均よりも安定している。[16][12] ファイナ

---

[16]（原注）より詳しくいうと，ベータはリスクのない資産（財務省証券など）の期待収益率に対する特定の金融資産の期待収益率の超過額とリスクのない資産の期待収益率に対する市場全体の期待収益率の超過額との間の比率を表している。資産のベータが分かれば，その資産の期待収益率を求めることができる。数学的な記述が好きな人のためにいうと，ある資産の期待収益率を求めるCAPMの公式は次のようになる。

　　対象資産の期待収益率＝リスクのない資産の期待収益率＋ベータ×（市場全体の期待収益率
　　　　　　　　　　　　－リスクのない資産の期待収益率）

[12]（訳者注）ベータの内生的定義は，「対象資産の収益率と市場全体の収益率の相関係数（480

ンスの世界においてベータは企業の市場リスクを示す最適の指標として用いられている。

ベータやCAPMの理論上の問題を詳しく解説することは本書の目的を超えるので省略するが，一点だけ述べておきたいことがある。それは，CAPMは，特定の株式の価格の動きと市場全体の動きの過去における関係が将来における価格の動きの予測として有効に機能するということを黙示の前提としている点についてである。近時この前提に疑問を呈する論者が現れ，CAPMの支持者との間で活発な論争が繰り広げられている。問題は特定の株式と市場との間の関係にどれだけの安定性があるかということであるが，識者の大勢はこの安定性を原則として肯定し，過去の価格情報から導き出されたベータの有用性を認めているようである。

CAPMの使い方に関するもう一つの問題は，ベータを算出する際にどの「市場」を用いて計算を行うかである。伝統的には個々の株式の価格と米国の株式市場全体の動きを比較してベータを算出していたが，世界の株式市場全体，あるいはもっと大きな金融資産市場全体との比較で計算を行う方が適切であるかもしれない。なお，CAPMよりも正確にリスクとリターンの関係を分析できると標榜する価格モデルも近年現れてきており，経営管理大学院や経済学部のコーポレート・ファイナンスの上級コースではこれらのモデルやそれに関連する諸問題が研究の対象とされている。

CAPMに関して法律家が記憶に留めておくべきことの第一は，個々の株式の分散不能リスク（＝市場リスク）を推定する技法として，CAPMは今でも非常に人気があるということである。法律家がCAPMやベータにどれだけかかわることになるかは専門とする分野次第である。金融の仕事に携わる法律家であれば毎日のようにこれらの技法に携わるかもしれないが，それ以外の法律家がこれらの技法にかかわる頻度はもっと少ない。しかしながら，投資の判断を行うクライアントに助言する機会に遭遇する法律家は数多い。確定拠出型年金に加入すべきか否か。慈善団体は留保資金をどのような投資にあてるべきか。学校法人が採用すべき投資戦略はいかなるものか。法律家がこのような決定を

頁以下参照）に対象資産の収益率の標準偏差を分子，市場全体の収益率の標準偏差を分母とする分数を乗じた値」である。したがって，過去の価格情報からこれらの数値を推計し，これによって定まったベータの値を上記原注記載の公式にあてはめれば対象資産の期待収益率を推計できる。なお，ベータは市場全体の収益率を説明変数，対象資産の収益率を目的変数とする回帰直線の傾きの大きさを示した数字でもある（第9章**1**D項の解説も参照されたい）。

行おうとするクライアントに適切な助言を与えるためには，単にリスクとリターンの間のトレード・オフの関係を理解しているだけではなく，個々の資産のリスクやリターンを推定するためのCAPMをはじめとする様々な技法の背景にある原理を理解しておくことが大切である。

5 資産の価格算定

　一般論としていえば，資産の「**価格算定（valuation）**」は法律家が責任を負うべき作業ではない。しかしながら，財務アナリストや投資銀行家など（ちなみに，彼らの中で法律を学んだことのある人の割合は増えている）が価格算定を行う取引に法律家はしばしば関与する。これらの取引は，企業のM&Aなどのように純然たるビジネス取引である場合もあるが，家族法の問題（例えば，離婚協議において夫婦共同財産の公平な分配額を決定しようとする場合）や裁判上の問題（例えば，営業妨害によって生じた損害額を算定する場合）など，法律上の諸問題を解決する際にも価格算定が果たす役割は大きい。そうである以上，価格算定の技法に関する一般的な知識を身につけておくことは法律家にとっても重要である。

A 類似資産に関する近時の取引

　資産価値を算定する最も簡単な方法は，同一または類似の資産について近時に成立した市場価格を参照することである。例えば，IBMの株式100株を寄付しようとしている者は，寄付を実行する日のニューヨーク証券取引所におけるIBM株の取引価格をみてその価値を決めることだろう。IBMの株は「代替物」であるからあるIBM株式の取引に用いられた価格は同時期に取引される他のIBM株式の価値を算定する根拠となり得ることは当然である。

　同一でなくても類似の資産が近時に売却されていれば，これを参照して価格付けを行うことができる。その例として住宅ローンの貸付審査手続について考えてみよう。住宅ローンの貸付を行う金融機関は，対象となる住宅に抵当権を設定し，貸付限度額をその住宅の市場価値の一定割合（例えば80％，あるいは95％）とするのが通例である。この基準を満たしていることを確認するために金融機関は不動産鑑定士に対象不動産の鑑定を求める場合が多く，鑑定士は近時に取引が成立した類似の不動産と比較して対象不動産の価値を評価する。例えば，ある農村の三つの寝室を持つ家屋の価値を算定しようとする鑑定士は，

同じ地域内で近時に売買された類似の家屋の価格を調べ、両者の相違点（寝室の数や家屋の構造の違いなど）を反映すべく必要な調整を加えたうえで対象資産の価値を算定する。その際不動産取引を専門とする弁護士が鑑定士と連携して職務を行う場合も多く、比較に用いるべき類似の家屋の選定まで行う弁護士もいる。

B 財務諸表を用いた価格付け

財務諸表が入手可能な企業が価値付けの対象である場合には、その財務諸表に記載されている数値を手掛かりにして価格付けを行う技法が存在する。例えば、ここに2人の人物が共同で所有している企業があるとしよう。そして、共同所有者の1人がビジネスの世界から引退しようとしているために（あるいは、共同所有者間に不和が生じたために）所有株式をもう1人の共同所有者に売却しようとしていると仮定する。この企業は閉鎖会社であるから株式の価値を市場価格から算出することはできない。しかしながら、この企業が会計士の監査を経た財務諸表を作成しているとすれば、これを手掛かりにして企業価値を算定することができるだろう。

上記のような場面で用いられる最も一般的な技法は財務諸表の中の指標となる数字を特定し、この数字と対象企業の価値の関係を見定めるというものである。貸借対照表に記載されている「株主持分[17]」の値（これを企業の「純資産」ということもある）を用いる方法はその一例である。ある業種における企業価値と純資産との比率は概ね2対1であると考え得るとすれば、企業の純資産額を調べ、これを2倍することによって企業価値を算定できる。同様の手法として、損益計算書に注目し、対象となる業種の「**株価収益倍率**（price earnings multiples）[18]」を調べる方法もある。株価収益倍率が定まり、対象企業の直近営業年度における利益が分かれば、これによって企業価値を算定できる。

上記の二つの手法は株式の市場価値と財務諸表の指標となる数値の比率が類

---

[17] （原注）株主持分は資本金、資本剰余金および利益剰余金の3項目によって構成されている。第4章で論じたとおり会計上の概念である株主持分と株式の市場価値とは一致しない。その原因はいくつかあるが、例えば、会計書類においては取得価額を重視して資産評価を行うこと、あるいは、無形資産や偶発債務の多くが会計書類には記載されないことが両者の乖離を生み出す原因となっている。

[18] （原注）株価収益倍率とは企業の1株あたりの時価を直近の事業年度における1株当たり利益で除した値のことであり、その逆数がPEレシオである（162頁参照）。

似の業種毎にある程度定まっているということを前提としている。この前提が正しいとすれば，例えば前記の共同所有者のいる会社が全国展開しているファースト・フード・レストランの場合，財務アナリストはマクドナルドやバーガー・キングなど類似業種を営む公開企業の企業価値と純資産の比率や株価収益倍率を調べることによってこの企業の株式価値を算定することができる。

C 割引きキャッシュフロー法

資産の価格付けを行うためのもう一つの技法は「**割引きキャッシュフロー法** (discounted cash flow analysis)」（以下，「**DCF法**」という）である。DCF法はこれまでに述べた技法よりも汎用性が高い。DCF法の考え方は本章の**3**Dで述べた「反復される将来払い」の現在価値の求め方と似ている。ある投資をすれば将来どれだけのキャッシュフローが生み出されるかを調べ，そのキャッシュをしかるべき割引率を用いて現在価値に換算し，それらの値を合計する。これがDCF法の基本である。投資額がこの現在価値の合計額を下回っている場合には，その投資はプラスの「**純現在価値**（net present value）」を有していると表現され，その投資は実施に値するものと評価される。

DCF法は，株式の価値の算定からM&A取引における企業全体の価値評価に至るまで企業の価格算定の技法として日常的に用いられている。その際，アナリストが最初に注目するのは対象企業の財務諸表，特に損益計算書であり，これを手掛かりにして対象企業が毎年どれだけのキャッシュを生み出してきたかを判定する[13]。次に，この数値を基にしてこの企業が今後生み出していくと思われるキャッシュフローの値を推定し，最後にしかるべき割引率を用いてこの推定されたキャッシュフローを現在価値に換算する。

この割引率は，CAPMなどの資産価格モデルを使って導き出すのが一般的である。したがって，ベータが1.0以上の業種に属する企業については相対的に高い割引率を用い，逆に，ベータが1.0を下回る業種の場合には低い割引率を用いる。この手法はファイナンスの実務に携わる人々の直感にも適合してい

---

[13] （訳者注）その際注意すべきことは，損益計算書では営業利益の控除項目である「販売および一般管理費」の中に「減価償却費」が含まれていることである。減価償却費は現金の支出を伴う費用項目ではないので企業が生み出すキャッシュフローを算出するためには減価償却費控除前の営業利益額を指標に用いるべきである。実務では，この指標を「**EBITDA**」と呼ぶことが多い（EBITDAは「Earnings before Interest, Tax, Depreciation and Amortization」の頭文字をとった言葉である）。

図 5-7 買収対象会社のキャッシュフロー予想額

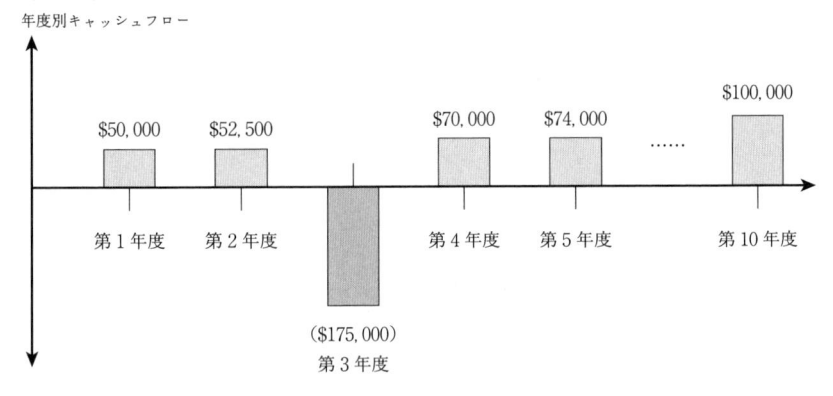

年度別キャッシュフロー

- 第1年度: $50,000
- 第2年度: $52,500
- 第3年度: ($175,000)
- 第4年度: $70,000
- 第5年度: $74,000
- ……
- 第10年度: $100,000

る。なぜならば、不確実性が大きい（＝ベータが高い）業種のキャッシュフローは不確実性の低い（＝ベータが低い）業種に比べて時価の評価が低くなりがちだからである（なぜそうなるのか考えてみること）。

図5-7は、仮想の買収対象会社が生み出すキャッシュフローの予想額を示している。

この企業の場合、第1年度には5万ドル、第2年度にはこれを若干上回る5万2,000ドルのキャッシュを生み出すことが予測されている。第3年度には工場を改修するために操業が停止され、改修費用として17万5,000ドルが投じられる（つまり、マイナスのキャッシュフローが生じる）予定である。第4年度には、改修の結果を受けて企業が生み出すキャッシュフローの予想額は7万ドルに急増し、その後は健全な割合でキャッシュフロー額が上昇し、第10年度には10万ドルに至る。あとは、CAPMその他の方法を用いて決定された割引率を用いてこのキャッシュフローを現在価値に換算すればよい。その結果得られた数値は対象会社の買収価格の一つの目安となるであろう。

以上のような計算を適切に行うためには産業の趨勢その他の考慮すべき諸事情に精通している必要があるが、我々にとって当面重要なことは価格算定の技法を支えるロジックを正しく理解することである。ちなみに、価格算定を行う専門家は、以上のようなDCF法による分析を行ったうえで対象となる資産に操作を加えることによって企業価値を高め得る可能性について思いをめぐらすのが普通である。例えば、Coaseの「企業の本性」が説くところに則り、事業の一部を売却し、あるいは逆に設備投資を行うことで企業価値を高め得るので

はないかと考える。もし，そうであれば，それによって生じるキャッシュフローの変化を見定め，計算をやり直す必要が生じる。対象企業の資本構成に変化を加えることによって企業価値が高まる可能性もある。モジリアニ＝ミラー命題は理論的には正しい考え方であるが，現実世界では負債による資金調達を増やすことで税務上のメリットが生まれる可能性が高い。したがって，借入れを負やすことによって企業全体の資金調達コストを引き下げ，企業の現在価値を高めることが可能であるかもしれない。

DCF法について詳しく論じ出せばきりがないが，この技法の基本原則はもはや会得してもらえたのではあるまいか。それは，貨幣の時価的価値の考え方を発展・洗練させたものであり，次の三つの要素から成り立っている。すなわち，①いくらのキャッシュが産まれると予想するか，②それが生まれる時期はいつか，そして，③そのキャッシュを現在価値に換算するための割引率はいくらであるか，の三つが主要な論点であり，それ以外のことはある意味些事である。

価格算定の技法を実践してみたいと思う読者のために，慶應義塾大学経営管理大学院でケース・スタディの教材として用いられている資料を本章末尾に添付した。[14] この資料は2006年から2007年に起こったHOYAとペンタックスという二つの上場企業間の合併交渉に関する公開資料を基に作成されたものであり，この2社に関してこれまでに学んできた価格算定の技法を実践するのに必要な情報が記載されている。両社の1株当たりの価値はいくらであり，仮に両社が合併するとすれば合併比率はいくらとすべきであろうか。[15]

> **Column 5-4** リアル・オプションと価格付け

ファイナンス理論の近時の発展の中で興味深いテーマの一つが「リアル・オプシ

---

14) （訳者注）原著ではハーバード・ビジネス・スクールで用いられている教材が添付されているが，本章では慶應義塾大学経営管理大学院のご厚意によりこれを添付の資料と差し換えた。
15) （訳者注）合併比率を決めるにあたっては企業統合によってもたらされる付加価値（これを一般に「シナジー」という）の分配をどう考えるかなど通常の価格算定にはない追加要素を考慮する必要があるが，最大の論点は，合併しないと仮定した場合の（実務ではこれを「スタンド・アローン・ベースの〔on a stand-alone basis〕」という）各当事会社の1株あたりの価値であろう。なお，添付資料の作成者の1人である井上光太郎現東京工業大学教授から伺ったところによれば，この案件の合併交渉においては，スタンド・アローン・ベースの株式価値もさることながら，株主構成（特に，ペンタックスの株主構成に占めるファンドの持株数の大きさ），赤字事業の維持の条件，前提となる経営計画の企業価値への反映などの論点も重要とのことである。

ョン（real option）」である。リアル・オプションを論じる際には，決定分析と伝統的な価格付けの技法を組み合わせた考え方をする。すなわち，投資判断は「する」か「しないか」の二つに一つであるというのが伝統的な価格付けの発想であるのに対し，リアル・オプション論は，投資家が一度決定した投資を「続ける」か「やめる」かの選択権（これが「リアル・オプション」の意味である）を持ち得ることに注目する。例えば，伝統的な価格算定の技法では純現在価値がマイナスにしかならない投資であっても，成功の見込みが明確になるまで投資の大部分の実施を延期させ得るとすれば，リアル・オプション論によって初期投資の有益性を示すことができる。

リアル・オプション論は研究開発とその後の多額の設備投資を必要とする新薬開発の価格付けを行う際などに有用である。一般に新薬が実用化に至る確率は低いので，二段階の投資を一つのものとして把える限り，新薬の期待利益はこの投資を正当化するレベルには達しない可能性が高い。しかしながら，初期の研究開発によって新薬の実用化の目処が立つまで設備投資の決定を遅らせることができるという認識の下でプロジェクトの価格算定を行えば，結果はプラスの純現在価値を示すものとなるかもしれない。プロジェクトを一つの不可分な投資行為として捉えるのではなく，初期の投資行為がプロジェクトの継続という「オプション」を産み出すことに価値を認めるのがリアル・オプション論の特徴である。

6 読書案内

以下は，本書の原本で紹介されている書物とこれに対する原著作者のコメントの要旨である。

1. Stephen A. Ross, Randolph W. Westerfield, and Jeffrey Jaffe, *Corporate Finance*, 9th ed. (New York, NY: McGraw Hill/Irwin, 2010), ファイナンスの原理を明解に解説している。
2. Richard A. Brealey, Stewart C. Myers, and Franklin Allen, *Principles of Corporate Finance*, 10th ed. (New York, NY: McGraw Hill/Irwin, 2011) 上記の1と並ぶ定番の教科書であるがやや難解。
3. Zvi Bodie and Robert C. Merton, *Finance* (Upper Saddle River, NJ: Prentice Hall, 2000). オプション理論に関する説明が充実している。
4. Robert C. Higgins, *Analysis for Financial Management*, 10th ed. (Boston, MA: McGraw Hill/Irwin, 2012). 平易な記述のよき入門書。
5. Burton Malkiel, *A Random Walk Down Wall Street*, 9th ed. (New York, NY: W. W. Norton & Company, 2007). 効率的市場仮説を肯定的に論じた代表的文献。
6. Andrei Shleifer, *Inefficient Markets: An Introduction to Behavioral Finance*

(Oxford, UK: Oxford University Press, 2000). 市場の効率性に対する懐疑論の古典。
7. Lucy F. Ackert and Richard Deaves, *Behavioral Finance* (Mason, OH: Southwestern, 2010) 行動ファイナンスの最善の入門書。

日本においてファイナンス理論ないしはコーポレートファイナンスを本格的に学ぼうとする者は,まずは米国の代表的教科書の原書かその翻訳を(あるいはその双方を)読み進めるのが通例である。翻訳されている主な教科書としては,

① ツヴィ・ボディ=ロバート・C・マートン=デーヴィッド・L・クリートン(大前恵一朗訳)『現代ファイナンス論─意思決定のための理論と実践〔原著第2版〕』(ピアソン桐原・2011年)
② リチャード・ブリーリー=スチュワート・マイヤーズ=フランクリン・アレン(藤井眞理子=国枝繁樹監訳)『コーポレート・ファイナンス上・下〔第8版〕』(日経BP社・2007年)
③ Stephen A. Ross=Randolph W. Westerfield=Jeffrey F. Jaffe(大野薫訳)『コーポレート・ファイナンスの原理〔第9版〕』(金融財政事情研究会・2012年)
④ デービッド・G.ルーエンバーガー(今野浩=鈴木賢一=批々木規雄訳)『金融工学入門』(日本経済新聞社・2002年)

などがある。このうち,①は平易な入門者向けの本であるが,若干もの足りなさを感じるかもしれない。なお,この本は前掲の米国著書3の翻訳ではないので誤解のないように。

②は前掲の米国著書2の二つ前の版の翻訳であり,原書は30年以上の長きにわたりこの分野の定番の教科書とみなされてきた。ただし,10度に及ぶ改訂を通じて内容がいささか冗長になっている観は否めず,全体を読破するにはかなりの根気が必要である。

③は前掲の米国著書1の翻訳であり,原書は米国著書2に代わって最も人気の高い教科書となりつつあるようだ。内容も分かりやすい。

④はかなりの数学的記述を含む本であるが,非常に分かりやすく,本格的にファイナンス理論を学ぼうとする者にはお薦めの本である。ただし,原書については2013年6月に待望久しかった第2版が出版されており,新たな記述も多いことから,現状ではこの第2版の翻訳がなされるのを待つか,あるいは原書自体を読み進める方がよいであろう。

さらに,最近では日本人が書いたファイナンス理論の本も数多く出版され洛

陽の紙価を高めているので，そのうちの何冊かを紹介しておこう。

⑤ 野口悠紀雄『ビジネスに活かすファイナンス理論入門』（ダイヤモンド社・2004 年）
⑥ 岩村充『コーポレート・ファイナンス――CFO を志す人のために』（中央経済社・2013 年）
⑦ 野口悠紀雄＝藤井眞理子『現代ファイナンス理論』（東洋経済新報社・2005 年）
⑧ 津野義道『ファイナンスの確率積分』（共立出版・2001 年）
⑨ 乾孝治『ファイナンスの統計モデルと実証分析』（朝倉書店・2013 年）
⑩ 草野耕一『金融課税法講義〔補訂版〕』（商事法務・2010 年）

⑤は平易に書かれたファイナンス理論の入門書である。

⑥は名著の誉れ高い『企業金融講義』（東洋経済新報社・2005 年）の著者の手になる最新の教科書である。分かりやすく，内容も刺激的で洞察力に富んでいる。

⑦はこの分野における最高レベルの（それでいて非常に簡明な）教科書であり，本格的にファイナンス理論を研究しようと志す者にとっては必読の書であろう。解析学を用いずほとんど線形代数だけで数学的記述を済ましている点も特徴的である。

⑧は⑦と異なり伝統的な手法を用いてブラック・ショールズ・モデルを証明している（なお，この本を本格的に読破しようと思う読者には同じ著者の手による『ファイナンスの数学的基礎――離散モデル』（共立出版・1999 年）も併読することを薦める）。

⑨はファイナンス理論を用いた実証研究について解説した最新の本である。

⑩は法科大学院の教科書として作られた教科書であり，全体の約半分をファイナンス理論の解説にあてている。ロジックを重視した書きぶりは法律家志望者向きかもしれない。

【資料】（慶應義塾大学ビジネス・スクールの教材より転載）

HOYA とペンタックス（A）

　2006 年もそろそろ年末に近づき、街にはクリスマスの華やかなデコレーションが溢れる頃、HOYA とペンタックスは、統合に向けた協議を続けていた。HOYA の鈴木洋社長は、HOYA による TOB（株式公開買付）や複数の手法を候補として考えていた。しかし、ペンタックスの浦野文男社長は、対等な精神の合併の方が好ましいと感じていた。2 社は時価総額で大きな差があるため、実質的に HOYA に吸収されることは認識していたが、事業運営については対等の精神を打ち出すことが、社内をまとめ、従業員の不安を取り除くためにも必要と感じていた。ペンタックスの浦野社長は、取締役の中では、森勝雄取締役専務執行役員と二人のみで、HOYA との統合交渉に臨み、その他の取締役にはある程度条件が固まってきた段階で、統合方針を説明し、了承を取り付けるつもりであった。

　ペンタックスは、1919 年（大正 8 年 11 月）に、ペンタックスの前身である旭光学工業合資会社として創立され、掛眼鏡及び映画用映写レンズの製造を開始した。その後、1938 年 12 月には旭光学工業株式会社が設立され、レンズ設計、写真機レンズ及び双眼鏡の製造を行った。その後、1952 年 4 月に東京都板橋区前野町に本社及び工場を移転した。その後、1962 年にはベルギーに販売会社ペンタックス ヨーロッパ N.V. を設立し、欧州進出を果たした。1970 年 12 月には、東京証券取引所市場第二部に株式を上場、その後、1971 年 11 月には東京証券取引所市場第一部に上場替えした。1976 年には、米国に販売会社ペンタックス コーポレーション（現　ペンタックス オブ アメリカ インク）を設立している。事業分野も拡大し、

　　本ケースは、慶應義塾大学大学院経営管理研究科准教授の井上光太郎と高橋大志が、同研究科でのクラス討議のための公表資料に基づいて作成したものである。このケースには、続編としてケース（B）がある。本ケースの内容は、公表資料・報道・アナリスト資料等に基づいているが、一部内容は資料に基づきながら、作成者自身が前後関係を推定している部分があり、必ずしも全てが正確ではない。また、本ケースは、経営の巧拙を例示するためのものではない。
　　本ケースは慶應義塾大学ビジネス・スクールが出版するものであり、複製等についての問い合わせ先は慶應義塾大学ビジネス・スクール（〒 223-8526　神奈川県横浜市港北区日吉 4 丁目 1 番 1 号、電話 045-564-2444、e-mail: case@kbs.keio.ac.jp）、また、注文は http://www.kbs.keio.ac.jp/ へ。慶應義塾大学ビジネス・スクールの許可を得ずに、いかなる部分の複製、検索システムへの取り込み、スプレッドシートでの利用、またいかなる方法（電子的、機械的、写真複写、録音・録画、その他種類を問わない）による伝送も、これを禁ずる。
Copyright© 井上光太郎，高橋大志（2009 年 1 月作成）

1972年9月には眼鏡レンズ分野に進出，同11月には自動製図機の製造販売開始，1977年12月には医療機器分野に進出した。2002年10月には，商号を旭光学工業株式会社からペンタックス株式会社に変更している。同社は，初代社長の松本三郎氏の後，1978年から松本三郎氏の長男の松本徹氏が2代目の社長に就き，その後22年にわたり，同社のトップの座にあった。松本徹氏は製品開発を手掛け，実弟の松本毅氏が販売面を担当し，この2人3脚でペンタックスの発展を支えてきた。[1]
その後，2000年6月に，創業者ファミリー以外からは初めての社長として浦野文雄氏が社長に就き，現在に至っている。創業者ファミリー関連者は，常務執行役員の岡本育三氏（松本徹氏の妻の弟）一人だが，岡本氏が創業者の利益代表者であると認識している取締役もいた。創業者ファミリーのペンタックス株式の保有比率は8%程度であった。

ペンタックスは，フィルムカメラメーカーの老舗であり，一眼レフを初めて国産化し（「アサヒフレックスI」），世界の一眼レフ市場をリードしてきた。そもそも，ペンタックスという名称の由来は，1957年発売のカメラ「アサヒ・ペンタックス」の商品名による。この名称は，「アサヒフレックス」に，ファインダーに内蔵される光学部品「ペンタプリズム」を搭載したことによる。伝統的カメラのシェアとしてはニコン，キヤノンに次ぐ3位にあるが，高い技術力を誇り，レンズ交換式一眼レフにおいて世界最軽量を実現した廉価な一眼レフ「＊ist DL」を販売するなどニッチ市場で特徴ある製品を出している。しかし，デジタルカメラへの進出が遅れ，2000年3月期には連結決算で赤字に転落していた。その業績悪化の中で，2000年6月，浦野氏が，創業者ファミリー以外では初めてペンタックスの社長に就任した。浦野氏は，1980年発売の最高級一眼レフカメラ「ペンタックスLX」の設計者であったが，その後はカメラ以外の事業を担当してきた。浦野社長は，ペンタックスは一眼レフカメラが強かったために，周辺事業の強化が遅れたと認識していた。また，創業家が経営にあたったため，リスク回避が優先され，リスクの伴う新規事業の育成が遅れたと感じていた。[2]

浦野社長は，希望退職による人員整理や負債圧縮で再建に臨んだ。その過程で，埼玉の小川事業所の閉鎖，台湾工場の縮小，不採算事業からの撤退を自ら主導した。社内には，その手法に反感を持つ者もいたが，2003年以降は黒字に戻していた。しかし，デジタルカメラについては，競争激化と価格下落の中で苦戦を強いられ，デジタルカメラの中でも一眼レフへの注力にシフトした。浦野社長は，拡大路線の

---

　[1]　日経ビジネス　2007年4月30日号　「HOYAは分かっていない」
　[2]　日経ビジネス　2007年6月25日号　「敗軍の将，兵を語る：浦野文男氏」

中で，当時売上高600億円だったデジタルカメラ事業を売上高1,000億円で止める方針を打ち出した。その代わりに，カメラ以外の事業の拡大を優先しようとした。2004年4月からは，中期経営計画を打ち出し，2007年3月期に売上高2,000億円，営業利益160億円を目指すとしていた。

2006年3月期には，連結売上高は1,422億円を計上するまでに発展したが，営業利益は30億円，当期純利益は，事業の再構築費用などの特別損失に計上したこともあり，8億円にとどまっていた。事業分野は，ライフケア事業（内視鏡，メディカルアクセサリーなど），イメージングシステム事業（デジタルカメラ，レンズなど），オプティカルコンポーネント事業（デジタルカメラモジュール，微小レンズなど），その他事業（ビジネス計測器，測量機器など）から成っている。売上高は，イメージングシステム（692億円），ライフケア（386億円），オプティカルコンポーネント（276億円），その他（67億円）となっているが，イメージングシステム事業は2005年3月期，2006年3月期と2期連続の赤字であり，2006年3月期には41億円の営業黒字を計上しているライフケア事業が稼ぎ頭となっていた。

ライフケア事業については，医療用内視鏡分野においては，高機能電子内視鏡の機種の充実を進め，2005年11月に自家蛍光観察電子内視鏡システムを，2006年3月には共焦点内視鏡システムをそれぞれ海外向けに販売を開始し，欧州市場を中心として売上を伸ばしていた。ニューセラミックス分野では，骨補填材及び充填剤を中心としたハイドロキシアパタイト製品を主力に事業を展開し，売上を増加させていた。メディカルアクセサリー分野では，腹腔鏡手術器具，軟性内視鏡処置具の売上を順調に伸ばし，2006年3月期には，ライフケア事業全体の売上高は前年度比23.3％増，営業利益も前年度比18.3％増となっていた。

一方，イメージングシステム事業では，デジタルカメラ分野は，市場が拡大しているデジタル一眼レフカメラへの開発，設計に注力する一方，コンパクトデジタルカメラは，新製品機種数の絞り込みを進めていた。さらに，製品在庫の適正化に努めるとともに，コスト削減を一層推進させて事業の収益化を目指していた。デジタル一眼レフカメラは，"使いやすさ"と"わかりやすさ"をより一層追求した製品として，2005年7月に「＊ist DL」，9月に「＊ist DS2」，2006年2月には「＊ist DL2」を発売した。一方，コンパクトデジタルカメラは，2005年3月に水中撮影が可能な防水機能を備えた「Optio WP」や，同11月にスタイリッシュな薄型コンパクトボディーの「Optio S6」を発売した。その結果，2006年3月期のイメージングシステム事業全体の売上高は前年度比9.8％増となったが，営業損益は，前年度比で損失額は大幅に減少させたものの，依然として営業赤字であった。

オプティカルコンポーネント事業については，デジタルカメラモジュール分野は，

デジタルカメラ及びカメラ付携帯電話用モジュールのいずれも，国内及び海外のメーカーによる競争が激化し，高画素化，高機能化と同時に低価格化が進み，厳しい市場環境となっていた。この結果，オプティカルコンポーネント事業の売上高は昨年度比6.7％減となり，営業利益も前年度比37.9％減となっていた。

　その他事業については，中国市場を中心に販売を展開している測量機を始め，厳しい市場環境の影響により売上高は前年度比29.7％減となり，営業損益についても，営業損失6億13百万円と前年度の営業損失より拡大していた。

　地域別にみると，日本市場では，売上高は，デジタルカメラモジュール分野や微小レンズ分野において，販売単価の引き下げを余儀なくされたこと，プリンタ用レーザー・スキャニング・ユニット分野で中国に設立した子会社へ生産拠点を移管したことにより，572億円（前年度比8.3％減）となる一方，営業利益は，主にイメージングシステム事業においてコスト低減を推し進めたことによる利益率の改善が見られたため，44億円（前年度比46.2％増）となった。北米については，売上高は，医療用内視鏡分野の売上が堅調に推移したことと，メディカルアクセサリー分野の売上が伸びた結果，353億円（前年度比11.4％増）となったが，営業損益は，たな卸在庫の修理や処分を推し進めたことにより売上原価が増加し，営業損失6億円（前年度は18億円の営業利益）となった。欧州では，売上高は，医療用内視鏡分野とデジタルカメラ分野において売上を伸ばしたことにより，460億円（前年度比26.5％増）となり，営業利益も，主にデジタルカメラ分野での売上増加に伴う利益率が改善した結果，12億円（前年度は15億円の営業損失）となった。一方，アジアは，プリンタ用レーザー・スキャニング・ユニット分野で中国に設立した生産拠点が本格稼働したことにより，売上高は36億円（前年度比19.1％増），営業利益は5億円となっている。

　ペンタックスは，長年蓄積されたカメラ，レンズの開発から製造までのノウハウを活かし，その光学技術をコアとして，光学設計や画像処理などの技術を多様な製品分野へ応用することにより，光学・精密機器分野において技術力に裏打ちされた事業展開を進めていた。その中でも，ライフケア事業においては，内視鏡分野で早期から海外での展開を進め，グローバルな地位を確立しているほか，メディカルアクセサリー，骨補填材として用いられるニューセラミックスなどといった多様な製品を展開していた。ペンタックスは，中長期的にはライフケア事業を成長戦略の中心に据え，事業の成長と拡大に向けてM&Aや研究開発に積極的投資を行いながら収益力の強化を進めていた。例えば，三菱マテリアルの人口骨事業の買収などを行っている。しかし，浦野社長は，ペンタックスの規模では数十億円の買収は出来ても，100億円規模の買収は難しく，この分野での単独での成長に限界を感じてい

た。

　2006年秋のアナリスト予想では、ペンタックスの2007年3月期の見込みは概ね売上高1,580億円、営業利益56億円であり、中期経営計画に掲げた目標（売上高2,000億円、営業利益160億円）の到達は困難になっていた。しかし、2006年の秋当時、株式市場では、ライフケア事業分野で増益傾向になっていること、イメージングシステム事業のデジタルカメラ分野でも、コンパクトカメラの増益に加え、一眼レフでも収益寄与の開始が見込まれ、直前数年間の業績低迷から立ち直りつつあると見られていた。このため、証券アナリストの評価でも、ペンタックスを投資対象として見直す動きが出ていた。たとえば、JPモルガン証券は、2006年11月8日に、投資レーティングを、UnderweightからOverweightに引き上げ、目標株式を670円（発表時の11月7日の株価は560円）としていた。投資家は、これに先んじてペンタックスに注目しており、2004年中に世界有数の運用機関であるフィデリティ投信が市場でペンタックス株を12%まで買い付けた他、アクティブ運用を得意とするスパークス・アセットマネジメント投信が2005年6月から12月にかけてペンタックス株式を市場で20%まで買い付け、筆頭株主となっていた。これにより、2006年3月期には、スパークス・アセットマネジメント投信が20.6%、フィデリティ投信が12.9%を保有するに至っており、約8%を保有する創業者ファミリーより上位の大株主となっていた。全体では、金融機関が49%（スパークスはここに含まれる）、外国法人が22%、個人（国内）が24%という構成になっていた。こうした株式構成もあって、浦野社長の下には、数多くのペンタックスに対する買収の申し出が寄せられていた。浦野社長は、ペンタックスの株価は必ずしもペンタックスの成長潜在性を評価していないと感じており、敵対的買収の危機感も感じていた。[3]

　一方、HOYAは、1941年（昭和16年）に東京都保谷市（現在西東京市）で東洋光学硝子製造所として創設され、光学ガラス製造に着手した。創業者は、山中正一、茂兄弟である。もともとは、山中正一氏の知人が保谷にガラス工場の建設を進めていたのだが、その知人が急死し、正一氏がその遺志をついでガラス工場を完成させたのである。当時は、双眼鏡、航空機の照準器など軍用光学機器の製造メーカーとして出発した。山中正一氏は、技術者ではあったがガラスが専門ではなかったため、東京工業大学の田畑耕造教授に指導を求めた。その田畑教授の下で光学ガラスの研究に当っていた鈴木哲夫氏が、1944年に同社に入社し、製造部長となった。

---

[3]　日経ビジネス　2007年6月25日号「敗軍の将，兵を語る：浦野文男氏」

1944年8月には，資本金120万円の株式会社に改組，商号を株式会社東洋光学硝子製造所に変更している．戦争終結とともに，軍用の光学機器製造は終わった．ここで，鈴木哲夫氏は，クリスタルというものを作ったらどうかと提案する．終戦直後の日本にクリスタル食器への需要の目処はなく，鈴木氏はともかくクリスタルは一度作ってみたいと考えただけだった．ところが，占領軍（GHQ）より，クリスマス用グラスの注文が舞い込み，幸運にも戦後の再生は順調に進むことになる．1947年8月には，商号を株式会社保谷クリスタル硝子製造所に変更している．1957年，10年余り社長を務めた山中茂氏が病気で倒れ，茂氏の娘婿にもなっていた鈴木哲夫氏が32歳の若さで保谷クリスタル硝子製造所の社長に就任する．鈴木氏は，社長に就任すると経営の近代化に着手する．鈴木氏は，一橋大学山城章教授の経営組織論に感銘を受け，自らの企業経営構想を打ち立てていく．当時の会社は，4つの同族企業の複合体に発展しており，その姿は鈴木氏が理想とした企業経営の構想からかけ離れていた．そこで，1959年には，重役教室，管理者教室などを開始し，予算統制，長期計画策定，事業部制などを導入していく．鈴木氏は，当時，次のように語っていた．「組織は会社の目的を達成するために必要な手段なのですから，目的が変更された場合や，会社の規模が変わった場合，或いは更に優れた方法が発見された場合など，当然改正され，変更されるべきものであって，とくに『経営の近代化』ということが最も必要である今日においては，組織は経営の原理に基づいて最も科学的に合理化されたものであって欲しいわけです．」[4]

1960年に東京都昭島市に昭和工場（現 昭島工場）を新設，さらに同年に保谷光学工業株式会社，山中光学工業株式会社及び保谷光学硝子販売株式会社を吸収合併し，商号を株式会社保谷硝子に変更している．翌年の1961年10月には，東京証券取引所市場第二部へ上場した．1962年には，眼鏡レンズ製造を開始し，1972年にはソフトコンタクトレンズの製造を開始している．1973年に，東京証券取引所第一部へ指定替えした．1974年からは，半導体用マスクサブストレートの製造を開始し，1983年からは八王子工場を新設し，半導体用フォトマスクの製造を開始している．1984年10月には，子会社の株式会社保谷レンズ及び株式会社保谷クリスタルを吸収合併し，商号をHOYA株式会社に変更した．1991年には，HDD用ガラスディスク（ガラス磁気メモリーディスク）の発売を開始した．1997年4月には，カンパニー制を導入し，二つのカンパニー（エレクトロオプティクス，ビジョンケア）と三つの事業子会社 {HOYA PHOTONICS INC., HOYAヘルスケア（株），HOYAクリスタル（株）（現 クリスタルカンパニー)} へ機構改革を行って

---

[4] 社史『HOYAのマネジメント』 2005年9月30日

【資料】 HOYA とペンタックス

いる。成長戦略として，M&A を積極的に活用し，1999 年 9 月にはベルギーのメガネレンズ製造販売会社 BUCHMANN OPTICAL INDUSTRIES N. V.（現 HOYA LENS BELGIUM N. V.），2000 年 4 月には米国の特注メガネレンズ加工販売会社 OPTICAL RESOURCES GROUP, INC.，2000 年 7 月には沖電気工業（株）の半導体用フォトマスク製造部門を買収している。2000 年 6 月，鈴木哲夫氏の息子の鈴木洋氏が HOYA の社長に就任した。鈴木洋氏は，グローバル化を意識した経営体制の改革を図り，2003 年 6 月には，日本企業として逸早く委員会設置会社へ移行している。

　HOYA は光学ガラスを出発点に，光学材料と精密加工技術を活かして事業領域を拡大してきた。「小さな池の大きな魚」（鈴木社長）にこだわっており，積極的な技術革新によりグローバルにニッチな市場を創造し，トップの地位を確立することで高収益を実現してきた。[5] 情報エレクトロニクス分野では半導体関連のマスクブランクスや HDD 用ガラス磁気ディスク基板において世界でトップシェアを誇り，光学ガラス・レンズなどで世界のトップメーカーの一角をなしていた。またアイケア分野でもメガネレンズなどでトップメーカーの一つであった。こうしたグローバルニッチの製品における高収益が，2006 年 3 月期まで連結営業利益の 20% 近い成長を支えてきた。しかし，2006 年 9 月期の中間決算では，液晶用大型マスクブランクスの価格下落などにより，前年同期比で 11% 成長にとどまっていた。最終製品の液晶テレビの価格下落が続く以上，マスクブランクスへの値下げ要求がやむ気配もなかった。また，HOYA の収益の柱である HDD 用ガラスディスク事業についても，垂直磁気記録と呼ばれる新方式への移行が進んでいたが，HOYA は対応に手間取っていた。

　これに伴い，前年まで一貫して上昇していた HOYA の株価も，2006 年に入ってからは，4,500 円をはさんでもみ合いが続いていた。この背景には，HOYA の今後の成長を支える事業が不足し始めたことが挙げられた。すでに 2006 年 3 月期には 1 年間で 600 億円以上の自社株買いを実施していた。鈴木社長は，ヘルスケア事業が，今後の成長ドライバーになるとして期待し，たとえば白内障治療に用いられる眼内レンズのグローバル展開に着手していた。

　HOYA の，2006 年 3 月期における事業部門別の業績は次の通りであった。
　情報・通信分野については，中心となる半導体製造用のマスクブランクスは，高

---

[5]　日本経済新聞　2006 年 12 月 22 日　「HOYA 豊富資金生かす：ペンタックスと合併」

精度製品の受注が増加して売上は増加，半導体製造用のフォトマスクは売上は前年度とほぼ同じレベル，液晶用大型マスクは，最先端大型マスク需要が好調で前年度に比べて売上は増加となっていた。HDD（ハードディスク装置）用ガラスディスクも，ノートパソコンの販売が堅調であったため，売上は前年度に比べて増加していた。一方，光学レンズは，製品の高付加価値化戦略を推し進めたため，デジタルカメラ向けの緩やかな回復と併せて，売上は増加した。この結果，部門全体の売上高は，前年度に比べ15.0％増の1,905億円，営業利益は18.3％増の748億円を計上していた。

一方，ビジョンケア部門では，新製品の市場投入と累進レンズを中心とした製品の高付加価値化により高価格帯で成長したが，低価格帯での厳しい価格競争により，国内全体の売上は前年度とほぼ同レベルとなった。海外市場ではアジア・太平洋，欧州，北米のすべての地域で新製品の市場投入と製品の高付加価値化を進めて堅調に推移し，海外市場合計の売上は前年度に比べて増加した。この結果，ビジョンケア部門の売上高は，前年度に比べ10.0％増の1,044億円，営業利益は19.3％増の203億円を計上していた。

ヘルスケア部門については，コンタクトレンズは遠近両用レンズ等の高付加価値商品の販売拡大し，眼内レンズは軟性（ソフト）眼内レンズが国内外で好調に推移し，売上高は，前年度に比べ13.0％増の354億円，営業利益は3.9％減の68億円となっていた。

地域別に見ると，日本については，情報・通信分野で高精度製品の受注が拡大し，アイケア分野では，高付加価値製品の販売強化で収益を確保し，ヘルスケア部門も高付加価値製品の販売を継続した結果，売上高は前年度に比べ6.1％増の2,449億円，営業利益は15.6％減の384億円となっていた。

また，北米では，メガネレンズは，高付加価値製品を強化し，また，ドル高による為替の影響もあり，売上高は前年度に比べ15.3％増の354億円，営業利益も10億円となっていた。

欧州については，メガネレンズは，ドイツにおける2003年12月のメガネ購入に係る保険制度廃止からの回復もあり，売上高は前年度に比べ16.1％増の392億円，営業利益は11.7％増の65億円となった。

アジアについても，前年度に比べ売上高は93.9％増の245億円，営業利益は53.3％増の481億円となった。[6] この結果，HOYAの連結売上高は，前年度に比べ11.7％増の3,442億円となり，国内売上高は4.3％増の1,735億円，海外売上高は

---

[6] 部門間調整の影響で，アジアの営業利益が売上高を上回ったと推定される。

20.4％増の1,707億円となった。利益面では、営業利益が19.0％増の1,010億円、経常利益は15.8％増の1,036億円、当期純利益は17.9％増の756億円となっていた。この結果、売上高と併せて、通期の業績として過去最高を更新した。なお、現金及び現金同等物の残高は、自社株買いの結果、前年度に比べ293億円減少したものの、依然として835億円と高水準になっていた。

HOYAの2007年3月期決算の見込みも、順調な成長が見込まれていた。あるアナリスト予想では売上高は3,900億円、営業利益は1,100億円となっており、目標株価は5,000円と評価されていた。

HOYAの鈴木洋社長は、2000年の社長就任後に、HOYAのコーポレートガバナンス改革にも積極的に取り組んできた。鈴木社長は、社長就任後、会社は株主のものであり、株主をはじめとするステークホルダーに満足を与えることが会社の目標であるとしていた。実際、HOYAは、コーポレートガバナンスの確立を図り、他社に先駆けて取締役会の抜本的改革を行っていた。1994年に日本IBM会長であった椎名氏を社外取締役として迎え、取締役数も1994年の10名から2000年までに6名まで減らし、2001年には社内取締役3名、社外取締役3名の構成となっていた。2003年には、法令の整備とともに、委員会等設置会社（業務執行機能と監査機能を分離し、取締役会内に監査委員会、指名委員会、報酬委員会を設ける会社）に移行していた。同時に、社外取締役を5名とし、社外取締役が過半数を占め、各委員会の委員も全員を社外取締役としていた。（2006年6月株主総会では取締役8名、うち社外取締役5名としている。[7]）また、資本コストを強く意識した経営を行うため、業績評価の基準をそれまでのROEからSVA（Shareholder's Value Added）に変更した。こうした鈴木社長のコーポレートガバナンスに対する強い思い入れは、HOYAの創業者ファミリーの山中家が同社の株式を10％程度保有していること、自らが2世社長であることもあった。一方で、HOYAの外国人株主比率は54％に達しており、多くが米国籍株主であった。

HOYAは、キャッシュフローが積み上がった状況にあり、その資金を成長のために積極的に投資する必要に迫られていた。HOYAの鈴木社長は、HOYAはそこそこの成長力は保っているが、限界も見えてきたため、新しい事業分野の強化が必要であると考えていた。[8] HOYAは、潤沢な手元流動性を有していたが、それに対

---

[7] 社史『HOYAのマネジメント』2005年9月30日
[8] 日本経済新聞 2006年12月22日「HOYA、財務力を生かす ペンタックスの技術に着目」

する投資案件が少ないことに対して，株式市場は厳しい評価をし始めていた。

　2004年，HOYAの鈴木社長とペンタックスの浦野社長は，ヘルスケア事業分野での業務提携に向けての話し合いの場についた[9]。HOYAの鈴木洋社長の父で，長らくHOYAの社長であった鈴木哲夫氏と，ペンタックスの浦野社長は業界団体で親交があったため，浦野社長はHOYAに親近感を抱いていた。ペンタックスのヘルスケア事業の中でも，内視鏡は，寡占化した市場の中でオリンパス，富士フイルムに続く，世界3位の地位にあった。HOYAは，成長性が見込めるヘルスケア事業の強化を図っていたが，依然として規模は小さかった。特に，ペンタックスの技術と流通ルートはHOYAにとって魅力的であった。HOYAの鈴木社長は，ヘルスケア事業の成長を考えると，業務提携ではなく，ペンタックスのヘルスケア事業の買収が必要だと感じていた。ペンタックスの技術力は魅力だった。そこで，HOYAの鈴木社長は，ヘルスケア事業の買収をペンタックスの浦野社長に申し出たが，浦野社長はヘルスケア事業は現状のペンタックスの収益の柱であるとして，申し出を断った。

　しかし，HOYAの鈴木社長はあきらめず，ペンタックスの浦野社長に対してラブコールを再三にわたり送った。鈴木社長は，HOYAにとって魅力的な統合先の企業リストを作成し，比較検討したが，やはりペンタックスは魅力的な相手であった。2006年初めに，HOYAの鈴木社長は，ペンタックスの浦野社長に対して，2社の経営統合を申し出た。HOYAの鈴木社長は，医療分野を現状の両社合計で売上高500億円から，1,000億円へ倍増することを計画していた。また，2社の間での事業重複が少ないことも，2社の統合の利点と言えた。鈴木社長は，HOYAの時価総額が19,400億円，ペンタックスは820億円と大きな差があり，またHOYAが潤沢な資金を保有していたことから，TOB（株式公開買い付け）を望んだ。これに対して，ペンタックスの浦野社長は，ペンタックスの子会社ではなく，2社の対等合併なら受け入れられるとした。

　ペンタックスの浦野社長は，自社の主要3事業のうち，なかなか利益体質に転換できないデジタルカメラが売り上げの半分を占める中で，全体の利益率を上げることは難しいと考え，何らかの手を打つ必要を感じていた。2社が合併すれば，カメラからレンズまでを一貫生産できる，売上高5,000億円規模の総合光学機器メーカーが誕生する。特に，財務基盤が強固で，成長に向けた投資のための資金を十分に蓄えているHOYAとの合併は，ペンタックスにとっても，生き残りを図る上で魅

---

[9] Nikkei BPNet 2007年8月28日 ニュース解説「HOYAのペンタックスへのTOB，その舞台裏を振り返る」

【資料】 HOYA とペンタックス

力的な提案であった。

　一方，ペンタックスの浦野社長は，2社が統合することで，医療分野で大きなシナジー効果を発揮できると感じていた。HOYA とペンタックスは光学技術の医療分野への応用において，内視鏡による診断，低侵襲治療およびニューセラミックス，眼内レンズなどの生体機能置換製品といった高度な医療製品を展開してきた。この分野では，市場が世界の広範な地域に拡大しつつあり，大きな成長が見込まれる一方で，競争がグローバル化していた。このため，将来にわたって成長を遂げるためには，製品開発および M&A を通じて技術面における優位性を確立する必要があった。ペンタックスの浦野社長が，HOYA との統合を積極的に検討するに値すると判断した背景には，「縮小するカメラ業界で，いつまでもカメラにしがみついてはいけない。光学という技術を基盤にして，医療機器や光学部品といった新しい事業を強化していかなければならない。しかも，出来るだけ早く育てることが大切だ。だから，単独ではなく，他社と協力して，いち早く世界一の分野を築けばさらに発展できる」という判断があった。[10]

　また，光学材料と光学機器の分野においては，アジア勢が強力な競争相手として著しい成長を見せており，その価格攻勢および高付加価値化は今後も続くことと見込まれた。さらに，デジタルカメラ分野では，従来の光学メーカーに加えて家電メーカーが参入し，競争は激化の一途をたどっていた。このような環境の中で継続的な成長を遂げるためには，さらなる原価低減によるコスト競争力の強化に加え，技術を軸として付加価値を高めることで徹底した差別化を図ることが必要だった。例えば，両者の事業が統合されるオプティクス分野で言えば，HOYA の同事業の営業利益率は38.4％，ペンタックスのオプティカルコンポーネント事業の営業利益は8.9％であり，HOYA によるペンタックスのコスト構造改革によりペンタックス事業の利益率の改善効果が期待された。

　こうした認識のもと，HOYA とペンタックスが戦略領域に経営資源を重点的に配分しうる体制を早急に整えることにより，事業の成長を加速させることが可能と，双方の社長は考えていた。

　しかし，統合に向けた交渉は簡単には進まなかった。2006年6月時点で，HOYA との統合交渉において，ペンタックス側は取締役兼上級執行役員（当時の経営企画総括部長）の綿貫氏が窓口になったが，新会社の役員数と合併比率を巡り合意が得られず，一度は交渉が破綻した。[11] ペンタックスの浦野社長は，綿貫取締役

---

[10] 日経ビジネス　2007年6月25日号　「敗軍の将，兵を語る：浦野文男氏」
[11] 日本経済新聞　2007年4月11日　「『統合検討』にじむ苦渋」

を，経営企画統括部長からコンポーネント事業本部長に移した。その後，2006年8月に，再度，HOYAの鈴木社長は，ペンタックスの浦野社長に，HOYA側が条件を再考するという申し出を行った。そこで，ペンタックスの浦野社長は，今度こそ円滑に合併合意に到達するために，森専務取締役と，実務方1名を加えて統合交渉の席についた。このペンタックス側の限られた体制のため，合併に先立つ相手会社に対する詳細調査（デューデリジェンス）は限定的なものにとどまっていた。

まず，新会社の役員数について，統合後の新会社の取締役会は10名の取締役によって構成し，社外取締役5名，社内取締役5名（HOYA3名，ペンタックス2名）とする方向で話し合われた。しかし，ペンタックスの現職の取締役は，全部で8名であり，この問題がペンタックスの取締役会での議論になる懸念があった。

さらに，ペンタックスの浦野社長には，他にも懸念すべきこともあった。HOYAは，過去にデジカメ事業から撤退をしており，その意味で，ペンタックス側のこの合併への期待とは裏腹に，HOYAのデジタルカメラ事業への思いは低いと感じていた。ペンタックスのカメラ事業は2007年3月期に入っても営業利益率は2%程度で推移しており，HOYA側も懸念を表明していた。HOYAは，他のカメラメーカーにもレンズを提供しており，HOYA側は合併によるカメラレンズに関するシナジー効果以上にむしろ他メーカーへの販売への悪影響を懸念していた。

また，マスコミの動向も気になった。社内で十分な理解が得られる前に，新聞等のマスコミでリークされ，取締役会での説明が後出しになることは避けたいと感じていた。

HOYAの鈴木社長も，ペンタックスの浦野社長も，統合そのものは，それぞれの会社にとって魅力のあるものと確信しており，是非とも成立させたいと考えていたが，統合に関する詳細な条件の決定には依然として難しさを感じていた。HOYAはUBS証券に，ペンタックスはモルガン・スタンレー証券にフィナンシャルアドバイザーを依頼していた。いよいよ，HOYAとペンタックスの詳細な統合条件の決定に向けて，両者の経営陣とフィナンシャルアドバイザーによる，最終交渉が始まろうとしていた。

図表 1　HOYA の連結財務情報

HOYA の連結財務情報
(百万円)

	2003/3/31	2004/3/31	2005/3/31	2006/3/31
売上高	246,293	271,443	308,172	344,228
売上原価	133,274	142,683	158,023	172,033
売上総利益	113,018	128,760	150,148	172,194
販売費及び一般管理費	60,035	60,594	65,228	71,098
営業利益	52,982	68,166	84,920	101,095
営業外収益	3,038	3,829	6,623	4,869
営業外費用	5,146	5,441	2,017	2,327
経常利益	50,874	66,554	89,525	103,637
特別利益	1,469	989	719	2,389
特別損失	23,600	12,047	6,779	8,660
税金等調整前当期純利益	28,742	55,496	83,466	97,367
法人税,住民税及び事業税	5,648	18,573	18,690	22,249
法人税等調整額	3,028	-2,774	531	-511
少数株主利益	28	148	108	9
当期純利益	20,037	39,548	64,135	75,620

	2003/3/31	2004/3/31	2005/3/31	2006/3/31
現金及び預金	75,694	80,425	112,874	83,574
流動資産	178,153	193,279	232,871	212,273
有形固定資産	77,237	78,318	95,158	120,603
無形固定資産	5,106	4,556	5,489	7,424
投資その他の資産	13,379	13,570	17,640	21,123
固定資産	95,723	96,445	118,288	149,152
繰延資産	411	162	322	111
資産合計	274,288	289,887	351,482	361,537
流動負債	47,889	68,252	70,792	79,305
固定負債	1,996	1,934	1,970	1,831
有利子負債	2,291	486	194	—
引当金・準備金	—	—	—	—
負債合計	49,886	70,187	72,762	81,137
少数株主持分(旧)	183	721	830	919
資本金	6,264	6,264	6,264	6,264
資本剰余金	15,898	15,898	15,898	15,898
利益剰余金	216,271	247,175	268,255	266,345
自己株式	-7,052	-39,504	-7,878	-16,279
評価・換算差額等合計	-7,163	-10,855	-4,650	7,252
純資産合計	224401	219699	278719	280399
負債・純資産合計	274,288	289,887	351,482	361,537

図表2　ペンタックスの連結財務情報

ペンタックスの連結財務情報
（百万円）

	2003/3/31	2004/3/31	2005/3/31	2006/3/31
売上高	108,189	134,493	133,558	142,211
売上原価	67,560	87,705	85,369	92,593
売上総利益	40,629	46,788	48,189	49,618
販売費及び一般管理費	36,659	39,851	44,603	46,633
営業利益	3,970	6,937	3,586	2,985
営業外収益	1,225	487	1,301	2,275
営業外費用	1,556	2,049	1,491	2,000
経常利益	3,639	5,375	3,396	3,260
特別利益	224	1,219	7,307	554
特別損失	1,009	1,527	5,554	3,176
税金等調整前当期純利益	2,854	5,067	5,149	638
法人税，住民税及び事業税	1,598	1,132	923	648
法人税等調整額	648	809	764	−921
少数株主利益	−79	37	−64	106
当期純利益	687	3,089	3,526	805

	2003/3/31	2004/3/31	2005/3/31	2006/3/31
現金及び預金	21,156	17,257	16,905	16,312
流動資産	81,105	87,814	77,827	81,902
有形固定資産	23,211	23,869	25,005	25,295
無形固定資産	581	649	5,845	6,576
投資その他の資産	10,477	12,179	12,361	13,196
固定資産	34,269	36,697	43,211	45,067
繰延資産	―	―	―	―
資産合計	115,374	124,511	121,038	126,969
流動負債	62,766	54,980	55,112	52,716
固定負債	23,857	38,126	31,372	34,749
有利子負債	37,803	35,351	35,960	39,527
引当金・準備金	―	―	―	―
負債合計	86,623	93,106	86,484	87,465
少数株主持分（旧）	29	69	131	491
資本金	6,129	6,129	6,129	7,510
資本剰余金	19,659	19,659	19,659	21,040
利益剰余金	5,521	8,381	11,437	10,928
自己株式	−12	−25	−31	−40
評価・換算差額等合計	−2,575	−2,808	−2,771	−425
純資産合計	28751	31405	34554	39504
負債・純資産合計	115,374	124,511	121,038	126,969

【資料】 HOYA とペンタックス

図表3　HOYA とペンタックスの損益予想

HOYA

	合併前							合併後	
損益計算書情報（百万円）	03年3月期	04年3月期	05年3月期	06年3月期	07年3月期予想	08年3月期予想	09年3月期予想	08年3月期予想*	09年3月期予想
売上高	246,293	271,443	308,1720	344,228	390,700	442,600	488,300	515,900	636,200
営業利益（EBIT）	52,982	68,166	84,920	101,095	110,200	132,100	150,700	132,100	155,000
経常利益	50,874	66,554	89,525	103,637	111,700	132,100	151,100	128,800	158,400
特別損益	-22,132	-11,058	-6,059	-6,270	-5,400	-5,400	-5,400	-5,400	-5,400
税引前当期利益	28,742	55,496	83,466	97,367	105,400	126,700	145,700	123,400	153,000
法人税等	8,676	15,799	19,221	21,738	22,900	27,900	32,000	27,500	34,400
税引後当期利益	20,037	39,548	64,135	75,620	82,300	98,600	113,500	95,700	118,400
貸借対照表情報（百万円）									
ネット・デット（キャッシュ）	-73,400	-79,900	-112,700	-83,100	-101,400	-135,800	-179,200	-132,900	-163,100
株主資本	224,401	219,699	278,719	280,399	327,300	385,500	447,300	419,000	483,300
キャッシュフロー情報（百万円）									
減価償却費	19,800	20,000	21,700	26,300	36,000	37,000	37,000	36,000	32,500
設備投資	15,000	15,000	15,000	15,000	15,000	15,000	15,000	15,000	15,000
正味運転資本	56,800	45,100	49,400	49,900	63,200	76,600	87,600	106,100	130,600

合併後08年3月期予想は，当初計画時に合併時点とされた2008年10月以降の6ヶ月の合併効果のみ反映
上記予想は，HOYA側の見込みを反映しており，ペンタックス側の見込みを反映したペンタックスの利益予想とは一致していない。
（本統合検討のフィナンシャルアドバイザーとなっていた投資銀行によるアナリスト予想）

ペンタックス

	合併前						
損益計算書情報（百万円）	03年3月期	04年3月期	05年3月期	06年3月期	07年3月期予想	08年3月期予想	09年3月期予想
売上高	108,189	134,493	133,558	142,211	157,910	163,188	166,710
営業利益（EBIT）	3,970	6,937	3,586	2,985	5,600	7,300	8,200
経常利益	3,639	5,375	3,396	3,260	4,550	6,550	7,450
当期利益	687	3,089	3,526	805	3,300	3,860	4,396
貸借対照表情報（百万円）							
ネット・デット（キャッシュ）	16,647	20,046	11,446	19,648	16,543	15,416	15,536
株主資本	28,751	31,405	34,554	39,504	40,594	44,321	48,520
キャッシュフロー情報（百万円）							
減価償却費	2,854	3,263	5,030	4,684	4,800	5,000	5,000
設備投資			8,656	5,555	8,400	7,000	7,000

上記予想は，ペンタックス側の見込みを反映しており，HOYA側の見込みを反映したHOYAの合併後見込みとは一致しない。
（業績予想のベース：2社のアナリスト予想の平均）

図表4 HOYAとペンタックスの部門別売上高・営業利益の推移（予想）

HOYA部門別売上高・営業利益

(百万円)		合併前						合併後	
		03年3月期	04年3月期	05年3月期	06年3月期	07年3月期予想	08年3月期予想	09年3月期予想	08年3月期予想	09年3月期予想
売上高		246,293	271,443	308,172	344,228	387,400	442,600	488,300	515,900	636,200
(伸び率) (%)		4.7	10.2	13.5	11.7	12.5	14.2	10.3	32.0	23.3
	エレクトロオプティクス	111,667	135,512	166,190	191,296	221,400	261,900	294,100	249,800	279,800
	(伸び率) (%)	9.5	21.0	23.0	15.1	15.7	18.3	12.3	12.1	12.0
	ホトニクス	5,485	4,116	10,982	10,339	10,500	10,800	11,000	9,200	9,200
	(伸び率) (%)	(23.4)	(25.0)	166.8	(5.9)	1.6	2.9	1.9	1.1	0.0
	ビジョンケア	96,376	98,221	94,988	104,457	116,400	127,000	137,000	131,500	146,000
	(伸び率) (%)	3.4	1.9	(3.3)	10.0	11.4	9.1	7.9	11.7	11.0
	ヘルスケア	26,716	28,381	31,409	35,483	39,500	43,700	47,000	46,200	52,000
	(伸び率) (%)	11.7	6.2	10.7	13.0	11.3	10.6	7.6	13.5	12.6
	その他	11,302	11,537	10,482	8,009	4,000	4,000	4,000	4,000	4,000
	(伸び率) (%)	(16.1)	2.1	(9.1)	(23.6)	(50.1)	0.0	0.0	0.0	0.0
	消去	−16,555	(17,501)	(16,363)	(13,365)	(4,400)	(4,800)	(4,800)	(4,800)	(4,800)
営業利益		52,982	68,166	84,920	101,095	114,600	132,100	150,700	132,100	155,000
(伸び率) (%)		20.7%	28.7%	24.6%	19.0%	13.4%	15.3%	14.1%	19.9%	17.3%
(売上高比) (%)		21.5%	25.1%	27.6%	29.4%	29.6%	29.8%	30.9%	25.6%	24.4%
	エレクトロオプティクス	34,414	45,169	63,290	74,862	85,300	99,900	115,100	97,100	114,500
	ホトニクス	−588	(76)	892	933	1,000	1,000	1,000	1,000	1,000
	ビジョンケア	15,398	17,496	17,078	20,369	22,000	24,200	27,400	24,300	27,000
	ヘルスケア	5,088	6,272	7,141	6,859	8,400	9,200	9,400	9,800	10,400
	その他	228	111	253	492	200	200	200	0	0
	消去	−1,786	(917)	(3,987)	(2,912)	(2,300)	(2,400)	(2400,0)	−2600	−2400
営業利益率										
	エレクトロオプティクス	30.8%	33.3%	38.1%	39.1%	38.5%	38.1%	39.1%	38.9%	40.9%
	ホトニクス	−10.7%	−1.8%	8.1%	9.0%	9.5%	9.3%	9.1%	10.9%	10.9%
	ビジョンケア	16.0%	17.8%	18.0%	19.5%	18.9%	19.1%	20.0%	18.5%	18.5%
	ヘルスケア	19.0%	22.1%	22.7%	19.3%	21.3%	21.1%	20.0%	21.2%	20.0%
	その他	−1.4%	−0.6%	−1.5%	−3.7%	−4.5%	−4.2%	−4.2%	0.0%	0.0%

合併後08年3月期予想は、当初計画時に合併時点とされた2008年10月以降の6ヶ月の合併効果のみ反映
上記予想の合併後予想は、HOYA側の見込みを反映しており、ペンタックス側の見込みを反映したペンタックスの利益予想とは一致していない。
部門調整があるため、部門合計値と売上高・営業利益とは一致しない。
(アナリスト予想ベース)

ペンタックス部門別売上高・営業利益

(百万円)		05年3月期	06年3月期	07年3月期予想	08年3月期予想	09年3月期予想
売上高		133,558	142,211	157,910	163,188	166,710
	(伸び率) (%)	−0.7%	6.48%	11.04%	3.34%	2.16%
	ライフケア	31,334	38,467	42,000	44,900	48,250
	(伸び率) (%)		22.8%	9.2%	6.9%	7.5%
	イメージングシステム	63,076	69,244	80,370	81,938	81,350
	(伸び率) (%)		9.8%	16.1%	2.0%	−0.7%
	オプティカルコンポーネント	29,530	27,559	28,490	29,300	30,060
	(伸び率) (%)		−6.7%	3.4%	2.8%	2.6%
	その他	9,618	6,761	7,050	7,050	7,050
	(伸び率) (%)		−29.7%	4.3%	0.0%	0.0%
営業利益		3,586	2,985	5,600	7,300	8,200
	(伸び率) (%)	−48.0%	−16.8%	87.6%	30.4%	12.3%
	(売上高比) (%)	2.7%	2.1%	3.5%	4.5%	4.9%
	ライフケア	3,489	4,127	4,200	5,950	6,500
	イメージングシステム	(2,835)	(1,199)	1,750	2,300	2,800
	オプティカルコンポーネント	4,983	3,097	1,950	1,500	1,400
	その他	(515)	(613)	(200)	(200)	(200)
	消去	(1,536)	(2,427)	(2,100)	(2,250)	(2,300)
営業利益率						
	ライフケア	11.1%	10.7%	10.0%	13.3%	13.5%
	イメージングシステム	−4.5%	−1.7%	2.2%	2.8%	3.4%
	オプティカルコンポーネント	16.9%	11.2%	6.8%	5.1%	4.7%
	その他	−5.4%	−9.1%	−2.8%	−2.8%	−2.8%

上記予想は、ペンタックス側の見込みを反映しており、HOYA側の見込みを反映したHOYAの合併後見込みとは一致しない。
部門調整があるため、部門合計値と売上高・営業利益とは一致しない。
(2社のアナリスト予想の平均)

【資料】 HOYAとペンタックス

図表5 HOYAとペンタックスの株主情報

【HOYA 2006年3月期 大株主の状況】

氏名又は名称	発行済み株式数に対する所有株式数の割合（%）
日本トラスティサービス信託銀行株式会社（信託口）	6.46
ステートストリートバンクアンドトラストカンパニー	5.73
日本マスタートラスト信託銀行株式会社（信託口）	5.25
ザチェースマンハッタンバンクエヌエイロンドン	5.02
ステートストリートバンクアンドトラストカンパニー 505103	3.51
第一生命保険相互会社	2.65
日本生命保険相互会社	2.29
ザチェースマンハッタンバンクエヌエイロンドンエスエルオムニバスアカウント	2.14
山中 衞	1.07
ザチェースマンハッタンバンク 385036	2.01
計	37.17

【ペンタックス 2006年3月期 大株主の状況】

氏名又は名称	発行済み株式数に対する所有株式数の割合（%）
日本トラスティサービス信託銀行株式会社	10.57
エイチエスビーシー ファンド サービス シイズ スパークス アセット マネジメント コーポレイテッド	9.61
日本マスタートラスト信託銀行株式会社	6.92
株式会社みずほコーポレート銀行	4.77
みずほ信託退職給付信託みずほ銀行口再信託受託者資産管理サービス信託	3.91
株式会社りそな銀行	2.42
朝日生命保険相互会社	2.42
株式会社足利銀行	2.19
日本生命保険相互会社	2.16
インベスターズ バンク アイシー クライアンツ	2.15
計	47.12

図表6 HOYAとペンタックスの従業員情報

【HOYA 2006年3月期 従業員の状況】
(1) 連結会社の状況　　　　2006年3月31日現在

事業の種類別セグメントの名称	従業員数（名）
エレクトロオプティクス	17,133
ホトニクス	191
ビジョンケア	6,794
ヘルスケア	733
クリスタル	86
サービス	185
全社（共通）	54
合計	25,176

（注）1　従業員数は就業人員数。

(2) 提出会社の状況　　　　2006年3月31日現在

従業員数（名）	3,220
平均年齢（歳）	41.0
平均勤続年数（年）	12.8
平均年間給与（円）	6,861,032

（注）1　従業員数は就業人員数。
　　　2　平均年間給与は，賞与及び基準外賃金を含む。

【ペンタックス 2006年3月期 従業員の状況】
(1) 連結会社の状況　　　　2006年3月31日現在

事業の種類別セグメントの名称	従業員数（名）
ライフケア事業	1,341
イメージングシステム事業	1,474
オプティカルコンポーネント事業	1,342
その他事業	252
全社（共通）	788
合計	5,197

（注）1　従業員数は就業人員数。

(2) 提出会社の状況　　　　2006年3月31日現在

従業員数（名）	1,281
平均年齢（歳）	40
平均勤続年数（年）	16
平均年間給与（円）	6,293,513

（注）1　従業員数は就業人員数。
　　　2　平均年間給与は，賞与及び基準外賃金を含む。

図表7　HOYAとペンタックスの役員情報

【HOYA 2006年3月期　役員の状況】

役名	職名	氏名	略歴	所有株式数(千株)
取締役	指名委員会委員長	推名　武雄	1953年6月日本IBM（株）入社，同社代表取締役社長を経て，1993年1月同社会長。1995年6月HOYA取締役（現任），1999年12月日本IBM（株）最高顧問（現任）	4
取締役（社外）	報酬委員会委員長	茂木友三郎	1958年4月野田醬油（株）（現キッコーマン（株））入社，同社代表取締役専務取締役，同社代表取締役副社長を経て，1995年2月同社代表取締役社長。2001年6月　HOYA取締役（現任），2004年6月キッコーマン（株）代表取締役会長CEO（現任）	4
取締役（社外）	―	塙　義一	1957年4月日産自動車株入社，同社代表取締役会長件社長最高経営責任者等を経て2003年6月同社相談役名誉会長（現任）。同年6月HOYA取締役（現任）	4
取締役（社外）	―	河野　栄子	1969年（株）リクルート入社，同社取締役副社長等を経て1997年6月同社代表取締役社長。2003年6月HOYA取締役。2004年4月（株）リクルート取締役会長権取締役会議長，2005年6月同社特別顧問	―
取締役	監査委員会委員長	児玉　幸治	1957年通商産業省入省，同省事務次官等を経て，（財）産業研究所顧問，（株）日本興業銀行顧問，商工組合中央金庫理事長。2001年6月（株）商船三井取締役（現任），2005年6月HOYA取締役	―
取締役代表執行役	最高経営責任者	鈴木　洋	1985年入社，1993年取締役，1994年6月常務取締役，1999年4月常務取締役エレクトロオプティクスカンパニープレジデント，1999年6月専務取締役，2000年6月代表取締役社長，2003年6月取締役兼代表執行役最高経営責任者	722
取締役執行役	最高財務責任者	江間　賢二	1970年入社，1993年6月取締役企画管理・経理・購買担当，1997年6月常務取締役戦略企画・財務担当，2000年6月専務取締役コーポレートファイナンス担当，2001年専務取締役CFO，2003年6月取締役兼執行役最高財務責任者，同年7月HOYA HOLDINGS N.V. 社長	44.8
取締役執行役	最高技術責任者兼事業開発部門長	丹治　宏彰	1992年4月入社，1997年4月R&Dセンター先端技術研究所ゼネラル・マネージャー，1999年7月HOYA HOLDINGS. INC. 上級副社長，2000年6月取締役，2001年11月取締役事業開発部門長，2003年6月取締役兼執行役事業開発部門長，2006年6月最高技術責任者	5.6
			計	784.4

【資料】 HOYA とペンタックス

【ペンタックス 2006 年 3 月期　役員の状況】

役名	職名	氏名	略歴	所有株式数（千株）
代表取締役兼社長執行役員 CEO		浦野　文男	1968 年 3 月入社, 1988 年 8 月オプトデバイス事業部長, 1989 年 6 月取締役, 2000 年 6 月代表取締役社長, 2006 年 6 月代表取締役兼社長執行役員 CEO	86
取締役兼専務執行役員 CFO	コーポレートセンター担当	森　勝雄	1968 年 3 月入社, 1993 年 2 月社長室長, 同年 6 月取締役, 1999 年常務取締役, 2000 年 10 月経営企画グループ（企画開発室・経営管理室・経理部）担当, 2002 年 6 月専務取締役, 2004 年コーポレートセンター担当, 2006 年 6 月取締役兼専務執行役員 CFO	46
取締役兼常務執行役員	ライフケア事業本部長	岡本　育三	1973 年入社, 1990 年 10 月ペンタックス・ヴィジョン（株）代表取締役社長, 1999 年 6 月取締役, 2002 年 6 月上級執行役員, 欧米センター長, 2003 年 6 月取締役, 同年 7 月北米センター長, 2004 年 6 月常務取締役, ライフケア事業本部長兼北米センター担当, 2006 年 6 月取締役兼常務執行役員	115
取締役兼常務執行役員	コーポレートセンター財務経理統括部担当	三橋信一郎	1971 年 4 月（株）日本勧業銀行入行, 2000 年 6 月同行執行役員香港支店長, 2002 年（株）ハート商事代表取締役社長, 2004 年 4 月（株）ハートエージェンシー代表取締役社長, 2005 年 6 月常務取締役兼上級執行役員, 同年 7 月コーポレートセンター財務経理統括部担当, 2006 年 6 月取締役兼常務執行役員	6
取締役兼上級執行役員	技術統括センター長	大倉　善市	1968 年 3 月入社, 1996 年カメラ事業部カメラ開発センター所長, 1999 年 6 月取締役, カメラ事業部長, 2002 年 6 月上級執行役員プロダクションセンター長, 2003 年 6 月取締役, 2004 年 6 月技術統括センター長	31
取締役兼上級執行役員	ビジネススタッフセンター長	三浦　順夫	1971 年 4 月旭光学商事（株）入社, 1999 年 6 月取締役, 2000 年 10 月ペンタックス 6mbH（現ペンタックスヨーロッパ GmbH）社長, 2002 年 6 月上級執行役員ライフケア事業本部長, 2003 年 6 月取締役, 2004 年 6 月総務センター長, 2005 年 7 月ビジネススタッフセンター長	34
取締役兼上級執行役員	コンポーネント事業本部長	鶴田　昌隆	1970 年 3 月旭光学商事（株）入社, 1995 年 6 月同社取締役カメラ営業本部長, 2000 年 6 月同社代表取締役社長, 2002 年 6 月上級執行役員イメージングシステム事業本部長, 2003 年 6 月取締役, 2004 年 6 月コンポーネント事業本部長	26
取締役兼上級執行役員	コーポレートセンター経営企画統括部長	綿貫　宣司	1978 年 4 月入社, 1997 年 11 月アサヒ・オプティカル・セブ・フィリピン・コーポレーション（現ペンタックス・セブ・フィリピン・コーポレーション）長, 2002 年コーポレートセンター経営企画部長, 2003 年 6 月執行役員, 経営企画部長, 2004 年 6 月取締役兼上級執行役員, コーポレートセンター経営企画部長, 2005 年 7 月コーポレートセンター経営企画統括部長	13
			計	357

図表8 HOYAとペンタックスの株価推移

HOYA株価（月次ベース）

日付	高値	安値	終値	出来高	調整後終値*
2005年1月	11,630	10,580	10,670	6,966,200	2667
2005年2月	11,350	10,640	11,350	7,434,600	2,837
2005年3月	12,150	11,190	11,800	7,235,000	2,950
2005年4月	12,130	10,830	10,970	8,753,900	2,742
2005年5月	12,300	10,850	12,130	8,583,200	3,032
2005年6月	12,970	12,070	12,800	9,811,500	3,200
2005年7月	14,050	12,560	13,860	10,540,100	3,465
2005年8月	15,230	13,630	14,410	7,779,900	3,602
2005年9月	15,350	3,690	3,770	14,840,900	3,770 分割：1株→4株
2005年10月	4,220	3,730	4,060	34,521,300	4,060
2005年11月	4,480	3,960	4,330	36,371,400	4,330
2005年12月	4,510	4,070	4,240	31,305,900	4,240
2006年1月	4,780	4,100	4,700	42,644,700	4,700
2006年2月	5,040	4,310	4,640	35,562,400	4,640
2006年3月	4,830	4,360	4,750	32,154,200	4,750
2006年4月	4,990	4,530	4,610	49,007,300	4,610
2006年5月	4,680	4,240	4,280	43,399,700	4,280
2006年6月	4,340	3,550	4,070	57,380,400	4,070
2006年7月	4,140	3,540	4,010	46,208,900	4,010
2006年8月	4,480	3,940	4,270	35,449,500	4,270
2006年9月	4,450	4,090	4,450	34,855,600	4,450
2006年10月	4,810	4,410	4,520	46,390,600	4,520
2006年11月	4,580	4,240	4,560	32,235,500	4,560

ペンタックス株価（月次ベース）

日付	高値	安値	終値	出来高
2005年1月	407	396	397	2,064,000
2005年2月	448	395	448	15,029,000
2005年3月	467	397	429	13,670,000
2005年4月	452	412	446	16,480,000
2005年5月	443	351	363	11,234,000
2005年6月	391	350	363	17,055,000
2005年7月	477	353	419	41,039,000
2005年8月	501	417	491	28,127,000
2005年9月	513	451	505	19,680,000
2005年10月	585	499	573	16,151,000
2005年11月	712	572	705	25,208,000
2005年12月	805	700	742	13,676,000
2006年1月	744	570	675	12,329,000
2006年2月	685	620	652	8,402,000
2006年3月	708	601	687	9,119,000
2006年4月	833	687	798	20,776,000
2006年5月	806	590	619	21,408,000
2006年6月	649	532	649	10,099,000
2006年7月	694	584	606	12,510,000
2006年8月	650	582	618	10,021,000
2006年9月	633	500	518	13,286,000
2006年10月	543	463	487	27,095,000
2006年11月	614	481	613	37,474,000

ペンタックス 127,697千株

2006年11月現在 発行済み株式数 HOYA 430,821千株

図表9 同業他社のバリエーション情報

		富士フイルム	コニカ・ミノルタ	セイコーエプソン	キヤノン	リコー
時価総額（億円）		25,097	9,092	5,695	88,592	17,670
PER	Mar-07予想	54.6	20	25.9	20.1	16.6
	Mar-08予想	23.9	17.2	15.4	18	16.4
	Mar-09予想	21.5	14.9	13.6	16.5	15.6
EV/EBITDA	Mar-07予想	7.7	7.1	5.2	7.6	7.6
	Mar-08予想	5.8	6.2	4.6	7.3	7.3
	Mar-09予想	5.4	5.6	4.2	7.1	7.2
PBR	Mar-06予想	1.3	2.9	1.2	1.8	1.8

（アナリスト予想利益をベースに2006年11月の株価で算出）

【資料】 HOYA とペンタックス

図表 10　HOYA とペンタックスの株主資本コスト情報

HOYA		β				参考 Intersection			
		5年	10年	15年	20年	5年	10年	15年	20年
	係数	0.6573	0.5605	0.6254	0.6226	0.01	0.0143	0.0139	0.0101
	t 値	3.6998	3.684	5.929	7.2148	1.3127	1.9645	2.5498	2.0703
	R-Square	0.1909	0.1032	0.1649	0.1795				

PENTAX		β				Intersection			
		5年	10年	15年	20年	5年	10年	15年	20年
	係数	1.0144	0.9738	1.1583	1.1455	0.024	0.0097	0.0082	0.0077
	t 値	2.1671	3.8047	6.8274	8.6427	1.2005	0.7866	0.9316	1.0269
	R-Square	0.0749	0.1093	0.2075	0.2389				

（対 10 年国債）
参考：リスクプレミアム過去 50 年：6.0%（対 10 年国債）

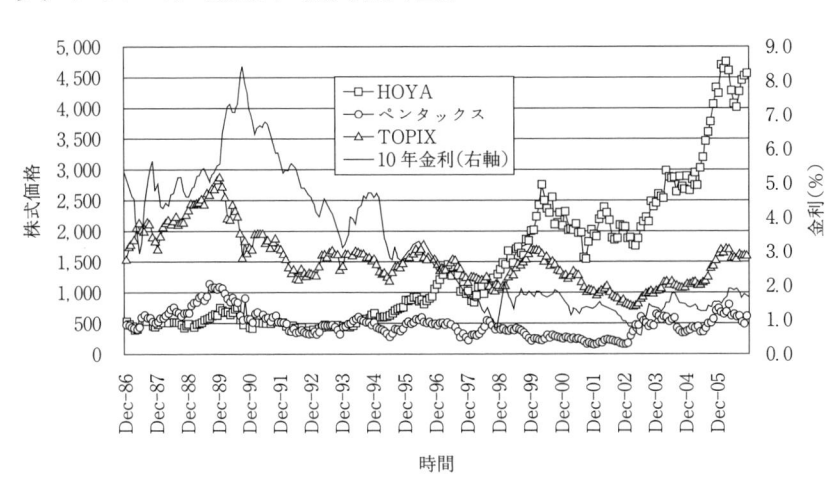

図表 11　HOYA とペンタックスの借入金明細

単位：百万円

借入金等明細表		期末残高（括弧内は平均利率（%））	
		2005 年 3 月	2006 年 3 月
HOYA	短期借入金	194 (4.7)	—
	1 年以内に返済予定の長期借入金	—	—
	長期借入金（その他の有利子負債）	—	—
	その他有利子負債	—	—
	合計	194	—
PENTAX	短期借入金	14,199 (1.9)	14,345 (2.32)
	1 年以内に返済予定の長期借入金	2,555 (1.3)	3,253 (1.24)
	長期借入金（その他の有利子負債）	12,206 (1.0)	17,678 (1.03)
	その他有利子負債	0	0
	ゼロクーポン新株予約権付き社債	7,000 (0.0)	4,251 (0.0)
	合計	35,960	39,527

第6章 ミクロ経済学

1 概　説

「**ミクロ経済学**（microeconomics）」は，個別の経済主体の行動に焦点を当てて個別の市場を分析する経済学の一分野である。これに対して「**マクロ経済学**（macroeconomics）」とは，広範囲の経済現象，例えば，一国の経済活動の水準，失業，金利，インフレなどを分析する経済学の一分野である。ミクロ経済学を概観する本章においては，競争市場に関する伝統的理論の解説から始め，その後で，いわゆる消費者の不完全情報，独占，不完全競争，外部性，公共財，厚生経済学等の論点を取り上げる。このように進むことで，ミクロ経済学の講義が伝統的に扱う領域の相当な部分を略述することができる。

ミクロ経済学が扱うテーマは，幅広い分野の法律家に関係してくる。ビジネス関係のテーマ，例えば，独占禁止法，金融商品取引法，倒産法，商法，製造物責任法，知的財産法などでミクロ経済学が重要なことはいうまでもない。しかし，ミクロ経済学は，その他の種類の法分野，例えば，医療法，家族法，環境法などの問題を理解するのにも役立つ。多くの法分野の問題は，様々な点で，市場と「市場の失敗」のいずれかまたは双方と関わりを持つ。さらに，問題を解決するために損害を査定する際にも市場の分析が必要となることが多い。最後に，社会政策に関する問題は経済的側面を有することが多いので，法律家がミクロ経済学を理解することは，市民として，あるいは，政策立案者（特に，裁判官，官僚，政治家）としての役割を果たすためにも価値あることである。

2 競争市場の理論

ある市場で販売されている財の価格と数量はどのように決まるのか。財の価格と数量が社会的にみて望ましいか否かはどのような基準に基づいて判定すべきか。ここでは，これらの古典的問題を市場が競争的であるという仮定に立って検討してみたい。

「**競争市場**（competitive market）」とは何か。説明する方法はいくつかあるが，

大雑把な説明をすれば次のとおりである。各消費者と各生産者は，基本的に，市場において価格を所与のものとして受け入れ，価格に影響を及ぼすことができない。各人の取引は市場の取引全体から見ればとても小さな割合でしかないという意味で，各人の市場における役割は非常に小さいからである。このことは，小麦や鋼鉄のようなノーブランド品をはじめとする多くの市場によく当てはまり，ピザや冷蔵庫のように必ずしもノーブランド品とはいえない製品の多くについても大体当てはまる。スターバックス・コーヒーのようなブランド品の販売者の多くも，同じタイプの製品の価格からみてあまりに高い価格を設定しては大した量を販売できない。したがって，一定の目的の下では，これらの製品も多かれ少なかれ競争的な市場で販売されていると考えてよい。競争市場の企業を「**プライス・テイカー**（price taker〔価格受容者〕）」と呼ぶことがある。その反対語は「**プライス・メイカー**（price maker〔価格設定者〕）」である。

競争市場の財の価格と総販売量は，需要と供給という二つの力の相互作用を通して決定される。これらの二つの力は，供給曲線と需要曲線を用いて表現できる。まずは各曲線について個別に検討し，そのうえで，市場における財の価格と総販売量を知るために，二つの曲線をどのように用いるかをみることにしたい。

A 需要曲線

イチゴの「**需要曲線**（demand curve）」を図6-1に描いてみた。これは，各価格に応じて人々が購入したいと思うイチゴの総量を示したものである。需要曲線は，人々が実際に購入したいと思っているイチゴの総量を示したものではなく，様々な価格の下で人々が購入したいと思うであろうイチゴの総量の仮想的な記録である。例えば，1クォート当たり1ドルの価格では，人々が購入したいと思うであろうイチゴの総量は110,000クォートであり，1クォート当たり2ドルの価格では60,000クォート，1クォート当たり3ドルの価格では10,000クォート，といった具合である（以下，本章で記すイチゴの価格はすべて1クォート当たりのものである）。

ある財に対する総需要は，価格が上昇するにつれて減少する。人々がその財を購入しないで済まそうとしたり，購入量を減らしたり，他の財で代替しようとするからである。イチゴの価格が上昇するとき，人々は朝食のシリアルにフルーツを入れるのをやめるかもしれないし，入れたとしてもイチゴの量を減ら

2 競争市場の理論

図6-1 需要曲線

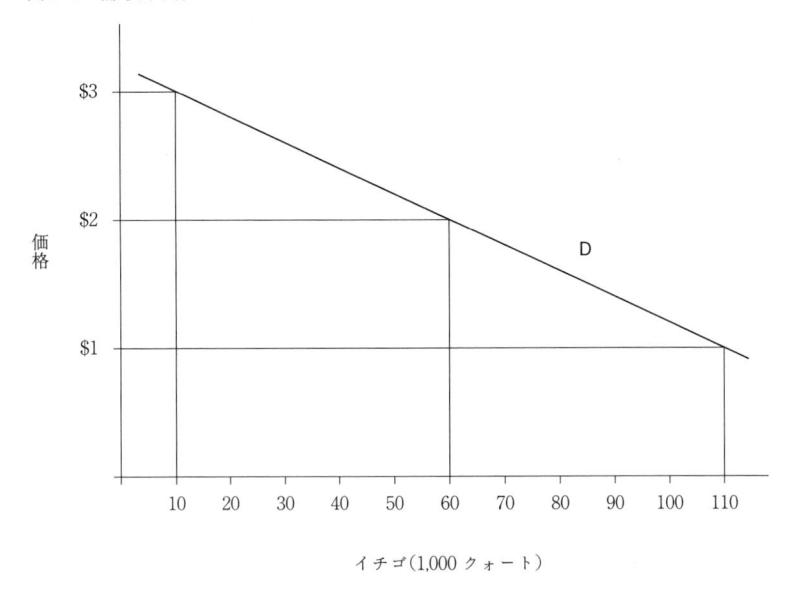

(グラフ: 縦軸「価格」$1, $2, $3、横軸「イチゴ (1,000クォート)」10〜110、右下がりの需要曲線D)

すかもしれないし，イチゴの代替品としてバナナやレーズンを入れるかもしれない。これが価格が上昇するにつれて人々が購入したいと思う総量が減少する理由である。同時に，それは，価格が低下するにつれて人々が購入したいと思う総量が増加する理由でもある。これをグラフで示せば，需要曲線の傾きは，通常，右下がりになるということになる。需要曲線は，特定の個人の集まり（市民全体，州民全体，国民全体，人類全体など）または1人の人間のある財に対する需要を表していると考えることができる。需要曲線がいかなる者たちの需要を表しているかは明示的に述べられているか，あるいは，文脈から明らかな場合が多い。

なお，数量を横軸に価格を縦軸にして需要のグラフを描くことに特に意味はなく，伝統的にそう描くだけである。この方法で描かなければならない論理的な理由があるわけではない。

Column 6-1 需要曲線をどのように推定するのか

経済学者は需要曲線を推定するためのデータを豊富に持っているが，一般的な推定方法は，ある財の価格が実際に変化したときに，需要がどのように変化するかをみるというものである。多くの財の価格は時間の経過とともに変化するので，経済

学者は購入量が価格の変化に応じてどのように変動したかをみることができる。また，価格は，財の販売地によって，ある一時点で見た場合に多少差が出る傾向がある。もちろん，購入量が変化する理由は，価格が変化したという理由以外にもたくさんある。例えば，人々の所得が増加すると同時に海外ツアーの価格が低下したとすれば，海外ツアーの購入量は増加する。このとき，海外ツアーの購入量が増加した理由は，価格の低下よりも所得の増加にあるといえるのかもしれない。幸いなことに，十分なデータと統計的手法があれば，所得その他の原因が購入量に及ぼす効果を価格が購入量に及ぼす効果から分離させて需要曲線を描くことができる。

(1) 需要曲線のシフト

価格と総需要量の関係に影響を与える何らかの事象が発生したとき，需要曲線は移動する。例えば，一部のイチゴが病原菌により汚染されたという報道がされたことにより，すでに収穫されているイチゴに対する不安が急激に広まったと仮定しよう。この場合，総需要量は減少すると考えられる。いかなる価格においても人々はイチゴの購入量を減らしたいと思うであろうし，多分，かなり減らしたいと思うはずである。その結果，図6-2が示すように，需要曲線が左に移動することになるだろう。いかなる価格においても，総需要量は当初の量より減少し，例えば，2ドルの価格では，60,000クォートの代わりに，30,000クォートだけ人々は購入したいと思うであろう。

このような需要曲線のシフトは所与の需要曲線に沿った移動と区別して考えなければならない。つまり，ある価格での需要量から別の価格での需要量への移動と区別する必要がある。図6-1に示した従前の需要曲線（細菌による汚染の報道がなされる前のイチゴの需要曲線）をみてほしい。価格2ドルではイチゴの需要量は60,000クォートであり，価格3ドルでは10,000クォートである。この場合の60,000クォートから10,000クォートへの需要量の変化は，価格の変化を理由とする需要曲線に沿った移動として説明できる。

他方，図6-3は，何らかの原因がイチゴの総需要量を増加させた場合を示している。例えば，アメリカ国立衛生研究所が，イチゴは人の寿命を延ばし癌のリスクを減少させるというレポートを発表した場合などである。元の需要曲線の右側の需要曲線は，いかなる価格においても人々が需要する総量が当初の量よりも多くなることを示している。

人々が購入したいと思う数量に影響を与える事象が発生した場合，需要曲線

2 競争市場の理論

図6-2 需要曲線の左へのシフト

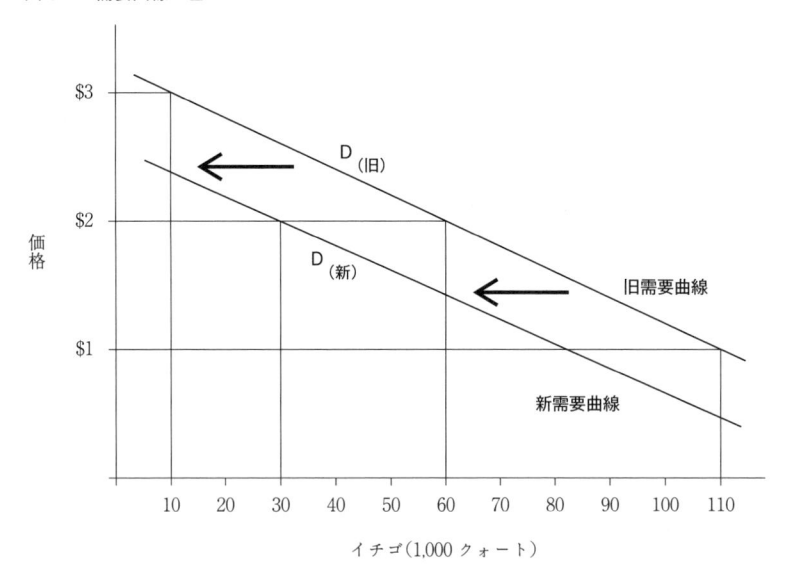

図6-3 需要曲線の右へのシフト

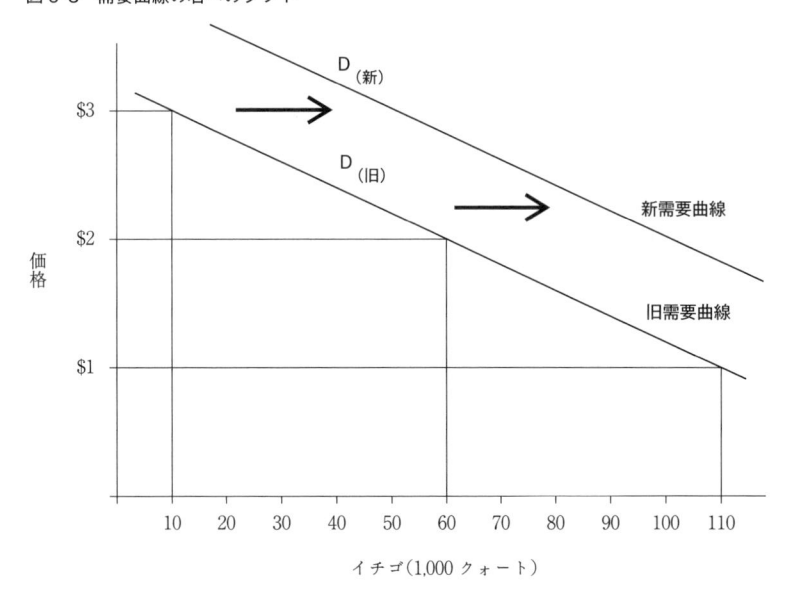

はシフトする。そのような事象の一つは個人の所得である（所得が増加すれば，イチゴの需要曲線はどうなるであろうか）。財の需要曲線に影響を与える他の事象としては代替財の価格や（バナナの価格が上昇したとすれば，イチゴの需要曲線はどうなるか），補完財の価格が挙げられる（朝食用のシリアルの価格が低下すればイチゴの需要曲線はどうなるか）。

(2) 需要曲線と価格弾力性の概念

需要曲線の傾きは需要量が価格の変化に対してどの程度反応するかを反映している。図6-4Aからは，急な傾きを持つ需要曲線は人々が購入しようとする数量が価格の変化にそれほど影響を受けないことを意味することが分かる。例えば，価格が1ドルから2ドルに2倍になったとしても，人々が購入したいと考える数量は100から90に減少するだけである。これと対照的なのが図6-4Bの緩やかな傾きを持つ需要曲線であり，価格が1ドルから2ドルに2倍になった場合，需要量は180から40に激減する。

経済学者は，財の価格の変化に対する総需要量の反応の程度を捉えるために，「**需要の価格弾力性**（price elasticity of demand）」という概念を使い，これを次のように定義する。

$$需要の価格弾力性 = \frac{需要量の\%変化}{価格の\%変化}$$

上式を説明するために，先程みた図6-4Aの急な傾きを持つ需要曲線に戻ろう。この需要曲線によると，価格が1ドルから2ドルに上昇するとき，需要量は100から90に減少する。したがって，価格のパーセント変化は100%であり（1ドルから2ドル），需要量のパーセント変化は10%である（100から90）。そのため，価格弾力性は10%/100%，すなわち0.1となる。[①] 図6-4Bの緩やかな需要曲線の場合は，価格が1ドルから2ドルに上昇するとき，需要量は180から40に減少する。したがって，価格のパーセント変化は100%，需要量のパーセント変化は78%（すなわち，140/180）であり，価格弾力性は78%/100%，すなわち0.78となる。もう一つ例を検討しよう。ある財の価格が5ドル

---

① （原注）パーセント変化を計算するときの慣例的な方法の一つは，当初の数を基準として用いる方法であり，我々もこれに従う。例えば，価格が1ドルから2ドルに変化するとき，我々は1ドルを基準として用い，価格の変化が1ドルなので，パーセント変化は1ドル/1ドル，すなわち100%となる。

2 競争市場の理論

図6-4 需要曲線の勾配の緩急

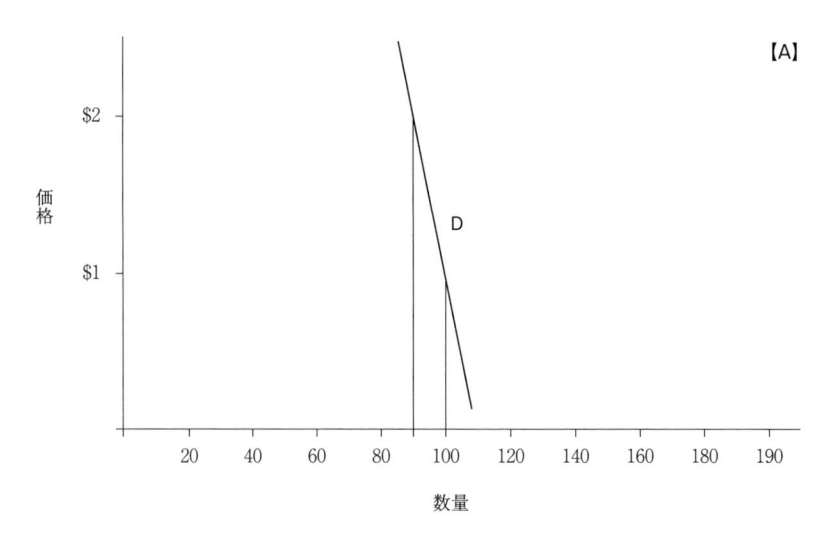

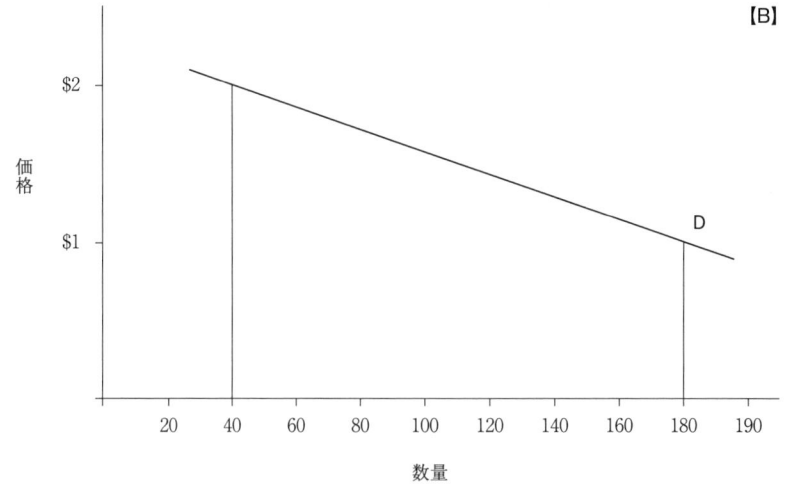

【A】

【B】

から4ドルに低下し，総需要量が200単位から300単位に増加すると仮定する。このケースでは，価格のパーセント変化は20％，需要量のパーセント変化は50％であるから，価格弾力性は2.5である（すなわち，50％/20％＝2.5）。このことから明らかなように，価格弾力性の数字が高いほど，価格に対する需要量の反応も大きい。価格弾力性が1.0超の場合，価格と需要量の関係を「**弾力的**

(elastic)」であるといい、価格弾力性が1.0未満の場合、価格と需要量の関係を「**非弾力的**(inelastic)」という[②]。需要の価格弾力性の例を表6-1に示す。

経済学者が統計学的手法を用いて算定したこのような弾力性の数値を用いれば、価格変化が購入量に与える影響を容易に計算することができる。例えば、タバコの価

表6-1 日用品に対する需要の弾力性

製　品	需要の 価格弾力性
コーヒー	0.3
煙　草	0.3
靴	0.7
自 動 車	1.2
海外旅行	1.8
外　食	2.3
映　画	3.7

出典：Arthur O'Sullivan and Steven M. Sheffrin, Microeconomics (Prentice Hall, 1998), page 84.

格がタバコ税率の大幅な上昇によって2倍になれば、購入量にどのような影響が生じると予測できるか考えてみよう。この場合、価格のパーセント変化は100%であり、表6-1によれば、タバコの需要の価格弾力性は0.3である。需要量のパーセント変化を価格のパーセント変化（100%）で割った数値が0.3ということだから、需要量のパーセント変化は30%となるであろう。したがって、タバコの需要量は30%減少するはずである。

(3) **技術的事項の説明**

需要の価格弾力性について2点ほど技術的事項を説明をしておきたい。第一に、価格の上昇は需要量を減少させるので、いずれかの数値のパーセント変化は正となる一方、他方の数値のパーセント変化は負となり、両者の比率は負の値をとる。そこで、価格弾力性を負の数値として記載することもあるが、マイナスの符号は無視するという慣例に従う場合が多いので、我々もこれに従うことにする。この点が混乱の原因となることもしばしばあるので留意願いたい。

第二に、価格弾力性は、一つの需要曲線に対してつねに一定の値をとるわけではない。試しに計算してもらえば分かるが、価格弾力性の数値は、需要曲線上のどの価格と需要量の組合せを変化前後の値とするかによって変わる。需要

---

② （原注）読者の中には、なぜ経済学者が弾力性を本文のように定義したのかと不思議に思う者がいるかもしれない。なぜ経済学者は単純に、需要曲線の傾き、つまり価格に対する需要量の反応の割合を弾力性と呼ばなかったのか。その理由は、曲線の傾きを尺度として用いると人を欺くことができてしまうというものである。例えば、需要量の単位を大きくすることによって（例えば、イチゴをクォートの代わりにトンの単位で測ることによって）、曲線の傾きを急なものとすることができる。これとは対照的に、経済学者のように弾力性を定義すれば、需要量と価格を測る単位を変えても、価格変化に対する弾力性は同一のままである。

曲線上の傾きが水平に近い部分の 2 点を使って計算すれば価格弾力性は高くなる傾向にあり，需要曲線上の急な傾きの部分の 2 点を使って計算すれば価格弾力性は低くなる傾向にある。したがって，価格弾力性の数値は固定した値をとるわけではなく，一つの概算値として語られることが多い。[1]

(4) 価格弾力性と収入

価格弾力性と収入（すなわち，価格×数量）の価格に対する反応との間には関連性がある。まず，価格弾力性が 1 よりも大きい場合，価格の上昇は収入を減少させる。今，価格弾力性を 2.0 と仮定し，価格が 2 ドルであるときの販売量は 300 であると仮定しよう。この場合，収入は 600 ドルである。ここで，価格が 2.2 ドルに上昇したと仮定する。これは 10% の価格上昇である。価格弾力性は 2.0 なので，販売量は 20% 減少し 240 となる（20%×300＝60 だからである）。したがって，収入は 2.2 ドル×240，つまり 528 ドルとなり，収入は減少する。これは直観的にも理解できる。もし販売量が価格に対して非常に強く反応するならば，価格が上昇すれば販売量の減少は価格上昇よりも大きな効果をもち，収入を減少させるであろう。同様に，価格の低下は収入を増加させるであろう。

詳細な説明は割愛するが，同様の論理により，価格弾力性が 1 より小さい場合には価格の上昇が収入を増加させ，逆に，価格の低下は収入を減少させる。

(5) 他のタイプの需要の弾力性の概念

弾力性には他の概念もある。ある財についての「**需要の交差弾力性**（cross elasticity of demand）」は，他の財の価格の変化に対するその財の需要量の反応度を示すものである。例えば，バナナに関するイチゴの需要の交差弾力性は，バナナの価格の変化に対するイチゴの需要量の反応を示している。もしバナナ

---

[1]（訳者注） 価格と需要量が完全な比例関係にあり，したがって需要線は完全な直線となると仮定しても，需要弾力性は需要曲線上のどの位置を基準に計測するかによって変化する。このことは，需要弾力性の定義式を次のように操作すれば納得がいくであろう。

$$E = \frac{\Delta d/D}{\Delta p/P}$$
$$= \frac{\Delta d}{\Delta p} \cdot \frac{P}{D}$$

上式の E は需要弾力性，P は基準となる価格，D は基準となる需要量，Δp は価格の変化量，Δd は需要の変化量，$\Delta p/P$ は価格の変化率，$\Delta d/D$ は需要の変化率をそれぞれ表している。需要曲線が直線の場合，上式の $\Delta d/\Delta p$ は定数となるので，E は基準となる P と D の値の変化に応じて変わらざるを得ない。したがって，本文でいうところの「概算値」とは「現在の市場価値を前提としたうえでの概算値」という意味である。

の価格がもっと高くなれば，バナナからイチゴへ切り替える人がでるので，イチゴの需要量は増加すると予測できる。交差弾力性の厳密な定義は以下のとおりである。

$$需要の交差弾力性 = \frac{需要量の\%変化}{他の財の価格の\%変化}$$

バナナに関するイチゴの需要の交差弾力性が 0.2 だとすると，何らかの理由でバナナの価格が 50% 上昇した場合，イチゴの需要量は 10% 上昇する（すなわち，0.2×50% = 10%）。高い交差弾力性は，消費者から見てその財の代替性が高いということを意味する。我々が二つの異なるブランド製品，例えば BMW とベンツがどれだけ代替可能かを知りたければ，両者の間の需要の交差弾力性をみればよい（ベンツの価格に関する BMW の需要の交差弾力性は，フォード・トーラスの価格に関する BMW の需要の交差弾力性より大きいであろうか，あるいは小さいであろうか）[2]。

「**需要の所得弾力性**（income elasticity）」は，（財の価格ではなく）個人の所得の変化に対する需要量の反応を測る尺度である。具体的には，以下のように定義する。

$$需要の所得弾力性 = \frac{需要量の\%変化}{所得の\%変化}$$

例えば，ノート型パソコンの需要の所得弾力性が 1.5 であれば，所得が 6% 上昇した場合，ノート型パソコンの需要量は 9% 増加すると考えられる（すなわち，1.5×6% = 9%）。

B 供給曲線

「**供給曲線**（supply curve）」は，ある産業に従事する総企業が異なる各価格の下で販売したいと思う財の総量のグラフである。図 6-5 で示したイチゴの供給曲線によると，価格が 2 ドルから 3 ドルに上昇したとき，企業が販売したいと思うイチゴの数量は 60,000 クォートから 90,000 クォートへと増加する。

なぜ価格が上昇したとき企業が販売したいと思うイチゴの数量が増えるのか。

---

[2] （訳者注）フォード・トーラスは大衆車に分類され，ベンツや BMW は高級車に分類されるものとして考えてもらいたい。

2 競争市場の理論

図6-5 供給曲線

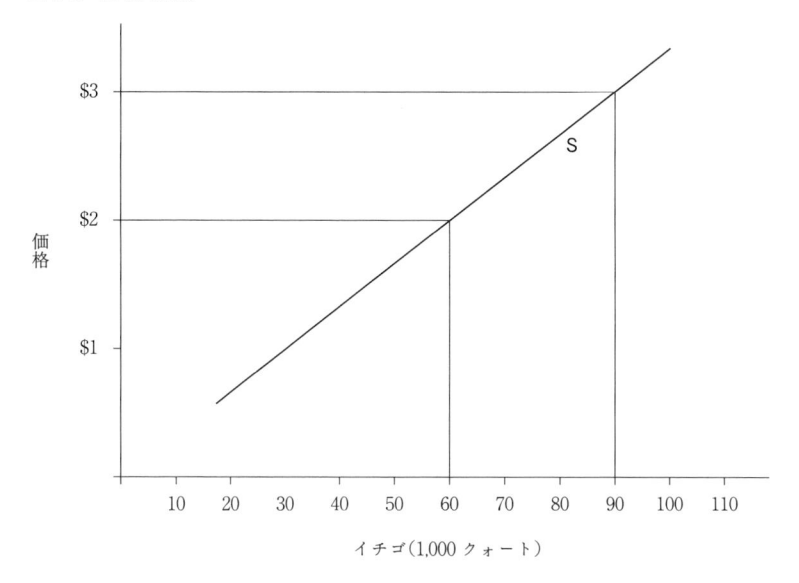

基本的な理由は二つある。第一に，すでにイチゴ産業に従事している企業は，より高い価格でイチゴを販売できるならより多くのイチゴを生産しようとするはずである。企業は，イチゴをより効率的に扱える設備に投資してイチゴの廃棄量を減らし，あるいは，イチゴをもっとたくさん栽培するだろうと考えられるからである。第二に，時間が経つにつれて，新たな企業がイチゴ産業に参入するだろうと考えられる。例えば，これまで他の作物を栽培してきた農場がイチゴの栽培に切り替えるかもしれないし，これまで何も作物を栽培していなかった者がイチゴ産業に参入するかもしれない。価格が上昇したとき，イチゴの供給がどれだけ増加するかは，既存企業への影響と新規企業への影響の合計で決まる。

ここで注意すべきは，価格の変化が供給量に与える影響はどの程度の期間を考えるかによって異なるという点である。経済学者はよく「**短期**（short run）」という言葉を使う。ここで，短期とは，新規企業が市場に参入したり，既存企業が資本や設備に本格的な変更を加えたりすることのできない短い期間のことである。これに対して，「**長期**（long run）」ではこれらの事象が起こり得る。し

---

③ （原注） イチゴの価格が低下すれば，既存の企業がイチゴ産業から退出するかもしれないという点にも留意されたい。

たがって，短期供給曲線は，長期供給曲線よりも急な傾きを持つ（その理由を説明してみること）。

（1） 供給曲線のシフト

供給曲線のシフトは需要曲線のシフトと似ている。価格と供給量の関係に影響を与える事象が発生したとき供給曲線はシフトする。今，イチゴがカビ菌に襲われ，十分に生育しなくなる事態を考えてみよう。この場合，イチゴの生産量はいかなる価格においても減少するであろうから，図6-6に描いたように，供給曲線は左にシフトする。次に，イチゴの遺伝子組み換えを行った結果，病気や腐食に抵抗のある品種が開発された場合を考えよう。この場合，企業によるイチゴの供給量は，いかなる価格においても増加するであろうから，図6-7に描いたように，供給曲線は右にシフトする。

（2） 供給曲線と供給の価格弾力性

供給の価格弾力性の概念は，需要の価格弾力性の概念と似ているので，ここでは簡単に説明する。最初に，図6-8Aのような急な傾きを持つ右上がりの供給曲線を考えてみよう。価格の上昇が生産量のわずかな変化しかもたらさない財はこのような曲線となる。この曲線を解釈すれば，価格が上昇しても既存企業は利潤を得ながら生産量を増加させることがあまりできないので大して生産量を増加させず，新規企業もあまり市場に参入しなさそうな場合を表すものと考えられる。ある財の供給曲線が垂直に近いことは，価格が上昇しても生産量はほとんど増加しないことを表している。そのような財の代表は土地である。価格が上昇しても，（沼地を干拓するなどしない限り）土地の「生産量」を増やすことはできない。

次に，図6-8Bのように水平に近い供給曲線は，わずかな価格の上昇が供給量の大きな増加をもたらす財に対応する。この供給曲線の一つの解釈は，価格がわずかに上昇するだけで，既存企業はより多くの生産を行うであろうということである。生産物1単位当たりの支出を少し増やすだけで多くの財の生産が可能となる場合，例えば，生産物1単位当たりの労働力や原料を少し増やすだけで生産量を増やせる場合がこれにあたる。この供給曲線のもう一つの解釈は，価格がわずかに上昇するだけで，多くの新規企業が当該産業に参入してくるであろうということである。生産技術が広く知られたものであって，各企業が原料投入物や労働力を同じように利用できる場合にはこのような状況が起きる。

2 競争市場の理論

図6-6 供給曲線の左へのシフト

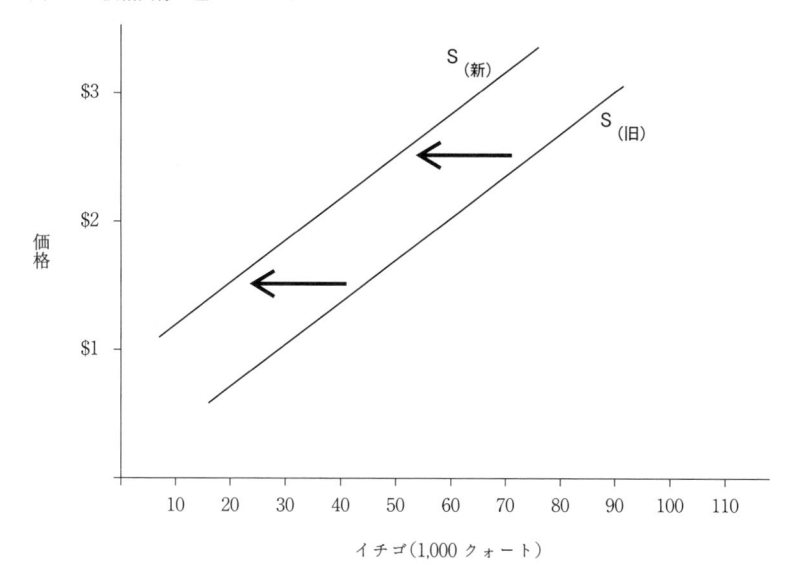

図6-7 供給曲線の右へのシフト

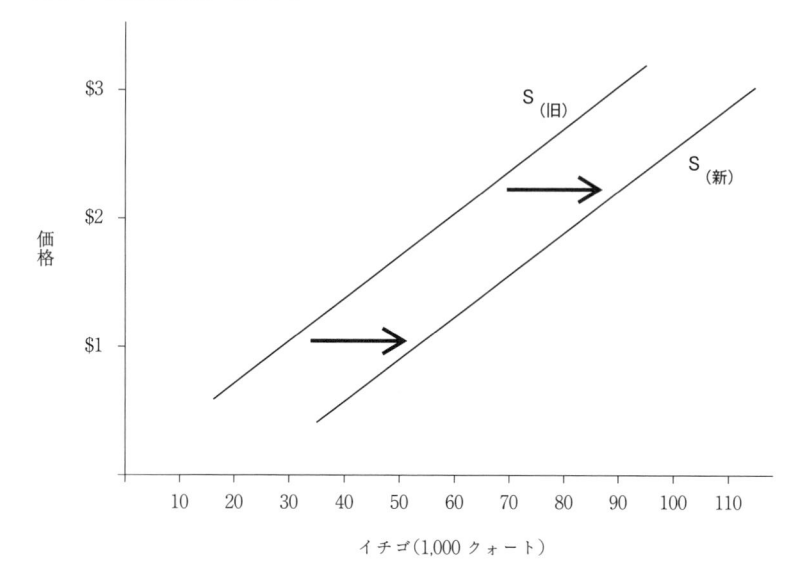

図6-8　供給曲線の勾配の緩急

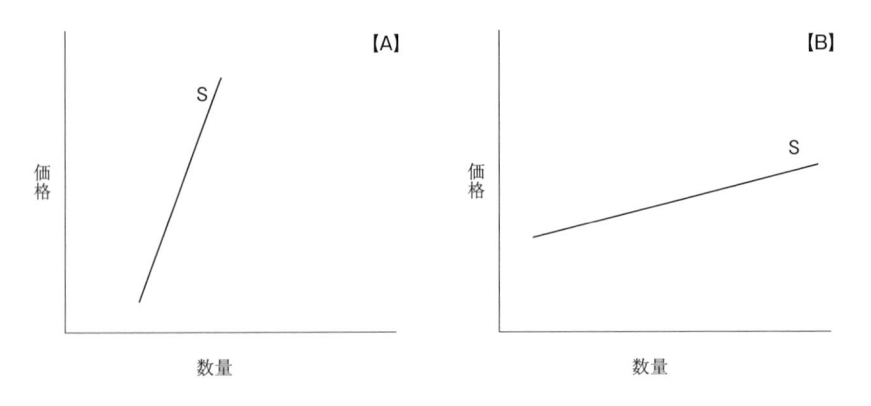

【A】　　　　　　　　　　　　　　【B】

供給の価格弾力性は，以下のように定義する。

$$供給の価格弾力性 = \frac{供給量の\%変化}{価格の\%変化}$$

例えば，供給の価格弾力性を2.0とし，価格が10％上昇したとすると，当該産業による総供給量は20％増加する。

C　市場における価格と取引量の決定

(1)　供給曲線と需要曲線の交点が均衡価格と均衡取引量を決める

　供給曲線と需要曲線を使えば競争市場で何が起こるか――価格と取引量がどうなるか――を予測できる。両者は，供給曲線と需要曲線の交点における価格と取引量に収斂するからである。

　図6-9をみてほしい。ここでは，イチゴの需要曲線と供給曲線が，価格が2ドル，供給量が60,000クォートの点で交差している。なぜこの交点が実際に観測されるであろう価格と取引量を決定するのか考えてみよう。

　イチゴの価格が2ドルのとき，人々は60,000クォートを買いたいと思い，イチゴの生産者もまた60,000クォートを生産したいと思う。つまり，人々が買いたいと思う総量がイチゴの生産者が生産したいと思う総量と一致している。したがって，消費者の買いたいと思う欲望と生産者の生産したいと思う意欲の間に，釣り合い，ないしは，「**均衡**（equilibrium）」が存在している。この価格を「**均衡価格**（equilibrium price）」という。

2 競争市場の理論

図6-9 需要・供給曲線と市場均衡

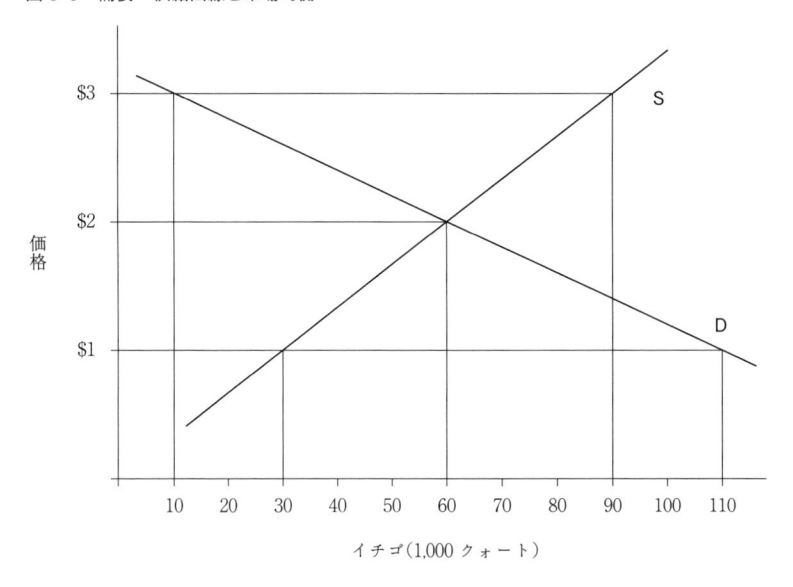

（図：縦軸「価格」、横軸「イチゴ（1,000クォート）」。供給曲線Sと需要曲線Dが価格$2、数量60で交差する）

　これに対して、2ドル（需要曲線と供給曲線の交点の価格）以外の価格は持続できない。その理由を説明しよう。価格が何らかの理由で2ドルより高くなり、例えば、3ドルであるとする。供給曲線をみると、均衡価格よりも高いこの価格では、イチゴ産業は60,000クォートよりも多い90,000クォートを供給しようとするだろう。しかし、需要曲線を見ると、3ドルの価格では、人々は10,000クォートしか購入しないことが分かる。したがって、販売店に搬送され商品棚に並べられたイチゴ（90,000クォート）は、人々が購入するであろう数量（10,000クォート）をはるかに上回ってしまう。この状態（これを「**超過供給**〔excess supply〕」という）は、いうまでもなく、長くは続かない。売り切れないほどのイチゴを抱えていることに気付いた販売店はイチゴの販売量を増やそうとして価格を下げるからである（たとえイチゴが腐らないとしても、販売店は永久に商品在庫を抱えたくはないであろう）。以上の議論は価格が2ドルよりも高い限り常に当てはまる。そのような価格である限り、供給量は60,000クォートを上回り、需要量は60,000クォートを下回るからである。したがって、常に、超過供給であり、価格を下げようとする圧力が働く。それゆえ、2ドルよりも高い価格は持続できず価格は低下する。

　今度は、価格が2ドルより低い、例えば、1ドルである事態を想定しよう。

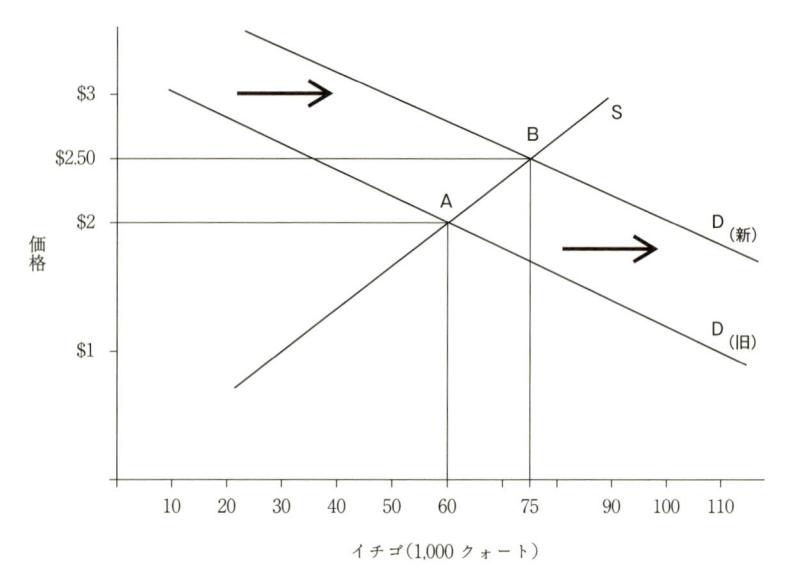

図6-10 需要曲線のシフトが均衡に及ぼす効果

イチゴの生産者は30,000クォートを生産しようとするだろうし,消費者は110,000クォートを購入したいと思う。この状況（これを「**超過需要**〔excess demand〕」という）では,需要量が供給量を上回っており,当然価格は上昇する。具体的には,販売店はイチゴがなくなりそうであることに気付き,自然に価格を引き上げるであろう。したがって,価格が1ドルという状況は持続しない。実のところ,価格が2ドルを下回る限り,価格を上げようとする圧力は常に存在する。

　価格が2ドルを上回れば価格が下がり,逆に価格が2ドルを下回れば価格が上がる以上,価格は当然2ドルに収斂する。そして,ひとたび価格が2ドルになれば価格はもはや動かない。2ドルの価格の下では消費者が買いたいと思う総量は60,000クォートであり,これはイチゴの生産者が生産したいと思う量と一致するからである。したがって,イチゴが不足して価格を上昇させる圧力もイチゴが過剰となって価格を低下させる圧力も生じない。それゆえ,2ドルという価格は安定的である。この価格が均衡価格と呼ばれるもう一つの理由がここにある。

　供給曲線と需要曲線が交差する均衡価格（図6-9では2ドル）においては生産量と需要量が等しくなる（=図6-9では60,000クォートとなる）ことから,こ

2 競争市場の理論

図6-11 供給曲線のシフトが均衡に及ぼす効果

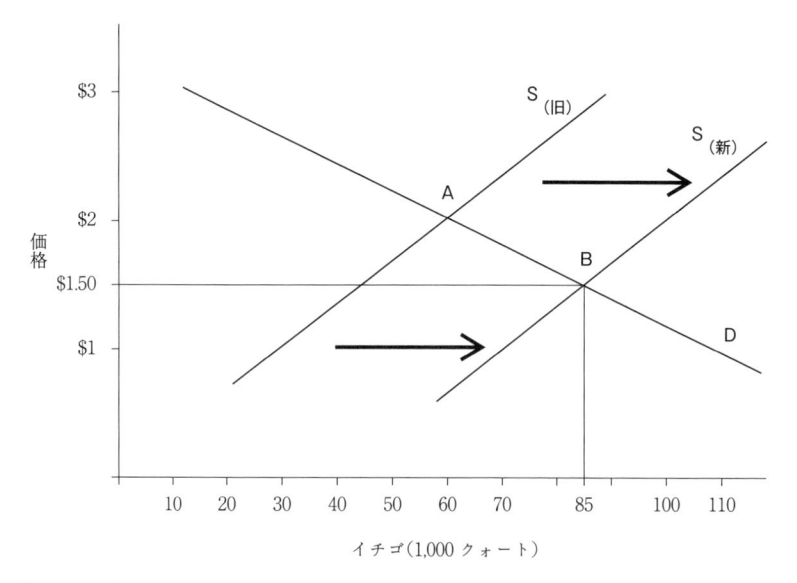

の数量を「**均衡取引量**(equilibrium quantity)」という。

(2) 需要曲線と供給曲線の変化に伴う均衡の変化

需要曲線または供給曲線がシフトすれば，均衡価格と均衡取引量も変化する。例えば，イチゴにこれまで知られていなかった健康上の効能があることが発見され，この知らせに反応して需要曲線が右にシフトすると仮定しよう。この場合には，図6-10に示したように，供給曲線と需要曲線の交点は点Aから点Bに変化し，均衡価格と均衡取引量は増加する。具体的には，均衡価格は2ドルから2.5ドルに上昇し，均衡取引量は60,000クォートから75,000クォートに増加する。どのようにしてこの状況が生じるのか，もう少し詳しく説明しよう。

図6-10から分かるとおり，もし販売店がイチゴに関するよい知らせに反応して価格を引き上げなければイチゴが不足する。価格2ドルにおける総需要量は60,000クォートから約100,000クォートへと増加し（図6-10の新しい需要曲線によると，価格2ドルでの需要量は約100,000クォートであることを確認すること），このイチゴの不足は価格の上昇につながる。そして，価格が2ドルから上昇すれば二つの効果が現れる。まず，消費者のイチゴ需要量は，（新しい需要曲線に沿って移動して）100,000クォートより減少し，他方で，イチゴの供給量は

図 6-12　下限価格規制

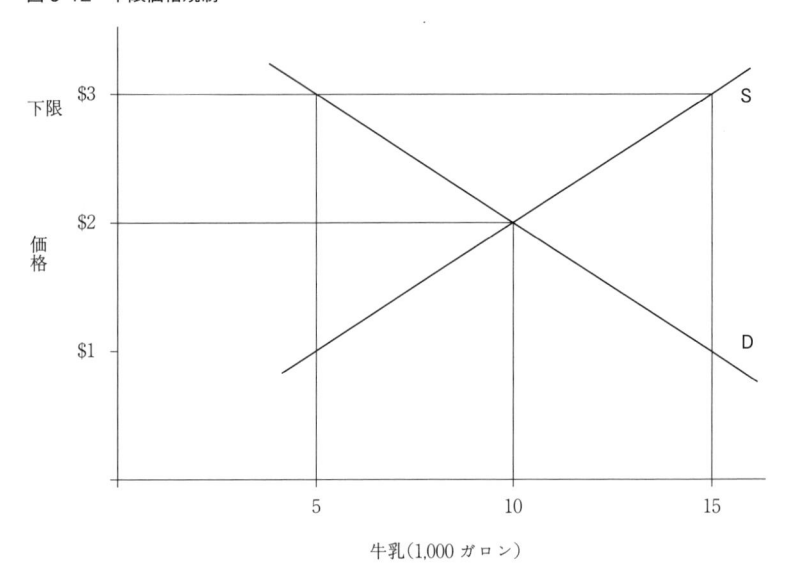

価格（下限 $3, $2, $1）／牛乳（1,000 ガロン）（5, 10, 15）

60,000 クォートから増加する。そして，価格が 2.5 ドルに達すれば，需要量は 100,000 クォートから 75,000 クォートへと減少し，供給量は 60,000 クォートから 75,000 クォートへと増加するので，より高い価格・より多い取引量の下で新しい均衡が生ずるわけである。

図 6-11 は，供給曲線が右にシフトした場合の効果を描いている。原因としては，より安価な労働力が調達できることになってイチゴの生産費用が減少した場合などを考えてもらえればいいであろう。新しい均衡価格が 1.5 ドル，新しい均衡取引量が 85,000 クォートとなることを確かめてもらいたい。

D　政府による市場介入

需要曲線と供給曲線を使えば，市場介入を伴う政府の様々な政策を理解することができる。ここでは 3 種類の政策について考えてみよう。

(1) 下限価格規制

昔から見られる政策の一つが，財の価格に下限を設定するというものである。例えば，酪農業者を援助するために，牛乳の価格に下限を設定することを考えてみよう。図 6-12 には下限価格規制の効果が描かれている。

図をみると分かるとおり，下限価格規制がなければ，牛乳は 1 ガロン当たり

2ドルの均衡価格で売られ，10,000ガロンが生産・販売されると考えられる（以下，本章で記す牛乳の価格はすべて1ガロン当たりのものである）。ところが，3ドルの下限価格規制が導入されると，需要量は5,000ガロンに減少してそれだけしか売れなくなるだろう。しかしながら，3ドルの価格では，酪農業者は15,000ガロンを生産したいであろうし，その点は5,000ガロンしか牛乳が購入されないことを知ったとしても変わらない。人々が買いたいと思う牛乳の量よりも酪農産業が生産したいと思う牛乳の量の方が多いにもかかわらず，牛乳価格は低下しない。政府が3ドルの下限価格規制を導入したことを仮定しているからである。したがって，どの酪農業者が3ドルで牛乳を売る特権を得るかを決めるために，政府や酪農業者らは何らかの仕組みを考えなければならない。そのような仕組みとしては，例えば各酪農業者に対して（過去の売上実績等に応じて）販売してよい牛乳の数量を割り当てるシステムなどが考えられる。

> **Column 6-2** 補　助　金
>
> 　政府は，下限価格規制の代わりに牛乳の生産に補助金を与えることによって，酪農業者を保護することもできる。例えば，酪農業者が市場で販売する牛乳について1ガロンあたり一定額を政府が酪農業者に支払うのである。需要曲線と供給曲線を使って補助金の効果を説明するにはどうしたらよいであろうか（ヒント：後記(3)の物品税の項を参照すること。反対方向に効果が及ぶという点を除けば，補助金は物品税と似ている）。補助金は牛乳の生産量を増加させるということを確かめてほしい。補助金が市場価格に与える影響はどのようなものであろうか。補助金と下限価格規制とを比較すればどのようになるであろうか。

(2) 上限価格規制

次に，財の価格に上限を設定するという，(1)とは反対の政策を考えてみよう。この政策が実施される目的としては，価格の高騰から消費者を保護することなどが考えられる。ここでは，例として，灯油の価格に上限価格規制が課されたと仮定しよう。図6-13を用いて，そのような価格規制をグラフ上でどのように表したらよいかを考えよう。この図では灯油の均衡価格は1ガロン当たり2ドルであり，供給量は10,000ガロンである。しかし，上限価格規制が実施され，1ガロン当たり1ドルの上限価格が設定されたならば，灯油の需要量は15,000ガロンとなり，灯油産業による供給量は減少して5,000ガロンになって

図6-13 価格上限規制

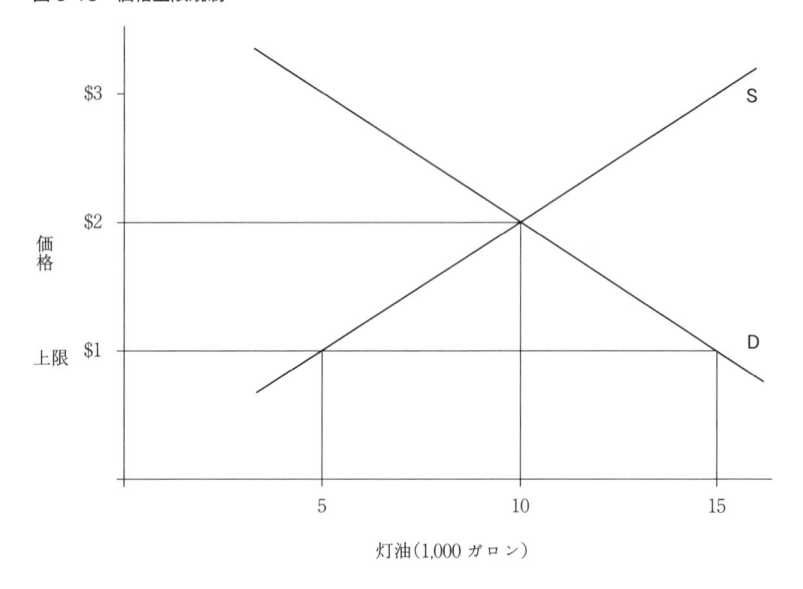

価格

$3

$2

上限 $1

5   10   15

灯油(1,000ガロン)

しまう。これは超過需要の状況であり，人々が購入したいと思う灯油量が灯油産業の供給量より10,000ガロン多いことになる。したがって，灯油の供給量である5,000ガロンを何らかの方法で人々に分配しなければならず，例えば，建物の大きさに基づいて配分するなどの手段が用いられる。

(3) 物 品 税

次に，伝統的な課税方法である物品税について考えよう。物品税は，例えば，香水1ボトルの購入に対して1ドルの税金を課すような税金のことである。人々が香水1ボトルを買うと1ドルの税金を支払わなければならないとすれば，いかなる市場価格においても需要は減少するはずであり，したがって需要曲線は左にシフトし，これによって均衡価格は低下し，均衡取引量は減少する。この状況を描いたものが図6-14である。均衡価格は1ボトル当たり3ドルから2.5ドルに低下し（ただし税込み価格は1ボトル当たり3.5ドルである），均衡取引量は6,000ボトルから5,000ボトルに減少する。課税後の需要曲線は元の需要曲線の真下に向かってちょうど1ドル分のところにあることを確認してほしい。図6-14の元の需要曲線上の価格とこれに対応する数量の組合せ，例えば5ドルと2,000ボトルの組合せを使ってこれまでの議論を理解してみよう。もし人々が5ドルを支払わなければならないとすれば，2,000ボトルを購入するで

図6-14　物品税

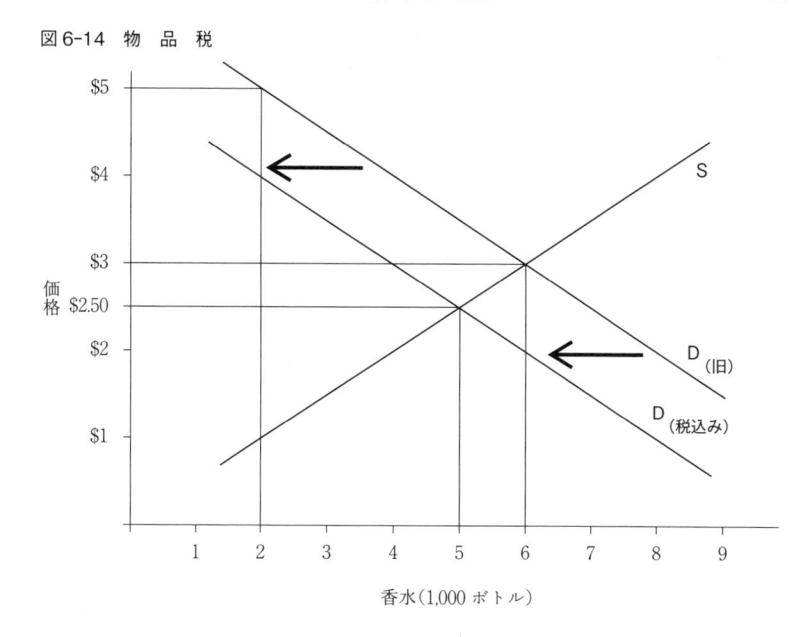

あろう。しかしながら，4ドルの市場価格に1ドルの税金を足せば，課税後の1ボトルの合計価格はやはり5ドルである。それゆえ，もし市場価格が4ドルで，1ボトルにつき1ドルの税金が課されるならば，人々はちょうど2,000ボトルを購入するであろう。なお，再度図6-14をみてほしいのだが，需要曲線と供給曲線の形から，均衡価格は1ドルの税金分ほどには減少していないことに留意してもらいたい。均衡価格の減少は1ドルを下回るのである（直感的な言葉を使ってこの点を説明してみてほしい）。

E　社会的厚生と市場

　競争市場で財の価格と数量がどのように決定され，各種の政策が財の価格と数量にどのような影響を与えるかをみてきた。このようにして決まる価格と数量が社会的に見てどの程度望ましいものであるかという議論はこれまでしてこなかった。社会的厚生に関する本格的な議論は後で行うが，社会的厚生を測る簡単な指標についてここで説明しておこう。それは，消費者が財を消費することによって得る価値からその財の生産費用を差し引いた値であり，一般にこれを「**総余剰**（total surplus）」，あるいは単に「**余剰**（surplus）」という（これを余剰と呼ぶ理由は，それが財の価値のうち生産費用を超える部分を表しているからであ

る)。社会の状態を示す指標としての余剰という概念の魅力は,我々が財に与える価値をプラスに評価し,同時に,財の生産に必要な資源のコストをマイナスに評価している点にある。こうした方法で社会的厚生を測ることに伴う欠陥はあるものの(この点は後述する),思考の道具としてはとても便利であり,経済学者は政策を評価する際のベンチマークとしてしばしばこの概念を使う。

(1) 消費の価値

個人が消費から得る価値は,通常,個人が消費する財に対して支払う意思のある最大金額で測られる。例えば,もし私が1クォートのイチゴに対して5ドルまで支払ってもよいと思うとしたら,5ドルが私の価値評価の指標となる。これは私の価値評価を少なくとも二つの意味で測っている。第一に,私の価値評価は5ドルを超えることはなく,例えば6ドルではない。その理由は,もし私の価値評価が6ドルならば,この6ドルが私がイチゴに対して支払う意思のある最大金額となるはずであるが,私は実際は5ドルを超える金額を支払いたくはないからである。第二に,私の価値評価は5ドル未満となることはなく,例えば4ドルではない。その理由は,もし私の価値評価が4ドルならば,この4ドルが私がイチゴに対して支払う意思のある最大金額となるはずであるが,私は実際には5ドルまで支払ってよいと思っている。

「総価値(total value)」は,あるグループのすべての個人の価値評価の合計を表した概念である。例えば,4人が1クォートのイチゴに対してそれぞれ異なった価値があると評価していると仮定しよう(表6-2を参照せよ)。また,単純

表6-2 個々人の価値評価

個　人	イチゴ1クォートの評価価値
エイミー	$5.00
ボ　ブ	$4.00
ラ ル フ	$3.00
ジ ル	$2.00

化のために,誰も1クォートを超えてはイチゴを欲しくないと仮定しよう。もし各個人が1クォートを消費し,4クォートのイチゴが消費されたら,総価値は5ドル+4ドル+3ドル+2ドル=14ドルとなる。

消費の総価値を知るのに需要曲線をどのように使うか,図6-15を使って説明しよう。イチゴの需要曲線は上記の4人を表している。5ドルの価格ではエイミーだけがイチゴを買うから,需要量も1クォートとなるだろう。4ドルの価格ではエイミーとボブが1クォートずつ買うから,需要量は2クォートとなるであろう。このように続いていくが,需要曲線をよくみると,非常に重要な

2 競争市場の理論

図6-15 需要曲線

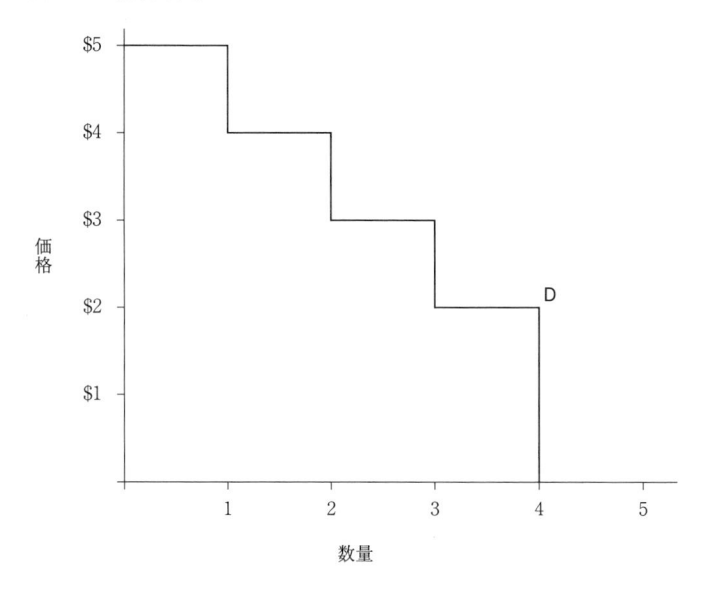

点がみえてくる。すなわち、それは、いかなる価格の下でも、イチゴの購入量の総価値はその購入量に至るまでの需要曲線の下側の面積に等しいという点である。

例えば、価格が5ドルのときは、エイミーだけが1クォートのイチゴを買うので、需要曲線の下側の面積は5ドルであり（すなわち、1×5ドル＝5ドル）、これはエイミーが1クォートのイチゴに対して支払う意思のある金額である。価格が4ドルのときの需要量は2クォートであり、2クォートまでの需要曲線の下側の面積は9ドルである（すなわち、1×5ドル＋1×4ドル＝9ドル）。これは合計2クォートを買うであろうエイミーとボブの2人が評価した総価値である。同じやり方で、その他の価格における総価値も計算することができる。任意の価格における需要量に至るまでの需要曲線の下側の面積は、その価格で購入したいと思うであろう人々全員の評価にかかる総価値に等しいことがわかるであろう。もう一つ例を見ておこう。3クォートまでの需要曲線の下側の面積（図6-16の灰色の領域によって示されている）は、イチゴが3ドルの価格で販売されたときの、エイミー、ボブ、ラルフが評価した総価値である。つまり、1×5ドル＋1×4ドル＋1×3ドル＝12ドルとなる。

これまでの例は、複数の人が各自1クォートずつを購入するというものであ

図6-16 需要曲線上の領域

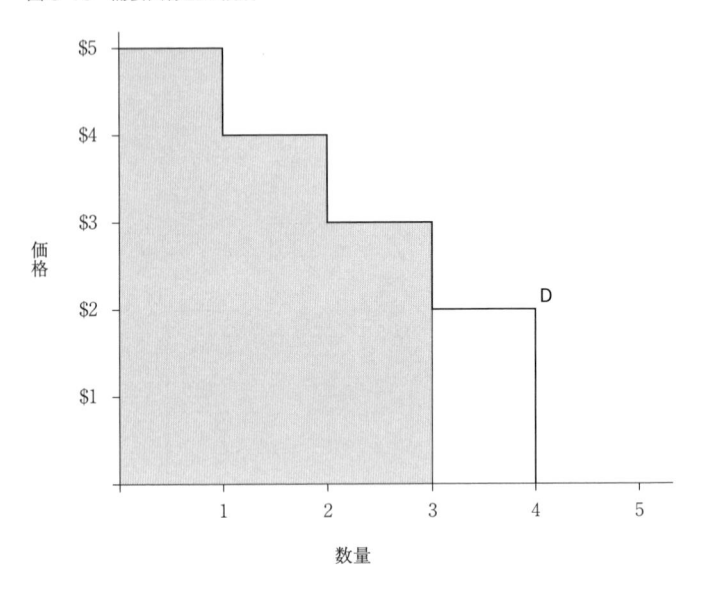

ったが，各人が価格に応じて異なる量を購入するときも考え方は同じである。例えば，ルーシーが最初の1クォートのイチゴに5ドルの価値があると評価し，2番目の1クォートのイチゴに4ドルの追加的価値があると評価し，3番目の1クォートのイチゴに3ドルの追加的価値があると評価し，4番目の1クォートのイチゴに2ドルの追加的価値があると評価すると仮定しよう。ルーシーのみ，つまり1人の人間のみが評価したイチゴの総価値を表す需要曲線は，図6-15の需要曲線と同一になるはずである。この状況を少し違う視点から見てみよう。価格が4ドルならばルーシーは2クォートを買うであろう。最初のクォートと2番目のクォートのイチゴは少なくとも彼女にとって4ドルの価値があるからである。しかし3番目のクォートのイチゴはルーシーにとって3ドルの価値しかないので，彼女が4ドルでこれを買うことはない。なお，先ほど述べたのと同じ論理により，任意の数量に至るまでの需要曲線の下側の面積はルーシーが評価した当該数量の総価値に等しい。

(2) **消費者余剰**

消費者にとっての財の価値と消費者が実際に支払う価格との差は「**消費者余剰**（consumer surplus）」と呼ばれる。例えば，もしエイミーにとって1クォートのイチゴが5ドルの価値があり，彼女が価格3ドルでこれを買うとすれば，

2 競争市場の理論

図6-17 消費者余剰

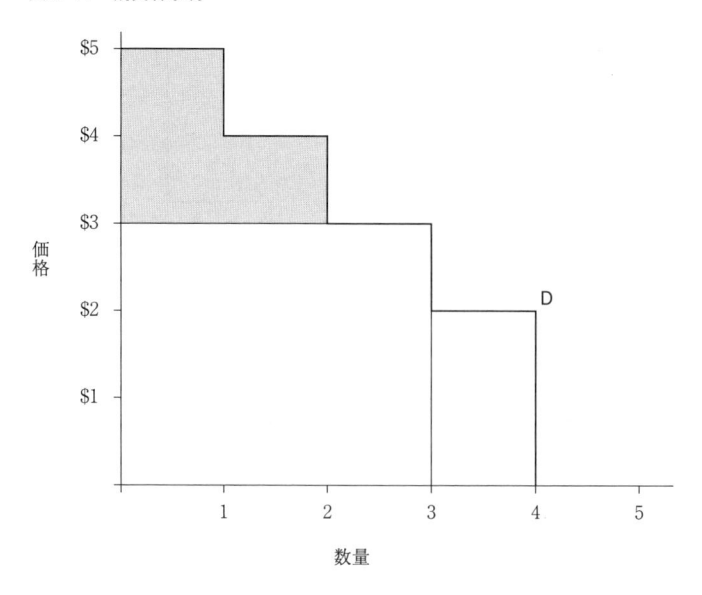

彼女の消費者余剰は2ドルである（5ドル－3ドル＝2ドル）。これは，彼女が1クォートのイチゴを買った後の彼女が受けた便益の指標である。総価値と同様に，消費者余剰は需要曲線を用いて簡単に求めることができる。これまでみてきたイチゴの需要曲線をもう一度考えよう。価格3ドルでは，エイミー，ボブ，ラルフはそれぞれ1クォートを購入する。エイミーの消費者余剰は2ドルであり（5ドル－3ドル＝2ドル），需要曲線と3ドルの価格線（横線）の間の面積に対応する（図6-17を参照せよ）。ボブの消費者余剰は1ドルであり（4ドル－3ドル＝1ドル），やはり需要曲線と3ドルの価格線の間の面積に対応する。ラルフの消費者余剰はゼロであり，これは彼が支払う額が，彼にとってのイチゴの価値にまさに等しいからである。したがって，これらの3人に関する余剰は，3ドルとなる（2ドル＋1ドル＝3ドル）。この例のように，そしてまた一般的に，消費者余剰は，価格線と需要曲線との間の面積に等しい。（すでにみたとおり）需要曲線全体の下の面積は総価値であり，一方，価格線の下の面積は消費者が購入量に対して支払った総額であるから，その差が消費者余剰になる。

我々は日頃購入する多くの財について，かなりの消費者余剰を享受している。我々が支払う価格は，我々が支払う意思のある金額よりもかなり低いからである。

図 6-18　供給曲線上の領域

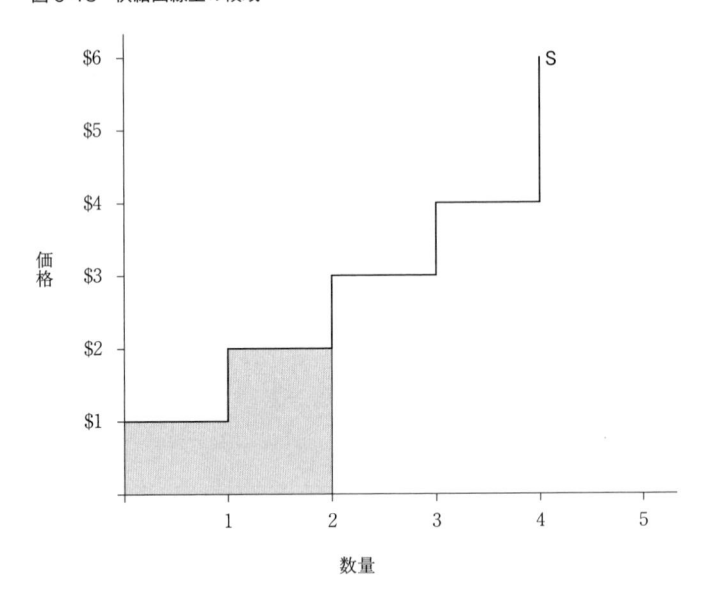

(3) 生産費用

余剰を計算するためには財の生産費用も考える必要がある。これから説明するとおり，総生産費用は供給曲線の下側の面積に等しい。その理由は，需要曲線の下の面積が総価値に等しい理由と似ている。

表 6-3　各農家の生産費用

農　家	イチゴ 1 クォートあたりの生産費用
アルファ	$1.00
ベータ	$2.00
ガンマ	$3.00
デルタ	$4.00

イチゴに関する仮想のシナリオをさらに膨らませて，この点を説明しよう。4軒の農家がイチゴを生産し，各農家はイチゴを 1 クォートずつ生産すると仮定する（現実的ではないが，説明を簡単にするためこの仮定を置く）。さらに，各農家はイチゴを生産するために異なる値の生産費用が発生すると仮定する（表 6-3 参照）。この情報をもとに供給曲線を描いてみよう（図 6-18 参照）。

価格 1 ドル（1 クォート当たり。以下同様）では，アルファ農家だけがイチゴを生産するはずであるから，総生産量は 1 クォートとなるであろう。価格 2 ドルでは，アルファとベータという二つの農家がそれぞれ 1 クォートのイチゴを生産するはずであるから，総生産は 2 クォートとなるであろう。価格 3 ドル，

図 6-19 利　潤

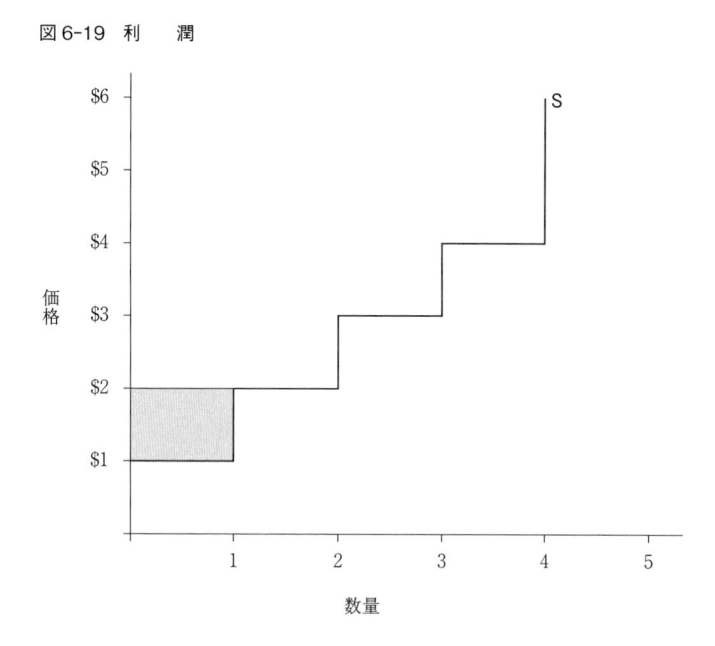

4 ドルでも同様の議論となる。ここまできたら，ある生産量までの供給曲線の下の面積が総生産費用を表していることを簡単に確かめることができる。価格 2 ドルでは，供給曲線の下の面積（図 6-18 の灰色の領域）は 3 ドル（1 ドル + 2 ドル = 3 ドル）であり，これはアルファ農家とベータ農家の生産費用の合計額である。

(4)　利潤ないしは生産者余剰

消費者余剰を用いた場合と同じようにして，我々は供給曲線から企業の利潤を求めることができる。もし価格が 2 ドルなら，アルファ農家は 2 ドル − 1 ドル = 1 ドルの利潤を得，ベータ農家は 2 ドル − 2 ドル = 0 ドルの利潤を得る（つまりベータ農家は利潤を得られない）。したがって，利潤は価格線と供給曲線の間の面積に等しい。これは図 6-19 の灰色の領域で表されている。価格線の下側の面積が総収入であり，供給曲線の下側の面積が総生産費用を示していることを考えれば，この点につき納得がいくであろう。利潤は，「**生産者余剰**（producer surplus）」と呼ばれることもある。

(5)　余　剰

前記のとおり，余剰は消費者にとっての総価値と生産費用の差として定義さ

図6-20 余　　剰

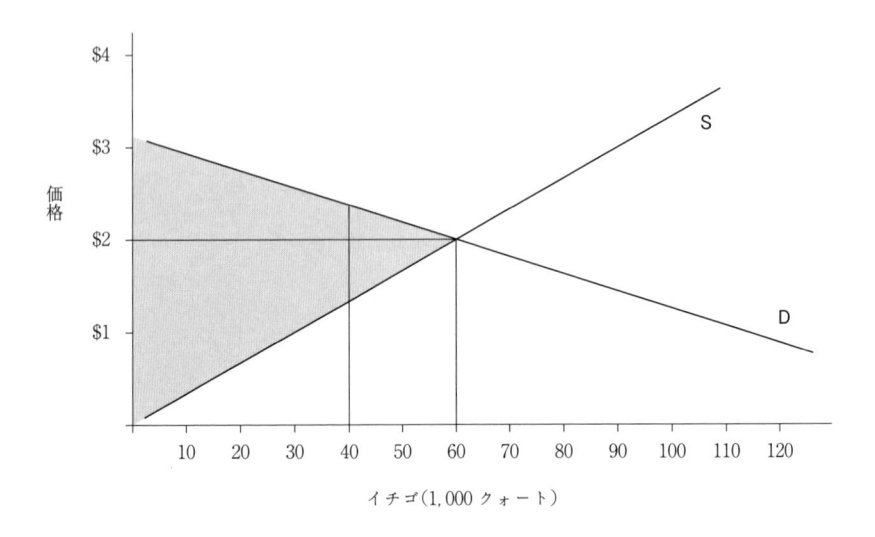

イチゴ(1,000 クォート)

れる。需要曲線と供給曲線を使えば，いかなるレベルの生産量に関しても，この値を容易に示すことができる。図6-20のイチゴの需要曲線と供給曲線をみてみよう（これまでの例では説明の便宜のため比較的少数の消費者や生産者を考えたが，今回は多数の消費者や生産者を想定している）。40,000クォートの量では，消費者にとってのイチゴの価値は40,000クォートまでの需要曲線の下側の面積であり，イチゴの生産費用は40,000クォートまでの供給曲線の下側の面積である。したがって，余剰は両者に挟まれた灰色の領域である。より一般的には，任意の取引量に対して，余剰はその数量に至るまでの需要曲線と供給曲線に挟まれた部分の面積である。

Column 6-3　ダフ屋と余剰

　いわゆるダフ屋と呼ばれる人々は，野球の観戦チケットなどのイベントチケットを買い，これをイベントに来る人々に転売する。この行為は余剰を増加させているのではあるまいか。ダフ屋からチケットを買う人々は便益を享受する —— 彼らはチケットを買うために行列に並ぶ時間を節約し，あるいは，自分で買うよりもよい席のチケットを手に入れることができる —— ダフ屋は取引によって儲けを手にすることができる。しかし大抵の場合ダフ屋の行為は違法とされている。なぜ違法とさ

(6) 最大余剰

(5)の議論を踏まえて考えると，取引量が均衡取引量未満である限り，余剰は実現可能な最大水準には達しておらず，これを増加させることができる。図6-20のイチゴの需要曲線と供給曲線をもう一度みてみよう。二つの曲線の交点である60,000クォートの左側の取引量では，需要曲線は供給曲線よりも高い位置にある。これは，もし取引量が増加すれば，二つの曲線に挟まれた部分の面積が増加し，余剰も増加することを意味する。より詳しくいうと，イチゴを1クォート追加することに対して消費者の誰かが与える価値は需要曲線の高さで測ることができるが，これがその追加のイチゴの生産費用を超える限り，その生産は行われるべきである。一方，取引量が均衡取引量に到達すれば，それ以上生産を増やしても，もはや社会的な便益は生まれない。

取引量が均衡取引量を超える場合においても，つねに余剰を増加させることができる。図6-20でみたとおり，60,000クォートの右側の任意の取引量では，供給曲線が需要曲線よりも高い位置にある。いい換えれば，60,000クォートを超えると，生産費用は消費者にとってのイチゴの価値よりも高くなる。その結果，そのレベルの数量を生産してしまうと余剰を減少させることになる。生産量を60,000クォートに減らせば，60,000クォートを超える部分に対して消費者が享受する価値は消滅するものの，それを上回る値の生産費用を削減できる。

以上により，競争市場においては生産量が均衡取引量に等しいときに余剰は最大となるという結論に至る。別のいい方をすれば，市場が機能する限り，すべての財は生産費用がその価値を下回る限り生産され，上回る場合には生産されないということである。

図6-21を使って説明しよう。市場において均衡価格で均衡取引量が販売されているときの余剰は灰色の領域であり，このとき余剰は最大化されている。この灰色部分の上部の三角形が消費者余剰であり，下部の三角形が利潤ないしは生産者余剰である。以上の点は図の形状から明らかであろう。[4]

---

[4] （原注）代数的計算によっても説明できる。vを財1単位の価値，cを財1単位の生産費用，pを財の価格としよう。そうすると，財を1単位生産することにより生み出される総余剰は$v-c$，消費者余剰は$v-p$，利潤は$p-c$である。ここで，$v-c=(v-p)+(p-c)$である。つまり，総余剰は，消費者余剰に利潤を足したものに等しい。

図6-21 消費者余剰と利潤

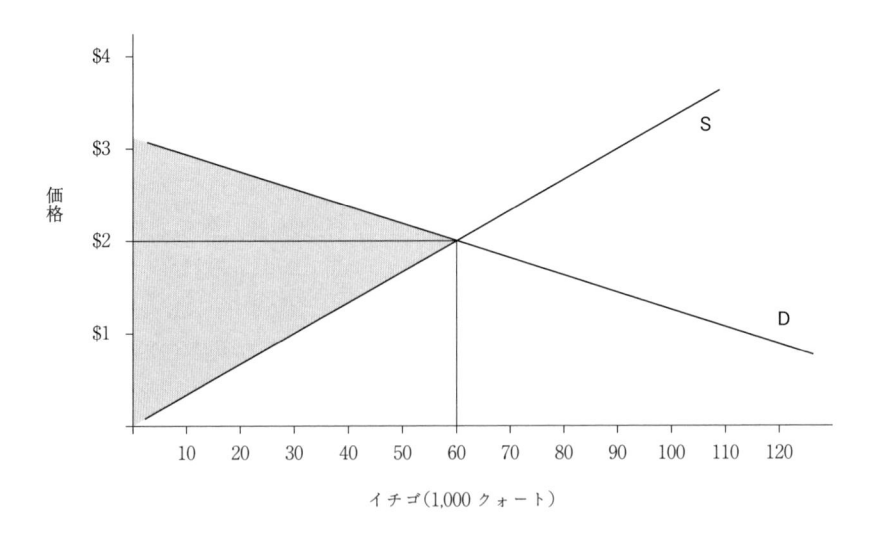

イチゴ（1,000クォート）

競争市場はなぜ望ましいのか，我々はこれまでその理由を明示してこなかった。一般には，「既存企業の活発な競争と新規企業の産業へのスムーズな参入を通じて価格が低下し，結果として消費者の生活が改善されるから」というような説明がなされることが多いが，この点は，余剰という概念を使ってより明確に説明することができる。すなわち，既存企業の競争と新規企業の産業への参入によりもたらされる低価格は，消費者余剰を，ひいては余剰を増加させるからである。[5]

(7) 社会的厚生の指標としての余剰の限界

余剰は社会的厚生の有用な指標であるが，限界もある。

第一に，余剰は全体を表す指標であって，人々の間における分配という要素を反映していない。例えば，余剰が全体としてどんなに大きくても，裕福な人々がその大半を享受しているかもしれないし，企業が高い利潤を得ることによってその大半を享受しているかもしれない（ただし，企業の利潤は最終的には

---

[5] （原注）なぜ新規参入が総余剰を増加させるかをもう少し詳しく説明すると，新規企業の参入は供給曲線を右にシフトさせるからである。あなたは，なぜこれが総余剰を増加させることになるか，生産量は供給曲線と需要曲線が交差する量であると仮定したうえで，説明できるであろうか。

企業を所有する個人に帰属する点に留意されたい)。

　第二に,余剰は人々の間の富の配分に依存する。人々がある財に対して支払う意思のある金額(すなわち,余剰を計算するのに使われる価値の指標)は,その人がどれだけの富を保有しているかによって変わる。例えば,裕福な婦人が愛犬のためのセーターを買うために支払う意思のある金額は,貧しい母親が腹をすかせた子供のためのピーナッツバターを買うために支払う意思のあるなけなしの金額を上回るかもしれない。だとすれば,後者よりも前者を生産する方がより大きな余剰が得られることになる。

　第三に,社会的厚生の指標としての余剰は,消費者が自ら購入する財の便益を適切に評価できるという仮定に基づいている。したがって,もし消費者が財の価値を過大ないしは過小に評価しているとすれば,この指標は消費の便益を見誤らざるを得ない。例えば,ある財の品質が悪いのに(脱毛を防止できないのに防止できると宣伝されている育毛剤など)これを知らない消費者は期待した便益を生み出さないこの商品に大金を支払うかもしれない。

　しかし,これらの限界にもかかわらず,余剰という概念は社会的厚生の近似値として有用である。余剰は社会が享受する「パイ」の大きさを示していると言えるであろう。なお,余剰概念の限界については後で再度論じることにしたい。

F　競争市場に政府が介入することの社会厚生的評価

　以上をもって,政府が競争市場に介入する際の社会的厚生の減少を余剰の減少という視点から評価するのに必要なツールと知識は出揃った。そこで,二つの具体的な政府介入についてみてみよう。上限価格規制と物品税である。

(1)　上限価格規制

　先ほど検討した灯油の例がよい例なのでもう一度これを使う。図6-13のグラフの一部を灰色に塗って修正したものが図6-22である。1ガロン当たり1ドルの上限価格規制を行えば,5,000ガロンの灯油だけが生産され販売されるというのが結論であった。一方,1ガロン当たり2ドルの均衡価格では10,000ガロンの灯油が生産され販売されるはずである。したがって,最大の余剰と比べて余剰が減少している。この損失は5,000ガロンから10,000ガロンにかけての需要曲線と供給曲線の間に挟まれた三角形の面積で表されている。これは,追加的な5,000ガロンの灯油が供給されないことにより失われた余剰である。

図 6-22　価格上限規制

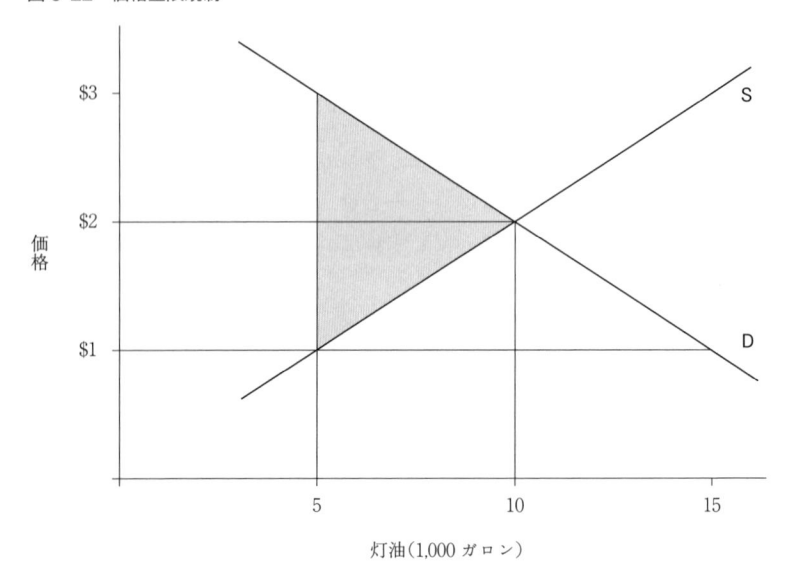

価格｜灯油（1,000 ガロン）

　この点は図を見るだけで理解可能であろう。まず，5,000 ガロンの灯油が供給された場合の余剰は 5,000 ガロンの量までの需要曲線と供給曲線の間に挟まれた領域である。一方，（5,000 ガロンではなく）10,000 ガロンの灯油が供給された場合の余剰は灰色の領域を含むものとなる。
　端的にいえば，上限価格規制は，消費者が支払う意思のある価格よりも低い生産費用の供給を削減することによって余剰を減少させている。例えば，生産量が 5,000 ガロンを超えた後の最初の 100 ガロンの灯油は，生産費用が 1 ガロン当たり 1 ドルを少し超える程度であるが（この範囲では供給曲線の高さは 1 ドルを超えたばかりだからである），消費者はこの灯油を 1 ガロン当たり約 3 ドルと評価している（需要曲線の高さは約 3 ドルの水準である）。ところが，上限価格規制があることにより，生産費用よりも 1 ガロン当たり約 2 ドルも多く灯油の価値を評価している消費者は灯油を購入できない。なお，上限価格規制は余剰を減少させるが，一方では低価格が維持されることによって灯油を購入した消費者に便益を享受していることにも留意してほしい。つまり，上限価格規制があることにより余剰は灯油の販売者から購入者へ移転しているのである。富の分配に関する目標を達成する目的で余剰を減少させるという政策を実施することの是非については，後で検討したい。

図 6-23 物品税

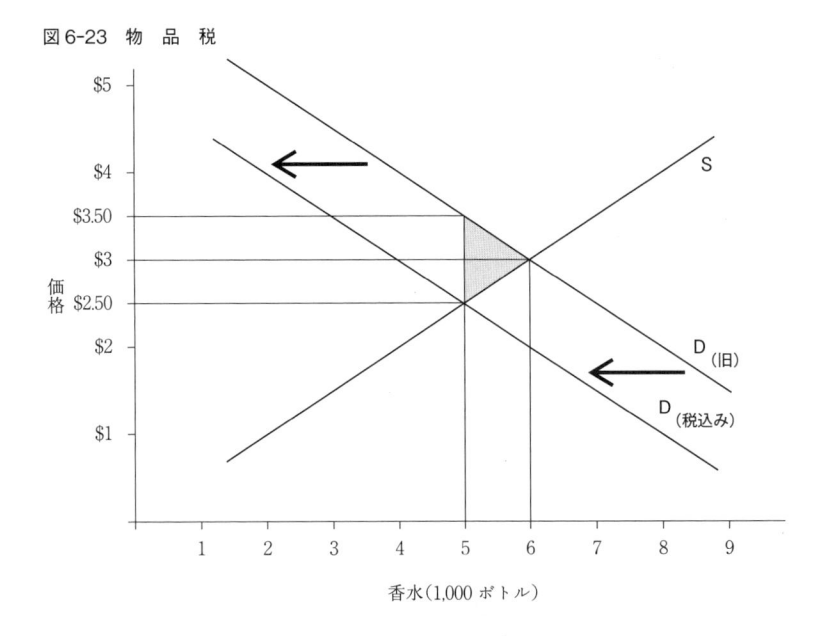

(2) 物品税

香水1ボトル当たり1ドルの税金を課した場合の効果が**図 6-23**の灰色の領域によって表されている（同図は，**図 6-14**を若干修正したものである）。

ここでは，競争市場で達成できる最大の余剰に比較して余剰が減少し，失われた余剰は灰色の領域に等しい。その理由は，先に説明した上限価格規制の場合と同様である。図から明らかなとおり，税金が課されることにより消費者にとっての価値を下回る費用で生産できる香水が供給されないことになり，供給されれば実現し得た余剰が失われている。税金がかかるために生産されない1,000ボトルの香水の生産費用は消費者にとっての価値よりも低い。5,000個を超える香水の生産費用は1ボトルあたり2.5ドルを若干上回る程度であるが，消費者にとっての価値は約3.5ドルである。しかしながら，課税後の価格は1ボトル当たり3.5ドルであるから，これらの香水は生産されない。つまり，消費者は香水を購入するにあたり，2.5ドルという真の生産費用を上回る税込みの価格を基準として行動しているのである。上記の三角形は課税に起因する余剰の損失を表しており，**「課税による厚生損失**（welfare loss due to taxation）」と呼ばれている（厚生損失に代えて「死荷重（deadweight loss）」という言い方もある）。

3 消費者が有する情報の不完全性

消費者が有する情報は不完全であることが多い。商品役務の品質を外観から判断することは必ずしも容易ではないからである。

A 問題の重要性

情報の不完全性という問題がどの程度深刻なものであるかは状況によって異なる。金槌やリンゴを買う場合、問題はそれほど重要ではない。我々は金槌の用途やリンゴの味覚についてよく知っており、個別の金槌やリンゴについて判断する能力は完全ではないまでも決して劣悪ではない。金槌やリンゴについては、外観をみるだけで多くのことを知ることができる。他方、新しいコンピューター・ソフトを買う場合、その用途については知らないことが多い。個人が有する情報は、その個人がどのようなタイプの消費者であるかによっても異なる。商品役務を大量に購入するリピーターや商売上の取引先は、少量を一回だけ購入する顧客よりも多くの情報を持ち合わせている。消費者が頼ることのできる主な情報源は広告と世評と情報誌である。結局のところ、情報の不完全性という問題の重要性は状況次第である。

B 問題の所在：不適切な消費と品質の攪乱

商品役務の購入に関して、消費者はその価格と（その消費者の認識にかかる）品質を基準に行動する。したがって、有する情報が不完全である限り消費者は購入の判断を誤りかねない。

具体的には、まず、消費者が財の価値を過大評価し、その結果その財を購入してしまうという過ちを犯す場合がある。例えば、世の中には水道水よりもペットボトルの水の方が健康によいと信じてこれを買う人々がいるようであるが、実際の水道水は彼らが考えているよりはるかに清潔であるかもしれない。あるいは、評判のよい映画を見に行った挙句、その映画は評判倒れなものであることだけが分かるという場合もある。消費者が誤って財を買う場合、消費者が得る価値は生産費用を下回る可能性があり、もしそうであれば余剰に損失が生じる。

次に、消費者が財の価値を過小評価し、その結果その財を購入し損なうという過ちを犯す場合がある。例えば、卵に含まれるコレステロールが健康によく

ないと考えた私は卵の購入を控えているが，真実は全く異なっているかもしれず，そうであればここにおいても余剰に損失が発生している。私は本当は卵が大好きであり，真実を知っていれば，必ずや生産費用を上回る価値を卵に認め，これを食するはずだからである。

　消費者が有する情報の不足から生じるもう一つの問題は，企業が供給する製品の品質が攪乱されるという問題である。強化ドアは自動車事故による乗客の負傷をかなり減少させることを自動車メーカーは知っており，これを装備した自動車の価格は100ドル上昇すると仮定しよう。この価値を理解している消費者は，この追加の100ドルを支払う用意があるに違いない。しかし，消費者がこの点を知らず，強化ドアにはさほど価値がないと考えているとすれば，100ドルを支払おうとはせず，その場合には自動車メーカーも強化ドアを採用しないであろう。価格の引上げを実施できない以上，採用した自動車メーカーは利潤を減らしてしまうからである。このように，消費者の誤解が原因となって製品の品質――ここでは自動車の品質――が本来あるべき水準よりも低下することがある。逆に，消費者の誤解が原因となって本質的に価値のない機能が製品に追加されることもある。製品の新しい機能が生産費用の上昇に見合う価値を有すると消費者が誤信した場合，その機能が製品に追加されてしまうことがある。

C　問題に対する政府の対応

　消費者が不完全な情報を有することから生じる問題を軽減するために政府がとり得る方法はいくつか存在する。

(1)　消費者への情報提供

　まず，政府が消費者に情報を提供すれば消費者は正しい情報に基づく判断ができるようになるので，消費者の誤った行動を抑止できる。例えば，水道水がペットボトルの水と比較して品質に遜色がないことを知らされていれば，消費者は誤ってペットボトルの水を購入することはないであろう。同様に，政府が消費者に情報を提供すれば，生産者も消費者が真に望む品質の財を生産するようになるであろう。消費者が生産物の機能の正しい価値を認識し，よい機能については対価を支払い，悪い機能については対価を支払おうとしなくなるからである。例えば，政府が自動車の衝突試験を実施して強化ドアが自動車の安全性を改善することを証明しこの結果を消費者に提供すれば，自動車メーカーは

自動車に強化ドアを装備するようになるであろう。

　政府は，以上のような直接的な方法ばかりでなく，間接的な方法によって消費者に情報を提供することもできる。商品役務に対して等級をつけたり，認証を与えたりする手法はその典型であり，牛乳の等級がAランクであることや医師が優れた医科大学院の卒業証書を持っていることが分かれば，消費者はその牛乳やその医師の医療行為が一定の品質基準を満たしていることを知ることができる。

　政府が直接または間接に消費者に情報を提供することは重要であるが，情報の不完全性の問題を解決するための手段としてこの方法を用いることに問題がないわけではない。第一に，これを行うにあたっては政府が商品役務の品質を知っていなければならないが，商品役務の多くは複雑かつ多様であるので，これを知ることは決して簡単ではない。第二に，消費者に情報を届けることは必ずしも安価な営みではない。タバコの喫煙リスクを知らせるテレビ広告は無料では放映できないのである。第三に，消費者が情報を受信してこれを理解する能力には限界がある。あらゆる種類の情報が日常生活にの中に氾濫している今日，すべての情報に注意を払うことは不可能であるといわざるを得ない。要するに，政府が情報の提供を十分かつ安価に行うことは不可能であり，消費者は多くの商品に関してある程度無知な状態に置かれざるを得ない。

(2) 購入の統制

　情報の不完全性の問題を解決するために政府がとり得るもう一つの方法は，購入行為を法令により統制することである。第一に，政府は消費者の利益にならないと思える商品役務の購入を制限することができる。そのための簡単な方法は購入そのものを禁止することである。例えば，未成年者は喫煙の危険を正しく評価できないという理解の下に未成年者のタバコの購入を違法としたり，一般の消費者はある種の医薬品の有用性と危険性を十分には理解できないという判断の下にその医薬品の店頭での販売を禁止するのがその例である。あるいは，政府の許可を受けない限り商品役務の提供を禁止するという方法もある。医師免許のない者が一定の医療行為を行うことを禁止する措置はその例である。政府がとり得る他の措置としては，ある種の製品の購入を抑制するために税金を課すという方法がある（タバコ税はその代表例である）。

　第二に，政府は，消費者が価値を過小評価している商品役務の購入を促進させることができる。その方法としては，過小評価されている商品役務の提供を

政府自らが行い，あるいは，それを行う民間企業に補助金を出すことが考えられる。例えば，消火器の価値を過小評価している消費者は消火器を購入しようとしないが，政府が消火器の購入に補助金を出せばこれを購入するかもしれない。

　情報の不完全性の問題の解決手段としての購入統制にはどのような欠点があり，他の解決手段である政府の情報提供と比較してその優劣はどうであろうか。費用の問題に関していえば，購入統制に要する費用はその進め方次第で大きくも小さくもなり，消費者への情報提供とアプリオリに比較することは難しい。より重要なことは，消費者が何を望んでいるかを政府が正確に知っていなければ購入統制を有効に実施することはできないという点である。例えば，消費者は自動車の強化ドアを欲しがっていると政府は信じているが，それは誤解であり，実際の消費者は強化ドアの重さや外見の見苦しさを嫌い，側面衝突から身を守る手段としてはサイド・エアバッグを購入する方がよいと思っているのかもしれない。もしそうであれば，政府が強化ドアの購入に補助金を出すことは誤りである。あるいは，医薬品の服用の適否を消費者が自ら判断できるようにすると消費者は健康被害を受けると政府は信じているが，これも誤解であるかもしれない。もしそうであれば，政府がそれらの医薬品の購入に医師の処方箋の取得を義務付けることは間違いである。これに対して，政府が製品に関する情報を消費者に提供するだけであれば，消費者は情報を斟酌したうえで自らの希望に基づいてその購入の適否を決めることができる。この点において，政府の役割は情報の提供にとどめ，購入するか否かの判断は消費者に委ねる方が社会的には望ましい傾向にあるといえるであろう。

(3) 品質の規制

　情報の不完全性を利用して生産者が不適切な品質の生産物を供給するという問題を解決するもう一つの方法として，政府が生産物の品質を規制するという方法もある。強化ドアを自動車に付加することが100ドルの追加生産費用に見合う価値があるのに自動車メーカーがこれを自動車に装備しようとしない場合，政府は自動車メーカーに対してその装備を義務付けることができる。

　生産物の品質規制と消費者への情報提供との優劣については，購入統制と消費者への情報提供の関係について論じたことと同じ指摘ができる。つまり，生産物の品質規制が有効に機能するか否かは消費者の嗜好に関して政府が保有する情報の質次第ということであり，消費者への情報提供を効率的に行うことが

できるのであれば，そちらの方がよりよい結果をもたらす場合が多いであろう。

(4) 何もしない

最良の対処策は何もしないことであるという可能性も否定できない。消費者への情報提供には費用がかかり，購入統制や生産物の品質規制は消費者にかえって害を与える可能性があることを考慮すれば，政府は何もしないというのが最良の対処策である場合も少なくないに違いない。消費者が何を望んでいるかについて政府が保有する情報が限られたものである場合は特にそうである。

Column 6-4　医療行為の主体を医師だけに制限するべきか

著名な経済学者の中には誰でも医療行為ができるようにすべきであると主張する人々がいる。政府の役割は主としてどれだけの医学教育を受けたかを認定することにとどめ，一般に医療行為と呼ばれる行為を行うために必要とされる医学教育のレベルを政府自らが設定すべきではないというのが彼らの意見である。この主張の論拠は，現時点では医師だけにしか許されていない医療行為の多くは医師でない者が現在よりもはるかに低い費用で適切に行うことができるという点にある。したがって，制度が改められれば現在の高い費用の下では医療行為を受けられない多くの人々が医療行為を受けられるようになるというのである。この主張に対する反論としては，重篤な病気にかかっている人々が医師でない者から劣悪な医療行為を受けるおそれが指摘されている。あなたはこの反論をどう評価するであろうか。政府は医師の認定証を交付するだけでなく，どの医師がいかなる種類の医療行為を行う能力があるかについても人々に情報を提供できることも考慮したうえで判断してほしい。

4　独占とこれに関連する市場行動

独占とは，商品役務の供給者が１社しかない市場のことである。例えば，小さな町に映画館が一つしかない場合がそうである。独占ではないが，完全競争とはいい難いという市場も多い。２社以上の供給者が存在するものの，その数は完全競争を達成するには不十分な市場がそれである。マクドナルド，バーガーキング，ウェンディーズなどのファーストフード・チェーンにおけるハンバーガーの市場はその好例であろう。

A　なぜ独占が生じるか

　独占が生じる原因はいくつか存在する。例えば，製造に不可欠な生産要素を購入できる企業が1社に限られていれば他の企業はこの企業と競争することができない。世界のダイアモンド採掘権のかなりの割合を支配しているデビアス社のケースはこれに近いといえるであろう。

　企業が新製品を発明して特許権による保護を受けたり，著作物を生み出して著作権による保護を受けた場合にも独占は生じる。他の企業が同様の製品を販売することが禁止されることにより，発明者は市場を独占できるからである。したがって，バイアグラのような医薬品の発明者は，特許が存続する間は当該医薬品の販売を独占できる地位にある。

　さらに，ある財について一つの企業が大量に生産する方が多数の企業が少量ずつ生産するよりも価格がはるかに安くなる場合がある。このような状況は「**自然独占**（natural monopoly）」と呼ばれている。例えば，天然ガスの場合，一つの企業が所有する一つのパイプラインを通じてこれを供給する方が，複数の企業が所有する複数のパイプラインを通じて供給するよりも安上がりである。一つのパイプラインを通じて供給される天然ガスの場合，パイプラインの敷設と管理に要する費用はすべての購入者の間で広く薄く分担される。一つの企業が天然ガスを販売する際に費用が最小化される以上，その企業は独占的地位を維持することができる。競争企業が市場に参入しようとしても，顧客1人あたりの費用が高額となるため独占的地位にある企業と競争することは難しく，新たなパイプラインを敷設する費用を賄うに足る利益を生み出すことは困難である。なお，自然独占が生まれる状況下では，政府が一つの企業だけに営業を許諾して排他的な営業権を与えることも稀ではない。

B　独占企業はどのように価格を設定するか

　独占企業が設定する価格は企業の利潤を最大化する価格である。その価格を定めるためには，自らの生産量を変化させたときに費用と収入がどのように変化するかを企業自ら知っていなければならない。目標は利潤が最大となる水準に生産量を調整することによって達成される。これを達成するために必要な情報は，これから紹介する様々なグラフを用いて導き出すことができる。これらのグラフを一つずつ検討していくことが理解への近道となるであろう。

　「**総費用曲線**（total cost curve）」とは，生産量を変数とする総生産費用の関数

図 6-24　総費用曲線

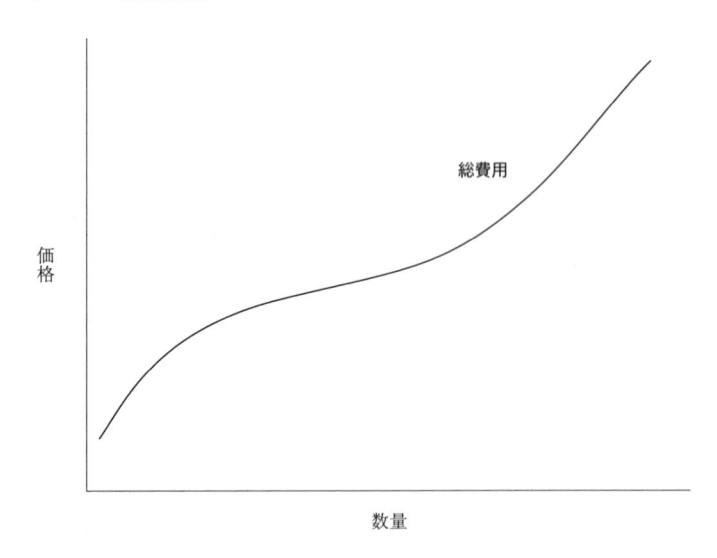

（縦軸：価格、横軸：数量、曲線：総費用）

を示した曲線のことである（図 6-24 参照）。当然のことながら，生産量が増加すれば総費用も増加する。

　「**限界費用曲線**（marginal cost curve）」は，生産量を 1 単位増やすことによって生じる費用の増加額を表している[3]。図 6-25 に描かれた財の場合，生産量が 120 の時点での限界費用は 5 ドルであり，これは，120 番目の財を生産するためには 119 個の財を生産するのに必要な費用に加えて 5 ドルの費用がかかることを意味している。図 6-25 がそうであるように，限界費用曲線は通常下に向かって凸型をしている。初期生産の段階では効率的な生産技術（例えば，大量生産を可能とする労働と機械・設備の組合せなど）が使えないために生産が高くつくことがその原因であり，生産量が増加すれば効率的な生産技術を用いることが可能となって限界費用は減少するが，ある生産量までくると限界費用は通常再び増加に転じる。新しい工場や設備を作らない限り製産能力が低下し，あるいは，従業員に対して残業手当を支払ったり新しい従業員を雇って彼らを訓練する必要が出てくるからである。

　設備の生産能力が問題とならない場合には追加の生産に必要とされる追加の

3）（訳者注）　限界費用曲線は総費用曲線の変化率を示した関数であるから総生産費用関数を微分することによって求めることができる。

4 独占とこれに関連する市場行動

図 6-25 限界費用曲線と平均費用曲線

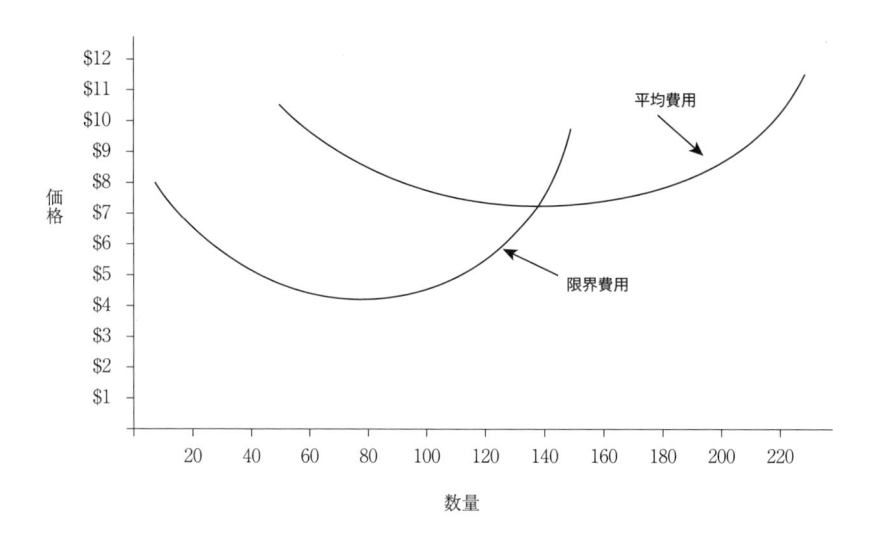

費用は同一であるから，限界費用曲線は水平となる。例えば，椅子のような生産物を作るために必要とされる原料と労働力の費用はかなりの生産レベルに至るまでほぼ一定であるので，このような生産物の限界費用曲線は水平に近い。

　もう一つの興味深い曲線は「**平均費用曲線**（average cost curve）」である。これは，その名が示すとおり，生産量を変数とする1単位当たりの平均費用の関数を示した曲線のことである。平均費用曲線は限界費用曲線と同様に多くの場合下に向かって凸型をしており，その理由も限界費用曲線の場合と似ている。まず，生産量の水準にかかわりなく様々な固定費用（例えば，工場の建設費や賃借費あるいは生産機械の購入費など）がかかるので，生産量が少なければ平均費用は高くならざるを得ない。しかし，生産量が増加すれば生産量1単位当たりの固定費用は減少し，さらに，効率的な生産技術を用いることも可能となるので平均費用はさらに減少する。しかし，最終的には，先程述べた生産能力の低下問題が発生するので平均費用は再び増加する。[4]

　ここで，分析の対象を独占企業の費用から収入に切り替え，独占企業が生産

---

[4] （訳者注）　限界費用が平均費用を下回っている限り平均費用は減少し，限界費用が平均費用を上回れば平均費用は上昇せざるを得ない。したがって，限界費用曲線は平均費用曲線が最小値をとる点において同曲線と交差する（図 6-25 参照）。

図6-26 需要曲線

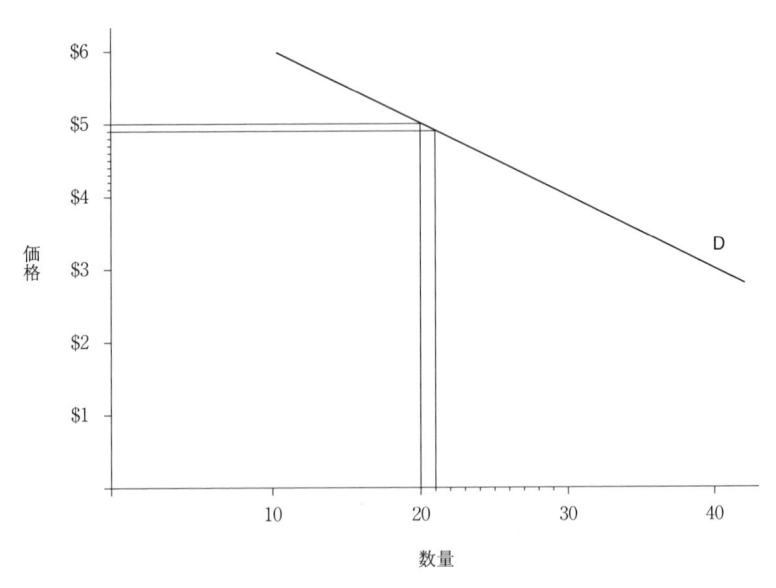

量を増加させるとその収入はどのように変化するかを考えてみよう。販売量を1単位増やしたときの収入の変化量、つまり、販売量1単位の増加によって得られる追加の収入額を「**限界収入**（marginal revenue）」という。図6-26の需要曲線を使って説明しよう。

図6-26の独占企業が20単位を販売する予定なら、各単位について5ドル請求することが可能であり、実際にもこの金額を請求するはずである。5ドルを超えた額を請求すれば20単位未満しか販売できず、5ドル未満の額を請求すればもっと多い収入が得られるのに低い収入に甘んじなければならないからである。したがって、企業の収入は100ドル（＝5ドル×20）となるであろう。ここで、この企業がもう1単位販売したいと考えたと仮定しよう。この場合、追加の1単位に対して20単位を販売する際の1単位当たりの価格である5ドルを請求して収入を5ドル増やすことができるであろうか。答えは否である。この企業が21単位を販売するためには、消費者が追加の1単位を購入するように価格を引き下げなければならない。需要曲線をみれば、21単位を販売するためには価格を4.9ドルに下げる必要があることが分かる（図6-26参照）。したがって、20単位を販売して得る収入は100ドルであるのに対して、21単位を販売して得る収入は102.9ドル（＝4.9ドル×21）であり、その差の2.9ド

4 独占とこれに関連する市場行動

図6-27 需要曲線と限界収入曲線

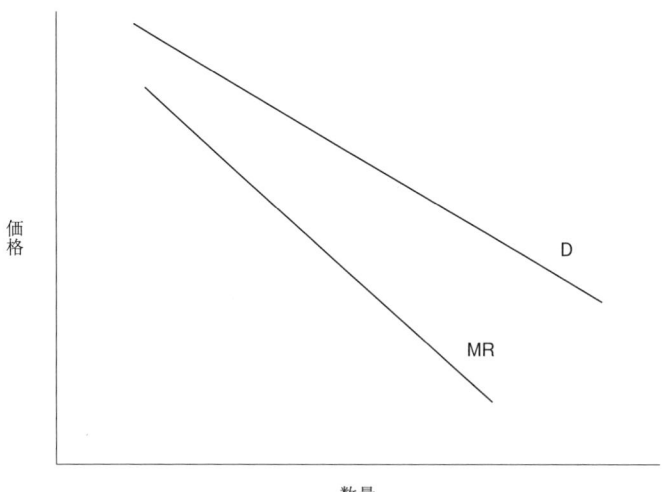

が21番目の単位の販売に対する限界収入である。この値は20単位を販売する際の1単位当たりの価格である5ドルはもちろんのこと，21番目の単位を販売する際の1単位当たりの価格である4.9ドルよりも低い点に注意してもらいたい。その理由は，消費者に21番目の単位を購入させるためには1単位当たりの価格を一律に0.1ドル下げなければならないからであり，20単位だけ販売する場合には1単位当たり5ドルで販売することができた商品を1単位につき0.1ドルずつ安く販売する必要がある（別のいい方をすれば，限界収入は，21番目の単位の販売から得られる4.9ドルから，20番目までの各単位の価格の0.1ドルの減少分，すなわち2ドル〔＝0.1ドル×20〕を差し引いた値である）。この結果，限界収入は商品の価格を通常下回り，**限界収入曲線**（marginal revenue curve），すなわち生産量を変数とする限界収入の関数を示した曲線は，需要曲線の下方に描かれることになる（図6-27参照）。[5]

---

[5] （訳者注）需要曲線を直線と仮定して限界収入曲線の形状を考えてみよう。価格を p，生産量を q，需要曲線を

$$q = D(p)$$
$$= -ap + b \text{（ただし } a > 0\text{）}$$

とする。

限界費用曲線，需要曲線，限界収入曲線を一緒に描くと，独占企業の利潤を最大化する生産量を求めることができる（図6-28参照）。[6]

この計算を行う際に独占企業が辿る思考のプロセスを考えてみると分かりやすい。それは次のようなものであろう。すなわち，1番目の商品の販売収入が生産費用を上回ればこれを生産し，2番目の商品の限界収入がその限界費用を上回れば2番目の商品も生産し，3番目の商品の限界収入がその限界費用を上回れば3番目の商品も生産する，と考えていく。限界収入が限界費用を上回る限り生産を増加させることは利潤の最大化という目的に適った行動であり，限界収入が限界費用と一致する生産量において利潤は最大化される。図6-28においては，25単位の生産量において限界収入と限界費用がいずれも2ドルと

まず，独占企業が価格を支配する状況においては，価格はこの企業の生産量を変数とする関数となるが，明らかにこの関数は $D(p)$ の逆関数である。すなわち，

$$p = D^{-1}(q)$$
$$= -\frac{1}{a}q + \frac{b}{a} \cdots\cdots (1)$$

である。

次に，任意の生産量 q に対する収益 $R(q)$ は

$$R(q) = pq \cdots\cdots (2)$$

であり，限界収入（以下，「MR」で表す）の定義から明かなとおり MR は(2)式を q について微分した値であるから，

$$MR = \frac{dR(q)}{dq}$$

であり，この式に(1)式と(2)式を代入して整理すると，

$$MR = \frac{dR(q)}{dq}$$
$$= [D^{-1}(q)]'q + D^{-1}(q)$$
$$= -\frac{1}{a}q + \left(-\frac{1}{a}q + \frac{b}{a}\right)$$
$$= -\frac{2}{a}q + \frac{b}{a} \cdots\cdots (3)$$

となる。つまり，(1)式と(3)式を較べれば明らかとなり，限界収入曲線は需要曲線と縦軸の切片が等しく，需要曲線の下方においてその2倍の傾きで横軸に向かう直線となる（図6-27参照）。

[6] （原注）このアプローチに代えて，独占企業の利潤を最大化する価格を直接求める道もあるが，生産量を求めるアプローチの方が便利である（独占企業の利潤を最大化する生産量が分かれば，需要曲線上でこの生産量に対応する価格を調べることによって利潤を最大化する価格が特定できる）。

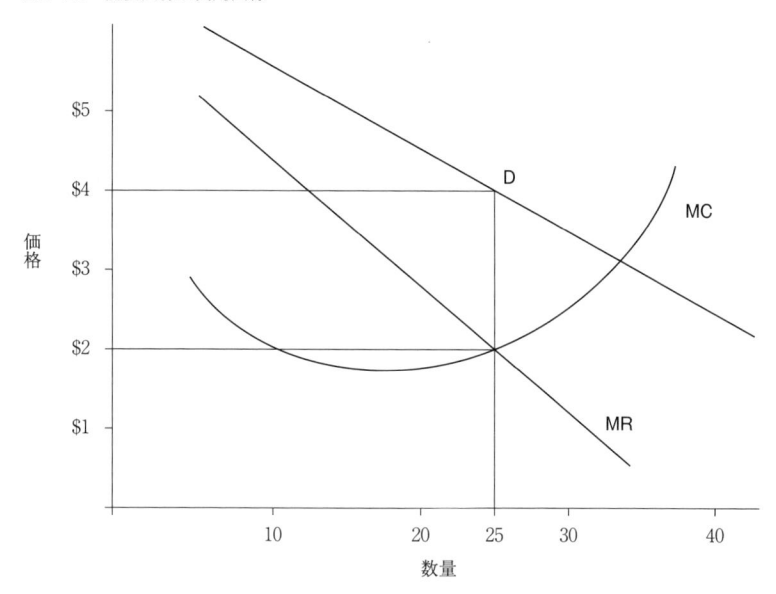

4 独占とこれに関連する市場行動　　　313

図6-28　需要曲線と費用曲線

なって一致する。したがって，25単位の生産量が独占企業に最大の利潤をもたらし，その場合の価格は1単位当たり4ドルとなる。もしこの企業が25単位を上回る生産を行うとすれば，限界費用が限界収入を上回り，利潤は減少をきたすことに注意してほしい。

　独占企業の利潤最大化行動に関して重要なことは，独占企業が設定する価格はつねに限界費用を上回るという点である（図6-28参照）。この点は，各曲線の形状から一般的にいえることである。独占企業は限界費用が限界収入に等しくなる生産量を生産し，限界収入曲線は常に需要曲線の下方に位置するのであるから当然である。つまり，限界費用よりも高い価格を設定することが独占企業の利益の源泉である。⑦

　図6-28に平均費用曲線を描き加えると独占企業が得る利潤をグラフ上で示すことができる（図6-29参照）。

　図6-29において独占企業の利潤は灰色の領域で示されている。1単位当たりの平均利潤は価格マイナス平均費用であるから，この長方形の高さが平均利

---

⑦（原注）限界費用が価格と等しくなる生産量，つまり，限界費用曲線が需要曲線と交差する生産量に着目しても，似たような説明ができる。あなたは，なぜ，限界費用よりも高い価格を設定することが独占企業の利潤を増加させることになるのかを説明できるであろうか。

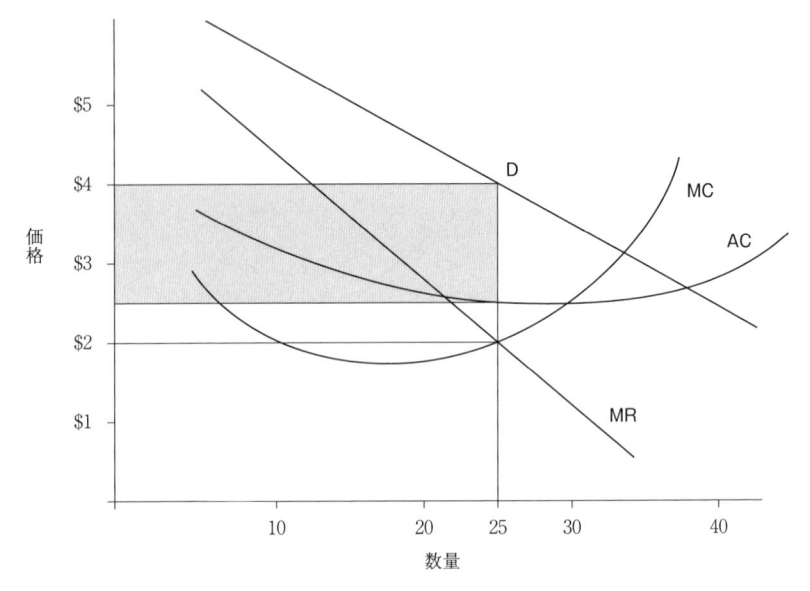

図 6-29　需要曲線、費用曲線および独占利潤

潤を表しており，1単位当たりの平均利潤に販売量を乗じたものが企業の利潤であるからこの灰色の長方形の面積が利潤となる。

C　独占に関する経済学上の主要な議論

　伝統的な経済学の議論によれば，独占が生み出す最大の問題は，販売量が過少なことであり，ここで「過少」とは，独占企業がもっと多くの商品を生産・販売すれば余剰が増加することを意味している。図 6-28 を再度参照し，価格が4ドルで限界費用がこれよりも低い2ドルのときに独占企業の利潤は最大化されることを思い出してほしい。ここから分かることは，もし独占企業が生産量を1単位増やせば余剰が増加するということである。消費者は追加された1単位の商品を約4ドルと評価するが，これを生産するための限界費用は約2ドルであるから，余剰は増加する。独占企業がこの1単位の商品を生産しない理由は，いうまでもなく，4ドルという消費者が追加の商品の購入を控える価格を独占企業自身が設定してしまったからである。

　この失われた余剰の大きさもグラフ上で示すことができる。図 6-30 の灰色の領域がそれであり，この領域は限界費用曲線が需要曲線を下回っているにもかかわらず独占企業が生産を見合わせることによって実現が果たされなかった

図6-30　独占による死荷重

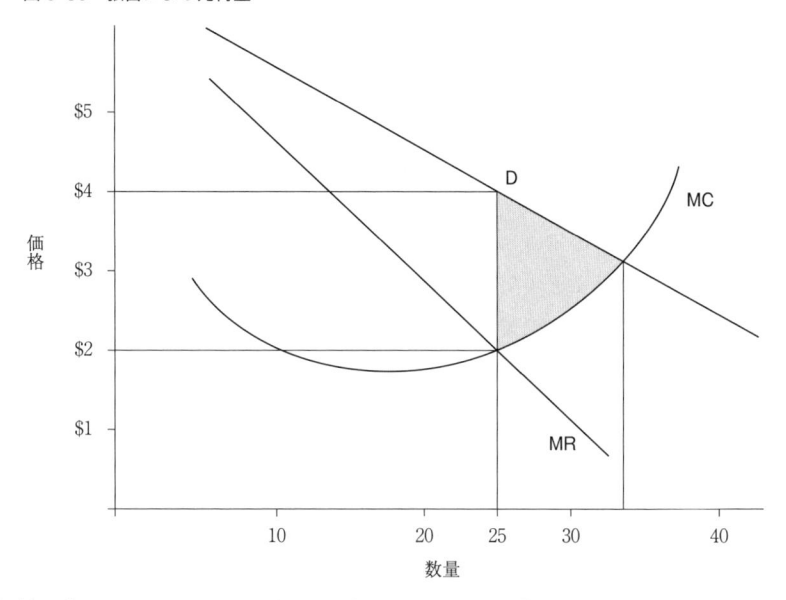

余剰を表している。この灰色の三角形で示された「失われた余剰」は,「**独占による厚生損失**（welfare loss due to monopoly）」と呼ばれている。

　独占による厚生損失の実体を理解するために,独占価格とそれが限界費用を上回ることの意味を考えてみよう。例えば,ケーブルテレビ会社がサービスの利用料として1か月当たり30ドルの価格を設定したが,1家計当たりのサービスの限界費用はこれよりも安い5ドルだとしよう。この場合,サービスの価値を5ドル超30ドル未満と評価する消費者は1人もサービスを購入しないので彼らがサービスを購入していれば実現し得たはずの余剰が失われている。例えばサービスの価値を1か月当たり20ドルと評価する消費者の場合,彼がサービスを購入しないことによって15ドルの余剰が失われているわけである。大きな厚生損失が存在するケースでは,そのような消費者は多数に上るに違いない。

　さらに,独占企業としての利潤を目指す企業の中には独占的地位を確保するために,多大な,しかし社会全体としては無益な支出をしようとする企業もあり得る。これもまた独占が生み出す社会的費用である。例えば,ケーブルテレビ会社は,市内においてケーブルテレビのサービスを独占的に供給するライセンスを得るためのロビイング活動に資金を費やすかもしれない。企業が独占的

地位を獲得または維持するための行動を「**レントシーキング**（rent-seeking behavior）」と呼ぶ。そう呼ぶのは，「レント」，すなわち独占企業となることによって得られる利潤を得るために企業がとる行動を指しているからである。レントシーキングに伴う支出は一般に非生産的であり，その意味で独占に伴う社会的費用となる。例えば，ロビイング活動は消費者にとって直接的な価値をもたらすものではない。

独占企業が消費者の犠牲の下に利潤を得ていることをもって社会的費用と考える人もおり，少なくとも一般の人はそう考えがちである。たしかに，独占は企業の富を増やす一方で消費者の富を減らすという点において富の配分に影響をもたらしている。富の配分についてはもう少し後で検討するが，とりあえずは，富の配分は余剰には影響を与えないということを覚えておいてもらいたい。余剰は消費者余剰と生産者余剰を合わせた数字であるから，消費者と生産者のどちらが利益を享受するかによって変化するものではないからである。

D 価格差別

ここまでの議論では独占企業は生産物に単一の価格を設定することを仮定してきたが，状況によっては，異なるタイプの消費者に対して異なる価格を設定する——つまり「**価格差別**（price discrimination）」を行う——ことが可能であり，それが可能である限り企業はそれを実行したいと思うに違いない。典型的な例をいくつか挙げてみよう。まず，航空機を利用する旅客のうち，チケットを事前に予約購入する客は予約購入しない客よりも安い料金しか課されない。子供や高齢者の料金はそれ以外の人よりも安い商品役務が世の中には存在する。住宅用電話サービスの顧客は事業用電話サービスの顧客よりも安い料金しか課されない。さらに，パソコンやソフトウェアを購入するとき，教育機関向けの割引を利用できる学生は，小売店で買わなければならない一般の客よりも安い料金しか課されない。

(1) なぜ，どのようにして価格差別が生じるか

独占企業が価格差別を行うのは，顧客をいくつかのグループに分類し，各グループに対してその需要曲線に応じて異なった価格を設定する方が全体の利潤が増えるからである。例えば，子供は通常大人よりも映画のチケットに対して支払おうとする金額が低いので，映画館は子供に対して大人よりも低い料金——例えば大人8ドルに対して子供4ドルという料金——を課すことによって

より高い利潤を得ることができる。仮に，映画館が単一料金しか設定できないとしたら，これと同じレベルの利潤を得ることはできないであろう。例えば，もし映画館がすべての客に対して8ドルという料金を課せば，子供たちの多くは映画館に来なくなり，映画館の利潤は減少するであろうし，逆に，映画館がすべての客に対して4ドルという料金を課したならば，8ドル支払う用意のあった大人から得られたであろう利潤の多くを失ってしまう。

独占企業が価格差別を行うためには，二つのことが可能でなければならない。第一に，独占企業は支払おうとする金額が異なる顧客を区別できる必要がある。これは，映画館が大人と子供を区別する場合のように比較的簡単に実行できる場合もある。第二に，独占企業は，顧客が価格差別を潜脱する事態を防止できなければならない。映画のチケットの例でいえば，映画館は，大人が子供に大人のチケットまで買わせる事態を防ぐ必要があり，これを防ぐことはそれほど難しいことではないであろう。これに対して，パソコンの学生割引のケースでは，学生が自ら購入した製品を学生以外の者に転売することを防がなければならないが，これを防止することはかなり難しいかもしれない。

(2) 価格差別は社会にとって望ましくないことか

余剰という視点から見る限り，価格差別は社会全体にとって望ましい事態のはずである。一つの価格の下では低いレベルにとどまらざるを得ない販売量が価格差別によって増加するからであり，別のいい方をすれば，価格差別を実施することにより，独占企業は高い金額を支払う用意のある顧客には高い価格を設定し，高い金額を支払う用意のない顧客には低い価格を設定して余剰の減少を回避できる（後者の顧客は，独占企業が高い価格のみを設定した場合にはその商品を購入しない）。例えば，映画館が子供だけは4ドルで映画チケットを購入できるようにすればより多くの座席を客で埋めることができる。これに対して，映画館が8ドルという単一の価格だけを設定した場合には映画チケットを購入する子供の数は減り，これによって生じる空席が失われた余剰を表している。

価格差別が生み出す追加の利潤があってはじめて独占企業の経営が成り立つという場合にはこの点からも価格差別は社会にとって望ましいものである。子供に価格4ドルのチケットを販売して追加の利潤を得ることができなければ映画館は閉鎖せざるを得ないという場合がそうである。[6]

---

[6] （訳者注）独占価格が平均費用を下回る場合がこれにあたる（図6-29および313頁における独占利益の解説を参照）。

しかしながら，価格差別が社会にとって常に望ましい事態であるとは限らない。その理由の一つとして，価格差別が販売量を増加させるとは限らないという点が挙げられる。例えば，独占企業が顧客の中の二つのグループに別の価格を設定したとしても，一つの価格を設定した場合に比べて合計の販売量が低くなることもあり得る。[7] 価格差別が社会的に望ましい事態であるとは限らないもう一つの理由として，価格差別を行うための活動，例えば航空会社が事前に予約購入する客とそれ以外の客を区別するための活動には費用がかかるが，この活動自体は消費者にとって直接的に有益となるものではないことが挙げられる。なお，価格差別には富の配分効果（価格差別を実施すると独占企業の利潤はさらに増大する）があるから社会にとって望ましくないと主張する論者もいるが，前にも述べたように，余剰という視点でみる限り，この点は価格差別を評価する根拠とはなり得ない。

E 独占に対する政府の対応

独占に対する政府の対応として何が最善であるかは，独占を取り巻く状況，特に独占が生み出された原因によって判断が異なる。

(1) 独占と独占禁止法

企業が何らかの手段を用いて自力で独占的地位を築き上げ，他企業の市場参入への障壁を築いている場合には，独占が生み出す社会的費用——それは独占による厚生損失（高価格と過少な販売量）と（時として発生する）レントシーキングのための費用の無断使いから成り立っている——を減少させるという理由により政府の介入が（少なくとも原則論としては）正当化されるであろう。独占禁止法はこのような状況に対処するためのものであり，独占の形成や独占の継続を禁止することによって問題の解決にあたろうとするものである。例えば，一つの企業が米国のすべての映画館を買収しようとすれば，独占禁止法によりこれを防ぐことができる。あるいは，マクドナルドやバーガーキングを含む大手ハンバーガー・チェーンが合併しようとすれば，合併により独占が生まれるという理由で当該合併は認可されない可能性が高い。さらに，独占禁止法は政府が独占企業と考える企業を分割することも認めており，例えば1911年にはスタンダード・オイル社が分割された。ところが，独占禁止法は政府が独占企業

---

7) （訳者注） 設定された複数の価格がいずれも独占価格を上回る場合がこれにあたる。

に価格の引下げを命じることは認めていない。この点は，適切な価格を判定するための情報を政府が取得することは非常に難しいということによって説明できるのかもしれない。[8]

(2) 独占と知的財産権

政府が認めた特許権や著作権の存在によって独占が生まれる場合の政策的対応は全く異なったものとなる。もちろん，特許を受けた医薬品や著作権の保護を受けたコンピューター・ソフトウェアや書籍についても独占による厚生損失が発生していることは否定できない。しかしながら，これらの独占には研究開発や著作活動の促進という社会的便益をもたらす一面がある。つまり，特許制度や著作権制度は，発明者や著作者に独占利益を与えることによって，研究開発や著作活動が促進されることを目的とするものである。言い換えると，知的財産権制度が生み出す新しい創作物の社会的便益は特許権や著作権の存続期間における独占の社会的費用を上回ると社会は判断したのである。したがって，社会はこの制度によって生み出された独占の価値を毀損することは望まないはずである。もちろん，だからといって特許権や著作権を有する者の行動を監視する必要は一切ないというわけではない。例えば，政府は，医薬品の特許を有する医薬品メーカーが法律が認めている以上の保護を受けることがないように努めるべきである。しかしながら，社会はこれらの独占を容認しているという事実は銘記するに値する。

(3) 自然独占と規制

社会が排除すべきでないもう一つの種類の独占は自然独占であり，パイプラインの独占所有はその例である。この種類の独占を否定すれば費用削減の効果を得ることができなくなり，例えば，一つのパイプラインだけで済まし得ることの費用削減効果が失われてしまう。しかしながら，独占による厚生損失，つまり，過少な販売量と高い独占価格の発生を妨ぐことは，この場合においても望ましいはずである。したがって，自然独占においては，独占企業に対して「**価格規制**（price regulation）」を行う正当な理由がある。

ではどのような形態の価格規制が最も望ましいであろうか。理想としては，価格は生産の限界費用と等しくなるべきである。今，ガスの限界費用を1単位あたり0.25ドルと仮定しよう。この場合，ガスの価格を1単位あたり0.25ド

---

[8]　（原注）　しかしながら，後の自然独占についての議論において分かるとおり，政府は独占企業が設定する価格を把握しようとすることがある。

ルとすれば，ガス1単位に0.25ドルを上回る価値があると思う者はすべてガスを購入し，余剰の最大化がもたらされる。しかしながら，この種の価格規制にはいくつかの現実的問題がある。

限界費用を価格とすることの一つの難点は，これでは生産の限界費用（ガスを調達し，パイプラインを維持する費用）は賄えても，パイプラインの敷設に要する多額の費用は賄いきれないという点である。この場合，何らかの方法によって追加の資金が得られない限り独占企業は経営を続けることができないであろう。

限界費用を価格とすると資金不足が生じてしまうという問題の解決方法はいくつか存在する。その一つは政府がガス会社に補助金を与えることである。もう一つの方法としては，独占企業がパイプラインの敷設費用を賄うのに必要なだけ限界費用よりも高い販売価格を設定することを認めることである。いい換えると，（限界費用ではなく）平均費用に等しい価格設定を認めればよいはずである。しかしながら，この方法では，価格規制の目的が十分達成されているとはいえない。平均費用が限界費用よりもかなり高い場合――例えば平均費用がガス1単位あたり1ドルである場合――消費者のうちの少なからぬ割合の者は，ガス1単位の価値は限界費用である0.25ドルを上回ると評価しているにもかかわらず，ガスの購入を断念せざるを得ないからである（しかしながら，ガス会社が何の規制も受けない独占企業であった場合に設定するであろう価格は1単位あたり1ドルよりもはるかに高いかもしれない）。

すべての価格規制に共通する問題についても触れておこう。一つめの問題は，政府が規制対象の独占企業から正確な情報を得ることの難しさである。独占企業は規制当局に対して事実とは異なる報告を行うインセンティブを持つ。例えば，独占企業が費用を水増しして報告すれば，より高い価格を設定することが認められるかもしれない。二つめの問題は，費用を基準として価格を設定することが認められるならば，独占企業は費用を抑えようという動機をほとんど持ち得ないという点である。三つめの問題は，規制当局が規制対象の産業に「取り込まれてしまう（captured）」かもしれないという点である。例えば，規制当局の官僚は，退職後に規制対象の産業に天下りすることを希望しており，それゆえに，公益のためではなく規制対象の産業の利益に沿うように行動するかもしれない。

独占企業を規制するのではなく，政府自らがパイプライン会社のような独占

企業を所有・経営するという方法も考えられる。そうすればガスの価格と限界費用を等しくすることが可能となる[8]。しかしながら，様々な制約下にある政府には効率的な事業経営を行う能力はないと考える人々もいる。

F 寡占と独占的競争

供給者が2社以上いるが，十分な競争を生み出すほど多数はいない場合があることは前にも述べた。このような状況は一般に「**不完全競争**（imperfect competition）」と呼ばれる。各供給者は同一の商品を販売している場合もあれば（ガソリンスタンドが同じガソリンを販売している場合など），かなり類似した商品を販売している場合もある（マクドナルドやバーガーキングが販売するハンバーガーの場合など）。少数の供給者が互いの存在を意識し，戦略的に競争を行う場合，供給者間には多様な相互作用が生じるので不完全競争を記述することは簡単ではない。

いかなる事態が生じるのか，起こり得る事態とその問題点を理解するために，ビルとスーという2人の人間が個別に経営する二つのガソリンスタンドを例に挙げて考えてみよう。二つのガソリンスタンドは近接しており，同一のガソリンを販売している。さらに，二つのガソリンスタンドが販売するガソリンの価格が異なれば，全ての顧客は安い価格のガソリンスタンドに集中してしまうものと仮定する。この場合，各ガソリンスタンドのガソリン1ガロン当たりの費用が1ドルであるならば，二つのガソリンスタンドは消費者に対していくらの価格を設定するであろうか。

一つの可能性としては，二つのガソリンスタンド間の競争によって価格は1ドルまで引き下げられ，いずれのガソリンスタンドも利潤を得られないという状況が考えられる。今，価格は1ドルを上回っている——例えば1.2ドルである——とすると，一方のガソリンスタンド——ビルの店舗としよう——はスーの店舗の顧客を奪うべく自分の店舗の価格を1.19ドルに引き下げるかもしれない。価格が1.2ドルのときにはビルとスーは市場を二分し，いずれも1ガロン当たり0.2ドルの利潤を得ていたとすれば，上記の値下げを実施することによりビルは市場全体から1ガロン当たり0.19ドルというより大きな利潤を得ることができる（200ガロンを販売して1ガロン当たり0.19ドルの利潤を得る方が，

---

[8]（訳者注）この場合，資金不足の問題は国の歳入によって賄うことができる。

100ガロンを販売して1ガロン当たり0.2ドルの利潤を得るよりも利潤は大きい）。しかしながら，スーは，すぐにビルの店舗が価格を下げたことや彼女の店舗に顧客が全く来なくなったことに気がつき，自分の店舗の価格も下げようとするであろう。スーがビルの店舗の価格と同じ1.19ドルという価格を設定すれば，両者は再び市場を二分することになるが，その場合各自は1ガロンあたり0.19ドルの利潤しか得られない。あるいは，スーは，ビルより安い価格を——例えば1ガロン当たり1.18ドルという価格を——設定するかもしれない。この場合，スーはビルから市場全体を奪うことができるが1ガロン当たり0.18ドルの利潤しか得ることはできない。いずれにしても，ビルが再度の報復行動を行い，最終的には両者が価格を1ドルに設定するまで報復合戦が続くかもしれない。それ以上価格を下げると損失が出てしまうので，両者ともさらに価格を下げることはないはずである。

価格を費用と等しい1ドルにまで下げれば利潤がなくなってしまうことから，2人は上記のような経路は辿らない可能性もある。2人は価格戦争が破滅へ向かうことにはじめから気付くか，あるいは少なくとも途中で気がつくはずである，そう考える読者も多いことだろう。たしかに，ビルとスーにとって，高い価格の設定という合意を明示的に交わすこと，つまり「共謀すること」は魅力的な選択肢である。2人が一体として行動すれば2人の利潤の合計を最大化する価格——おそらく，それは1.2ドルかあるいはそれ以上の価格となるであろう——を設定することができる。よって，2人は共謀するインセンティブを持つはずであるが，共謀すれば独占禁止法違反となって刑罰に処せられる。ビルとスーが価格設定について共謀し，それが見つかれば2人は法的制裁を受けるであろう。そこで，ビルとスーは，（共謀はしないものの）値下げ合戦をしないという暗黙の合意に達するという事態が起こり得る。

以上に述べた事態は様々な状況の下で生じるものであるが，伝統的な経済学の世界ではこれを「**寡占**（oligopoly）」の問題として論じるのが通例である。ここで寡占とは，「市場に2社以上の企業が存在するがその数はあまり大きくなく——せいぜい10社程度——各企業は自社の行動に対して他社がどのような反応を示すか，あるいはどうしたら企業間の共謀を実行に移せるかを意識的に考えながら行動している市場」を意味している。

「**独占的競争**（monopolistic competition）」とは，「企業の数は寡占の場合よりも大きいが（例えば，ある市内におけるすべての理髪店），各企業は何らかの点にお

いて他社とは異なった生産物を生産しており（各理髪店は固有の所在地に店を構え，おそらく散髪の方法にも独特のスタイルがある），自社の行動に対して他社がどのように反応するかをあまり気にしていない市場」を意味する言葉である。独占的競争で重要なことは市場参入の問題であり，競争により超過利潤が失われるまで企業の市場参入が続くという特徴がある。独占的競争下にある企業はいずれもある意味で小さな独占企業であるが，相次ぐ新規参入によって各企業が直面する需要曲線は左にシフトするので，いずれの企業も大きな利潤を得ることはできない（例えば，各理髪店のサービスには少なからぬ独自性があるとしても，その大半の利潤が消滅するまで新規理髪店の参入は続くであろう）。

5 外部性

A 外部性とは何か

ある経済主体の行動が他の経済主体の厚生に影響を与えるとき，その行動は「**外部性**（externality）」を有するという。外部性の概念を理解してもらうために，いくつか例を挙げてみよう。

- **生活妨害** ある者が騒音を立てたり，不快な臭気を発したり，しつけのできていないペットを放し飼いにしたりするなどして近隣住民の生活を妨害するとき，その者は生活妨害を引き起こしている。
- **公　害** ある企業が汚染物質を水中や大気中に排出するとき，その企業はその水の利用者やその空気を呼吸する人々の効用を減少させている。
- **リスクを生み出す行動** 車のスピードを出しすぎる者は，交通事故のリスクを生み出している。工事現場を柵で囲うことを怠った建築会社は，現場に迷い込んだ子供が不測の事故を起こすリスクを生み出している。
- **共有資源の利用** 海水浴場や牧草地のような共有資源の利用は他者に悪影響を与えるおそれがある。海水浴場を利用する者はゴミを散らかすかもしれないし，牧草地を利用する者は過度の放牧により牧草地を荒廃させてしまうかもしれない。
- **他者に対しても有益な行動** 人の行動は時として自らに対してのみならず他者に対しても有益な場合がある。養蜂家が飼育する蜂が近隣の農家の果樹の受粉を助ける場合や，自分の庭園を手入れすることが他者の目の保養にもなる場合がその例である。
- **他者に対して心理的効果を持つ行動** 他者に対して物理的には別段の効果を及ぼさない行動であっても心理的には影響を及ぼす場合がある。もし，私が怪しげ

な神に祈りを捧げているとすれば、それを知った人はこの事実によって何らかの影響を受けるかもしれない。これもまた外部性である。

以上の例が示すように、外部性は多種多様であり、他の経済主体に対して有益な影響を与える場合もあれば有害な影響を与える場合もある。さらに、行動後直ちに影響が生じることもあれば将来において影響が生じることもあり、一定の確率で影響を与えたり与えなかったりする場合もある。

B 外部性の問題：私的な行動は社会にとって望ましくない

余剰を最大化するという社会的目標の下では、便益が費用を上回る行動こそが社会にとって望ましいものであり、その場合の便益と費用はすべての外部性を含めて考える必要がある。外部性を伴う行動をとる者自身は外部性の影響を受けないので通常外部効果を考慮しないで意思決定を行う。これによって生じる問題は二つに分けて考えることができる。

第1の問題は、有害な外部性を生み出す行動が過剰になるという問題である。例えば、工場が廃棄物を燃却すれば近隣住民に対して5,000ドルの損失を与えるという場合において、工場自身はこれにより1,000ドルの利益を得るとすれば（この利益はゴミ集積場まで廃棄物を輸送する手間が省けることから生まれる）、工場はこの焼却行為を実施するかもしれない。一般に、生活妨害、公害、リスクを生み出す行動など有害な外部性を生み出すすべての行動は、何らかの問題改善策がとられない限り、社会にとって望ましくない頻度で実施される可能性が高い。

外部性が生み出す第2の問題は、いま述べたことの反対、つまり、有益な外部性を生み出す行動が過少になるという問題である。例えば、庭園の所有者が庭園を美しく手入れすることの価値が個人的には500ドルしかないとすれば、1,000ドルの費用をかけてこれを実施しようとはしないであろう。しかし、庭園が美しくなることに対して近隣住民が900ドルの評価を与えているとすれば、庭園を美しくすることには全部で1,400ドルの価値があるので、これを実施した方が社会全体にとっては望ましいはずである。

C 交渉を通じた外部性の問題の解決

外部性の問題は交渉により解決できる場合があるが、そこには様々な障害が

ある。

(1) **交渉を妨げるものがない場合における外部性の望ましい解決法**

外部性を生み出す者とこれによって影響を被る者との間の交渉を妨げるものが何もないと仮定しよう。この場合，交渉は必ず実施され，外部性について相互に有益な合意が存在し得る限り，その合意は必ず実現される。これは，除去されるべき外部性は交渉を通じてすべて除去されることを意味している。工場が廃棄物を焼却する例について考えてみよう。廃棄物を焼却することにより，工場は1,000ドルの利益を上げ，近隣住民は5,000ドルの損失を被るとすれば，廃棄物を焼却しないことの対価として1,000ドル超5,000ドル未満の金額，例えば3,000ドルを近隣住民が工場に支払うという合意は相互に望ましいものである。工場にとって，3,000ドルを受け取って廃棄物を焼却しないという行動は1,000ドルしか節約できない廃棄物の焼却という行動よりも望ましいものであり，近隣住民にとっても3,000ドルを支払うことは5,000ドルの損失を被ることよりも望ましい。庭園の手入れが行われるべき例についていえば，近隣住民は500ドルから900ドルの間の金額，例えば700ドルを庭園の手入れをしてくれる者に対して支払う用意がある。これにより，庭園の手入れを行う者は700ドルを受け取って1,000ドルを支出し，同時に500ドルの便益を享受するのであるから，合計で200ドルの利益を得ることとなり，庭園の手入れを実施しなかった場合よりも厚生が改善され，近隣住民も700ドルを支払って900ドルの便益を享受するのであるからやはり厚生が改善される。

(2) **情報の非対称性が交渉を妨げるかもしれない**

ここまでは，外部性を生み出す者とこれにより影響を被る者との間で相互に有益な合意が存在し得る限りその合意は必ず実現されることを前提として議論を進めてきた。しかし，我々の経験上，交渉が合意に致るとは限らず，経済学者がしばしば指摘するように，当事者間に情報の格差——いわゆる情報の非対称性——がある限り，交渉において計算違いが生じることは避け難い。例えば，

---

⑨ （原注）もし近隣住民が工場の排煙を差し止める法的権利を有しているならば，工場は煙を排出することの同意を得るために住民に金銭を支払うことはないであろう。住民の同意を得るためには少なくとも5,000ドルを支出しなければならないからである。したがって，工場は廃棄物を燃やさず，排煙は生じないという点においては本文の場合と同じ結果となる。交渉が行われる限り法的権利の配分は結果に影響を及ぼさず，いずれにしても余剰を最大化する結果が実現されるという命題は，「**コースの定理（Coase Theorem）**」として知られている。これは，ロナルド・コースが著名な論文において主張した命題である（Ronald Coase, The Problem of Social Cost, *Journal of Law and Economics*, 1960, vol. 3, 1-44）。

廃棄物を焼却することで工場が得る便益は（1,000ドルではなく）100ドルであると近隣住民が考えていて、これをやめさせるための対価として彼らは200ドルしか支払うつもりがないと仮定しよう。この場合、工場は彼らの申し出を断り、交渉は行き詰まるに違いない。この例が示すとおり、当事者の状況判断に誤りがあれば、たとえ各当事者が自らの保有情報の下では合理的に行動したとしても、交渉は容易に破綻してしまう。

> **Column 6-5　気が進まない交渉**
>
> 　他人（例えば騒音を立てる近隣住民）から迷惑を受けている人の多くは、迷惑の張本人とは話をしたがらない。その原因は交渉に費やされる時間の問題ではなく、利害が対立する状況で人と対峙すること自体が不愉快な作業であるため、これを回避したいという心理が働くからであろう。この問題は、外部性の問題を交渉によって解決することを妨げる非常に大きなコストである。交渉を妨げるもう一つの重要な要素は、問題解決のために金銭を支払うことを人は嫌うという事実に求められる。あなたが近隣住民に対して、「50ドル支払うから騒がしいパーティーは夜の12時までにしてほしい」と申し込んだ場合、あなたは何でも金銭で解決しようとする卑しい人間と思われてしまうかもしれないし、近隣住民は侮辱を受けたと感じるかもしれない。「人間がお互いに思いやりを持つのはそれが道徳的に正しいからであって、金銭をもらうからではない」、人はそう信じているのであろうか。

(3) 交渉は開始されないかもしれない

　情報の非対称性の問題もさることながら、そもそも交渉は下記のような理由によって開始すらされないかもしれない。

(a) 当事者間の距離

　関係当事者となり得る者同士の距離が物理的に離れていれば、交渉の場を設定すること自体が難しい。例えば、自動車のスピードを上げようとしているドライバーは交通事故の潜在的な被害者と交渉することはできない。ドライバーがアクセルペダルを踏み込もうとするとき、潜在的な被害者が隣にいるわけではない（そもそもそれが誰であるかも分からない）からである。あるいは、隣人との境界に隣人が目障りと思うような柵を設置することの適否を考えている者は、隣人と連絡をとって、2人にとってより望ましい解決方法（例えば、目障りな柵を設置する代わりに、2人で費用を分け合って見栄えのいい木立を境界に植えること）を見つけ出そうとしたが、隣人は行先不明の旅行に出かけてしまっていて連絡

(b) 当事者の数

関係当事者の数が多くなれば，当事者間の時間の調整は困難となり，すべての当事者が一堂に会して交渉できる可能性は低下せざるを得ない。

さらに，当事者の数が増えるにつれて交渉の動機そのものが減少する可能性もある。例えば，早朝にサイレンを鳴らさない約束を近隣の工場から取り付けることは地域の住民全体に便益を与えるものであるが，他の住民が交渉してくれると信じていれば，いかなる住民も自ら工場と交渉しようとはしないであろう。他人の努力に「ただ乗り（free-ride）」しようという問題は，交渉によって得られる便益が各個人にとっては微かなものである場合には特に顕著とならざるを得ない。

(c) 外部効果に関する知識の欠如

将来の損失や便益に繋がる外部効果に気付いていない者は交渉を行おうとしないことはいうまでもない。私が工場の近くに住んでいたとしても，工場からの排煙によってガンになるリスクが増加していることを知らなければ，排煙をやめさせるために工場と交渉しようとはしないであろう。

D　市場を通じた外部性の問題の解決

市場原理を用いて外部性の問題を解決できる場合もある。例えば，汚染の問題について，市場で取引可能な汚染権を導入するという方法がこれにあたる。この権利を取得した企業は汚染を生み出すことが許されるが，この権利を取得するには対価を支払う必要があるので，汚染を生じさせることによって得られる便益が費用を上回らない限り，汚染を生じさせることはないであろう。他の例としては，蜂の授粉サービスの市場も考えられる。自分が所有する果樹の受粉を促進したいと思う農家は，市場において（蜂を果樹園まで輸送して実施される）蜂の授粉サービスを購入するというものである。養蜂家の立場からすれば，自分の蜂を貸し出すことで追加の収入を得ることができる。したがって，養蜂家は蜂蜜の生産と授粉サービスの双方から得られる便益の合計額が蜂を育てる費用を上回りさえすれば養蜂事業を営むことができる。ただし，市場を利用して外部性の問題を解決するという事例は決して多くはない（あなたは，工場の排煙が近くの住民だけを悩ませているという状況を市場を利用して解決することができない理由を説明できるであろうか）。

E 法制度を通じた外部性の問題の解決

交渉や市場を通じて外部性の問題を解決できる場合があるように、各種の法制度を通じて外部性の問題を解決できる場合もある。ここでは、重要な種類の法制度に絞って考えてみよう。

(1) 法制度の種類

外部性の問題を解決するために政府が「**規制**（regulation）」を課す場合、政府は直接的に人の行動を制約する。例えば、健康被害につながるおそれのある汚染物質の排出を規制する場合や水産資源の枯渇を防ぐために漁獲量を制限する場合がそうである。あるいは、閑静な住宅街の居住環境を維持するために、土地利用規制を定めてオフィスビルの建設を禁止することもこれにあたる。

規制と似たものとして、財産権制度を導入し、権利の保有者の要求に応じて財産権を保護するという方法もある。例えば、人々が清浄な空気に対して権利を持っているとすれば、空気を汚染する企業の近隣住民はこの企業を被告として国に対し差止めの申立てを行うことができる。この申立てが認められて「**差止命令**（injunction）」が発せられた場合、それは公的機関の支援の下に執行される。

有害な外部性を減らすもう一つの手段は、金銭的なインセンティブを利用することである。「**不法行為責任**（tort liability）」制度がそれであり、この制度の下では、被害者は加害者に対して訴訟を提起し、損害に対する金銭賠償を得ることができる。自ら生み出した損害に対して金銭を支払わなければならない以上、加害者は損害を減少させるように動機付けられる[10]。

金銭的なインセンティブを通じて有害な外部性を抑制するもう一つの方法は「**ピグー税**（Pigouvian tax）」である（この名前は、外部性を最初に研究した経済学者ピグーの名にちなんだものである）。ピグー税の下では、各経済主体は自分が生み出す損害の期待値相当額を国に支払うことを義務付けられる。例えば、汚染物質を排出する企業はそれによって生じるであろう損害の期待値相当額を国に納めなければならない。ピグー税は有害な外部性を抑止するために金銭的インセンティブを用いる点で不法行為責任と似ており、加害者が損害の期待値相当額

---

[10] （原注）ここでは加害者は自ら与えたいかなる危害に対しても金銭を支払う義務があるということを仮定しており、この制度を厳格責任ルールという。加害者が過失により危害を与えた場合にのみ金銭を支払う義務があるという過失責任ルールはここでは考えない（両ルールの詳しい意味については366頁以下の解説参照）。

の支払を避けようとする結果として有害な外部性は回避される。しかしながら，ピグー税と不法行為責任には相違点もある。すなわち，ピグー税の支払額は損害の期待値（例えば，汚染により生じる損害の期待値）であるのに対して，不法行為責任の支払額は実際に生じた損害額であり，もう一つの相違点は，ピグー税は国に対して支払われるものであるのに対し，不法行為責任による支払は被害者に対してなされるという点である。

(2) 法制度の比較

各制度の優劣を制度の運用上問題となる論点ごとに検討してみよう。

(a) 国が有する情報

問題となる行為に関して国が完全な情報を有しているとすれば，すなわち，加害者の便益と被害者の損害の双方を国が正しく把握しているとすれば，いずれの制度の下においても最適な状態が実現される。大気汚染の例を使って説明すると，消煙装置の設置費用が大気汚染による損害を下回るかどうかを国は知っていて，これを基準として大気汚染を防止することの適否を判断できると仮定しよう。この場合，規制の実施によって最適な状況が実現される。つまり，国は（そうすることが適切であると判断すれば）大気汚染を禁止すればよいわけである。次に，清浄な空気に対する財産権を被害者に与えることによっても最適な状態を実現することができる。さらに，国は，不法行為責任制度を採用することによっても目的を達成できる。この場合，加害者は発生した損害を賠償しなければならないので，損害が加害者の便益を上回る限り，加害者は損害の発生を回避するであろう。同様の理由によってピグー税の下でも（損害の期待値が加害者の便益の期待値を上回る限り）加害者は汚染を生じさせないであろう。

しかしながら，もし国が損害と便益に関して完全な情報を有していなければ，外部性を伴う行為を防止すべきか否かを正しく判断することはできない。したがって，規制や財産権の割当ては最適な状態の実現を保証しない。いかなる行為が最適なものであるかが国には分からないからである。規制を例に挙げると，

---

9) （訳者注）例えば，10%の確率で他人に100億円の損害を与える行為を行う者は10億円（＝100億円×10%）のピグー税を支払わなければならない。これに対して，不法行為責任制度の下では，実際の損害が発生した場合において100億円の賠償義務が発生する。両制度の下における加害者の負担額は期待値ベースでは等しいので（前者は10億円×100%＝10億で後者は100億円×10%＝10億円），加害者がリスク中立的である限り両者は同等の抑止力を持つ。

10) （訳者注）ここでは裁判所も行政府同様に十分な知識を有していることが前提とされている。すなわち，差止めの申立てに対して裁判所は自らが有する知識を前提に差止めの適否を判定すれば，その結果は必ずや最適状態の実現に繋がるというのがこの文の趣旨である。

大気汚染による損害は100であることが分かっていても，消煙装置の設置に要する費用が75か150かが分からなければ，国は消煙装置の設置を義務付けるべきか否かを判断することはできない。

これに対して，不法行為責任とピグー税の制度は，国が損害の大きさについてさえ正しい情報を有していれば最適な状態を実現させ得るものである。これらの制度の下では，加害者自らが消煙装置の設置費用と損害賠償額（あるいは損害の期待値相当額）とを比較し，前者が後者を上回る場合にのみ汚染を発生させることになるが，この結果は社会にとって最適なものである。つまり，不法行為責任やピグー税には損害を減らす費用ないしは加害行為から得られる便益と損害の大きさを加害者に比較させることによって，事実上加害者の有している情報を利用できるという利点がある。

(b) **被害者が有する情報**

被害者に一定の役割を果たすことを求める制度が機能するためには，被害者が有する情報が重要となる。例えば，被害者が加害行為に対する差止訴訟を提起するためには，誰がどれだけの損害を生じさせたのかを被害者が知っている必要がある。もし汚染が無色無臭で，しかも時間をかけて被害を生じさせるものである場合，被害者は汚染の事実やその長期にわたる効果に気づかず，それゆえ差止訴訟を提起することはできないであろう。同様に，不法行為責任制度が機能するためにも，被害の発生事実と誰が加害者であるかを被害者は知っていなければならない。

これに対して，規制やピグー税の制度の場合，被害者がこのような情報を知っている必要はない。国は，被害者の認識にかかわらず，これらの制度を実施できるからである。

(c) **運 営 費 用**

運営費用とは，国と当事者が制度の運営に関して負担する費用のことである。この点に関していうと，不法行為責任制度は他の制度よりも一般的に優れている。不法行為責任制度の下では損害が発生したときにのみ法制度が使われるが，他の制度では損害が発生したか否かに関わらず法制度の運営が必要となるからである。この利点は損害の発生確率が小さい場合には特に重要である。ただし，不法行為責任制度以外の方が運営費用が低くなる場合もある。例えば，規制が守られているか否かの判断が容易な場合には（例えば，工場の煙突の高さが基準を満たしているか否かを判断するのは容易であろう），抜き打ち検査を時折行うだけ

で安価に規制を実現することができる。また，例えば，もし生産物の購入時にピグー税を支払うようにさせれば（企業が汚染を引き起こす燃料を購入するごとに税金を支払うものとすればよい），低い費用で税の徴収を済ませることができる。結局のところ，運営費用の面から制度の優劣を考えるためには，問題となっている状況を個別に検討する必要がある。

(d) **被害者の損害軽減行動**

多くの場合，被害者には損害を減少させる対策を講じる余地がある（例えば，洗濯物を屋外に干せば煤煙で汚れるおそれがあるが，洗濯物乾燥機を購入すればこのおそれを回避できる）。（加害者が損害減少義務を尽くすことを前提としたうえで）そのような対策が安価で効果的な場合は，これを実施させるインセンティブを伴う制度の方が望ましい。この点において，規制やピグー税のように，被害者が被った具体的な損害の賠償が義務付けられていない制度の下では，被害者は損害の負担を回避すべく，最適な予防措置をとろうとするインセンティブを持つ。これに対して，不法行為責任制度の下では，損害の賠償を受け得る限り被害者はこのインセンティブを持ち得ないであろう。

(e) **加害者の支払能力**

不法行為責任制度の下で加害者が適切な行動をとるよう動機付けられるためには，加害者が賠償金を支払うだけの資産を保有していなければならない。さもなければ，加害者は損害を減少させるインセンティブを十分には持ち得ないであろう。この問題は，潜在的な損害が加害者の資産をはるかに上回る状況の場合顕著となる（例えば，火災の損害は失火責任者の資産を上回る巨額の損害を生む傾向があり，工場の爆発や有毒物質の漏出も企業の資産額をはるかに上回る損害を生む傾向がある）。この点は，ピグー税制度の下ではあまり深刻な問題とはならない。納税額である損害の期待値は実際の損害額よりも通常はるかに低いからである[11]。なお，加害者の支払能力が問題となる状況では，規制と差止命令も魅力的な対処方法である。

(f) **結　　論**

各制度の比較の基準となる諸要素をみてきたが，制度の相対的な優劣は，事案の具体的内容に大きく依存している。工場が燃料を燃やして大気を汚染させるという古典的な問題について考えてみよう。この問題に関しては，被害者自

---

[11] （訳者注）　100億円の被害を引き起こす工場の爆発事故であっても発生確率が100万分の1であれば，納税額＝期待値は1万円にすぎない。

身が損害の発生について無自覚であったり，誰が加害者であるかが分からない可能性が高いので，不法行為責任制度は上手く機能しないかもしれない。であるとすれば，差止命令もうまく機能しないであろう。燃料の焼却量を国が規制するという手法もあまりよい方法ではない。これを実施するためには燃料の最適な焼却量を国が決定する必要があるが，そのためには生産物の価値や代替燃料のコストを国が知っていなければならないからである。このような決定を行うためには多くの事実を調査する必要があるが，その実施は不可能ではないとしても費用がかかりすぎる。これに対して，ピグー税であれば，国は大気汚染によって生じる被害額だけを知っていれば事足りるので，これを用いるのが一番よさそうである。

> **Column 6-6** ピグー税がよい手段であるならば，なぜこの制度は稀にしか用いられないのか
>
> 経済学者は伝統的にピグー税制度こそが有害な外部性（汚染など）に対する最良の解決策であると考えてきた。しかし，外部性を抑止するためにピグー税が使われることは稀であり，社会が用いる一般的な方法は規制と不法行為責任である。その理由を理解するために，氷結した歩道を放置することによって生じる危険への対処という日常的な問題について考えてみよう。この問題を解決するためにピグー税をどのように制度化したらよいのか。歩道に放置された氷の量を基準に税額を決めるべきか，それとも，歩道の通行量に応じて税額を決めるべきか。いずれにしても税金の徴収コストは国にとってかなり大きなものとなるであろう。これと比べて，規制を行う場合の運営費用はどうであろうか。あるいは，氷結した歩道が原因で実際に発生した損害についてだけ不法行為責任を課す制度の運営費用はどうであろうか。

6 公 共 財

A 定 義

経済学者は，排除不能で非競合的な財（または役務）を「**公共財**（public goods）」と呼ぶ[12]。誰もがある財を消費できる場合，その財は「**排除不能**（nonexcludable）」である。国防と花火大会がそのよい例である。我々は国防から便益

---

12) （訳者注） 公共財であることの要件の一部だけをみたしている商品役務を「準公共財」という。準公共財の中には排除不能ではあるが非競合的ではない「コモンズ（commons）」（共有林など）と非競合的ではあるが排除不能ではない「クラブ財」（テレビのCS放送など）がある（**8** の文献① 328 頁参照）。

を受けることを妨げられることはないし，近所の花火大会をみるのを妨げられることもない。次に，ある財を誰かが消費しても，それによって他者がその財を消費する機会が減少しないのであれば，その財は「**非競合的**（nonrival）」である。国防と花火大会はこれについても当てはまる。私が国防から便益を受けたとしても，あなたが国防から受ける便益を減少させることはない。私が近所の花火大会をみたとしても，あなたがその花火大会を見る時間がそれによって奪われることはない。公共財のその他の例としては，灯台，道路，ラジオ番組，基礎研究などを挙げることができる（なぜこれらが排除不能で非競合的であるか考えてみること）。ただし，ある者が公共財を消費することにより他の者がその公共財を消費する機会がある程度減少する場合もある。その原因は「**混雑費用**（congestion cost）」である場合が多く，例えば，花火大会にたくさんの観客が来れば子供や小柄な大人は視界を遮られることが多いであろうし，多くの者が同じ道路に自動車を繰り出せば交通渋滞が起きるであろう。しかしながら，この問題はとりあえず横に置いておこう。

B 理想的な供給

　多くの場合，社会は公共財が供給されることを求めている。余剰という視点からいえば，公共財を消費する人々が公共財に認める価値の総和がその供給費用を上回る限り社会はその公共財の供給を求めると考えてよいであろう。したがって，灯台の光線に頼って航行するすべての船にとっての灯台の価値の総和が灯台の建設・運営費用を上回る限り，灯台は建設されるべきである。

C 民間部門が供給することは難しい

　しかしながら，民間部門が公共財を十分に供給することは難しい。その理由は単純で，何人も公共財の消費を妨げられない以上，公共財の消費に対して対価を請求することはできず，したがって民間企業が公共財を供給しても利益を得ることができないからである。例えば，灯台のサービスに対して代金を支払う船はいないであろう。代金を支払わなくとも灯台の便益を享受できるからであり，したがって，灯台を建設しようとする民間企業は現れ難い。同様に，いかなる企業も国防サービスを販売して利益を得ることはできない。国防サービスの便益は誰でも代金を支払わずに享受できるからであり，したがって，民間部門が国防サービスを供給することはあり得ない。社会全体にとって著しく価

値が高い公共財がどんなにたくさんあっても，民間部門がそれらの公共財を供給することは期待できないのである。

> **Column 6-7　灯　台**
>
> 　灯台は安全な航海にとって重要であり，特に古代においてはそうであった。古代史における最大の建設プロジェクトの一つは，エジプトはアレキサンドリアの巨大灯台ファロスの建設であった。経済理論によれば，灯台の建設は国の仕事とせざるを得ないはずであるが，ロナルド・コースは，かつてそのような経済理論を疑問視する論文を発表した。コースは，イギリスにおける多くの灯台が1世紀以上にわたり私人によって営利目的で建設・運営されていたことを発見したのである。しかし，灯台の所有者はどのようにして船舶から料金を徴収できたのであろうか。その後の調査によって判明したところによれば，実は料金を支払わない船舶の出港を国が許可しないことによって船舶は利用料金の支払を事実上強制されていた。要するに，民間部門が通常の手法で灯台のサービスを供給していたわけではなかったのである。かくして，灯台に関する経済理論は今日なお無謬の光を放ち続けている。

D　公共部門による供給

　民間部門の供給が不十分である以上，公共部門が公共財を供給しなければならない。したがって，便益が費用を上回るがゆえに存在すべき灯台の建設は国に委ねられるべきであり，道路，国防，基礎研究などについても同様である。これが公共部門が公共財の供給を担うべきであることを基礎付ける論理であり，これらの財や役務が公共財と呼ばれる理由もここに求められる。

　しかし，公共部門による公共財の供給にはいくつか問題がある。その一つは，ある財が供給するに値するか否かを国が判断するためにはその財の便益と費用に関する情報を入手しなければならないという点である。よく知られた難問は，人は公共財の価値について聞かれた際に真実を歪めて回答するインセンティブを持つということである。花火大会（あるいは道路の拡張工事）を望むかと質問されたとき，これを望む者は自己の評価として極端に高い数字を申告するインセンティブを持つであろう。真実を誇張した回答をしても別段のコストを負担するわけではないからである。このような理由により，政府は供給すべき公共財が何であるかを判定することが困難となる。[13]公共部門が公共財の供給を行う

13）（訳者注）過大申告の問題は公共財の提供コストを受益者に負担させれば回避できることが多いが，その場合には逆に公共財の便益が「過小申告」されるという問題が生まれる。過小申

際の問題としては，他に，政治過程が正しく機能しないことや公共財の購入資金を税金から捻出することに伴う費用の問題などがある。

E 留保事項

公共部門が公共財を供給しなくてはならないという一般論に対する留保事項の一つとして，民間の経済主体が公共財を排除可能な財に変換してこれを供給しその対価を徴収することができる場合があるということが挙げられる。例えば，花火大会を開催して利益を得ようとする企業は花火会場の周りにフェンスを建てて入場料をとればよいし，道路建設から利益を得たい企業は新しい道路のすべての入口に料金所を設置すればよい。そうすれば，花火大会や道路の一部は民間部門が供給することになるであろう。しかしながら，民間部門の供給者は独占企業として行動することになるので，独占による厚生損失が発生することに注意しなければならない。さらに，民間部門による公共財の供給には，財を購入しない者を消費から排除するための費用，例えば，花火会場周辺をフェンスで囲む費用や道路の入口に料金所を建設して職員を配置する費用の発生が避けられない。公共部門が公共財を供給する場合にはそのような費用は発生しないので，これらの費用の発生は民間部門が公共財を供給することの欠点である。

混雑費用の発生によって公共財は必ずしも完全に非競合的とはなり得ないことはすでに述べた。二つ目の留保事項はこの点に関わるものである。混雑費用が生じる場合には（例えば，花火大会に観客が来すぎたり，道路の利用者が多すぎる場合がそうである），混雑に加担して他者に与える負担よりも高い価値を公共財の利用に認める者に対してだけその公共財の利用を許す方が社会にとって望ましいであろう。例えば，道路の利用者は道路を混雑させることによって他者に対して5ドルの費用を負わせているとすれば，道路の利用に5ドルを上回る価値を認める者だけに道路を利用させるべきであり，したがって，もし公共部門がこの道路を供給するのであれば，これを有料道路とし，5ドルの通行料を課すことが最善であろう。[11]

告を防ぐ技法も提案されているが（クラーク・メカニズム等），そこにはまだ克服すべき問題が残されている（本章 **8** の文献① 333頁以下参照）。

[11] （原注） 正確にいうと，公共部門が道路を供給するにあたり道路の利用者から料金を徴収することが最善であるか否かは料金所の建設費用や料金の徴収費用次第である。混雑費用が小さい場合には，道路の利用に対して料金を徴収するための費用を新たに生じさせるよりも，混雑を

F 公共部門による直接的な供給と間接的な供給

民間部門が供給し得る公共財の種類は限られるとしても，それ以外の公共財を公共部門が直接供給する必要はない。道路の敷設や灯台の建設，あるいは基礎研究の実施などは政府が直接供給するのではなく，これを民間に委嘱して対価を支払うという方法も存在する。

7 厚生経済学

A 厚生経済学とは何か

「**厚生経済学**（welfare economics）」とは，いわゆる「規範的（normative）」な問題，つまり我々はいかなる政策を採用すべきかという問題を分析するために経済学者が生み出した学問体系のことである。規範的な問題は，「記述的（descriptive）」な問題，つまり，「ある政策の効果はいかなるものか」という問題と区別されなければならない。記述的な問題はある政策の結果がどのようなものであるかを特定するものであって，その結果が社会的に見て良いか悪いかを評価するものではない。評価は厚生経済学の仕事である。

B 個人の福利

政策を評価する際の重要な考慮要素の一つは，もちろん，個人の福利である。経済学者は，個人の福利を表す概念として個人の「**効用**（utility）」を考える。効用は包括的な概念であり，生活の物質的な快適さや個人的な関心事のような満足感を生み出す伝統的な要素だけでなく，美しいものに触れたり，親族，友人もしくは人類全般を助けることの喜び，あるいは，自分が重要と考える責務を果たすことから得られる満足感なども包含する概念である。つまり，人を満足させる「あらゆるもの」は，定義により，その者の効用を増加させる。

C 社会的厚生

経済学者は社会の福利を社会的厚生を示す何らかの指標を用いて評価する。この指標は，通常，社会の構成員たる個々人にとって何らかの意味で重要となる事象から成るものである。

放置した方がよいかもしれない。

例えば，本章においては，余剰（人々にとっての便益の合計マイナス生産費用）を社会的厚生の指標として用いてきた。市場はこの社会的厚生を最大化するものであるがゆえに社会にとって望ましく，独占は，この社会的厚生の指標の最大化を妨げるものであるがゆえに社会にとって望ましくない，そう我々は考えてきた。

我々が余剰という指標を中心に政策の評価を行ってきた理由の一つは，余剰が，社会的厚生を評価する指標の多くに共通する特質を備えているからである。その特質とは「人々の便益が上昇し彼らの満足感が高まれば，社会的厚生は上昇し，他方，費用が増えて費用を負担する人々の満足感が減れば，社会的厚生は減少する」というものである。

我々が，社会的厚生の指標として余剰を重視するもう一つの理由は，それが分析上便利な方法であるからである。一般的に，経済学者は，いかなる社会的厚生の指標に関してもそれが客観的に正しい指標であると主張することはない。指標の評価は人様々である。しかしながら，いかなる指標を用いる場合であれ，その指標を用いる者が目指すことはその指標を最大化することである。社会的厚生の指標には以下のようなものがある

古典的な功利主義　この指標は個人の効用を足し合わせその最大化を目指すものである。[14]

人々の効用を変数とするその他の関数　社会的厚生の多くの指標は功利主義とは異なりながらも，個人の効用に依存している。例として，各人の効用の総和から社会の構成員間における効用のばらつきの大きさに対応する一定の「ペナルティ」を差し引いた関数を考えてみよう。この社会的厚生の指標は，個人の効用の分布に依存している。個人の効用の分布が拡散してペナルティが大きくなれば，社会的厚生は低くなるからである。他の例としては，ジョン・ロールズの哲学が取り上げている「マックス・ミニ基準」がある。[15]この基準は，

---

14) （訳者注）効用の総和をもって社会的厚生の指標と把える古典的功利主義は余剰をもって社会的厚生の（一つの）指標と捉える厚生経済学の立場と似ているが，両者の間には重要な相違点が存在する。すなわち，古典的効利主義の下では各人の効用をいかなる基準によって比較するかが開かれた問題として残されているのに対し，厚生経済学の下では各人が支払う用意のある金額（より正確にいえば，対象となる商品役務に対する金銭の限界代替率）によって各人の「効用」が客観化されている（ただし，この手法に方法論上の問題がないわけではない）。詳しくは，**8**の文献①の34頁以下および134頁ならびに文献②の21頁以下および6章・14章など参照。

15) （訳者注）この基準は，ジョン・ロールズが唱えた「正義の二原理」の一部を構成するもの

社会の構成員の中で最も恵まれない人間の効用をもって社会的厚生の指標と捉える。したがって、最も恵まれない人間の福利を最大化することが社会の目標であり、「マックス・ミニ（最小値の最大化）」という言葉が使われる理由もここにある。

人々の効用以外の要素　社会的厚生の指標の中には人々の効用以外の要素を考慮するものも多数存在する。例えば、社会的厚生は原則として人々の効用の関数であるとしたうえで、何らかの公正の概念（犯罪を犯した者は犯罪の程度に応じて処罰されるべきであるという理念など）が侵害されたときには、その公正の概念を維持することが人々の効用に及ぼす影響とは無関係に、社会的厚生が減少する考える人もいるであろう。[12]

> **Column 6-8**　ロールズの「マックス・ミニ」基準の下での社会の目標
>
> ロールズの基準によれば社会的厚生は最も恵まれない人間の効用に等しいとみなされるので、社会的目標は最も恵まれない人間の効用を最大化することであり、その人間に関心が集中する。例えば、ある病院に、治療を受けなくとも死なないが治療を受ければ大いに病状が改善される患者99人と、大手術をすればかろうじて余命を少しだけ延ばすことのできる瀕死の、そしてほとんど昏睡状態の患者1人がいると仮定しよう。ロールズの基準によって社会的厚生を最大化しようとすれば、この病院のすべての人的・物的資源は昏睡状態の患者1人をほんの少しだけ長生きさせるためにのみ投入し、治療を受ければ大いに病状が改善されるであろう99人の患者には何の処置も施すべきでないという結論になるように思われる。

社会的厚生の指標は社会にとって善であると思われるあらゆる要素を含み得る。そうである以上、社会的厚生という概念は、結局のところ分析のための言語ないしは道具にすぎず、この概念を用いることによって何が社会にとって善であるかを見極めるための思考を前進させることはできない。そう経済学者は考えているが、この概念が分析的思考を行うための道具として有用なものであることは疑いない。

であり、一般に「格差原理」と呼ばれている。詳しくは、ジョン・ロールズ（川本隆史他訳）『正義論』（2010年・紀伊国屋書店）参照。

[12]　（原注）この立場に立てば、例えば、犯罪者の処罰によって犯罪の予防、犯罪者の社会的隔離、犯罪者の更生などを通じて人々の福利が改善しないとしても、公正な処罰という理念を完徹すること自体によって社会的厚生が改善されることになる。

経済学者が関心を払う社会的厚生の指標は個人の効用のみを構成要素とする指標であり，上記の3番目に記したような指標（個人の効用以外の要素が入った指標）は通常考慮しない。そのような指標は，言葉の定義上必然的に，誰の福利にも関係しないことがらに左右されるものである点において説得力を欠いているからである。より詳しくいうと，誰の福利にも関係しない要素に依存する社会的厚生の指標は（たとえその依存の程度が部分的なものであったにせよ）次のような事態を認める可能性を内包している。すなわち，それは，AとBという二つの政策がある状況において，社会のすべての構成員が政策Bを好んでいるにもかかわらず，誰の福利にも関係しない要素を改善するという理由によって政策Aを政策Bより高く評価するという事態である。誰の福利にも関係しない指標は人々の全員が一致して望むことすらも否定する事態を含意している点において説得力に劣ると言わざるを得ない。

社会的厚生の指標の構成要素を個人の効用に限ったとしても，なお，純粋の功利主義から福利の分配状況を重視する指標まで幅広い種類の指標を考慮する余地があり，その中のどれを選択するかという問題に対して経済学者が言えることは，「指標を特定してもらえればいかなる政策が最善であるかを答えましょう」ということだけである。この意味において，社会的厚生の指標をめぐる問題は経済学の研究対象ではなく，研究の条件を設定するためのものである。

D 社会的厚生の最大化：効率性と分配

利用可能な天然資源と人的資源ならびに技術を所与として社会的厚生を最大化するためにはどうしたらよいかを考えてみよう。もちろん，具体的な回答は社会的厚生の指標として何を選択するか次第であるが，いかなる場合においても回答は二つのステップに分けて論じることができる。すなわち，最初に，商品役務を最も効率的な方法で生産するにはどうすればよいかを論じ，次に，選択した社会的厚生の指標の下で社会的厚生が最大化されるようにそれらを分配するにはどうしたらよいかを論じるという方法である。生産物が一つしかない単純な世界を考えてみよう。生産物の名前をパイとし，誰もができるだけ多くのパイを求めているものとする。ある指標の下でこの世界の社会的厚生を最大化するためには，まず，パイの正味量が可能な限り大きくなるような方法で生産を行い（つまり，「効率的な」生産を行い），次に与えられた社会的厚生の指標に従って最良となる方法でパイを分配すべきである。例えば，人々が均等の割

合でパイを受け取るときに社会的厚生が最大化されるのであれば，それがパイの最適な分配方法である。[16]

E 社会的厚生と市場

前項で議論した社会的厚生の最大化と市場とは密接に関係している。費用をかけずに富の再分配が可能であると仮定しよう。であるとすれば，社会的厚生の指標が何であるかにかかわらず，競争市場を有効に機能させたうえで富を再分配することによって社会的厚生を最大化することができる。[13]「**厚生経済学の基本定理**（central theorem of welfare economics）」と呼ばれるこの原理は，市場の働きを通じて商品役務の効率的な生産を達成し，それによって生み出された富を適切に再分配することによって個人間における望ましい効用の配分を達成できるという考え方から成り立っている。[17] 後者に関していえば，例えば，平等を重視する指標に従って社会的厚生を最大化するためには，平等を実現するように富を再分配すればよいわけである。

F よくある疑問や批判に対する回答

厚生経済学に対しては，さまざまな疑問や批判が投げかけられる。
(1) 富の再分配には費用がかかるという事実，具体的には，課税を通じた所得の再配分は労働意欲を弱めるという事実は，どのように社会厚生の最大

---

16) （訳者注）ただし，「パイの均等な分配」にも様々なバリエーションがあることに留意されたい。まず，「結果としての均等性」を求めるのかそれとも「分配の期待値」の均等性を求めるのかが大きな違いであり，さらに前者については，「人生における分配累積量」を問題にするのかそれともある時点における分配量を問題にするのかによって，後者についても，いかなる時点（出生時か義務教育終了時かそれ以外か）の期待値を問題にするかによって，厚生関数はそれぞれ異なったものとなる。

13) （原注）ただし，消費者が保有する情報が十分であり，有害な外部性がなく，かつ市場の有効な機能を妨げる他の要素もないことが前提である。

17) （訳者注）厚生経済学の基本定理は第1定理と第2定理に分けて説明される場合が多い。ここで厚生経済学の第1基本定理とは，「すべての財について市場が普遍的に存在し，それらすべての市場が十分に競争的であるならば，その均衡状態が生み出す資源配分はパレート効率的である」という命題のことであり（パレート効率性の意味については387頁の解説参照），厚生経済学の第2基本定理とは，「すべての財について市場が普遍的に存在し，すべての市場が完全競争的であるとすれば，消費に関する限界代替率逓減の法則と生産に関する限界生産物逓減の法則が成立している限り，政府が一定の税または補助金を用いた所得再分配政策を実施することによって，任意のパレート効率的な資源配分を所得再分配後の市場均衡として実現できる」という命題のことである。詳しくは，本章**8**の文献①の164頁以下および177頁以下参照。

化と市場の関係をめぐる上記の議論に影響するのか

　所得税制度は勤労意欲を弱めると一般に考えられている。たしかに，仮に所得税率が 90 パーセントであるとすれば，誰も，残業したり，退職を遅らしてまで勤労を続けたり，あるいは，起業したりするインセンティブを持ち得ないであろう。したがって，所得税制度を通じて富の再分配を行おうとすれば，再分配の対象となる富の絶対額が減少することは否めない。いい換えると，パイを分配する行為——ここでは，所得税の徴収を通じた富の再分配というステップ自体——がパイの大きさを減少させている。

　この点が示唆することは重大である。要するに，厚生経済学の基本定理が想定する社会の理想状態は現実には達成不能であり，現実に達成可能な社会的厚生の最適状態は，再分配によって生じる生産物の減少——所得税制が生み出す効率性の損失——と社会的厚生を増加させるための再分配が生み出す利益の間のトレードオフの関係に立っているといわざるを得ない。したがって，富の再分配は理想より低い水準にとどまらざるを得ず，水準がどの程度低くなるかは，富の再分配によりどの程度効率性が損われるかにかかっている。仮に所得を均等に分配することを理想視するような社会的厚生の指標を受け入れるとしても，所得税の労働意欲に対する効果を考慮すると，現実にとり得る最適な配分方法は所得の大きな不平等を容認するものとならざるを得ないのかもしれない。

(2) 富の再分配のために利用可能な所得税を通じた所得移転制度が存在する場合において，政策の評価は分配の問題を考慮してなされるべきであろうか

　効率性と分配はいずれも社会的厚生の重要要素であり，そうである以上社会政策の評価においても双方を重視すべきであると思うかもしれない。しかしながら，所得税を通じての所得移転制度が富の再分配のために用い得ることを前提とする限り，社会政策はもっぱら効率性の観点から評価すべきである。この主張を支えるロジックは，ある社会政策が望ましくない分配をもたらすとしても，それは所得税を通じての所得移転制度により修正可能であるというものである。例えば，医薬品に対する上限価格規制という社会政策を考えてみよう。この政策は低所得者層に利益を与えることを意図したものであろうが，医薬品メーカーが新薬を開発するインセンティブを減らしてしまう可能性を内包している。しかし，医薬品価格が低所得者層に過大な負担を与えているとすれば，それは所得税制度を調整することによって解決できる（例えば，低所得者層に対

してのみ医療費控除を認めることによって彼らの課税負担を減らす方法などが考えられる）。要するに，低所得者層を助けるために医薬品開発のインセンティブを減少させることは社会的に見て賢明な選択肢とはいい難い。インセンティブを減少させることなく低所得者層を助けることが可能だからである。[14]

(3) 経済学者は市場に任せることが最善であると信じているのか

この質問に一言で答えるとすれば，「それは場合による」というべきであろう。厚生経済学の基本定理は市場を擁護する力強い議論を導き出すものであるが，それはあくまでも原則であって，重要な多くの例外や留保を伴うものである。本章において，我々は市場の機能を妨げる諸問題として消費者の保有する情報の不完全性，独占，外部性および公共財の問題を論じてきた。これらの問題が存在する場合には，市場への介入を行うことによって社会的厚生が改善されることがある。

もう一つ，これまで指摘してこなかった論点を取り上げたい。それは，市場の利用は各種の取引費用を生み出すものであり，一定の領域においてはそれらの取引費用の発生を避けるために市場以外の制度を用いた方が望ましいという点である。重要な一例として，企業その他の組織内において行われる膨大な活動について考えてみよう。このような活動は通常上司の指示命令に従ってなされるものであり，市場を通じてなされるものではない。企業の従業員が特定の任務を遂行するのは，その任務をすると金銭が支払われるからではなく，その任務の遂行を命令されたからである。企業のある部門が部品を生産し，それをさらなる作業のために企業の他の部門に供給するのは，その供給に対して金銭が支払われるからではなく，大きな生産計画に則って作業を進めているからである。このような活動が組織の指揮命令システムを通じて市場を介することなくなされるのは，その方が簡便だからであり，この利点は指揮命令を発する人

---

[14] （原注）政策はもっぱら効率性の観点から評価すべきであり，富の再分配は所得税制度を通じて行われるべきであるという主張は，所得税制度が労働インセンティブを弱め得るものである以上常に妥当するとはいい難いという見解がある。例えば，低所得者層を助けるために税制度を用いることは，低所得者層の労働インセンティブを減少させるものだから，医薬品価格をコントロールして低所得者層を助ける方がよいという主張はこの見解に沿ったものであろう。しかしながら，この見解は間違っている。医薬品価格をコントロールしてもやはり労働インセンティブは減少するからである。紙幅の関係上これ以上の議論はしかねるが，要点だけは再度強調しておこう。たとえ所得税の労働意欲への影響を認めるとしても，それによって「政策は効率性の観点のみから決定し，再分配は税制度を通じて行うことが最良である」という結論が変わることはない。

間が適切な行動を決定するために必要な情報を保有している場合特に顕著である。組織の働きについて経済学者は精力的に研究を行ってきたが，彼らの結論が，「小さな市場」という概念によって上記のような活動が説明できるというものになることはほとんどなく，むしろ，市場はこのような活動を遂行するためには最適の空間ではないという結論に至る場合が多い。

(4) **経済学者は測定の難しい変数を除外することで，重要な要素を見落としていないか**

経済学は，個人にとって重要ないかなる要素の除外も認めないという原則を堅持している。[18)]しかしながら，経済学を応用する者の間では，評価の難しい要素を軽んじる傾向があるかもしれない。例えば，経済の専門家が自然保護区域に関する政策を評価するとき，自然保護区域が我々人類に対してもたらす，微妙ながらも非常に重要な便益（例えば，自然保護区域を観光で訪れる人々が感じる喜びや，自然の偉大さに気づくことによって育まれる自然を敬う心など）を適切に考慮していないかもしれない。しかしながら，社会的厚生を評価するにあたって重要な要素の考慮を怠るという現象は，決して厚生経済学に内在する問題ではなく，それを応用するうえでの問題というべきであろう。

(5) **経済学的思考は公正の概念への配慮を怠っているのではないか**

「公正（fairness）」という用語は様々な意味で使われる。その一つは，「所得の分配の公正さ」ということであるが，この意味での公正さは社会的厚生の指標として考慮し得るものであることはすでに論じたとおりである。例えば，所得の分配が平等になるほど社会的厚生は上昇するという指標があり得ることは本章においても再三指摘してきた。要するに，所得の分配面における公正さは

---

18) （訳者注） ただし，「他人に対する関心」（これを「外部選好」または「社会選好」という。嫉妬心や嗜虐心はその最たるものである）をどこまで計算の対象に組み入れるべきかは必ずしも明らかではない。原文の記載はすべての外部選好を考慮することを示唆しているようにも読めるが，経済学は伝統的に「人間は自分自身の利害以外のことには関心を持たない」ことを仮定してきており（本章 **8** の文献①の 21 頁参照），この点をいかに調整するかは未解決の問題であるように思われる。

⑮ （原注） 所得の分配が平等になるほど社会的厚生が上昇し得る理由としては，二つのことが考えられる。第一に，所得を平等にすれば人々の効用はより等しくなるので，（人々の効用が等しいことに価値を置く指標の下では）社会的厚生が改善される。第二に，個人が所得から得る限界効用は所得が高くなるほど減少する可能性がある。もしそうであるならば，高所得者の所得から1ドルを低所得者に移転することによって，高所得者の効用の減少を上回る低所得者の効用の増加が実現される。したがって，再分配により効用の総和は増加し社会的厚生が改善される可能性が高い。

厚生経済学の枠組みの中で明確に考慮し得るものである。

しかしながら，公正という用語は以上とは別の意味に用いられることも多い。それは，出来事の適切な処置や人間の適切な処置に関して我々が抱く信念を指してこの言葉を用いる場合である。例えば，我々は，犯罪に対する適切な処遇とは何か，いかなる状況の下において契約は遵守されるべきものであるか，人間は人種や性別によって差別されることなく助けられ，あるいは，罰せられるべきものであるか，などという問題に関して多種多様な公正の概念を持っている。このような公正の諸概念は所得の分配とは直接結びつかないが，様々な点において厚生経済学と関係している。第一に，このような公正の概念が実現されること自体に効用の充足を感じる人がいるであろう。犯罪の程度に応じた処罰，契約の遵守，差別の撤廃などが実現されることに満足を覚える人は必ずや存在するはずであり，この点において，個人の効用を要素とする社会的厚生は，公正の概念が守られることによって影響を受ける。第二に，公正の概念を実現することにより人々の行動や社会のあり方に変化が生じ，その結果として社会的厚生が増加する場合がある。犯罪に対してその重大性に応じた形罰を課せば犯罪を予防できるかもしれないし，契約が遵守される社会を作れば人間相互の信頼関係が高まり共同事業の遂行が促進されるかもしれない。さらに，差別を撤廃すれば社会の生産量が増加し，同時に，有益なインセンティブが生み出されるかもしれない。第三に，上記の理由によって公正の概念に対する信頼が社会的厚生の増加をもたらすものである以上，我々はそのような信頼を（親，教師，宗教指導者などを通じて）社会に浸透させるために，社会的資源を投資したいと思うかもしれない。以上の理由により，厚生経済学と道徳や倫理は密接に関連するものであり，両者の研究が連携をとることは今後一層重要なものとなるであろう。⑯

8 読書案内

本書の原本に紹介されている書物とこれに対する原著者のコメントの要旨は以下のとおりである。

---

⑯ （原注） 道徳と社会的厚生の関係については，19世紀にベンサムやシジウィックのような経済学的思考力を備えた哲学者が精力的な研究を行ったが，現代に至ってそのような研究が再び活発となる徴候が現れ始めている。

1. N. Gregory Mankiw, *Principles of Economics*, 5th ed. (Mason, OH: South-Western, 2008) ミクロ経済学のよき入門書。
2. Michael Parkin, *Microeconomics*, 9th ed. (Upper Saddle River, NJ: Prentice-Hall, 2009) 1 と並ぶ定番の入門書。
3. Robert Pindyck and Daniel Rubinfeld, *Microeconomics*, 7th ed. (Upper Saddle River, NJ: Prentice-Hall, 2008) 優れた中級教科書。

ミクロ経済学に関しては日本の経済学者の手による優れた教科書・解説書も多数出版されているが、ここでは二つの中級教科書と一つの上級教科書に対象を絞って紹介を行いたい。

① 奥野正寛『ミクロ経済学』(東京大学出版会・2008 年)
は代表的なミクロ経済学の中級教科書であり、本章で取り上げたほとんどすべての論点がより詳しくかつ明快に論じられている。

② 林貴志『ミクロ経済学』(ミネルヴァ書房・2007 年)
は①とほぼ同じレベルの中級教科書であるが、余剰概念と限界代替率の関係や部分均衡分析の方法論的限界あるいは序数的効用概念とフォン・ノイマン＝モルゲンシュテルン効用関数の関係など法律家にとって重要な厚生経済学上の諸問題が分かりやすく論じられている点において①と併読する価値のある 1 冊と言えるであろう。

③ 奥野正寛＝鈴村興太郎『ミクロ経済学 (1), (2)』(岩波書店・1985, 1988 年)
は、厚生経済学を詳しく論じている稀有の教科書であり、出版からかなりの年月が経過してはいるものの、本格的にミクロ経済学を学ばんとする法律家にとっては今日なお必読の書といえるであろう。

第 7 章　法の経済分析

1　概　　説

A　経済学的手法

　経済学的手法を用いた法の分析（以下，これを「**法の経済分析**〔Economic Analysis of Law〕」または「**法と経済学**〔Law and Economics〕」という）は，法律に関する二つの基本問題に答えることを目的としている。その第一は記述的な（descriptive）問題であり，個々の法律が人々の行動とその結果に与える影響を考えるものである。例えば，交通事故の加害者に賠償責任を課すことで事故は減るか否かを問う問題はこれにあたる。第二は規範的な（normative）問題であり，個々の法律が社会にとって望ましいものであるか否かを問うものである。例えば，事故の発生率，被害者への補償，法制度の維持に要する費用等を斟酌したうえで，交通事故の加害者に賠償責任を課すことは社会全体にとって望ましいことであるか否かを問う問題がこれにあたる。

　これら二つの問題に経済学的な手法を用いて答えを出そうとする場合には，個人の行動や法制度について一定のモデルを使うことが多い。モデルを使うことの利点は，記述的問題や規範的問題に曖昧さのない答えを出すことができることである。同時に，モデルを使うことで法律が人々の行動に及ぼす影響についての認識がより精緻なものとなり，法政策上の判断が容易になることが期待できる。

　記述的な問題を考えるにあたっては，通常，「行為者は未来だけを考えて行動し，その思考方法は純粋に合理的である」という仮定を置く。この仮定を設けることによって法律が人々の行動に及ぼす影響を推論することが容易となるが，さらに，人々の欲求や知識あるいは周囲の環境などの重要点をモデル上で明示することによって推論の精度を高めることができる。例えば，人はどの程度の注意を払って運転をするかという問題について考えてみよう。この問題もモデルを使えば判定可能なものとなる。それが可能となるのは，①事故が発生すれば運転者自身も負傷する危険に晒されているか否か，②賠償責任に関する法律の定めはどのようなものであるか，③どのような場合に訴訟が起きるか，

④運転者は自損保険や賠償責任保険に入っているかなどの点をすべてモデル上で特定するからである。

　もちろん、人々の実際の行動がモデル上予測されるものと異なる場合も少なくない。実際の人間の行動は様々な心理的要因に影響されるものであり、その結果、意思決定に「偏り（bias）」が生じることは否定できない。しかしながら、大多数の人間の行動は合理性を仮定することによって説明がつくものであり、そのような仮定に依拠したモデルを使用することは有益である。

　規範的な問題、つまり規則の評価は、「**社会的厚生**（social welfare）」という指標に基づいてこれを行う。指標を特定し、その指標上規則Aが規則Bよりも高い社会的厚生をもたらすならば、規則Aは規則Bよりも優れていると結論付ける（社会的厚生の意味については第6章で解説した）。分析を行うにあたっては主として便宜上の理由から、できるだけ単純な指標を用いることが一般的であり、本章においてもこの慣例に従いたい。

　行うべき単純化は二つある。第一に、社会的厚生の指標には所得の分配状況という要素を含めない。つまり、法律の価値を評価するにあたっては、その法律が所得の分配に与える影響を考慮しない。ただし、このことは所得の分配が重要でないことを意味するものではない。所得の分配に与える効果を考慮しない真の理由は、それを考慮しても分析が複雑になるだけであって、評価の結論は変わらないからである。所得の分配を考慮しても分析の結果が変わらないのは、社会には税を用いた所得の再分配制度があり、適正な所得の再分配は税制度を通じて達成可能だからである（以上の各点については第6章 **7** を参照されたい）。

　もう一つの単純化は、公平性や道徳性という理念に関するものである。例えば、「誤ちを犯した者は被害者の損害を弁償すべきである」という矯正的正義（corrective justice）の理念について考えてみよう。たしかに、矯正的正義の実現が社会の構成員にとって重要である限り、その点も社会的厚生の指標に組み入れるべきかもしれない。しかしながら、我々は分析を単純化するという目的のために、当面はこのような理念を分析の対象から除外する。これらの理念を規範的分析に組み入れることの当否については、本章の **7** で再度論じたい。

B　法の経済分析と他の方法を用いた法の分析との相違点

　ここまでの説明を読んで、法の経済分析と他の手段による法の分析との質的

な違いは何かについて疑問を抱いた読者もいることであろう。法が人々の行動に与える影響を判定し，価値の基準を定めて法の評価を行うことは，法の分析に携わるあらゆる者にとって意味のあることに違いない。したがって，このような一般的な意味において法の経済分析と他の分析手法とを区別することはできない。

しかしながら，法の経済分析と他の分析方法との間にはやはり少なからぬ質的相違があり，その違いは次の3点に要約できるように思われる。すなわち，第一に，法の経済分析は，モデルを使って仮説の実証分析を行うことに重点を置くものである。第二に，記述的な分析を行うにあたっては，「合理的な行為者」という仮定に大きな重点が置かれる。第三に，規範的な分析を行うにあたっては，他の分析手法においては評価の基準が不明確であるか，あるいは，そもそも何が評価の基準であるかを明らかにすることすらしないことが多いのに対して，法の経済分析を行う者は評価の基準として用いる社会的厚生の指標を明示することを常としている。

C 経済学的な手法が用いられるに至った歴史

経済学的な分析の起源はベッカリーア（Beccaria（1770））とベンサム（Bentham（1789））の両名が刑法に関する著作を公表したことを以ってその嚆矢とする。なかでも，ベンサムは，①検挙率と刑罰の重さの双方が犯罪の抑止に影響を与えること，②刑罰は効果的な抑止が期待できる場合にのみ科すべきであること，したがって，③心神喪失等のために抑止力が期待できない場合には刑罰を科すべきではないこと，などを詳らかに主張した。ところが，不思議なことに，法の経済分析はベンサム以降休眠状態に入ってしまった。活動が再開されたのは1960・70年代になってからであり，コース（Coase（1960））は所有権制度には隣人に対する有害な活動を抑える働きがあるという刺激的内容の論文を発表し，カラブレイジ（Calabresi（1970））は不法行為法のあり方についての論文を著し，ベッカー（Becker（1968））はベンサムの考察を拡張した犯罪論を公にして有名となった。さらに，ポズナー（Posner）は1972年に体系的教科

---

1) （訳者注）日本では，規則の良し悪しをその規則が人々の行動や，ひいては社会のあり方に与える影響によって判定するという考え方（これを「規則締結主義〔rule-consequentialism〕」という）自体を認めない——少なくともこれを法の主たる評価基準とは考えない——論者も多数いるように思われる。

書と数々の論文とを著し，同時に，法の経済分析に関する研究を定期的に発表する場とすべく Journal of Legal Studies を創刊した。法の経済分析が急速に発展し始めたのはこの頃からである。

> **Column 7-1　法と経済学の重要性の増加**
>
> 　法と経済学の重要性は高まる一方である。最近の法律実務では，当事者双方が経済学的議論を展開することが日常化しており，経済学者の鑑定意見が求められることも稀ではない。経済分析を提供して訴訟の進め方への助言を行う企業も多数出現して成功を収めていることは法と経済学の興隆の証と言えるであろう。法学界においては，法と経済学を扱う授業や講座が増え，この分野の専門雑誌や季刊誌の数が増えている。経済学界においても，法と経済学への関心が高まっており，近年ノーベル賞を受賞した2人の経済学者，すなわち，犯罪についての研究により同賞を受賞したゲイリー・ベッカー（Gary Becker）と交渉と法についての研究により同賞を受賞したロナルド・コース（Ronald Coase）は，いずれも法と経済学に則った思考方法の持ち主である。

2　財　産　法

　本項では，まず，所有権の存在意義とその成立について述べ，次に，所有権の分割，財産の取得と処分，収用などの諸点を取り上げ，最後に，やや特殊な論点として知的財産権について検討する。

A　所有権の定義

　ここでは，「**所有権**（Property Right）」（場合により「**財産権**」ということもある）という用語を，広く「**使用収益権**（Possessory Right）」と「**処分権**（Right of Transfer）」を意味するものとして用いる。使用収益権とは，自ら対象物を使用し，他人の使用を排除する権利のことであり，処分権とは，使用収益権を他人に移転する権利のことである。

B　所有権の存在意義

　所有権に関する積年の根本問題は，「なぜ所有権が存在するのか」というものである。これは，物に対する使用収益権や処分権を保護することがなぜ広い意味での社会的厚生を高めるのかという問題といい換えてもよいであろう。

考え得る第一の要因は労働へのインセンティブであり，これと関連する第二の要因は，物を保存し，改良するインセンティブである。例えば，土地を所有している者はその土地で作物を育てたり，その土地が浸食されることを防ぐインセンティブを抱くに違いない。

第三の要因は，所有権が存在することによって財物の有益な移転が促進される点である。所有権が存在することで，譲渡人と譲受人の相互に利益となる財物の譲渡が発生する。高齢となった所有者が自分の土地での農作業を行うことができなくなった場合や土地の所有者が別の土地に引っ越したいと望んでいる場合がその例である。さらに，財物の取引が活発化すると間接的に生産の効率性が促進されて社会的厚生が高まる。この点をもう少し詳しく説明しよう。効率的な生産を実施するには，少数の製品を作るために多数の人の力を結集させなければならない。しかしながら，製品ができあがってもそれだけでは最善の状態とはいい難い。工場で何千という数の製品をつくる人々はそれらの製品だけを消費して生活していくわけにはいかないからである。社会的厚生を高めるためには財物の売買が必要であり，これが実施されてはじめて，各自が多種多様な財物を消費することが可能になる。

第四の要因は，所有権制度が確立されることにより紛争が減少し，財物を奪い合う労力を省くことができることである。時として物理的な衝突を伴う紛争の発生や財物を奪い合う労力の消費は社会全体にとって決して望ましいものではない。なぜならば，それにより損害が生じることはあっても，何かが新たに生産されることは決してあり得ない（すでに存在する財物の再分配しか生じない）からである。

所有権の存在意義となる第五の要因は人々が抱えるリスクが低減することであり，第六の要因は望ましい富の再分配を実現できることである。所有権を認めることで財物が窃取されるリスクが軽減することは明らかであろう。さらに，所有権があることは，強制力を用いることなしに望ましい富の再分配を可能とする。

ところで，上記の各要因は，なぜ所有権が社会的に有益なものであるかの説明にはなっても，特定の所有権制度を必然視するものではなく，いわんや，（国ではなく）個人が物を所有するという私有財産制を正当化する根拠とはなり得ない。所有権がもたらす便益は，様々な所有権制度の下で享受可能だからであり，例えば，使用収益権を保護することは，社会主義体制の下でも資本主義

体制の下でも同様に無益な争いの回避につながるものである。さらに，個人が自らの成果物を所有できない社会主義体制の下においても，職場の上司の監督や適切な給与体系を通じて労働者にインセンティブを与えることは可能である。私有財産制が社会主義その他の所有権制度よりも優れているか否かという問題は所有権の存在意義を超える複雑な問題であり，本章では取り上げない。

C 所有権の成立

歴史上所有権はどのようにして成立したのか。この問いに対する一つの仮説は，「そのような権利が全く（あるいはほとんど）なかった時代において，所有権を作り出すことの利点がその制度の創設と維持に要する費用を上回ったから成立した」というものであろう。この点を例証する事例はいくつか存在する。

例えば，土地の権利に関する有名な事例として，カリフォルニアのゴールドラッシュ時代のものがある。1848年に金鉱が見つかった当時のカリフォルニアは，メキシコから割譲されたばかりであったこともあって，土地や鉱物の権利に関する制度をほとんど持ち合わせていなかった。しかし，その後の短期間において，カリフォルニアの金産出地域はいくつかの区画に分けられ，金の採掘者達は，各区画において土地の所有権に関する明示の合意を結び，その譲渡手段や窃盗その他の法律違反の処罰方法を詳しく定めるに至った。金の採掘は労力のかかる営みであり，また，様々な投資も必要だったからである。金を採掘するためには坑道を掘ったり，泥土から金を取り出すための用水路を引かねばならないが，採掘した金を誰かに盗まれたり，坑道や用水路を設けた土地を第三者に取り上げられたりしないことの合理的な保証がなければ，これらの活動はなされず，十分な量の金が採掘されることもなかったであろう。

土地の権利に関するもう一つの事例は，フランス人と原住民の間で毛皮取引が行われていた時代のラブラドル半島におけるものである。北米ラブラドル半島における毛皮取引の黎明期において，一部の原住民部族は，それまで存在しなかった所有権制度を創設した。土地の所有者は木々に刻まれた目印によって識別され，所有権は侵入者に対する報復の権利を伴うものであった。この制度の説明としていえることは，土地の所有権を認めなければ，毛皮のとれる動物（特にビーバー）の乱獲が起こり，資源が尽きてしまっていただろうということである。土地の所有権があることで，土地の所有者は自らの土地の動物資源を保全する（例えば，幼獣の捕獲を見合わせたり，罠を仕掛ける土地を定期的に変更す

るなどの）インセンティブを抱くようになり，そうすることによって所有者は後でより多くの資源を手に得ることができるようになった。

　もう一つの事例は，海洋資源（水産資源および原油・鉱物等の海底資源）に関するものである。最近に至るまで魚類は事実上無尽蔵なものと考えられていたため，漁業に関する所有権というものは存在しなかった。しかし，19世紀末のトロール漁船の出現により一部の水産資源の減少が始まり，今日では大規模で近代的な漁業手段（加工船，長距離網，魚群探知機等）の導入によって水産資源は大幅に減少しつつある。そこで，各国は水産資源を保全すべく，条約を通じて海岸接続水域における水産資源の所有権（漁業権）を認める制度を創り出した。現在，各国は，海岸から200海里に及ぶ排他的経済水域（Exclusive Economic Zone, EEZ）において漁業権を有することが認められている。これにより，各国は，将来より多くの漁獲高を得るために水産資源が枯渇しないよう配慮するインセンティブを抱くようになった（ただし，このようなインセンティブが生じるのは，対象となる水産資源が排他的経済水域の外に流出しないものである場合に限られる）。原油や鉱物等の海底資源に関しても，第二次世界大戦の終結前後にその商業的採掘の可能性が判明するまでその所有権は認められていなかった。今日，沿岸諸国は，排他的経済水域内の海底資源に対して所有権を有しており，これにより，沿岸諸国（正確には，これらの国から許可を受けた企業）は，採掘技術を開発して，原油や鉱物（現時点では，主としてマンガン団塊）等の海底資源を採掘するインセンティブを持つようになった。

> **Column 7-2**　ビーバーと原住民についての謎
>
> 　ラブラドル半島における土地の権利についての説明に関する一つの謎は，所有地からビーバーが盗まれるのをどのように防いだのかということである。昼夜を問わずにビーバーを守ることはできなかったであろう。原住民はどのようにして密漁を防いだのであろうか。
>
> 　もう一つの謎は，なぜビーバーの乱獲を禁止する合意を結ぶだけではだめだったのかという問題である。そのような合意を結ぶことは土地の所有権制度を創設するよりも容易だったのではなかろうか。

D　所有権の分割

　所有権の存在意義に関する議論はここまでとし，次に，所有権の分割につい

て述べる。所有権の分割は、一つの権利を同時に存在する異なる権利に分けるもの（例えば、所有権と通行地役権）、新たな権利が条件付きで発生する場合（例えば、石油が発見された場合の採掘権）、権利が認められる時間を異にする場合（例えば、所有権と賃借権）など分割の態様は様々である。使用収益権と処分権が分離される場合もある。例えば、信託が設定された場合、受託者は財産を処分する権利は有するものの、その財産を使用せず、処分の対価も受けとらない。

　使用収益権を分割することに一般的な利点が認められるのは、権利のうちのある部分が本来の所有者よりも第三者にとってより価値があるという事態が生じ得るからである。その場合、ある部分だけを分割し、その所有権を本来の所有者から第三者に移す取引は双方にとって有益であり、互いの厚生を高めることとなる。例えば、家屋を所有しているＡ氏が自らはその家屋を使う予定がないのにＢ氏がその家屋を必要とする場合、その家屋をＡ氏がＢ氏に賃貸することは両氏にとって利益となる。処分権と使用収益権を分離する利点は、処分を決定するのに必要な情報を使用収益権の保有者が持ち合わせていない場合に生じる。成人が未成年者の受託者となるのはその代表例である。

　使用収益権を分割することの主たる問題点は、分割の取決め内容に関して疑義が生じることである（例えば、ある土地のどの範囲の通行が許されているのかについて所有者と通行地役権者の理解が異なる場合がそうである）。権利の分割は分割された権利の保有者相互間における権利侵害を引き起こすこともある（例えば、通行地役権者は所有者の耕作物を踏み荒らすかもしれないし、家屋の賃借人はその家屋を傷めてしまうかもしれない）。さらに、権利の分割によって一定の固定費用が発生する場合もある（例えば、家屋の賃貸借はしばしば賃貸人と賃借人の双方に引越費用を生ぜしめる）。

Ｅ　財産の取得と処分

　本項では、財産の取得と処分に関する論点を取り上げる。

(1)　無　主　物

　野生動物や魚類、長期間所在不明となっている宝物、鉱床や油田、あるいは、歴史的に何人も権利を主張したことのない土地などは、取得可能な無主物の代表である。このような無主物については、誰がどのような条件の下でその所有者となるのかを定めたルールを制定しなければならない。

　代表的なルールは、「無主物を最初に発見した者、あるいは最初にこれを支

配した者がその所有者となる」というものであり，これを「**無主物先占ルール** (finders-keepers rule)」という。ある無主物に関して，その獲得のための努力（野生動物の捕獲や油田の探索など）をする者が1人だけの場合，無主物先占ルールは投資のインセンティブを最適なものとする。なぜならば，その場合における獲得の努力は，獲得に要する費用が獲得しようとしている財産の価値の（発見できない可能性も計算に入れたうえでの）期待値を上回らない限度においてのみなされるからである。

しかしながら，複数の者が無主物を求める場合には，社会全体でみれば過剰な投資が行われる恐れがある。その主たる理由は，1人の投資は，社会全体における無主物発見の確率を必ずしも高めるものではなく，むしろ他者が無主物を発見する可能性を犠牲にして行われることがしばしばだからである。事例を使って説明しよう。ある湖で何人かの人が釣りをしており，現在の数の釣り人だけでも湖の魚を全部獲り尽くすのに十分であると仮定する。そこに，さらにもう1人の釣り人が加わることは社会全体にとって望ましいことではない。なぜならば，その人が加わらなくてもどのみち魚は全て獲り尽くされるのであるから，その新しい釣り人の活動は社会全体の生産量の向上に何らの貢献もしないからである。しかしながら，その人個人としては，何匹かの魚が獲れる見込みがある以上自分も釣り人の群れに加わりたいと考えたとしても不思議ではない。獲った魚は自分の利益になるが，自分が魚を獲ることで生じる他者の漁獲量の減少は考慮する立場にないからである。

財産の取得を規律する法制度の中には，無主物先占ルールの下で生じるこの過剰な活動を緩和する役割を期待したものが少なくない。その代表例としては，漁獲高や野生動物の捕獲量を制限する規制，鉱物を探索する権利を競売に付する制度，石油採掘権の共同行使を義務付ける制度（unitization）などがある。

(2) **正当な所有者の確定**

財産の譲渡に関して解決を迫られる根本的な法律問題は，正当な所有者が誰であるかをどのようにして判定するかという問題である。買主は，売主が正当な所有者であることをどのようにして確かめるのか。また，買主は，どのような手続をとれば正当な所有権を取得できるのか。これらの問題を解決しなければ，売買取引は阻害され，財物の不法領得が慫慂されかねない。

とり得る一つの法制度は，財物の所有者を記録する「**登記・登録制度**（registration system）」である。登記・登録制度の例としては，土地，船舶，自動車，

あるいは，様々な金融商品の登記・登録制度が挙げられる。取引の対象物が登録簿に記録されていれば，買主はこれを調べることによって売主が正当な所有者であるか否かを容易に確認できるし，自らの名前を新所有者として登録簿に記録することによって財物の正当な所有者となることができる。一方，不法に財物を領得しても他人の名前が登記簿に記録されている限りその財物を自分のものだと主張することはできない。

しかしながら，財物自体の価値や不法領得を防止することの価値に比べて登記・登録制度を確立しこれを運営するコストの方が高くつく場合には登記・登録制度は採用されない。そのような場合において正当な所有者を確定するためのルールとしては次の二つが考えられる。その一つは，「**原所有者ルール**（original ownership rule）」であり，このルールの下では，前の所有者が無権利者である限り買主は権利を取得できない。他方で，財物を窃取された者は，従来自分が所有権を有していたことさえ立証すれば，引き続きその財物の所有者であると認められる。もう一つは，「**善意取得ルール**（bona fide purchaser rule）」である。このルールの下では，買主は売買取引が誠実なものである（つまり，売主が正当な所有権を有する）と信じる合理的な理由がある限り，たとえ売買の目的物が過去に窃盗その他の行為により不法に領得されたものであっても有効な所有権を取得できる。これら二つのルールは，不法領得者に対して異なったインセンティブを与える。注意すべきことは，善意取得ルールの下では財物の不法領得が相対的に魅力的となることである。対象物が不法に領得された物であっても買主が善意である限りその後の使用・譲渡が認められる以上，買主は取引が誠実なものであると「信じ」ようとする動機をもつからである。その結果，不法領得行為の発生頻度は相対的に高まるであろう。さらに，領得された財物を取り戻すことが困難であることから，所有者は財物を守るためにより多くのコストをかけなければならない。このコストも善意取得ルールがもたらす社会的コストの一部である。他方において，善意取得ルールの下では，買主は真の所有者が誰であるかを調査するインセンティブを持たないが，このことは取引費用を下げるという利点をもたらす。この利点は不法領得の抑止という点とトレード・オフの関係にあるといってよいであろう。

(3) 売買に対する法的な制限

財物の売買は取引を行う当事者双方に利益をもたらすものであるから，これを促進することは社会全体にとって原則として望ましいことである。しかし

ながら，（税金を賦課したり，あるいは，売買を完全に禁止したりすることも含めて）商品役務の売買に何らかの法的な制限を課すことが社会にとって利益となる理由が二つ存在する。売買に法的な制限を課すことを正当化し得る第一の理由は外部性（323頁以下参照）である。例えば，銃の売買を違法とする制度は，「犯罪の誘発」という銃の所有が生み出す外部性を考慮してのものである。燃料の販売に関しては，燃料の使用が生み出す汚染を考慮してピグー税（328頁参照）を賦課するという政策が考えられる。もう一つの一般的な正当化理由は消費者の情報不足である。例えば，医薬品の場合，買主が適切に服用しないリスクを理由に，処方箋の提示を販売の条件とすることがあり得る。ただし，この場合には，適切な情報を政府が消費者に提供するにとどめ（医薬品の場合には，副作用の危険を説明したり，医療専門家の助言を受けてのみ使用すべきことを勧告するにとどめ），売買自体には制限を課さないという代替案の方がよい場合もあるので注意が必要である。

Column 7-3　幼児売買はなぜいけないのか？

リチャード・ポズナー（Richard Posner）判事のように経済学的分析を得意とする学者の間では，幼児市場という構想が考えられてきた。幼児市場を設立すれば，子供を養子に欲しい人々と子供を養子に出したい人々との間での取引が可能となり，そのいずれもが利益を受けるという発想はある意味非常に分かりやすいものである。しかしながら，この市場には外部性の問題が潜んでいるかもしれない。であるとすれば，取引の対象となる幼児自身の利害状況や，周囲の人々にもたらす影響を調べる必要がある。その結果，負の外部性が認められる場合にはどうすべきか。幼児売買市場に規制を加える方法とこれを全面的に禁止する方法のいずれかが望ましい解決策であろうか。

(4) 贈　　　与

売買以外で，財物の所有権が移転する主たる原因は贈与（遺贈を含む）である。贈与が一般的に認められているのはある意味当然である。なぜならば，贈与は，売買と同様に取引の当事者双方の利益となるものだからである（贈与者も取引によって必ず利益を得ている。そうでなければ贈与が実施されるはずがない）。ただし，国が補助金を与えなければ，贈与の水準は社会的に最適な水準を下回る可能性が高いという点に留意が必要である。なぜなら，贈与を行う者のイン

センティブの中に受贈者の利益が十分に反映されることは稀だからである。さらに，一定の贈与，特に慈善目的の贈与には公共財としての役割や富の再分配を促進する機能があるので，そのような贈与を補助金の対象とすることには十分な合理性が認められる場合が多い。実際にも，法律は，受贈者に（慈善目的の場合には，贈与者に対しても）課税上の恩典を与えることによって一定の贈与を優遇している。一方，個人間の大規模な贈与に対しては大きな贈与税や資産税が課されている。

F 財産の使用が第三者に及ぼす影響：外部性

財産の使用は第三者の損益に影響を与える場合があるが，これについては「外部性」の問題としてすでに第6章で論じた（同章 **5** 参照）。

G 公 共 財 産

国（地方公共団体を含む。以下，同じ）が所有している財産を「**公共財産**（public property）」と呼ぶ。公共財産の多くは公共財（332頁以下参照）としての役割を果たしている。公共財の存在意義については第6章で説明した（同章 **6** 参照）。

H 公共財産の取得

国は，公共の目的に用いるべく様々な財産を取得しなければならない。その際の取得方法には，財産の所有者と契約を結んでこれを取得する方法と「**収用権**（power of eminent domain）」を行使して取得する方法の二つがある。ここで，収用とは，公権力に基づき国が私人から財産を強制的に接収することである。収用権を行使する場合には，収用する財産の価値相当額をその所有者に補償することを国に義務付ける制度が一般的であり，以下，この制度が存在すると仮定して議論を進める。

契約に基づく購入と補償を伴う収用の違いは，所有者が取得する対価の額が前者においては交渉により決められるのに対して，後者においては国により一方的に決められる点にある。国が判断を誤る可能性や公務員の行動には職権の濫用その他の問題がつきまとうことへの懸念から，一般的には，契約による購入の方が補償を伴う収用よりも望ましい場合が多い。しかしながら，国による資産の購入を頑なに拒んで国の有用な計画の阻害ないしは遅延要因となる人物がいる場合には資産購入だけで目的を達成することはできない。例えば，道路

の建設等のために政府が隣接している多数の敷地を買い集めようとしても所有地の売却を断固拒否する人間が現れれば買収を完了させることはできない。このような場合には，収用権を行使することが社会全体にとって望ましい結果をもたらすことが多い。

　国の財産取得方法の現状を調べてみると，対象資産が動産の場合はもちろんのこと，対象資産が不動産の場合であっても大半の資産取得は契約の締結を通じて実施されており，収用権が行使されるのは，主として，道路やダムや公園を建設する場合や，鉄道や送電線を敷設するための専用地役権を取得する場合に限られている。

　ところで，国が財産を収用する際の所有者に対する補償は本当に必要であろうか。この点を考えるにあたり，最初に理解すべきことは，「補償がなければ財産の所有者は収用のリスクを自分で負担しなければならないから補償が必要だ」という説明は必ずしも正しいものではないという点である。その理由は，補償がなければ収用保険の市場が成立する可能性が高いからである。もう少し詳しく説明しよう。例えば，10万ドルの財産に関して年に0.1％の確率で収用されるリスクが存在する場合，この財産が収用されるリスクに対する適正な保険料は100ドル（＝10万ドル×0.1％）であり，この値を対価とする「収用保険」が販売されるはずである。さらに，収用に対する補償が不要となれば，国は収用保険の適正保険料（上記の100ドル）と等しい額だけ対象資産の資産税額を減らすことができる。したがって，全体として見れば，収用に対して国の補償がある制度と補償に代わる収用保険に頼る制度は，資産の所有者の利害という観点からは優劣が付け難い。

　しかしながら，収用が補償を伴う場合には，財産の所有者が社会的に過剰な投資を行う恐れが生じる。例えば，自分の土地が道路建設のために収用される可能性があることを知っていても，所有者はその土地にあえて家屋を建築するかもしれない。土地が収用される場合にはその家屋についても補償が得られることを知っているからである。しかしながら，道路建設のために土地が収用される確率が高い場合において，早晩壊されるはずの家屋をわざわざ建築することは社会的には正当化されないものである。

　補償を正当化する根拠は，それが国のインセンティブに及ぼす影響の中に見出すことができるかもしれない。補償を必要とすることによって，財産の取得に対して国が過度に熱心になったりそのために権力を濫用する恐れが低下する

という考え方はたしかにあり得るであろう。しかしながら，補償を必要とすれば，ただでさえ不十分な公共活動がさらに抑制される可能性も否定できないのであるから（政府関係者は収用によって具体的利益を得るわけではない点に留意されたい），補償を必要とすることが国のインセンティブに全体としてプラスの働きをするのかマイナスの働きをするのかは必ずしも明らかでない。のみならず，国を公共の利益のために行動させる金銭的インセンティブという論点は一般的には議論されておらず，収用の問題についてだけこの点を取り上げることは議論の一貫性を欠いているようにも思われる。

I 知的財産権

多くの法制度は，発明，書籍，映画，テレビ番組，楽曲，コンピューター・ソフトウェア，コンピューター・チップのデザイン，人工有機体，商標など様々な情報に対して財産権を認めており，現代経済におけるこのような情報の創作と使用，さらには，これらの情報を規律する法律の重要性は日ごとに増している。以下では，このテーマを次の三つに分けて検討する。最初に，何かを生み出すために繰り返し使うことができる情報（その典型は発明である）について議論する。その中で，特許権，著作権および営業秘密に関する法律についても簡単に言及したい。次に，以上の情報とは異なるいくつかの種類の情報とその保護について説明し，最後に，さまざまな種類の標章とこれに対する商標法上の保護について検討する。

(1) 発明，創作その他の知的成果物

法律上財産権が認められている伝統的な知的成果物は発明と文学，音楽その他の芸術分野における作品である。

このような知的成果物の創作と使用はいかなる限度においてなされることが社会的に望ましいのか。この問題について，まずは知的成果物がすでに存在しているという前提に立って考えてみたい。この場合，知的成果物を用いた商品役務を生産するための限界費用を上回る価値を見出すすべての人の使用を認めることが社会的に最適である。したがって，発明された機械装置はその製造費用を超える価値を見出すすべての人によって用いられるべきであり，書籍はその印刷費用を超える価値を見出すすべての人によって読まれるべきであり，ソフトウェアはそのダウンロードに要するわずかな費用を超える価値を見出すすべての人によって使われるべきである。知的成果物を用いた商品に対して人々

が見出す価値の総和からその製造または供給に要する費用を差し引いた値を，以下，その知的成果物がすでに存在している場合におけるその知的成果物の**「最適な社会的価値（optimal social value）」**と呼ぶことにする。

　最適な社会的価値という概念を使えば，いかなる場合に知的成果物が創り出されるべきかという問いに対しても答えることができる。すなわち，知的成果物を創り出すのに必要な費用がその知的成果物の最適な社会的価値（正確にいえば，その期待値）を下回る限りにおいて，その知的成果物は創り出されるべきである。

　以上の分析を踏まえて考えると，知的成果物に財産権を認めることの利点と難点は何であるかも自ずと明らかになる。すなわち，知的財産権がなければ，知的成果物の創作者は競争者が複製品を作り出すまでの限られた期間においてしか利益を享受することができない。したがって，知的成果者の創作者が得る利益は，その知的成果物の最適な社会的価値よりも少なく（おそらくは，はるかに少なく）なってしまい，結果として，知的成果物の創作は社会的な最適量を下回る可能性が高い。これに対して，知的財産権があれば知的成果物の創作者はそれを用いた製品の独占権を得ることができるので，知的成果物を生み出すインセンティブが高まる。知的成果物を創り出すこの原動力こそが知的財産権を認めることの最大の利点である。

　知的財産権を認めることの主たる問題は，独占価格が設定されることにより知的成果物を用いた製品の生産および供給が社会的に不十分となることである。独占価格は限界生産費用を上回るので，限界生産費用以上独占価格未満の金額しか支払う用意のない人々は知的成果物を用いた商品の購入を断念せざるを得ず，結果として，少なからぬ余剰の喪失が生じる（詳しくは，第6章における独占についての解説を参照されたい）。この問題は，独占価格が限界生産費用を大きく上回る場合に特に深刻であり，その典型例は供給費用が事実上ゼロであるにもかかわらずパッケージあたり数百ドルで販売されるソフトウェアであろう。

　もう一つの問題は，特許をはじめとする知的成果物の開発競争に関するものである。最初に開発した者だけに権利が与えられるとする限り，社会的には非効率な開発競争が発生する。開発競争に打ち勝って知的財産権を得ることの私的利益が知的成果物の開発時期を早めることの社会的価値を上回る限りこの不効率は避け難いものである。例えば，ある製薬会社が他社よりも1日だけ早く特許を出願するために100万ドルを費やすという事態を考えてもらえれば分か

りやすいであろう。この特許権を取得することに100万ドル以上の価値があるとすれば，この投資は製薬会社にとって合理的なものである。しかし，特許権の成立が1日だけ早まることの社会的価値は無視できるほど小さいのではないだろうか。

　特許法と著作権法は知的財産権制度の中核である。ただし，これらの法律が知的成果物に与えている保護の態様は様々な点において限定的であり，そうすることによって知的成果物を生み出す動機の付与と独占問題の緩和という二つの要請の調和が図られている。具体的には，特許権と著作権にはいずれも有効期間が付されており，同時に，独占が認められる行為の範囲についても限定がある。後者の例でいうと，「公正な使用」にあたる場合には著作物の一部を引用することが認められている[2]。引用が許されることによって著作権者が失う利益はほとんどないであろうが（数頁だけを読むために本を買う人はいないであろう），反対に，単なる引用のためにも許諾が必要となれば，それを得るために発生する取引費用は無駄であるし，引用そのものを断念する人も現れるかもしれない。

　営業秘密に対する法律上の保護の態様は特許法や著作権法上のものとはかなり異なっている。営業秘密に対する法的保護の法源は主として契約法や不法行為法であり，これらの法律によって保護される営業秘密の中には製造工程や商品の成分表のように特許法や著作権法上の保護の対象にもなり得るものから（顧客リストのように）このような法律の保証は受けないが商業上の価値を有する情報まで様々なものが含まれている[3]。従業員は雇用主の営業秘密を自らの目的に使用してはならないという雇用契約上の規定が契約法上強制力を認められていることなどは，営業秘密に対する法律上の保護の一例と考えてよいであろう。営業秘密に対する法的保護を受けるためには，特許権や著作権の場合のように一定費用の支出や一定条件の充足が要件とされることはない。期限がない点も営業秘密の保護の特徴である（例えば，コカ・コーラの成分表の秘密は1世紀以上にわたって保護されている）。しかしながら，営業秘密の保護には特許権の保護よりも弱い側面もある。中でも，リバース・エンジニアリングや独自の開発に対抗できない点は営業秘密の弱点である。

---

2) （訳者注）　日本では，引用を行うために「公正な慣行」への合致と目的の正当性とが必要とされている（著作権法32条1項）。
3) （訳者注）　日本では，契約法や不法行為法の一般規定に加えて，「不正競争防止法」が営業秘密保護の重要な法源となっている。

2 財産法

　知的所産権の注目すべき代替案は，知的成果物を生み出した者に国が「**報奨金（rewards）**」を支払い，それと引き換えにその知的成果物を万人が利用できるようにする制度である。この制度（以下，これを「報奨制度」という）の下では，例えば，書籍を執筆した者は国から報奨金を受け取る一方で（報奨金の額は，おそらく書籍の販売部数に応じたものとなるであろう），その書籍を出版したいと思う者は誰でもこれを出版することができる。報奨制度は知的成果物を生み出す者に利益を与えることによってその創作を奨励する点においては知的財産権制度と同じであるが，（知的財産権制度の場合と異なり）知的成果物を用いた商品が独占価格で販売されることはなく，したがって，知的成果物の最適な供給を実現することができる。著作権や特許権がない以上，例えば，書籍は印刷費用で出版可能であり，ソフトウェアは無料で入手可能となるであろう。この点において，報奨制度は知的財産権制度よりも優れた制度であるが，反面，報奨制度には重大な問題も内在している。それは，適正な報奨金額を定めるためには国は知的成果物の価値に関する情報を知っていなければならないという問題である。基礎研究その他の知的成果物に助成金を与える制度は一種の報奨制度であり，この意味において報酬制度は現行制度の下でもすでに実施されている。ただし，このような制度の対象となる知的成果物はほとんどの場合が直接の商業的価値を持たないものに限られていることもまた事実である。

Column 7-4　報奨制度の過去と未来

　歴史を振り返ると，発明を促進しつつ独占を避けるための政策として報奨金制度はしばしば利用されてきた。例えば，エドワード・ジェンナー（Edward Jenner）は種痘ワクチンを発明したことで多額の報奨金を得たし，ナポレオンは缶詰製造工程の発明者に賞金を与え，英国政府は経度測定器の発明者に報奨金を受与した。

　今日，報奨金制度の魅力は増大しているようであり，その潜在的対象物には，音楽や映画など電子的に記録可能な商品のほとんどすべてが含まれるように思われる。これらの商品は，インターネットで供給可能であるがゆえにその供給コストは実質的にゼロであるにもかかわらず，実際には非常に高い価格で販売されている。しかも，海賊版の横行を防ぐために多大な資金が投入され（にもかかわらず，その成果はあがっていない），訴訟にも莫大な労力が割かれている。このことは，これらの分野における特許や著作権制度の社会的コストが非常に割高であることを意味している。しかし，これらのコストは本来避け得るものであり，知的財産権制度に代えて報奨金制度を用いれば，すべての電子的商品は無料で入手可能となるかもしれない。

(2) その他の種類の情報

情報にはこれまで議論してきたもの以外にもたくさんの種類があり、その中の一つに「一度しか使えない情報（例えば、ある特定の地域に原油が埋蔵されているという情報）」がある。この種の情報に対して財産権を与えることは必ずしも必要でない。情報の保有者がその情報を使ってしまえば（上記の例では、原油を採掘してしまえば）、その情報にはもはや価値がなく、したがって他人がその情報を使おうとすることもないからである。しかしながら、情報の保有者が情報を自ら使うことができない場合には（例えば、採掘権の取得に手間取るということは大いにあり得る）、情報に財産権を与えることに意味があり、そうすることによって有益な情報の取得が促進される可能性が高まる。さらに、一度しか利用できない情報である以上、これに財産権を認めても情報の利用が不当に減少するという問題は発生しない。そこで、実際の法制度においても、埋蔵原油の所在に関する情報などに対しては営業秘密に関する法律や一般の不法行為法や契約法を通じた保護が与えられている。

次に検討したいのは、将来の市場価格に関する情報である。このような情報の場合、情報を得ることの私的価値と社会的価値とがしばしば大きく乖離する。例えば、害虫によってカカオの木が壊滅的な被害を受け、それゆえカカオの価格が上昇するという情報をいち早く知った者は、カカオの先物を買うことによって私的利益を得ることができる。一方、この情報の社会的価値は、主として、この情報がもたらす人々の生産行動や消費行動の改善によって生じる。例えば、カカオの先物価格の上昇により、菓子メーカーはカカオの投入量を節約し、あるいは、チョコレートの生産を他の種類の菓子の生産に切り替えることによって生産性の向上を図ることができる。将来のカカオの価格に関する情報を先に知った者が得る私的利益と、その情報の社会的価値のいずれが大きいかといえば、前者が大きい場合もあれば（例えば、情報が公になる1時間前に情報を入手した者の私的利益はその情報の社会的価値を大きく上回るだろう）、後者が大きい場合もあるだろう（例えば、早期に情報を入手しても、先物に投資する資金がなければ利益は得られないであろう）。それゆえ、価格変動に関する情報に財産権を認めることでそのような情報の取得を促すことが社会的に望ましいかどうかは必ずしも明らかでない。ただし、一般的には、法律はそのような情報の取得を抑制しておらず（ただし、例外としてインサイダー情報に基づく取引の規制がある）、むしろ、営業秘密を保護する法制度を通じてその取得を促進している。

最後に、個人のプライバシーに関する情報について考えてみよう。プライバシー情報を得るためには調査が必要であり（ただし、偶発的に情報を取得できる場合もある）、そのための努力はプライバシー情報を取得するためのコストに他ならない。一方、プライバシー情報の社会的価値は複雑である。ある人のプライバシー情報が世間に知られることは、一般に、その人の効用を低下させ、他の人々の効用を高める結果をもたらすが、両者をあわせた正味の効果がいかなるものであるかは明らかでない。さらに、誰かが自分のプライバシーを調査していることに気が付いた者は自分の行動を変える可能性がある。その結果、社会的に望ましくない行動（例えば犯罪行為）が減少することもあるだろうが、逆に、社会的に望ましい行為が（公になると恥ずかしいなどの理由によって）減少する可能性も否定できない。さらに、自分の行動を秘匿するため労力をかける人もでてくるであろうが、その労力自体も社会にとっては追加のコストである。このように、プライバシー情報の取得や開示には社会的に望ましい面と社会的に望ましくない面の双方が混在している。法律は脅迫行為を罰することによって他人のプライバシー情報を使って利益を得る行為を抑制しているが、それ以外の面ではプライバシー情報の取得を規制する法律は一般に存在していない[4]。さらに、法律はプライバシー情報について限定的ながら財産権を認めている。他人のプライバシー情報を出版社に売って利益を得ることが禁止されていないことはその証左といってよいであろう。

以上を要するに、情報に財産権的保護を与えることが望ましいかどうかを考えるにつき検討すべき要素は情報の種類によって異なり、その際に用いるべき分析の手法も(1)で論じた繰り返し使える情報の分析の場合とは異なるものとならざるを得ない。

(3) 標　章

多くの商品役務は標章によって識別される。消費者は商品役務の品質を直接判断できない場合が多いことを考えると、標章の使用には社会的に大きな価値が認められる。標章があることによって、消費者は商品役務の品質を調査するために費用をかけることなく（そもそも調査自体可能でない場合も多いが）、品質に基づいた消費行動をとることができる。見知らぬ街で高級ホテルに泊まりたいと思う人も標章を頼りにホテルを選べば（例えば、「Ritz Hotel」を選べば）、そ

---

[4]　（訳者注）　日本では、名誉毀損に関する民事上（民法710条・723条）と刑事上（刑法230条）の規定もプライバシー情報の利用に対する規制の役割を果たしている。

れ以上の調査をしなくても目的に適ったホテルに泊まることができる。くわえて，標章を通じて消費者が品質を認識できるようになれば，高品質な商品役務を作り出そうとする売主のインセンティブも高まる。

標章に財産権（つまり，他人が同じ標章を使うことを拒む権利）を認めることは標章が生み出す社会的価値を確保するために必要不可欠であり，法制度が商標法を通じてこの権利を認めていることはある意味当然である。なお，商標権には（特許権や著作権と異なり）期限がないが，商標権を保護する理由は時間の経過とともに低減するものではないことを考えれば，この点にも目的合理性がある。

商標権保護のあり方を考えるうえで重要な視点は，「消費者の誤認・混同の防止」である。そこで，消費者を欺くような類似商標（例えば，「Liz Claiborne」〔米国で有名な通販サイトのブランド〕の1字を変えただけの「Liz Clayborne」など）は禁止される一方で，市場が全く異なる場合には同一の標章の使用も許される場合がある。

標章は，通常，独自性のある文字や記号の組み合わせであることが要求される。そうしないと，普通の文字や記号の使用が阻害されてしまうからである（仮に，レストランが「美味しい食事」という言葉で商標権をとれるとすれば，他のレストランはこの言葉を使った宣伝が一切できなくなってしまう）。

3　不法行為法

本項では，加害者と被害者という2人1組の当事者が関与する各種の事故についてモデルを使った考察を行う。想定される事故の中には，加害者は車の運転者で被害者は自転車の操縦者である事故や加害者は発破工事の作業従事者で被害者は通行人である事故など様々なものがある。考察の対象とする法制度は，「**厳格責任ルール**（strict liability rule）」[5]と「**過失責任ルール**（liability rule）」と，それぞれに関する若干の派生的ルールである。以下では，まず，法制度が当事者の行動に及ぼす影響について考え，次に，法制度と保険制度の関係について検討し，最後に，法制度の運営コストの問題について検討する。

---

[5]　（訳者注）「厳格責任ルール」は加害者の「過失」を不法行為の成立要件としないことから，日本では「無過失責任ルール」とも呼ばれている。

A　加害者だけを原因とする事故と注意の水準

　最初に最も単純なモデルとして，加害者の行動だけが原因である事故について考えてみよう。ここでは，加害者が事故を回避するためにいかなる注意を払うかだけが事故の発生確率に影響を与え，被害者の行動は結果に影響しないものと仮定する。例えば，飛行機がビルに衝突する事故の場合，被害を回避するために被害者がとり得る行動は無いに等しく，文字通り「加害者だけを原因とする事故」といってよいであろう。他の場合であっても，事故の回避のために被害者が果たし得る役割はほとんどないと考えられる事故であれば，事実上，「加害者だけを原因とする事故」として差し支えない。例えば，自動車と自転車の接触事故において，結果を回避するために自転車の操縦者がなし得たことはほとんど何もなかったという場合，これも加害者だけが原因の事故としてよいであろう。法律の目的は，注意を払うために要する費用と事故による損失の期待値の合計を最小化することであるとし，この値を以下，「**社会的総費用**（total social costs）」と呼ぶ。

(1)　社会的厚生が最適となる事態

　様々なルールの下における加害者の行動を考察するに先立ち，社会的総費用を最小化する注意の水準，すなわち社会的に最適な注意の水準とは何であるかについて考えてみたい。そこには注意を払うために要する費用の多寡とそれによってもたらされる事故の発生確率の低下という二つの要素が反映される。まずは，次の事例について考えてもらおう。

事例 7-1

　加害者の注意水準と 100 の損失が生じる事故の発生確率の関係は**表 7-1** に記載のとおりとする。社会的総費用は注意水準が中レベルのときに最小となっているが，その理由は次のとおりである。まず，注意水準を低レベルから中レベルに引き上げることで事故の期待損失は 5 減るが，そのための費用は 3 である。したがって，注意水準を低レベルから中レベルに引き上げることは社会的総費用の減少をもたらす。一方，注意水準を中レベルから高レベルに引き上げても事故の期待損失は 2 しか減らないが，追加の費用が 3 かかる。したがって，注意水準を中レベルから高レベルに引き上げることは社会的に非効率であるといわざるを得ない。

表 7-1 加害者の注意と事故

注意の水準	注意の費用	事故の確率	事故の期待損失	社会的総費用
低	0	15%	15	15
中	3	10%	10	13
高	6	8%	8	14

上記の考察は，最適な注意水準とは必ずしも事故の期待損失を最小化するものではない（つまり，最適な注意水準と最高の注意水準とは異なる）というある意味では自明の理を確認したものである。次に，様々なルールの下で加害者が払う水準はどのレベルのものとなるかを検証してみよう。

(2) 加害者が責任を負わないルール

加害者が一切責任を負わないルールの下では加害者はいかなる水準の注意も払わないであろう。注意を払うことは費用がかかる一方で，加害者にいかなる利益ももたらさないからである（事故が起こった場合の損失を一切負担しない以上加害者は事故が起きる確率を減らすことに効用を見出せない）。よって，社会的総費用は一般に最適水準を上回り，**事例 7-1** の場合の社会的総費用は 13 ではなく 15 となる。

(3) 厳格責任ルール

厳格責任ルールの下では，加害者は自らが起こした事故の損失をすべて負担しなければならない。したがって，加害者の負担する費用は社会的総費用と一致し，**表 7-1** の場合でいえば，一番右の列の数字がそのまま加害者の費用となる。加害者は自らの費用を最小に抑えようとするから，この場合，加害者の行動の目的と社会的総費用を最小化するという社会の目的は一致する。したがって，加害者は社会的に最適な注意水準を選択し，**事例 7-1** の場合であれば，中レベルの注意が払われることになる。

(4) 過失責任ルール

過失責任ルールの下では，加害者は，自らに過失があった場合にのみ，すなわち，裁判所が定める水準の注意（以下，この水準の注意を「**相当の注意**（due care）」という）を加害者の注意水準が下回った場合にのみ責任を負う。過失責任ルールは，加害者に帰責事由があることを条件として加害者に賠償責任を課す制度だからである。

相当の注意が社会的に最適な水準の注意と一致する場合，加害者は相当の注意を払うよう動機付けられ，社会的に最適な結果が実現される。この点を理解

3　不法行為法

表 7-2　過失責任ルール

注意の水準	注意の費用	責任	責任の期待値	加害者の合計費用
低	0	あり	15	15
中	3	なし	0	3
高	6	なし	0	6

するために，再度**事例 7-1** について考えてみよう。この事例で，仮に裁判所が中レベルの注意を払うことを相当の注意と定めたとする。その場合，もし加害者が一切注意を払わなければ，加害者の負担額の期待値は社会的総費用である 15（表 7-2 参照）と一致する。これに対して，加害者が中レベルの注意を払った場合，加害者は事故が発生した場合の損失を負担せず，加害者の負担するコストは注意を払うための費用である 3 だけである。一方，仮に加害者が最高レベルの注意を払った場合，加害者はやはり事故の損失額を負担することはないが，最高水準の注意を払うための費用 6 を負担しなければならない。したがって，加害者にとっては，中レベルの注意を払うことが最も有利となる。

> **Column 7-5**　裁判所が定める「相当の注意」は最適な注意水準と一致するか
>
> 　裁判所や陪審員が定める「相当の注意」は，注意を払うための費用と事故の期待損失の合計を最小化する注意，つまり「最適な注意」と一致するだろうか。裁判所や陪審員がそのような判断を意識的に行っているとは考えにくい。しかしながら，彼らの行動を観察すると，彼らはこの両者を一致させようとしているかの如く行動しているように思われる場合が多い。例えば，裁判所や陪審員はしばしば次のようにいう。「容易に払える注意であって，それを払うことによりリスクが十分軽減できるのであれば，その注意は必ず尽くされるべきである。しかしながら，我々は履行困難な水準の注意まで尽くすことを要求はしない」。このような言辞を通じて裁判所や陪審員は，無意識のうちに注意を払うコストとそれによって得られる利益を比較しているのではないだろうか。であるとすれば，彼らは，暗黙のうちに，相当の注意と最適な注意との一致を模索しているといえるのではないだろうか。

　裁判所が定める「相当の注意」と最適な注意が一致する場合，加害者は必ずその水準の注意を払うと考えてよい理由は二つある。第一に，加害者は決して「相当の注意」以上の注意を払うことはない。なぜならば，「相当の注意」さえ払えば法律上の責任を免れるのであるから，それより高い水準の注意を払うことは追加のコストがかかるだけで何らの利益ももたらさないからである。第二

に，相当の注意と最適な注意が一致する限り，加害者が払う注意が相当の注意を下回ることはない。加害者が相当の注意を下回る注意しか払わなければ，事故が発生した場合加害者は賠償責任を課されるので，加害者の負担額の期待値は社会的総費用と一致する。したがって，加害者は社会的総費用が最小となる水準の注意を払おうとする。したがって，加害者は注意水準を社会的に最適水準まで引き上げようとするが，仮定により，この水準の注意は相当の注意と一致するので，結果として，加害者は一切の法的責任を免れる。

(5) ルールの比較

厳格責任ルールと過失責任ルールのいずれを採用しても加害者の行動は社会的に最適なものとなることが判明した。しかしながら，この二つのルールを適用するために裁判所が知るべき情報の範囲には大きな差異がある。すなわち厳格責任ルールの下では，裁判所は発生した損害の程度だけを認定すればよいが，過失責任ルールの下では，それに加えて，実際に払われた注意の程度（例えば，「どれくらいの速度で走行していたか」）と社会的に最適な注意の水準は何であるか（例えば，「適度に安全な速度はいくらか」）を認定しなければならず，さらに，後者を認定するにあたっては，様々な水準の注意を払うのに要する費用とそれによって事故の発生確率がどれだけ低減するのかを知らねばならない。

B 双方を原因とする事故と注意の水準

加害者と被害者の双方の行動が事故の原因となっている場合の研究も法と経済学の分野では浩瀚に行われてきた。ここでは，その要点だけを指摘する。まず，厳格責任ルールの下では，加害者に「**寄与過失**（contributory negligence）」の抗弁を認めれば，つまり，被害者が注意を怠った場合には加害者は賠償義務を免れるものとすれば，被害者は適切な行動をとるように動機付けられる。

一方，過失責任ルールの下では，寄与過失の抗弁を認めなくても被害者は適切に行動するよう動機付けられる。加害者は無過失な行動をとるように動機付けられているので，事故が発生した場合の損失は原則として被害者自身が負担しなければならず，したがって被害者は適切な注意を尽くそうとするからである。

C 加害者だけを原因とする事故の注意水準と活動水準

次に，加害者の「活動水準」，つまり，加害者はある行動をどれだけ活発に

行うかという点について考えてみよう。例えば,「走行距離」は,運転という行動の活動水準を表す指標と解釈することができる。加害者の活動水準は,加害者がある行動をとる際に払う注意水準とは区別して考えなければならない。注意水準とは,事故を回避するためにとる措置(例えば,「カーブでは減速する」という措置がこれにあたる)にかかわるものであり,走行距離によって測られる活動水準とは意味が異なる。

　議論を単純化するために,加害者の活動水準が増えれば事故が発生する可能性も比例的に上昇すると仮定しよう。例えば,運転者が払う注意水準が一定である限り走行距離が2倍になれば事故の発生確率も2倍になり,犬を散歩させる人が払う注意水準が一定である限り(例えば,「常に皮紐で繋いでいる限り」),散歩の距離が2倍になれば犬が人を嚙む確率も2倍になると考えるわけである。さらに,加害者の活動水準が増加すれば,加害者の効用も(少なくともある限度までは)増加すると仮定する。例えば,運転や犬の散歩の距離が長くなるほど(運転する必要がある限り,あるいは,犬の散歩に飽きるまでは)効用も増加すると考える。社会の目標は,加害者がその活動によって得る効用から事故の社会的総費用(つまり,注意を払うのにかかる費用と事故による期待損失の和)を差し引いた値の最大化であるとする。

(1) 社会的厚生が最適となる事態

　社会的厚生を最大化するためには,これまでと同様に,注意を払うための費用とそれによってもたらされる事故の減少の両方を考慮しなくてはならない。しかし,これまでの事例と異なり,危険の追加的増加と効用の追加的増加が釣り合う活動水準を加害者が選択することも重要となる。まず,事例を通じて考えてみよう。

事例 7-2

　　事例7-1は,加害者が1回の行動をとるごとに発生する状況を示したものとする。この場合,最適に行動する加害者は3のコストをかけて中レベルの注意を払い事故による損失の期待値を10に減らす。その結果,もし加害者が最適な注意を払って2回活動を行えば,加害者が注意を払うのに要する費用は6(=3×2)となり,事故による損失の期待値は20(=10×2)となる。行動の回数が3回であれば加害者の費用は6で事故による損失の期待値は30となる。これらの数値は表7-3の3列目と4列目に記載されている。この表の2列目は,加害者がその活動から得る効用の合計を示している。一番右の列の社会的厚生は,効用の合計から注意を払うの

表7-3 活動レベル，事故及び社会的厚生

活動レベル	効用の合計	注意の費用の合計	事故の期待損失の合計	社会的厚生
0	0	0	0	0
1	40	3	10	27
2	60	6	20	34
3	69	9	30	30
4	71	12	40	19
5	70	15	50	5

に要する費用と事故の期待損失の合計（つまり，社会的総費用）を差し引いた値である。

　この場合，社会的厚生は活動回数が2回のときに最大となるので最適な活動水準は2回である。この点は次のように説明することもできる。すなわち，社会的総費用は加害者が活動を行うごとに13（=3+10）ずつ増加するので，加害者の活動により社会的厚生が増加するのは加害者が得る限界効用が13を超える場合だけである。1回目の行動で加害者が得る効用は40，2回目の行動で加害者が得る限界効用は20，3回目の限界効用はわずか9である。したがって，行動の回数を2回に抑えることが最適となる。

　上記の分析を一般化していえば，社会的に最適な加害者の活動は以下の2つの段階を踏んで決定される。すなわち，(1)まず，加害者が行動をとるごとに発生する社会的総費用を最小化する注意水準を発見し，(2)次に，加害者が得る限界効用が社会的総費用の増加分を上回り続ける限度まで活動水準を引き上げる。

(2) **加害者が責任を負わないルール**

　加害者が一切責任を問われない場合には，これまでと同様に，加害者が注意を払うことはないだろう。注意を払うには費用がかかるが，自らが起こした事故について責任を負うことがない以上注意を払っても何ら利益にはならないからである。さらに，ここでは新たな問題，つまり，加害者の活動水準が過剰なものになるという問題も生じる。実際，加害者は，追加の効用が得られる限り，活動をやめることはないだろう（例えば，ただの気まぐれで車を運転したり犬の散歩をしたりするようになるだろう）。これに対して，社会的に望ましい事態は，上記のとおり，加害者が得る追加の効用が最適な注意を払うための費用と事故の期待損失の合計を上回る限度においてのみ活動を行うというものである。ところが，加害者が責任を負わないルールの下では，**事例7-2**の加害者が選択す

る活動水準は最適な活動水準である2回ではなく，4回，つまりこれ以上活動水準を上げてももはや効用は増えない水準まで引き上がってしまう。

(3) 厳格責任ルール

厳格責任の下では，加害者が選択する注意水準も活動水準も最適なものとなる。この点について，上記の事例を使って考えてみよう。事例 7-1 の議論から明らかなとおり，厳格責任を負う加害者は，活動を行うごとに中レベルの注意を払う。したがって，加害者は，1回の活動を行うごとに注意の費用である3と事故の期待損失である10を負担する。これにより，表 7-3 の一番右の列の値，つまり効用から注意の費用と事故の期待損失を差し引いた正味の効用が加害者の効用となる。よって，加害者は最適な活動水準である2回という行動回数を選択する。

より一般的というと，加害者は，活動を行うごとに負担する費用の期待値を最小化させるために最適な水準の注意を払う。さらに，加害者は，活動を増やすことで得られる追加の効用が注意を払うための費用と事故の際に負担する損失の期待値の合計を上回る場合にのみ活動を行うはずであるから，その活動水準は最適なものとなる。例えば，犬を散歩させる人は，散歩の効用の増加額が犬をつないでいる皮紐をはずさないことによって生じるマイナスの効用と犬が人を嚙むことによって負担する損失の期待値の合計額を上回る限度においてのみ犬を散歩させる。

ちなみに，加害者が最適な注意水準と最適な活動水準を選択する理由については別の説明も可能である。すなわち，厳格責任ルールの下においては，コストの期待値を差し引いた加害者の正味効用は，社会的厚生の指標に一致する。なぜならば，加害者は，自ら起こした事故の損害を支払い，当然ながら自分の行う活動から得られる効用も享受し，さらに，注意を払うための費用も負担するからである。したがって，加害者は自ずから社会的効用を最大化するように行動し，結果として最適な水準注意と最適な活動水準の双方が実現される。

(4) 過失責任ルール

すでにみたように，過失責任ルールの下においても，裁判所が定める注意，すなわち「相当の注意」の水準が最適な注意水準と一致するならば加害者は最適な水準の注意を払う。しかしながら，相当の注意を払えば加害者は事故の責任を免れることができるので，加害者には自分の活動水準を上げることによって事故の発生確率が高まることを憂慮する理由がない。その結果，加害者は過

表 7-4 過失責任と活動水準

活動水準	効用の合計	注意の費用の合計	効用の合計—注意の費用
0	0	0	0
1	40	3	37
2	60	6	54
3	69	9	60
4	71	12	59
5	70	15	55

剰な水準の活動を行う傾向を免れず，具体的には，活動から得られる効用から注意を払うのに要する費用を差し引いた正味の効用が正である限り（例えば，犬と散歩する楽しさから皮紐をつけることのマイナスの効用を差し引いた値が正である限り）活動を続ける。加害者には，自らの正味の効用が事故損失の期待値の増加分を下回ったとしても活動をやめる理由がないからである。

このことを**事例 7-2** を使って確認しておこう。「相当の注意」の水準が最適な水準である中レベルの注意である限り，加害者はこのレベルの注意を払うであろう。そして，相当の注意が払われている限り事故について加害者の責任が問われることはない。それが過失責任ルールの帰結であり，その結果，加害者の置かれる状況は**表 7-4** のとおりとなる。

この表の一番右の列の数字を見れば明らかなように，加害者は，行為の回数を最適な活動水準である 2 回ではなく 3 回とすることだろう。活動水準を 2 回から 3 回に引き上げることで得られる効用の増加分が 9 であるのに対して注意に要する費用は 3 でしかないため，加害者は活動水準を 2 回から 3 回に引き上げると考えられるからである。活動水準を 2 回から 3 回に引き上げることは事故損失の期待値を 10 上昇させるが（表 7-3 参照），加害者はこの損失を負担しないので，この点は彼の行動に影響を与えない。

(5) **責任ルールの比較**

厳格責任ルールの下でも過失責任ルールの下でも，加害者は社会的に最適な水準の注意を払う。しかし，過失責任ルールの下では，厳格責任ルールの場合と異なり，加害者は自らが起こす事故の損失を負担しないために活動水準を過剰なものとしてしまう。

過失責任ルールのこの難点がどの程度深刻なものであるかは，問題となる行動が生み出す期待損失の規模の大きさによって異なる。活動が（適切な注意をもって行われたとしても）非常に危険な性質のものである場合，過失責任ルール

の下で活動水準が過剰となることは深刻な問題を惹起する。例えば，凶暴な品種の犬の散歩や，どれだけ注意を払っても危害が生じる可能性が高い発破作業に過失責任ルールを適用すると，（本来であれば犬の運動を庭の中に限定したり，もっと穏やかな品種の犬を飼う選択肢があるにもかかわらず）凶暴な犬を過剰に散歩させ，あるいは，（別の方法を使って掘削工事を行うこともできるのに）過剰に発破を行うこととなり，その結果は深刻なものとならざるを得ない。しかしながら，相当の注意を払えばほとんど危険が生じない活動の場合には，活動水準が多少過剰になったとしても大した問題とはならないであろう。この点は，日常の活動の大半（例えば，芝刈り，キャッチボール，穏やかで人慣れした犬の散歩）にあてはまるように思われる。

Column 7-6　リステイトメント[6]と厳格責任ルールの経済分析

第2次不法行為法リステイトメントの519条は「極度に危険な行為に従事する者は……損害の発生を回避すべく最善の注意を払った場合であっても損害賠償責任を免れない」と規定している。この規定はこれまで議論してきた経済分析と整合性があると考えてよいであろうか。ちなみに，同520条によれば，ある行為が極度に危険であるか否かを判定するにあたっては，「その行為がどの程度日常性を欠いているか」を考慮するものとされている。であるとすれば，日常よくみかける行為（例えば，ローラースケートをはいて舗装道路を走る行為）によって事故が起きても厳格責任ルールは適用されないが，日常的でない行為（例えば，竹馬に乗って歩く行為）によって事故を起こした場合には同ルールの適用を免れないということになりそうであるが，果たしてこの区分に経済的意味があるといえるであろうか。

D　企業が加害者となる事故

企業が加害者となる事故についての法制度のあり方とそれが当事者の行為に及ぼす影響について考えてみよう。状況を二つの場合に分けて検討する。その一つは，加害者である企業と関係のない第三者が被害者となる場合であり，例えば，ガソリンを積んだタンクローリーが衝突して爆発し，他の車両や道路沿いの家屋に被害が及ぶ場合がそうである。もう一つは，加害者である企業の顧客が被害者となる場合であり，例えば，温水器が破裂して，それを購入した者

6）（訳者注）リステイトメントとはアメリカ法律協会が編纂した米国各州の制定法と判例法の梗概であり，ここで引用されている第2次不法行為法リステイトメントは1965年に編纂されその後数次にわたり改定されているものである。

が財産的被害を被る場合がそうである。議論を単純化するために，企業はつねに利益の最大化を追求するものとし，また，完全競争の下で事業を行うものとする。後者の仮定は，製品の価格が（賠償責任コストを含む）製品1単位あたりの生産コストと一致することを意味する。

(1) 被害者が第三者である場合

この場合に企業が選択する注意の水準はこれまで議論してきたものと本質的に同じであり，過失責任ルールの下でも厳格責任ルールの下でも企業は適切な注意水準を選択する。ただし，賠償責任が製品の価格と購入に及ぼす影響については新たな検討が必要である。次の事例を考えてもらいたい。

事例 7-3

製品1単位あたりの直接生産コストを10とし，100の損害が生じる事故の発生確率は企業が注意を払うか否かによって変わるものとする。企業が注意を払うことにより事故の発生確率は9％から3％に減少し，したがって期待損失も9（＝100×9％）から3（＝100×3％）に減少するが，この水準の注意を払うのに要する費用は2にすぎないものとする（表7-5参照）。よって，企業が注意を払うことが社会的には望ましい。

過失責任ルールの下では，企業は責任を回避するためにこの注意を払わねばならない。それゆえ，企業は注意を払い，製品1単位あたりの合計コストは12になる。これは，直接生産コストである10に注意を払うのに要する費用を加えたものである。仮定により，製品価格は市場の競争によって製品1単位あたりのコスト相当額まで引き下がるから，製品価格も12となる。

厳格責任ルールの下においても，企業は製品1単位あたりのコストを最小化するために注意を払う。しかしながら，この1単位あたりのコスト，つまり，製品価格は15になるであろう。なぜならば，この場合の製品1単位あたりのコストには損失の期待値である3も含まれるからである。

表7-5 企業の注意と事故

注意の水準	注意の費用	事故の確率（％）	事故損失の期待値	社会的総費用
なし	0	9	9	9
あり	2	3	3	5

この例が示すように，厳格責任ルールの下では，発生した事故の損失を企業が負担しなければならないために，製品価格は過失責任ルールの場合よりも上昇し，その価格上昇の効果は企業の活動水準，つまり販売数量に影響を及ぼす。

事例 7-4

　事例 7-3 において事故損失の期待値を含む製品 1 単位あたりの生産コストは 15 であるから，社会的な厚生（つまり，製品から人々が得る価値の合計から生産の直接コストと事故損失の期待値と注意を払うための費用を控除した値）は，消費者が得る効用が製品 1 単位あたり 15 を超える場合にのみ増加する。例えば，**表 7-6** に示すように，製品を買うことで効用を得る消費者が A から E まで 5 人いるとしよう（あるいは，製品の購入量を 1 単位増やすごとに表 7-6 記載の値の効用を順次得ていく消費者が 1 人いると考えてもよい）。この場合，15 以上の効用を得る消費者，すなわち A，B，C のみが製品を購入するべきであり，したがって，最適な生産レベルは 3 である。

　すでにみたように，過失責任ルールの下での製品価格は 12 であるから，A から D までの 4 人の消費者が，合計 4 単位という社会的に過剰な量の製品を購入する結果となる。ここでは，製品価格が 1 単位あたりの生産コストである 12 にとどまるために，消費者 D までもが製品を購入しているが，この製品の真の社会的コストは 15 であるからこの結果は社会的に望ましいものではない。

　一方，厳格責任ルールの下では，製品価格は 15 となるから，3 人の消費者（A，B，C）のみが製品を購入し，生産レベルは最適となる。

表 7-6　製品から得られる効用

消費者	効用
A	40
B	20
C	17
D	13
E	11

　以上の分析を一般化していえば，製品を 1 単位追加で消費することによって消費者が得る効用が直接生産コストと社会的総費用の合計額を上回る限りにおいてなされる生産が社会的に最適な生産である。したがって，製品価格が社会的総費用をすべて反映する厳格責任ルールの下での生産は最適となるが，その一部しか製品価格に反映されない過失責任ルールの下での生産は過剰とならざるを得ない。この点は，過失責任ルールの下で活動水準は過剰になるという前述の結論と整合的である。

(2) 被害者が消費者である場合

　この場合の企業行動は，企業自身の損失負担額だけではなく，製品の危険性

に対する消費者の認識にも影響される。なぜならば，後者は消費者の購買行動に影響を与えるものだからである。もう少し詳しく説明しよう。消費者は，製品の効用が消費者の認識している「実質価格」，つまり，市場における製品の価格に消費者自身が負担しなければならない事故損失の期待値を加えた値を上回る場合にのみ製品を購入する。この場合の「消費者自身が負担しなければならない事故損失の期待値」は，製品の危険性に関して消費者がいかなる情報を有しているかによって定まる値であるから，適切な分析を行うためには消費者が有する情報についての仮定を設けなければならない。

そこで，消費者が完全な情報を有していると仮定した場合，企業は賠償責任制度がなくても最適な注意を払うであろう。賠償責任制度がない場合，消費者は損失を自ら負担することになるので，実質価格は市場価格と事故損失の期待値の合計に等しいことを考えれば，この点は理解できるであろう（温水器の実質価格は，市場における温水器の価格に温水器が破裂する可能性に起因する損失の期待値を加えたものと考えることができる）。もし企業が最適な注意を下回る注意しか払わなければ，顧客はそのことを認識し，比較的高い事故損失の期待値を実質価格に織り込む。その結果，消費者は，最適な注意を払って相対的に低い実質価格で製品を提供する競合企業から製品を買うことを望むだろう。したがって，各企業は顧客を失うリスクを回避すべく，賠償責任制度がなくても最適な注意を払う（過剰な注意を払った企業が顧客を失う点についても同様の分析が成立する）。

事例 7-5

事例 7-4 において，消費者である被害者は法制度上損失について企業の責任を問えないと仮定してみよう。この場合，注意を払わない企業は，製品の価格を直接の生産コストである 10 に設定できるが，消費者が負担する実質価格は，これに自らが負担する事故損失の期待値である 9 を加えた 19 である。一方，注意を払う企業は，注意を払うための費用 2 を負担するのでその販売価格は 12（＝10＋2）となるが，実質価格は販売価格 12 に事故損失の期待値である 3 を加えた 15 にすぎない。この結果，注意を払わない企業は，注意を払う企業に敗れ，市場に生き残ることはできない。

しかしながら，製品の危険性を判断するのに必要な情報を消費者が持ち合わせていない場合（例えば，ある特定の企業の温水器が破裂するリスクを消費者が評価できない場合），賠償責任制度がなければ企業は注意を払わない可能性が高い。

消費者が製品の安全性を認識し，その製品に対して割高な価格を払うことの価値を適切に評価できない以上，企業は製品を安全なものとするための追加コストを負担するインセンティブを持ち得ないからである。この場合には，企業に最適な注意を払うよう促し，間接的に消費者に適切な品質の製品を購入するよう促すための賠償責任制度が不可欠である。

ところで，商品役務の危険性について実際の消費者はどの程度有益な情報を持ち合わせているのであろうか。この問題への答えは，商品役務の種類によって異なり（例えば，商品としての金槌や理髪行為と商品としての自動車や医療行為ではかなり異なるであろう），同時に，購入者の種類（例えば，反復的な購入者か一回限りの購入者か）によっても変わるだろう。消費者の情報不足を解消する方策も考えられないではないが，そのような方策を完遂することは至難の業である。製品の危険性について適切な情報提供を行うことを企業に動機付けること自体容易な作業ではないが，加えて，危険性に関する情報の収集・伝達を専門的に行うビジネスは成功しづらいという問題もある。このようなビジネス（例えば，消費者向けレポートを販売するビジネス）が十分な規模と十分な収益性を確保できない一つの理由は情報の購入者が様々な方法で情報を他者に伝達してしまうからである。最後に，自らの直面する危険性に関する情報を吸収し，それに基づいて行動する消費者の能力自体にも限界があるように思われる。

E リスク回避的心理，保険制度および賠償責任制度

ここまでは事故のリスクを適切に軽減することを目標に検討を進めてきた。ここからは，事故に関する第二の目標，すなわち，起こり得べき事故から生じる損失リスクを移転または分散させることによって，リスク回避的な人々が負担するリスクを解消または軽減させることに注目してみよう。

(1) リスク回避的心理

「**リスク回避的**（risk aversion）」であるという表現は，損益の不確実性を嫌う人間の心理を意味している。例えば，50％の確率で1,000ドル得て，50％の確率で1,000ドル失うギャンブルについて考えてみよう。このギャンブルの期待値は1,000ドル×50％＋（－1,000ドル）×50％＝0であるが，リスク回避的な人はこのギャンブルを嫌い，これをするよりは何もしないで現状の資産状況を維持することを望む。

リスク回避的ということの意味をもう少し厳密に考えてみよう。ある値の金

銭（例えば，1,000ドル）を得ることの効用が同額の金銭を失うことによる効用の減少額よりも小さいことがリスク回避的であるということのより正確な意味である[1][7]。したがって，リスク回避的な人にとっては，50％の確率で1,000ドル失うことの不利益は50％の確率で1,000ドル得ることの利益を絶対値において上回ることとなり上記のギャンブルを嫌わざるを得ない。

これに対して，リスク中立的な人は期待値だけを考えてリスクを評価するので，現在の資産状況を維持することと50％の確率で1,000ドルを得て50％の確率で1,000ドルを失うギャンブルを行うことは同等の価値を持つ。議論の単純化という目的から，これまではすべての関係者がリスク中立的であることを暗に仮定してきた。リスク中立的な人の福利を「事前に（ex ante）」測る指標は富の期待値であり，リスク回避的な人の福利を事前に測る指標は富から得られる効用の期待値である。

一般に，人は行為がもたらす損失がその人の全資産から見て相対的に大きい場合には，よりリスク回避的となり，逆に，全資産から見た損失額が小さい場合には，概ねリスク中立的な態度を示すことが多い。そのため，大企業は，事故に対してリスク中立的とみなし得る場合が多く（ただし，大規模な被害を伴うような場合，例えば，何千人もの人々に被害が及ぶような場合には，大企業といえどもリスク回避的となるかもしれない），逆に，個人は，多くの事故についてリスク回避的であると考えられる。なぜならば，事故により生じる損害は個人の資産との関係では決して小さいとはいえない場合が多いからである。

(2) 保　険

リスク回避的な当事者は，リスクを避けるために保険に加入することが多い。例えば，10％の確率で10,000ドルを失うリスクに直面する者は，このリスクをとるよりも1,000ドルの保険料を払って10,000ドルの損失を全額塡補できる保険に加入することを望むであろう。保険料が事故の発生時に支払われる保険金の期待値と一致する場合，その保険料を「**公正な保険料**（fair premium）」という。上記の1,000ドルという保険料は，10,000ドルの10％，つまり，保険会社が被保険者に対して支払う保険金の期待値と一致するのでまさに公正な保険

---

[1]　（原注）　より専門的にいえば，より多くの金銭を取得するにつれて金銭の限界効用が逓減することをリスク回避的であるという。

[7]　（訳者注）　リスク回避的な意味については，第1章**2**Cの解説（特に同章の注4）も参照されたい。

料であり，リスク回避的な当事者は，公正な保険料を支払って保険に加入することを望むと考えてよいであろう。

　保険に関する重要論点の一つは，保険に加入した者の行動が損失発生のリスクに及ぼす影響である。例えば，火災保険の加入者は消火器を備えることによって火災の発生リスクを軽減できるし，賠償責任保険の加入者は自らの行動に十分な注意を払うことによって第三者に損害を与える可能性を減らすことができる。しかしながら，保険に加入した後の彼らはこのような予防措置をとって損失を回避することに努めるインセンティブを失ってしまう傾向にあり，これを「モラル・ハザード」問題という。モラル・ハザードによって保険会社はより多額の保険金を支払うことを余儀なくされるが，モラル・ハザードは保険会社だけの問題ではない。なぜならば，モラル・ハザードによって保険会社の負担額が増加すれば，保険会社は保険料を引き上げざるを得ないので，結局のところ，モラル・ハザードは，保険料の高騰を通じて保険加入者一般に不利益を与えるものだからである。[8]

　モラル・ハザード問題を緩和するために保険会社が取り得る対処方法はいくつか存在する。第一に，保険加入者が注意を払えば保険料が下がる仕組みが考えられる。例えば，火災保険会社は，消火器を購入した保険加入者に対してだけ低い保険料を適用することができる。ただし，これを実現するためには，保険加入者が本当に消火器を買ったことを保険会社が確認できなければならない。

　第二に，予め保険加入者に一定の予防措置を約束させ，保険請求がなされた時点で，この約束の違反があったことが判明した場合には（例えば，スプリンクラーの設置とその保守管理を約束した者がこれを怠っていた場合には），支払額を減額し，場合によっては支払をすべて拒否することが考えられる。これにより，保険加入者には，保険金を受け取れない事態を避けるため予防措置を講じるインセンティブが生じるが，この方法が機能するためには，保険金の請求を受けた時点で，保険加入者に約束違反があったか否か（例えば火災の発生時にスプリンクラーが実際に作動していたか否か）を保険会社が検証できることが必要である。

　モラル・ハザード問題に対して保険会社がとり得る措置を二つ紹介した。しかしながら，これらの措置が機能するためには，保険契約の締結時（保険料を調整する場合）か保険金の請求時（支払額を調整する場合）に保険会社がしかるべ

---

8)　（訳者注）　モラル・ハザードの問題については，第2章**4**の解説も参照されたい。

き情報を入手できることが必要である。この情報入手は実現可能であろうか。例として，可燃物の取扱業者や自動車の運転者がとり得る予防措置，具体的には，「危険物の監視」や「車線変更の回避」などの措置について考えてみよう。このような措置がとられるか否かを契約の締結時に見極めることはもちろんできない。したがって，このような措置がとられるか否かを保険料の額と連動させることはできない。さらに，保険金の請求がなされた時点で，このような措置がとられていたか否かを確かめることも容易ではない。したがって，このような予防措置を保険金の支払額と連動させることも難しい。

　保険加入者の行動と保険料や保険金の支払額を連動させることができない場合に保険会社がとり得る手段は，損害の一部を塡補の対象から除いた保険を販売することである。例えば，100,000ドルの損失に対する塡補額を80,000ドルに限定した保険の場合，保険加入者は残額を自ら負担せざるを得ないので，この負担を回避するために予防措置を講じるインセンティブを抱く。そのため，100,000ドルの家屋の所有者は，たとえ予防措置を怠っても保険料や保険金の支払額に影響がないと知っていたとしても，100,000ドルの損失が生じた場合に20,000ドルの自己負担が生じることを回避するために適切な予防措置を講じることが期待できる。ちなみに，自己負担額（「免責額」ともいう）を設けることは，保険加入者の側から要望されることもしばしばである。免責額があれば，保険加入者にリスクが残るので，保険加入者は予防措置を講じるようになり，その結果保険会社のコストが下がって保険料も下がると考えられるからである。

(3) リスク回避的心理と保険制度を踏まえた賠償責任制度

　本論である賠償責任制度の議論に戻り，リスク回避的な人間の心理と保険制度がもたらす意味について考えてみよう。

　賠償責任制度において保険が果たす役割が重要であることはいうまでもない。自分に生じる損害を塡補する「自損事故保険（first-party insurance）」や第三者に対する賠償責任を塡補する賠償責任保険は，いずれも社会に広く普及しており，不法行為事件の被害者に対する損害塡補金の実に90％以上は保険会社によって支払われている。

　賠償責任制度と保険の関係については三つの重要な論点がある。第一に，加害者が責任を負う損害の大半は賠償責任保険の保険会社が支払うため，賠償責任ルールが加害者の行動に与える効果の多くは，賠償責任保険の契約上の取り

決めを通じた間接的なものとならざるを得ない。ただし，それでも賠償責任制度があることによって加害者に事故を減らすインセンティブが与えられていると考えてよいであろう。賠償責任保険を販売する保険会社は，予防措置を講じる者の保険料を引き下げたり，予防措置をとらなかった者への支払額を減らしたり，あるいは，自己負担額を伴う保険を販売することによって，保険加入者に注意深い行動をとるインセンティブを与え続けているからである。つまり，このような保険契約上の取り決めを通じて，間接的ではあるが，賠償責任制度の持つ事故抑止力は維持されている。

第二に，一般論としていえば，賠償責任保険が普及することは社会的に望ましいことである。まず，賠償責任保険があることで，リスク回避的な加害者の厚生が高まる。なぜならば，賠償責任保険は加害者をリスクから守り，同時に，賠償責任保険がなければ生じうる過剰な注意行動や望ましい活動に対する萎縮効果などの非効率を緩和させているからである。一方において，上記のとおり，賠償責任保険を購入しても，加害者のリスクを減らすインセンティブは（減少はするものの）失われはしない。ただし，賠償責任保険が社会的に好ましくない事態を生み出す場合もあることに留意されたい（加害者に損害賠償を支払う資力がない場合はその一例であるが，その説明は割愛する[9]）。

興味深いことに，歴史的には，賠償責任保険は公共の利益に反するものとして批判の対象とされてきた（主たる批判の論理は，賠償責任に加入することによって不法行為者が負担を免れるという事態は社会的に容認できないというものであった）。実際，一部の国では賠償責任保険が適法と認められ販売されるに至ったのは20世紀前半になってからのことであり，かつてのソビエト連邦では賠償責任保険は全面的に禁止されたままであった。今日においても，賠償責任保険への加入が全く自由というわけではなく，例えば，懲罰的賠償（punitive damages）を賠償責任保険の対象とすることを禁止している国は少なくない。

| Column 7-7 | 強制加入の賠償責任保険 |

賠償責任保険への加入禁止と対照的な政策は，賠償責任保険への強制加入であり，自動車の運転者やある種の事業者に対してはこの政策が適用されている。人々が自発的に加入しようとする賠償責任保険より大きな賠償責任保険への加入が法的に義務付けられていると仮定しよう。このとき，強制保険の存在が逆効果となって事故

9）（訳者注）　この問題については本章**9**の文献①の313頁以下を参照されたい。

のリスクを増加させるのはいかなる場合であり，逆に，事故のリスクを減少させるのはいかなる場合であろうか。さらに，そもそも，強制保険制度に存在意義があるであろうか。

第三に，賠償責任保険が利用可能となったことによって賠償責任制度を考え直す必要が生まれている。具体的にいうと，これまで制度の有用性の根拠として当然視されてきた「被害者の補償の確保」と「リスクの適切な分配」という二つの目的の重要性が低下していることは否めない。被害者の補償についていえば，保険がその役割を果たしてくれる以上，賠償制度に頼る必要はない。「加害者がリスク中立的な巨大企業で，被害者がリスク回避的な自然人である限り損害は当然加害者が負担すべきだ」というような主張も損失の塡補が保険により保証されている限りもはや通用しない。さらに，加害者が賠償責任保険に加入することによって賠償リスクを軽減できる以上，加害者が負うリスクの違いによって厳格責任ルールと過失責任ルールの優劣（厳格責任の方が過失責任よりも加害者の負うリスクは一般に大きい）を論じることの意義も低下しているといわざるを得ない。

F 賠償責任制度の運用コスト

賠償責任制度の分析において検討すべきもう一つの要素はその運用コストである。賠償責任制度の運用コストとは，紛争を解決するために当事者および裁判所が負担する法的費用その他のコスト（時間と労力を含む）のことであり，事件が訴訟に発展した場合のコストと事件が和解によって解決される場合のコスト（事件の90％以上は和解で解決される）の双方を含む概念である。

賠償責任制度の運用コストの規模はどの程度のものか。統計資料によれば，アメリカ合衆国における運営コストは莫大であり，和解事件と訴訟事件を通算すれば，全体のコストは被害者の正味受取額の合計に近いか，ひょっとすると，それを上回っていることを示唆する資料が多数存在する。要するに，被害者が1ドルを得るために1ドル以上のコストがかかっているということであり，訴訟当事者の負担する時間や不愉快さはこの計算に入れられていないことを考えると，上記の推定すらもコストの大きさを過小評価している可能性がある（ただし，運用コストがこのように大きいことが賠償責任制度に不可避なことなのか，それとも，米国に固有の問題なのかは明らかでない）。

賠償責任制度の運用コストに関して注意すべき点を述べておこう。第一に，運用コストは，厳格責任ルールと過失責任ルールの優劣の評価にも影響を与える。まず，厳格責任ルールの下では過失責任ルールの下においてよりも事件数が多くなる可能性が高いので，この点において運用コストも割高になると考えられる。他方で，過失責任ルールの下では厳格責任ルール上では問題とならない「過失の有無」という争点が発生するため，1件あたりの解決に要する費用は高額となる可能性が高い。したがって，どちらのルールの運用コストが高いかは一義的に明らかとはいえないが，それでも，それぞれのルールにおける運用コストの違いは検討に値する。

第二に，賠償責任制度の運用にコストがかかるということは，この制度がもたらす社会的メリットが十分大きくなければ，制度の存在意義が失われてしまうことを意味している。制度の運用コストの大きさを考えるとこの点は重要であり，賠償制度の存在を正当化するためには，制度の意義が十分大きなものでなければならない。

制度の主たる存在意義は事故の抑止であり，被害者の補償ではない。なぜならば，被害者の補償は，賠償責任制度がなくとも保険によって確保できるからである。したがって，賠償責任制度の存在意義は，当事者の行動に適切なインセンティブを与えることによって事故そのものを減らす点に求められなければならない。賠償責任制度があることによって事故の発生がどれだけ減少しているのか，また，仮に減少しているとすれば，それはいかなる分野において顕著であるのかは実証的に調査されるべき問題であるが，残念ながら，そのような調査はまだ十分にはされていない。

G 不法行為法の経済学的分析と伝統的な分析

以上に述べた不法行為法の経済学的分析と，法学者，裁判官および多くの弁護士が伝統的に行ってきた分析の間にはいくつかの相違点が存在する。

第一に，経済学的分析は，賠償責任制度が社会に及ぼす効果を見極めることを重視している。経済学的分析は，その方向性において，本質的に帰結主義的である。これに対して，伝統的な分析は，賠償責任制度が社会にもたらす効果を検討することを目的としたものではない。そのような論点が議論の対象となることもあるが，それが継続的かつ体系的な議論に発展することは少ない。

第二に，経済学的分析における賠償責任制度の目標は，事故を減少させるイ

ンセンティブを育み,事故の損失を当事者間に適切に配分し,制度の運用コストを軽減するという三つの機能を通じてもたらされる社会的厚生の促進にある。中でも事故の抑止という点は重要であり,保険制度の存在を考慮すると,この点こそが賠償責任制度の主要な存在意義ないしは正当化根拠であると考えざるを得ない。これに対して,伝統的な法思想の下では,賠償責任制度の主たる社会的役割は,被害者の損失を塡補し,同時に,矯正的正義を実現すること,要するに,不法行為者をして被害者に支払をなさしめることにある。しかしながら,被害者の損失を塡補するために賠償責任制度が必要だという考え方は経済学的に無理がある。なぜならば,すでに述べたように,被害の塡補は保険制度を通じて達成可能だからである。さらに,大多数の案件における賠償金の支払主体は保険会社であるという現状を考えると,矯正的正義の実現が賠償責任制度の目的であるという考え方にも無理がある。現実世界の不法行為者は矯正的正義の理念に適うような直截的な方法で贖罪を行ってはいないからである。

4 契　　約

　本項では契約法の経済学的分析を行う。契約の定義からはじめ,契約慣行や契約法の重要論点について検討するが,全体を通しての主たる関心は,契約当事者の期待効用を高めるうえで契約法はどのような役割を果たし得るかという問題である。[②]

A　用語の定義と分析事項の概説

　「契約（contract）」とは一定の時系列の下で各当事者が履行すべき行為を特定した合意であり,行為の履行には,しばしば,一定の条件が付けられている。履行すべき行為には,財物の引渡しや役務の提供あるいは金銭の支払などがあり,条件とされる事態の中には成否が不確実な事象や当事者の過去の行動,あるいは当事者の意思表示などが含まれる。例えば,写真家と顧客の間の契約では,写真家が2月1日に行われる結婚式で記念写真や招待客たちのスナップ写真を撮ること,顧客は写真家に対して式から1週間以内に1,000ドルを支払う

[②]　（原注）本項は,契約法のあり方が社会に及ぼす効果を考え,その社会的有用性を見極めることを主たる目的とするものであり,個別の契約がいかなる内実を備えたものであるべきかを論じた第3章とは目的を異にしている。

こと，顧客は1月1日までに写真家に通知すれば契約を解除できること，写真家が病気になった場合には契約を解除できることなどが合意される。行為や事態という概念の外延が広いものである以上，契約という概念もまた非常に一般的なものとならざるを得ない。

契約に関連して将来起こり得るすべての事態に対して明示的な規定を備えている契約を「**完備契約**（completely specified contract）」という。結婚式の写真を撮る契約についていえば，写真家に起こり得るあらゆる事態（病気になる事態，同じ日に別の結婚式の写真を撮る契約を持ちかけられる事態等々）と新婚夫婦に起こり得るあらゆる事態（病気になる事態，婚約を解消する事態等々）がこの契約に関連ある事態のすべてと考えてよいであろう。したがって，この契約が完備契約となるためには，写真家と新婚夫婦について起こり得るすべての事態に関して明示的な合意がなされなければならない。この先の議論を通じて明らかとなるように，現実世界の契約は完備契約とはほど遠いものであるが，完備契約という概念自体は契約についての考察を明確にするうえで有用である。

契約に変更を加えても各契約当事者の期待効用の和を高めることができない場合，その契約は「**パレート効率的**（Pareto optimal）」であるという。すべての契約はパレート効率的であることを追求すべきであり，当事者の期待効用の和を高める変更が可能である限りその変更は加えられるべきである。例えば，前述の写真撮影に関する契約は午前10時までに写真家は式場に到着する旨を規定していたが，写真家の報酬額を100ドル引き上げ，同時に，写真家の到着時刻を午前9時に早める変更を加えれば写真家も新婚夫婦もともに効用が増大すると仮定しよう。この場合，現在の契約はパレート効率的ではなく，契約は上記のように変更されるべきである。

(1) **契約の強制的実現**

契約は，裁判所または仲裁機関（以下，単に「裁判所」という）によって実現を強制できることを前提として作成されるものである。裁判所が果たす役割の一つは，「**契約の成立**（contract formation）」，つまり，いつ有効な契約が締結されたかを判定することである。さらに，契約が有効に成立していることが認められる場合，裁判所はしばしば「**契約解釈**（contract interpretation）」を行い，これを通じて契約上明記されなかった規定を補充し，あるいは，曖昧な規定の意味を確定させる。裁判所のもう一つの役割は，「**契約違反**（breach of contract）」に関するものである。裁判所は契約違反があったかどうかを判断し，

違反が認められる場合には違反者に対して「制裁（sanction）」（相手方当事者の観点からいえば「救済（remedies）」）を課す。違反者に対して課される制裁には，「**損害賠償金**（damages）」の支払を命じることと，契約上約束された行為を履行させること（例えば，契約書が規定する土地の引渡しを実行させること）の二つがあり，後者を契約の「**特定履行**（specific performance）」という。最後に，裁判所は，契約の「**無効宣告**（override）」を行うこともある。無効宣告は適法に締結された契約に対しても行い得るものであり，無効宣告をした裁判所はその契約の実現を拒否する。

(2) **社会的厚生と契約当事者の効用**

裁判所は社会的厚生を最大化することを目的として行動すると仮定する。このことは，裁判所が契約当事者の効用を促進するために行動することを意味する。契約の影響を受けるのは，原則として契約当事者だけだからであるが，契約当事者以外の者も契約の影響を受ける場合には，裁判所はその者たちの厚生も考慮しなければならない。

B 契約の成立

裁判所が判断を求められる基本問題の一つは契約の成否である。当事者間の折衝がどの段階に達した時点で契約の成立を認め，その実現を強制させるべきであろうか。この問題に対する現行法上の基本ルールは，両当事者が明示的に合意すること（例えば，各自が契約書に署名すること）が契約成立の必要十分条件であるというものである。このルールは，二つの点において契約関係に入ろうとしている当事者の利益に適う。

第一に，このルールの下における契約当事者は，希望すれば直ちに法的拘束力のある契約を締結し，同時に，法的拘束力のある契約が成立したことを直ちに認識できるので，契約関係の価値を高める行動を速やかに開始することができる。例えば，建設請負契約を締結した建築業者は，直ちに建設計画の立案に着手し，同時に，資材の調達や労働者の雇傭を開始することができる。

第二に，このルールは，契約の成立に双方の同意を必要とすることによって各当事者が自らの意思に反して法律上の義務を負うこと，ひいては社会的に望ましくない契約が成立することを防いでいる（したがって，例えば，何人も自らの希望に適わない建物の引取りを強要されることはない）。のみならず，自らの同意なしに契約に拘束されるリスクがあるとすれば，契約締結に向けて調査や交渉

を行う者に萎縮効果が生じてしまうであろう。これは契約の成立を阻害し，契約取引の促進を妨げるものである。

> **Column 7-8** 地下室の漏水と埋蔵資源の開示義務
>
> 契約の成立に関する論点の一つに，当事者は契約を締結する時点で相手方にどの程度の情報開示義務を負うかという問題がある。経済学者の中には，開示義務について積極的見解を唱える者が多く，例えば地下室が漏水している家屋を売却しようとする者は契約締結時にその旨を買主に伝えるべきであるとする。たしかに，このような開示義務を認めれば，買主は買おうとしているものの実態を正確に知ることができるし，地下室に貴重品を保管することもないであろう。しかしながら，情報開示義務について消極的な意見を述べる経済学者もいる。例えば，（これは実際にあった事件であるが）鉱業を営む会社が航空調査を行い，農場の下に貴重な地下資源が埋蔵されていることを突きとめたと考えてほしい。この情報を農場の所有者に開示することが鉱業会社の義務だとすれば，この会社は採掘権を取得するために多額の支払を求められることになり，航空調査を行うインセンティブを持ち得ないであろう。したがって，この場合には，開示義務を否定する方が適切かもしれない（この論理が漏水のある地下室にあてはまらない理由についても考えてみてほしい）。

C 契約の不完備性

有効に成立した契約に共通の重要問題は契約の不完備性である。契約が当事者の利害にかかわる事態をすべて網羅しているということは実際にはあり得ない。結婚式の写真撮影に関する契約にしても，写真家の義務の履行が困難または不可能となる様々な事態や写真の内容や保存方法に関して新婚夫婦の希望が変わる様々な事態に関しての規定は不十分であるに違いない。

契約が不完備であるにはいくつかの理由がある。第一に，完備契約を作成するにはコストがかかる。両当事者にとって望ましいと思える規定であっても，それを起草し，検討し，交渉するのに要するコストを考えると，その規定を契約に挿入することは——少なくとも両当事者が完全に満足し得るに足る規定を設けることは——断念せざるを得ない場合が多い。特に，発生する確率が低い事態の場合には規定を省くことによる損失の期待値が小さく，一方，規定を設けるためのコストは確実に発生するのであるから，規定の挿入が見送られても不思議ではない。例えば，写真家が式場に来る途中で交通事故に遭った場合の対処規定について合意するには最低でも15分はかかるであろう。しかし，そ

のような事態が発生する確率は非常に低いことを考えれば，これに備えた規定を設けることは契約当事者にとってほとんど無意味である。

　契約が不完備である第二の理由は，裁判所が存否を判定することが困難な事態（特に，努力の程度や生産技術の難易度等）が存在することにある。このような事態に言及した規定がある場合には，いずれかまたは双方の当事者がその事態の有無に関して機会主義的な主張を展開することが避けられない。例えば，契約の中で役務の品質が低かった場合買主は支払を免れる旨が規定されている場合において，役務の品質を裁判所が判定することが困難である限り，多くの買主は品質が低かったと主張して代金の支払を免れようとするであろう。このような事態の有無を確定することはつねに不可能とはいえないが（例えば，活動の一部始終を録画しておけば「努力の程度」を示すことができるかもしれない），そのためには膨大な費用の発生が避けられない。

　契約が不完備である第三の理由は，契約が不完備であっても契約当事者にとってそれほど深刻な事態にはならない場合が多いことが挙げられる。契約の不完備性が深刻な問題とならない理由を列挙しておこう（詳細は次項以下で述べる）。まず，裁判所が契約を望ましい方法で解釈してくれる可能性がある（D参照），次に，契約違反者が損害賠償金の支払義務を負うことが詳細な契約条項と同等の機能を果たす場合がある（E参照）。最後に，契約に規定のない事態が発生した場合には契約を変更すべく当事者間で契約の再交渉を行う余地がある（G参照）。

D　契約の解釈

　契約が不完備である以上不可避的に生じる問題は裁判所の契約解釈である。一般論としていえば，契約当事者がより詳細な条項を合意するために時間と労力を費やしていたならば規定していたであろうように契約は解釈されるべきである。例えば，建設業者と注文主の契約の中に，資材価格が異常に高騰した場合でも建設業者は義務を履行すべきか否かが規定されていなかったとしよう。この場合，当事者がそのような規定について交渉していたならば，当事者は建設業者の義務を免除することに合意していたと考え得るとすれば裁判所はこの契約をそのように解釈すべきであろう。

E 損害額の算定基準

契約に違反した当事者はしばしば損害賠償の支払を求められる。「**損害額の算定基準**（damage measure）」とは，違反当事者が損害賠償としていくら支払うべきであるかを定めた計算式ないしは計算の基準となる考え方のことであり，裁判所によって決定されることもあれば，契約上予め規定されている場合もある（後者の算定基準は，「損害賠償額の予定〔liquidated damages〕」と呼ばれることもある）。裁判所が決定する算定基準よりも当事者自らが定める算定基準の方が契約の趣旨に適う限り，当事者は独自の算定基準を定めるはずであるが，何らかの理由によりそれができずに算定基準の選択が裁判所の判断に委ねられる場合もある。損害額の算定基準の決定方法にはこれら二つの場合があることを視野に入れたうえで，それが契約当事者の行動や効用に対して果たす役割について考えてみよう。

(1) 義務履行のインセンティブ

損害額の算定基準が，債務を履行しないと損害賠償を支払わねばならないという威嚇となって当事者に債務履行のインセンティブを与えるものであることは疑いない。例えば，ある人がオーダーメードの机を注文し，請負人が契約に違反した場合の損害賠償額は800ドルと算定されるものとしよう。この場合，机の製作費用が800ドル未満である限り，請負人は机を製作するインセンティブを持つであろう。しかし，製作費用が800ドルを上回れば，契約に違反してもおかしくはない。この例が示すように，損害賠償責任を負うことが生み出す債務履行のインセンティブの内容は損害額の算定基準次第であり，一般的には，算定される損害賠償額が高くなるほど債務履行のインセンティブも高まる。

(2) 完備契約

そこで生じる疑問は，いかなる損害額の算定基準が当事者に対して最良のインセンティブを与えるかということである。すなわち，いかなる損害額の算定基準が契約の生み出す期待効用を最大化するであろうか。この問題に対して考え得る答えの一つは，賠償額が高額となる算定基準（以下，これを「高額の算定基準」という）を契約に規定すれば当事者は契約を守る強いインセンティブを持つことになるので，結果として，望ましい結果がもたらされるのではないかという考え方であろう。実のところ，契約が完備契約であるならばこの考えは正しい。完備契約に関する限り，何人も契約違反をしようと思わないほど高額の算定基準を契約に盛り込むことは当事者双方の利益に適うはずである。この

場合においては，それによって契約当事者が望むとおりの行為が確実に履行されることになるからである。

再び机の製作契約を例に使って考えてみよう。注文主は机を入手することに1,000ドルの価値を見出しているとする。この契約がパレート効率的な完備契約であるとすれば，机の製作コストが1,000ドル未満であれば請負人は机を制作する義務を負うが，製作コストが1,000ドルを超える場合には請負人は制作義務を免れるはずである。完備契約上の請負人は製作コストを下回る価格で机の製作を引き受けるはずがなく，他方，注文主は自分が机に認める価値（つまり1,000ドル）を上回る代金を支払うことに合意するはずがないからである。

この契約に債務の履行を確実なものとするほど高額の算定基準を定めた場合，それがもたらす結果は次の2点に要約できる。すなわち，第一に，請負人は，制作コストが1,000ドル未満である限り必ず机を制作するであろう。そうしなければ，高額な損害賠償の支払を余儀なくされるからである。第二に，制作コストが1,000ドルを超える場合には請負人は決して机を制作しないであろう。なぜならば，この場合においては契約上机を製作する義務は免除されているので，机を制作しなくても請負人は損害賠償を支払う義務を負わないからである。

上記の分析を一般化すると次のようにいえる。すなわち，パレート効率的な完備契約上の債務の履行を確保するに十分な高額の算定基準を定めても，過大な負担となる行為の履行を強要することにはならないし，過大な損害賠償の支払を余儀なくさせることもない。パレート効率的な完備契約が過大な負担となる行為の履行を義務付けることはあり得ないからである。

(3) **不完備契約**

これに対して，契約が不完備な場合には高額な算定基準を設けて債務の履行を確実なものとすることは社会的に望ましくない結果をもたらす可能性が高い。不完備契約の場合には，賠償額を引き下げることによって債務の履行が過大な負担となる場合にはあえて契約違反をなし得る余地を当事者に与えた方が望ましい結果となる場合が多いのである。

上記の事例を使ってこの点を説明しよう。契約には請負人は無条件に机の製作義務を負う旨が規定されているものとする。時間がなかったために詳細な規定を省いた契約となったのであるが，この債務の履行を絶対のものとするためには高額の算定基準が必要であろう。例えば，机の製作コストが2,000ドルとなる場合においても債務の履行を確保するためには2,000ドルを上回る（例え

ば3,000ドル）賠償金の支払を求める必要がある。

　たしかに，賠償額が3,000ドルにもなる算定基準を設ければこの不完備な契約上の義務をほぼ確実に履行させることができる。しかし，それがもたらす結果は，パレート効率的な完備契約が生み出す結果とはまったく異質なものである。すでにみたとおり，パレート効率的な完備契約の下では制作コストが注文主にとっての机の価値である1,000ドルを下回る場合にのみ机の製作がなされるのに対して，3,000ドルの賠償を求める不完備契約の下では，机の制作費用が1,000ドルを超える場合においても机は製作されることになる。要するに，高額の算定基準を用いると過大な負担を伴う行為までもが履行されることになって当事者全体の厚生が減少してしまうのである。この事態を改善する方法は，もっと少額の算定基準，具体的には，契約違反がなければ享受し得たであろう利益を埋め合わせるのに必要十分な金額を支払わせる算定基準——これを「**期待利益基準**（expectation measure）」という——を用いることであり，そうすることによって社会的により望ましい結果を生み出すことができる。

　先ほどの事例を使ってこの点を確認してみよう。まず，机の製作コストは90%の確率で300ドル，10%の確率で2,000ドルであり，当事者は，損害賠償額を3,000ドル，契約代金を700ドル（前払い）とする契約を結ぼうとしていると仮定する。この契約が結ばれた場合には机の製作コストが2,000ドルになったとしても請負人は机を製作しようとするだろう。3,000ドルの損害賠償を支払うよりは2,000ドルを費やして机を製作した方が請負人にとって有利だからである。この結果，注文主はつねに机を受け取ることになるので，彼にとってのこの契約の価値は300ドル（＝1,000ドル－700ドル）であるが，請負人の期待利益は230ドル（＝700ドル－90%×300ドル－10%×2,000ドル）である。

　ここで，両当事者が損害賠償額を3,000ドルから期待利益基準の損害額である1,000ドルに変更することに合意したならば何が起きるであろうか。この場合，製作コストが2,000ドルになれば請負人は契約に違反するであろうが，そうなっても注文主が不利益を受けることはない。なぜならば，この場合に注文主が受け取る賠償金の1,000ドルは，仮定により，注文主にとって机と等価値だからである。したがって，代金700ドル，損害賠償額1,000ドルの契約の注文者にとっての価値は上記と同じ300ドルである。しかしながら，請負人の利害は異なる。製作コストが嵩む場合，請負人は2,000ドルの製作コストを負担する代わりに1,000ドルの賠償金の支払で済ませることができるからであり，

請負人にとっての契約の価値は先ほどよりも100ドル高い330ドル（＝700ドル－90％×300ドル－10％×1,000ドル）となる。注文主の利益は減少しないのに請負人の利益は増大しているということは，契約の価格を若干引き下げれば，注文主と請負人の双方が利益を得るように契約を変更できるはずである。例えば，価格を650ドル，損害賠償額を1,000ドルとすれば，いずれの当事者も利益を得る。この場合，注文者にとっての契約の価値は350ドル（＝1,000ドル－650ドル）となって当初の契約案の価値であった300ドルを上回り，請負人にとっての価値も280ドル（＝650ドル－90％×300ドル－10％×1,000ドル）となって，当初の契約案の230ドルを上回るからである。

　上記の議論を一般化すれば次のようにいえるであろう。すなわち，損害額の算定基準が期待利益基準となっていない契約の算定基準を期待利益基準に変更することは，（若干の価格調整を伴う限り）必ずや両当事者の同意を得るものとなる。机の製作に関する上記の事例は，損害額の算定基準を期待利益基準に引き下げるために請負人が価格を下げることに応じるというものであったが，逆に，損害額の算定基準が期待利益基準よりも低い契約の場合には，これを期待利益基準に引き上げるために注文主が価格を引き上げることに同意するはずである。損害額の算定基準を期待利益基準にすれば，製作コストが注文主にとっての机の価値を上回らない限り請負人は決して契約違反をしないことが確実となることで注文主は十分な利益を得るからである。

(4)　期待利益基準の契約補充機能

　以上の検討は，期待利益基準の損害賠償条項は契約の補充規定として機能することを示唆している。すなわち，契約上の債務はどのような場合に履行されるべきであり，どのような場合に履行する必要がないかを詳細には定めていない契約であっても，期待利益基準に基づく損害賠償条項があれば，完備契約において当事者が規定していたであろう事態の区分に準じて債務の履行の要否が定まる。これは，ある債務の履行の負担が過大でない場合，つまり，完備契約上では履行義務が明示される場合には，その債務の履行が動機付けられ，履行が過大な負担を伴う場合，つまり，完備契約においては履行義務が免除される場合には，履行が動機付けられないからである。したがって，期待利益基準の損害賠償条項を用いれば，詳細な条項を省いた契約を締結しても当事者が真に意図していたように債務の履行と不履行が選択される。

(5) 契約違反をして損害賠償を支払うことは不道徳か

契約違反をして損害賠償を支払うことは,「約束を破る」行為として道徳的に非難すべきことであろうか。これまでに行ってきた分析はこの古典的な問題を解く鍵を我々に与えてくれる。最初に,当事者が十分に守るべき契約とは(十分な時間と努力を費していれば)当事者が合意していたであろう完備契約であると考えることにしよう。この考え方は決して不自然なものではない。なぜならば,起こり得るすべての事態に関する当事者の意図を正しく反映した規定が明示的に備わっている契約は完備契約だけだからである。これに対して,不完備契約には,その定義によって,完備契約とは異なる定めがあり,その限度において当事者の真の意図を反映するものでない。

完備契約こそが守るに値する約束であり,不完備契約は(不完備である限度において)守るに値する約束ではないとすれば,契約違反をして損害賠償を支払うということが不道徳だという見方は誤りであろう。無条件に机を製作すべしとする不完全契約を思い出してほしい。この契約に期待利益基準の損害賠償条項が入っていれば,机の製作コストが1,000ドルを超える場合には契約違反が起こる。契約違反が起こるのは損害額の算定基準が期待利益基準であるためであるが,仮にこの契約が当事者の真の意図を反映した,それゆえに十分守られるべき約束であるところの完備契約であるとすれば,この場合の債務不履行は契約上許容されており,したがって契約違反が問題とされる余地はない。つまり,期待利益基準の損害賠償条項があることによって発生する契約違反は,当事者の真の意図に背くものではない。したがって,期待利益基準の損害賠償条項があることによって生じる契約違反は決して不道徳なものではなく,これに異を唱える者は契約の不完全性のもつ意味を十分理解していないといわざるを得ない。

(6) 信頼行動へのインセンティブ

次に,損害額の算定基準が当事者の「信頼行動(reliance)」に与える影響について考えてみよう。ここで,当事者の信頼行動とは,契約が履行された場合に生み出される価値を高めるべく当事者がとる様々な行動を意味する。例えば,オーダーメードの机の買主が,予定通り机が手に入ることを想定してこれに似合った本棚を注文すれば買主にとって机の価値は増大するし,バンドと出演契約を結んだクラブのオーナーがバンドの出演広告をすれば,バンドの出演時により大きな利益を得ることができる。このように,信頼行動は多岐にわたり,

様々な形で契約の価値を高めるものである。適切な損害額の算定基準は契約上の債務の履行を確実なものとし、それによって当事者は信頼行動へのインセンティブを持つことができる。この点は、債務を履行すべき状況の限界を画するというこれまでに論じてきた機能とは切り離して理解されるべき、損害額の算定基準が持つもう一つの重要かつ有益な効果である。

(7) **リスク分担**

損害額の算定基準が持つもう一つの重要な機能はリスクの分担である。損害賠償の支払は相手方当事者を一定限度において補償するものであるから、相手方当事者がリスク回避的である場合には保険類似の機能を果たす。

しかしながら、損害賠償の支払義務は契約違反をする可能性のある当事者がリスクを負担することを意味するものであるから、その当事者もまたリスク回避的である場合には両当事者の効用の和を最大化するためにさらなる考察が必要となる。例えば、契約の履行によって10万ドルの利益を得る買主とリスク回避的な売主の間の契約があり、売主の調達コストは通常1万ドルであるが、10万ドルを超える可能性も20%あると仮定しよう。この場合、期待利益基準を用いれば、売主は20%の確率で10万ドルを支払わなければならないが、売主はこのリスクを過大なものと考え、期待利益基準を受け入れる条件として、このリスクに見合う高額の代金を要求するかもしれない。しかしながら、この場合においては、代金を低い金額に抑えたうえで、調達コストが高騰した場合には売主は損害賠償金を支払うことなく調達義務を免がれるとする方が両当事者の期待効用の和は増大するかもしれない。ただし、そうするためには、調達コストが本当に高騰したか否かを買主が確認できる手続を保証する必要があるのでそのため費用の発生は避けられない。しかし、この費用を考慮してもなお期待利益基準の損害賠償条項の下で売主が大きなリスクを負担するよりも当事者の期待効用の和は大きいという場合もあるに違いない。

以上を要するに、最善の損害算定基準が何であるかを考えるにあたっては当事者間におけるリスクの配分と各当事者のリスク許容度も視野に入れて考察を行うことが必要である。

F 特定履行

契約違反の相手方を救済する手段としては、損害賠償の他に、特定履行、つまり、違反当事者に対して契約上の債務の履行を強制させるという方法がある。

特定履行が意味するものは債務の性質によって若干異なるが，一般の商品役務の提供義務の場合であれば文字通りその商品役務を提供せしめることであり，契約上の債務が一定の金額の支払（例えば，保険会社の被保険者に対する保険金の支払）である場合の特定履行はその金額を支払わせることである。特定履行は，警察権力の威嚇の下に違反者をして債務を履行させる場合もあるが，警察権を実際に行使して履行を強制する場合もある（土地の引渡しを約束した人が執行官によってその土地から退去させられる場合はその例である）。

なお，特定履行を促すために金銭的な制裁が用いられる場合もあるが，これは高額の損害算定基準と実質的に同じ働きをすることに留意されたい。

Column 7-9　特定履行の謎

契約違反に対する救済方法として金銭賠償よりも特定履行の方が望ましい理由はあるか。この問題に関して経済学的観点から納得できる説明は何人も示し得てはいない（ただし，後記(3)の議論を参照）。さらに不思議なことに，フランス法やドイツ法の下でも英米法とほぼ同様の状況において特定履行が容認されているが，その背景にある法理論は全く異なったものである。

(1) 債務履行のインセンティブ

損害額の算定基準についてこれまでに述べてきたことは，特定履行という措置の適否を考える際にもあてはまる。すなわち，契約が不完備なものである限り損害額の算定基準としては期待利益基準が望ましい理由と同じ理由によって，当事者は特定履行という措置を通常は望まないはずである。念のためその理由を確認しておこう。まず，完備契約の場合にはすべての債務が契約の規定通りに履行されることこそが当事者の意図に合致するので，特定履行という措置が可能であることが望ましい。これに対して，不完全契約に対して特定履行の実施が可能となれば，完備契約では決して合意しなかったであろう過大な負担を伴う行為の履行も強制されることになるが，それは社会的に望ましいことではない。

(2) 特定履行の可能性

特定履行を実施できるか否かは対象となる債務の内容によって異なる。債務の内容が役務の提供や財物の製作である場合，特定履行は，債務者に特定の行動を強いることを意味するので本人がその行動をとる意思がない限り実施は困

難である。これに対して、債務の内容が既存の財物（例えば、土地）の引渡しである場合には、債務者からこれを取り上げて債権者に引き渡せばよいのであるから特定履行は困難ではない。金銭賠償と異なり、特定履行の場合には契約違反者の財産を見つけて支払を強制する必要もない。したがって、対象となる債務が既存の財物の引渡しである限り、損害賠償の支払よりも特定履行の方が実施は容易である場合が多い。

(3) 特定履行の利点

契約当事者にとって損害賠償よりも特定履行の方が望ましい場合があるとすれば、それはいかなる場合であろうか。対象となる債務は売買契約に基づく土地の引渡し義務（土地以外の既存の物の引渡し義務でもよい）であると仮定したうえで、この問題について考えてみよう。

まずいえることは、特定履行を選択すれば買主は確実に土地の引渡しを受けることができるので、売主にとっても（製作コストが売買代金を上回っても物の製作を強要されるような）過大な負担を伴う行為の履行という問題は発生しないということである。土地の売買契約に関して過大な負担を伴う行為があるとすれば、それは買主よりも高い値段を支払う用意がある第三者がいるにもかかわらず買主に土地を引き渡す場合であろう。しかしながら、自分よりも高い価格を支払う用意のある第三者がいる場合、通常の買主はこの第三者に土地を転売するであろうから、特定履行を認めても現実には上記の問題は起こらない。特定履行によって土地の引渡しを受けた買主がその土地を所有し続けるのは、買主がその土地に対して第三者よりも高い価値を見出している場合だけであろう。

しかしながら、そうであれば、期待利益基準の損害賠償条項の下でも同じ結果となるのではないか。契約違反をした売主は買主に対して買主がその土地に対して認める価値相当額を支払わなければならないとすれば、売主が契約違反をするのは買主よりもその土地に対して高い価値を認める第三者に土地を売る場合だけのはずだからである。これに対して、裁判所が買主にとっての価値を過小評価する可能性がある限り、期待利益基準の賠償規定があるだけでは上記の結果がもたらされる保証はない。買主にとっての価値と同額の損害賠償額を契約上に明記すれば問題を解決できるが、そうするためには買主は自分が認めている土地の価値を売主に開示しなければならず、そうすれば売主は売買価格を上げようとするであろうから、結局のところ買主としてはこの点の開示を躊躇せざるを得ない。そこで、買主としては、土地の評価額を開示する必要のな

い特定履行の方が望ましいと考えてもおかしくはない。なお，上記のとおり，特定履行は金銭損害賠償よりも実施が容易である場合もあり，この点も特定履行の利点と考えてよいであろう。

G 再 交 渉

　これまで，問題の発生時に契約が再交渉される可能性については明示的な検討をしてこなかった。例えば，債務を履行した場合に買主が得る価値よりも製造費用が高い事態となってしまったが高額の損害算定基準が存在するために債務を履行せざるを得ないという場合，売主は買主と再交渉して買主に一定の金額を支払うかわりに債務を免除してもらうことはできないであろうか。再交渉が検討に値すると考え得る理由はいくつか存在するが，最大の理由は，契約の当事者は相手方当事者の存在や契約の詳細を知っているので，問題が生じた場合には容易に再交渉を始めることができるという点である。すなわち，契約当事者にとって再交渉の取引費用は比較的少なく，相手への連絡方法も分かっているとすれば再交渉にあてる時間も十分あるに違いない。

　ただし，様々な理由から再交渉が成立しない可能性もある。再交渉の意義について論じるに先立ち，この点について触れておきたい。

　再交渉が成立しない一つの状況は，問題が発生した時点で一方当事者が直ちに行動を起こさねばならない場合である。例えば，製造工程で問題が発生し売主は直ちにその工程を中止するか，あるいは，多額の費用をかけてでも製造を続けるかを決定しなければならないという場合，売主はいずれにしても直ちに行動を起こさねばならない。あるいは，第三者から新たな買取提案を受け取り，これに対して直ちに回答しなければならない場合もそうである。このような状況において，当事者間の連絡がうまくつかないか，あるいは，直ちにに再交渉を開始するには一定の費用がかかるとすれば再交渉は見送らざるを得ない。再交渉が成立しないもう一つの状況は交渉の決裂である。再交渉も一つの交渉である以上，当事者間の合意がまとまらない可能性は常に存在する[10]。

　以上の点を踏まえたうえで，以下では，問題が発生した時点で当事者双方が利益を得る契約改定を行う余地がある場合には，再交渉は必ず実施され，必ず合意が成立すると仮定して議論を進めることにしたい。

---

10)　（訳者注）　**9** の文献①では再交渉が決裂する理由として当事者間の情報の非対称性が挙げられている。同書360頁。

(1) 履　　行

　問題が発生した場合には契約の再交渉が必ずなされると仮定すれば，契約が不完備であったとしても，債務の履行はそれが当事者双方の利益に適う場合に，しかもその場合にのみ，実行される。

　1,000ドルの価値のある机の製作契約を例に用いてこのことを示してみよう。最初に，パレート効率的な完備契約においては製作コストが1,000ドル未満の場合には債務の履行が求められるが1,000ドルを超える場合には履行は求められないことを思い出してもらいたい。これに対して，問題となる契約は不完備契約であり，起こり得べき様々な事態に関する規定は存在せず，契約違反に対する救済として特定履行が認められていると仮定しよう。ここで再交渉が行われなければ，製作コストが1,000ドルを超えても超えなくても請負人は机を製作することになるであろう。しかしながら，製作コストが1,000ドルを超える場合には，再交渉が行われるはずである。例えば，製作コストが1,500ドルになった場合，請負人は履行を免れるために，注文主に対して契約の再交渉を申し出て，1,250ドル支払うことを提案するであろう。1,250ドルという値は契約が履行された場合に注文主が得る価値（1,000ドル）を超えているが，注文主の製作コスト（1,500ドル）は下回っているので，この再交渉は当事者双方にとって有益である。

　以上の点を一般的にいうと，契約の不完備性の程度や契約違反に対して認められている救済手段の内容にかかわらず，再交渉を行うことによってパレート最適の完備契約であれば規定していたであろう内容に準じて債務の履行・不履行が決定されることになる。この点において，再交渉は，完備契約の必要性を緩和させ，事実上それに代替する機能を営むものである（この意味において，再交渉は損害賠償額の算定基準と似た役割を果たす）。

(2) リスク分担

　契約の再交渉はしかるべき事態の下での債務の履行を確保し，損害賠償の支払を求める必要性を緩和させるものであるが，リスク分担状況を改善する機能は有していない。例えば，机の製作契約の違反に対する救済方法として特定履行が規定されている場合，製作コストの高騰に際して請負人が義務の履行を免れるためには多額の金銭を注文主に支払わねばならない。[11]　これは注文者にとっ

---

11) （訳者注）この場合，再交渉時の請負人のBATNA（第2章の注7）参照）は高い製造コストを支払って机を製作することである。したがって，ナッシュ交渉解は請負人にとって不利な

て大きなリスクであり，このリスクを回避したいと考える注文主は契約の再交渉には頼らず，当初から期待利益基準の損害賠償条項を契約違反の救済方法とすることを要求すべきであろう。再交渉の意義とその限界を正しく評価するには，リスク分担という要素についても考慮することが不可欠である。

(3) 費　用

再交渉に関するもう一つの論点は取引費用である。この点に関しては，再交渉を行うよりも期待利益基準（あるいはそれに準じる内容の算定基準）の損害賠償条項を予め契約に挿入しておく方が取引費用を節約できる場合が多いのではないだろうか。期待利益基準の賠償条項があれば，当事者は費用をかけて再交渉を求めることなく速やかに義務を履行し，あるいは，契約違反をして損害賠償を支払う道を選ぶことだろう。損害賠償額が明確であり，したがって賠償金の支払いプロセスを円滑に進めることができるならば，金銭賠償の方が再交渉よりも取引費用は少なくて済む可能性が高い。

H　契約を無効とすべき場合

法令上または裁判所の判断によって契約を無効とすることが正当化される最大の理由は有害な外部性の存在である。第三者を害する可能性のある契約，例えば，犯罪実行の約束，競争会社間における価格協定，機関銃の売買契約等の法的強制力が否定される理由はここにある。ただし，契約の強制力を否定することが社会的に望ましいといえるためには，第三者に生じる害悪が契約当事者自身の利益を上回ることが必要である。したがって，パーティーの主催者とバンドの間の契約は，静謐な夜を過ごしたいと考えている近隣住民にとってはいささか迷惑かもしれないが，迷惑の程度が甚だしいものでない限り契約当事者の利益の方が大きい公算が高く，よってこの契約は有効なものとして扱われるべきであろう。

契約の拘束力を否定すべきもう一つの理由は，（第三者ではなく）契約当事者の一方又は双方の厚生が損なわれることを防ぐためである。必要な情報が与えられていない当事者が不利益を受けることとなる契約（例えば，成分や原産地の表示が不適切な食品や情報開示が不十分な証券の購入契約）が無効とされるのはこの理由によるものである。同様に，制限能力者や青少年は自己に不利な契約を結

ものとならざるを得ない（ナッシュ交渉解については第2章の注8）を参照）。

ぶ可能性が高いため，そのような者による取引は無効とされることが多い。

契約の強制力を否定する根拠としてしばしば指摘されるものはあと二つある。その一つは，契約対象物の「譲渡不能性」であり，例えば，人間の臓器，幼児，あるいは投票権などの譲渡契約の強制力を否定すべきことの根拠として主張される場合が多い。しかしながら，譲渡不能性が根拠とされる場合のほとんどすべてはすでに述べた二つの根拠，すなわち，外部性か当事者自身の厚生の毀損のいずれかに該当するものであり（該当していることが分かりづらい場合が多いことは事実であるが），契約の強制力を否定する根拠として譲渡不能性という点を独自に取り上げる必要はないように思われる。例えば，臓器売買が望ましくないと考えられる理由は以下の三つに収斂するのではないだろうか。①自らへの悪影響を認識せずに腎臓その他の臓器を売ってしまう者がいること（つまり，情報の不足により契約当事者の厚生が損なわれること）。②臓器を入手しようとする者の思惑により死期を早められてしまう人が現れること（つまり，契約が誘発する第三者の行動により契約当事者の厚生が損なわれること）。③生命の尊厳という理念には暴力の抑止や緊急時の人道支援の促進などを通じて社会的厚生を高める機能があるが，臓器市場の存在にはこの理念の価値を低下させるおそれがあること（つまり，有害な外部性）。

契約の強制力を否定する理由としてしばしば指摘されるもう1点は，国家の「後見的態度（paternalism）」である。例えば，ある種の薬物の購入を禁止したり，青少年のポルノの購入を禁止する場合がこれにあたる。しかしながら，この理由も，譲渡不能性の場合と同様に，煎じ詰めれば外部性と契約当事者自身の厚生の毀損という二つの理由に辿り着くことが多い。例えば，薬物禁止の正当化根拠は使用者が真の薬効を知らない可能性やその使用が第三者への問題を引き起こす可能性（特に，中毒性薬物の場合）に求められるであろう。

I 法的強制手段を用いない契約の実現

国の司法機関である裁判所に頼らずに契約の実現を確保する方法について考えてみよう。

(1) 仲　裁

本項の冒頭で指摘したように，これまでの議論において述べてきた裁判所の役割は私的な仲裁機関によって果たされる場合もある。仲裁による紛争の解決は，①専門的な知識を持った者を判断者として指名できる点，②陪審員の判断

を回避できる点，③当事者が希望する手続を任意に定め得る点などにおいて裁判所を用いた紛争の解決よりも当事者にとって望ましいものとなり得る。したがって，仲裁機関の下した判断を裁判所が強制的に実現させることは原則として望ましいことであり，事実，大多数の国においてそのような取扱いがされている。

(2) 評　　判

契約という法事象において「**評判**（reputation）」が果たす役割は重要である。評判を低下させることへの懸念が契約当事者に対して契約履行の誘因として機能することは疑いを入れない。しかしながら，契約の実現という点において，評判という要素が裁判所による契約の強制的実現と同程度に効果的であるということはほとんどあり得ない。そう考えざるを得ない第一の理由は，裁判所は契約に関する諸事情（例えば，契約違反の相手方に生じた損害の程度）について詳細な情報を得ることができるが，評判に反映される情報は限定的なものとならざるを得ない点である。例えば，契約違反をした当事者が相手方に過少な金額しか支払わなかったとしても，その金額の少なさが違反当事者の評判に正しく反映されるとは限らず，したがって評判という要素だけに頼れば，違反当事者が裁判所により強制される適切金額を支払うことはないかもしれない。あるいは当事者が何らかの問題に直面し，やむなく契約上の債務を免除してもらおうと裁判所に契約の解釈を求めた場合，裁判所はその当事者が直面している状況を理解してその債務を免除するかもしれない。しかしながら，このやむを得ない事情が世間によって正しく理解され，評判の低下が回避される保証はないように思われる。

評判が裁判所の機能に代替し得ないもう一つの理由は，評判の低下は債務の履行を促すための誘因とはなり得ない場合があるという点である。例えば，今後一切他人と取引を行う予定のない人の前に契約違反をすれば大きな利益を得る事態が出現した場合，いかに評判が低下しようともその人は契約違反をしようとするのではないだろうか。

5　民事訴訟

本項では，訴訟に関する基本問題を訴訟の三つの段階に分けて検討する。三つの段階とは，(1) 潜在的な原告が潜在的な被告に対して訴訟を提起するかど

うかを決める段階，(2) 訴訟が提起され，原告と被告が和解によって事件を解決するかどうかを決める段階，および，(3) 訴訟が和解によって解決されずに**「事実審理（trial）」**に移行する段階である。上記の各段階について，当事者がとるであろう行動とそれがもたらす社会的状況の妥当性を考えることが本項の主たる課題であるが，訴訟は費用のかかる営みであり，訴訟に対する当事者の私的なインセンティブと社会的に適切なインセンティブとは乖離しがちであることが重要な論点となるであろう。

A 訴訟の提起

訴訟の提起は，その後の段階に進むために不可欠な手続である。訴訟の提起の意味については，これを文字通り訴状の提出という正式な法的手続と解釈してもよいし，弁護士を選任する等の準備的な行為も含むものと解釈しても差し支えない。

訴訟提起には費用がかかる。原告自身が費やす時間や労力と弁護士に支払う報酬が費用の中心であるが，地域によっては申立手数料を支払わなければならない場合もある。ここでは，議論を単純化するために，別段の記載をしない限り訴訟に伴う費用は定額であると仮定する。

(1) **訴訟提起の私的インセンティブ**

人は，訴訟がもたらす利益の期待値が訴訟コストを上回る場合にのみ訴訟を提起する（以下，別段の記載をしない限り当事者はリスク中立的であると仮定する）。訴訟がもたらす利益は和解金の受領や事実審理を経た後の勝訴判決によってもたらされる。したがって，訴訟のコストが低いほど，もしくは，事実審理を経た後に勝訴判決を得られる確率が高いほど，あるいは，訴額が大きいほど，訴訟は起きやすいといえるだろう。

(2) **個人が望む訴訟と社会が望む訴訟**

当事者が提起したいと望む訴訟の量と社会的に望ましい訴訟の量の比較の問題について考えてみよう。主たる議論のポイントは，訴訟提起に対する当事者の私的なインセンティブと社会的に最適なインセンティブとの間には大きな乖離があり，その結果として，提起される訴訟の量は過剰または過少となるという点である。この結論に至る理由は，以下のとおりである。

まず，社会的な訴訟のコストと個人の負担に帰する訴訟のコストは乖離しており，この乖離が原因となって社会的に過剰な量の訴訟が発生する。具体的に

いうと,原告は自分自身が支出するコストだけを負担すればよいのであるから,自分が起こす訴訟によって発生する被告のコストや国のコストを考慮する立場にはない。その結果,これらのコストを合計すれば社会的に望ましいとはいえない訴訟であっても,原告はこれを提起してしまう。

他方で,訴訟がもたらす社会の利益と個人の利益の間にも乖離が存在し,その結果,訴訟の量は(上記のコスト問題と相俟って)過剰となるか,あるいは逆に過少となる。訴訟がもたらす社会的な利益の中心は潜在的被告の行動に対する予防効果であるが,原告にとっての利益は勝訴することによって得られる利益だけである。この私的利益は被告から原告への富の移転にすぎず(つまり,社会の富を増大させるものではなく),その金額は社会にもたらされる利益よりも大きい場合もあればも小さい場合もある。

以上の点を明確にするために,不法行為法の対象となる事故について考えてみよう(加害者が一定の注意を払えば事故の発生確率が低下する可能性があると仮定する)。社会的厚生の目標は,注意を払うのに要するコストと事故による期待損失と訴訟コストの合計からなる社会総費用を最小化することであり,したがって,社会的に最適な量の訴訟とは,この社会総費用を最小化する訴訟の量であるとする。この前提に立って考えると私人が自らの利益に適うと考える訴訟の量は,社会的に最適な訴訟の量を上回る場合もあれば,下回る場合もあることを示してみたい。

訴訟の量が社会的に過剰となる例として,事故により被害者が被る損害を10,000ドル,訴訟を起こすためのコストを3,000ドル,応訴にかかる加害者のコストを2,000ドル,事故が発生する確率を10%,加害者が事故のリスクを減らすためにとり得る注意はないと仮定しよう。

この場合,被害者は必ず訴訟を起こすであろう。なぜなら,被害者が訴訟を起こすためのコストは3,000ドルにすぎないのに対して,訴訟は被害者に10,000ドルの利益をもたらすからである。しかし,社会的な観点からいえばこの結果は望ましくない。というのも,事故のリスクを減らすために加害者にできることがない以上,この訴訟が有益な予防効果を生み出す余地はないからである。それにもかかわらず訴訟にはコストがかかる。上記の例での訴訟コストの期待値は500ドル(=10%×(3,000ドル+2,000ドル))である。この事例では,訴訟が提起される可能性があることによって事故を予防するインセンティブが生じることはないので,訴訟の提起は社会的に好ましくない。しかし,被害者

にとってこの事実は何ら重要ではなく，加害者が負担する訴訟コストも重要ではない。被害者は私的な利益である 10,000 ドルのためだけに訴訟を起こすからである。

なお，上記の例では訴訟の提起はいかなる予防効果も持たないと仮定したが，たとえ一定の予防効果があったとしてもそれが十分大きなものでない限り，上記と同様の議論が成立する。

次に，反対の可能性，つまり提起されることが社会的に望ましい訴訟が実際には提起されない可能性について考えてみよう。ここでは，事故が発生すれば被害者が被る損害を 1,000 ドルとし，加害者が 10 ドルの出費をすれば事故の確率は 10% から 1% に低下するとしよう。訴訟を起こすのにかかるコストと加害者の応訴コストは上記の例と同じとする。

この場合，被害者が訴訟を起こすことはない。なぜならば，訴訟を起こすには 3,000 ドルのコストがかかるが，訴訟で得られるものは 1,000 ドルにすぎないからである。それゆえ，加害者にはリスクを減らすために注意を払うインセンティブがなく，社会の総コストは 100 ドル（＝10%×1,000 ドル）となる。

しかしながら，この場合は被害者が訴訟を起こすことが望ましい。被害者が訴訟を起こすならば，加害者は事故のリスクを減らすために 10 ドルを出費し，そうなれば，社会総費用は 70 ドル（＝10 ドル＋1%×〔1,000 ドル＋5,000 ドル〕）に低下するからである。この場合，訴訟コストの合計（5,000 ドル）は被害者の損失（1,000 ドル）を超えているにもかかわらず上記の結論となることは注目に値する。これは，訴訟コスト自体は高くても，訴訟の威嚇が生み出す抑止効果により，訴訟が発生する事態そのものが減少しているためである。しかし，被害者は訴訟による抑止効果を考慮することはなく，訴訟から得られる利益（この場合，その利益は小さい）だけを考えて行動する。その結果，被害者が訴訟から得る私的な利益（＝損害の回復）が訴訟のコストを下回る限り，事故を減らすという社会的有用性があるにもかかわらず，訴訟が提起されることはない。

以上の議論の理解を深めるうえで有益と思われる点をいくつか指摘する。

(a) **過失責任ルールと社会的に望ましい訴訟の量について**

過失責任ルールが完璧に機能すれば，加害者に過失のない事件が訴訟になることはない。過失のない加害者は勝訴することを被害者は知っているからであり，このことは，国が訴訟を補助することが望ましい場合があることを示唆している。というのも，国の補助があれば被害者は常に訴訟を起こす用意がある

であろうし，そうすれば，その威嚇効果を通じて加害者は適切な注意を払うよう動機付けられるからである。これに対して，国の補助がない場合には訴訟は提起されず，したがって社会が訴訟のコストを負担することもない。もちろん，過失責任ルールが完璧に機能しているという仮定は現実的なものではなく，被害者は時として無過失の加害者に対しても訴訟を起こすし，加害者も時として不注意な行動をとる。それゆえ，過失責任ルールの下においても過剰な訴訟の問題は発生し得るが，厳格責任ルールの場合ほど深刻な事態にはならないであろう。

(b) 個人の利害と社会の利害の乖離の重要性

私的な訴訟コストが社会全体の訴訟コストに占める割合は小さいことが通例である。被害者は加害者や国が支出する訴訟コストを負担する立場にないからであり，被害者が負担する私的コストは社会全体のコストの半分にも満たない場合が少なくないように思われる。

訴訟のもたらす私的な利益と社会的な利益の差もまた決して小さなものではない。第一に，被害はしばしば甚大なものであり，したがって，被害者は訴訟を提起する強いインセンティブを抱くことが多いが，諸般の理由から訴訟の抑止効果は限定的な場合が多い。具体的に考えるために，交通事故の訴訟を例として取り上げてみよう。交通事故がもたらす損害は一般に大きく，訴訟の件数も非常に多いことは周知の事実であり，不法行為訴訟の約50%は交通事故訴訟であると考えられている。しかし，これらの訴訟が交通事故の発生を抑止する効果は限定的ではないだろうか。自動車運転者が事故を回避しようとする理由は賠償責任を免れたいと思うこと以外にもいくつか存在するからであり，例えば，自動車運転者は，自らも負傷するリスクに晒されており，さらに，交通違反の罰金をとられたり，無謀な行為（飲酒運転等）に対しては実刑を伴う刑事罰を課されるリスクも負っている。このようなリスクからだけでも交通事故を回避しようとする強いインセンティブが生み出されるであろうし，さらに，民事責任を負わされることの持つ抑止力は賠償責任保険の普及によって低下していることを考えると，訴訟を提起されることの恐れによってどれほどの追加的抑止効果が生まれているかは甚だ疑問であるといわざるを得ない。

第二に，反対の可能性，すなわち，訴訟の量が社会的に過少となる事態も重要である。先ほど述べた被害の程度が比較的小さい事態について再度考えてみよう。この場合，損害が小さいために訴訟は起こらないのであるが，有害な事

態が起きる可能性を減らすのに要するコストは相対的に少ない。したがって，企業がわずかなコストを負担すれば有害な事態の発生を避けることができるが，訴訟が提起されるほどの被害は起きないであろうという判断の下に被害の発生を未然に防ごうとしない状況があり得ることは想像に難くない（工場付近の住宅で低レベルの大気汚染により塗装の落剥が生じているが，工場が安価な消煙装置を設置すればこれを防ぐことができる場合などがその例である）。あるいは，被害は大きいが，因果関係の立証が難しいために訴訟が起きづらいという状況も考えられる（工場が生み出す汚染によって近隣住民に癌が発症している可能性が高いが，汚染と癌との因果関係の立証が難しい場合などがその例である）。この場合，因果関係が立証されれば，他の多くの類似事件における訴訟提起が容易になるのであるから，一件目の訴訟を提起することは，その事件の原告にとっては割に合わないものであっても，社会全体にとっては非常に有益である可能性が高い。

> **Column 7-10　ニュージーランドの教訓**
>
> 　1970年代の中頃，ニュージーランドでは大胆な試みが実施された。すなわち，同国では交通事故をはじめとするすべての人身事故に関して民事訴訟を提起する権利が法律によって否定されたのである。これによってニュージーランドで多大な訴訟コストが削減されたが，かといって交通事故の発生率が上昇するという事態にもならなかった（被害者への補償は私的または公的な保険を通じて行われた）。ニュージーランドのこの政策は，訴訟提起に対する私的インセンティブが社会的に望ましい限度を逸脱するという事態への対処策の一つとして注目に値する。

(c) 加害者が負担する訴訟コストと注意の水準

　これまでで取り上げてこなかった論点の一つに，たとえ訴訟が提起されても，加害者が負担すべき金額の中にすべての訴訟コストを含めなければ加害者が払う注意の水準は適切なものとはならないという点がある。現行法上加害者が負担すべき賠償額は被害者が被った損害相等額だけであるが，事故の社会的コストにはこれに加えて訴訟のコストが存在する。したがって，加害者が払う注意を適正なものとするためには，被害者に生じた損害に加えて，被害者および国が負担する訴訟コストも加害者に負担させるべきである（加害者自らが支出する訴訟コストは当初から加害者の負担となっている）。例えば，もし被害額が10,000ドルで，被害者と国が負担する訴訟コストがそれぞれ3,000ドルと1,000ドル

であるならば，加害者の支払額は 10,000 ドルではなく，14,000 ドルとすべきである。実際の損害に対する被害者と裁判所の訴訟コストの大きさを考えると，この違いがもたらす意義は大きい。

(3) 是正のための施策

私的に決まる訴訟の水準と社会的に適切な訴訟の水準の不均衡を是正するために国がとり得る施策はある意味で単純である。すなわち，訴訟が過剰であれば，国はしかるべき金額の手数料を徴収するなど訴訟をよりコストのかかるものとすることによって訴訟を抑止することができる。あるいは，社会的に望ましくないと考えられる類型の訴訟については訴訟の提起そのものを禁止することも検討に値するであろう。他方，訴訟が過少であれば，国は補助金を支払うなどの方法により訴訟提起を促進させることができる。

しかしながら，訴訟の量が社会的に適切であるか否かを判断するためには，膨大な情報が必要となる。訴訟が社会的に望ましいかどうかを判断するために，国は，両当事者の訴訟コストはもちろんのこと，訴訟の予防効果がどの程度のものであるかを知らなければならず，そのためには，訴訟以外の予防効果を持つ諸施策の性質やそのコストも推定しなければならないからである。

ただし，訴訟の抑止効果の少なさだけが問題なのであれば，これを改善する政策の実施は決して困難なことではない。すなわち，原告の被った損害額に加えて，被害者と国の訴訟コストも被告の支払うべき金額の一部とすればよい。前述のとおり，そうすることによってはじめて，事故の社会的コストのすべてを加害者の負担とすることができるからである。

B 和解か事実審理か

訴訟提起に続く問題は，和解と事実審理への移行の選択という問題である。和解は法的に拘束力のある合意であり，通常，被告から原告への支払を含み，原告はそれ以上の請求を行わないことを約束する。当事者が和解しない場合には，事件は事実審理に進み，裁判所が事件について判決を下す。ここでは，和解の成否についての二つの異なるシナリオを検討し，そのうえで，和解の適否という問題に対しての社会的に最適な決定と私的な決定の比較を行う。

(1) 単純なシナリオ

議論を単純化するために，原告と被告は，事実審理を行った場合の結果について，それぞれ一定の予測を抱いている（両者の予測は異なるかもしれない）と

仮定する。この場合，二つの数字を使って和解の成立可能性を論じることができる。その一つは，原告が和解金として受け入れる最低額——これを原告の「留保額（reservation amount）」という[12]——である。原告がリスク中立的であるとすれば，原告の留保額は事実審理を行った場合に原告が得るであろう利益の期待値から事実審理のコストを差し引いた金額と一致する。例えば，原告が70％の確率で勝訴し，勝訴すれば100,000ドルを得られると考えており，事実審理のコストは20,000ドルであるとすれば，原告の留保額は50,000ドル（＝70％×100,000ドル－20,000ドル）であり，被告の提示額がこの金額を下回る限り，原告としては，事実審理に進む方が有利であると考える。

　もう一つの数字は，被告の留保額，すなわち和解において原告に支払う用意のある最高額である。これは，事実審理を行った場合に被告が支払を命じられるであろう金額の期待値に事実審理にかかる被告のコストを加えた金額である。例えば，原告が勝訴する確率は50％で，事実審理にかかる被告のコストは25,000ドルであると被告が考えているとすれば，被告の留保額は75,000ドル（＝50％×100,000ドル＋25,000ドル）である。

　原告の留保額が被告の留保額よりも低ければ，相互に利益となる和解が可能であることは明らかであろう。この二つの金額の間のいかなる金額の和解も，当事者双方にとって事実審理に進むよりも望ましいものとなる。それゆえ，原告の留保額が50,000ドルで被告の留保額が75,000ドルであれば，その中間のいかなる金額（例えば60,000ドル）であっても当事者は和解を望むはずである。

　これに対して，原告の留保額が被告の留保額を上回る場合には和解は成立し得ない。例えば，上記の事例において原告の勝訴確率は20％にすぎないと被告が思っているとした場合，被告の留保額は45,000ドル（＝20,000ドル＋25,000ドル）であり，この値は原告の留保額である50,000ドルを下回るので和解が成立する余地はない。

Column 7-11　Priest-Klein 仮説

　　ジョージ・プリースト（George Priest）とベン・クライン（Ben Klein）という法と経済学を専攻する二人の大学教授は，事実審理に進む事件は紛争の母集団（その大半は和解で解決する）を代表するものではないという主旨の論文を著した。事実審理

12）（訳者注）　ここでいう「留保額」は，第2章**6**において交渉一般に関して定義した「留保価格」の一つである。

に進む事件においては，訴訟の結果（どちらが勝つか，そして，損害額はいくらとなるか）は真に不確実であることが多い。結果がかなりの確度で分かるのであれば，事件は和解によって解決する可能性が高いからである。したがって，事実審理に進む紛争における各当事者の勝訴率を 50% とみなすことには一応の合理性があるといえるかもしれない。ちなみに，大多数の事件は原告が支払を受ける結果となるが，この結果は和解によってもたらされる場合が圧倒的に多い。

相互に利益になる和解の成否に関してもう少し深く考えてみよう。我々の関心は，どのような状況において原告の留保額が被告の留保額を下回るかであるが，一つ明らかなことは，原告と被告が事実審理の結果について同じ予測を抱いている限り双方にとって利益になる和解の余地は常に存在するということである。これは，和解によって事実審理にかかるコストを避け得るからである。判決が被告に命じるであろう支払金額は 50,000 ドルであると両当事者が考えていると仮定して考えてみよう。この場合，事実審理において原告にコストが発生する限り，原告は 50,000 ドルよりも低い和解金額を受け入れるはずである。例えば，原告が負担する事実審理のコストが 10,000 ドルであるとすれば，原告は 40,000 ドルを自分の留保額と考えることだろう。同様に，事実審理において被告にコストが発生する限り，被告の留保額は 50,000 ドルを上回る。例えば，被告が負担する事実審理のコストが 10,000 ドルであるとすれば，被告は 60,000 ドルを自分の留保額と考えることだろう。和解の余地が消滅するのは原告の留保額が被告の留保額を上回る場合だけであるから，原告の留保額が上記の値よりも上昇するか，被告の留保額が上記の値よりも低下するか，あるいはこの二つがともに発生しない限り和解の成立可能性は消滅しない。しかし，このような事態が起きるのは，原告と被告が事実審理の結果について異なる予測を抱いている場合だけであり，事実審理の結果に対する原告と被告の予測が大きく違わない限り，双方の利益となる和解が成り立ち得る。より正確にいえば，判決についての原告の予測が被告の予測を上回る場合であっても，その差が双方の負担する事実審理のコストの合計額以下である限り，双方の利益になる和解が成立可能であること（以下，この命題を「和解の成立可能性に関する基本命題」という）が論証できる。[3]

---

[3] （原注）この点は数式を使って示すことができる。A を判決額，P_p を原告が予測している原告勝訴の確率，P_d を被告が予測している原告勝訴の確率，C_p を原告の訴訟コスト，C_d を被告

事例 7-6

　判決によって得られる金額についての原告の期待値が 70,000 ドル（＝70%×100,000 ドル），原告の負担する事実審理のコストが 20,000 ドル，判決により支払わなければならない金額についての被告の期待値が 50,000 ドル（＝50%×100,000 ドル），被告の負担する事実審理のコストが 25,000 ドルである状況を考える。この場合，原告の留保額は 50,000 ドルで，被告の留保額は 75,000 ドルであるから双方に利益となる和解が存在する。判決についての原告と被告の期待値の差は 20,000 ドル（＝70,000 ドル－50,000 ドル）であり，これは双方の負担する事実審理のコストの合計額である 45,000 ドル（＝20,000 ドル＋25,000 ドル）を下回っている点にも留意されたい。この結論は和解の成立可能性に関する基本命題に適合している。逆に，判決の金額の被告の期待値が 20,000 ドルであれば，被告の留保額は 45,000 ドルとなり和解の余地はない。この場合，判決についての原告と被告の期待値の差は 50,000 ドル（＝70,000 ドル－20,000 ドル）であり，双方の負担する事実審理の費用の合計額である 45,000 ドルを超えている。この場合に和解の余地がないことも，和解の成立可能性に関する基本命題に適合している。

以上の議論の理解するうえで有益と思われる点をいくつか指摘する。

(a) 双方に利益となる和解が存在すれば和解は必ず成立するか

　双方に利益となる和解が存在しない場合には和解は起こり得ないことは自明であるが，双方に利益となる和解が存在する場合の結果はどうであろうか。答えは，交渉の性質や各当事者が相手方について知っている情報次第で和解が成立する場合もあれば成立しない場合もあるというものである。この点については(2)で議論する。

(b) 当事者の予測

　上記の議論を踏まえていえば，事実審理に至る主たる原因は原告が自らの勝訴を確信しているからではなく，原告の方が被告よりも勝訴確率が高いと考えているからである。素朴な発想だけでは理解しづらい点であるが，原告がどんなに勝訴を確信していたとしても，それだけで事件が事実審理に至るわけではない。確かに，勝訴する可能性が高いと原告が考えている場合には，そうでない場合に比べて原告はより多くの和解金を求めることだろう。しかし，原告が勝つ可能性が高いことに被告も同意している場合には，被告もより多くの和解

の訴訟コストとすると，原告の留保額は $P_pA - C_p$，被告の留保額は $P_dA + C_d$ となる。このとき，$P_pA - C_p \leq P_dA + C_d$ である限り和解の余地があり，この式を整理すれば $P_pA - P_dA \leq C_p + C_d$ となる。

金を支払う用意があるはずである。事実審理に至るのは、原告が求める金額の支払を被告が拒絶するからであり、それが起きるのは被告が原告の要求は不当であると考える場合だけである。

事実審理の結果に対する当事者の予測についてもう少し考えてみよう。多くの場合、訴訟が提起された時点で各当事者が有している情報には差異がある。しかし、当事者は情報を共有しようとするかもしれないし、証拠開示手続を通じて情報の共有を強いられるかもしれない。さらに、当事者は、しばしば、相手の有する情報を独自に取得する。これらの過程を通じて当事者の予測が近づくほど、和解の可能性は増大すると言えるであろう。

(c) リスク回避心理

当事者がリスク回避的であるならば和解の可能性はさらに強まる。事実審理は結果の読めない不確実な事象であり、そうである以上、和解はリスク中立的な人よりもリスク回避的な人にとってより魅力的だからである。さらに、もし他の点が同じであるとすれば、いずれかの当事者のリスク回避度が高まるにつれ、あるいは、事実審理の不確実性が高まるにつれ（例えば、判決で出される金額や訴訟費用の規模が増す場合がそうである）、和解の可能性は高まるであろう。

(2) 交渉を伴うシナリオ

ここまで議論してきたシナリオは以下の二つの点において単純なものであった。第一に、これまで交渉の過程は論じてこなかった。和解が成立し得る金額の範囲は画定したが、その範囲内において合意が成立するか否か、あるいは、具体的にいかなる値で合意が成立するかについては論じてこなかった。第二に、当事者の予測の違いが生じる源泉についても検討してこなかった。和解の過程についてより精緻な議論を展開するためには、これまで見落としてきたこれらの諸点を視野に入れた洞察を加えることが必要であろう（ただし、その成果についてはあまり過大な期待は抱かない方がよいかもしれない）。

その際検討に値するシナリオの一つは、1回きりの和解提案からなる交渉であって、その提案を行う当事者は相手の置かれた状況についての知識を欠いているというものである。状況をさらに特定し、原告が被告に対して1回きりの和解提案を行うが、判決が被告の責任を認めるか否かが原告には分からないが、他方、被告はそれを知っている（被告は自らがどの程度の注意を払ったかを知っているからであるとしよう）という場合について考えてみたい。この場合、原告がするであろう合理的提案の内容とそれに対する被告の対応はいかにして決定さ

れるのか。次の事例を通じて考えてみよう。

事例 7-7

　　原告が勝訴した場合、判決は 100,000 ドルの支払を命じるものとなり、原告が負担する訴訟コストは 10,000 ドルであるとする。他方で、被告には、①60％の確率で敗訴する被告、②50％の確率で敗訴する被告、③20％の確率でしか敗訴しない被告の 3 種類があり、それぞれが同数いるが、原告はこれらの 3 種類の被告を区別することができないものとする。相対する被告の種類によって原告が事実審理に進むことで得られる利得の期待値は次のようになる。すなわち、もし原告の勝訴確率が 60％であれば、原告が事実審理に進むことで得られる正味利得の期待値は 50,000 ドルであり、勝訴確率が 50％であれば原告の正味利得の期待値は 40,000 ドルであり、勝訴確率が 20％であれば原告の正味利得の期待値は 10,000 ドルである。そこで、被告が負担する訴訟コストが 10,000 ドルであるとすれば、原告は、和解において、①の種類の被告からは最大で 70,000 ドル、②の種類の被告からは最大で 60,000 ドル、③の種類の被告からは最大で 30,000 ドルの合意を得ることができるであろう。この点を踏まえると、和解における原告の合理的な要求額は 60,000 ドルである。なぜならば、原告が 60,000 ドルを要求すればこの要求は 3 分の 2 の確率で（①と②の種類の被告に）受諾され、一方、3 分の 1 の確率で事件は事実審理に進むこととなり、被告の利得の期待値は 43,333 ドル（＝60,000 ドル×2/3＋10,000 ドル×1/3）となるからである。これに対して、もし原告が 30,000 ドルしか要求しなければ、原告の和解提案は常に受諾されるが、原告の利得は 30,000 ドルにとどまる。また、もし原告が 70,000 ドルを求めれば、原告は 3 分の 1 の確率でしかこの金額を得られず、原告の利得の期待値は 40,000 ドル（＝70,000 ドル×1/3＋40,000 ドル×1/3＋10,000 ドル×1/3）にすぎない。原告の合理的な和解提案額が 60,000 ドルであるということの現実的な意味は、20％の確率でしか負けない被告はこの和解提案を蹴って事実審理を求めるということである。

　　ここで注意すべきことは、原告がなすべき合理的な提案は事実審理に進む可能性を孕むものだという点である。原告にとっての合理的な和解提案はあらゆる種類の被告から合意を得られるほどに低いものであってならず、過度に低い金額を求めることは原告の利益とはならない。原告の和解提案が事実審理に進む可能性を孕む原因は情報の非対称にこれを求めることができる。すなわち、相対する被告の種類を原告が知ることができれば、原告は被告の種類に応じて異なる金額、すなわち、被告が事実審理に進むよりは和解を希望するであろう最大額を求めることができる。にもかかわらず、合理的な原告がある種の被告に対しては彼の留保額を上回る提案をして事実審理に至るのは情報の非対称が存在するためである。

(3) 実際の和解の頻度

現実には事件の大多数は和解によって解決されている。州裁判所の近時のデータによれば，1992年度において民事訴訟の96％超は事実審理に進むことなく終結した。同様に，連邦裁判所の近時のデータでも，1995年度において，連邦民事訴訟のほぼ97％が事実審理によることなく終結している。ただし，これらの数字は，事件が和解によって解決する割合を過大評価している可能性もあれば，逆に過小評価している可能性もある。すなわち，事実審理に進むことのない事件の内には裁判所が却下した事件も含まれている，96％という数字は和解率に却下率を加えた数字であり，この点において和解率を過大に示している可能性がある。他方，多くの紛争は訴状が提出される前に和解に至るものであるから，この点を考慮した和解率は96％を大きく上回っているかもしれない。いずれにせよ，事件の大多数が和解で解決していることは紛れもない事実である。

ちなみに，多くの事件が和解で解決しているということは，コストを発生させることなく事件が解決していることを意味するものではない。情報収集や事実審理の準備のため相当のコストを費やしてはじめて和解が成立するという場合も少なくないからである。

(4) 私的に望ましい和解と社会的に望ましい和解

和解の私的インセンティブと社会的インセンティブが乖離する理由は訴訟提起の私的インセンティブと社会的インセンティブが乖離する理由と似ている。

第一に，当事者は，社会が負担する事実審理のコスト全体を考慮することがないため，和解に対する彼らの私的インセンティブは社会全体にとってのインセンティブよりも少ない。事実審理に要するコストには裁判官や裁判所職員の給与，陪審員の拘束時間に対する逸失利益，裁判所の建物の賃料など様々なものがあるが，訴訟当事者が負担するものはその一部にすぎない以上，和解をすることで節約される当事者のコストは，和解により社会が節約できるコストを下回らざるを得ない。

和解の私的なインセンティブが社会的インセンティブを下回り得る第二の理由は情報の非対称に基づくものである。すでに述べたとおり，情報が非対称であることにより当事者が相手の状況を測り損ねて和解が不成立となる場合がある。しかしながら，相手の状況を測り損ねたということをもって社会資源を事実審理に費やすことの正当化事由とすることはできないであろう。

和解の私的インセンティブと社会的インセンティブが乖離する3番目の原因は，判決に比べて和解は抑止効果が低いことに帰因する（なぜ和解は抑止効果が低いかを考えてみること）。大多数の当事者は，和解と事実審理の選択に際して抑止効果という要素を重視はしない。彼らにとっては，事件はすでに起きてしまったことであり，他者への抑止効果を考慮することは合理的でないからである。

(5) 政策論

和解と事実審理の選択という問題に関する政策論では，和解が重視されがちである。例えば，当事者に証拠開示手続を認めたり，事実審理の前に非拘束の仲裁に参加することを要求したり，あるいは，裁判所の主導で和解協議が行われることなどはこのような傾向の現れといえるであろう。和解が重視される理由としては，和解の促進により裁判所の手間が省けて公私にわたり費用が節約できることが挙げられる。当事者は裁判所が費やす時間などの公的コストを考慮しないという点を考えれば，この理由は経済学的合理性を有している。ただし，他方において，当事者が和解を希望しているにもかかわらず事実審理を行うべき場合もあることはあまり認識されていない。しかしながら，例えば，誰がいかなる行動をとったかを公にしなくては十分な抑止効果が働かないと思われる状況においては，和解を促進すべきではなく，場合によっては和解そのものを禁止すべきであろう。

C 事実審理

諸般の理由により事実審理に多くのコストをかける当事者ほど勝訴率が高まり，あるいは，判決の規模や内容がその当事者に有利となることは否定し難い事実のようである。そこで，多くの当事者は，生み出される追加利益の期待値を上回らない限り訴訟コストを支出し続ける。ちなみに，訴訟においてある手段をとることから得られる利益の期待値を評価するためには，それに対する裁判所の反応だけではなく，相手方当事者の反応も考慮する必要がある。

(1) 私的に望ましい訴訟コストと社会的に望ましい訴訟コスト

事実審理のために訴訟コストを費やす社会的なインセンティブと私的なインセンティブが乖離する原因はいくつか考えられる。第一に，訴訟当事者は，互いの効果を打ち消し合うような形で訴訟コストを費やし，結果として社会的に価値のある結果は生まれない場合がある。典型的な例は，両当事者が，それぞ

れ互いに対立する主張の立証に同程度尽力し，あるいは，各自の主張を支持する同程度に説得力のある専門家を雇うような場合である。

第二に，訴訟コストをかけたことが裁判の正確性を高めることには繋がらず，むしろ，裁判官を誤った判断に導いてしまう場合もある。例えば，違法行為を行った被告がコストを厭わずに訴訟活動を行った結果，本来であれば負うべき責任を免れてしまう場合もあり得る。この事態が生じ得ることは法の抑止力を薄める働きをするものであり，そのような結果に繋がる訴訟コストは，私的にはプラスの価値があるかもしれないが，社会的にはマイナスの価値を有している。

第三に，相互に効果を打ち消し合うコストでもないし，裁判所を誤導するコストでもないが，それでも社会的に最適とは言えない規模のコストが費やされる場合がある。その理由は訴訟の提起に関して指摘した点と実質的には同じであり，要するに，当事者は訴訟の結果に及ぼす影響だけを考えてコストの支出額を決定するのであって，社会に及ぼす抑止効果（もしあれば）は考慮されないことが主たる原因である。そのため，当事者の費やす訴訟コストは，社会的に最適なコストと比べて過大になることもあれば過小になることもある。

(2) **政　策　論**

実体法と訴訟法の基本ルールを所与として訴訟コストをコントロールする方法はいくつか存在する。その一つは，金銭的なインセンティブを通じて訴訟コストを抑制する方法であり，他の一つは，訴訟活動に対する制限（当事者が事実審理の準備に費やし得る時間の制限，証拠開示手続の対象物の制限，提出し得る証拠の量的制限，申請し得る専門家証人の人数の制限等）を通じて訴訟コスト抑制する方法である。実務における訴訟コストのコントロールは，金銭的なインセンティブよりも訴訟活動に対する制限（事実審理開始前の活動を含む）に対する規制を通じてされる場合が多いように思われる。

訴訟コストのコントロールは，実体法の改正を通じて行うこともできる。考え得る実体法改正の一例は，賠償額を証拠（その量はしばしば膨大なものとなる）に基づいて決定するのではなく，様々な要件の組み合わせと賠償額との対応関係を定めた一覧表を作成し，これを法令の一部としてしまうことであろう。

最後に，訴訟コストのコントロールは訴訟法の改正を通じて行うこともできる。例えば，一定の証拠については，当事者ではなく裁判所が指名する専門家だけがこれを提出できるとすることが望ましい場合もあるのではないだろうか。

特に，当事者が有している情報に頼らなくても収集可能な証拠については，裁判所を誤導し，あるいは，無用な費用の重複を生み出す可能性のある当事者に証拠収集を行わせるよりも有益であるように思われる。

6　公的機関による法の実現と刑法

本項では，公的機関による法の実現，すなわち，警察，検察，税務署その他の法執行機関が法律に違反する者を摘発し，それらの者を処罰する営みについて考える。ちなみに，私人も，これらの機関への情報提供や自らとる法的措置（特に，不法行為訴訟の提起）を通じて法の実現に寄与するが，本項では公的機関による法の実現活動だけを考える。最後に，公的機関による法の実現に関する理論的分析を踏まえて刑法の諸問題を略述する。

A　分析のための状況設定

次のように仮定する。まず，人（法人を含む。以下，同じ）は，加害行為を行うか否かを選択できる。加害行為を行えばその者は一定の利益を得るが，同時に，摘発され，責任を問われ，処罰を受けるリスクを負う。責任ルールには，害悪をもたらした行為を無条件で処罰する「**厳格責任ルール**（strict liability rule）」と，害悪をもたらした行為が社会的に望ましくないと判断された場合にだけ処罰される「**非行責任ルール**（fault-based liability）」の二つがある（害悪をもたらす行為がすべて望ましくないというわけではない。害悪よりも大きな利益をもたらす行為もあり得るからである）。加害者が受ける刑罰は罰金刑または自由刑のいずれか一つであるとする。

加害行為を行うか否かを人は打算的に決めるものと仮定する。すなわち，加害行為を行うことから得られる利益と不利益（その大きさは刑罰を受けるリスク，刑罰の種類ならびに刑罰の程度の3要素によって決まる）を総合的に勘案し，加害

---

13)　（訳者注）　本章 **3** で厳格責任の対比概念として使われた「過失責任」と本項の非行責任は非常に似てはいるものの若干異なる概念である。すなわち，過失責任は主として注意を払うためのコストとそれによって軽減される期待損失の比較を問題とする概念であるのに対して，非行責任は主として行為の期待利益と期待損失の比較を問題とする概念である。ただし，本章の注15）も参照されたい。

14)　（訳者注）　ここで，「自由刑」とは身体の自由を剥奪する刑罰（英語では「imprisonment」）のことであり，日本の刑法典に定められた刑罰の中では懲役，禁固および拘留がこれにあたる。

行為を行うことによって自分が享受し得る効用の期待値が上昇すると考えれば加害行為を行い，そうでない場合は加害行為をしないものとする。

議論を単純化するために，罰金刑は富の移転にすぎないのでこれを課しても社会的コストは発生しないと仮定し，一方，自由刑は刑務所の運営費や受刑者にもたらされるマイナスの効用を伴うものであるからこれを実施すると少なからぬ社会的コストが発生すると仮定する。

最後に，法の執行機関にとっての課題は，摘発率，刑罰の種類と程度，責任ルールの選択等を通じて社会的厚生を最大化することである。

B 摘発率を一定とした場合の法の実現

最初に，摘発率は一定であると仮定したうえで最適な法の実現手段は何であるか，すなわち，厳格責任ルールまたは非行責任ルールの下で最適な刑罰の種類と程度は何であるかを考え，あわせて，二つの責任ルールの優劣について考える。

(1) 厳格責任ルール

まず，刑罰の種類は罰金刑であり，人はリスク中立的であると仮定する。

この場合，摘発率が100％でない限り，罰金額は高めに設定しなければ十分な抑止効果を得ることができない。適切な抑止効果を得るためには，支払うべき罰金の期待値がその行為によってもたらされる損失と等しくなるまで罰金額を引き上げるべきである。そうすることによってはじめて，人はある行為のもたらす利得がその行為のもたらす損失を超える場合にのみその行為を行い，注意を払うために要するコストが損失の期待値を超えない限り必ず注意を払うようになるからである。例えば，ある行為がもたらす損失額は1回の行為につき1,000ドルであるが，その行為が摘発される確率は2分の1であるとしよう。この場合，罰金額の期待値を損失額と同じ1,000ドルにするためには，加害者が摘発された場合に支払う罰金額を2,000ドルにしなければならない。同様にして，もし摘発率が3分の1であれば，損失額の期待値と罰金額の期待値を同じにするためには罰金額を3,000ドルにする必要がある。これを一般化して言えば，適切な罰金額は損失額（H）に摘発率（P）の逆数を乗じた値となる。

$$適切な罰金額 = H \times (1/P)$$

この最適な罰金額の公式によれば，摘発率が極めて低い場合の罰金額はたい

へんな高額としなければならない。例えば，1,000 ドルの損失をもたらす行為に対する摘発率が 1％ であるとすれば，適切な罰金額は 100,000 ドルであり，加害者にこの金額を支払うだけの資力がない場合には罰金刑は機能せず，抑止効果は不十分なものとならざるを得ない。

> **Column 7-12** 摘発率の逆数を乗数とする量刑策
>
> 摘発率が 100％ でない限り適切な抑止効果を得るためには量刑に摘発率の逆数を乗じる必要があるという考え方は古典的なものである。聖書においても——さらにいえば，聖書以前の教典においても——摘発率が低い行為（例えば夜間の窃盗）に対しては厳しい刑罰を定めていた。ただし，摘発率の逆数を乗じるという量刑策はときとして直感に反する結果となることも事実である。例えば，この政策を機械的に適用すれば，衆人環視の中で意図的に器物を損壊する行為よりも周囲に誰もいないときに誤って物を損壊させてしまった行為の方を重く処罰すべきことになってしまう。いずれにしても，公的執行機関による法の実現に関して摘発率の逆数を量刑に乗じるという考え方がますます重視されつつあることは間違いないであろう。

　加害者が罰金に対してリスク回避的である場合，最適な罰金額は二つの理由からリスク中立的な加害者に対する場合よりも低い金額になる。第一に，そうすることによって加害者のリスク負担（この場合，それ自体が一つの社会的コストを構成している）を引き下げることができる。第二に，リスク回避的な者を抑止するのはリスク中立的な者を抑止するよりも容易であるから，望ましい水準の抑止効果を達成するための罰金額はリスク中立的な加害者に対する場合ほど高いものである必要はない。

　刑罰の種類が自由刑の場合も摘発率の低さに応じて量刑を引き上げる必要があるが，この場合，厳格責任ルールは非常に非効率な責任ルールであることに留意してもらいたい。加害者を刑役所に収容するためには社会的コストの発生が不回避だからである。

(2) 非行責任ルール

　次に非行責任ルールの下における法の実現方法について考えてみよう。刑罰の種類はとりあえず罰金刑のみと仮定する。

　厳格責任ルールの下における最適な罰金額の公式，すなわち，損失額に摘発率の逆数を乗じた値を罰金額とすることは非行責任ルールの理念とも適合して

いる。行為がもたらす損失額と罰金額の期待値を等しくすれば，人は利益が損失を下回る行為を避けるはずだからである。

刑罰の種類が自由刑である場合においても，量刑を適度に引き上げることによって望ましくない行為（以下，「非行」という場合がある）を抑止できる。ここで注目すべきことは，被害を回避するために必要かつ望ましい措置を講じたにもかかわらず被害が生じた場合[15]，このルールの下では加害者は免責され刑罰に服することはないという点である。したがって，非行責任ルールの下では社会的コストが発生するという自由刑の難点は問題とならない。刑罰が非行を抑止するのに十分なほど厳しいものであれば，非行は起こらず，したがって社会的なコストそのものが発生しないからである。

(3) 責任ルールの比較

刑罰がコストのかからない罰金刑の場合には厳格責任ルールと非行責任ルールのいずれの下においても社会的コストを発生させることなく抑止効果を達成することができる。ただし，非行責任ルールの下では行為が非行であったか否か認定する作業が必要となる点において追加コストが発生することは避けられない。刑罰が社会的コストのかかる自由刑の場合には，厳格責任ルールよりも非行責任ルールの方が明らかに望ましい。これは，非行責任ルールの下で十分な抑止効果が働いている場合には，損害が発生した場合においても自由刑が科されることはなく，したがって社会的コストは発生しないからである。これに対して，厳格責任ルールの下では望ましい行為に対しても自由刑が科されるために社会的コストの発生を回避することができない。

C 摘発率を変化させ得る場合の法の実現方法

ここでは，国が法の実現のために費やすコストを加減することにより摘発率を変化させ得る場合における最適な法の実現方法について考える。ここで問題となる論点はいずれの責任ルールを用いるかによって変わることはほとんどないので，議論を単純化させるために，責任ルールは常に厳格責任ルールであると仮定する。

---

15) （訳者注）この一文を読む限り，原著者は行為が非行とされないためには（利益が期待損失を上回る点に加えて）損失を回避するためのしかるべき措置がとられることを要求しているように読める。そうであるならば，非行責任ルールと本章 **3** で述べた過失責任ルールはより一層類似した概念となるであろう。

この状況下で成立する重要な原則は，低い摘発率と重い量刑を組み合わせた政策こそが優れた刑事政策であるということである。摘発率を低くすれば，国は法を執行するコストを引き下げることができる。例えば，国が河川における汚染を管理しようとする場合，高頻度で監視する（これには大規模な法執行機関が必要になる）よりも，汚染検査を小規模な法執行機関が無作為抽出的に行うことで法の執行コストを節約できる。ただし，低い摘発率の下で適切な抑止効果を得るためには摘発された汚染の加害者に対する罰金額を被害額よりも可能な限り大きくしなければならない。

　実際のところ，加害者がリスク中立的であるならば，罰金額を加害者の全資産額と一致するまで金額を引き上げ，同時に，摘発率を引き下げることが最善の政策となる。なぜならば，罰金額がこの値を下回る限り，罰金額の引上げと摘発率の引き下げを同時に行うことによって国は抑止効果に影響を与えることなく社会的コストを節約できるからである。例えば，当初の罰金額が5,000ドル，行為者の資産額が10,000ドル，摘発率は20％であるとしよう。ここで，罰金額を2倍の10,000ドルとし，摘発のための費用を半分に減らして摘発率を10％とすれば，罰金額の期待値は変わらないが（20％×5,000ドル＝10％×10,000ドル＝1,000ドル），法の執行に要するコストが削減された点において社会はより望ましいものとなっている。ただし，ここでは理由の説明を割愛せざるを得ないが，行為者がリスク回避的である場合など一定の条件が成立する社会では上記の結論は成り立たない。上記の結論はこの点においてある種の「極論」であるが，それでも，低い摘発率と重い量刑とを組み合わせる刑事政策に少なからぬ社会的有用性があることをよく示し得ているのではないだろうか。

　注目すべきもう一つの要点は，多くの状況において，完璧ないしはそれに近い抑止効果を達成し得るほど法の執行にコストをかけることは社会的に有益でなく，ある程度の（おそらくは，少なからぬ程度の）抑止効果を断念してでも，法の執行コストを節約する方が社会全体にとって有益であるということである。

　厳格責任ルールの下で人が敢えて処罰される行為を行うのは必ずしもその行為が社会的に望ましいものであるからではないという点にも留意が必要である。望ましくない行為までもが実行されるのは摘発率と量刑の組合せがその行為を抑止するのに十分でないからである。例えば，汚染がもたらす損害が汚染予防のコストを上回っている（つまり，この汚染は明らかに社会的に望ましくない）にもかかわらず汚染物質を排出する企業が存在し得るのは，摘発率と量刑の組合

せが企業を抑止するに十分ではないからであろう。さらにいえば、ほとんどすべての犯罪は社会的に望ましくない行為であり、にもかかわらず犯罪がなくならないのは、やはり摘発率と量刑の組合せが犯罪を抑止するのに不十分だからであろう。この事態は、人が市場で商品を買う行為と対照的である。市場取引の場合、買主は必ず対価を支払わねばならず、その対価が商品の製造費を下回ることはない。したがって、買主が商品を買うということは、商品の価値をその製造費よりも高く評価しているということであり、市場取引は社会をより豊かにする——つまり社会的に望ましい——行為である。これに対して、人が犯罪を犯すのは、摘発率が（量刑に比して）低いために刑罰の期待値が犯罪のもたらす社会的な損失を下回っているからである。法律違反が起きるのは、決して利得が損失を上回っているからではないのである。

D 罰金刑と自由刑

科せられるべき刑罰の種類について考えてみよう。どのような場合に罰金刑が適切であり、どのような場合に自由刑が適切となるのであろうか。この問いに対する答えは、「罰金刑だけで十分な抑止効果が得られるのであれば、罰金刑のみを用いるべきである」となる。自由刑は罰金刑よりもコストのかかる刑罰であるから、罰金刑だけで抑止効果が得られる状況下で自由刑を用いることは資源の浪費である。自由刑の実施が正当化できるのは、最大限の罰金刑を課しても抑止効果が不十分であり、しかも、より高い抑止効果を達成することがもたらす利益が自由刑のコストを上回る場合に限られるべきである。

> **Column 7-13** 自由刑以外の非財産刑
>
> 自由刑以外の非財産刑についてはこれまで議論してこなかったが、その中には潜在的有用性を備えたものがいくつか存在する。例えば、電子的な方法によって行う加害者の継続的監視活動は、自由刑よりもはるかに安価なコストで実施できるかもしれない。あるいは、事実を公表することによって社会的不名誉を与えること（例えば、税金を支払わない者の氏名を公表すること）も安価な制裁手段である。一般論として言えば、刑罰の種類は、刑罰の実施に要する社会的なコスト1ドルあたりの効果の順序に従って選択されるべきであろう。

E 隔　　離

ここまでは，刑罰はその威嚇力を通じて害悪をもたらす行為を抑止することを前提に議論を進めてきた。しかし，害悪を防ぐために社会が取り得る方法には，これとは全く異なる方法がある。「**隔離**（incapacitation）」，すなわち，害悪を起こし得る状況から当事者を隔離する方法がそれである。隔離の主たる実施方法は自由刑であり，ここでは隔離の実施方法として自由刑だけを考えることにしよう（ちなみに隔離の他の実施手段としては，例えば，運転免許の剥奪や一定の事業分野における許認可の剥奪のようなものが考えられる）。

刑罰の目的が隔離である場合における公的機関の役割についての理解を深めるために，刑務所の唯一の機能が隔離にある（いい換えれば，刑務所には抑止の機能はない）と考えてみよう。この場合，ある者が刑務所に収監されていなければ引き起こすであろう害悪の期待値が刑務所のコストを上回る場合においてのみ，その者を刑務所に収監しておくことが社会的に正当化される。

ここで注意すべきことは，隔離の合理性を突きつめていけば，まだ非行を犯していない者に対しても，その危険があるという理由で収監することを正当化する余地があるという点である。ただし，これは，ある者が非行を行う危険性をその者の過去の行為とは無関係に正確に予測できる場合にのみいえることであろう。現実世界においては，過去に非行に及んだという事実こそがその者の将来の行動を予測する最善の根拠といえるのではないだろうか。

F 刑　　法

刑法の諸問題は，公的機関による法の実現に関してこれまで行ってきた理論的分析を使って考察することができる。例えば，強盗，殺人，強姦等の重大犯罪を自由刑によって処罰することは合理的である。これらの犯罪の処罰方法が罰金刑だけであれば十分な抑止効果を得ることは望み難い。なぜならば，①これらの犯罪の検挙率はかなり低く，②したがって，罰金刑に頼って十分な抑止効果を得るためには罰金額を巨額とせざるを得ないが，③これらの罪を犯す者の財産状況は劣悪な場合が多いために巨額な罰金刑は十分な抑止効果を持ち得ないからであり，しかるべき抑止効果を得るためには自由刑による威嚇が不可欠である。さらに，これらの犯罪を犯す傾向にある者には有効な抑止が働かない者が多いため自由刑の隔離効果も重要となる。

刑法の基本ルールの多くは法執行政策の合理性という観点から是認できるも

のである。例えば、刑法はあらゆる加害行為を処罰するものではなく、望ましくない行為を行った者だけを処罰するものである。具体的にいうと、人の死をもたらす行為のうち処罰の対象となるのは殺人など一定の行為だけである。行為の非行性を重視する刑法のこの特徴は合理的な法執行政策に合致している。なぜならば、前述のとおり、社会的コストが発生する自由刑を用いる以上非行責任ルールを採用することが望ましいからであり、非行責任ルールの下では、厳格責任ルールの場合に比べて刑が執行される頻度は著しく低下する。

　刑法のもう一つの重要な特徴である故意犯の重視という点も合理的な法執行政策に概ね適合している。故意犯を抑止することは過失犯を抑止するよりも一般に困難である。なぜならば、故意犯を犯す者は、過失犯を犯す者に比べて加害行為からより大きな利益を得る傾向にあるからである（例えば、殺人犯には強い動機があるのが普通であり、過失により人を死に至らしめる者よりも抑止は難しいであろう）。さらに、故意犯の多くは計画犯であるから犯行を隠蔽しようとする可能性が過失犯と比べて高い。したがって、故意犯を抑止するには過失犯に対するよりも重い刑罰をもって臨む必要がある。くわえて、故意犯は過失犯よりも多くの被害をもたらすことが多い。そのため、故意犯は過失犯よりも抑止する必要性が高く、抑止のためにより大きな社会的コストを負担することが正当化できる。最後に、故意犯を犯す者は将来において同様の行為を繰り返す傾向があるのではないだろうか。もしそうであるならば、隔離の観点からも故意犯には自由刑という刑罰が相応しい。

　ある場合には、加害可能性をもたらしただけの行為、つまり未遂犯をも処罰することは刑法の大きな特徴である。未遂犯の処罰は、望ましくない行為の処罰の範囲を事実上拡大するものである。法執行コストの節約の必要によって犯罪行為の十分な抑止を断念せざるを得ないとすれば、非行が行われはしたものの、たまたま害悪の発生には至らなかった場合に対しても処罰を実施することは理に適っている。

　ここまで刑法の理念や現状と法執行理論との整合性を強調してきた。しかし、刑法の現状には法執行理論（中でも抽象度の高い理論）と矛盾する側面も少なくない。例えば、もっと強く抑止することが必要かつ可能な行為に対して軽微な処罰しかなされていない状況が一方において存在し（その代表例は脱税であり、これに対する処罰水準を高めればもっと大きな抑止効果が得られるであろう）、逆に、抑止が難しく、隔離まですることの有用性も乏しいと思える行為に対して過大

な処罰がなされている状況も存在しているように思われる。

なお，これまで論じてこなかった論点として処罰感情に基づく処罰の必要性という問題が存在する。処罰感情は刑法の現状に大きな影響を与えており，刑法の経済学的分析を進めるにあたってはこの点に対しても考慮を加えることが必要である。人々の間に一定の処罰を求める欲求が存在する限り，処罰の抑止効果や隔離効果，あるいは処罰を科すことによって発生するコストとともにこの処罰感情も分析の対象とすべきである。

最後に，刑罰は象徴的効果を伴うものであることも付言しておこう。刑罰には有用な社会的規範を強化する働きがあるといわれており，この点も，刑法の経済学的研究を深めるにあたって考慮すべき問題であろう。

7　厚生経済学

A　厚生経済学の基本原則

第6章で述べた厚生経済学の基本原則をここで再度論じはしないが，いくつかの重要点を確認しておきたい。第一に，効用ないしは福利という概念は人が求めるあらゆるものを対象とする包括的な概念である。第二に，社会的厚生という指標は，個人の効用の上に構築される概念であり，個人の効用以外のいかなる要素にも依存しない。第三に，客観的に正しい社会的厚生の指標というものがあるわけではなく，したがって複数の指標間に優劣はない。分析者が行うべきことは，与えられた指標の下で社会的厚生を向上させる政策を特定することである。第四に，研究の対象とされてきた社会的厚生の指標の多くは分配的正義（distributional equity）を重視している。すなわち，多くの指標は，他の点が同じであるならば，人々の間での富の分配は公平である方が望ましいという立場に立つものである。第五に，いかなる社会的厚生の指標の下でも，分配的正義は所得税制度（と福祉制度）を通じて追求することが最善である。

以上の諸点について若干敷衍してみたい。

B　所得税制度がある限り分配の達成を考慮して法制度を決定してはならない

上述のとおり，富の適正な分配は所得税制度を通じて追求することが最善である。その主たる理由は，所得税制度は分配の実現のために広く用い得るもの

であるところ，分配を達成するために税制以外の法制度を用いるとその法制度の本来の目的の達成が妨げられるからである。例えば，ある分野においては，厳格責任ルールよりも過失責任ルールの方が訴訟件数を軽減し得るという点において安価で望ましい責任制度であると仮定しよう。しかしながら，過失責任ルールの下では，厳格責任ルールが適用されていれば賠償義務が発生したであろう被害が弁償されない事態が起こるため，厳格責任ルールに比べて貧しい人々の保護が不十分となる恐れがある。しかし，貧しい人々の所得の低さが（分配的正義を考慮した）社会的厚生を低下させているのであれば，それは所得税制の適切な変更を通じて（例えば，恵まれない人々が支払うべき税額の引下げ，あるいは，そのような人々に対する資金援助を通じて）改善すべきである。貧しい人々の救済を厳格責任ルールの導入を通じて行った場合には訴訟件数の増大という弊害の発生が避けられない。したがって，貧しい人々の救済は所得税制度を通じて行うべきであり，訴訟件数の増加に繋がる厳格責任ルールの選択によってこれを行うべきではない。

> **Column 7-14　不適切な人々が所得税制度を支配した場合**
>
> 　税制以外の法制度を富の分配目的に用いるべきではないという主張の論拠が「富の分配は所得税制度を通じて行うのが最適であるから」だとすれば，次の疑問がわいてくるのは自然なことであろう。すなわち，それは，「不適切な人々が（それが誰であるかは別として）所得税制度を支配していたらどうなのか」という疑問である。この疑問に対する答えは，「そうであっても結論は変わらない」というものである。例えば，あなたは貧しい人々がもっと多くの富を持つべきであると考え，貧しい人々がもっと簡単に訴訟を起こし，裁判を通じてより多くの救済を得られるよう企てたとしよう。しかし，税制度の支配者は貧しい人々がより多くの富を持つことを望んでいないとすれば，彼らは貧しい人々が支払うべき税額を引き上げる（あるいは，貧しい人々に与えられる恩典を減らす）ことによってあなたの企てを無効なものにしてしまうのではないだろうか。

　以上が富の適切な分配を達成させるためには税制を用いるべきであってそれ以外の法制度を用いるべきではないという主張の中核的論拠であるが，その他にも追加すべき論点がいくつか存在する。

　第一に，税制以外の法制度は社会全体のうちのごく一部の人々に対してしか影響を与えず，それ以外の人々は救済されないことが多いのに対して，所得税

制度を通じた富の分配ははるかに多くの人々に影響を及ぼすことができる。第二に，税制以外の法制度が影響を与える集団（例えば，「ある種の事故の被害者集団」）は資産状態ないしは資金援助の必要性という点において均質でない場合が多く，したがってこれらの制度を通じて富の分配に関する目的を達成しようとすることは所得税制度を用いる場合に比べて無駄が多い。第三に，税制以外の法制度を富の分配のために用いることは多大なコストを発生させる。これらの法制度を通じて富を移転させるには移転する富とほとんど同額のコストがかかることがあるが，経験上税制度の運営コストは移転する富の5%未満である。第四に，富の適切な分配のために税制以外の法制度を用いてもその効果は市場原理を通じて打ち消されてしまうことが多い。例えば，低所得者向けに販売される住宅の建築基準が一定の条件を満たすことを義務付けたとしても，その結果住宅の販売価格が高騰すれば制度が守ろうとした人々の状況は改善されない。

　以上の分析から導かれる結論は，たとえ与えられた社会的厚生の指標が適正な富の分配を重要視するものであったとしても（おそらく，大多数の人々はそのような指標を選択するであろう），それを達成するために税制以外の法制度を利用してはならないということである。

C 公正の観念に基づく（分配的正義以外の）規範論

　規範的法律論——それは経済学的分析とは関心を異にするものである——の多くは，（少なくとも部分的には）公正の観念にその根拠を置いている。例えば，加害者に不法行為責任を科すことの正当化事由を矯正的正義の観念に求める考え方はその典型であり，この考えを信奉する者は，「AがBに損害を与えた以上，AはBの被害を賠償すべきである」と主張する。刑罰の正当化事由を応報的刑罰の観念に求める考え方も同様であり，その論者は，「刑罰の大きさは犯罪の大きさと均衡すべきである」と主張する。公正の観念には様々なものがあり，上記に挙げたような一般的なものもあれば，もっと個別具体的なものもあるが，そこには個々人の福利厚生を顧みないという共通点があり，公正の観念を追求したことによって生じる結果の適否も問題とされていない。例えば，罪刑均衡という観念は，それが人々の福利厚生にいかなる影響を及ぼすかとは無関係の概念であり，この観念を遵守することが刑罰の抑止効果や隔離効果に及ぼす影響とも関係がない。

　公正の観念を満足させることと人々の福利厚生を高めることが無関係である

以上，公正の観念の追求は人々の福利厚生を損なう可能性を孕まざるを得ない。例えば，脱税は摘発が困難な犯罪であるので，処罰水準を現状よりも引き上げないと十分な抑止力が生まれない。にもかかわらず，罪刑均衡という観念によって脱税の厳罰化が否定されるとすれば税収の確保は永遠に達成し難い。この例が示すように，公正な処罰という観念を追求することは時として人々の福利厚生を損なうものである。

一般的にいって，いかなる善の概念といえども，それが個人の福利厚生以外のことを価値の源泉として受け入れるものである限り，それを追求することによってすべての人々が不利益を受ける事態が起こり得る。つまり，すべての人々が政策Aよりも政策Bの方が望ましいと考えているにもかかわらず，善の概念によって政策Aの選択が強要されるという事態が起こり得るのである。したがって，全員一致の選択は尊重されるべきであるという考えを容認する限り，個人の福利厚生を唯一の価値の源泉としないいかなる善の概念も否定されるべきではないだろうか。

D 追加的考察

上記の結論に対して直感的に抵抗を感じる読者は多いことであろう。その気持ちを和らげるべく若干の追加的考察を記しておきたい。

(1) 嗜好としての公正の観念

公正の観念を追求することを好む者がいることは疑いない。例えば，犯罪と刑罰が均衡していることを望み，両者の均衡が失われている事態に心を痛める者もいるに違いない。公平の観念が人々の嗜好に適うということは，この観念も効用を生み出す一つの要素として社会的厚生の計算に影響を与えることは否定できない。しかしながら，公正の観念が政策の決定に影響を及ぼすこの論理は，公正の観念を支持する哲学者たちの考え方とは全く異なることに注意しなければならない。公正の観念の支持者は，対象となる人々の中に公正の観念が満たされることを好む者がどの程度いるのかとは無関係にこの観念を規範的に尊重すべきであると主張しているからである。

(2) 公正の観念が果たし得る社会的役割

公正の観念は，平均すれば，伝統的意味における社会的厚生を高めるための役割を果たしているかもしれない。例えば，罪刑均衡の観念は，重い罪は軽い罪に比べて抑止の必要性が高いという点においてよい結果をもたらし，矯正的

な正義の観念は，抑止の促進や被害者の救済に寄与し，約束の遵守という観念は協調的行動を容易にしている。

要するに，これらの公正の観念は我々の道徳意識の一部となっており，その点を通じて社会の利益と深く結びついている。人々に道徳意識がなければ，我々が知るところの社会は機能しない。したがって，厚生経済学の観点からも，人々に公正の観念を信奉させることや公正の観念を社会に浸透させることのために社会的資源を割くことは望ましいことである。しかし，そのことは，政策を考える者が公正の観念に独立した価値を見い出してよいということを意味するものではない。

8 法の経済分析に対する批判

法の経済分析は，すでに述べた富の分配や公正の観念との関係において批判されてきたが，批判の根拠はこの2点に限られるものではない。以下では，他の3つの批判点を取り上げてそれに対する我々の見解を示したい。

A 人間の行動の不可知性と不合理性

法の経済分析に対する批判の一つは，「人間の行動を予測することは困難であり，経済学的モデルを使っても法制度が社会にもたらす効果を知ることはできない」というものである。経済学的な分析が人間の行動に関する最善のモデルたり得てないという指摘は正しいが，それは経済分析に対する批判の根拠とはなり得ない。人間の行動を予測すべく作り出された行動モデルは，それがどんなに精巧なものであっても，正しい予測を示し得ないことがある。それは残念なことであるが，だからといって，他にどんな選択肢があり得るのか。結果を予測するためにはとり得る手段の中で最善のものを用いるしか道はないであろう。

B 結論の一義性の欠如

法の経済分析の結論は一義的でないという点もしばしば指摘される。法の経済分析の結論が一義的たり得ない理由は3点あるが，いずれも法の経済分析に対する有効な批判とはなり得ない。以下，その理由を述べる。

第一に，ある政策を選択したことの効果を予測することは難しく，その点に

おいて我々の結論はしばしば一義的でない。しかし、それが事実だとしても、それをもって経済学的分析の欠点と考えることは妥当でない。そのような批判は、経済学的分析よりも優れた方法がある場合にのみ有効な批判だからである。第二に、経済学的分析は「展延性（malleability）」が強いがゆえに一義性に欠けるという批判もしばしば耳にする。その意味するところは、分析において考慮すべき変数の数が多く、そのうちのどの変数を採用するかは分析者の恣意に委ねられがちであるというもののようである。たしかに、経済学的分析は多くの異なる変数を考慮するものであるが、変数の選択は現実性や利便性という視点から規律されるべき事項であって、恣意的分析を許す余地を生み出すものではない。第三に、経済学的分析は人格を異にする人間同士の利害を調整する客観的な方法を欠いているがために一義的な結論を導き出せないという批判もしばしばなされる。人々の利害を調整する客観的な方法がないことは事実であるが、それでも、与えられた社会的厚生の指標の下で政策の選択について述べ得ることは多く、批判者はこの点の認識を欠いているといわざるを得ない。

C 政治的偏向

最後に、経済学的分析は特定の政治的立場、具体的には、「現状維持（status quo）」を志向する保守的な立場に与するものであるという批判について述べよう。この批判に対する一つの答えは、「ある分野の学問における有力な研究者が彼の政治的信条を雄弁に語っているからといって、その学問自体が政治的偏向を内包していることにはならない」というものであろう。厚生経済学に基づく法の分析はいかなる政治的偏向を内包するものでもなく、就中、社会的厚生の指標における分配的正義のあり方に関するいかなる特定の主張に与するものでもない。

9 読書案内

本書の原本にコメント付きで紹介されている文献とこれに対する原著者のコメントの要旨は以下のとおりである。

1. Robert Cooter and Thomas Ulen, *Law and Economics*, 6th ed. (Reading, Mass.: Addison-Wesley, 2011). 学部レベルの教科書。
2. A. Mitchell Polinsky, *An Introduction to Law and Economics*, 4th ed. (New

York: Aspen Publishers, 2011). 学部レベルの教科書。
3. Richard Posner, *Economic Analysis of Law*, 7th ed. (New York: Aspen Publishers, 2007). 取り上げているテーマの多様さが特徴的。
4. Steven Shavell, *Foundations of Economic Analysis of Law* (Cambridge, Mass.: Harvard University Press, 2004). 本章の主題を扱った文献。
5. William Landes and Richard Posner, *The Economic Structure of Tort Law* (Cambridge, Mass.: Harvard University Press, 1987). 不法行為法に関する文献。
6. Steven Shavell, *Economic Analysis of Accident Law* (Cambridge, Mass.: Harvard University Press, 1987). 不法行為法に関する文献。

　法の経済分析を論じた我が国の文献は米国の著名な教科書の翻訳である場合が多い。ここでは，本書の原本で紹介されている文献の翻訳を紹介する。

① スティーブン・シャベル（田中亘＝飯田高訳）『法と経済学』（日本経済新聞出版社・2010年）

は，本章の原著者である Steven Shavell が著した著名な教科書（前記の文献4）の邦訳であり，本章の理解を深めるうえで必読の文献であろう。

② ロバート・D・クーター＝トーマス・S・ユーレン，（太田勝造訳）『新版　法と経済学』（商事法務研究会・1997年）

は，前記の文献1の第2版の翻訳である。

③ A・M・ポリンスキー（原田博夫＝中島巌訳）『入門　法と経済学——効率的法システムの決定』（CBS出版・1986年）

は，前記の文献2の初版の翻訳である。

第 8 章　統 計 分 析

　統計学は定量的な情報を収集・分析・利用する技法を科学的に研究する学問である。[1] 自然科学または社会科学の基礎研究，工学もしくは経営学を専攻する学生は，各自の専門向けに準備された必修科目として統計学を学ぶことが多い。これらの科目は，それぞれの分野における統計実務のあり方に違いがあるために，内容面においても，レベルにおいても，相互にかなり異なるものになっている。本章は，これらの科目の全部はもちろんのこと，一つの科目についてさえもその全貌を詳らかにしようとするものではないが，これらの科目には共通する中核的な概念，理論ないしは技法なるものが存在しており，それは本章のように短い紙数の中でもその概略を述べ得るものである。

　本章は，多くの統計学の教材と異なり，読者自身が統計調査を行えるようになることを目指すものではない。本章は，統計学における様々な議論のあり方を示すことによって他人が行った統計調査の結果を読者が正しく理解し，それを批判的に検討できるようになることを目指すものである。

　統計学上の意見が裁判所に提出される場合にはあたかも統計学の方法論を厳格に適用した成果であるかのように主張されることが一般的である。しかしながら，統計学的意見なるものの実体はその統計を作成した者の主観的判断に負う部分が大きいことはすぐ後でみるとおりである。そのような主観がどこに潜んでいるのかを知ることは，統計資料を批判的に検討するうえで不可欠であり，本章の主たる目標は，客観的分析と主観的判断の境目がどこにあるのかを読者自身が見分けられるようになることである。

> Column 8-1　訴訟における統計学
>
> 　近年の証拠法の発展により，統計学は法廷弁護士にとって昔よりもはるかに重要な学問となった。Daubert v. Merrell Dow, 509 U.S. 579 (1993) 事件において連邦最高裁判所は，「裁判官は，科学的証拠の採否のためのゲートキーパー（門番）として行動すべきである。すなわち，裁判官は申し立てられた証拠に使われている科学

---

1)　（訳者注）　日本では本章の主題を「統計解析」と呼ぶことが多いが，本書では訳語の一貫性を重視して「統計分析」と呼ぶことにした。

的手法を審査し、当該科学的手法が容認できるものであると判断したときに限り当該証拠の取調べを許すべきである」と判示した。「科学的手法」として審査の対象となる重要問題はしばしば統計学上のものであり、しかも、その後の判例（General Electric Co. v. Joiner, 522 U.S. 136 (1996), Kumho Tire Co. v. Carmichael, 526 U.S. 137 (1999) など）は Daubert 判決によって審査の対象とされた証拠の範囲を「あらゆる専門家の証言」にまで拡張した。

　Daubert 判決とそれに続く判決は、裁判所の「似非科学（junk science）」と呼ばれる問題に対処しようとする連邦最高裁の姿勢をよく表している。これは、「印象に感化されやすい（impressionable）」陪審員が、「印象的な（impressive）」経歴を持った専門家の「科学」的知見を、それが正当なものでなくても、盲信してしまうという問題である。最高裁のこのような姿勢にもかかわらず、この問題は今日でも日常的に発生している。その最大の原因は、多くの裁判官が科学的技法についてこれまで十分な教育を受けてこなかったためではないであろうか。

1　記述統計学

　投資信託の昨年の業績はどのようにして評価したらよいのか。この問題に対しては様々な答えが考えられる。例えば、すべての投資信託をリストアップし、各投資信託の昨年の利回りを列挙することも一つの方法であろう。実際、主だった新聞（例えば、ニューヨーク・タイムズやウォールストリート・ジャーナル）はそのような情報を発表しており、そのために（非常に小さい字を使っているにもかかわらず）5頁以上もの紙面を割いている。このリストは非常に多くの情報を含んではいるが、残念ながらあまり役に立たない。あなたが、ある特定の投資信託に投資することを考えていて、投資の意思決定をする前にその投資信託と全投資信託の昨年の業績を比較・検討したいと思ったとしよう。その場合、情報の整理・要約に多大の時間を割かない限り、上記のような情報のリストは実用性に乏しいといわざるを得ない。そこで、新聞は言語、数字あるいは図表を用いて情報を様々な形に整理・要約したものを提供し、読者をこのわずらわしさから解放してくれる（ちなみに、このようにして整理・要約された情報を代表する数字が一つ存在する。対象年度における全投資信託の収益の平均値がそれである）。大半の読者は、自身が特に興味を持っている特定の投資信託の業績を調べるためにのみリストを参照し、あとは、このような要約された情報だけに注意を向ける。こちらの方がずっと役に立ちそうだからである。

1 記述統計学

　毎日遭遇する他の多くの問題に関しても似たようなアプローチが有効である。法科大学院の卒業生の昨年の初任給はいくらか。女性エンジニアの年収はどのくらいか。化学療法を受けたホジキン病患者の予後の状態はどうか。これらの問題についても，利用可能な情報をすべて記述したリストより，それを整理・要約したものの方が役に立つことが多い。なかでも最善の方法はデータをよくできた図に示すことである。対象となるデータの規模が小さい場合であっても，「百聞は一見にしかず」(この場合は，「百の数字も一つの図にしかず」というべきか) という格言は真実をいいあてている。上手に作成されたグラフや図は，表形式のデータよりもずっと分かりやすく，しかも，ずっと説得力がある。それゆえに，様々な統計グラフを我々は新聞，雑誌，書籍あるいは学校の教室などで日常的に目にしている。

　情報提供力と訴求力を兼ね備えた図や言語を用いてデータの概要を記述し，これを分析する統計学の分野を「**記述統計学**（descriptive statistics）」という。

A　データの示し方

　記述統計学にとって(すべての統計学にとってといってもよいかもしれないが)，「**データ**（data）」という概念以上に基本的な概念はない。統計学上，データとは，「**個体**（individual）」とその個体の有する「**変数**（variable）」の組合せから成る情報の集合のことである。ここで個体とは，情報が帰属する事物のことであり，研究の対象となる事物はすべて個体たり得る。一人の人間，ある学校，一つの州（アラバマ州等），ある行動（放火等）などはすべて個体たり得る。

　次に，変数とは，個体間の属性に何らかの点で差異があり，それらの差異が計測可能な場合における当該属性のことである。たとえば人の身長は，物差しや巻き尺を使って計測可能であるがゆえに変数たり得る。これに対して，「欲望」はたしかに人間という個体の属性ではあるが，それを計測する手段を見つけ出さない限り変数とはなり得ない。そのような計測技術を開発した研究者は，欲望という概念を「**操作化**（operationalize）」したといわれる（法科大学院の教授が学生の社交性と就職先との間に相関関係があるという仮説を統計学的に検証しようとすれば，まず社交性という概念を操作化しなければならない。社交性を操作化する方法はあるだろうか）。

　変数は2種類ある。その一つは，身長，体重，血圧，GPAあるいは価格などのように数値として計測可能なものであり，これを「**量的変数**（quantitative

表 8-1 量的変数：投資信託の 5 年間の収益率（架空のデータ）

投資信託 （手数料のあるもの）	5 年間の収益率 （％）	投資信託 （手数料のないもの）	5 年間の収益率 （％）
AIM Advisor	16.20	Accessor	21.90
American Express	26.70	American Century	9.50
BB & T Growth	21.10	Excelsior	24.30
Chase Vista	21.70	Fidelity Puritan	15.10
DU Winthrop	10.00	Heartland Value	12.50
Dreyfus Premier	−8.00	Janus Enterprise	23.80
Fidelity Select	18.30	J.P. Morgan US	13.00
Galaxy Equity	18.40	Meridian Fund	12.70
Guardian	23.60	Mutual Beacon	17.40
Kemper	9.00	PIMCO Stocks Plus	16.40
Lexington Strategic	−11.00	Ryders OTC	40.90
MainStay	22.40	Standish Equity	19.30
MFS Research	21.20	T. Rowe Price Equity	20.70
One Group	21.90	Vanguard Utilities	−16.60
Parkstone	9.70	Westcore	15.80
Principal Balanced	12.80		
Smith Barney	21.30		
United Continental	12.30		
Van Eck Gold	−14.20		
Zwieg Strategy	10.50		

variable)」という。例えば，**表 8-1** に示した「5 年間の収益率」は量的変数である。

これに対して，性別，人種あるいは既婚歴などのように，いくつかのカテゴリーのいずれかにあてはまる性質の変数を「**質的変数**（categorical variable）」と呼ぶ。**表 8-2** における「使われた凶器」は質的変数である。

複数の個体についての変数の集合を「**一変数データセット**（one-variable data set）」と呼ぶ。**表 8-1** は，一変数データセットであり，**表 8-2** も，一変数データセットを編集したものである（表 8-2 で

表 8-2 質的変数：殺人事件に使われた凶器（1998 年）

凶器の種類	事件数
拳　　銃	7,361
ナ イ フ	1,877
拳　　骨	949
鈍　　器	741
ショット・ガン	619
ライフル	538

出典：*Uniform Crime Reports* (1999).

は，何がどのように編集されているのか考えてみること）。同じ個体に関する二つ以上の一変数データセットを組み合わせることによって「**多変数データセット**（multivariate data set）」を作ることができる（表 8-4 参照）。多変数データセットに含まれる変数の数は膨大なものになることもある。例えば，合衆国の国勢調査は，調査対象となった各個体の何百ものデータを含む。データセットの変数の数が増えるほど，データの図示・分析・利用は難しくなるが，現在ではス

プレッド・シートや統計用プログラムを使って必要な計算を行うことができる。

B ヒストグラムと度数分布

量的変数の一変数データセットは様々な方法で図示できるが，統計学で最もよく利用されるのは「**ヒストグラム**（histogram）」と呼ばれる棒グラフである。ヒストグラムはデータを記述・分析するために極めて有用な道具であり，統計学者はデータの集合を分析する初期段階から，日常的にヒストグラムを利用している。

ヒストグラムがどのように作成されるのか見てみよう。

ヒストグラムの作成（表 8-1 のデータを利用）

1. まず，対象とされるデータの集合のすべての値が必ずどれか一つのカテゴリーに収まるような，おおむね等しい大きさのカテゴリーの集合を定義し，各カテゴリーに見出しを付ける①。今回は**表 8-3** にリストアップした七つのカテゴリーを使ってみよう。

表 8-3　投資信託の 5 年間の収益率（グループ別）：度数分布

5 年間の収益率		投資信託の数
以上	未満	
−20%	−10%	3
−10%	0%	1
0%	10%	3
10%	20%	15
20%	30%	12
30%	40%	0
40%	50%	1

2. 次に，「**度数分布**（frequency distribution）②」と呼ばれる表を作成するために，それぞれのカテゴリーに属する個体の数を集計し，合計数をカテゴリーの見出しの隣に記入する（この処理で分かるように度数とは各カテゴリーに含まれるデータ数であ

---

① （原注）　ヒストグラムを作成するにあたり，カテゴリーの数はこうあるべきだというルールはない。しかしながら，一つの目安としていえば，データに含まれる個体数の平方根の値に近い数のカテゴリーを準備することは考え方の出発点として悪くないであろう。
② （原注）　ヒストグラムの作成方法としては，度数分布の表を用いる方法の他に「**確率分布**（probability distribution）」の表を用いる方法もある。度数分布が各カテゴリーに属する個体の数を表すのに対し，確率分布は各カテゴリーに含まれる個体の数が個体の全数に占める割合を示すものである。ただし，度数分布を用いても確率分布を用いてもできあがったヒストグラムの形状に変わりはない。

438　　　　　　　　　　第8章　統計分析

表 8-4　多変数データセット：教育・所得・貧困

地域	公立学校生徒数 1998-1999	1994-1995	1990	就学期間 25年以上	教育水準　パーセント 高校卒業以上	大学卒業以上
Maine	210,080	212,225	212,465	795,613	78.8	18.8
Androscoggin	16,472	17,438	17,664	66,785	71.8	12.6
Aroostook	13,349	14,653	16,509	55,738	70.9	12.5
Cumberland	39,693	37,475	37,559	159,876	85.0	27.6
Franklin	5,348	5,471	5,575	17,980	79.7	17.7
Hancock	8,198	8,354	7,565	31,475	83.3	21.4
Kennebec	18,361	18,735	20,441	74,858	78.9	18.1
Knox	4,744	4,842	5,837	24,778	80.8	19.8
Lincoln	6,236	6,353	5,037	20,674	81.4	22.2
Oxford	10,673	10,585	9,814	34,779	76.9	12.7
Penobscot	24,571	25,473	24,756	91,410	79.1	17.7
Piscataquis	3,173	3,473	4,057	12,248	75.4	12.3
Sagadahoc	6,952	6,991	5,885	21,573	81.1	21.6
Somerset	9,316	9,821	10,066	31,726	71.9	10.5
Waldo	5,240	5,226	6,404	21,295	77.4	16.8
Washington	5,428	6,359	6,777	23,087	73.2	12.7
York	32,326	31,276	28,519	107,331	79.5	19.0
Maryland	841,671	790,938	703,379	3,122,665	78.4	26.5
Allegany	10,978	11,303	10,872	49,857	71.0	11.8
Anne Arundel	74,079	70,588	63,918	276,130	81.1	24.6
Baltimore	105,914	99,231	85,386	473,574	78.4	25.0
Calvert	15,241	12,819	9,659	32,408	79.3	17.6
Caroline	5,685	5,290	4,616	17,510	66.8	10.8
Carroll	27,224	24,515	21,115	79,153	78.5	19.6
Cecil	15,550	14,258	12,628	44,944	72.2	12.1
Charles	22,263	20,419	18,228	60,821	81.0	16.2
Dorchester	5,143	5,165	4,821	20,861	64.7	10.9
Frederick	35,383	31,655	26,088	94,994	80.4	22.0
Garrett	5,082	5,104	5,306	17,908	68.4	9.5
Harford	38,909	35,956	30,153	115,199	81.6	21.5
Howard	41,858	36,125	29,545	122,454	91.1	46.9
Kent	2,891	2,794	2,595	11,822	81.4	16.9
Montgomery	127,933	117,082	101,083	512,839	90.6	49.9
Prince George's	130,259	118,478	106,064	458,296	83.2	25.5
Queen Anne's	6,888	6,020	5,498	22,993	76.8	19.9
St. Mary's	14,743	13,428	12,800	45,592	77.1	16.8
Somerset	3,113	3,339	3,698	15,901	61.2	9.6
Talbot	4,590	4,340	3,829	21,903	76.5	23.0
Washington	20,159	19,510	18,459	81,140	69.3	11.4
Wicomico	14,330	13,652	11,738	47,231	72.1	18.5
Worcester	6,916	6,439	5,241	24,828	70.8	14.8
Independent city						
Baltimore city	106,540	113,428	110,039	474,307	60.7	15.5
Massachusetts	937,647	893,727	830,138	3,965,223	80.0	27.2
Barnstable	28,788	30,964	26,042	133,951	88.4	28.1
Berkshire	15,802	21,204	20,346	92,609	77.9	20.9
Bristol	84,296	82,475	80,028	327,994	65.0	15.9
Dukes	2,543	2,182	1,796	8,245	90.4	32.1
Essex	116,844	105,625	94,592	445,994	80.2	25.9
Franklin	11,907	11,813	10,925	46,559	82.4	24.2
Hampden	77,037	71,919	69,898	292,806	73.6	17.6
Hampshire	20,100	20,772	18,531	85,463	83.0	31.9
Middlesex	206,094	189,963	177,247	941,201	84.3	35.4
Nantucket	1,238	1,042	764	4,316	89.4	32.9
Norfolk	95,758	88,154	77,929	421,102	88.0	34.4
Plymouth	78,989	77,360	73,465	276,957	83.8	22.2
Suffolk	79,258	73,551	72,355	427,138	85.4	27.7
Worcester	118,993	116,703	106,220	457,888	77.4	22.2

1 記述統計学

世帯所得の中央値			貧困者1997				
			人数			パーセント	
			全世代				
1997 (ドル)	1989 (ドル)	変化率 (%) 1989-1997	合計	純増者数 1989-1997	18歳未満	全世代	18歳未満
33,140	27,854	19.0	132,809	4,343	44,122	0.7	14.9
34,242	26,979	26.9	10,732	−840	3,575	10.7	14.5
29,124	22,230	31.0	11,152	−724	3,562	15.0	19.6
41,393	32,286	28.2	20,432	1,660	6,366	8.1	11.3
30,712	24,432	25.7	3,643	163	1,247	12.7	17.6
33,397	25,247	32.3	4,974	428	1,626	10.1	14.5
35,559	28,616	24.3	12,040	576	4,046	10.6	14.7
33,478	25,405	31.8	4,050	−149	1,347	10.8	15.5
35,696	28,373	25.8	3,067	184	1,117	9.6	15.3
30,688	24,535	25.1	6,663	219	2,313	12.3	17.4
33,574	26,631	26.1	17,229	−866	5,486	12.1	16.4
28,599	22,132	29.2	2,488	−312	850	13.6	19.1
39,991	31,948	25.2	2,795	410	980	7.8	11.0
28,300	22,829	24.0	7,840	768	2,806	14.9	20.6
29,812	23,148	28.8	5,279	80	1,820	14.3	19.5
25,673	19,993	28.4	6,252	−348	2,106	17.7	24.5
39,288	32,432	21.1	14,173	3,094	4,875	8.0	11.3
45,289	39,386	15.0	484,987	99,691	194,703	9.5	14.9
28,794	21,546	33.6	11,209	−656	4,011	15.9	24.2
56,147	45,147	24.4	24,894	6,503	11,893	5.3	9.7
44,715	38,837	15.1	54,891	17,737	20,936	7.6	12.8
57,017	47,608	19.8	4,815	2,161	2,212	6.6	10.4
32,902	27,758	18.5	3,772	652	1,649	12.8	20.4
55,906	42,378	31.9	7,320	2,792	2,996	4.9	7.2
44,650	36,019	24.0	7,375	2,169	3,359	9.0	14.2
54,110	46,415	16.6	8,757	3,750	4,407	7.4	12.2
29,361	24,922	17.8	4,629	414	1,825	15.5	25.3
53,415	41,382	29.1	10,695	3,640	4,448	5.8	8.6
30,197	22,733	32.8	4,605	563	1,957	15.8	24.2
52,231	41,680	25.3	13,841	4,719	5,813	6.4	9.6
68,024	54,348	25.2	10,503	4,719	4,187	4.4	6.6
36,391	30,104	20.9	1,949	6	703	10.7	17.1
62,130	54,089	14.9	47,141	15,490	18,201	5.6	8.8
47,882	43,127	11.0	71,557	30,275	30,164	9.3	15.1
48,226	39,190	23.1	3,016	781	1,151	7.5	11.3
49,495	37,158	33.2	7,628	2,235	3,528	8.8	13.2
26,867	23,379	14.9	4,344	1,179	1,453	21.8	29.1
39,663	31,885	24.4	3,224	660	1,208	9.7	16.7
37,327	29,632	26.0	12,284	1,710	4,762	10.1	15.7
34,827	28,512	22.1	10,793	2,214	4,431	13.5	21.6
32,815	27,586	19.0	5,106	1,323	2,119	11.9	21.8
27,713	24,045	15.3	150,937	−5,347	57,290	23.7	34.4
43,015	36,952	16.4	649,293	129,954	250,244	10.7	17.0
40,791	31,766	28.4	18,547	4,751	6,912	8.9	15.5
37,284	30,470	22.4	14,783	3,223	5,577	11.3	18.2
38,866	31,520	23.3	61,556	16,389	25,043	11.9	18.8
50,852	31,994	27.7	931	162	319	6.7	10.1
44,187	37,913	16.5	74,648	13,877	29,994	10.6	17.0
38,330	30,350	26.3	7,461	838	2,922	10.5	16.5
36,746	31,100	18.2	72,537	15,200	31,647	16.6	26.9
42,287	34,154	23.8	12,798	−886	3,500	9.4	11.3
53,268	43,847	21.5	103,324	20,385	33,979	7.3	10.9
48,151	40,331	19.4	340	—	106	4.2	6.0
54,528	46,215	18.0	32,148	5,013	9,828	5.0	7.0
49,165	40,905	20.2	40,461	12,308	16,935	8.6	13.2
36,260	29,399	23.3	129,133	14,385	51,621	20.7	35.4
40,489	35,774	13.2	80,628	24,011	31,862	11.1	16.8

図 8-1　表 8-3 の度数分布から作成したヒストグラム

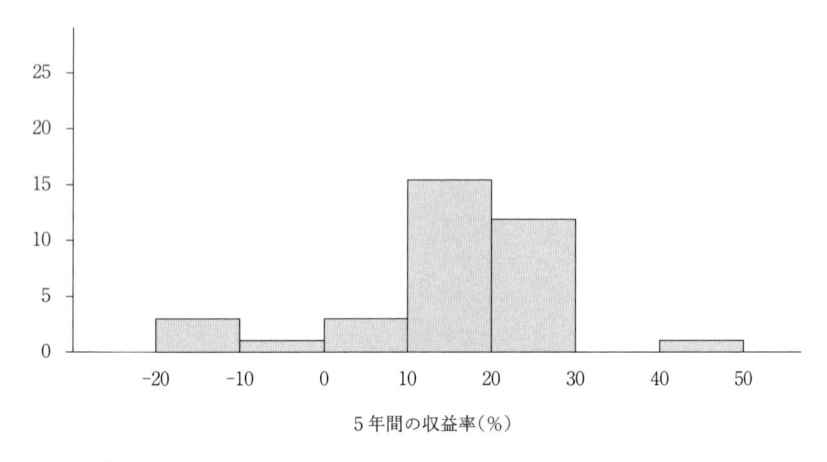

5年間の収益率(%)

る)。
3. 次にこれをグラフ化する。その際 X 軸には，変数の名称とその計測単位（今回の例では，「5年間の収益率」と「%」がこれにあたる）を示し，カテゴリーごとの境界が分かるように適切な目盛りを付す。Y 軸には，度数の単位を示し（今回の例における単位は「投資信託の個数」である），それぞれのカテゴリーにおける度数を示すのに適切な目盛りを付す。
4. 最後に，X 軸の各カテゴリーの区画を底辺とし，度数を高さとする四辺形を描く。各四辺形は，それに対応するカテゴリーの度数に比例した高さと面積を持つ（図 8-1 参照）。

　ヒストグラムの中に統計家は何を見出そうとするのか。最初にして最大の関心は「ヒストグラムの形状」である。より厳密にいえば，統計家は対象となるヒストグラムの形状が彼らの知っているヒストグラムの類型的な形状のうちのどれと似ているかを見定めようとする。

　類型的形状の一つは長方形（矩形）のヒストグラムであり，図 8-2 はその実例である。矩形ヒストグラムは「**一様分布**（rectangular distribution）」をグラフ化したものである（ヒストグラムが矩形となるデータにはどんな特徴があるか，考えてみてもらいたい）。

　統計家がより強い興味を抱くヒストグラムの形状は，図 8-3 に示した「**正規曲線**（normal curve）」である（正規曲線の基礎となっている分布を「**正規分布**〔normal distribution〕」という）。現実の世界に正規曲線と完全に一致するヒストグラムを持つデータがあるとは期待できない。なんといっても，正規曲線は理想の

図 8-2　一様分布の例

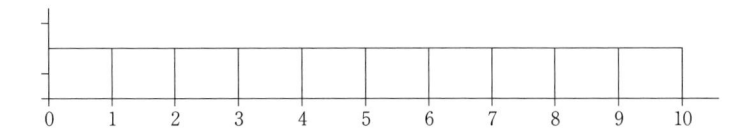

```
|   |   |   |   |   |   |   |   |   |   |
0   1   2   3   4   5   6   7   8   9   10
```

図 8-3　正規曲線の例

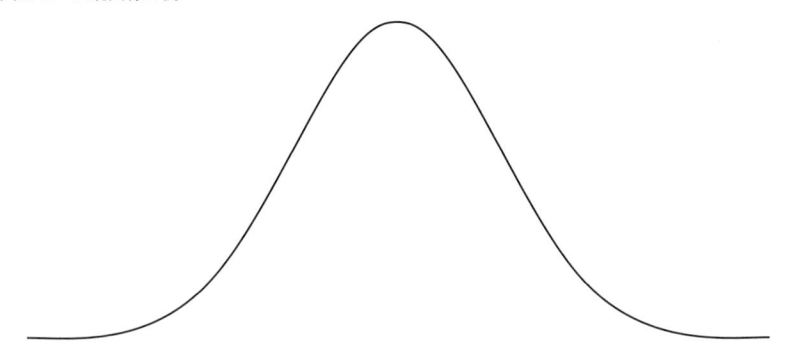

形状であって，そのカーブはなめらかであるが[2]，現実のヒストグラムは，定義上，柱の集合として作成されるがゆえに凸凹が存在する。したがって，現実には，せいぜい，**図 8-4** で示される程度の，正規曲線に多少似ているといえそうなヒストグラムが存在するにとどまる。

ヒストグラムが正規曲線にどれほど似ているかは重大な問題であり，データのヒストグラムが正規曲線に近似している場合には，そのデータについていくつかの重要な特徴を述べることができる。この点については後で論じる。

ヒストグラムの形状が類型的なものでなくても，一定の特徴を捉え得る場合がある。例えば，正規曲線とは違って（正規曲線は完全に左右対称な二つの曲線に切断できる）非対称性の強いヒストグラムについて考えてみよう。そのようなヒストグラムは，左右いずれかの裾が長い場合が多い（**図 8-5** 参照）。例えば，所得に関するデータから作成されたヒストグラムはしばしば右の裾が長いヒストグラムであり（なぜであろうか），これに対し，やさしい多肢選択式テストの

---

[2]　（訳者注）　厳密にいうと，正規曲線の Y 軸は確率そのものではなく「確率密度」を表している。ここで確率密度とは累積分布関数（変数の各値に対して実現値がその値以下である確率〔ないしは度数〕を対応させた関数のこと）を微分した値のことである。直感的にいうと，確率密度は，実現値がその変数からプラス・マイナス 0.5 の範囲内にある確率の近似値を表している。

図8-4 正規曲線に似たヒストグラムの例

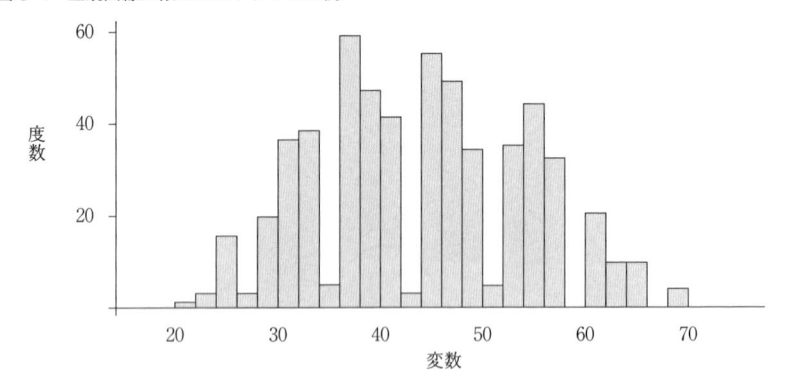

図8-5 裾長のヒストグラム

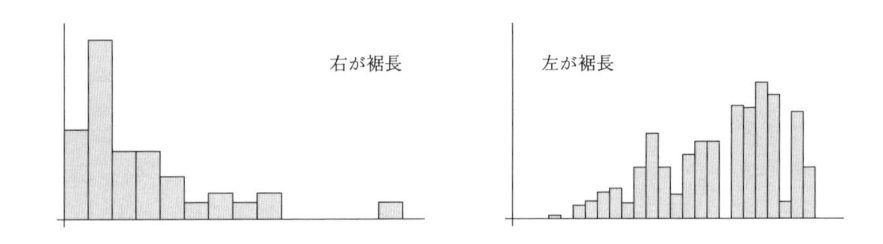

右が裾長　　　左が裾長

得点の分布は，ほとんどの場合左の裾が長い（これもなぜであろうか）。

　統計家が注意を払うヒストグラムのもう一つの要素は，尖度（とんがり具合）である。比較的平坦なヒストグラムがある一方で，明瞭なピーク（峰）を持つヒストグラムも存在する。ピークのあるヒストグラムはピークの数に応じてさらに分類可能であり，ピークが一つのものを「**単峰形**（unimodal）」，ピークが二つのものを「**二峰形**（bimodal）」（図8-6参照）という[3]。法科大学院の学生の身長のヒストグラムは二峰形になりやすい（なぜであろうか）。難しい救命心臓手術を受けた50歳の男性患者の術後の余命のヒストグラムはピークをいくつ持つであろうか。一般に，ヒストグラムが多峰形（multimodality）であることは，データの中に重要な点で相互に異なる複数の母集団が混じっていることを示唆するものである。

---

[3]　（原注）　ここでピークを表す言葉として「modal」を用いているのは，ある分布上でもっとも度数が大きな数値を「**最頻値**（mode）」と呼ぶからである。

図 8-6　二峰形ヒストグラムの例

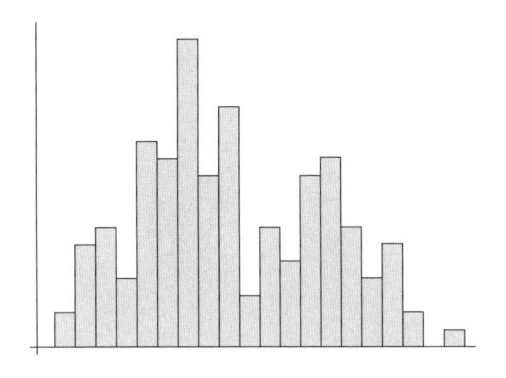

　全体的な形状の観察に加えて，統計学者はヒストグラムの「**断点**（gaps）」や「**外れ値**（outlier）」にも注意を向ける。断点の存在は，特定のカテゴリーにあてはまる個体が，ほとんど，あるいはまったく存在しないのはなぜかという疑問を提起する。外れ値とは，他のカテゴリーに比べて著しく度数が大きい（または小さい）カテゴリーのことである。計測の誤りによって外れ値が生じる場合もある（例えば，計測器が壊れていたり，調査を行った者が回答者を誘導するような質問をしていた場合）。そのような場合，統計家は，分析対象から外れ値を排除することが多い。しかしながら，外れ値が「真実」の値である場合もある。つまり，稀なことではあるが，問題とされている変数に関して，異常な値が真に発生している場合もあるということである。外れ値は統計分析の結果に大きな影響を与えるので，取扱いに注意が必要であり，ケースごとに，分析の対象に含めるか否かを決定をする必要がある。

Column 8-2　様々な方法によるデータ表現の比較

　データの表現方法はデータがもたらすインパクトに重大な影響を与える。データの表現方法は多種多様であり，どれを用いるかによってデータの外見は劇的に異なったものになる。同じデータを対象にしている以上，その違いは表面的なものにすぎないと思うかもしれない。しかし，データの外見は重大な違いをもたらすことが往々にしてある。試みに，下記の表と二つの棒グラフを見てもらいたい。これらは同じデータを三つの表現方法によって示したものである。棒グラフBは，表Aのデータを，標準的でバイアスのかかっていない方法により図示したものである。棒グラフCも同じデータを図示しているが，そこではよく使われる表示上のトリックが用いられている（Y軸が0に達してない点に注意）。この結果，多くの読み手は，

【A】

年	収入
1998	$50,000,000
1999	$50,500,000
2000	$51,500,000
2001	$52,500,000
2002	$53,500,000

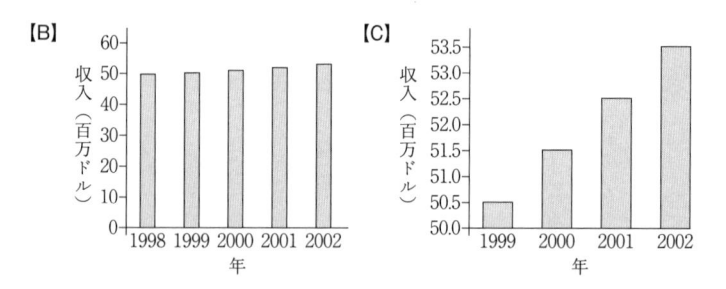

【B】 収入（百万ドル）：1998年〜2002年の棒グラフ（縦軸0〜60）

【C】 収入（百万ドル）：1999年〜2002年の棒グラフ（縦軸50.0〜53.5）

　棒グラフ C を見た場合の方が表 A や棒グラフ B を見た場合よりも「収入の成長が著しい」という印象を抱くであろう。データの外観を操作することによって陪審員、選挙民あるいは消費者などの批判能力を欠いた人々を効率的に説得できるという事実は過去約百年を通じて広く知られるようになり、結果として視覚に訴える表現方法（誘導的な表現方法を含む）の研究が進んだ。数量的な情報を使いこなそうとする法律家であれば、言語を使った情報の表現方法はもちろんのこと、これを視覚に訴える表現方法についても慣れ親しんでおくべきである（このトピックについてもっと詳しく知りたい者は、本章の最後に紹介する Hamilton や Tufte の著書から勉強を始めるとよい）。

C　分布の特性を表す数値

　データの分布の特性を表す数値としてよく用いられるものには分布の中心を表すものと分布のばらつきの大きさを表すものの 2 種類がある。

(1) 分布の中心を表す数値

　分布の中心を表す数値としてしばしば用いられるものは「**平均値**（mean）」と「**中央値**（median）」である。平均値とはデータの単純平均のことであり、数学的に表現すれば、$x_1, x_2, \cdots, x_n$ という n 個の変数から成る分布の平均値は次の式で定義される。

$$\text{平均値} = \frac{x_1 + x_2 + \cdots + x_n}{n}$$

1 記述統計学

図 8-7 裾長型分布の平均値と中央値

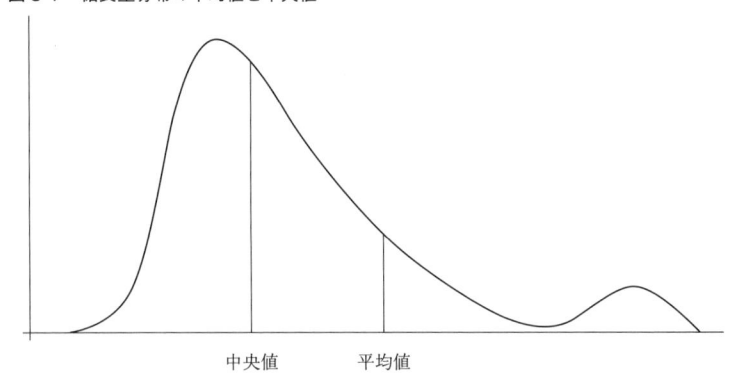

中央値　　平均値

　これに対して中央値とは，分布に含まれるデータを大きい順に並べた場合の中間の値のことであり，データが偶数個の場合には，中間にあたる二つの数字の平均値が中央値となる。

　平均値も中央値も統計分析にはともによく使われるが，データの中心を示す値としていずれを使うかによって違いが生じることがある。ただし，左右対称な分布の場合には，平均値と中央値のいずれを使っても違いは生じない。この場合には平均値と中央値は必ず同じ値となるからである。これに対して，左右非対称な分布の場合には違いが生じる。図 8-7 に示したとおり，左右非対称な分布の場合，平均値は数値が密集している場所よりも裾が伸びている方向に寄った位置にあるが，中央値は数値が密集する範囲内かそれに近い部分にある。この点は平均値と中央値の基本的な違いを示しており，平均値は分布上の極端な値に対して中央値よりも敏感に反応する特徴を備えている。[3] したがって，データのうちの大部分がどういう傾向であるのかを知り，あまり生起しない少数のデータによる影響を受けない統計分析を行いたいのであれば，中央値のほうが平均値よりも目的に適った指標であり，実際にも，住宅価格や所得のように左右非対称であることで有名な分布に関して用いられる特性値は中央値であることの方が多い。これに対して，それ以外の目的のためには，中央値よりも平均値を用いる方が一般に適切であろう。なぜならば，平均値は分布中のすべての数値に感応するものであり，くわえて，後述するように，推測統計学の分野において中心的な役割を果たすものだからである（不法行為によって死亡した者

---

[3] （訳者注）　1, 2, 3, 4, 5, 6, 7 という分布と 1, 2, 3, 4, 5, 6, 100 という分布を較べてみれば分かりやすいだろう。

の損害額の分布の形状はどのようになっているだろうか。このような分布に関して平均値は特性値としての役割を果たし得るだろうか）。

事例を使って平均値と中央値の違いの重要性を説明しよう。

事例 8-1

メアリー・スターチウェイ氏（女性）は，スターチウェイ・クッキーズ社の社長であるが，自身の会社に対する性差別のクレームに対処しようとしている。この会社ではスターチウェイ社長を含む 20 名が働いており，10 名が男性，残りの 10 名が女性である。スターチウェイ氏によれば，同社における給料の平均値は男性も女性も等しく 6 万ドルである。現実の給料の支払状況は**表 8-5** に示すとおりであり，この表を見れば女性の給料の中央値は 4 万ドルで，男性の給料の中央値は 5 万ドルであることがわかる。給料のデータを代表する数値として合理的なのは平均値であろうか中央値であろうか。来年スターチウェイ氏が自分の給料だけを引き上げたとすればこれらの数値にはどんな変化が起きるだろうか。スターチウェイ・クッキーズ社の給料には性差別があるといえるであろうか。

表 8-5　スターチウェイ社従業員の給料の現状

性別	給料（千ドル）								
男性	25	25	50	50	50	50	75	75	100	100
女性	20	20	20	40	40	40	50	50	70	250

事例 8-1 から得られる重要な教訓は，定量的なデータに依拠した議論をするうえで，平均値や中央値（またはその双方）の意味を過大評価することは危険だということである。これらの値はデータの重要な側面を示してないことがあるからであり，特に訴訟の場面においては，これらの値を導き出す基となったデータそのものの検証を求めるべきであろう。

(2) 分布のばらつきの大きさを表わす数値

分布には数値が中心部分に密集しているものもあれば，数値が広範囲に分散しているものもある（図 8-8 参照）。数値が狭い範囲に集中している限り平均値や中央値はデータを表現する手段として合理的であるが，ばらつきが大きくなるに従ってこれらの値と各個体の値との乖離は増大し，平均値も中央値もデータの特性を表わす数値としての有用性を失っていく。このため，統計学を研究ないしは実践する者は，データの中心を示す数値に加えて，データのばらつき

1 記述統計学

図8-8 データのばらつき

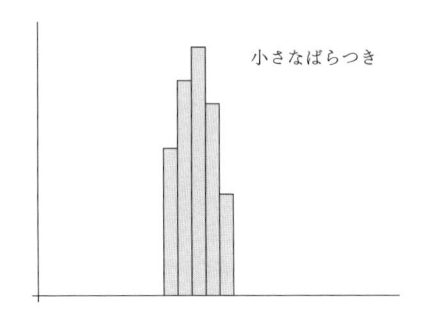

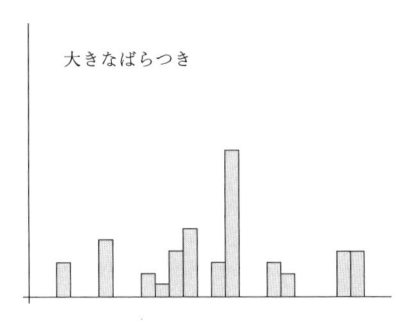

小さなばらつき　　　大きなばらつき

の大きさも計測しようとする。

　データのばらつきを測るもっとも単純な方法は，「**レンジ**（range）」，すなわちデータの最大値と最小値の差を求めることである（スターチウェイ社の給料におけるレンジはいくらか）。しかしながら，レンジはデータが密集する部分についての情報を提供する機能をほとんど有しておらず，データの特性を示す値としてはあまり有益でない。実際のところ，ほとんど類似性のない複数の分布のレンジが同じとなる場合もある。

　そこで，分布のばらつきの大きさを表わす概念として統計学上最もよく使われるのは，レンジではなく，データに含まれるすべての数値を考慮して算出される「**標準偏差**（standard deviation）」である。標準偏差の算出方法と算出された標準偏差の利用方法について事例を使って説明しよう。

事例8-2

　ヘクター氏は，昨年のエイムズ証券取引所における時価総額の大きい株式の収益率にどの程度のばらつきがあったかを知りたいと思っている。この場合，ヘクター氏の目的はデータの標準偏差を知ることで果たされる。では，それがいくらであるのかを，今から**表8-6**のデータを使って算出してみよう（適宜**表8-7**も参照願いたい）。

1. はじめに収益率の平均値を求める。この値は10％となる。
2. それぞれの株式の収益率から1項で得られた収益率の平均値を差し引く。この値を「**偏差**（deviation）」と呼ぶ（図8-9も参照のこと）。
3. 2項で得られた偏差をそれぞれ二乗する。
4. 偏差を二乗した値をすべて足し合わせ，その総和を求める。その値は720となる。
5. 4項で得られた偏差の二乗の総和（720）を株式の数（10）で割る。その値は

表 8-6 エイムズ証券取引所の大規模会社株式の昨年の収益率

銘柄	収益率(%)	銘柄	収益率(%)
1	+16	6	+28
2	-1	7	-5
3	+12	8	+12
4	+11	9	+9
5	+8	10	+10

表 8-7 エイムズ証券取引所の大規模会社株式の昨年の収益率の標準偏差値の計算手法

銘柄	収益率	収益率-平均値=偏差	偏差の二乗
1	+16	+16-10 = 6	6^2 = 36
2	-1	-1-10 = -11	-11^2 = 121
3	+12	+12-10 = 2	2^2 = 4
4	+11	+11-10 = 1	1^2 = 1
5	+8	+8-10 = -2	-2^2 = 4
6	+28	+28-10 = 18	18^2 = 324
7	-5	-5-10 = -15	-15^2 = 225
8	+12	+12-10 = 2	2^2 = 4
9	+9	+9-10 = -1	-1^2 = 1
10	+10	+10-10 = 0	0^2 = 0
	100(収益率の合計額)		720(偏差の二乗の合計額)
	100/10 = 10(平均値)		720/10 = 72(偏差の二乗の平均値)
			$\sqrt{72} \fallingdotseq 8.5$(標準偏差)

72であるが，これは，定義により偏差の二乗の平均値であり，この値を「**分散**（variance）」という（偏差の二乗ではなく，偏差そのものの平均をとるとどうなるか）。[④4]

6. 最後に，分散の平方根を求める。これが標準偏差であり，72の平方根であるから，約 8.5 となる。

---

④ （原注） すべての個体のデータを基に標準偏差を求める場合には個体の全数（この事例では 10）で割るのが適切であるが，標本を使って母集団の標準偏差を推定するためには標本の数から 1 を差し引いた値で割る方が適切である。

4) （訳者注） $(n-1)$ で除した値（これを「不偏分散」という）は母集団の分散の期待値と一致することが知られている。その証明については専門書を参照されたい。

1 記述統計学

図 8-9 平均値から乖離

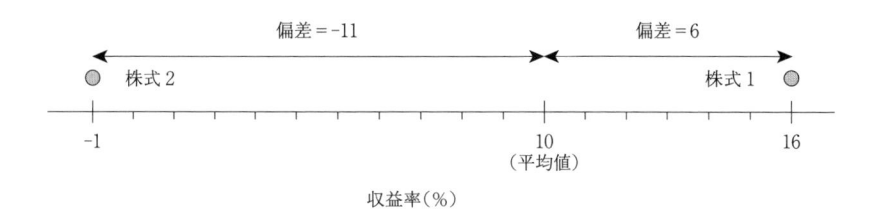

図 8-10 表 8-6 のデータの点

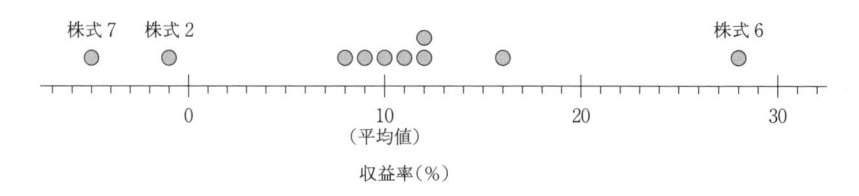

 最近では，コンピュータにより，上記の計算は簡単にできる。しかし，何回かは手作業で標準偏差を求めてみることが有益である。分布のどのような特徴が標準偏差に反映されているかを実感できるからであり，上記で用いた例についていえば，標準偏差に反映されているばらつきは，ほとんどすべて株式 2，株式 6 および株式 7 という三つの個体のデータに帰因していることに気がつくであろう。**図 8-10**（**表 8-6** のデータを数値線上の点で示したもの）をみれば明らかなように，これら三つの数値は外れ値である。平均値の場合と同様に，標準偏差は外れ値に対して強い反応を示す。
 事例 8-3 は，あなたの実力試しのための問題である。

事例 8-3

　　昨年のエイムズ証券取引所における時価総額の小さい株式の収益率は**表 8-8** に示したとおりである。収益率の標準偏差はいくらであるか手作業によって計算せよ。さらに，**図 8-10** に倣ってデータのプロットをしてみること。外れ値はあるであろうか。エイムズ証券取引所における時価総額の大きい株式群と時価総額の小さい株式群の今後のパフォーマンスが昨年と同じであるとすれば，二つの株式群に投資することにはそれぞれいかなるメリットがあるであろうか。

表8-8 エイムズ証券取引所の小規模会社株式の昨年の収益率

銘柄	収益率(%)	銘柄	収益率(%)
1	+14	6	+14
2	+28	7	-24
3	+16	8	+17
4	+11	9	+30
5	-13	10	+17

総 括

標準偏差の計算

1. 値が $x_1, x_2, \cdots, x_n$ である n 個の数値からなるデータの偏差を求めるため，それぞれの数値から平均値を引く。
2. それぞれの偏差を二乗する。
3. 偏差の二乗を足し合わせ，その総和を求める。
4. 3項で得られた総和を，すべての個体についてのデータがある場合には n で割り，一定の標本についてのデータしかない場合には $n-1$ で割る[5]。これによって求められた数値をデータの分散という。
5. 分散の平方根を求める。これが標準偏差である。

標準偏差についての一般論

1. 標準偏差は平均値からの乖離を示す値であるからつねに平均値と一体として用いられるべき指標である。
2. 平均値の場合と同様に，標準偏差は外れ値に対して敏感に反応する。
3. 標準偏差は対象となるデータの数値がすべて同じ値を示すときにのみ 0 となる。
4. データ内の数値の 75% 以上が平均値プラス・マイナス標準偏差 × 2 の間に存在し，データ内の数値の 89% 以上が平均値プラス・マイナス標準偏差 × 3 の間に存在する。これを「チェビシェフの不等式」という[5][6]（この不等式が，エイムズ証券取引所のデータにも適合することを確認してみること）。

D 正規分布

統計調査を行う者は，ある個体についてのデータがデータ全体の中でいかなる位置を占めているかという問題に興味を抱く。チェビシェフの不等式はこの

---

5) （訳者注） 注4) 参照。
[5] （原注） この不等式の名称は 19 世紀のロシアの数学者 Pafunty Chebychev に由来している。
6) （訳者注） より一般的にいえば，標準偏差の n 倍以上離れた値は全体の $1/n^2$ を超えることはない。チェビシェフの不等式の証明については専門書を参照されたい。

1 記述統計学

図 8-11　二種類の正規分布曲線

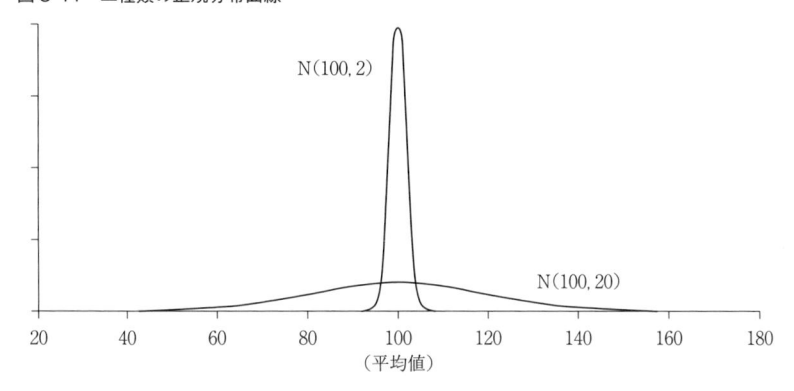

N(100, 2)

N(100, 20)

20　　40　　60　　80　　100　　120　　140　　160　　180
（平均値）

問題に対する概括的な見方を提供してくれるが，分布の形状が特定できればもっと正確な予測を行うことができる。特に，正規分布と同視し得る程度に分布の形状が正規曲線に近いものである場合には——統計実務ではそのような場合は極めて頻繁に発生する——データの位置の評価をかなり正確に行うことができる。

　正規分布は一つの分布ではなく，グラフ化すると強い類似性を示す一連の分布の総称である。これらの分布の類似性が高いのは，各分布を数式で表すと平均値と標準偏差を除いては全く同じ式となるからである。平均値と標準偏差の任意の組合せに対して固有の正規曲線が一つ存在し，これをグラフ化した場合には，よく見かける釣鐘型の形状となる。各正規分布を特定する際にはこれを「N (μ, σ)」と表すのが一般的である。ここで，μ（ミュー）は平均値を表し，σ（シグマ）は標準偏差を表している。例えば，N (7, 5) は，平均値が 7，標準偏差が 5 の正規分布を示している。標準偏差の値が平均値と比較して大きくなるほど，グラフ上の曲線は左右に広がる（図 8-11 参照）。

　真の正規分布は数式によって定義された観念上の産物であるが，正規分布やこれをグラフ化した正規曲線は，統計学の中核を占める概念である。その理由は，第一に，自然に生起する分布の多くは正規分布に類似しており，正規分布であるかのように取り扱えることが判明しているからであり，第二に，正規分布は，（後述するとおり）仮説検定や推定の理論において重要な役割を果たすものだからである。しかしながら，分布が正規分布と同視し得るという仮定は「強い仮定」であり，それを前提として導かれるすべての結論はこの仮定の有

図8-12 68%-95%-99.7%ルール

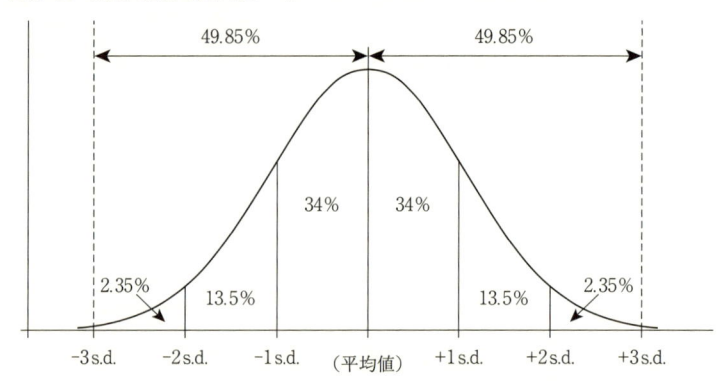

```
          49.85%        |        49.85%
                    34% | 34%
       13.5%            |           13.5%
  2.35%                 |                2.35%
-3s.d. -2s.d. -1s.d. (平均値) +1s.d. +2s.d. +3s.d.
```

＊上図の「s.d.」とは標準偏差の略である

効性に依拠していることを忘れてはならない[6]。

正規分布と正規曲線の特徴

1. すべての正規曲線は外観上似ている。釣鐘型であって左右対称である。
2. すべての正規分布において、平均値と中央値と最頻値は同じ値となる。ここで「**最頻値（mode）**」とは、ある分布上、最も頻繁に出現する数値のことであり、曲線上の最大値をとる数値のことである。
3. **68%-95%-99.7%ルール**：いかなる正規分布においても下記の関係が成立する（図8-12参照）。

    平均値プラス・マイナス標準偏差の間にすべてのデータの 68％ が収まる。

    平均値プラス・マイナス標準偏差×2の間にすべてのデータの 95％ が収まる。

    平均値プラス・マイナス標準偏差×3の間にすべてのデータのうちの 99.7％ が収まる[7]。

68%-95%-99.7%ルールを使うと様々な興味深い問題を解くことができる。例を使って説明しよう。

---

[6] （原注） ある分布を正規分布と同視するためにはどの程度の近似性が必要とされるべきか。統計を扱う者にとってこの問題はしばしば切実なものである。所与の分布と正規分布の近似の程度を評価するためのテストがいくつか作られてきた。しかしながら、いかなる方法を用いるにせよ、同視し得るか否かは最終的には調査を行う者が分析の目的に照らして自ら「判断」すべき問題である。

[7] （原注） これらの数値を、（正規分布に限らず）すべての分布に関して成立するチェビシェフの不等式の数値と比べてみること。

事例8-4

二十歳のアメリカ人男性の身長の分布は概ね正規分布であると仮定する。その平均値は5フィート9インチ（69インチ）で標準偏差は3インチ，つまり，N (69, 3)である。二十歳のアメリカ人男性において，6フィート（72インチ）を超える者の割合はいくらであろうか。

68%-95%-99.7%ルールにより，対称となる男性の68%の者の身長は平均値である69インチのプラス・マイナス3インチ，すなわち66インチから72インチの範囲に属していることが分かる。残りの32%は，66インチよりも低いか，72インチよりも高いかのどちらかである。正規分布は左右対称であるからこの32%の半分である16%の者は66インチよりも背が低く，残りの半分である16%の者は72インチよりも背が高いはずである。ゆえに，答えは16%となる。

E　zスコアと正規分布表

Dの例は比較的処理するのが楽な事例であった。なぜならば，平均値（69インチ）と関心の対象である数値（72インチ）の差がちょうど標準偏差1個分（3インチ）だったからである。しかしながら，現実の世界においては，これらの二つの値の差が標準偏差の整数倍となることは稀である。そのような場合でも，68%-95%-99.7%ルールからおおよその答えを出すことはできるが，「zスコア（z-scores）」と「正規分布表（z-table）」を用いればもっと正確な答えを求めることができる。[8]

zスコアの算出方法

1. あるデータの数値から平均値を差し引いて偏差を求める。
2. 1項で求めた偏差を標準偏差で割る。こうして得られた値が元の数値のzスコアである。[7]

zスコアは，与えられた値が平均値からどれだけ離れた値であるかを標準偏差の倍数という形式で示したものである。同時に，zスコアがプラスであれば与えられた数値は平均値よりも大きく，zスコアがマイナスであれば与えられた値は平均値よりも小さい。

---

[8]（原注）zスコアは「標準スコア（standard score）」とも呼ばれ，元のデータの数値をzスコアに変換する過程はデータの「標準化（standarization）」と呼ばれる。この作業は二つの異なる正規分布上の値を比較する目的で行われる場合もある。

[7]（訳者注）zスコアに10を乗じて50を加えた数値は（学力評価数値としてなじみ深い）「偏差値（deviation value）」である。

事例を使って考えてみよう。

事例 8-5
事例 8-4 の分布において，身長 72 インチの z スコアはいくらか。
1. まず，関心の対象である 72 インチから平均値である 69 インチを引くと，その差は 3 インチである。
2. 次に，この 3 インチを標準偏差である 3 インチで割る。その結果は 1.0 である。したがって，身長 72 インチの z スコアは 1.0 である。言い換えれば，72 インチは，平均値である 69 インチに標準偏差の 1 倍を加えた値と一致している。

では，20 歳のアメリカ人のうちで身長が 74 インチより高い者の割合を知りたい場合にはどうすればよいだろうか。この場合の z スコアは，

$$z = \frac{74-69}{3} \fallingdotseq 1.67$$

という計算によって求められる。しかし，この 1.67 という数値をどのように利用すればよいのか。この問題を解くために正規分布表がある（474 頁記載の表がそれである）。正規分布表は，各 z スコアに関してその値を下回る個体の数が全個体の数に占める割合を示したものである。

事例 8-6
事例 8-4 に示した身長の分布の下で，74 インチよりも背の高い者の割合を正規分布表を用いて求めてみよう（474 頁の表をみながら解いてほしい）。
1. すでに求めたとおり，z スコアは 1.67 である。
2. 正規分布表の最左端の列には z スコアの小数点第一位までの数値が記載されているのでその中から 1.6 を見出す。
3. z スコアが 1.6 の行と z スコアの小数点第 2 位の数値が記載されている縦の列の中の「0.7」の列の交点を見つける。
4. そこに書かれている「0.9525」という数値は z スコアが 1.67 以下の身長の人の割合，すなわち，身長が 74 インチ以下の人の全体に占める割合である。
5. これをパーセントで表すためには，小数点の位置を二つ右にシフトさせればよい。したがって，20 歳のアメリカ人男性の 95.25% は，身長が 74 インチ以下である。
6. 20 歳のアメリカ人男性の 95.25% の人の身長が 74 インチ以下であるとすれ

ば，残りの 4.75% の人の身長は，74 インチを上回っているはずである。したがって，答えは 4.75% となる。

以上，z スコアの利用方法の一つを示した。z スコアについては，正規分布であることを仮定することの問題と併せて，後で再度取り上げる。

2 推測統計学

「**推測統計学**（inferential statistics）」は，多数の個体から成るグループの特性を，そのグループから選び出した少数の個体のデータを使って合理的に推計する科学である。上記の少数の個体を「**標本**（sample）」，多数の個体から成るグループを「**母集団**（population）」，母集団から標本を選び出すことを「**標本抽出**（sampling）」と言う。推測統計学では，「**仮説検定**（hypothesis testing）」と「**推定**（estimation）」という二つの基本的な作業の一環として標本抽出が行われる。この二つの作業については追って説明するが，その前に，標本と標本抽出についてもう少し詳しく検討し，併せて，標本データの「**妥当性**（validity）」という問題についても述べておきたい。

A 標本と標本抽出

統計調査を行う者が関心を持つすべての個体—つまり母集団全体—の変数がデータセットに含まれている場合，そのデータセットを「**センサス**（census）」と呼ぶ[8]。例えば，ある会社の従業員記録は，従業員給与のセンサスを含んでいるし，大学の学生課には学生の成績のセンサスが保管されている。米国の国政調査（U.S. census）は真のセンサスとなることを目指しているが，残念ながらこの目的は達成されていない（Column 8-3 参照）。

> **Column 8-3** 米国の国勢調査は真のセンサスと言えるか
>
> 国勢調査機関の理事は次のように述べている。
> 「『全ての住民を必ず，しかも重複することなしに調べる』，これが我々の理想である。しかしながら，わが国の国勢調査がこの理想を達成し得たことは

8）（訳者注） センサスを対象とする調査を「全数調査」と読んで「標本調査」と対比させる場合もある。

なく，多分今後もないであろう。」

住民の中には連絡をつけることが困難な者もいれば，連絡がついても調査への協力を拒む者もいる。調査の主たる方法は郵便を使った情報収集であるが，2010年の調査において郵送の回答率は74％に過ぎなかった。これを補うために回答のなかった家庭への訪問調査を実施し，同時に，郵送の回答率が低いことが判明している集団についてのデータを補うための標本調査を実施する（ただし，連邦議会の議員数の割当て目的にこれを行うことはできない。Department of Commerce v. U.S. House of Representatives, 525U.S. 316 (1999) 参照）。調査に費やされる金額は140億ドル（被調査者1人当たり50ドル）にのぼるが，調査されない住民は数百万人もおり，2度以上調査してしまう住民が別に数百人いるというのが現状である。

以上に述べた国勢調査の不正確性は政治的問題を孕んでいる。なぜならば，10年周期で実施される国勢調査で調査し得ない住民は社会の中に無作為に分布しているわけではないからである。実のところをいえば，調査されない者の多くは，少数民族，外国からの移住者，困窮者など，要するに，伝統的には圧倒的に民主党の支持基盤となっている人たちである。

しかしながら，完全な情報の収集ということが常に可能であるとは限らない。それは，費用がかかりすぎたり（世論調査機関が「すべての」国民の法律家に対する評価を知りたいと思っても，実際にはせいぜい500人から1000人程度の国民から意見を聞くのが限界である），非現実的であったり（製薬会社は開発中の新薬をすべての胃潰瘍の患者に投与してみたいと思うだろうが，それは現実的ではない），あるいは，絶対に不可能であったりする（証券アナリストは，向こう2週間のS&P 500の株価インデックスの情報を得たいと願うだろうが，それは不可能である）。このような状況の下で調査者にできることは，調査の対象となる母集団の中の一部の個体についてだけ変数を計測し，その結果に推測統計学の技法を用いることによって，母集団のすべての個体について同様の計測を行ったとしたならばどのような結果が得られるかを合理的に推計することだけであろう。

推測統計学において標本と母集団の区別は重要である。この区別を明確なものとするために，統計学者は，母集団に関する数字を「**母数**（parameter）」，標本に関する数字を「**統計量**（statistic）」と呼んで区別する。例えば，母集団の平均値（μ），母集団の分散（σ^2），母集団の標準偏差（σ）は母数であり，標本の平均値（$\bar{x}$），標本の分散（s^2），標本の標準偏差（s）は統計量である。標本抽出の目的は，その標本から得られる統計量によって母数を正しく推定できるような標本を抽出することにある。

統計学的推論を有効に行うためには調査対象である変数に関して標本が母集団を代表する性質を有していなければならない。標本の分布が母集団の分布に類似している程度のことを「**標本の代表性**（representativeness of the sample）」という。しかしながら、統計の調査や分析を行おうとする者が完璧な代表性を備えた母集団の部分集合を特定することは不可能であるから、結局のところ、ある程度の代表性を有する標本で満足せざるを得ず、それを得るために用いられる方法が無作為標本の抽出である。ここで「**無作為標本**（random sample）」とは、同じサイズの他の任意の標本と比べて選択される可能性が高いとも低いともいえない標本、言い換えれば、同じ確率で選択される可能性があるすべての標本のうちの一つのことである。このことは、一つ一つの個体（individual）が等しい確率で選択される可能性があることと同じではないことに注意されたい（その違いはどこにあるであろうか）。無作為標本の抽出方法は様々である。1枚につき1つの個体の名を記した紙片を箱から取り出す方法（規模の小さい母集団に適している）から、コンピューター・プログラムを使って乱数を作り出す方法まで色々ある。しかしながら、方法が何であれ、最初に対処すべき問題はいつも同じであり、母集団の外延を正確に確定すること、これが常に作業の出発点となる。

無作為標本が完全な代表性を備えているという保証はない。しかしながら、無作為標本に対しては統計学上の技法を用いることによってバイアスをコントロールできる。標本が無作為でない場合には抽出元の母集団について統計学的な推論を行うことは難しい。

しかしながら、無作為標本の抽出には費用がかかるため、特に社会科学の分野では「**便宜的標本**（convenience sample）[9]」からデータを収集する場合が多い。ここで便宜的標本とは、相対的に入手しやすいという理由によって選択された個体からなる標本のことである。例えば、心理学の実験に用いる標本においては心理学専攻の学生が個体の多数を占めている。このような標本を用いる研究者は、「自分たちは学生一般の特性はもとより、人間一般の特性を理解している」という立場をとる傾向にある。便宜的標本を用いた推論が正当性を有するか否かは、問われている問題の性質によるであろう。いかなる変数に関してであれば心理学専攻の学生が全人類から成る母集団の代表性を備えていると言え

---

[9]（訳者注）便宜的標本を抽出する手法を「有意抽出法」と呼んで「無作為抽象法」と対比させる場合もある。

るのか。統計学上のいかなる技法を使ってもこの問題への回答を見つけ出すことは困難であり、形式張らない議論を通じてその解答を模索するしか道はない。

そこで、次の事例を考えてみよう。以下の標本抽出法によって、問題とされている母集団の代表性を備えた標本を獲得することはできるであろうか。

- 銃規制法案に対する選挙区民の評価を知るために、代議士が選挙区民から送られてきた手紙の中で述べられている意見を集計すること。
- 飲酒運転をしているドライバーの割合を知るために、州警察が高速道路のチェックポイントを通る自動車を20台おきに止めてそのドライバーに呼気検査を実施すること。
- ある町の郊外に化学プラントを建設することを検討している企業が、町民が地元の環境を保全するためにどれだけのコストを負担する意思があるのかを知るために、その町の近郊にあるウオールマートに来る買物客を対象に調査を行うこと。
- ある法科大学院の学生生活委員会は、学生の旅行体験が就職先の選択に及ぼす影響を知りたいと思っている。そこで、この委員会は、国際通商法の授業を履修している学生だけを対象として調査を行った。
- 裁判所職員が陪審員候補者を選ぶにあたり、登録済選挙民の中から無作為に選んだ者の自宅に平日(月曜日から金曜日)の12時から5時の間に電話をかけ、これに応対した成人の有資格者だけを召喚すること。
- 食料雑貨商が木箱の中のリンゴがどれだけ腐っているかを知るために、木箱の最上層部にあるリンゴだけを検査すること。

B 質問調査で得たデータの妥当性

統計的推計の結論が正当なものであるためには、標本抽出の手法が適切であることに加えて変数の調査方法も妥当なものでなければならない。ここで問題にする「**妥当性**(validity)」とは、実際に用いられた調査方法が調査の対象を正しく調査しているかを問うものである(例えば、「ポリグラフ検査は嘘を発見するための妥当な調査方法か」、「LSAT〔法科大学院共通入学試験〕は法科大学院生の適性を測るための妥当な調査方法か」など)。統計的推計の基となるデータの調査方法が妥当性を欠いていれば、それによって、母集団の特性を正確に述べることはできないであろう。調査が質問への回答という形式とる場合には回答が回答者の真の見解を表してないと疑うべき合理的な理由が存在することがしばしばであり、この場合、妥当性の問題は特に深刻となる。

法令や公共政策の分野で用いられるデータの多くは「**質問調査**(survey)」に

よって得られるものであるが，妥当な調査方法の研究はかなり遅れている。ほとんどの調査は「**表面上妥当**（face valid）」であるように作られてはいる。つまり，調査において尋ねられる質問は求めている情報を率直かつ明確に尋ねるものとなっている（例えば，「あなたは何歳ですか」，「去年のあなたの年収はいくらですか」，「法科大学院での生活は楽しいですか」，「来たる大統領選挙では誰に投票しますか」など）。これらの質問に対する回答が集計されて標本となり，それぞれの母集団における年齢，収入，満足度あるいは投票傾向に関する真実を表す指標として提供される。表面上妥当な調査を準備する者は，このような調査を受けた人が報告する自分の信念，意見あるいは行動とその人の実際の信念，意見あるいは行動との間の複雑な関係についてのよく知られているはずの真理をしばしばなおざりにしてしまう。しかしながら，標本抽出に使われた質問が正確である限り，調査結果（それには一定の誤差があること——例えば±3%の誤差があること——が書き添えられる場合が多い）は妥当なはずであるいう考え方は広く実務に浸透している。

　妥当性に問題があることが明らかな質問もある（例えば，「先月あなたはどのくらいの頻度でコカイン，ヘロインまたはPCPを服用しましたか」といった質問がそうである）。しかし，一見差し障りがなさそうな質問であっても諸般の理由により信頼に足るデータが得られるとは限らない（例えば，上記の年齢や前年度の収入に関する質問がそうである）。質問の言葉を少し変えるだけで回答の分布状況に大きな変化がもたらされる場合もある。例えば，次の(1)と(2)を比べてほしい。(1)「アメリカ政府は民主主義に反する言論を禁止すべきだと思いますか」。(2)「アメリカ政府は民主主義に反する言論を許すべきだと思いますか」。(1)に「はい」と答えることと(2)に「いいえ」と答えることは同じだと思うかも知れないが，これらの質問を実際にしてみると，回答者の20%が(1)の質問に対して「はい」と答えたのに対して，回答者の45%が(2)の質問に対して「いいえ」と答えている。さらに，世論調査の結果によれば，「胎児の生命を守るための憲法改正」と比較し「中絶を禁止するための憲法改正」に対する世論の支持は常に非常に低いことが知られている。

　経験を積んだ質問の作成者は，上記の問題をよく理解しているはずであるが，妥当性の低い質問をする方が調査の依頼人の利益となる場合が多いことも事実である。例えば，次の二つの質問を比較してもらいたい。二つともある法律事務所におけるハラスメント事件の多寡を知るための質問である。(1)「あなた

は，所属する法律事務所でハラスメントの事件を自ら目撃し，あるいは誰かが目撃した事実を聞いたことがありますか」。(2)「あなたは所属する法律事務所でハラスメントの被害に遭ったことがありますか」。ハラスメントを撲滅しようとする団体ならば，どちらの質問を選ぶであろうか。

　質問調査で得られたデータを解釈するうえで留意すべきことは，調査に参加した人たちは，指示に従って有用な情報を提供することだけを考えて行動するような「都合のいい道具」ではないということである。むしろ，回答者には独自の関心事があり，その関心事は，しばしば質問者の目的と緊張関係にあるというのが実情である。その結果生じる「**動機バイアス**（motivational bias）」は，調査の妥当性に対する深刻な脅威とならざるを得ない。例えば，調査に応じる者の中には自分自身の良いイメージを演出したがる（少なくとも悪いイメージを回避したがる）人がいる。そのような人が，次の質問に回答した場合，その結果に妥当性を期待し得るであろうか。「あなたは月に何回ポルノ映画を観ますか」。「あなたは宗教的儀式にどの程度の頻度で参加しますか」。質問への回答を通じて自身の個人的ないし政治的な目標の達成を追求しようとする調査参加者もいる。例えば，税法専門の弁護士が税法の条文を単純化することの是非について意見を述べる場合や，医師が医療過誤の責任に上限を設けることの是非についての意見を述べる場合を想像してもらいたい。その結果は非常に偏ったものになるのではなかろうか。

　同じ質問であっても質問の仕方によって新たなバイアスが生まれたり，既存のバイアスが悪化したりする場合もある。例えば，魅力的なインタビュアーが，答えるのが恥ずかしいような情報を面と向かって回答者に求めるような事態を考えてみてもらいたい。

Column 8-4	標本抽出の妥当性

<u>不倫を経験した既婚者は米国では意外に少ないことが判明</u>
　アメリカ人の性生活に関する国の調査によれば，過去5年以内に不倫を経験した既婚の米国人は全体のわずか7％しかいないことが判明した（ただし，±2％の誤差を伴う）。なお，従前の推定値は20％から40％であった。

---

⑨　（原注）　調査参加者に調査目的と異なる独自の目的があることが明らかな場合もある。例えば，社会的に著名な事件の陪審員候補者（その多くはそのような事件の陪審員になりたがる）が，陪審員を選ぶための質問に対して回答を記入する場合がそうであり，就職試験に際しての質問票や精神衛生の良否を調べるための質問票に回答する場合も同様である。

これは，1990年代に実施され各地で報道された学術調査に関する新聞記事の冒頭部分である。この調査結果は，既婚者である回答者に対して，同人の家で配偶者の面前で，「あなたは過去5年以内に不倫をしましたか」という質問をしてこれに「はい」か「いいえ」で答えさせたものであることまで報告した新聞社はほとんどなかった。これが不倫の経験率を測る調査として妥当なものといえるだろうか。ちなみに，引用されている「±2%の誤差」というのは標本抽出上の誤差を意味するものであるから，不倫の真の経験率が5%以上9%未満であるということではなく，既婚者全体という母集団に対して同じ状況下で同じ質問をしたとすれば，おそらく5%以上9%未満の人が「はい」と答えたであろうということを示しているにすぎない。

　不倫に関する上記の質問調査は調査者が思慮を欠いた極論な例かもしれない。では，次の事例はどうであろうか。エイズの研究で著名なある研究者は，「HIVに感染している同性愛の男性の多くは感染の事実を知らない可能性が高い」と発表した。この研究者の調査は同性愛の男性が集うことで有名なナイトクラブで同性愛の男性に対しHIV感染の有無を質問したうえでその人に血液の提供を求めるという方法で実施された。研究者は，彼らの回答と血液検査を照合し，HIVに感染している者の中で自身のことをHIVに感染していると正しく述べた者の割合を算出した。この調査結果について，異なった解釈をすることはできないであろうか。

　調査者に十分な協力をするつもりで回答した者から収集されたデータであっても，様々な理由によりバイアスは生じる。例えば，回答者は質問文の内容から期待されている回答が何であるかを推定し，安易にその期待に答えようとしがちである（例として，「救世軍に対しては，彼らが善良な活動を続けられるように追加の資金を供与するべきでしょうか」という質問を考えてもらいたい）。このような形で生じるバイアスを，「**追従バイアス**（acquiescence bias）」という。

　動機バイアスや追従バイアスを，発見・制御するのは非常に難しい。この問題の重要性に鑑みて，本格的な調査を行う人は，それに先だって「**予備的調査**（pilot study）」を実施する。予備的調査を実施する者は，調査に使う予定の質問事項を，予め回答予定者の中の一部の者にだけ試験的に尋ね，これに回答した者たちと個別に面談してその感想を聞き，そこで得られた情報を使って質問事項に改良を加える。予備的調査を行うもう一つの理由は，回答者にとって理解困難な質問を発見することにある。不明確あるいは多義的な質問がないか，知らない用語が使われていないか，求められている情報の種類や性質に照らして回答が不可能ないしは困難なものはないか（例えば，「あなたの子供達は平均し

て週に何時間テレビを見ますか」とか「過去6か月間において，タバコ規制に関するどんな報道をテレビや新聞でみましたか」などの質問がこれにあたるであろう）。このような問題が予備的調査によってみつけ出せるかもしれない。

　質問調査によって得られたデータは，つねに深刻な標本抽出上の問題や妥当性の問題を孕んでいる。しかし，そのようなデータは，公共の問題であれ民間の問題であれ，利用可能な唯一のデータであることもしばしばである。考えてみれば，我々の民主制度というもの自体が選挙という名の質問調査を必要とするものであり，それを通じて母集団のうちの決して無作為とはいえない標本が国家の統治者を選んでいる。アメリカで行われる主たる選挙はすべて，標本抽出上の問題と妥当性の問題のいずれかまたは双方を抱えているといっても過言ではないであろう。しかし，民意に関する情報を引き出す代替手段が他にあるであろうか。質問調査という手法は，深刻な問題を抱えながらも，社会的データを得るための主たる手段として今後も使われ続けていくことであろう。

C 仮説検定

　データの収集をめぐる問題の説明は不十分ながらもこれくらいとし，次に，集められたデータを使っていかに統計的推測を行うのかをみていこう。まず，次のストーリーを読んでもらいたい。

　　　ジョンとメアリーは，2人とも法科大学院の学生であり，彼らの住む街の住居費について話し合っている。メアリーは，学生が支払う家賃の平均は月1,100ドルであると主張している（ちなみに，メアリーがいう「平均」とは，おそらく厳密な意味での平均値（444頁以下参照）と考えてよいのであろうが，それでも，ジョンとしては，メアリーが意味するものが中央値ではないことを確認しておいた方がよいであろう）。統計学の授業をとっているジョンは，無作為に抽出した100人の同僚学生の家賃を調べてメアリーの主張の当否を検定した。その結果，100人の標本平均値は1,145ドルであり，標準偏差は150ドルであった。このデータをもとにして，ジョンはメアリーに次のように話した。

　　　ジョン：ごめん，メアリー。僕が調べたところによれば，平均家賃に関する君の意見は誤っているようだ。
　　　メアリー：（ジョンの提示した結果をみて）間違ってないわ。1,145ドルというあなたの算出した結果は私の言う1,100ドルとたいして変わらない数字じゃない。だから，あなたのデータだけで私の主張が間違っているとはいえないはずよ。考えてもみて

よ。20回のコイン投げをすれば，平均すれば10回表が出て10回裏が出るはずよね。でも，実際に試してみたら8回表が出て12回裏が出ても，あるいは13回表が出て7回裏が出ても別に驚かないし，その結果だけでそのコインの表裏が出る確率は等しくないと結論づけることはしないでしょ。だから，ジョン，あなたの実験結果も，平均家賃は1,100ドルであるという私の考えを揺るがすことはできないのよ。

ジョン：だけど，コイン投げの結果が表19回で裏1回，あるいは表1回で裏19回だったら，君は何ていうだろうか。たぶん，その場合は，「このコインは裏と表が等しい確率で出るようには作られていない」と結論づけるんじゃないかな。そこで，平均家賃は1,100ドルであるという君の考えだけど，仮にそれが正しいとすれば，無作為に選んだ100人の家賃の平均値が1,100ドルから45ドル以上乖離する（つまり，1,055ドル以下か1,145ドル以上である）可能性は385分の1しかないんだ。だから，僕としては君の仮説を棄却せざるを得ない。

この話は，統計学における仮説検定の考え方の基本となる論理を示している。議論は「母集団の平均値はある値である」という主張——これを「仮説」という——から始まる。⑩この主張の当否を調べるために，まず，対象となる母集団から標本を無作為に抽出し，その平均値を求める。その標本の平均値が，仮説が正しければそのような値にはなるはずがないといえるほどに仮説上の平均値と乖離しているとすれば，「その仮説を棄却する十分な根拠を得た」と結論付ける。他方で，標本の平均値が仮説上の平均値と異なってはいるものの後者が正しいと仮定しても決してあり得ない値ではない場合にいい得ることは，「その仮説を誤りといえるほどの根拠はない」ということだけである。

では，ジョンはいかにして，「すべての学生から成る母集団の平均家賃は平均1,100ドルであるというメアリーの説が正しいならば，彼が抽出した標本の平均値が1,100ドルと45ドル以上乖離する確率は約385分の1しかない」と結論付けられたのであろうか。実は，ジョンは収集したデータのzスコアを計算し，正規分布表を使ってそのzスコアが生じる確率を調べたのである。zスコアを計算するために使った計算式は，概ね次のとおりである。10)

---

⑩ （原注）いかなる母数の主張を検討するかによって検定の手法は異なるが，母集団の平均値に関する主張が検定の対象となることが圧倒的に多い。また，二つの標本を利用した仮説検定の手法もあるが，本章では取り上げない。

10）（訳者注）無作為に抽出する標本の一つ一つから成る確率変数を$\bar{X}$と表すとすると，標本の個数nが十分に大きければ$\bar{X}$について次の諸点が成立することが知られている（μとσはそれぞれ母集団の平均値と標準偏差を表している）。

　　（1）$\bar{X}$の確率分布は母集団の分布の形状にかかわらず正規分布となる（この法則を

$$z = \frac{\bar{x} - \mu}{\sigma/\sqrt{n}}$$

　この式をみてやる気を失くさないでほしい。分子は標本の平均値（$\bar{x}$＝\$1,145）から仮説上の母平均（μ＝\$1,100）を差し引いた値であり，分母は母集団の標準偏差を標本数の平方根で割った値である。「でも変だな」そうあなたは思うかもしれない。ジョンは母集団の標準偏差を知らないはずだし，メアリーの仮説においてもその値は与えられていない。これは仮説検定を行ううえで恒常的に起きる問題であり，母平均を仮説として提示する状況下で母集団の標準偏差が偶然にも分かっているということはほとんどあり得ない。この状況を打解する一つの道は，抽出した標本の標準偏差を母集団の標準偏差の推定値として代用することである。⑪11)そこで，ジョンは，先ほどの式に具体的な数値をあてはめ，

$$z = \frac{1,145 - 1,100}{150/\sqrt{100}} = 3$$

いう式を立て，zスコアは3であるという結論に至った（上記の式に使われている数字が正しいものであることを確認しておくこと）。

　ジョンがとるべき次のステップは，正規分布表を使って，zスコアが仮定された平均値から標準偏差の3倍離れた値になることがどれほど起こりにくいことであるかを見極めることである。そこで，ジョンは正規分布表の左段の中から「3.0」という数字を見つけ出し，同表の中でこの値に対応する確率は0.9987，つまり99.87％であることを確認した。このことは，99.87％の確率で標本平均は，母平均に標準偏差の3倍を加えた値を下回ることを意味する。したがって，標準平均が母平均に標準偏差の3倍を加えた値以上となる確率はわずか0.13％である。一方，これとは反対の事態，つまりzスコアが仮定され

　　　　　「中心極限定理」という）。
　　（2）　$\bar{X}$の期待値はμである。
　　（3）　$\bar{X}$の標準偏差は$\sigma/\sqrt{n}$である。
　したがって，$\bar{X}$の一つの実現値が$\bar{x}$であった場合，そのzスコアを求める計算式（453頁以下参照）に以上の各記号を代入すれば本文記載の式を導き出すことができる。
⑪　（原注）　標本の個数が30を超えていれば問題ない。
11)　（訳者注）　母集団の標準偏差が不明の場合，厳密には標本の不偏分散（注5）参照）と（正規分布表に代えて）第9章末尾に添付したtスコア表を用いて仮説検定を行わなければならないが，標本数が30を超える（「30以上」という者もいる）場合には誤差が小さいので本文記載の方法を用いてもよいと一般に考えられている。

た母平均値から標準偏差の3倍を差し引いた値以下である確率はいくらであるか。そこで正規分布表を見れば，−3.0というzスコアに対応する値は0.0013つまり0.13%である。よって，上記の二つの値を合計すればzスコアが母平均から標準偏差の3倍以上離れた値となる確率は0.26%，すなわち約385分の1となり，メアリーの仮説が正しいとすれば，仮説上の平均値から45ドル以上離れた標本平均値を得る確率は約385分の1である。

　検定の対象となる仮説は，しばしば「**帰無仮説**（null hypothesis）」と呼ばれる。このようないい方をする理由は，次に示すような状況下で科学問題の仮説検定を行うことが多いからである。

　　　製薬会社の研究室に勤務しているジョンソン博士は，軽い切り傷が治癒するまでの時間を減らす効能を有すると思われる新しい軟膏を開発した。製薬会社が保有するデータによれば，通常の切り傷が治癒するまでの平均時間は52時間であり，その標準偏差は7時間である。新しい軟膏の効用を測るために，ジョンソン博士は，この軟膏を新たな切り傷を負ったボランティアの人たちに使ってみた。その結果，切り傷は平均50時間で治癒した。これは，新しい軟膏の効能を示す十分な根拠となるであろうか。ここで，帰無仮説となる主張は，「この軟膏には効能はない。この軟膏を使って治療した切り傷の母集団の治癒に要する平均時間は自然治癒にかかる平均時間と変わらないからである」というものである。[12]

　科学の世界で実施される実験の多くは，新しい治療法，薬剤あるいは医療処置と従来のものとの間に望ましい相違があるか否かを知ることを目的としている。望ましい相違があれば，それは科学的発見であり，名声と富が得られるかもしれないし，少なくとも科学者としての業績を築くことができるであろう。これに対して，新しい治療法が相違をもたらさない——傷の治癒期間が短縮されない，患者の余命が延びない等——場合，それは通常何のニュースともなら

---

[12]（原注）この状況下では，ジョンソン博士は，帰無仮説が正しければ生じないような低い値を示す標本の平均値だけを問題とする検定方法を使いたいと考えるかもしれない。この検定方法は「**片側検定**（one-tailed hypothesis test）」と呼ばれるものであり，母集団の平均値が帰無仮説が主張する平均値よりも高いことはあり得ず，もし標本平均値が仮説上の平均値を上回るとすれば，それは計測上の誤りであると信じるに足る十分な理由がある場合に使われることがある（すでに予想されていることかもしれないが，標本平均値が仮説上の平均値を上回る場合だけを問題とする片側検定もある）。両側検定（通常の検定をそう呼ぶ）よりも片側検定の方が検定水準の統計的有意性の達成が容易となるので，片側検定を利用することが正当化できるか否かは慎重に見定めるべきであろう。

ず，名声も富も業績も生み出されない。そこで，例えばある医療措置と従来のものとの間に望ましい相違があるか否かを統計学的に測る自然な方法は，相違がないという仮説（これが帰無仮説となる）をデータを使って検定し，帰無仮説がほとんど成り立ち得ないことが判明すれば「多分相違はある」と結論付けるというものになる。こうして，科学者たちは従来の水準と新しい治療法を用いた場合の結果との間に十分な相違があることを発見して帰無仮説を棄却できたと主張すべく必死の努力を続ける。なお，そのような主張ができる程度に大きな相違のことを「**統計的な有意差**（statistically significant difference）」という。

仮説の母集団の平均値と無作為に抽出した標本の平均値との間の統計的な有意差とは，その標本が仮説平均値とは異なる平均値を持つ母集団から抽出されているという主張を正当化するに足る程度に大きな相違のことである。しかし，それは具体的にどの程度の大きさの相違を必要とするものなのか。その答えは状況によって異なるであろう。学術誌や裁判所がもっともよく使う標準的な指標は，「もし帰無仮説が真実であるとすれば発生確率は5％以下しかないといえる程度の相違」である。この水準を満たす場合には，「結果は，5％の水準で有意である」，あるいは「帰無仮説は**5％の有意水準において棄却された**（rejected at the 5% level of significance）」，と表現される。正規分布表を参照すれば，5％の有意水準は，－1.96よりも小さいか1.96よりも大きいzスコアに対応していることがわかる（5％という有意水準を設定するということの意味は，「帰無仮説上の平均値が正しいとすれば5％以下の確率でしか起こらない値の標本平均値を観察した場合に帰無仮説を棄却する」ということである）。

帰無仮説を棄却しなければならない水準を5％としなければならない理由はどこにもないことを理解しておくことは重要である。実際にも，何についても5％基準を使おうとする傾向に対して近年批判が高まりつつある。

科学者や統計学者の中に指摘する者がいるとおり，帰無仮説を棄却するという決定は実践的なものである。帰無仮説は対象となっている問題の性質や状況に照らして意味のある条件を満たしたときにのみに棄却されるべきものであり，有意であるかないかの判断基準もその条件に対応するものとすべきであろう。[13]

---

[13] （原注）状況によっては帰無仮説を棄却し得る有意なレベルを示すことに代えて結果の発生確率を特定してこれを報告する（例えば，「5％のレベルで有意」という代わりに「発生確率は1.6％である」と報告する）ことを好む研究者もいる。

図 8-13　仮説検定：起こり得る事態

		帰無仮説	
		正しい	正しくない
仮説検定の結果	帰無仮説を棄却しない	A 正しい仮説が検定によって棄却されない	C 誤った仮説が検定によって棄却されない
	帰無仮説を棄却する	B 正しい仮説が検定によって棄却される	D 誤った仮説が検定によって棄却される

第1種の過誤と第2種の過誤

仮説検定の結果起こり得る結果は4通りある（図8-13参照）。

AとDは検定結果が正しかった場合を示している。Aは正しい帰無仮説が棄却を免れた場合であり、Dは誤った帰無仮説が棄却された場合である。これに対して、BとCは検定を誤った場合である。Cは誤った帰無仮説を棄却し損ねた場合であり、Bは正しい帰無仮説を棄却してしまった場合である。Bの類型の過誤を「**第1種の過誤**（Type I error）」という。ジョンソン博士の実験における第1種の過誤は、軟膏が本当は効果的でないにもかかわらず、効果的だと結論付けてしまうことである。Cの類型の過誤を「**第2種の過誤**（Type II error）」という。ジョンソン博士にとっての第2種の過誤は、軟膏が本当は効果的なのに、「そう言えるための証拠は十分でない」と結論付けてしまうことである（前述の家賃の事案における第1種の過誤と第2種の過誤が何であるかも考えてみること）。

Column 8-5　比率を用いた仮説検定

多くの法的事案において——特に、差別に関する事案において——問題となるのは、従業員、投票者あるいは陪審員などの集団が母集団全体の人口構成を正しく反映しているか否かということである。例として、Castaneda v. Partida, 430 U.S. 482（1976）事件を考えてみよう。

この事件の刑事被告人は、同人を強姦目的の不法侵入罪で訴追したテキサス州ヒダルゴ郡大陪審はメキシコ系アメリカ人の割合が過小であったと主張した。同郡の総人口の79％がメキシコ系アメリカ人であったが、陪審員候補者として召喚された870人の住民の中のメキシコ系アメリカ人は339人、つまり全体の39％にすぎなかった。ヒダルゴ郡の母集団全体から無作為に陪審候補者が選ばれていたとすれば（つまり、陪審員候補者のリストが真の無作為標本であったとすれば）、このような不均衡が生じる蓋然性はどの程度あるであろうか。

この問題の答えを得るためにはzスコアを求める必要があるが，ここではデータが比率で示されているので，以前に利用した式とはやや異なる次の式を利用してスコアを求めなければならない。[12]

$$z = \frac{\hat{p}-p}{\sqrt{p(1-p)}/\sqrt{n}}$$

この式の$\hat{p}$は標本の比率を小数で表した数字であり（例えば，メキシコ系アメリカ人が全陪審候補者の中に39％いるのであれば，0.39となる），pは母集団の比率を小数で表した数字であり（ヒダルゴ郡におけるメキシコ系アメリカ人の比率が79％であれば，0.79となる），nは標本の個体数である（標本における陪審候補者の数は870である）。以上の数式を用いて，上記の問題に対する答えをみつけ出してもらいたい。

ジョンソン博士が働いている製薬会社にとって，第1種の過誤は，効果のない軟膏の開発を始めてしまうことを意味し，第2種の過誤は，効果のある軟膏の開発機会を逸失することを意味する。どちらの種類の過誤の方が，製薬会社にとって重大な結果をもたらすだろうか。製薬会社にとって新薬の開発を始めることは非常にコストがかかり，一方，新薬が効果的でない場合には，それを市場に出すことができないとすれば，製薬会社は新薬の検定基準を第1種の過誤が起きる可能性を極小とするレベルに設定しようとするだろう。しかしながら，残念なことに，第1種の過誤が起きにくいレベルに有意水準を設定することは必然的に第2種の過誤が起きる可能性を高めてしまうことになり，逆もまた同様である（なぜ，そうなるのかを考えてみること）。

刑事裁判における帰無仮説は，「被告人は無罪」というものである。正しい帰無仮説を棄却してしまう（つまり，無罪の被告人を有罪としてしまう）ことは第1種の過誤であり，誤った帰無仮説を棄却し損う（つまり，有罪の被告人を無罪としてしまう）ことは第2種の過誤である。刑事手続における難問はこれらの二つの過誤のバランスをいかにとるかということにある。

連邦医薬局による薬品規制も第1種の過誤と第2種の過誤のバランスをとることを求められている。当局が用いる帰無仮説が「薬物は安全でない」であるとすれば，規制当局にとって，第1種の過誤と第2種の過誤のどちらがより関

---

[12]（訳者注）この式を「ラプラスの定理」という。ラプラスの定理は二項分布（＝成功確率がpの試行をn回行った場合の成功回数の確率分布）の期待値と分散がそれぞれnpと$np(1-p)$であることと中心極限定理（注10）参照）とから導き出すことができる。詳しくは専門書を参照されたい。

心のある問題となるだろうか。

D 推　　定

　推定とは標本データを用いて，母数を合理的に推測することである。ジョンが，自身で集めた標本を用いて，法科大学院の学生が支払っている家賃の平均値を推定する場合を想定してみよう。[14]明らかに取り得る一つの選択肢は標本の平均値である 1,145 ドルそのものを使うことである。この値が完全に正しいという可能性は低いものの（なぜ，そうなのか考えてみること），これを使うことで推定の目的が果たされる場合も多い。標本の平均値そのものを使うこの推定は，母数の「**点推定**（point estimate）」と呼ばれる（とり得る値のうちの一点を特定する推定であるからそう呼ぶ）。点推定よりももっと使い勝手がいい推定の方法は「**区間推定**（interval estimate）」である。ここで，区間推定とは，ある確率で母数が含まれる区間を特定する推定方法のことである。例えば，ジョンは，彼が集めたデータを使って 95％ の確率で真実の母平均値が含まれる区間を算出することができる。実際にやってみよう。まず，標本の標準偏差を標本の個体数の平方根で割る。つまり，$150/10 = 15$ である。次に，この値に 1.96 をかけて 29.4 という値を得る。95％ の確率で真の平均値が含まれている区間（一般にこれを「**信頼区間**（confidence interval）」という）は，標本平均値から 29.4 を引いた値から標本平均値に 29.4 を加えた値までの区間，すなわち 1115.6 から 1174.4 までの区間である。95％ ではなく，99％ の信頼区間を計算するためには，今の計算で利用した 1.96 の値を 2.57 に置き換えればよい。以上のように，信頼区間を計算すること自体は難しくない。難しいのは，この方法（つまり，対象となる母集団から 30 個以上[13]の無作為標本を抽出し，その標本の平均値と標準偏差を使って上記の計算を行うこと）によって作り出され信頼区間の中になぜ 95％ の確率で母集団の平均値が含まれるのかを理解することである。この点についてこれ以上は論じないが，関心のある読者は是非専門書を繙いてもらいたい。

---

[14]（原注）　平均値以外の母数が推定の対象となることもあり得るが，推定の対象は平均値であることが圧倒的に多い。

13）（訳者注）　注 11）参照。

| Column 8-6 | 仮説検定の落とし穴 |

　清涼飲料メーカーであるメロー社は、自社の新しいレモンライムの方がライバル会社のレモンライムよりも消費者に人気があることを示す「科学的証拠」を得たいと考えている。しかしながら、メロー社の新商品は、ライバル会社の競争品と実は成分が全く同じであり、したがって味覚上の違いもないと仮定しよう。メロー社は、互いに面識のない20人の研究者を雇い、各自に味覚試験を実施してもらった。試験の方法は、無作為に選んだ消費者に、何の表示もないグラスに入った2種類のレモンライムを賞味してもらい、美味しいと言った方の商品を謝礼として6パックお持ち帰りいただくという方法で実施された。メロー社は20個の実験結果を得たが、そのうちの19個は破棄して、残りの1つだけを保存し、「消費者はメロー社の商品の方がライバル企業のそれよりも美味しいと感じたことを5%の有意水準で証する科学的証拠が得られた」と発表した。保存された研究は「5%の有意水準にで消費者はメロー社のレモンライムを好む」と本当に結論付けていたとして、メロー社の主張はあなたが仮説検定に関してこれまでに学んだことと一貫しているであろうか。

　上記の問題は科学的研究が十分積み重ねられているはずの分野においても、より深刻な形でしばしば現れる。具体的にいおう。学術誌はほぼ例外なく有意差を発見したと主張する研究だけを発表するものであり、帰無仮説を棄却しなかった研究はファイルにしまわれてしまって日の目をみることがない。例えば、世界中の相異なる地域において、互いに面識のない100人の研究者が、処方箋なしで購入可能なある薬を妊娠中の女性が服用すると胎児に先天性の異常が発生する可能性について研究したとしよう。そして、最終的に5つの論文が学術誌に掲載されたとする。学術誌の論文掲載に関する前述の方針を所与とすれば、これらの論文はこの薬の有害性に関して正しい見解を伝えていると期待できるであろうか。この問題は、公表された科学的研究の成果に依拠して議論をする人、特に不法行為を専門にする法律家にとって大きな関心事であり、「**お蔵入り問題**（file drawer problem）」という名称で呼ばれている。[14]

　類似の問題として「**集団発症問題**（cancer cluster problem）」がある。各州の政府は年に1回州内の各郡における主な種類の癌の発症率を公表している。そこで、25の郡から成るある州で、10種類の癌に関する発症率が公表されたと想定してもらいたい。不法行為を専門とするある弁護士が、その公表資料を調べた結果、ある郡では肝臓癌の発症率が他の郡に比べて有意に大きいことが判明したとする。このことは、その郡において肝臓がんを発症させる特別の要因が働いていることを示す十分な根拠となるであろうか。その資料が全国レベルのものであって10種類の癌に関する1000の郡のデータから成る場合はどうであろうか。

14）（訳者注）　お蔵入り問題は、「**出版バイアス**（publication bias）」と呼ばれることもある。

E　統計的有意性と現実の世界

まとめに入る前に，再度メアリーとジョンに登場願うことにしよう。

> メアリーとジョンは，カフェテリアに向かって歩きながら話し合っている。
> **メアリー**：結局のところ私は間違っていたようね。でも，たいした間違いではないわ。45 ドルの差なんて誰が気にするというの。

メアリーの言い分には真理が含まれており，しかも，それは重要なことを示唆している。それは，統計的な有意差は現実世界における重要性を意味するとは限らないということである。統計的には極めて高度な水準で有意な相違が，現実の世界では全くといってよいほど重要でないということはしばしば ―― 特に抽出した標本のデータ数が多い場合に ―― 起きることである。

これに対して，0.1% レベルの僅かな相違が大きな意味を持つ分野も存在しており，そのような場合には相違が真実のものであるか否かを見極めることが重要となる。その例として，症例の多い疾患に対する二つの治療法を比較する場合を考えてみよう。ある重篤な心臓病に対しては治療法 A と治療法 B という二つの治療法があるとしよう。そして，一連の治験によれば，統計的に有意な結果として，それぞれの治療法を実施した後の患者生存率は治療法 A が 67.2%，治療法 B が 67.3% だったとしよう。両者の間の 0.1% の差は一見重要でないように見えるが，100 万人がこの病気にかかっているとすれば，よい治療法を用いることにより救われる人の命は平均して年に 1000 人増えるのである。

3　読書案内

本書の原本で紹介されている書物とこれに対する原著者のコメントの要旨は以下のとおりである。

1. Jelke Bethlehem, *Applied Survey Methods: A Statistical Perspective*（Hoboken, NJ: John Wiley & Sons, 2009）　質問調査の方法とその問題点を分かりやすく解説している。
2. Richard D. De Veaux, Paul F. Velleman, and David E. Bock, *Intro Stats*, 3rd ed.（Reading, MA: Addison Wesley, 2008）　実例を多く含んだカレッジ・レベルの良き入門書。

3. Lawrence C. Hamilton, *Statistics with STATA: Version 10,* 7th ed.（Pacific Grove, CA: Duxbury Press, 2008） 統計学に必要なコンピューター・ソフトウェアの使い方を分かりやすく説明している。
4. David Salsburg, *The Lady Tasting Tea: How Statistics Revolutionized Science in the Twentieth Century*（New York, NY: W.H. Freeman, 2001） 近代統計学の発展に寄与した人物や出来事を網羅的に取り上げている。
5. Nassim Nicholas Taleb, *The Black Swan: the Impact of the Highly Improbable*, 2nd ed.（New York, NY: Rondom House Trade Paperbacks, 2010） ファイナンス分野における統計学の標準的な使われ方に対する懐疑論の代表作。
6. Edward R. Tufte, *The Visual Display of Quantitative Information*, 2nd ed.（Cheshire, CT: Graphics Press, 2001） この分野における古典的名著の改訂版。

　統計学に関する本は日本においても毎年多数出版されていて汗牛充棟の感があるが，読みやすい入門書としては，
① 鳥居泰彦『はじめての統計学』（日本経済新聞社・1994 年）
② 田中勝人『基礎コース統計学［第 2 版］』（新世社・2010 年）
③ 栗原伸一『入門統計学――検定から多変量解析・実験計画法まで』（オーム社・2011 年）

の 3 冊がお薦めである。①はやや古いが定評のある入門書であり，②は比較的新しいスタンダードな入門書といえるであろう。③は農学の専門家の手による本であり，引用されている実例も農業に関するものが圧倒的に多い。法律学の学徒にとってはこの点がいささか違和感を与える点は否めないが，基礎的事項はもとより，①や②で扱っていない統計実務や多変量解析の解説も懇切丁寧になされている。

　本格的に統計学を学ばんとする者が読むべき入門書としては，
④ 永田靖『入門統計解析法』（日科技連出版社・1992 年）

が良書である。この本はヒストグラムの作り方から始めて分散分析や回帰分析に至る統計学の重要論点のすべてを高校レベルの数学だけで理解できるように論じている。なお，④と同じ著者による好著に，
⑤ 永田靖『統計学のための数学入門 30 講』（朝倉書店・2005 年）

がある。この本は微積分と統計代数の入門書を兼ねているが，各テーマについて統計学の応用法が記されており，④（あるいは他の入門書）と併読することで効率的な学習が可能となるのではあるまいか。

なお，

⑥ ナシーム・ニコラス・タレブ（望月衛訳）『ブラック・スワン――不確実性とリスクの本質――上・下』（ダイヤモンド社・2009年）

は，前掲米国書5の翻訳本である。デリバティブ・トレーダーとしての実務を踏まえての著書の言葉には説得力があり，読みごたえのある本となっている。

正規分布表

z	.00	.01	.02	.03	.04	.05	.06	.07	.08	.09
−3.4	.0003	.0003	.0003	.0003	.0003	.0003	.0003	.0003	.0003	.0002
−3.3	.0005	.0005	.0005	.0004	.0004	.0004	.0004	.0004	.0004	.0003
−3.2	.0007	.0007	.0006	.0006	.0006	.0006	.0006	.0005	.0005	.0005
−3.1	.0010	.0009	.0009	.0009	.0008	.0008	.0008	.0008	.0007	.0007
−3.0	.0013	.0013	.0013	.0012	.0012	.0011	.0011	.0011	.0010	.0010
−2.9	.0019	.0018	.0018	.0017	.0016	.0016	.0015	.0015	.0014	.0014
−2.8	.0026	.0025	.0024	.0023	.0023	.0022	.0021	.0021	.0020	.0019
−2.7	.0035	.0034	.0033	.0032	.0031	.0030	.0029	.0028	.0027	.0026
−2.6	.0047	.0045	.0044	.0043	.0041	.0040	.0039	.0038	.0037	.0036
−2.5	.0062	.0060	.0059	.0057	.0055	.0054	.0052	.0051	.0049	.0048
−2.4	.0082	.0080	.0078	.0075	.0073	.0071	.0069	.0068	.0066	.0064
−2.3	.0107	.0104	.0102	.0099	.0096	.0094	.0091	.0089	.0087	.0084
−2.2	.0139	.0136	.0132	.0129	.0125	.0122	.0119	.0116	.0113	.0110
−2.1	.0179	.0174	.0170	.0166	.0162	.0158	.0154	.0150	.0146	.0143
−2.0	.0228	.0222	.0217	.0212	.0207	.0202	.0197	.0192	.0188	.0183
−1.9	.0287	.0281	.0274	.0268	.0262	.0256	.0250	.0244	.0239	.0233
−1.8	.0359	.0351	.0344	.0336	.0329	.0322	.0314	.0307	.0301	.0294
−1.7	.0446	.0436	.0427	.0418	.0409	.0401	.0392	.0384	.0375	.0367
−1.6	.0548	.0537	.0526	.0516	.0505	.0495	.0485	.0475	.0465	.0455
−1.5	.0668	.0655	.0643	.0630	.0618	.0606	.0594	.0582	.0571	.0559
−1.4	.0808	.0793	.0778	.0764	.0749	.0735	.0721	.0708	.0694	.0681
−1.3	.0968	.0951	.0934	.0918	.0901	.0885	.0869	.0853	.0838	.0823
−1.2	.1151	.1131	.1112	.1093	.1075	.1056	.1038	.1020	.1003	.0985
−1.1	.1357	.1335	.1314	.1292	.1271	.1251	.1230	.1210	.1190	.1170
−1.0	.1587	.1562	.1539	.1515	.1492	.1469	.1446	.1423	.1401	.1379
−0.9	.1841	.1814	.1788	.1762	.1736	.1711	.1685	.1660	.1635	.1611
−0.8	.2119	.2090	.2061	.2033	.2005	.1977	.1949	.1922	.1894	.1867
−0.7	.2420	.2389	.2358	.2327	.2296	.2266	.2236	.2206	.2177	.2148
−0.6	.2743	.2709	.2676	.2643	.2611	.2578	.2546	.2514	.2483	.2451
−0.5	.3085	.3050	.3015	.2981	.2946	.2912	.2877	.2843	.2810	.2776
−0.4	.3446	.3409	.3372	.3336	.3300	.3264	.3228	.3192	.3156	.3121
−0.3	.3821	.3783	.3745	.3707	.3669	.3632	.3594	.3557	.3520	.3483
−0.2	.4207	.4168	.4129	.4090	.4052	.4013	.3974	.3936	.3897	.3859
−0.1	.4602	.4562	.4522	.4483	.4443	.4404	.4364	.4325	.4286	.4247
−0.0	.5000	.4960	.4920	.4880	.4840	.4801	.4761	.4721	.4681	.4641
0.0	.5000	.5040	.5080	.5120	.5160	.5199	.5239	.5279	.5319	.5359
0.1	.5398	.5438	.5478	.5517	.5557	.5596	.5636	.5675	.5714	.5753
0.2	.5793	.5832	.5871	.5910	.5948	.5987	.6026	.6064	.6103	.6141
0.3	.6179	.6217	.6255	.6293	.6331	.6368	.6406	.6443	.6480	.6517
0.4	.6554	.6591	.6628	.6664	.6700	.6736	.6772	.6808	.6844	.6879
0.5	.6915	.6950	.6985	.7019	.7054	.7088	.7123	.7157	.7190	.7224
0.6	.7257	.7291	.7324	.7357	.7389	.7422	.7454	.7486	.7517	.7549
0.7	.7580	.7611	.7642	.7673	.7704	.7734	.7764	.7794	.7823	.7852
0.8	.7881	.7910	.7939	.7967	.7995	.8023	.8051	.8078	.8106	.8133
0.9	.8159	.8186	.8212	.8238	.8264	.8289	.8315	.8340	.8365	.8389
1.0	.8413	.8438	.8461	.8485	.8508	.8531	.8554	.8577	.8599	.8621
1.1	.8643	.8665	.8686	.8708	.8729	.8749	.8770	.8790	.8810	.8830
1.2	.8849	.8869	.8888	.8907	.8925	.8944	.8962	.8980	.8997	.9015
1.3	.9032	.9049	.9066	.9082	.9099	.9115	.9131	.9147	.9162	.9177
1.4	.9192	.9207	.9222	.9236	.9251	.9265	.9279	.9292	.9306	.9319
1.5	.9332	.9345	.9357	.9370	.9382	.9394	.9406	.9418	.9429	.9441
1.6	.9452	.9463	.9474	.9484	.9495	.9505	.9515	.9525	.9535	.9545
1.7	.9554	.9564	.9573	.9582	.9591	.9599	.9608	.9616	.9625	.9633
1.8	.9641	.9649	.9656	.9664	.9671	.9678	.9686	.9693	.9699	.9706
1.9	.9713	.9719	.9726	.9732	.9738	.9744	.9750	.9756	.9761	.9767
2.0	.9772	.9778	.9783	.9788	.9793	.9798	.9803	.9808	.9812	.9817
2.1	.9821	.9826	.9830	.9834	.9838	.9842	.9846	.9850	.9854	.9857
2.2	.9861	.9864	.9868	.9871	.9875	.9878	.9881	.9884	.9887	.9890
2.3	.9893	.9896	.9898	.9901	.9904	.9906	.9909	.9911	.9913	.9916
2.4	.9918	.9920	.9922	.9925	.9927	.9929	.9931	.9932	.9934	.9936
2.5	.9938	.9940	.9941	.9943	.9945	.9946	.9948	.9949	.9951	.9952
2.6	.9953	.9955	.9956	.9957	.9959	.9960	.9961	.9962	.9963	.9964
2.7	.9965	.9966	.9967	.9968	.9969	.9970	.9971	.9972	.9973	.9974
2.8	.9974	.9975	.9976	.9977	.9977	.9978	.9979	.9979	.9980	.9981
2.9	.9981	.9982	.9982	.9983	.9984	.9984	.9985	.9985	.9986	.9986
3.0	.9987	.9987	.9987	.9988	.9988	.9989	.9989	.9989	.9990	.9990
3.1	.9990	.9991	.9991	.9991	.9992	.9992	.9992	.9992	.9993	.9993
3.2	.9993	.9993	.9994	.9994	.9994	.9994	.9994	.9995	.9995	.9995
3.3	.9995	.9995	.9995	.9996	.9996	.9996	.9996	.9996	.9996	.9997
3.4	.9997	.9997	.9997	.9997	.9997	.9997	.9997	.9997	.9997	.9998

第9章 多変数統計

　第8章では，一つの変数から成るデータ・セットについて，データの記述法，仮説検定および推定という三つの統計分析の技法を説明した。本章では対象を多変数のデータ・セット，すなわち，各個体についての二つ以上の変数から成るデータ・セットを対象とする統計分析について検討する。[1]

1 二変数統計

　二変数統計は各個体の二つの変数の組み合わせからなるデータ・セットを分析の対象とする最も基本的な多変数統計である。二変数統計は様々な分野の重要問題の研究に用いることができる。いくつか例を挙げてみよう。LSAT（法科大学院共通入学試験）の成績は法科大学院における学習能力の高さを示しているか。喫煙は健康に有害か。小学校では少人数クラスで授業を行った方が学習効果が高いか。シート・ベルトを装着すると衝突事故の際に重傷を負う危険が減少するか。PEレシオが高い株式の価格は下落しがちであるか。[2] これらの問題に遭遇したとき，人は，ある変数とこれに関連する他の変数の関係を調査し，その結果を利用して出来事を予測ないしは創出しようとする。[①]

A 散布図

　二変数のデータ・セットを図示する最も一般的な方法はこれを「**散布図**（scatterplot）」によって表すことである。ここで散布図とは，各個体に関する二つの変数の組み合わせを一つの点として表したグラフのことであり，これらの点の集合が描き出す形状（pattern）は二変数の関係の特徴を表わす。

　第8章で取り上げたスターチウェイ社の問題は散布図の働きを示す良い例を提供してくれる。思い出してもらいたいのだが，これは，スターチウェイ・ク

1）（訳者注）　日本では本章の主題を「多変量解析」ないしは「多変量統計」と呼ぶのが一般的であるが，本書では訳語の一貫性を重視して「多変数統計」と呼ぶことにした。
2）（訳者注）　第4章 **6** E 参照。
①（原注）　二変数統計の対象は量的変数と質的変数のいかなる組合せであっても差し支えないが，本章ではいずれの変数も量的なものである場合だけを取り上げる。

ッキーズ社の社長メアリー・スターチウェイ氏が同社の賃金水準には性差別があるというクレームを受けた事案である。

事例 9-1

このクレームに対するスターチウェイ氏の反論は，「スターチウェイ社において見られる表面上の賃金格差は就業年数に応じて給料を支払っていることの副産物にすぎない」というものである（ちなみに，表面上の賃金格差は給与体系が受けた教育水準によって異なることや全従業員に対して毎年一律に給与水準を引き上げてきたことの反映にすぎないという主張は賃金の性差別というクレームに対する常套的な反論である）。この主張を裏付けるために彼女は従業員各自の性別と給料額と就業年数をまとめた表を作成した（**表9-1**参照）[2][3]。この表を基に我々はスターチウェイ氏の主張の当否を考えるための散布図を作成することができる。それは給料の額と就業年数という二つの量的変数の関係を示したものである。

表9-1 スターチウェイ社従業員の性別，給料および就業年数

従業員	性別	給料 (千ドル)	就業年数
1	m	25	2
2	m	50	4
3	f	40	4
4	m	75	5
5	f	40	7
6	f	50	13
7	f	20	1
8	m	50	4
9	m	50	4
10	f	70	15
11	m	25	1
12	f	20	2
13	f	250	6
14	m	100	9
15	m	75	6
16	m	50	5
17	f	20	1
18	f	50	3
19	m	100	7
20	f	40	5

[2] （原注）表9-1は三つの変数を含んでいるが，我々はこれを二変数のデータ・セットとして取り扱う。我々の関心は給料額と就業年数という二つの変数の関係に向けられたものだからであり，もう一つの変数である性別については当面これを無視して差し支えない。ただし，給料額と就業年数の関係に対して性別が及ぼす影響を知りたいのであれば，データを男性分と女性分に分けてそれぞれについて給料額と就業年数の散布図を作成してもよい。

1 二変数統計

図9-1　スターチウェイ社従業員の給料と就業年数

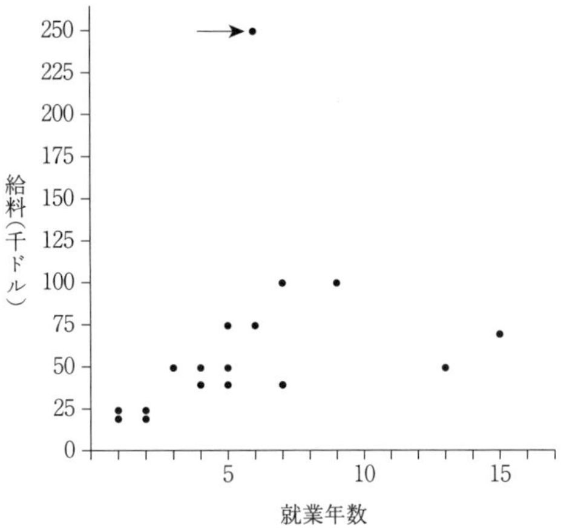

[散布図：X軸が就業年数（0〜15）、Y軸が給料（千ドル、0〜250）。矢印付きの点が就業年数約6年で給料250千ドルの位置にある。]

散布図の作成方法

二変数に関する散布図の作成方法は以下のとおりである。
1. グラフのX軸に一つの変数の名称とその計測単位を記す。
2. X軸に適切な目盛りを付す。その際，その変数についてのデータがすべて書き込めるように目盛の大きさを調整する。
3. もう一つの変数に関して上記1，2の作業をY軸に対して行う。
4. データ・セットに含まれている各個体の変数の値の組合せについて，これに対応するグラフ上の位置に印を付けていく。

表9-1上のデータについて上記の手順を踏んで作った散布図が図9-1である。

スターチウェイ氏がいうように給料額は就業年数に応じて上昇しているだろうか。たしかに，そういう傾向があるようにもみえるが，明らかな例外もある。就業年数が最も長い2人の従業員の給料が最高レベルの給料でないことは明白であるし，他者よりも飛び抜けて高い給料をもらっている従業員の就業年数は全体の平均レベルでしかない。

一変数だけを取り扱う統計（以下，これを「単変数統計」という）をグラフにする場合と同様に，統計の専門家は散布図を分析する場合においてもそこに類型

---

3) （訳者注）　本章*2*で取り上げる重回帰分析の手法を用いれば，就業年数と性別という二つの要素のそれぞれが給料の額に及ぼしている影響を同時に考察することができる。

図 9-2　温度の計測単位：線型関係

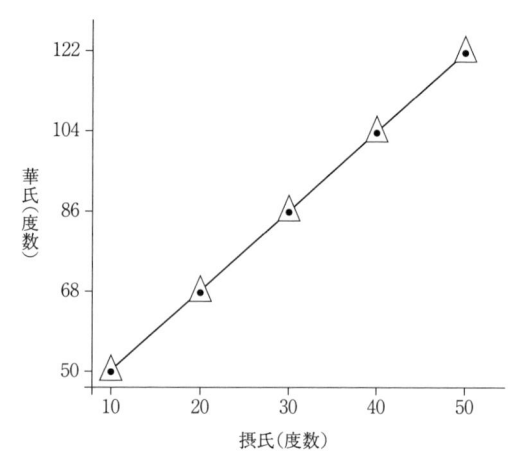

的な形状を見出そうと努める。ただし，単変数統計の場合に求められるものが一つの変数の分布の形状であるのに対して，ここでは二つの変数の関係を表す形状が求められている。二つの変数の関係を示すグラフの形状として最も重要なものは直線であろう。散布図上に記入されたすべての印が同一の直線上に並ぶ場合，この二つの変数は完全な「**線形関係**（linear relationship）」にあるという。ただし，現実の世界において二変数間に完全な線形関係が成り立つことはほとんどあり得ず，ある程度の線形性が認められる場合において，これを完全な線形関係と同視して差し支えないか否かの判断が重要となる。

B　線形関係

中学生の数学の授業を思い出してもらいたいのだが，直線を表す方程式は全て $y = ax + b$ という式で表せる。この式の a と b は定数であり，x は X 軸上の変数，y は Y 軸上の変数である。二つの変数が線形関係に立つ場合に，その方程式が与えられれば x から y を，あるいは y から x を導き出すことができる。例えば，図 9-2 上の直線は温度を示す二つの単位である華氏（F）と摂氏（C）の関係を示したものであり，この直線の方程式は $F = \frac{9}{5} \times C + 32$ である。この式を使えば華氏の温度と摂氏の温度の変換を随意に行うことが可能であり，この意味において，華氏と摂氏の関係は完璧な予測可能性を備えている。

残念なことに，このような完全な関係が成立するのは，図 9-2 の華氏と摂氏の関係がそうであるように，言葉の定義によって結び付けられた二つの変数

図 9-3　二変数のデータ：散布図

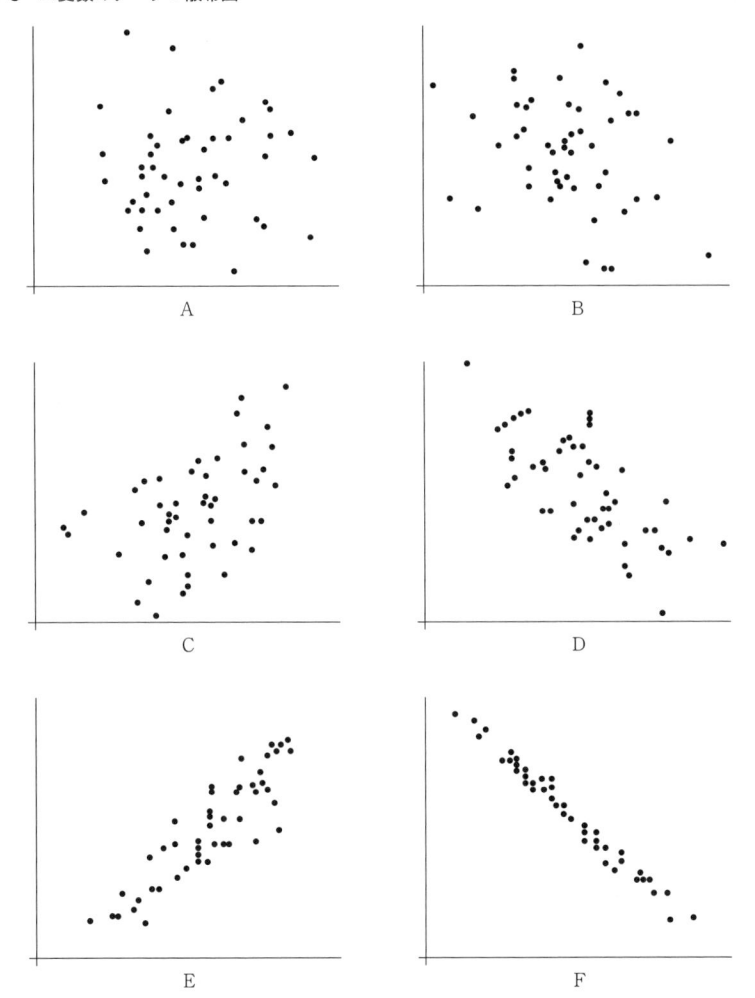

の関係についてである場合がほとんどであり，現実のデータから作り出される散布図は**図 9-3**の各図に示したような雑然とした点の集合であることが多い。

図 9-3に示した六つの散布図の中には完全な線形関係に近いものもあれば，そうでないものもある。具体的にいうと，散布図 A は線形性とはほど遠い形状にあり，散布図 B は弱い線形性を示しており，散布図 C と D はある程度の線形性を示しており，散布図 E と F は強い線形性を示している。強い線形性が認められる場合には一つの変数の値からもう一つの変数の値を予測すること

がある程度可能であるが、線形性が弱い散布図（あるいは、そもそも線形性を欠いている散布図）の場合には有益な線形方程式は見出し難い。

C　ピアソン相関関係

　二変数の線形性の強弱は散布図を作ることによってある程度判断できるが、これを正確に計測するためには「ピアソン相関係数（Pearson correlation coefficient）」（以下、単に「相関係数」という）を求める必要がある。相関係数とは、-1.0 から $+1.0$ までの値によって二変数の線形性の強弱と線形性の方向（直線の傾きがプラスであるかマイナスであるか）の双方を示した値のことである。

　二変数の関係は、「正の相関関係」、「負の相関関係」、「相関関係なし」の三つに大別できる。ここで、「**正の相関関係**（positively correlated）」とは、ある変数の値が平均値を上回ればこれに対応する他の変数の値もその平均値を上回り、逆に、ある変数の値がその平均値を下回ればこれに対応する他の変数の値も平均値を下回る傾向にある関係のことであり、教育と所得、あるいは身長と体重などの関係は正の相関関係の代表例である。正の相関関係が存在する場合、相関係数はプラスの値、すなわち、0超 $+1.0$ 以下の値をとる。「**負の相関関係**（negatively correlated）」とは、ある変数の値が平均値を上回れば他の変数の値は平均値を下回り、逆に、ある変数の値が平均値を下回れば他の変数の値は平均値を上回る傾向にある関係のことであり、GNPと幼児死亡率の関係は負の相関関係の代表例である。負の相関関係が存在する場合、相関係数はマイナスの値、すなわち、-1.0 以上 0 未満の値をとる。相関係数が $+1.0$（正の相関関係の場合）または -1.0（負の相関関係の場合）に近付くほど強い線形関係が存在し、逆に、相関係数が 0 またはこれに近い値であることは二変数間に相関関係がないことを示唆している。[3]

　相関係数の何たるかを具体的に知るために、**図9-3** の各散布図とこれらの各図に表された二変数間の相関係数（**表9-2参照**）をあわせて検討してもらいたい。

　相関係数はいくつかの要因によって攪乱される性質を有しているので注意が

---

[3]　（原注）標本の統計量を用いて相関係数を計測した場合には、これを母数の分析に用いるにあたって第8章で取り上げたことと同様の諸問題を考えなければならない。すなわち、標本の統計量から導き出した相関係数について信頼区間を設定し、あるいは、二変数が相関関係にあるという命題の仮説検定を行うことが必要となる。その具体的方法については専門書を参照されたい。

1 二変数統計

表9-2 図9-3記載の各散布図の定性的記述と定量的記述

散布図	定性的記述	定量的記述
A	相関関係なし	$r = 0.00$
B	弱い負の相関関係	$r = -0.30$
C	ある程度の正の相関関係	$r = 0.50$
D	ある程度の負の相関関係	$r = -0.70$
E	強い正の相関関係	$r = 0.90$
F	非常に強い負の相関関係	$r = -0.99$

上記の r は相関係数を示している。

必要である。例えば，単変数統計のデータセットにおける「平均値」がそうであったように，相関係数は外れ値の存在によって大きな影響を受ける。たとえば図9-1に記した散布図の相関係数は0.3289であるが，同図上で矢印を付した外れ値一つを計算対象から除外するだけで相関係数は0.6030に急増する。

相関係数の計算方法

相関係数の計算方法は以下のとおりである。

1. n個の個体に関する二変数XとYのデータ・セットに関して各個対の値（以下，これを $x_1, x_2, \ldots, x_n$ および $y_1, \ldots, y_n$ で表す）についての平均値（これを以下，$\overline{X}$ と $\overline{Y}$ で表す）と標準偏差（これを以下 S_X と S_Y で表す）を求める。

2. 以下の各式を用いて各個体に関する変数 X の Z スコアを求める。

$$Z_{x_1} = (x_1 - \overline{X})/S_X$$
$$Z_{x_2} = (x_2 - \overline{X})/S_X$$
$$\ldots\ldots$$
$$Z_{x_n} = (x_n - \overline{X})/S_X$$

3. 以下の式を用いて各個体に関する変数 Y の Z スコアを求める。

$$Z_{y_1} = (y_1 - \overline{Y})/S_Y$$
$$Z_{y_2} = (y_2 - \overline{Y})/S_Y$$
$$\ldots\ldots$$
$$Z_{y_n} = (y_n - \overline{Y})/S_Y$$

4. 各個体に関して上記2項と3項で得た二つの Z スコアの積を求める。

$$Z_{x_1} \times Z_{y_1}$$

$$Z_{x_2} \times Z_{y_2}$$
$$\cdots\cdots$$
$$Z_{x_n} \times Z_{y_n}$$

5. 上記4項で得たZスコアの積の値をすべて足し合わせる。

$$(Z_{x_1} \times Z_{y_1}) + (Z_{x_2} \times Z_{y_2}) + \cdots\cdots + (Z_{x_n} \times Z_{y_n})$$

6. 上記5項で得た合計値を$n-1$で割れば，相関係数（r）が求められる。[4]

$$r = \frac{(Z_{x_1} \times Z_{y_1}) + (Z_{x_2} \times Z_{y_2}) + \cdots + (Z_{x_n} \times Z_{y_n})}{n-1}$$

---

[4]（訳者注） 相関係数に関して若干補足する。
(1) 本文の計算式6項の式（以下，これを「r式」という）の分母がnではなく$n-1$であるのは標本の相関係数を母集団の相関係数の期待値と一致させるための技法であり（第8章の注5）参照），統計量（456頁参照）である標本の相関係数を求めるだけであれば，標本の数であるnで割って差し支えない（以下ではr式の分母をnとして記述を進める）。
(2) 各変数の偏差の組み合わせをベクトルとして捉えれば，すなわち

$$\boldsymbol{x} = \begin{pmatrix} Z_{x_1} \\ \vdots \\ Z_{x_n} \end{pmatrix} \quad \boldsymbol{y} = \begin{pmatrix} Z_{y_1} \\ \vdots \\ Z_{y_n} \end{pmatrix}$$

とすれば，5項の式は$\boldsymbol{x}$と$\boldsymbol{y}$の内積$\boldsymbol{x} \cdot \boldsymbol{y}$に他ならない。しかるに，ベクトルの内積は各ベクトルの絶対値，すなわち$|\boldsymbol{x}|$と$|\boldsymbol{y}|$の積に二つのベクトルが作る角度（θ）の余弦（$\cos\theta$）を乗じた値と等しいことが知られており，一方，標準偏差の定義（447頁以下参照）に立ち戻って考えれば，$|\boldsymbol{x}| = |\boldsymbol{y}| = \sqrt{n}$であるから，結局のところ

$$r = \frac{\boldsymbol{x} \cdot \boldsymbol{y}}{n}$$

$$= \frac{|\boldsymbol{x}||\boldsymbol{y}|\cos\theta}{n}$$

$$= \frac{\sqrt{n} \cdot \sqrt{n} \cdot \cos\theta}{n}$$

$$= \cos\theta$$

となる。つまり，相関係数は二つのベクトルが作り出す角度の余弦に他ならない。したがって，$-1 \leq r = \cos\theta \leq 1$は当然であり，二つのベクトルが同じ方向を向けば$\theta = 0$であるから$r = \cos\theta = 1$となり，二つのベクトルが正反対の方向を向けば$r = \cos\pi = -1$となることも幾何学的にイメージできるであろう。
(3) r式を書き直せば次のようになる。

$$r = \frac{(x_1 - \overline{X})(y_1 - \overline{Y}) + (y_2 - \overline{Y})(y_2 - \overline{Y}) + \cdots\cdots + (x_n - \overline{X})(y_n - \overline{Y})}{n-1} \times \frac{1}{S_X \cdot S_Y}$$

上式右辺の第1項の値を変数Xと変数Yとの「共分数（covariance）」という。第2項の分母は各変数の標準偏差の積に他ならないので，相関係数とは二つの変数の共分数をそれぞれの標準偏差の積で割った値である。

1 二変数統計

　データの量が非常に少ない場合を別とすれば相関係数を求めるにはかなり面倒な計算手続が必要となるが，幸いなことに今日では計算機がこの作業の大半を肩代わりしてくれる。ただし手作業で計算することは計算の細部の綾を知るうえで有用であるから，少ない量のデータだけで済ませられる事例を利用して一度は是非これを試みることを勧める。その際には，例えば次のような事態に対して相関係数がどのように変化するかを観察してみるといい。(1) 二変数のいずれについても他の個体に比べて非常に大きな値を持つ個体のデータを加えた場合。(2) 一つの変数については非常に大きな値を持ち，もう一つの変数については非常に小さな値を持つ個体のデータを加えた場合。

(1) 相関関係と因果関係

　相関関係は因果関係の存在を示唆していると考えられがちである。たしかに，ある変数の値が増加すれば他の変数の値も増加し，あるいは，ある変数の値が増加すれば他の変数の値が減少する関係にある場合，二つの変数の値に因果関係が働いていると思うのが自然である。例えば，自転車を漕ぐ速度を速めるほど乗り手の心拍数は上昇し，ガソリンの需要が増えるほどガソリンの市場価格は高騰し，逆に，エアコンの供給量が減少するほどエアコンの市場価格は上昇し，シートベルトの装着率が高まるほど高速道路上での死亡事故が減少する。これらの場合においては，一つの変数の値の変化がもう一つの変数の値の変化を引き起こしている——つまりその原因となっている——と考えても何ら不思議ではない。

　しかしながら，よく考えてみれば，二変数の間にいかに強い相関関係があったとしても各変数の値の変化に原因と結果の関係があるとは限らないことに思い至るであろう。例えば，LSAT（法科大学院共通入学試験）の成績と法科大学院の1年時の成績の間にある程度の相関関係があるとしても，LSATでよい成績を修めたことが法科大学院の1年時に好成績をとったことの原因であると考える人はいないであろう。おそらくは，LSATと法科大学院の試験の双方においてよい成績を修める能力とでも呼ぶべき変数が存在し，この変数が原因となってLSATと法科大学院の期末試験の成績の間の相関関係が生じている，そう考える方が自然であろう。手足のサイズの相関関係についても同様のことがいえる。両者の間には強い相関関係が存在するが，だからといって，手が大きいことが足が大きいことの原因であるはずがなく（もちろん，その逆であるはずもなく），おそらくは，何らかの遺伝子が手の大きさと足の大きさの双方に対

して影響を及ぼしているのであろう。これらの問題状況を指して,「**共通反応問題**（common response problem）」という言葉が用いられる。

Column 9-1	様々な関係の相関係数	
	大学の成績と法科大学院1年時の成績	0.30 弱
	LSATの成績と法科大学院1年時の成績	約 0.40
	二卵性双生児の身長	約 0.50
	一卵性双生児の身長	約 0.95

　因果関係があることは事実であるが，他の要因も相関関係の形成に寄与しているために因果関係の強さを推定することが困難な場合もある。例えば，前科が多いことと1年間に支払われる給料の額（以下，「年俸」という）の間には強い負の相関関係がある。これは，企業経営者が前科の多い人間を雇うことに偏見を抱いているからであろうか。それとも，前科の多い人間は犯罪活動や服役作業に多くの時間を費やしてきたために年俸の上昇に役立つ学業経験や就労経験を積む機会が少なく，それが原因で彼らの年俸は低いのであろうか。あるいは，前科を重ねる人格の持主は高い年俸が支払われる職業にはそもそも不向きなのであろうか。様々な解釈があり得るだろうが，少なくとも前科の多さと年俸の相関関係の強さをそのまま両者の因果関係の強さと捉えてはならないであろう。

　分離して検討することが困難な他の変数が絡んでいるために相関係数から因果関係を推定することが困難な状況を指して「**交絡**（confounding）が生じている」と表現する。より一般的にいえば，与えられたデータ・セットから因果関係の存否ないしは強弱を推論するにあたりその推論に含まれていない変数の働きによって推論が妨げられる現象を交絡と呼び，推論に含まれていない変数を「**交絡因子**（confounder）」ないしは「**潜在変数**（lurking variable）」と呼ぶ。

　交絡の事例をもう一つ考えてみよう。アメリカの高校においては教師の平均給与と生徒のSAT（Scholastic Assessment Test〔大学進学適正試験〕）の平均点の間に少なからぬ正の相関関係が認められる。この外見上の強い相関関係を説明できる交絡因子はなんであろうか。

1 二変数統計

> **Column 9-2** シンプソンのパラドックス──グループ別データと交絡[5]
>
> 以下のようなグループ別データの報告を受けたとしよう。
>
> > エイムズ大学では過去5年間において 10,000 人の女子学生が大学院に入学願書を提出し，そのうちの 3,000 人が合格した。一方，同じ期間に男子学生も 10,000 人が願書を提出しそのうちの 3,500 人が合格した。
>
> 合格率に関して仮説検定を行った結果男女間の合格率には統計的に高い有意差が認められたのであなたは次のような結論を下した。
>
> > エイムズ大学の大学院の入学試験には男女間差別が存在する疑いがある。
>
> ところが，その後の調査によって，次の事実が判明した。
>
> > エイムズ大学には，法科，医科，経営管理科という三つの大学院があり，大学院別にデータを整理すると次のようになる。
> > (1) 医科大学院の場合，男子学生については出願者 3,000 人のうち 300 人が合格したのに対して（合格率 10%），女子学生については出願者 6,000 人のうち 900 人が合格した（合格率 15%）。
> > (2) 法科大学院の場合，男子学生については出願者 3,000 人のうち 1,200 人が合格したのに対して（合格率 40%），女子学生については出願者 3,000 人のうち 1,500 人が合格した（合格率 50%）。
> > (3) 経営管理大学院の場合，男子学生については出願者 4,000 人のうち 2,000 人が合格し（合格率 50%），女子学生については出願者 1,000 人のうち 600 人が合格した（合格率 60%）。
>
> つまり，データを大学院別に分析した場合には，いずれの大学院についても女子学生の合格率の方が男子学生の合格率よりも高いことが判明したのである。あなたは，男女間格差に関する前記の見解を改めざるを得ないのではないだろうか。

交絡因子はいたるところに存在しており，統計に不慣れな人をしばしば誤った判断に導く要因となっている。それを避けるためには，次の言葉を座右の銘としておくことが一番であろう。すなわち，「相関関係は因果関係を意味しない。どんなに強い相関関係があってもそのことだけから一つの変数がもう一つの変数の原因であると判断してはならない」。因果関係の存在を調べるにあた

---

[5] （訳者注） この事例では学生の「志望大学院」という質的変数が交絡因子であり，母集団を志望大学院別に分けることによって交絡因子の影響を排除できる。このような手法を「層化（stratification）」という。

図 9-4　動機と成果：逆Ｕ字型

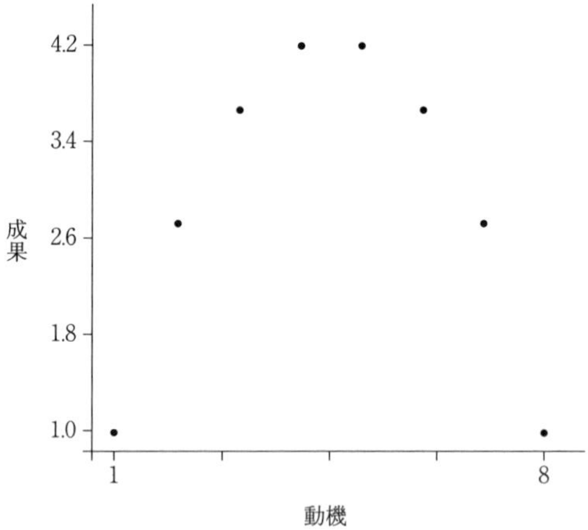

っては相関関係の強さだけを判断の根拠としてはならないのである。

実験的手法が使える分野では，交絡因子の影響を受けることなく因果関係の存否を判断できる実験環境をいかに整えるかが重大なテーマとなる。しかしながら，立法や政策を論じる際に入手可能なデータが実験の結果であることは稀であり，このような状況下で因果関係を考えるためには相関関係を示したデータを最大限に活用するしか道はない。そのためによく用いられる方法は多数の変数についてのデータを収集し，データ中の各変数の相対的な相関関係を調べることである。正確な分析を行うためには重回帰分析をはじめとする多変数分析を行うことが必要となるが，その技法については本章 ***2*** で解説する。

相関関係が因果関係を意味しないと同時に，因果関係があっても相関関係があるとは限らない。相関関係は線形関係だけを表すものであり，二変数の関係が線形でない場合には，たとえ両者間に強い因果関係があっても相関係数はゼロないしはそれに近い値である場合が多い。動機と成果に関する心理テストの結果はこの現象の例として有名である。図 9-4 を参照されたい。

動機が弱い場合，成果はわずかであり，動機が強くなると成果は向上する。しかしながら，それには限度があり，それを超えると過度の動機が生み出す不安などの要素が働いて成果の水準は低下する（例えば，成果を挙げないと生命にかかわる事態の場合，極度に強い動機の存在がかえって成果の達成を妨げる)。要するに，動機と成果の間に因果関係があることは疑いないが，両者の相関係数はゼロである。

(2) 相関関係と推測

相関関係は因果関係を意味しないが，相関関係のある変数同士の間では一つの変数の値を使ってもう一つの変数の値を推定することは可能であり，相関係数の絶対値が大きいほど精度の高い推定を行うことができる。LSAT の成績と法科大学院の 1 年時の成績の相関関係について再度考えてみよう。両者の間にはある程度の相関関係があるが，因果関係はない，それが我々の下した結論であった。では，LSAT の成績に基づいて 1 年時の成績を推定することは誤りであろうか。そんなはずはない。二変数の間に正の相関関係があるということは一つの変数が大きな値であればもう一つの変数も大きな値である可能性が高いことを意味している。したがって，LSAT の成績を基に 1 年時の成績を推定することには十分な正統性がある（ちなみに，この推測をもっと数量化することも可能であるが，そのためには本章 **1** D で取り上げる線型回帰の技法を用いなければならない）。

因果関係が認められないということの意味は，一つの変数の値を変化させることによってもう一つの変数の値を操作することができないということである。例えば，LSAT の採点機関に働きかけてある学生の LSAT の成績を引き上げてもらえると仮定しよう。そうすれば，その学生の法科大学院 1 年時の成績が向上するという事態があり得るだろうか。「そんなはずはない」，直ちにそう答えるであろう。しかしながら，相関関係があるという調査結果だけから「ワインを飲むと心臓によい」とか「教師の給与を上げると生徒の成績が向上する」などという結論に至ってしまうことはとかくありがちなことである。

> **Column 9-3　相関分析：疑わしい応用例**
>
> 著名な公衆衛生学の研究者は最近出版した著書の中で子供を持つ親に次のような助言を行っている。「初めてアルコールを摂取したときの年齢の低さと晩年にアルコール中毒を発症する可能性との間には正の相関関係があることがよく知られている。したがって，あなたのお子さんが初めてアルコールを摂取する時期ができる限り遅くなるように最善を尽くすべきである」。ここで引用されているデータはこの助言を正当化し得るであろうか。

D　線形回帰

相関関係の分析は二つの変数の間の線形関係の強さとその方向性を大まかに

捉えるうえで有用である。したがって，やや漠然とした推論（「メアリーは平均よりも身長が高いに違いない」など）で十分な場合には相関関係の分析だけで事は足りる。しかしながら，もっと具体的で定量的な推論が必要ないしは適切とされる場合も多い。そのような場合には，誰しも与えられたデータを基に最善の予測を可能とする方程式を手に入れたいと望むことであろう。「**線形回帰**（linear regression）」とはこの方程式を導き出すための技法のことであり，推定値を得ようとする変数を「**目的変数**（response variable）」，推定を行うために用いられる変数を「**説明変数**（explanatory variable）」と呼ぶ。線形回帰は相関関係に関する情報だけを使って行う作業であり，相関関係は常に双方向性を有している（つまりAがBと相関していれば，BもAと相関している）。したがって，二変数間に相関関係があれば，いずれの変数も目的変数となり得る。

最初に線形回帰の使い方を示そう。

事例9-2

ヘイゼル（女性）にはエミリーという6歳の娘がいる。ヘイゼルはエミリーが20歳になったときの身長がいくらになるかを予測したいと考えている。母親の身長と（成人となった後の）娘の身長の間には正の相関関係があるので前者の値から後者の値を予測することができる。[4]そのことはヘイゼルも知っていたが，その求め方が分からずに私たちのもとに相談にやってきた。母親の40歳時の身長をHインチとし，娘の20歳時の身長をEインチとすれば，EからHを推定する方程式が次のものであることが分かっていると仮定しよう。[5]

$$E = 0.6 \times H + 28$$

現在40歳のヘイゼルの身長は66インチなので，この値を上記の方程式に代入すると，

$$E = 0.6 \times 66 + 28$$
$$= 39.6 + 28$$
$$= 67.6$$

となる。したがって，あなたはヘイゼルに，「エミリーが20歳に成ったときの身長は67.6インチと推定できます」と述べることができる。

---

④ （原注）同様に娘の身長から母親の身長を推定することも可能である。この場合は娘の身長が説明変数で母親の身長が目的変数となる。

⑤ （原注）この方程式は母と娘のペア約500組のデータから導き出したものである。計算の詳細は複雑なので，コンピューターに任せた方が無難であろう。

ご覧のとおり，ここに登場する方程式は $Y = aX + b$（X と Y が変数で a と b が定数）という形の一次方程式である。一次方程式は直線を表す方程式であるから，線形回帰の方程式を満たす二変数の組み合わせに対応する点を散布図に書き込んでいけば完全な直線ができあがる。[6] これが「**回帰直線**（regression line）」であり，この直線の Y 軸との交点の値（方程式の b の値がこれにあたる）を「**Y 切片**（y-intercept）」ないしは「**定数項**（constant）」，直線の傾きの大きさ（方程式の a の値がこれにあたる）を「**回帰係数**（regression coefficient）」ないしは回帰直線の「傾き」という。回帰係数が正の値であれば回帰直線は右上がりとなり（すなわち，X の値が増加すれば Y の値も増加する），回帰係数が負の値であれば回帰直線は右下がりとなる（すなわち，X の値が増加すれば Y の値は減少する）。

すべての一次方程式にはこれに対応する直線が存在し，すべての直線にはこれに対応する一次方程式が存在する。したがって，相関関係にある二つの変数に関して一つの変数の値からもう一つの変数の値を推測するための最善の一次方程式を発見することと散布図の形状に最も近似した直線を発見することは同値である。[7]

回帰直線が散布図上の点の集合と近似している場合，その回帰直線はデータに「**適合**（fit）」しているという。すべての点が直線上にあれば適合は完全なものとなるが，そのためには相関関係自体が完全であること——すなわち，説明変数と目的変数の間の相関係数が $+1.0$ か -1.0 であること——が必要である。そうでない場合における回帰直線の適合度を評価するためには直線と点の集合との近似性という概念をどのように定義するかが問題となる。この問題を考えるために，まず次の事例について考えてもらいたい。

事例 9-3

事例 9-1 においてスターチウェイ社の 20 人の従業員に関する給料のデータを分析したが，実は 21 番目の従業員のデータが抜け落ちていたことが判明したとしよ

---

[6] （原注）この点が分かりづらいと感じた読者には実際にグラフを作ってみることをお勧めする。まず，X 軸に「母親の身長」，Y 軸に「娘の身長」という見出しをつけよう。次に，母親の身長として 3，4 個の値を選び出し，これに対応する娘の身長を方程式を使って計算し，これによって得られた値の組み合わせに対応する点をグラフに書き込む。本文の実例に記されている値の組み合わせ（$x = 66.0$, $y = 67.6$）に対応する点も付け足す。書き込んだ点を結ぶ直線を引けば，回帰直線が現れる。

[7] （原注）すぐ後でみるとおり，ここでいう「最善」ないしは「最も近似している」という観念を回帰の基準として用いるためにはもっと明解な定義を設ける必要がある。

う。現時点ではこの者に関するいかなる具体的情報もないとすれば，この者の給料はいくらであると推定すべきであろうか。

おそらく，最善の推定は従業員の給料の平均値である「6万ドル」であろう[8]。有益な情報が他にない以上，平均値をもって未知なる値の推定値とすることが最善と考えられるからである。

さて，その後に21番目の従業員のデータが届けられたとしよう。しかしながら，そこに給料額の記載はなく，分かったことはその者の就業年数が9年であるということだけであった。この場合給料はいくらであると推測すべきであろうか。就業年数と給料の間に相関関係があることを我々は知っており，21番目の従業員の就業年数が9年であることが判明した。したがって，我々は回帰分析の技法を使ってこの従業員の給料がいくらであるかを以前よりも正確に推定することができる。我々がなすべきことは説明変数である就業年数（以下，これを「E」で表す）から目的変数である給料（以下，これを「S」で表す）を推定するための最善の1次関数を特定することであり，そのためには既存のデータから次の式のaとbに代入すべき数値を決定しなければならない。

$$S = a \times E + b$$

求める回帰直線は図9-1に記した散布図上の点集合に最も近似した直線を表したものに外ならない。図9-5の各図は考え得る回帰直線のいくつかを示したものである。

図9-5の各直線はいずれも特定の点との関係では近接しているが他の点との関係ではそうともいえず，全体として，どの直線が点集合全体に対して「最も近似している」といえるかは必ずしも明らかではない。ここで必要なことは点集合上の各点と直線との距離をしかるべき方法ですべて考慮した「近似性の指標」を特定することである。最初に考えつく指標はおそらく各点と直線との間の距離の合計値であろうが，計算上の容易性を考えると，距離そのものではなく距離の二乗の合計値を用いる方が便利である[9]。そこで，統計学においてはこの値を最小とする直線をもって最も適合した回帰直線と考えるものとし，これを「**最小二乗回帰直線**（least squares regression line）[6]」，その方程式を「**最小二**

---

[8]（原注）もちろん，スターチウェイ氏の給料を除いた残りの者たちだけの平均値の方が推定値としては適切であるという考え方もあり得る。

[9]（原注）しかも，ここで用いるのは各点から直線への距離そのものではなく，各点から直線に垂らした垂線の距離である。

6)（訳者注）最小二乗回帰直線の具体的な求め方については専門書を参照されたいが，次の諸点は記憶に値する。

図 9-5　回帰直線の諸候補

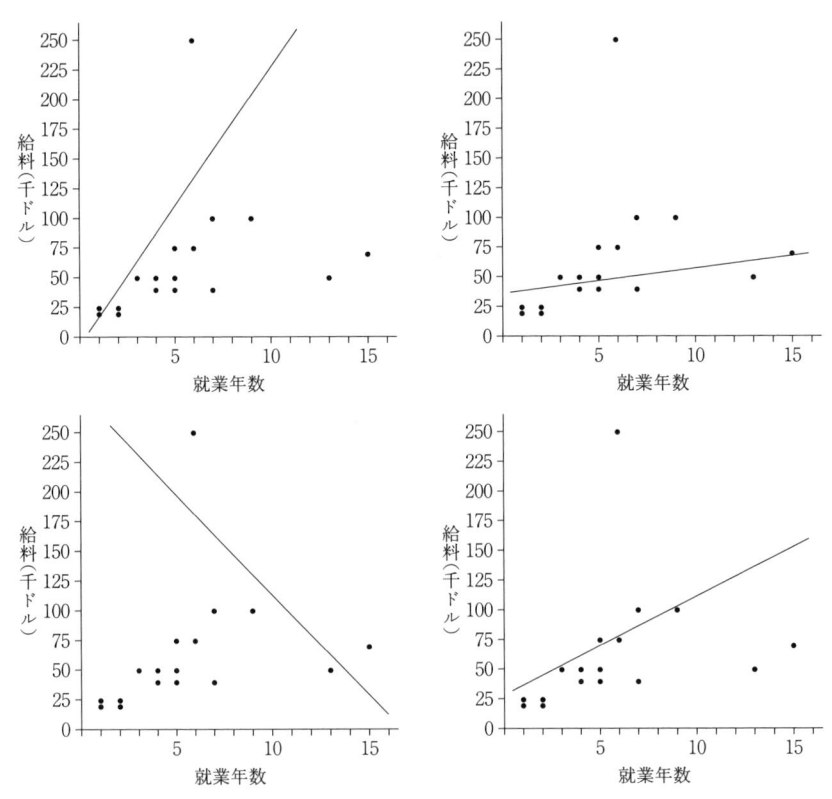

乗回帰方程式（least squares regression equation）」という。

事例 9-3（続き）

スターチウェイ社の従業員の給料と経験に関するデータから得られる最小二乗回

---

(1) 回帰係数は二つの変数の相関係数（r）に説明変数の標準偏差（σ_X）を分母，目的変数の標準偏差（σ_Y）を分子とする分数を乗じた値となる。
(2) 回帰直線は各変数の平均値の組み合わせ（$\overline{X}, \overline{Y}$）に対応する点を必ず通過する。
(3) したがって，最小二乗回帰方程式は次の一般式で表すことができる。

$$Y = \frac{\sigma_Y}{\sigma_X} r(X - \overline{X}) + \overline{Y}$$

(4) 残差の総和，説明変数と残差の積和，回帰直線上の理論値と残差の積和はいずれもゼロとなる。

図 9-6 スターチウェイ社の給料：最も適合した直線

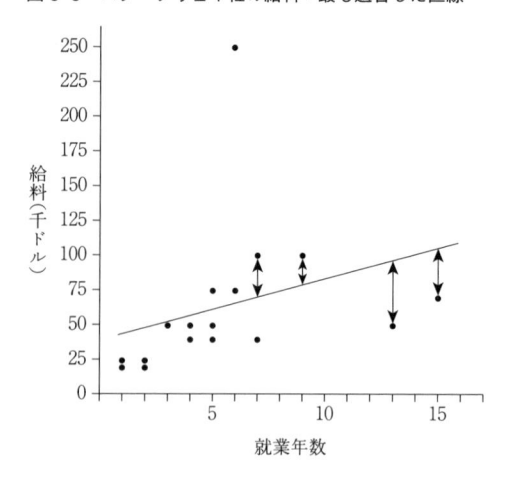

帰方程式は

$$S = 4{,}754.06 \times E + 35{,}278.89$$

である（S は給料額〔ドル〕，E は就業年数を表している）。この式の回帰係数である 4,754.06 という数字は 1 年間の経験を給料に換算した金額の平均値と解釈できる。つまり，スターチウェイ社の従業員にとって 1 年間の就業経験は平均して 4,754.06 ドルの給料に匹敵するだけの価値がある。上式の Y 切片である 35,278.89 という数字は就業経験のない従業員の初任給と解釈できる。なお，図 9-6 はこの式に対応する回帰直線を示したものである。

回帰分析の手法を用いて 21 番目の従業員の給料を推定する準備が整った。上記の回帰方程式にこの従業員の就業年数（9）をあてはめると，求める金額（S）は，

$$\begin{aligned} S &= 4{,}754.06 \times E + 35{,}278.89 \\ &= 4{,}754.06 \times 9 + 35{,}278.89 \\ &= 78{,}065.43 \text{（ドル）} \end{aligned}$$

となる。

この推定の正確性は説明変数（就業年数）と目的変数（給料額）の相関関係の強さに依存している。本件の場合には，二つの変数の相関係数は 0.3289 なので，両者の関係は「弱い正の相関関係」といわざるを得ない。したがって，我々の推測が非常に正確であるとはいい難い。この回帰方程式が全体としてどの程度の正確性を有しているかを知るためにはこれによって推定される各従業

1 二変数統計

表 9-3 スターチウェイ社の給料:残差

従業員	実際の給料額（ドル）	回帰分析による推定額（ドル）	残差（ドル）	偏差（＝平均（6万ドル）との差）（ドル）
1	25,000	44,787.01	−19,787.01	−35,000
2	50,000	54,295.13	−4,295.13	−10,000
3	40,000	54,295.13	−14,295.13	−20,000
4	75,000	59,049.19	15,950.81	15,000
5	40,000	68,557.31	−28,557.31	20,000
6	50,000	97,081.67	−47,081.67	10,000
7	20,000	40,032.95	−20,032.95	40,000
8	50,000	73,311.37	−23,311.37	10,000
9	50,000	73,311.37	−23,311.37	10,000
10	70,000	106,589.79	36,589.79	10,000
11	25,000	40,032.95	−15,032.95	35,000
12	20,000	44,787.01	−24,787.01	40,000
13	250,000	63,803.25	186,196.75	190,000
14	100,000	78,065.43	21,934.57	40,000
15	75,000	63,803.25	11,196.75	15,000
16	50,000	59,049.19	−9,049.19	10,000
17	20,000	40,032.95	−20,032.95	40,000
18	50,000	49,541.07	458.93	10,000
19	100,000	68,557.31	31,442.69	40,000
20	40,000	59,049.19	−19,049.19	20,000

員の給料と我々が知っている彼らの実際の給料とを比較してみるのが一番であろう。**表 9-3** をご覧願いたい。この表の第1列と第2列には各従業員の番号と各自の実際の給料額が記してある。第3列の数字は最小二乗回帰方程式によって推定される各自の給料額であり，第4列には第2列目の値から第3列目の値を差し引いた値，すなわち実際の給料額と回帰方程式上の推定額との差額——以下，この値を「**残差**（residual）」という——が記されており，最終列の値は各人の給料の実際の値と全員の平均値との差，すなわち偏差（447頁参照）が記されている。各従業員の残差と偏差を比較すれば明らかなように，回帰方程式を用いた推定は完全なものではないものの，概して平均値よりは優れた推定となっている。

回帰方程式を用いた推定の正確性を表す指標としてしばしば用いられるものは「**決定係数**（coefficient of determination）」である。**事例 9-3** で用いた回帰方程式の決定係数を算出するのに必要な情報はすべて**表 9-3** に含まれている。

決定係数の求め方

1. 各個体の目的変数の偏差を二乗した値を足し合わせる。以下，この値を「偏差平方和」という。
2. 各個体の目的変数の残差を二乗した値を足し合わせる。以下，この値を「残差平方和」という。
3. 偏差平方和から残差平方和を差し引いた値は，推定の指標を平均値から回帰方程式に改めたことによって推定値と実際の値との差，すなわち誤差がどれだけ減少したかを平方和のレベルで示したものである。決定係数とは，この値を偏差平方和に対する割合として示した数値のことであり，これを式で表せば

$$決定係数 = \frac{偏差平方和 - 残差平方和}{偏差平方和}$$

である。

4. 3項で得た値を100倍することによって決定係数を百分比で表す場合もある。

決定係数が0であることは回帰方程式を用いて推定した目的変数の値と実際の値との差，つまり誤差が平均値を推定値とした場合の誤差と同じであることを意味しており，この場合の説明変数は目的変数の値を推定するうえで何の役にも立っていない。これに対して，決定係数が1であることは回帰方程式を用いた推定値に誤差がないことを意味しており，この場合の説明変数は目的変数を推定するうえで完璧な役割を果たしている。

事例9-3で用いた回帰方程式の決定係数を求めてみよう。

事例9-4

1. **偏差平方和の計算**
   表9-3の最終列の各値をそれぞれ二乗して足し合わせれば，
   $$偏差平方和 = 48{,}900{,}000{,}000$$
   となる。

2. **残差平方和の計算**
   表9-3の第4列の各値をそれぞれ二乗して足し合わせれば，
   $$残差平方和 = 43{,}609{,}000{,}000$$
   となる。

3. **平方和誤差の減少額の算出**
   $$偏差平方和 - 残差平方和$$
   $$= 48{,}900{,}000{,}000 - 43{,}609{,}000{,}000$$

     = 5,291,000,000
4. 決定係数の算出
    5,291,000,000 ÷ 48,900,000
     = 0.1082
5. 百分比による表現
    0.1082 × 100
     = 10.82%

　推定の根拠を平均値から回帰分析に代えたことにより誤差が約11%減少したことが判明した。つまり，回帰分析によって従業員の給料のばらつきの約11%が「説明できた」ことになる。なお，決定係数は与えられたデータから算出された値であるから，その結論をそのデータの枠外にある個体の数値の推定に用いる場合には，無作為抽出がなされたか否か，標本の大きさは適切であったか否か等の推測統計学一般の諸問題を考えなければならない。

　ところで，スターチウェイ社の件の回帰直線の決定係数である 0.1082 という値は給料と経験の相関係数である 0.3289 という値の二乗に等しいことに気付かれたであろうか。実はこの結果は偶然ではない。（最小二乗方程式を用いた）単回帰分析（498頁参照）の決定係数は相関係数の二乗となるように原理付けられた数字であるということになる（決定係数はしばしば「r^2」と表されるが，これは「相関係数（r）の二乗」という意味である）。[7]

E 残 差

　残差には決定係数を計算するという目的とは別にいくつかの興味深い特徴がある。スターチウェイ社の回帰分析で生じた残差について再び考えてみよう。図 9-7 は残差の値を従業員別に並べたものである。

　図 9-7 のような図を作ると説明変数を使って目的変数を推定するにあたり特に不適切な個体はどれであったかが鮮明になる。そのような個体が注目に値

---

[10] （原注）　このような文脈ではしばしば「説明できる」という言葉が用いられるが，表現として必ずしも適切なものではない。このことは，決定係数の意味に照らせば明らかであろう。例えば，本章 **1** B で取り上げた温度の計測単位に関する事例の場合，摂氏の温度を説明変数，華氏の温度を目的変数とする決定係数は 1.0 である。つまりこの場合における回帰分析は 100% の正確性を有しているが，だからといって，摂氏の温度によって華氏の温度が完璧に「説明できた」とはいわないであろう。

[7] （訳者注）　この点は注 4) の(3)で示した相関係数の定義式と注 6) の(4)で示した最小二乗回帰方程式の諸性質から導き出すことができる。詳しくは専門書を参照されたい。

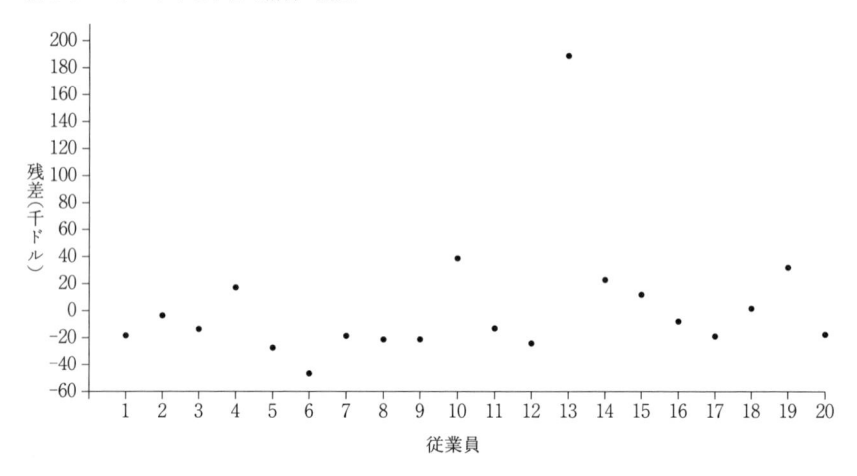

図9-7 スターチウェイ社の給料：残差

するのは，そこには他の個体にはない独自の要因が働いている可能性があるからである。残差が他の点と比べて特に大きい個体は単変数統計における外れ値と似た問題状況を作り出している。そのような残差も真実の値である可能性は十分にあるものの，統計分析全体に及ぼす影響の大きさを考えると計算から除外する方が適切かもしれない。特に，最小二乗回帰方程式は平方和レベルでの誤差を最小とする方程式であるがゆえに，外れ値を計算に加えることの影響は（二乗という演算を通じて）より深刻である。異常に大きな残差を示す個体（これを「**感化因子**〔influential observation〕」という）の存在は回帰分析の報告書の中で明示する場合が多い。

　スターチウェイ社のデータでは，第13番目の従業員——実は，これはスターチウェイ氏自身である——の給料額が外れ値であり，同時に彼女の存在は回帰分析上も感化因子となっている。ただし，一般論としていえば，外れ値を示す個体が回帰分析上常に感化因子であるとは限らず，同様に，感化因子である個体がつねに外れ値を示しているとも限らない。どのような場合に両者の不一致が生じるかについては各自で考えてみてもらいたい。

　残差の分布を描き出してみると回帰分析の対象である二つの変数以外の重要な要素が働いていることが判明する場合もある。例えば，図9-8は，ある株式市場における株価指数の推定値の暦月毎の残差を古い順に並べたものである。この分布図を見ると，株価指数の推定は3年前にはかなり正確であったが，

1 二変数統計

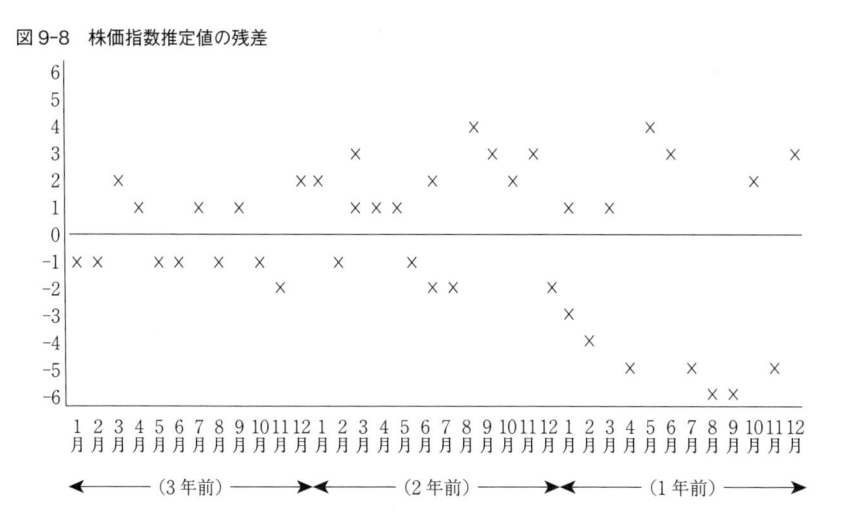

図 9-8 株価指数推定値の残差

その後次第に悪化し，昨年の結果はかなり悪いことが分かる。このことは，この推定に用いられた回帰方程式の説明変数と目的変数の関係に影響を与える別の要因が最近 2 年以内に生じた可能性を示唆している。

F 回帰分析の限界

回帰分析の限界を知ることは重要である。

第一に，二変数の関係には様々な形態があるが，回帰分析は線形関係にある二変数——つまり散布図を作ると直線に近似する二変数——に対してのみ有効なものであることを忘れてはならない。換言すれば，相関係数の絶対値が大きな値となるほど，回帰分析の推定力は高まる。

第二に，回帰分析は，説明変数の等しい個体は目的変数も等しいことを示唆している点に留意してもらいたい。例えば，488 頁に示した回帰分析の結果は，40 歳時の身長が 66.0 インチであった母親の娘にあたる女性は全て 20 歳時の身長が 67.6 インチであることを示唆しているが，実際にはそのようなことはあり得ようはずがない。「40 歳時の母親の身長が 66.0 インチである娘」という要件を満たす女性は世の中に多数いるはずであり，20 歳時の彼女らの身長の値がすべて同一となることはあり得ない。一つの説明変数の値に対応する目的変数の値にばらつきが存在することは通常の現象であり，この点において回帰分析の結果が誤差を伴うことは不可避であるといわざるを得ない。

2 重回帰分析

「**重回帰分析**（multiple regression analysis）」は本章 **1** で論じた 2 変数間の回帰分析（以下，これを「単回帰分析」という）を三つ以上の変数から成るデータ・セットに応用したものである。回帰方程式の説明変数の数を二つ以上とし（目的変数は一つのままである），それぞれの変数に独自の回帰係数を付すことによってすべての変数を一つの回帰方程式として表すことができる。すなわち，目的変数を Y，説明変数を X_1, X_2, ……, X_n，各説明変数に対応する回帰係数を a_1, a_2, ……, a_n とすれば[8]，重回帰方程式は，

$$Y = a_1 X_1 + a_2 X_2 + \cdots\cdots + a_n X_n + b$$

という一般式で表すことができる（b は定数項を表している）。

例えば，25 歳男性の期待生存年数を目的変数，収縮期血圧，喫煙習慣，体重および就学年数という四つを説明変数とする重回帰方程式として次のような式を考えてみよう。

$$L = (-0.03 \times P) + (-0.2 \times C) + (-0.1 \times W) + (0.3 \times S) + 51$$

上式において，L は期待生存年数，P は収縮期血圧（mm Hg），C は 1 週間に吸う煙草の数（箱数），W は肥満率（理想体重に対する超過割合），S は受けた就学年数を，それぞれ表している。単回帰分析の場合と同様に，ある個体の目的変数を推定するには，その個体の各説明変数にその説明変数の回帰係数を乗じ，その積をすべて足し合わせた値に定数項の値（上式の 51 がこれにあたる）を加えればよい。試みに，収縮期血圧が 90 mm Hg，体重が理想体重の 10% 超，1 週間に煙草を 4 箱吸い 19 年間学校教育を受けた[9] 25 歳の男性の期待生存年数はいくらになるか計算してみてもらいたい（喫煙の回帰係数が負の値であることの意味にも留意すること）。

単回帰分析の場合と同様に最善の重回帰方程式は残差平方和を最小とするものであり，この方程式を「**最小二乗重回帰方程式**（OLS multiple regression equation）[10]」という。この方程式を用いた推定の精度は，これも単回帰分析の場

---

8) （訳者注）　重回帰方程式の回帰係数は「偏回帰係数」と呼ばれることも多い。
9) （訳者注）　19 年間は米国の法科大学院卒業生が受けた学校教育の通算期間の標準である。
10) （訳者注）　OLS は「Ordinary Least Squares」の略である。

合と同様に目的変数の平均値との比較によって行う。ある25歳の男性に関して他にいかなる情報もなければ、全体の平均値を彼の生存期待年数と考えるのが妥当であろう。しかし、彼の血圧が分かれば推定の精度は向上し、喫煙習慣の程度も分かれば推定はさらに正確なものとなるに違いない。重回帰分析においては複数の情報を説明変数に組み入れることができるので有用な情報の数が増えるほど推定の精度は向上する傾向にある。

重回帰分析は、多数の変数が関係し合って生まれる複雑な現象の分析において顕著な有用性を示す。法科大学院の学生の成績、従業員の給料、企業の収益、インフレ率、選挙の結果などはこのような現象の一部にすぎないが、そこには共通の特徴が存在する。すなわち、これらの現象を理解するためにはその結果に寄与している要因を特定したうえで、それらの要因の相対的な寄与度を数量化しなければならない。例えば、失業率の変化が犯罪の発生率に及ぼす大きさについて調査する場合について考えてみよう。分析の手段として単回帰分析しか行えないとすれば、我々はこれら二つの現象の間に相関関係が存在することを確認したうえで、両者間の回帰方程式を導き出す。この手法にもそれなりの価値はあるが、そこには共通反応問題（例えば、失業は犯罪の原因ではないが、両者は別の要因〔例えば「就学年数の少なさ」〕）を原因として類似の変化を示しているのかもしれない）や交絡因子が生み出す問題（例えば失業も犯罪も同様の季節的影響を受けているかもしれない）に晒されている。本章 **1** で述べたことであるが、相関関係があるからといって因果関係があるとは限らない。失業と犯罪の関係を十分に理解するためには就学機会の多寡や季節的変動をはじめとする他の変数との関係についても調査する必要があり、そのためには単回帰分析を行うだけでは不十分である。重回帰分析はこの欠点を補う手段であり、データさえあれば随意に追加の変数を分析に組み入れることができる。すなわち、あらゆる説明変数（少なくとも現実にデータの収集が可能なあらゆる説明変数）を含む重回帰方程式を作り、そのうえである説明変数（上記の事例でいえば失業率）の回帰係数に注目すればよい。この係数は単回帰方程式の回帰係数とは異なり、他の説明変数が推定に与える影響をすべて計算に入れたうえでの失業率と犯罪発生率の関係を示した値である。例えば、次の回帰方程式について考えてみよう（なお、この式は説明変数が少なすぎるという点において理想とはほど遠いものである）。

$$C = 1.2T + 2D + 40U + 200$$

上式の C は犯罪の発生率（人口10万人につき1年間に発生した粗暴犯の発生件数），T は月の平均気温（華氏単位），D は高校の退学率（％表示），U は失業率（％表示）を表している。この方程式からいえることは，気温と高校の退学率に変化が生じないとすれば（このことを専門家は，気温と高校の退学率を「制御〔control〕できるならば」と表現する），失業率が1％高まると人口10万人あたりの粗暴犯の発生件数が40件増えるということである。

単回帰分析の場合と同じく回帰分析は目的変数を推定するためにも利用できる。ただし，重回帰分析のために収集すべき情報の量は膨大であり，例えば，米国経済の将来を占うために作られる重回帰方程式は文字通り数千種類の説明変数を含むものとならざるを得ない。

A　重回帰分析と差別訴訟

差別訴訟においては，特定の説明変数（例えば「人種の違い」）が目的変数（例えば，「就職希望者の採用基準」）に及ぼす影響を他の因子と切り離して評価するために重回帰分析を利用することが多い。例えば，賃金の男女間差別を糾弾する裁判の原告は被告会社の女性従業員の平均賃金が男性従業員の平均賃金より少ないことを示し得れば主張に一応の根拠を与えることができるであろう。しかしながら，これに対する反論として，被告会社は，「男性従業員の方が女性従業員よりも平均して多くの教育と経験を積んでおり，男女間の賃金格差はこの違いを反映したものであるから差別にはあたらない」と反論するかもしれない。原告としては男女それぞれの従業員の中から同等の教育と経験を積んだ人々を見つけ出し，その間に賃金格差があることを示せばこの被告の主張を斥けることができるであろうが，残念ながら被告会社の従業員の中からこのような要件を満たす人々を見つけ出すことは困難かもしれない。しかしながら，そのような場合であっても，重回帰分析を用いれば原告が求める比較が可能となる。

原告が行うべきことは，被告会社の従業員名簿と賃金台帳から得られるデータを基にして賃金を目的変数とする重回帰方程式を作り上げることである。その結果，次のような方程式が得られたと仮定しよう。

$$W = (2{,}000 \times S) + (3{,}100 \times E) + (-7{,}000 \times G) + 23{,}000$$

上式の W は賃金（ドル額），S は教育（就学期間），E は経験（就業年数），G は

性別（男性は0で女性は1[11]）を表している。この方程式によれば、例えば、16年間の学校教育を受け、6年間の就業経験を積んだ女性従業員の推定賃金は下記の計算により66,600ドルとなるであろう。

$$(2,000\times 16)+(3,100\times 6)+(-7,000\times 1)+23,000=66,000（ドル）$$

これに対して、同様の教育と経験を積んだ男性従業員の推定賃金は、以下の計算により73,600ドルとなる。

$$(2,000\times 16)+(3,100\times 6)+(-7,000\times 0)+23,000=73,600（ドル）$$

あるレベルの教育と経験を積んだ女性従業員が受け取る賃金は、同じレベルの教育と経験を積んだ男性従業員が受け取る賃金と較べて、平均して7,000ドル低いことが判明した。統計学の用語を使ってこれをいい換えると、「教育と経験の要素を制御（control）すれば、女性従業員の賃金は男性従業員の賃金よりも7,000ドル低い」といえる。この結論こそは、原告が提示したかった主張そのものではないだろうか。

現実に起こった事件において重回帰分析が使われた事例を紹介しよう。

事例9-5　連邦最高裁判所で審理された事件：事件番号478U.S.385（1986）

この事件の主たる争点はノース・カロライナ州のある企業における給与の支払状況に人種差別が存在したか否かである。黒人従業員の年間平均給与が白人従業員のものよりも低いことは明らかであったが、黒人は教育も経験も白人より少ないこともまた事実であった。そこで、給与、人種、教育、経験等のデータを用いた重回帰分析によって、他の要因を制御したうえで人種の違いによる給与格差があるか否かが調べられた。**表9-4**はその際に方程式に組み入れられた説明変数とその評価方法ならびに回帰分布の結果を記したものである。結論は、「他の要因を全て制御した場合、白人であることは平均して約395ドルの給与の上昇をもたらす」というものであった。

---

[11] （原注）性別は質的変数であるために特別な取り扱いをしなければならない。性別の取り得る「価値」である「男性」と「女性」に対して、ここでは女性に1、男性に0という数値を割り当てたが、このように0また1という数字に置き換えられた質的変数のことを「**ダミー変数**（dummy variable）」という。数字の選択は自由であり、男性を1、女性を0としても差し支えない。但し、その場合には、この変数に用いる回帰係数を（−7,000ではなく）＋7,000とし、定項も（23,000ではなく）16,000とする必要があり、そうすることによって本文記載の式と同値の式が完成する。

表9-4　連邦最高裁事件：重回帰分析に使われた説明変数とその評価方法ならびに結果

説明変数とその評価方法

変　数	評　価
教　育	
修士号の有無	修士号があれば1，なければ0
勤務経験	
勤続年数	1975年時における勤続年数
役　職	
会　長	会長は1，それ以外は0
管理職	管理職は1，それ以外は0
一般従業員	一般従業員であれば1，それ以外は0
白人であるか否か	白人であれば1，それ以外は0

結　果

目的変数：年間給与

説明変数	係　数	標準誤差
修士号	898.55	140.36
勤続年数	59.06	8.47
会　長	5,221.19	232.28
管理職	2,404.44	170.58
一般従業員	918.82	174.42
白　人	394.80	137.64
定数項	9,291.51	（0であることを仮定）

自由度修正済み決定係数：0.76

　表9-4では各回帰係数の推定値に「**標準誤差**（standard error）」が付記されているが，これはこの推定値の標準偏差を表している。もう少し詳しくいうと，標準誤差は抽出された標本から算出した回帰係数が母集団における真の回帰係数にどのくらい近い値のはずであるかを示しており，母集団数に対する標本の数の割合が大きいほど回帰係数の標準誤差は小さな値となり，それだけ標本の回帰係数と母集団の回帰係数の乖離は縮まるはずである。

　回帰分析によって特定された説明変数と目的変数の関係は見かけ上のものであって実際の両者間に有意な関係はないという可能性は常に存在する。それは抽出した標本が何らかの点で母集団に対する代表性を欠いている場合に生じる現象である。そこで，各回帰係数について，その母集団の回帰係数も有意な値であると考えてよい十分な根拠があるか否かを検証する手続をとるのが普通であり，この作業を「**t検定**（t test）」という。t検定の方法は第8章で述べた仮説検定の場合と基本的に同じであり，「母数の回帰係数は0である」という帰無仮説を立て，この仮説が棄却されることを期待して検定を行う。

t検定の実施方法

1. 標本から求めた回帰係数の値(以下,「b_x」で表す)をその標準誤差で割る。これによって得られた値をtスコアという。tスコアは,回帰係数が標準誤差の何倍であるかを示した値である(下式参照)。[12]

$$t = \frac{b_x}{b_x の標準誤差}$$

2. 回帰方程式に含まれている変数の数(この計算上では定数項も変数とみなす。以下,この数を「c」で表す)を標本の数(以下,これを「n」で表す)から引く。これによって得た値を「**自由度**(degrees of freedom)」ないしは「**自由度の数**」といい,以下,「df」で表す(下式参照)。[13]

$$df = n - c$$

3. 本章末尾に添付したtスコア表を使って,5%の有意水準(必要に応じて,他の有意水準を使う場合もある)における2項で求めた自由度に対応するtスコアを求める。具体的には,まず,tスコア表の「df」と記された段の下に列挙された数字の中から2項で求めた自由度の数に一致する箇所を見つけ,その行を右に辿ってこの行が「0.05」と記された段と交差する場所にある数字を求める。求められた数字がその自由度における5%の有意水準におけるtスコアに他ならない。

4. 1項で求めた回帰係数のtスコアがtスコア表から求めたtスコアを上回れば,帰無仮説は棄却され,回帰係数は5%の水準で統計的に有意であると結論付けることができる。

前記の連邦最高裁事件を使って具体的に帰無仮説の検定を行ってみよう。

事例9-6

1. ここでは「就業年数」の回帰係数について検定を行う。まず,回帰係数(59.06)を標準誤差(8.47)で割ってこの回帰係数のtスコアを求める。

$$t = \frac{59.66}{8.47}$$
$$= 6.97$$

---

[12] (原注) tスコアの計算は第8章におけるzスコアの計算と似ているが,tスコア表の使い方はzスコア表(=正規分布表)よりも若干複雑である。

[13] (原注) 自由度の正確な意味については専門書を参照されたい。なお,その正確な意味を知らなくてもtスコア表の利用に支障は生じないが,その値は標本の大きさ,すなわちnの値に大きく依存するものであることは記憶に留めておかれたい。

2. 次に，標本の数（これまで明示してこなかったが，この数は568である）から変数の数（定数項も含めると7である）を引いて自由度の数を求める。

$$df = 568 - 7$$
$$= 561$$

3. 次に行うべきことは，自由度561で5%の有意水準にあたるtスコアを求めることである。ところが，tスコア表を見ると自由度の数は「120」の次が「無限」となっていてその間にあたる561という数字は見つからない。そこで，慎重を期してここでは自由度120のtスコアを求めることにしよう。自由度120で5%の有意水準にあたるtスコアは1.980である。
4. 1項で計算したtスコアの6.97という値は3項で求めた1.980を上回る。よって，我々は「母数の回帰係数は0である」という帰無仮説を棄却し，就業年数の回帰係数は5%の水準で統計的に有意な値であると結論付けることができる。[14]

t検定を行った結果回帰係数に関する帰無仮説を棄却できなかった場合はどうなるのであろうか。その場合は，「その回帰係数にかかる説明変数の（他の説明変数を制御した際の）目的変数に対する影響力は統計上有意な水準にある」と結論付けることができない。その説明変数が調査の主たる関心事項である場合，この結果は深刻である。例えば，前述の連邦最高裁事件において人種に関する回帰係数についてこの事態が発生したとすれば，それは原告にとって致命的な結果となっていたであろう。[15] t検定で棄却できなかった回帰分析が調査の対象事項以外の説明変数に関するものであれば，その説明変数を排除して回帰方程式を作り直せばよいのだが，その際，残された説明変数群と目的変数の間に十分な相関関係が維持されていることを確認する必要がある。具体的には，新しい方程式の決定係数を求め，[11] その値と従来の方程式の決定係数の差が小さければ新しい方程式を用いて差し支えないであろうが，差の大小をいかに評価するかは最終的には統計の専門家が主観的に判断すべき問題であり，専門家は

---

[14] （原注）この事例の場合，他の回帰係数もすべて5%水準で有意な値である。練習のために実際に仮説検定を行ってみるといいかもしれない。

[15] （原注）ただし，民事訴訟の場合に求められる立証の程度は「証拠の優越（preponderance of evidence）」であることに鑑みれば，「5%水準の有意性を求めること自体が過大な要求である」と主張する余地はあるかもしれない。

11) （訳者注）重回帰分析の決定係数の求め方は単回帰分析の場合（494頁以下参照）と同じである。ただし，重回帰分析の決定係数には説明変数の数を増やしていくと自動的に大きくなってしまうという欠点があるため，実務ではこの欠点を克服するために考慮された「自由度修正済み決定係数」を用いる場合が多い。表9-4の最終行に記されている数字はこの値である。

B 様々な誤謬

我々の経験に照らしていうならば，社会科学や法律学の分野で実施される回帰分析は不適切なものであることが非常に多い。まず，経験を積んだ専門家がこれを行う場合，説明変数の選択やデータの収集を恣意的に行うことにより自らが望む結論を不当に強く支持するような分析を行う恐れがある。経験の少ない専門家が行う場合には回帰分析の精巧さや複雑さに対する理解不足から生まれる誤りを犯すことがしばしばである。本項では回帰分析を行うにあたり陥りがちな誤謬の内容とそれに関してなし得ることについて考えてみたい。

(1) 重要な説明変数の排除

回帰分析を行うにあたり重要な説明変数が除かれていたのではないかという問題は多くの差別訴訟事件の主たる争点として論議されてきた。ここでは，大手スーパーチェーンのシアーズ社（Sears）が従業員に男女間差別を行ったとして訴えられた案件（EEOC v. Sears, 839F. 2d 302 (1988)）を取り上げてみよう。

この事件では，高額の所得を得る機会のある歩合制販売員に女性が少ないことが女性差別にあたるのではないかが争われた。原告の主張に対してシアーズ社は，女性従業員には歩合制販売者になりたいと希望する者自体が男性従業員に比して少ない点を強調し，「歩合制販売員に女性が少ないのはこの『希望者の少なさ』に由来するものであるから差別にはあたらない」と反論した。シアーズ社の主張が正しいとすれば，歩合制販売員となりたい旨の希望を表明した女性従業員には同旨の希望を表した男性従業員と平等の機会が与えられていたことになるが，その真否を探るには回帰分析の中に「希望表明の有無」という説明変数を加えなければならない。もし，この説明変数と性別に関する説明変数の間に強い相関関係があって（具体的には，「希望表明がない」ことと「女性である」ことの間に強い正の相関関係があって），しかも，「希望表明の有無」が歩合制販売員の採否を決めるうえで大きな役割を果たしていたとすれば，希望表明の有無という説明変数を除いて行った回帰分析の結果は女性であるがゆえに採用の機会が少なかったという誤った結論を支持するものとならざるを得ない。

ここで留意すべきことは，目的変数（ここでは「歩合制販売員の採用」）に影響を及ぼす変数が除かれていたということだけが問題なのではないという点であ

る。実際問題として，歩合制販売員への採用という目的変数に影響を与える要因は，量的なものも質的なものも併せて考えるならば他にもたくさんあるかもしれない。しかしながら，方程式に組み入れられる変数との間に相関関係がない限りこれらの要因を方程式から除外したままであっても深刻な問題とはならない。たしかに，それによって方程式の説明力が低下する（より正確にいえば，「決定変数の値が低下する」）ことは否めないが，方程式に組み入れられた変数の回帰係数が持つ意味合いは失われていない。しかしながら，除かれた要因と組み入れられた変数の間に大きな相関関係があれば話は別であり，その変数に関して算出された回帰係数は不適切であるといわざるを得ない。

この点を理解してもらうために，次の式を考えてもらうことにしよう。これは（時間あたり）賃金を目的変数とし（W），教育（E），年齢（A），人種（R）（1ならば白人，0ならばそれ以外）および「既婚か未婚か」（M）（既婚者は1，未婚者は0）の四つを説明変数とする回帰方程式である。

$$W = (1.2 \times E) + (0.2 \times A) + (1.5 \times R) + (1.7 \times M) - 12$$

この方程式によれば既婚者は他の変数が等しい未婚者に比べて平均して1時間あたり1.70ドル多い賃金を受け取っている。しかしながら，もしここで「年齢」という方程式を除外したならばいかなる事態が生じるであろうか。同じデータから作られた新しい方程式は次のとおりとなる。

$$W = (1.2 \times E) + (1.3 \times R) + (3.2 \times M) - 6$$

この方程式によれば，既婚者は他の点において等しい未婚者に比べて1時間あたり3.2ドルも多くの賃金を受け取っている。年齢を方程式から除外したことの影響が別の変数の回帰係数の変化という形で現れたわけである。しかしながら，教育の回帰係数は全く変わっておらず（1.2のままである），人種の回帰係数もほとんど変わっていない（1.5が1.3になっただけである）。その理由は年齢と教育の間の相関関係は弱く（教育をたくさん受けた者もそうでない者も同様に年をとっていく），その点においては年齢と人種の関係も同様だからである。これに対して既婚者であるか否かと年齢との相関関係は非常に強い。若い人よりも年配の人の方が既婚者である可能性が高いからである。そのために，賃金に対して年齢が及ぼす影響のほとんどすべてが既婚者であるか否かという説明変数の回帰係数の変化となって現れ，結果として，既婚者であることが賃金に及ぼす

影響が非常に高いことを示唆する方程式ができあがってしまったのである。

(2) 不適切な変数の挿入

調査の目的が目的変数を説明することにある以上，目的変数の変化に影響を与えるすべての変数を——しかも，そのような変数のみを——回帰方程式に組み入れることが理想である。しかしながら，この理想を達成することは決して容易ではない。実際の作業としてはできあがった回帰方程式の検定を繰り返し，その過程の中で様々な変数を挿入または除去していく。説明変数として組み入れられるべきものの候補を見つけ出すには調査事項に関する仮説と入手可能なデータ・セットの二つが鍵となる。そこで見出された説明変数の候補を組み入れた回帰方程式を試験的に作成し，各説明変数の回帰係数，方程式の決定係数，t検定によって示された有意性の水準などを見極めたうえで説明変数の組み換えを繰り返して最終的な回帰方程式ができあがる。

以上の過程には誤謬が生じる可能性が不可避的に含まれている。なぜならば，多数の変数について検定を繰り返すことによって，標本抽出上の過誤が発生し，有意でない変数が有意であるかのような外観を呈する恐れが増大するからである。不適切な変数が最終の回帰方程式に残ってしまった場合には，その変数と目的変数との間の実際には存在しない相関関係が示唆され，くわえて，他の説明変数の回帰係数についてもその母集団の回帰係数の推定値としての正確性が失われる。

(3) 多重共線性

経済に関係する変数同士の間には相関関係が存在する場合が多い。例えば，大学卒業生の年齢と就業年数の間には非常に強い相関関係が存在している。そのため，年齢と就業年数を同時に賃金を目的変数とする回帰方程式の説明変数とすると，この二つの変数が賃金に及ぼしている影響を相互に切り離して観察することが困難となり，それぞれの賃金に対する影響力を見誤る結果となりがちである。

相関関係の強い二つの変数を同時に説明変数とした場合一般に生じるこの現象を「**多重共線性**（multicollinearity）」という。いずれか一つの変数を方程式から取り除けば問題を回避できると思うかもしれないが，目的変数に対して大きな影響力を有している変数を除去することは方程式に新たな偏向（bias）を与える原因となる。

多重共線性は統計的に有意な要因にそうでないかのような外観を付与する技

法として悪用される恐れがある。例えば、「化粧していること」と「女性であること」の間には強い相関関係があるので、この二つの要素を賃金を目的変数とする回帰方程式の説明変数にすると、女性であることが賃金に対して及ぼしている影響力を減殺させることができる。この事例の場合はトリックを見抜くことは易しいが、計量経済学の専門家の力をもってすれば、ある変数の見かけ上の影響力を減殺する他の変数をさりげなく方程式に組み込むことは極めて容易である。しかし、だからといって、変数の数を無闇に減らすことは、残された変数の重要性を過大に評価する結果に繋がる。多重共線性に対する一般的な対処方法は、重要な変数を捨てることではなく、それを残しつつより精緻な回帰方程式を作り出すことであろう。

(4) **双方向の因果関係**

警察官の数を増やすことは粗暴犯罪の発生率を減らすうえで大きな影響力を持つであろうか。多くの人は、当然そう考えるであろう。だとすれば、住民1,000当たりの警察官の数を説明変数、住民1,000人当たりの粗暴犯罪の発生数を目的変数とする回帰方程式を作れば、「警察官の数」の回帰係数は負の値をとる ── つまり警察官の数を増やすほど犯罪発生率は低下する ── はずである。ところが、実際にはこの回帰係数は0に近い値であり、場合によっては正の値をとることすらある。なぜかといえば、たしかに、警察官の数を増やせば犯罪は減少するが、同時に、犯罪の発生率が高い地域にはより多くの警察官が配備されることもまた事実だからである。警察官の数を変化させれば、犯罪発生率が変わるが（警察官が増えれば犯罪は減る）、犯罪発生率の変化もまた警察官の数の変化を生み出す（犯罪発生率が減少した地域では警察官の数も減少する）のである。説明変数の変化が目的変数の変化をもたらす一方で目的変数の変化もその説明変数の変化をもたらす場合に発生するこの現象を「**双方向の因果関係**(two-way causation)」という。

双方向の因果関係が存在する場合、その対象となる説明変数の回帰係数は偏向した値とならざるを得ない。その解決方法は必ずしも容易ではなく、詳しくは専門書を参照してもらいたい。[16]

双方向の因果関係が問題となる事例をもう一つ紹介しよう。ある専門家は小・中学校の生徒1人当たりの予算を増やせば初等教育の成果が改善されると

---

[16] （原注） 本章**3**記載の文献3の10章・11章では双方向の因果関係に対する一般的な対処方法が二つ紹介されている。

いう仮説を立てて調査を開始した。ところが，学力試験の成績を目的変数，生徒1年当たりの予算を一つの説明変数とする回帰方程式の「生徒1人当たり予算」の回帰係数は負の値となり，生徒1人当たりの予算を減らした方が学力試験の成績が向上することが示唆される結果となってしまった。なぜこのような結果になったのか，双方向の因果関係の存在を踏まえて説明してもらいたい。

3 読 書 案 内

本書の原本で紹介されている書物とこれに対する原著作者のコメントの要旨は以下のとおりである。

1. Laurence G. Grimm and Paul R. Yarnold, eds., *Reading and Understanding Multivariate Statistics* (Washington, D.C.: American Psychological Association, 1995) 最小二乗回帰法以外の多変数分析の手法が分かりやすく解説されている。
2. Laurence G. Grimm and Paul R. Yarnold, eds., *Reading and Understanding More Multivariate Statistics* (Washington, D.C.: American Psychological Association, 2000) 1の続編である。
3. James H. Stock and Mark W. Watson, *Introduction to Econometrics* 3rd ed. (Boston, MA: Addison-Wesley, 2010) 計量経済学の基礎理論を論じた最終章は特に読みごたえがある。
4. Jeffrey M. Wooldridge, *Introductory Econometrics: A Modern Approach* 4th ed. (Mason, OH: South-Western Thomson Learning, 2008) 代数学の基礎知識があれば通読可能な完成度の高い学部レベルの教科書。

日本では，計量経済学の基本書の中に多変数統計を扱った良書が多い。例えば，

 ① 山本拓『計量経済学』（新世社・1995年）

は少し古いが定評のある教科書であり，ダミー変数のよい説明などもあって初学者にも読みやすい。

 ①よりも少し難しい計量経済学の教科書としては次の2冊を薦めたい。

 ② 田中勝人『経済統計〔第3版〕』（岩波書店・2009年）
 ③ 沖本竜義『経済・ファイナンスデータの計量時系列分析』（朝倉書店・2010年）

さらに，第8章*3*の文献④が気に入った読者には，同じ著者が著した

 ④ 永田靖＝棟近雅彦『多変量解析法入門』（サイエンス社・2001年）

が読みやすく感じられるかもしれない。

⑤　森田果『実証分析入門――データから「因果関係」を読み解く作法』（日本評論社，2014 年）

は，実証分析の手法を幅広く紹介しており，非常に有益なものである。

t スコア表（簡略版）

df（自由度）	.10	.05	.01
1	6.314	12.706	63.657
2	2.920	4.303	9.925
3	2.353	3.182	5.841
4	2.132	2.776	4.604
5	2.015	2.571	4.032
6	1.943	2.447	3.707
7	1.895	2.365	3.499
8	1.860	2.306	3.355
9	1.833	2.262	3.250
10	1.812	2.228	3.169
11	1.796	2.201	3.106
12	1.782	2.179	3.055
13	1.771	2.160	3.012
14	1.761	2.145	2.977
15	1.753	2.131	2.947
16	1.746	2.120	2.921
17	1.740	2.110	2.898
18	1.734	2.101	2.878
19	1.729	2.093	2.861
20	1.725	2.086	2.845
21	1.721	2.080	2.831
22	1.717	2.074	2.819
23	1.714	2.069	2.807
24	1.711	2.064	2.797
25	1.708	2.060	2.787
26	1.706	2.056	2.779
27	1.703	2.052	2.771
28	1.701	2.048	2.763
29	1.699	2.045	2.756
30	1.697	2.042	2.750
40	1.684	2.021	2.704
60	1.671	2.000	2.660
120	1.658	1.980	2.617
無限	1.645	1.960	2.576

訳者あとがき

「伝統的な法学教育だけでは現代社会の需要に応え得る法律家を育成することはできない。現代の法律家が均しく必要とするもの，それはファイナンス理論や統計学等に代表される数理的知識である」。本書まえがきの中で原著者はこう述べている（iii 頁参照。ただし，字句を一部修正した）。私たちはこの見解に強く賛同するものであり，同時に，日本の法律家にとって数理的技法を身に付けることは米国における以上に深刻な課題であることを憂慮するものである。問題の背景には文系と理系の違いを過度に強調してきた日本の大学受験制度があるように思われる。この制度の下において法律学は伝統的に文系の学問として扱われてきたために法学部生や法科大学院生の多くは数学の勉強を微積分の初歩までしか学んでいない。これはまことに残念なことであり，もう少し勉強を続けてさえいれば応用力に富んだ数理的技法の大海に辿り着けていたにもかかわらず，この豊饒の海を見ることなく数学の勉強から遠ざかってしまった者が日本の法律家志望者の大半を占めている。

私たちは，本書が彼ら・彼女らにとっての福音の書となることを期待している。本書は，米国の法科大学院生向けに経済学，ファイナンス理論，会計学，統計学の知見の基礎を説明したものであるが，本書に登場する数学は初歩的なものばかりであり，それでいて数理法務の勘所をよく伝えている。本書を手にすれば，数学の勉強から離れて久しい者でも違和感なく数理法務の世界（そして経済学，ファイナンス理論，会計学，統計学の知見の基礎）に誘われるのではないであろうか。

ところで，数理的技法だけでは実務に対処し得ないことはいうまでもない。「法の神は細部に宿る」という言葉があるが，優れた「法務力」を発揮するには緻密な法律論や判例分析が必要であるし，詳細な事実調査や鑑定意見の聴取も欠かせない。この意味において，数理法務はあくまでも法律実務の一手段に

すぎないものであるといえるが，本書はこの点をもよく弁(わきま)えたものである。どの章にも法律家の視点から論じた文章が多数含まれており，読者は法務の「現場感覚」を失うことなく本書を読み続けていくことができるに違いない。

　ここで，本書日本語版の特色について若干書き記しておきたい。第一に，本書の翻訳にあたっては訳文が簡易平明な日本語となることに重きを置いた。原書自体が比較的平易な英文で書かれているので，その日本語訳もまた読みやすいものにしなければ意味がないと考えたからであるが，その結果，本書日本語版はいわゆる逐語訳とはほど遠いものとなっている。第二に，本書の内容についてもいくつかの変更を加えた。具体的には，①各章に相当数の「訳者注」を挿入し，②各章の末尾に日本の書籍の「読書案内」を加え，③第4章**5**（会計の諸制度）の内容を日本の法制度の記述に改め，④第4章に添付した財務諸表を米国のAmazon Inc.のものから日本の楽天株式会社のものに差し替え，⑤第5章に添付した教材をハーバード経営管理大学院作成のものから慶應義塾大学経営管理大学院作成のものに差し替えた。いずれの変更も本書の利便性の向上を図ってのものであるが，その責任はすべて私たち二人が負っている。第三に，本書に登場する重要語句については一番詳しい説明のある箇所（場合によっては複数の箇所）においてゴシック体の表記を用い，該当頁を巻末の索引欄に表示した。最後に，本書の表題を何とするかについてはかなり迷ったが，米国の主要法科大学院のいくつかにおいて本書をテキストに用いた授業の講座名が「Quantitative Method」ないし「Quantitative Analysis」となっていることなどを考慮して，「数理法務」とした次第である（「法の数理分析」や「数理法学」などの代替案にも惹かれるものがあった）。

　本書日本語版を作成するにあたっては多くの方々のご支援を賜った。第一に，本書を翻訳することをご了承くださり，あまつさえ上記のような多様な変更を加えることに御快諾いただいたHowell E. Jackson教授を始めとする原著者の皆様に厚く御礼申し上げたい。第二に，本書の翻訳作業に加わっていただいた松尾拓也，浅岡義之，若林義人，岩崎将基，西貝吉晃の各氏に感謝申し上げる。彼らの協力がなければ本書日本語版を完成させることはできなかったであろう。最後に，本書日本語版の編集をご担当いただいた有斐閣書籍編集第1部の藤木

雄氏および藤本依子氏に心から謝意を申し上げたい。数多(あまた)の図表や脚注を含んだ本書日本語版がかくも美しい体裁の下にかくもすみやかに上梓できたのはひとえに同氏らの尽力によるものである。

　2014年2月

　　　　　　　　　　　　　　　　　　　　　　　　　　神 田 秀 樹
　　　　　　　　　　　　　　　　　　　　　　　　　　草 野 耕 一

事項索引

1-9

1株当たりの純利益　161
1株当たりの簿価　161
5％の有意水準において棄却された　466
68％-95％-99.7％ルール　452
72ルール　212

A-Z

BATNA　52
CAPM　237
EBIT　157
EBITDA　241
FILO　137
LIFO　137
$N(\mu, \sigma)$　451
PEレシオ　162
ROA　160
ROE　160
T勘定　120
t検定　502
ZOPA　61
zスコア　453
μ　451
σ　451

ア行

アウトプット基準型　79
後入後出法　137
後戻り思考法　15
安全資産　230
一変数データセット　436
一様分布　440
インスタント・カバレッジ・レシオ　158
インプット基準型　79
お蔵入り問題　470

カ行

回帰係数　489
回帰直線　489

外部性　323
価格規制　319
価格差別　316
価格算定　239
確実性等価　10
隔離　424
確率の枝　7, 35
確率ノード　6, 35
確率分布　437
過失責任ルール　366
課税による厚生損失　301
仮説検定　455
寡占　322
片側検定　465
株価収益倍率　162, 240
株主資本　112
株主資本利益率　160
貨幣の時価的価値　209
感化因子　496
感応度分析　25
完備契約　387
企業論　194
帰結　6
危険資産　227
記述統計学　435
規制　328
期待収益率　227
期待値　7
期待利益基準　393
帰無仮説　465
逆選択　48
キャッシュフロー計算書　118
供給曲線　278
強靭　25
競争市場　269
共通反応問題　484
共分散　482
寄与過失　370
均衡　39, 282
均衡価格　282

518　　　　　　　　　　事項索引

均衡取引量　285
偶発債務　141
区間推定　469
クロスオーバー・ポイント　26
経過勘定　134
契　約　386
　　――違反　387
　　――解釈　387
　　――の成立　387
　　完備――　387
決定係数　493
決定の枝　5, 33
決定ノード　5, 33
決定の木　5
決定分析　1
ゲームの木　32
ゲーム理論　29
限界収入　310
限界収入曲線　311
限界費用曲線　308
原価加算方式　67
厳格責任ルール　366, 418
減価償却　138
原所有者ルール　356
公共財　332
公共財産　358
公　正　343
厚生経済学　336
　　――の基本定理　340
公正な保険料　380
行　動　30
効用関数　10
交　絡　484
交絡因子　484
効率的資本市場仮説　223
コースの定理　325
個　体　435
混合戦略　43
混雑費用　333

サ　行

在庫回転率　159
財産権　350
最小二乗回帰直線　490

最小二乗回帰方程式　490
最小二乗重回帰方程式　498
最適な社会的価値　361
最頻値　442, 452
先入先出法　137
差止命令　328
残　差　493
散布図　475
シグナリング　50
資　産　109
資産計上　138
事実審理　404
市場の効率性　222
市場リスク　234
自然独占　307
質的変数　436
質問調査　458
支配戦略　37
　　被――　38
支払能力　156
資本資産価格モデル　237
社会的厚生　348
社会的総費用　367
収　益　115
収益率　227
重回帰分析　498
囚人のジレンマ　32
集団発症問題　470
自由度　503
収用権　358
需要曲線　270
需要の価格弾力性　274
需要の交差弾力性　277
需要の所得弾力性　278
純現在価値　241
純戦略　43
使用収益権　350
消費者余剰　292
情　報　30
情報の効率性　225
処分権　350
所有権　350
仕訳帳　120
信頼区間　469

事項索引

推測統計学　455
推　定　455
スクリーニング　50
成果基準型　79
成果報酬制　46
正規曲線　440
正規分布　440
正規分布表　453
生産者余剰　295
正の相関関係　480
説明変数　488
善意取得ルール　356
線形回帰　488
線形関係　478
潜在変数　484
センサス　455
戦　略　30
総価値　290
相関関係
　　正の――　480
　　負の――　480
相関係数　480
操作化　435
総資産利益率　160
相当の注意　368
総費用曲線　307
双方向の因果関係　508
総余剰　289
損益計算書　114
損害額の算定基準　391
損害賠償金　388

タ　行

第1種の過誤　467
第2種の過誤　467
貸借対照表　108
タイミング　30
代理契約　79
代理人　79
多重共線性　507
妥当性　455, 458
多変数データセット　436
ダミー変数　501
短　期　279

断　点　443
単峰形　442
弾力的　275
中央値　444
超過供給　283
超過需要　284
長　期　279
追従バイアス　461
定額報酬型　79
定額報酬方式　67
定数項　489
適　合　489
データ　435
手　番　30
点推定　469
登記・登録制度　355
動機バイアス　460
統計的な有意差　466
統計量　456
独占的競争　322
独占による厚生損失　315
特定履行　388
度数分布　437

ナ　行

内部収益率　217
ナッシュ均衡　39
ナッシュ交渉解　53
二峰形　442

ハ　行

排除不能　332
外れ値　443
バーリー＝ミーンズ的企業観　199
パレート効率的　387
ピグー税　328
非行責任ルール　418
被支配戦略　38
ヒストグラム　437
非弾力的　276
費　用　115
標準化　453
標準スコア　453
標準偏差　447, 502

評判　403
標本　455
　――の代表制　457
標本抽出　455
表面上妥当　459
比率分析　155
フォーカル・ポイント　40
不完全競争　321
負債　112
負の相関関係　480
部分ゲーム完全　42
部分ゲーム合理的　42
不法行為責任　328
プライス・テイカー　270
プライス・メイカー　270
プレイヤー　29
分散　448
分散可能リスク　234
分散投資理論　232
分散不能リスク　234
平均値　444
平均費用曲線　309
ベータ(β)　237
便宜的標本　457
偏差　447
偏差値　453
変数　435
報奨金　363
法と経済学　347
法の経済分析　347
母集団　455
母数　456
ボラティリティ　227
ホールドアップ問題　73
本人　79

マ行

マクロ経済学　269
マージン　159
ミクロ経済学　269
無形資産　139
無限定適正意見　150
無効宣告　388
無作為標本　457
無主物先占ルール　355
目的変数　488
モジリアニ＝ミラー命題　203
モラル・ハザード　44

ヤ行

余剰　289
予備的調査　461

ラ行

リアル・オプション　243
リスク　227
リスク回避的　9, 379
リターン　227
利得　6, 30
利得行列　31
流動性　155
流動比率　156
留保価格　51
留保額　410
量的変数　435
レバレッジ・レシオ　157
レモン問題　48
レンジ　447
レントシーキング　316

数理法務概論
Analytical Methods for Lawyers 2nd Edition

2014年 3 月15日　初版第 1 刷発行
2021年10月10日　初版第 5 刷発行

著　者	ハウェル・ジャクソン（Howell E. Jackson）	
	ルイ・キャプロー（Louis Kaplow）	
	スティーブン・シャベル（Steven M. Shavell）	
	キップ・ビスクシィ（W. Kip Viscusi）	
	デビッド・コープ（David Cope）	
訳　者	神　田　秀　樹	
	草　野　耕　一	
発行者	江　草　貞　治	
発行所	株式会社　有　斐　閣	

郵便番号 101-0051
東京都千代田区神田神保町 2-17
電話　(03)3264-1314〔編集〕
　　　(03)3265-6811〔営業〕
http://www.yuhikaku.co.jp/

印刷・株式会社精興社／製本・株式会社アトラス製本
© 2014, H. Kanda, K. Kusano Printed in Japan
落丁・乱丁本はお取替えいたします。
★定価はカバーに表示してあります。
ISBN978-4-641-12566-7

[JCOPY] 本書の無断複写(コピー)は、著作権法上での例外を除き、禁じられています。複写される場合は、そのつど事前に(一社)出版者著作権管理機構(電話03-5244-5088、FAX03-5244-5089、e-mail:info@jcopy.or.jp)の許諾を得てください。

本書のコピー，スキャン，デジタル化等の無断複製は著作権法上での例外を除き禁じられています。本書を代行業者等の第三者に依頼してスキャンやデジタル化することは，たとえ個人や家庭内での利用でも著作権法違反です。